圓測『解深密經疏』〈序品〉

- 漢藏蒙校勘 標點 校訂本 -

SAṂDHINIRMOCANASŪTRAṬĪKĀ of Wŏnch'uk (圓測)

Chapter Ⅰ: *Nidāna-parivarta*

圓測『解深密經疏』〈序品〉

- 漢藏蒙校勘 標點 校訂本 -

李鍾徹 著

SAṂDHINIRMOCANASŪTRAṬĪKĀ of Wŏnch'uk (圓測)
Chapter Ⅰ: *Nidāna-parivarta*

critically edited from the Chinese, Tibetan and Mongolian versions
by Jong-Cheol LEE

한국학중앙연구원출판부

Ⅰ. 원측의 생애와 저술 순서

원측(613~696)의 생애에 관한 일차자료로는, 시대순으로 최치원(崔致遠, 857~?)의 『고역경증의대덕원측화상휘일문(故譯經證義大德圓測和尙諱日文)』(이하 〈휘일문〉), 찬녕(贊寧, 919~1001)의 『송고승전(宋高僧傳)』「당경사서명사원측법사전(唐京師西明寺圓測法師傳)」(이하 〈원측전〉, 『송고승전』은 982~988년에 지음), 송복(宋復, ?~1115~?)의 『대주서명사고대덕원측법사불사리탑명병서(大周西明寺故大德圓測法師佛舍利塔銘幷序)』(이하 〈탑명〉), 이상 세 가지 기록이 있다. 이 중 통일신라시대 최치원의 〈휘일문〉과 북송(北宋) 때 송복의 〈탑명〉이 가장 신뢰할 만한 사료이므로, 이 두 가지 기록을 중심으로 원측의 생애를 복원하며, 〈원측전〉은 필요에 따라 사료비판을 곁들여 적절하게 취의선택하겠다.

1. 성장기

□ 원측의 출신 성분: 성씨와 조적

원측의 출생년도에 관해서, 〈탑명〉에는 다음과 같은 기록이 있다.

後又召入東都, 講譯新華嚴經, 卷軸未終, 遷化於佛授記寺, 實萬歲通天元年七

※ 이 글은 필자가 쓴 『한국사상사대계 집필 자료집: 원측』(한국학중앙연구원, 2022, 내부자료) 내용 일부를 수정 보완한 것이다.

月二十二日也，春秋八十有四.

후에 황제의 칙명(勅命)에 따라 동도(東都=洛陽)에 들어가 『신화엄경(新華嚴經)』을 강연(講筵)하고 번역하였다. 강역(講譯) 작업이 미처 끝나기도 전에 불수기사(佛授記寺)에서 입적하였는데, 때는 만세통천(萬歲通天) 원년(元年) 7월 22일이고 [이때 원측의] 나이는 84세이었다.

이 기록에 따르면, 원측은 중국 무주(武周) 만세통천 원년 즉 696년에 입적(入寂)하고, 이때 원측의 나이가 84세이기 때문에, 원측은 613년에 태어난 게 된다.

〈원측전〉에서는 "釋圓測者，未詳氏族"으로 기록하여 원측의 성씨(姓氏)와 조적(祖籍) 등 출신 성분에 관해 아무런 알려진 바가 없다고 하고 있지만, 〈휘일문〉과 〈탑명〉에는 어느 정도 구체적인 기술이 나온다.

追惟大德，馮鄉士族，燕國王孫. 夙種善芽，行攀勝果，爲鰈海之龍子，是鷄林之鳳雛. 〈휘일문〉

돌이켜보건대 대덕[의 祖籍]은 풍향(馮鄕)의 사족(士族)으로 연국(燕國)의 왕손이었다. 숙세에 선업(善業)의 씨앗을 뿌려 [今生에] 수승한 과보를 얻어, 해동(海東)의 어린 용이 되고 계림(鷄林)의 어린 봉이 되었다.

法師，諱文雅，字圓測，新羅國王之孫也. 〈탑명〉

법사의 이름(諱)은 문아, 자(字)는 원측으로, 신라 국왕의 후손이다.

〈탑명〉에 따르면 원측의 이름은 문아(文雅)였으며, 원측은 자(字)이다. 원측은 3세라는 어린 나이에 출가(出家)하므로, 태어났을 때 집안에서는 '문아'로 불리다가 출가 후에 '원측'이란 법명(法名)으로 불리었을 것이다.

〈탑명〉에서 원측의 출신 성분을 신라 국왕의 후손으로 비정하는 것은, 〈휘일문〉에서 원측을 찬양하여 "鰈海之龍子(=해동의 어린 용)", "鷄林之鳳雛(=계림의 어린 봉)"로 칭한 것과 일맥상통한다. 『삼국유사』에서 왕궁을 '용궁(龍宮)'이라 부르는 사례가 있는 것을 보면 '어린 용'이니 '어린 봉'이니 하는 칭호는 높은 혈통에 해당하는 말임을 유추할 수 있다.

한편 〈휘일문〉에서 "馮鄕士族，燕國王孫" 곧 풍향의 사족이었으며 연나라의 왕손이었다고 하는 구절은 조적(祖籍)에 관한 기술로 보인다. 원측의 조상은 본래 풍씨 성씨촌의 사족이었다가 중국 동진오호십육국(東晉五胡十六國)시대 북연(北燕, 407~436)의 왕손이었다는 말이다.

원측의 조상이 언제 신라에 정착했는지 정확한 기록은 찾을 수 없다. 북연은 북위(北魏, 386~534)의 공격으로 436년 멸망하고, 북연왕 풍홍(馮弘)은 고구려 장수왕(長壽王)에게 투항하는데, 438년 북위와의 외교관계상 풍홍 및 왕족 일부가 피살되는 사건이 일어나는 것을 보면, 아마도 5세기 중반 무렵 고구려를 통해 신라로 귀순했을 가능성이 높다.

『삼국유사』의 관련 기록을 보면, 원측의 조상은 신라 6부체제 하에서 모량부에 정착한 것 같다.

> 時, 圓測法師是海東高德, 以牟梁里人故不授僧職 『三國遺事』卷2
>
> 그때 원측법사는 해동의 대덕이었지만 모량리(牟梁里) 사람이므로 승직(僧職)을 주지 않았다.

모량부는 신라의 수도에서 서쪽 변두리에 위치한 지역이었지만 진한(辰韓) 6촌의 하나였고, 최치원에 따르면 진한은 북연 출신 사람들의 정착지였다. 모량부에서는 왕성인 박씨(朴氏)와 6두품인 손씨(孫氏)가 대표적인 성씨였는데, 모량부 박씨는 대대로 왕비를 배출한 유력가였고 독실한 불교신앙을 지닌 가문이었다.

법흥왕을 따라 비구니가 된 법흥왕비 보도(保刀)부인 박씨, 진흥왕이 사망한 뒤 비구니가 된 진흥왕비 사도(思刀)부인 박씨는 대표적인 모량부 출신 왕비였으며, 중국 수(隨)나라에 유학하여 섭론학을 익히고 귀국한 원광(圓光)도 모량부 출신으로 추정된다. 따라서 〈휘일문〉이나 〈탑명〉의 기술대로 원측의 신분이 왕손이었다는 전제를 받아들인다면, 원측의 성씨는 모량부 박씨였을 가능성이 높다.

□ 강보출가의 동기

〈탑명〉에 따르면 원측은 615년 3세라는 어린 나이에 출가한다. 〈휘일문〉에서는 이를 강보에 싸인 채 출가했다고 해서 '강보출가(襁褓出家)'라고 표현하였다. 원측과 같은 시대에 살았던 원효(元曉, 617~686)나 의상(義湘, 625~702)이 10세 전후에 출가한 것과 대비해 봐도 지나치게 어린 나이임이 틀림없다. 자발적 출가는 아니고 외부적 상황에 의한 출가를 상정할 수밖에 없는 형국이다.

강보출가의 역사적 배경을 보면, 원측이 출가하기 1년 전인 614년에 당시 비구니로 출가생활을 영위하던 진흥왕비 사도부인 박씨가 사망하는데, 이 사건이 원측의 강보출가와 관련있지 않을까 한다. 사도부인이 죽자, 진평왕은 물론 모량부에서도 사도부인을 추모하는 분위기가 고조되고, 이를 계기로 몇 명이 출가하였다(조경철 2010).

단정하기는 어려운 일이지만 원측이 3세라는 어린 나이에 출가하게 된 것도, 사도부인에 대한 모량부의 추모 분위기와 무관하지 않았을 것이다.

2. 수학기

원측의 출가 이후 행적에 관해서는 아무런 기록도 없기 때문에 출가한 해인 615년부터 중국 유학길에 오르는 627년까지 12년간 어린 시절 성장기는 공백으로 남을 수밖에 없다. 〈탑명〉에 다음과 같은 기록이 있다.

> 三歲出家, 十五請業, 初於常辯二法師聽論.
>
> 3세 때 출가하여 15세 때 학업을 닦았는데, 처음에는 법상(法常)과 승변(僧辯) 두 법사에게서 논서를 배웠다.

원측은 15세인 627년에 중국 유학길에 나섰고, 당나라의 수도 장안(長安)에 정착한 뒤, 당시 장안의 대덕(大德)으로 이름 높은 법상(法常, 567~645: 당시 普光寺에 거주)과 승변(僧辯, 568~642: 당시 弘福寺에 거주) 문하에서 수학하였다.

법상은 담연(曇延)의 제자로 『열반경(涅槃經)』에 밝았으며, 담천(曇遷)에게 『섭대승론(攝大乘論)』을 배웠고, 도악(道岳)에게 진제(眞諦, Paramārtha)가 번역한 『구사론(俱舍論)』을 배운 인물로, 소위 '섭론학(攝論學)'에 뛰어났던 인물이다.

승변은 정숭(靖嵩)의 제자 지응(智凝) 문하에서 『섭대승론』을 배웠고, 도악에게 진제가 번역한 『구사론』을 배운 인물로, 법상과 마찬가지로 '섭론학'에 뛰어났을 뿐 아니라 '구사학'에 뛰어났던 고승이다. 당시 연찬의 대상이던 『섭대승론』과 『구사론』은 모두 남조(南朝)의 역경가(譯經家) 진제가 번역한 논서로, 후에 현장이 다시 재번역하지만, 지금까지도 훌륭한 번역으로 학계의 연구에 활용되고 있다.

동아시아 불교사상사의 흐름에서 볼 때, 법상과 승변은 둘 다 지론(地論) 남도(南道)계에

속하는 섭론학자로, 여래장사상의 입장에서 유식사상을 포섭하는 사상 노선, 달리 말해서 유식사상을 여래장사상의 입장에서 해석하는 노선을 유지하였다.

□ 원측과 현장의 관계

원측이 장안에 정착한 627년은 중국 역경사의 최고봉으로 꼽히는 현장(玄奘, 600~664)이 인도 수학길에 나서는 해이기도 하다(楊廷福 1988). 중국뿐 아니라 동아시아 불교사상사에서 차지하는 현장의 비중을 고려할 때, 특히 원측의 사상 연구에서 원측과 현장의 관계는 제일 먼저 비중 있게 다루어야 할 주제 가운데 하나이다.

627년 8월에 현장이 장안을 떠나 인도 수학길에 나서지만, 원측이 몇 월에 장안에 정착했는지 정확한 행장(行狀)을 알 수는 없다. 따라서 현장과 원측이 서로 안면이 있었는지 조차도 확인할 수 있는 길은 없다. 단지 627년이면 원측의 나이 15세, 현장의 나이 28세로 13년의 연령차가 있었고, 둘 다 법상과 승변 문하에서 수학을 했기 때문에, 후대에 일컫듯이 '사제지간(師弟之間)'의 관계는 지나친 수사이고, '동문(同門) 사형제(師兄第)' 관계로 이해하는 편이 자연스러운 해석이다.

□ 수학기의 학문 여정

원측의 불교사상이 한 명의 사상가로서 원만하게 무르익는 것은, 645년 1월 25일 현장이 인도로부터 돌아와 장안에 도착한 이후의 일이다. 따라서 627년(15세) 입당(入唐)할 때부터 645년(33세) 현장의 귀국 시점까지 18년 동안을 원측의 '수학기(修學期)'로 부르겠다.

〈휘일문〉과 〈탑명〉에는 수학기 때 원측의 행장에 관해서 다음과 같이 기록하고 있다.

> 學寧限於七洲, 語將通於六國, 果能天言鼓舌, 而重譚華音海, 會印心而優探梵義. 若楚材歸晉, 如趙璞入秦, 遂得行高十地之中, 名達九天之上. 文皇識寶, 遽度以爲僧. 〈휘일문〉
>
> 배움이 중국(七洲)에 그치지 않아 여섯 나라말에 능통하였는데, 과연 범어(梵語)를 능숙하게 말하고는 거듭 중국어 음으로 풀었고, 깊이 이해하고는 더욱 범문(梵文)의 뜻을 탐구하였다. 마치 초(楚)나라의 재목이 진(晉)나라에 돌아간 것 같고, 조(趙)나라 옥이 진(秦)나라에 들어간 것 같이 [그 능력이 돋보였는데], 수행의 경지가 십지(十地)에 이르고, 명성은 구천(九天)을 웃돌았다. 당 태종이 보배를 알아보고 도

첩을 내려 승적에 올렸다.

> 正(正=貞: 피휘)觀中, 大(⇒ Ms: 太)宗文皇帝度爲僧, 住京元(元=玄: 피휘)法寺, 乃覧《毗曇》《成實》《俱舍》《婆娑》等論, 曁古今章疏, 無不閑(閑=嫻)曉, 名聲藹著.
>
> 〈탑명〉
>
> 정관(貞觀)년간에 당 태종이 도첩(度牒)을 내려 승관(僧官)으로 삼았고, 장안 현법사(玄法寺)에 거주하며 『비담론』, 『성실론』, 『구사론』, 『바사론』 등 논서를 익혔는데, 고금의 주석서에 이르기까지 달통하여서 그 명성이 자자하였다.

〈휘일문〉과 〈탑명〉에는 당 태종 정관년간에 도첩을 받아 승관이 되었다는 기록만 있을 뿐, 구체적으로 언제였는지는 나와 있지 않다. 정관년간은 627년에서 649년까지 23년에 걸친 긴 기간이기 때문에 어느 정도 시기를 특정할 필요가 있다.

『당육전(唐六典)』 권4 〈상서예부(尙書禮部)〉에 따르면, 당시 당나라에서는 3년마다 승적(僧籍)을 새로 고쳐 한 부는 사부(祠部), 또 한 부는 홍려시(鴻臚寺), 나머지 한 부는 주부(州府)에 비치했다(楊廷福 1988: 61). 따라서 관례에 따라서 원측은 이르면 18세 전후, 늦어도 21세 전후 곧 633년(당 태종 정관 7년) 전후에는 도첩을 받았을 것이다.

〈휘일문〉에서는 원측의 성망이 높아진 이후에 도첩을 받은 것으로 되어 있지만, 이는 순서가 거꾸로 된 것으로 보인다. 〈탑명〉의 기록대로, 도첩을 받고 현법사(玄法寺)에 거주하면서 고금의 논서를 섭렵하여 이름을 떨친 것으로 보는 게 자연스럽다. 〈탑명〉에 '원법사(元法寺)'로 되어 있지만 '원(元)'은 '현(玄)'의 피휘(避諱)이기 때문에 '현법사'로 읽는 편이 옳다.

원측이 도첩을 받은 후 거주하게 된 현법사는 장안성 동남방에 자리잡고 있었고, 법상이 거주한 보광사, 승변이 거주한 홍복사는 장안성 서북방에 있었는데, 2km 이내 거리라 오가기에 멀지 않은 곳에 있었다.

3. 사상가 원측: 전기

645년(당 태종 정관 19년) 1월 25일에 현장은 17년간의 인도 유학 생활을 마치고 장안에 도착한다. 이때 현장의 나이는 46세, 원측의 나이는 33세였다. 현장의 귀국과 더불어 유식사상에 관련된 새로운 번역 사업이 이루어지고 이와 함께 현장의 유식사상 강연이 이루어졌다. 이를 계기로 원측의 유식사상은 예전의 섭론학의 영향에서 벗어나 논리적이고 체계적인 유식사상가로서의 모습을 갖추게 된다.

현장의 강역(講譯)과 더불어 한 명의 사상가로 원측이 성장해 가는 시기를 '전기(前期)'로 이름붙이겠다. 이 시기는 현장이 귀국한 해인 645년(33세)부터, 측천무후(武則天)의 수렴청정이 시작되며 원측이 서명사(西明寺)에 다시 돌아오는 시기인 679년(67세)까지 34년간의 연월에 해당한다.

□ 현장의 귀국

三藏法師奘公自天竺將還, 法師預夢婆羅門授果滿懷, 其所證應勝因夙會, 及奘公一見契合莫逆, 即命付《瑜伽》《成唯識》等論, 兼所翻大小乘經論, 皎若生知.

〈탑명〉

삼장법사 현장이 인도에서 돌아올 무렵에, 원측은 [인도의] 바라문이 가슴 그득히 과일을 건네주는 꿈을 미리 꾸었는데, 그 깨달은 바가 마치 수승한 인연으로 전생에 만나 것과 같이 [현장의 생각과] 부합하였으니, 현장과 만나자마자 서로 뜻이 맞아 거스르는 일이 없었고, 『유가사지론』, 『성유식론』 등의 논서와 새로 번역한 대소승의 경론을 건네주어도 훤하게 알기를 마치 태어나면서 알고 있는 것과 같았다.

현장은 귀국길에 인도뿐만 아니라 중앙아시아, 서역지방에서 대승경론, 설일체유부를 비롯한 각 부파의 경·율·논·삼장 등 520협(夾) 657부(部)를 구해온다. 당 태종의 칙명에 따라 현장은 이전에 승변(僧辯)이 머물던 당시 불교학 중심지였던 홍복사(弘福寺)에 거주하면서 역장(譯場)을 꾸리고, 645년 5월부터 역경 작업에 착수한다.

현장의 역장은 단지 번역만 진행하는 것이 아니라 제자들을 위해 경론의 뜻을 강해하는 학습소 역할도 하였기 때문에 역장의 일원들은 모두 현장의 강의를 들을 수 있었다. 원측은 역장의 일원이 아니었지만, 그 당시 거주하고 있던 현법사(玄法寺)는 홍복사에서 2km 내외의 멀지 않은 거리였고, 더욱이 승변에게 사사하면서 맺은 홍복사와의 오랜 인연 때문에 현장의 강의를 직접 들을 수 있었을 것이다.

이후 원측은 현장의 번역이 이루어지는 즉시 새로운 지식을 습득할 수 있었고, 이를 통해서 섭론학을 익히는 과정에서 생긴 온갖 의문점들을 해소할 수 있는 계기를 마련했을 것이다.

648년 대자은사(大慈恩寺)가 낙성되자 현장은 12월부터 자은사에 거주하며 역장을 꾸린다. 이때 규기(窺基, 632~682)는 17세였는데, 황제의 칙명을 받아 자은사에 머무르며 현장의 제자가 되어 경론을 익히고 인도의 말과 글을 배운다.

656년 8월에 당 고종의 칙명에 따라 서명사(西明寺)를 짓는데, 서명사는 측천무후(655년 황후 책봉)의 아들 홍(弘)을 황태자로 삼고 그의 무병장수를 위해 세운 절이다. 이후 서명사에 대한 측천무후의 애착은 원측에 대한 무한한 신뢰로 연결된다.

□ 서명사 낙성

後被召爲西明寺大德. 〈탑명〉

후에 황제의 칙명을 받아 서명사의 대덕이 된다.

658년 원측의 나이 46세 때(당 고종 顯慶 3년) 서명사가 낙성되었다. 원측은 황제의 칙명에 따라 서명사에서 현장의 역경 작업을 도울 50명 고승대덕 중 한 명으로 꼽혀 현장과 함께 같은 공간에서 생활하게 된다. 658년 7월부터 659년 10월까지 짧은 세월이었지만, 원측이 현장과 같은 곳에서 생활한 것을 확인할 수 있는 유일한 시기이기도 하다.

659년 10월 현장은 옥화사(玉華寺: 651년 玉華宮을 개명)로 역장(譯場)을 옮기고, 원측은 계속 서명사에 남게 되는데, '서명법사(西明法師)', '서명학계(西明學系)'라는 칭호는 이 때문에 생겨난 것이다.

□ 『송고승전』의 도청설

송나라 찬녕의 〈원측전〉에는, 원측이 현장의 『성유식론』과 『유가사지론』 강연을 '도청(盜聽)'했다는 기록이 나온다. 물론 이러한 기록은 『송고승전』 이전의 기록인 최치원의 〈휘일문〉이나 『송고승전』 이후의 기록인 송복의 〈탑명〉에는 전혀 언급조차 없는 내용이다.

三藏奘師爲慈恩基師講新翻《唯識論》, 測賂守門者隱聽, 歸則緝綴義章. 將欲罷講, 測於西明寺鳴鐘召衆, 稱講《唯識》. 基慊其有奪人之心, 遂讓測講訓. 奘講《瑜伽》, 還同前盜聽受之, 而亦不後基也.

『宋高僧傳』, 〈唐京師西明寺圓測〉

삼장법사 현장이 자은대사 기 법사에게 새로 번역한 『성유식론』을 강연하자, 원측은 문지기에게 뇌물을 주고 몰래 숨어서 [그 강연을] 듣고는 돌아가자마자 해설서(義章)를 지었다. [『성유식론』의] 강연이 끝날 무렵에 원측은 서명사에서 종을 쳐 대중을 부르고는 『성유식론』을 강연하였다. [자은대사] 기는 그 [원측의 강연]이 사람들의 마음을 빼앗는 것을 보고 불만이었지만 마침내 원측의 강연을 양해하였다.

현장이 『유가사지론』을 강연할 때, 다시 이전처럼 훔쳐 듣고는 [해설서를 짓고 강연하였는데, 그 모든 것이] 또한 기보다 늦지 않았다.

〈원측전〉은 순서상 『송고승전』〈규기전〉 이후에 쓰인 게 확실하므로, 『송고승전』〈규기전〉의 내용을 간추린 것이 틀림없다.

無何, 西明寺測法師亦俊朗之器, 於《唯識論》講場, 得計於閽者, 賂之以金, 潛隱厥形, 聽尋聯綴, 亦疏通論旨. 猶數座方畢, 測於西明寺鳴椎集僧, 稱講此論.

基聞之, 慚居其後, 不勝悵怏.

奘勉之曰. 測公雖造疏, 未達因明. 遂爲講陳那之論, 基大善三支, 縱橫立破, 述義命章, 前無與比.

又云. 請奘師唯為己講《瑜伽論》, 還被測公同前盜聽, 先講.

奘曰. 五性宗法, 唯汝流通, 他人則否.

『宋高僧傳』, 〈唐京兆大慈恩寺窺基傳〉

그 무렵에(=옥화사에서 『성유식론』을 번역할 무렵에), 서명사에 원측 법사가 있어서 그 또한 빼어나게 총명한 자였는데, 『성유식론』의 강연장에서 문지기에게 돈으로 뇌물을 준 뒤 몰래 숨어서 듣고는 잇달아 [해설서를] 지었는데, 『성유식론』의 취지를 잘 해석하였다. 게다가 [『성유식론』의] 강연이 모두 끝나자 원측은 서명사에서 종을 쳐 군중을 모으고는 『성유식론』을 강연하였다. 규기는 이 소식을 듣고 자신이 원측에 뒤쳐진 것을 부끄럽게 여기고 [원측을] 원망하는 마음을 이기지 못하였다.

현장이 규기를 격려하여 말하기를 "원측이 비록 [『성유식론』의] 소(疏)를 지었지만 아직 논리학(因明)을 알지 못하니라"라고 하였다. 마침내 [현장이] 진나(陳那)의 논서를 강의하자, 규기는 논증식(三支)에 능통하여, 능숙하게 [자신의 견해를] 주장하고 [타인의 견해를] 반박할 수 있게 되었고, 해설서(義章)를 쓸 수 있게 되었으니, 그 누구도 규기와 견줄 자가 없었다.

또한 다음과 같은 말이 있다. [규기가] 현장에게 자신만을 위해서 『유가사지론』을 강의해 달라고 요청했는데, 또다시 원측이 몰래 훔쳐 듣고는 [규기보다] 앞서 강연하였다. 현장이 [규기에게] 말하기를 "[원측이 『유가사지론』을 안다 하더라도] 오종종성(五性=五種種姓)의 종법(宗法)은 너만이 유통시킬 수 있지 다른 사람은 할 수 없다"라고 하였다.

『송고승전』을 지은 찬녕이 어디에서 이 같은 정보를 들었는지 확인할 길은 없지만, 규기가 자신의 저서에서 원측을 폄훼하는 그 어떤 언설도 보인 적이 없고, 원측 역시 규기에 대해서 직접적으로 그 어떤 품평을 한 적이 없다는 사실을 감안하면, 규기의 제자인 혜소(慧沼, 650~714) 언저리에서 이 같은 말을 만들어냈을 개연성이 크다.

중국학자 탕용동(汤用彤)도 일찍이 『송고승전』 〈규기전〉의 '도청설'을 '견강부회(牽强附會)'로 단정하고, 규기의 제자들이 『성유식론장중추요』에 기술된 『성유식론』의 번역 정황을 견강부회했다고 판단한다(汤用彤 1931: 151).

『송고승전』의 도청설이 견강부회에 지나지 않는다는 논거로 탕용동은 세 가지를 제시한다. 첫째, 인명론 곧 『인명입정리론』과 『인명정리문론』은 각각 647년과 649년에 번역이 완성되므로 불교논리학에 대한 지식이 결코 규기만의 전유물이 될 수는 없다. 참고로 현장은 647년 홍복사에서 『인명입정리론』을 번역하고, 649년 대자은사에서 『인명정리문론』을 번역하는데, 규기가 17세의 나이로 648년 대자은사를 낙성할 때 현장의 제자로 대자은사에 출가하는 것을 고려하면, 659년 옥화사에서 『성유식론』을 번역할 시점에는 이미 불교논리학은 유식사상의 기초 학문으로서 사상계에 익히 알려져 있었음에 틀림없다.

둘째, 유식사상은 현장이 당시 사상계에 널리 알리고자 애썼기 때문에, 심지어 647년 당 태종에게 『유가사지론』의 대의를 강연하기까지 하였는데 이를 규기에게만 비전(祕傳)한다고 하는 말은 가소로운 낭설이다.

셋째, 당나라 때 심현명(沈玄明)의 『성유식론(成唯識論)』 〈후서(後序)〉에서는 『성유식론』의 합유(合糅) 과정을 언급하면서 원측의 '도청'에 관한 그 어떤 언급도 없고, 게다가 『성유식론』 〈후서〉 번역 후에 규기가 『성유식론』의 강령(綱領)과 품제(品第)를 정하고 의소(義疏)를 지었다는 기술이 있는 것을 보면, 『성유식론』에 대한 최초의 소(疏)를 지은 자는 원측이 아니라 규기일 가능성도 있다.

이상과 같은 탕용동의 세 가지 논거에 덧붙여, 또 다른 중국학자 진경부(陳景富)는 세 가지 논거를 추가해서 『송고승전』 도청설의 허구성을 폭로한다(陳景富 1999: 208).

첫째, 『유가사지론』은 홍복사에서 646~648년에 걸쳐 번역이 이루어지는데, 이때는 서명사가 낙성되는 658년보다 10년 이전의 일이다. 둘째, 『성유식론』은 659년 윤10월 옥화사(지금의 興敎寺)에서 번역이 이루어지고, 이때 원측은 장안의 서명사에 거주하고 있었는데, 당시 방주(坊州)에 있던 옥화사는 장안에서 이삼백 리 먼 곳이라 당일 내 도청이 가능한 거리가 아니다. 셋째, 현장은 『유가사지론』을 『성유식론』보다 10년 이전에 번역했는데, 『송고승전』의 기술은 이 순서마저 거꾸로 하고 있으니 날조한 흔적이 분명하다.

이상과 같은 논거에 입각해서 진경부는 『송고승전』의 도청설이, 자은학계(慈恩學系) 승려들 곧 규기의 제자 언저리에서 만들어낸 말이며, 그 목적은 자은학계가 현장 유식사상의 정계(正系)이지 원측의 서명학계(西明學系)는 비정통적인 방계(傍系)에 지나지 않는다는 점을 강조하기 위한 것이었다.

□ 『성유식론소(成唯識論疏)』 저술

『송고승전』 〈규기전〉이나 〈원측전〉에서 거론된 도청설이 규기의 제자 언저리에서 허구적으로 날조된 악의적인 견강부회라는 점은, 현장의 역경 목록과 연대, 장소 등을 역사적으로 추적할 수 있는 지금 더 이상 거론할 여지가 없을 것이다. 그렇지만 도청설과는 또 다른 맥락에서 〈규기전〉이나 〈원측전〉은 원측의 최초 저술에 관해서 한 가지 힌트를 준다. 즉 규기의 제자들은 원측이 늦어도 현장 생존 시에 규기보다 먼저 『성유식론』에 대한 주석서를 썼다고 인정했다는 점이다.

고려시대 의천(義天, 1055~1101)의 『신편제종교장총록(新編諸宗教藏總錄)』에는 『성유식론』의 주석서로 열거된 원측의 저술로 『성유식론소(成唯識論疏)』(10권)와 『성유식론별장(成唯識論別章)』(3권)이 거론돼 있는데, 이 소(疏)와 별장(別章)이 〈규기전〉이나 〈원측전〉에 언급된 '소(疏)'와 '의장(義章)'일 개연성이 크다. 이 중 『성유식론별장』은 현존 저술 목록에는 없고 『성유식론소』만 단편으로 남아 있다(『성유식론소』 1938). 그렇다면 『성유식론소』는 옥화사에서 『성유식론』의 번역이 완결된 659년 윤(閏)10월에서 현장이 입적하던 664년 사이에 저술된 것, 곧 원측의 나이 47세에서 52세 사이에 저술된 것으로 볼 수 있다.

단편으로 남아 있는 『성유식론소』에서도 인용문헌을 점검해 보면, 『유식이십론』과 같이 현장이 『성유식론』 이후에 번역했던 텍스트가 인용되고 있다. 『유식이십론』은 661년에 옥화사에서 번역되었다. 따라서 원측의 『성유식론소』 저술 시기는 662년(50세)에서 664년(52세)으로 좁혀볼 수 있겠다.

□ 자은계와 서명계의 갈등

현장의 입적 이후 자은대사(慈恩大師) 규기(窺基)의 위상이 높아지고 원측의 『성유식론소』에 대한 계속되는 폄훼는 원측으로 하여금 장안의 사상계에 환멸을 느끼게 했을 것이다. 그동안 서명사에서는 668년 도세(道世)가 불교 백과사전에 해당하는 『법원주림(法苑珠林)』 편찬을 완료했을 정도로 서명사는 장안에서 불교사상의 중심지로 성장해 있었다.

대자은사에서 이루어진 규기의 저술 중 '술기(述記)'란 이름이 붙는 것이 꽤 있다. 『성유식론술기(成唯識論述記)』, 『변중변론술기(辯中邊論述記)』, 『이십유식론술기(二十唯識論述記)』, 『이부종윤론술기(異部宗輪論述記)』는 옥화사에서 현장이 번역 중 강연한(述) 것을 규기가 기록했다(記)는 뜻이기 때문에, 규기가 자기 저술의 권위를 높이기 위해서 '술기'란 이름을 붙였다고 볼 수 있다. 물론 그중에는 현장이 인도에서 배운 텍스트 및 해석에 대한 정보가 혼입해 있기에 인도와 중국의 불교사상사 연구에 큰 도움이 되는 측면도 있지만, '술기'란 제목 자체의 설정에는 자은계를 현장의 정계(正系)로 치켜세우려는 의도가 분명히 있었으리라고 본다.

이미 서명사에서 고승대덕(高僧大德)의 반열에 올라있던 원측으로서는 자은계의 폄훼에 정면으로 맞서며 서명사를 이전투구(泥田鬪狗)의 장으로 만들기 싫었을 것이다. 게다가 671년에서 676년에 이르는 나당전쟁(羅唐戰爭)의 여파로 서명사에서 신라승(新羅僧)인 원측의 입지는 점점 좁아질 수밖에 없었다. 675년(671년설, 672년설도 있음) 의상이 장안에서 김인문(金仁問)의 밀명을 받고 신라로 귀국했던 것도 나당전쟁으로 인한 일이었다(鎌田茂雄 1988: 369~372).

〈탑명〉의 다음과 같은 기술은 이 기간 원측의 행장을 보여준다.

> 法師性樂山水, 往依終南山雲際寺. 又去寺三十餘里, 閴居一所, 靜志八年.
>
> 〈탑명〉
>
> [원측] 법사는 성품이 산수를 좋아해서 종남산 운제사에 가서 의탁하였고, 또한 운제사에서 삼십여 리 떨어진 한 곳에 한거하며, 8년간 마음을 맑게 하였다.

671년(59세)경 원측은 장안에서 남쪽으로 오십 리가량 떨어진 종남산으로 건너가 그곳에서 8년간을 보낸다. '산수를 좋아하는 성품'이란 말 그대로 자연을 사랑한다는 뜻일 수도 있지만, 다른 한 편으로는 자신과 자신의 저술 『성유식론소』를 둘러싼 자은계의 음해와 압박에 대한 환멸로도 읽힐 수 있다. 작용이 있으면 반작용이 있는 법이라 원측이 장안을 떠나자 서명계의 자은계에 대한 반발도 만만치 않았을 것이다.

규기는 673년과 680~681년 두 차례에 걸쳐 오대산에 가서 『성유식론』을 강연하고, 마지막으로 오대산 화엄사에서 잠시 몸을 의탁한 후, 장안으로 돌아와 682년 입적한다(『송고승전』 〈규기전〉). 원측보다 14년 먼저 입적한 셈이다.

일본의 승려 원인(圓仁, 794~864)의 『입당구법순례행기(入唐求法巡禮行記)』(834~847년 여행기) 840년 7월 26일조에 다음과 같은 기술이 있다.

> 從石門寺向西上坂, 行二里許, 到童子寺, 慈恩壹(⇒基)法師避新羅僧玄(⇒圓)測法師, 從長安來始講《唯識》之處也. (白花文 · 李鼎霞 · 許德楠 1992: 323)
>
> [오대산] 석문사(石門寺)에서 서쪽으로 고개를 올라 2리쯤 가면 동자사(童子寺)가 나오는데, 자은(慈恩) 기(基) 법사가 신라승(新羅僧) 원측(圓測)법사를 피해(避) 장안에서 와서 『唯識』(=『성유식론』)을 처음 강연한 곳이다.
>
> (足立喜六 · 塩入良道 1985: 101)

『입당구법순례행기』의 여행기 중 규기가 원측을 피해서 오대산으로 왔다는 기술은, 원측이 장안을 떠난 후 673년 무렵 역으로 불똥이 자은계로 튀어 규기를 핍박하는 상황, 곧 서명계의 자은계에 대한 비난의 화살이 거셌을 법한, 장안 사상계의 정황을 알려주는 것이라고 본다(陳景富 1999: 209).

□ 『반야바라밀다심경찬(般若波羅蜜多心經贊)』 저술

종남산(終南山) 운제사(雲際寺)에서 8년간 은거하고 있던 시절에 원측은 『반야바라밀다심경찬(般若波羅蜜多心經贊)』(이하 『반야심경찬』)을 저술한 것으로 보인다. 『반야심경』은 현장 이전에 구마라집의 번역도 있었기 때문에 현장의 번역은 재번역이었다. 현장이 『금강경』을 재번역했음에도 불구하고 구마라집이 번역한 『금강경』이 여전히 지식인 계층의 애독서 자리를 뺏기지 않은 데 비해서, 649년 취미궁에서 현장이 『반야심경』을 번역하자 현장의 번역이 지식인 계층의 애독서가 되고, 이후 『반야심경』의 주석서는 현장이 번역한 『반야심경』을 저본으로 삼아 전개된다.

남무희(2009)는 두 가지 논거를 들어 『반야심경찬』이 이 기간에 저술되었을 것으로 추론한다. 첫째, 종남산에서의 은거 기간이 끝나고 679년 서명사에 돌아온 후 사상가 원측의 후기가 시작되는데, 원측의 후기는 칙명에 따라 역경관(譯經館)에 들어가 중요한 역경 작업을 수행하기 때문에, 후기의 저작에는 이 당시 번역한 경론이 거의 예외없이 인용된다. 그렇지만 『반야심경찬』에는 후기의 역경 텍스트들이 전혀 거론되지 않는다.

둘째, 『반야심경찬』에서는 저자인 원측의 이름 앞에 '사문(沙門)'이란 칭호만 붙어있을 뿐, 다른 저술에 '서명사(西明寺) 사문(沙門)'이란 칭호가 붙어 있는 것과 사뭇 대조적이다. 이러한 칭호의 차이는 『반야심경찬』이 종남산에 은거하던 시절 쓰였다는 방증이다(남무희 2009: 118~119).

남무희(2009)의 전체적인 논거에 찬동하면서, 『반야심경찬』이라는 텍스트 내부의 논거를 하나 더 추가함으로써 『반야심경찬』의 저술 시기를 좀 더 좁혀 잡아보고자 한다.

(1) 或有本曰"照見五蘊等皆空". 雖有兩本, 後本爲正. 撿勘梵本有"等"言故. 後所說"等", 準此應知.
(2) 又解. 此經, 自有兩本. 一本如上. 一本經曰"受想行識等亦復如是". 所言"等"者, 準下經文.
(3) 或有本云"遠離一切顚倒夢想". 雖有二本, 後本爲勝.

지금 전해지고 있는 현장 역 『반야심경』의 원문은 "照見五蘊皆空"과 "受想行識亦復如是"로 되어 있어, '오온(五蘊)' 뒤와 '수상행식(受想行識)' 뒤에 "等"이 붙지 않는다. 그렇지만 원측의 『반야심경찬』에는 현장의 또 다른 번역 판본을 소개하면서, 그 판본에 따르면 "等"이 붙어 있고 "等"이 붙어 있는 편이 범본과 대조해 볼 때 바른 번역 판본이라고 판단 내린다.

현존하는 『반야심경』의 번역본 중 '오온(五蘊)' 뒤와 '수상행식(受想行識)' 뒤에 "等"이 붙어 있는 번역본은 의정(義淨, 635~713)의 이름으로 전해지는 판본밖에 없고, 의정이 역경 작업에 참여하는 것은 25년간의 인도 유학을 마치고 돌아온 뒤 695년 5월부터 『신화엄경』(80권본)의 역경 작업에 원측과 함께 참여하면서부터이다. 그런데, 규기의 저술 중 『반야바라밀다심경유찬(般若波羅蜜多心經幽贊)』(이하 『반야심경유찬』)에는, 주석의 저본이 되는 현장 역 『반야심경』에 "等"이 들어가 있다. 따라서 원측이 언급한 "等"이 붙어 있는 '제2의 현장 번역본'은 규기가 사용했던 저본이었을 것이고, 원측은 규기의 『반야심경유찬』을 읽고 '제2의 현장 번역본'의 존재를 알았을 것으로 보인다. 더 나아가 규기가 저본으로 사용했던 '제2의 현장 번역본'은 이후 의정의 이름에 가탁되어 전해졌을 것이다.

현장 역 『반야심경』의 원문은 "遠離顚倒夢想"으로 되어 있어, '원리(遠離)'와 '전도몽상(顚倒夢想)' 사이에 "一切"가 없다. "遠離一切顚倒夢想"으로 나와 있는 판본은 규기의 『반야심경유찬』뿐이다. 따라서 이 경우에도 원측이 인용한 "有本"은 규기의 『반야심경유찬』을 가리키는 것이 틀림없으며, 원측의 『반야심경찬』은 규기의 『반야심경유찬』 이후에 쓰인 저술임이 분명하다.

『반야심경유찬』은 규기의 또 다른 저서 '술기(述記)'류와는 달리 유식사상의 입문서 성격이 강하다. 『반야심경유찬』의 저술년대를 특정할 수 없는 지금, 두 차례 오대산을 오갈 무렵 당시 손쉽게 구할 수 있는 텍스트인 『반야심경』을 저본으로 삼아 유식사상을 선양하기 위해서 『반야심경유찬』을 지은 것으로 추론할 수 있다. 그렇다면 『반야심경유찬』을 675년경 저술된 것으로 보고, 원측의 『반야심경찬』은 676년에서 679년 사이에 저술된 것으로 볼 수 있을 것이다.

4. 사상가 원측: 후기

서명사 승도들의 간절한 요청에 따라 679년(67세) 원측은 8년간의 종남산 수행 생활을 접고 장안으로 돌아온다. 이 시기는 당 고종 조로(調露) 원년으로, 측천무후가 수렴청정을 시작하는 해이기도 하다. 이때부터 원측은 측천무후의 전폭적인 지원 아래 저술 작업과 역경 작업을 진행하는데, 현장의 사상적 영향력 아래 한 명의 사상가로 성장하던 '전기(前期)'와 구별하여 사상가 원측의 '후기(後期)'로 이름 붙이겠다.

원측이 돌아온 679년부터 규기가 장안에 발붙이지 못하고 오대산을 오가다 682년 입적하는 일은 주목할 만하다. 사상가 원측의 후기는 679년(67세)부터 696년(84세) 낙양의 불수기사(佛授記寺)에서 입적하기까지 17년간에 해당한다.

> 西明寺僧徒邀屈還寺, 講《成唯識論》. 時有中天竺三藏地婆訶羅至京, 奉勅簡召大德五人, 令與譯《密嚴》等經, 法師即居其首. 〈탑명〉
>
> 서명사 승려들의 간절한 요청에 따라 서명사로 돌아와 『성유식론』을 강연하였다. 이때 중천축의 삼장법사 지바가라(地婆訶羅, Divākara: 중국명 日照)가 경사(京師)(=장안)에 왔기에, 칙명을 받들어 대덕 다섯 명을 간추려 소환해서 『대승밀엄경』 등의 경

전을 [지바가라와] 함께 번역하게 하였는데, [원측]법사가 그 [대덕 다섯 명] 중 수장(首長)이었다.

장안으로 돌아오자마자 서명사에서 『성유식론』을 강연하였다는 〈탑명〉의 기술은, 679년 당시 이미 원측의 『성유식론소』가 장안의 사상계에 널리 읽히고 있었다는 사실을 방증한다. 원측은 칙명을 받아 지바가라(地婆訶羅)와 역경 작업에 착수한다.

서명사 낙성(658년: 46세) 이후 현장의 역장에서 원측의 역할은 현장의 강역(講譯)을 보조하는 번경대덕(翻經大德)이었던 데 비해, 679년(67세) 이후 지바가라 등의 역장에서는 번역 실무진에 해당하는 증의(證義) 역할을 맡는다. 이후 역경 작업은 원측의 저술 활동과 더불어 사상가 원측의 후기(後期)를 지탱하는 두 기둥 가운데 하나가 된다.

지바가라는 『송고승전』 〈일조전(日照傳)〉에 따르면 중인도 출신으로 의봉(儀鳳) 4년 곧 679년 장안에 온다. 당 고종은 현장의 역장에 준해서 큰 사원의 별원에 역장을 꾸리고 대덕 3~5인을 두어 역경 작업을 돕도록 하였다고 하는데, 이때 역장을 꾸린 사원이 어느 곳인지는 알 수 없다. 아마도 현장이 홍복사(弘福寺)에서 역경 작업을 시작했듯이 지바가라 역시 홍복사에서 처음 역경 작업을 시작해 맨 처음 『대승밀엄경』을 번역하지 않았을까 추측한다.

『송고승전』 〈일조전〉에서는 지바가라가 수공(垂拱)년간(685~688)이 끝날 때까지 낙양의 동태원사(東太原寺), 장안의 서태원사(西太原寺), 장안의 광복사(廣福寺) 등에서 역경 작업을 하다 75세 나이로 입적했다고 하니, 입적할 때를 688년으로 잡으면 생몰 연월은 614~688년으로 상정할 수 있을 것이다. 그렇다면 장안에 도착한 679년에 지바가라는 66세, 원측은 67세로 거의 동년배가 된다.

후기 원측의 역경 작업 중 지바가라와의 협업이 가장 길고 말년 사상에 큰 영향을 끼친 것 같다. 후기의 저술 작업 중 지바가라의 역경을 많이 인용하고 있고, 지바가라와 주고받은 문답이 때때로 인용되고 있기 때문이다.

□ 측천무후와의 인연

武后尊賢，寔重之如佛. 每遇西天開士，則徵東海異人，俾就討論，因資演暢. 是以譚經則必居其首，撰疏則獨斷于心，捿幽則靈感荐臻，昇座則法音隨應.

〈휘일문〉

측천무후는 현인(賢人)을 존중하였는데 [원측을] 중히 여겨 부처님을 대하듯 하였다. 인도에서 온 보살(開士)을 만날 때마다 해동의 이인(異人)[곧 원측]을 불러들여서 토론하게 하였는데, 이에 그 명성이 자자하였다. 이 때문에 경에 관해서 말할 때는 반드시 우두머리 자리에 앉았고 소(疏)를 지을 때는 홀로 결택(決擇) 지었으며, 그윽한 곳에 머물면 영감(靈感)이 거듭 생겨나고 법좌에 오르면 법음(法音)이 저절로 나왔다.

詒高宗之末、天后之初, 應義解之選, 入譯經館. 衆皆推挹, 及翻《大乘顯識》等經, 測充證義, 與薄塵、靈辯、嘉尙, 攸方其駕. 『송고승전』〈원측전〉

고종 말 · 천후 초에 의해(義解)로 선발되어 역경관(譯經館)에 들어갔다. 모두가 추대하여 『대승현식경』 등의 경전을 번역하였는데, 원측은 박진(薄塵), 영변(靈辯), 가상(嘉尙)과 함께 증의(證義) 역할을 하였다.

674년 8월에 당 고종은 자신의 칭호를 '천황(天皇)'으로, 측천무후의 칭호를 '천후(天后)'라 부르도록 칙명을 내린다. 675년부터 고종은 지병이 도져 정무를 돌보기가 어려워지고 심지어는 측천무후에게 선위(禪位)하려는 시도조차 한다. 678년 무렵이 되면 해외의 사신들이 측천무후에게 조견(朝見)할 정도로 측천무후의 정치적 영향력은 높아진다.

'천후(天后)'란 호칭은 683년 고종이 죽고 측천무후가 황태후가 될 때까지 9년간 이어지니―후대에 무주(武周) 때의 측천무후를 '천후'로 호칭하는 경우도 있다―, 『송고승전』의 "高宗之末, 天后之初"란 679년 언저리로 보아도 무방할 것이다.

후기 원측의 행장은 측천무후와 밀접한 관련이 있는 것으로 보인다. 측천무후는 어머니 양(楊) 씨의 영향으로 독실한 불교도였는데, 감업사(感業寺)에서 몇 년간 비구니 생활도 한 적이 있을 정도였다. 655년 황후로 책봉된 측천무후가 자신의 첫째 아들 홍(弘)을 황태자로 삼고, 홍의 무병장수를 기원하며 건립한 절이 서명사이니, 658년 서명사를 낙성할 때 그곳에서 50인의 고승대덕 가운데 한 사람으로 뽑혀서 지내던 원측과 조우했을 것이다.

홍이 상원 2년(675) 질병으로 죽고, 고종도 683년 12월에 오랜 질병으로 동도(東都) 낙양궁(洛陽宮)에서 죽자, 측천무후의 셋째 아들 현(顯)이 등극하고 중종(中宗)이 되니, 이때부터 측천무후의 수렴청정 시기가 본격적으로 열린다.

684년 2월에 중종을 폐하고, 측천무후의 넷째 아들 단(旦)이 황위를 계승하여 예종(睿宗)이 된다. 고종 사후 계속되는 황제의 교체, 연호의 변경 등 당시의 정치적인 혼란 상황을 짐작할 수 있지만, 측천무후는 성공적으로 고종의 장례식을 치르고 대내외의 혼란을 잘 수습했다는 역사적 평가를 받는다.

684년 9월 측천무후는 '동도(東都)'를 '신도(神都)'로 개명한다. 원래 '동도(東都)'는 당 고종이 657년에 낙양궁(洛陽宮)을 개명하여 불렀던 이름인데, 684년 당시 이미 낙양은 정치, 경제, 문화의 중심지로 성장해 있었고, 측천무후로서는 낙양을 버리고 장안으로 돌아갈 수는 없었다.

당시의 원측과 측천무후에 관한 사항으로, 최치원의 〈휘일문〉에는 다음과 같은 기술이 보인다.

> 垂拱中(則天), 吾君慕法, 累表請還, 聖帝垂情, 優(=憂)詔顯拒.
>
> 측천무후의 수공(垂拱)년간에 우리 임금(=신문왕)이 법사를 사모하여 누차 표문(表文)을 올려 [원측의] 환국을 요청했으나, 성제(聖帝=측천무후)가 조심하여 우려하는 조서(詔書)를 내려 거절하였다.

수공(垂拱)년간은 685~688년으로 신라 신문왕 5~8년에 해당한다. 측천무후와 지바가라 역장에 관련된 일로 거론할 수 있는 것은, 측천무후가 685년에 지바가라가 번역한 『방광대장엄경(方廣大莊嚴經)』(683년 번역)의 서(序)를 짓는다는 일뿐이다. 전기 원측의 저술 『성유식론소』와 『반야심경찬』이 675년 귀국한 의상을 통해 신라에 알려졌을 터이고, 이를 계기로 후기 원측의 역장에서의 활약상도 신라에 알려졌을 터, 신문왕은 측천무후에게 원측을 신라로 돌려보내달라고 요청하지만 측천무후는 이를 거절한다.

〈휘일문〉에서 측천무후를 '성제(聖帝)'라 호칭하는 것을 보면 수공년간 중 수공 4년 곧 688년으로 연대를 특정할 수 있겠다. 688년 5월 18일에 측천무후는 자신에게 '성모신황(聖母神皇)'이란 존호(尊號)를 부여하기 때문이다. 측천무후의 우려사항이 역장을 운영하기 위한 필요성 때문이었는지 알 수 없는 노릇이지만, 688년이면 원측의 나이 이미 76세인지라 원측의 건강을 염려했기 때문일 수도 있다.

□ 『무량의경소(無量義經疏)』 저술

지바가라와 역경 작업을 진행하는 가운데 원측은 『무량의경소』를 저술한 것으로 보인다. 원측의 『무량의경소』에 관해서는, 2018년에 영인본(『무량의경소』, 2018)으로 출판되었을 정도로 학계에서는 극히 일부만 그 존재를 알 뿐, 영인본에 실린 일본학자의 논문만이

유일한 연구성과이다. 여기서는 『무량의경소』의 저술년대에 관해서만 초점을 맞춰 진행하겠다.

『무량의경소』의 저술년대와 관련해서 『무량의경소』(2018)를 살펴보면 다음 세 가지 특징에 주목할 수 있겠다.

첫째, 북위(北魏) 때의 역경가 보리류지(菩提流志)의 이름이 '菩提留志'로 표기된다는 점이다. 이러한 현상은 『무량의경소』 이후의 저술로 보이는 『해심밀경소』에서도 똑같이 나타난다. 반면 전기 원측의 저술 『성유식론소』나 『반야심경찬』에는 주석의 대상이 되는 원 텍스트의 성격 때문인지 '菩提流志'란 이름이 언급되지도 않는다. 이러한 현상이 나타나는 이유는 아마도 당 고종 말엽에 중국에 온 또 다른 역경가 '보리류지(菩提流志)'와 한자 이름이 똑같아서 양자를 구별하기 위한 원측의 배려라고 보인다.

> 沙門菩提流志，本名達摩流支，唐言法希．天后改為菩提流志，唐云覺愛．南印度人，婆羅門種，姓迦葉氏．『開元釋教錄』
>
> 사문 보리류지는 본명이 달마류지(Dharmaruci)로 당나라 이름은 법희(法希)이다. 천후(天候)(=측천무후)가 보리류지로 개명시켜 당나라 이름이 각애(覺愛)로 되었다. 남인도 사람으로 바라문 종성이고 성씨는 가섭(迦葉, Kāśyapa)이었다.

『개원석교록』에 따르면 당 천황(天皇: 高宗)이 남인도로 사신을 보내 달마류지를 중국에서 맞이한 해가 683년이고, 무엇 때문인지 천후(天后: 측천무후)는 달마류지의 이름을 '菩提流志'(Bodhiruci, 중국명: 覺愛)로 바꾼다. 이미 낙양에 깊은 애착이 있던 측천무후로서는, 북위 때의 보리류지가 낙양에서 훌륭한 역경 작업을 이뤄낸 것처럼, 달마류지가 낙양에서 자신을 보좌하며 역경 작업에 혁혁한 공을 세워주길 바라는 염원에서 달마류지의 이름을 바꿨을 수도 있겠다. 이에 원측으로서는 북위 때의 역경가 '菩提流志'의 이름을 '菩提留志'로 달리 표기함으로써 양자를 구별하게 된다. 따라서 『무량의경소』의 저술년대는 683년 이후가 된다.

둘째, 현장을 지칭할 때 '大唐三藏'(혹은 '三藏'으로 약칭)이란 존호를 쓴다는 점이다. 나중에도 부연 설명하겠지만 원측 최후의 저술로 보이는 『인왕경소』에서는 현장을 '慈恩三藏'으로 호칭할 뿐 '大唐三藏'이란 호칭은 나오지 않는다. '大唐'이란 말을 쓸 수 없었던 것은 690년 9월 측천무후가 무주(武周)를 건국한 이후에 『인왕경소』가 쓰였기 때문이다. 따라서 『무량의경소』의 저술은 690년 9월 이전이 된다.

셋째, 『무량의경소』(2018)에는 "解深密經【記卷】"이란 기술이 있다. 협주(夾註)로 들어가 있는 '【記卷】'이란 기술 중 '記'는 『해심밀경소』를 가리킨다. 따라서 "解深密經【記卷】"은 『무량의경소』를 저술할 당시, 원측의 머릿속에는 『해심밀경소』를 쓰고자 하는 기획이 있었고 아직 쓰지 못한 상태인지라 정확하게 『해심밀경소』 권 몇인지 명기하지 못한 채 남겨둔 것이라는 저술 상황을 짐작하게 한다. 따라서 "解深密經【記卷】"이란 기술은 『무량의경소』가 『해심밀경소』 이전에 저술되었다는 사실을 가리키는 한 증거가 된다.

그 외 특이사항으로 지적할 수 있는 것은 『무량의경소』에서는 지바가라가 번역한 텍스트를 인용한 흔적이 없다는 점이다. 반면 『해심밀경소』에서는 지바가라가 685년에 역장에서 마지막으로 번역한 『대승광오온론』이 인용된다. 지바가라의 생몰년대는 614~688년으로 추정되는데, 아마도 685년 『대승광오온론』 번역 이후 지병 탓인지 지바가라는 장안의 광복사(廣福寺)로 거주처를 옮겨 그곳에서 생을 마감한다.

한편, 제운반야(提雲般若)가 낙양에 도착한 해는 688년이다. 686년에서 687년까지 역장의 일이 소원해졌을 때 원측으로서는 저술 시간을 확보할 수 있었을 것이다. 위와 같은 정황을 종합해 보면, 『무량의경소』는 686년(74세)에서 687년(75세) 사이에 장안에서 완성되었을 개연성이 높다.

제운반야는 688년 낙양의 역장에 자리잡은 뒤, 『법계무차별론(法界無差別論)』이 완성되는 692년에 입적한다. 중국 체제 기간이 4년밖에 되지 않은 짧은 세월인지라 예상치 못한 발병이나 변고가 있었을 것으로 보인다.

지바가라가 입적할 때가 688년경이니, 장안의 지바가라 역장은 낙양의 제운반야 역장으로 자연스럽게 이전되는바, 지바가라 역장에서 활동하던 대덕 대부분도 같은 해 낙양으로 이주했을 것이다. 원측도 그 가운데 한 명이었음은 말할 나위 없는 일이다. 688년이면 원측의 나이 76세이고, 692년 제운반야가 입적할 때는 80살이니, 원측은 76살부터 80살까지 낙양의 대주동사(大周東寺)에 머문 셈이 된다.

□ 『해심밀경소』 저술

남무희(2009)는 『해심밀경소』의 저술시기를 681년 이후 690년 이전으로 잡는다. 690년 이전으로 하한선을 설정하는 논거는, 측천무후가 690년에 혁명을 일으켜 주(周)를 세우고 낙양으로 도읍을 옮기기 때문에, 이후 원측의 저술에서 현장에 대한 칭호가 '大唐三藏'에서 '慈恩三藏'으로 바뀐다는 점이다. 상한선을 681년으로 설정하는 논거는, 지바가라가

681년 이후 장안에서 역경 작업을 하고 있다는 점이다(남무희 2009: 120).

681년을 상한선으로 잡는 논거에는 미흡한 점이 있으나 690년을 하한선으로 잡는 논거는 신뢰할 만하다. 690년 9월 9일 측천무후는 주를 건국하고 낙양에 도읍하여, 연호를 천수(天授)라 하였고, 며칠 후 군신들로부터 '성신황제(聖神皇帝)'란 존칭을 받는다.

조경철(2013: 168)은 『해심밀경소』에 언급된 '神都'라는 표현에 착안하여, 낙양을 신도로 부르기 시작한 것은 684년 9월 이후이므로 『해심밀경소』 저술의 상한선을 684년으로 조정할 수 있다고 보았다.

낙양을 '神都'라 부르게 된 연유를 살펴보면, 657년에 낙양궁(洛陽宮)을 동도(東都)로 삼았고, 684년 9월 6일 측천무후는 '東都'를 '神都'로 개명한다. 『해심밀경소』에는 지바가라의 역장에 관해 단 한 번 '神都'가 언급되는데, 중국의 금릉각경처본 『해심밀경소』에는 '神都'가 '東都'로 돼 있고, 일본의 속장경, 만속장경본에는 '神都'로 나와 있다. 속장경, 만속장경본의 한문본 사본인 장경서원(藏經書院)본 이외에 『해심밀경소』의 다른 한문 사본 곧 대곡(大谷)대학 소장본과 용곡(龍谷)대학 소장본을 대조해 보니, '神都'로 나와 있다. 금릉각경처본의 '東都'는 '神都'로 고쳐야 맞는 일이고, 『해심밀경소』에서 언급된 '神都'라는 표현은 『해심밀경소』 저술시기를 추정하는 데 유용한 자료가 된다.

690년 하한선에 관련해서, 『해심밀경소』에서는 현상을 대부분 '대당삼장(大唐三藏)'이란 존호로 지칭하고 간략하게 '三藏'('三藏解云', '三藏釋云' 등)으로 지칭하기도 한다. 『인왕경소』에 나오는 '자은삼장(慈恩三藏)'이란 칭호는 『해심밀경소』에는 등장하지 않는다. 거꾸로 『인왕경소』에는 '대당삼장(大唐三藏)'이란 칭호가 전혀 등장하지 않는다.

한편, 『해심밀경소』 텍스트 내부에는 『해심밀경소』의 저술시기를 추정하는 데 유용한 또 다른 내적 증거가 나온다.

첫째, 『대승광오온론(大乘廣五蘊論)』의 인용이다. 지바가라 역장에서 685년에 『대승광오온론』을 번역하는데, 이것이 지바가라 역장에서 수행한 마지막 역경 작업이다.

둘째, '于闐三藏'의 언급이다. 여기서 '于闐三藏'은 695년 이후의 역경가 실차난타(實叉難陀)가 아니라 689~691년간 낙양에서 역경 작업을 한 제운반야(提雲般若)를 말한다. '于闐三藏'이란 언급은, 『해심밀경』〈서품(序品)〉의 경문 "住最勝光曜七寶莊嚴"(대정장 184c13)에 관한 원측 『해심밀경소』의 티베트어 번역에만 등장한다. 이 부분은 한문본 "言同異者. ……若依《深密經》, 即受用身在淨土說, 同《解深密》." 직후에 등장하는데, 아쉽게도 현존 한문본에는 이 부분이 결락돼 있으나 원래의 한문본에는 틀림없이 본문에 들어있었을 것이므로 사료 가치가 높다.

li yul gyi sde gsum paḥi dpe las ni saṅs rgyas kyi spyod yul ṣes ḥbyuṅ gi /yoṅs su dag pa daṅ yoṅs su ma dag pa rnam par phye ba med pas gsuṅ rab ḥdi daṅ sbyar na/ gcig tu ṅes par dpyad du yaṅ mi ruṅ ṅo// (ZH 68~118)

于闐(li yul)三藏本에는 "佛之境界"라고 나와 있지만 淨土라든가 穢土라고 하는 명확한 구별이 없기 때문에, 이 말만 보면 단정 내릴 수 없다.

'于闐三藏本'은 제운반야의 첫 번역 『대방광불화엄경불사의불경계분(大方廣佛華嚴經不思議佛境界分)』을 가리키고, 이 텍스트는 689년 위국동사(魏國東寺)에서 번역된다. 아마도 제운반야가 우전에서 가져온 텍스트 중 하나일 것이다. 후에 우전국 출신의 실차난타가 이를 재번역해서 『불사의경계경(不思議境界經)』으로 번역한 것도 그런 이유 때문일 것이다.

이와 같은 『해심밀경소』 텍스트 내부의 증거를 보면, 『해심밀경소』는 689년(77세)에서 690년(78세) 9월 사이에 저술된 것으로, 그 저술시기를 좀 더 좁혀 잡을 수 있다.

□ 말년의 원측

688년(76세) 제운반야의 역장을 좇아 낙양의 대주동사(大周東寺)에 거주하던 원측은 690년(78세) 무주(武周)의 건국을 지켜보고 692년(80세) 제운반야의 입적을 보게 된다.

692년 원측의 제자 도증(道證)은 신라로 돌아간다.

(元年 8月)高僧道證, 自唐廻, 上天文圖

『삼국사기』 권8, 「新羅本紀」 제8 孝昭王

(효소왕 원년 8월) 고승 도증이 당에서 돌아와 천문도를 받쳤다.

時, 圓測法師是海東高德, 以牟梁里人故不授僧職

『삼국유사』 권2, 孝昭王代 竹旨郎

그때 원측법사는 해동의 대덕이었지만 모량리 사람이므로 승직을 주지 않았다.

『삼국유사』에 나오는 '그때'란 효소왕(孝昭王)대 모량부 탄압이 이뤄질 때를 말하는데, 『삼국사기』에 도증이 효소왕 원년(692)에 귀국했다고 나오니, 모량부 탄압은 도증이 귀국한 직후 일어난 일로 보아도 무방하다. 단지 『삼국유사』의 기록에서 "승직을 주지 않았다

(不授僧職)"는 표현은 "원측에게 승직을 주지 않았다"라는 뜻으로 보기 어려울 것 같다. 원측은 이미 80세 고령으로 측천무후의 반대로 신라로 돌아오지 못했을뿐더러 무주 역장의 대들보로 자리잡은 그에게 어떻게 신라의 승직을 줄 수 있겠는가? 그렇다면 『삼국유사』의 "不授僧職"은 "[원측의 제자인 도증에게] 승직을 주지 않았다"라고 읽는 게 합리적인 해석으로 보인다(조경철 2010: 375~376).

도증(道證)은 원측보다 30살 정도 아래로, 생몰년대를 640~710년쯤으로 추정한다(富貴原章信 1944). 『성유식론요집(成唯識論要集)』을 지었다고 전해지는데, 혜소(慧沼, 650~714)의 『성유식론요의등(成唯識論了義燈)』에서 비판적으로 인용되고 있는 단편을 통해서만 그 사상 내용을 짐작할 수 있을 뿐이다. 도증은 『성유식론요집』에서 규기의 해석을 '有說'로, 원측의 해석을 '有釋'으로 지칭하며, 『성유식론』에 관한 기존 사상계의 해석상 주류를 크게 두 갈래로 보았다. 전반적으로 원측의 해석에 따르면서 규기를 반박하고, 부분적으로 자신의 해석을 추가 보완하는 형태로 저술을 진행하였기 때문에 혜소의 반발을 불러일으켰던 것으로 보인다.

『성유식론요집』의 저술년대도 원측의 저술년대와 상호 대조해 보아야 좀 더 명확하게 드러나겠지만, 규기의 『성유식론술기』와 『성유식론장중추요』가 인용되고 있는 것을 보면, 규기 사후 다음 해인 683년에서 무주의 건국 690년 사이에 쓰였을 것으로 보인다. 이는 여기서 자세히 다룰 사항이 아니기 때문에 문제 제기로 그친다.

도증의 신라 귀국을 통해 692년까지 원측의 저술 곧 『성유식론소』, 『반야심경찬』, 『해심밀경소』 3부는 틀림없이 신라에 전해졌을 것이다.

측천무후가 690년 주(周)를 세우고 등극하자 보리류지는 낙양의 복선사(福先寺)에 머문다. 복선사는 대주동사(大周東寺) 개명 후 사명(寺名)으로 제운반야의 역장이 있던 절이니, 복선사에서 원측과 보리류지는 함께 지냈을 것이다.

〈대보적경병서(大寶積經并序)〉에 따르면 보리류지는 복선사에서 『불경계(佛境界)』, 『보우(寶雨)』, 『화엄(花嚴)』 등 11부를 번역했다. 『개원석교록』에 따르면 693년 불수기사(佛授記寺)에서 〈보우경(寶雨經)〉을 번역했고 이때 원측이 증의(證義)를 맡았다고 한다. 이는 아마도 693년에 낙수(洛水)가 범람하여 복선사에서 불수기사로 역장을 옮긴 일을 가리키는 듯하다. 이후 원측은 쭉 불수기사에서 보리류지와 함께 거주하며 696년 임종을 맞이한다.

한편, 아르진나(阿儞真那, *Āracintana; 중국명 寶思惟)는 693년 낙양 천궁사에서 〈수구즉득대자재다라니신축경(隨求即得大自在陀羅尼神呪經)〉을 번역한 뒤, 그해 7월 거처를 옮겨 불수기사에서 〈불공견색다라니자재왕주경(不空羂索陀羅尼自在王呪經)〉을 번역한다. 원측 생전에 아르진나와의 인연은 693년 불수기사(佛授記寺)의 역장에서 이뤄진 듯한데, 이후 임종 때까지 원측은 불수기사에서 보리류지, 아르진나와 함께 보낸다.

695년은 의정(義淨, 635~713)이 25년간(670~695)의 긴 인도 유학 생활을 마치고 귀국한 해이기도 하다. 귀국하자마자 695년 5월부터 699년까지 4년간 불수기사에서 『신역화엄(新譯華嚴)』의 완성본 작업에 매진했으니, 696년 7월 원측이 불수기사에서 입적할 때까지 일 년 남짓 교류기간이 있었다. 불수기사에서 『신역화엄』의 완성본을 만들어갈 때 실차난타가 함께 있었는지 분명한 기록은 없지만, 『대방광입여래지덕불사의경(大方廣入如來智德不思議經)』(1卷)이 불수기사에서 번역된 것으로 나오는 걸 볼 때, 그리고 일차번역의 완성자가 그것을 교정보는 역장에 당연히 있었을 것이기 때문에, 원측은 일 년 남짓 실차난타(實叉難陀, Śikṣānanda, 652~720: 중국명 喜學)와도 가까이 교류했을 것이다.

□ 『인왕경소』의 저술

원측은 불수기사에서 최후의 저술 『인왕경소』를 완성한 것으로 보인다. 길전도흥(吉田道興 1976: 268)은 『인왕경소』에 『신역화엄』(80권본)이 인용되고 있다는 사실에 주목하여, 『인왕경소』가 원측 최만년의 저술임을 주장하였고, 남무희(2009: 124)는 똑같은 논거로 『인왕경소』의 저술년대를 일차번역이 완료된 695년 이후, 입적하게 되는 696년 7월 이전으로 설정한다.

『인왕경』의 "是時(至)六種震動"에 대한 주석 부분에서, 『인왕경소』에는 다음과 같이 『신역화엄』을 인용한다.

> 若依《新翻華嚴》, 與前不同. 彼云:「爾時, 佛威力故, 普遍一切華積藏土世海六種震動. 謂震、遍震、普遍震, 動、遍動、普遍動, 涌、遍涌、普遍涌, 運、遍運、普遍運, 吼、遍吼、普遍吼, 擊、遍擊、普遍擊.」
> 解云. 初漸動爲震. 漸大動爲動. 上下踏涌爲涌. 隱隱出聲爲運. 漸大出聲爲吼. 互相皷擊, 其聲轉大爲擊.

6종 진동의 예로 "震, 動, 涌, 運, 吼, 擊", 이상 여섯 가지를 들고 있는데, 이는 현존 『신역화엄』과 번역어가 다르다. 『인왕경소』의 인용 부분은, 현존 『신역화엄』 중 〈여래출현품(如來出現品)〉에 나오는 다음 구절과 합치된다.

爾時，佛神力故，法如是故，十方各有十不可說百千億那由他世界六種震動，所謂東涌西沒，西涌東沒，南涌北沒，北涌南沒，邊涌中沒，中涌邊沒. 十八相動，所謂動、遍動、等遍動，起、遍起、等遍起，涌、遍涌、等遍涌，震、遍震、等遍震，吼、遍吼、等遍吼，擊、遍擊、等遍擊.

『新譯華嚴』권52 〈如來出現品〉

『인왕경소』의 "震，動，涌，運，吼，擊"이 현존본에는 "動，起，涌，震，吼，擊"으로 바뀌어 있음을 알 수 있는데, 이를 근거로 보면 『인왕경소』에 인용된 『신역화엄』은 695년 이루어진 일차번역을 가리킨다는 것을 알 수 있다. 아울러 원측이 불수기사에서 『신화엄경』을 강역하다가 다 끝내지 못한 상태에서 입적하였다는 〈탑명〉의 기록도 당연히 695년판 일차번역을 가리킨다는 것을 알 수 있다.

그 외에도 『인왕경소』의 저술년대와 관련해서 네 가지 주의할 사항이 있다.

첫째, 『인왕경소』에서 현장은 '慈恩三藏'으로 언급된다는 점이다. 이는 『인왕경소』가 무주의 건국이 이루어지던 690년 이후에 저술된 것임을 말한다.

둘째, '寶思惟三藏'을 언급하고 있다는 점이다. 아르진나의 번역이 693년에 이루어지고, 원측과 아르진나는 693년 불수기사에서 만나기 때문에 『인왕경소』는 693년 이후에 저술된 것이 된다.

셋째, 『인왕경소』에서 자신의 저술 『해심밀경소』에 관해서 언급한다는 점이다. 예를 들어, "解深密經第一卷記", "廣如深密記", "若廣分別如深密記" 등이 있다. 이는 명백히 『해심밀경소』 이후에 『인왕경소』가 저술되었다는 증거이다.

넷째, 텍스트 외적인 정황증거로 의정이 695년 5월에 『신역화엄』의 결정판 작업에 합류한다는 점이다. 이는 『신역화엄』의 결정판 작업이 695년 어느 달에 시작됐는지 알려주는 정황증거가 된다.

이상과 같은 근거에 입각해서 『인왕경소』는 695년 5월 이후 696년 7월 이전 불수기사에서 저술되었다고 확정할 수 있다.

□ 원측의 임종

後又召入東都，講譯新華嚴經，卷軸未終，遷化於佛授記寺，實萬歲通天元年七月二十二日也，春秋八十有四. 以其月二十五日，燔於龍門香山寺北谷，便立白塔. 在京學徒西明寺主慈善法師、大薦福寺大德勝莊法師等，當時已患禮奉無

依, 遂於香山葬所, 分骸一節, 盛以寶函石槨, 別葬於終南山豐德寺東嶺上, 法師嘗昔往游之地. 墓上起塔, 塔基內安舍利四十九粒. 〈탑명〉

후에 황제의 칙명에 따라 동도(=낙양)에 들어가 『신화엄경』을 강연(講筵)하고 번역하였다. 강역 작업이 미처 끝나기도 전에 불수기사에서 입적하였는데, 때는 만세통천 원년 7월 22일이고 [이때 원측의] 나이는 84살이었다. 7월 25일에 용문(龍門)의 향산사(香山寺) 북쪽 골짜기에서 화장하고는 백탑을 세웠다. 장안에 있던 [원측의] 제자(學徒)인, 서명사(西明寺)의 지주(寺主)인 자선(慈善)법사와 대천복사(大薦福寺)의 대덕(大德) [新羅僧] 승장(勝莊)법사 등이 예를 받들려고 하여도 의지처가 없음을 걱정하던 차에 향산 화장터에서 유해 일부분을 떼어내 보함석곽(寶函石槨)에 담아 종남산 풍덕사(豐德寺)의 동쪽 고개 위에 따로 안장하였는데, 법사(=원측)께서 일찍이 [8년 은거 중에] 오가며 머물던 곳이었다. 묘 위에 탑을 세우고 탑의 기단 안에 사리 49위를 안치하였다.

무주(武周) 만세통천(萬歲通天) 원년 곧 696년(84세)에 원측은 『신역화엄』 일차 번역본을 들고 강연하다가 입적한다. 특별히 지병에 관한 기록은 없는 걸 보면 건강한 상태에서 임종을 맞이한 것 같다.

'용문(龍門)'은 측천무후 때 역대 역경삼장이 묻히던 곳이라 원측에 대한 측천무후의 존경심을 엿볼 수 있다. 다비식 때 나온 사리 일부를 원측의 제자들이 수거하여 탑을 세워 종남산 풍덕사 근처에 안치하였다고 하고, 그곳이 종남산에서 8년 은거하는 동안 오가던 곳이라고 하니 '종남산 풍덕사 동쪽 고개'가 8년 은거 동안 원측이 있었던 장소임을 알 수 있다.

□ 원측의 저술 목록 정리

이상의 논의를 통해 다음과 같이 현존하는 원측 저술의 성립년대를 확정할 수 있다.

(1) 『성유식론소(成唯識論疏)』(662년 50세~664년 52세)

(2) 『불설반야바라밀다심경찬(佛說般若波羅蜜多心經贊)』(676년 64세~679년 67세)

(3) 『무량의경소(無量義經疏)』(686년 74세~687년 75세)

(4) 『해심밀경소(解深密經疏)』(689년 77세~690년 78세)

(5) 『인왕경소(仁王經疏)』(695년 83세~696년 84세)

II.『해심밀경소』의 판본 상황

단편만 존재하는 『성유식론소』를 제외할 때, 현존하는 원측의 네 가지 저술 중 유식사상가로서의 진면목을 보여주는 작품은 『해심밀경소(解深密經疏)』이다. 다른 작품들은 반야 공사상이나 화엄 또는 천태사상을 유식사상의 관점에서 회석(會釋)하는 우회적 유식사상서인 데 반해, 『해심밀경소』는 유식사상의 본령을 적극적이고 전면적으로 제시하고 있기 때문이다.

『해심밀경소』의 현존 한문 사본에는 경도대(京都大) 장경서원본(藏經書院本), 대곡대본(大谷大本), 용곡대본(龍谷大本), 모두 3종류가 있지만, 세 가지 사본 모두 동일한 원본을 필사한 것으로 보인다. 세 가지 사본 중 대곡대본에만 맨 뒤에 "安永五丙申七月中旬, 高野山如意輪院藏本, 於大樂院, 謄寫焉"이라고 필사 시기와 장소가 적혀 있다. 이것으로 추측해 보건대, 세 가지 사본의 성립년대는 안영(安永) 5년 곧 1776년이고, 필사 원본은 일본 고야산(高野山) 여의륜원(如意輪院) 소장본임을 알 수 있다. 『해심밀경소』 한문본의 복원을 위해서는 혹시 남아있을지 모르는 고야산 여의륜원 소장본을 조사할 필요가 있으나 아직 자세한 정보는 얻지 못한 상태이다.

『해심밀경소』는 원래 10권으로 이루어진 텍스트이지만, 현존 한문 사본은 모두 제8권의 첫 부분과 제10권 전부가 결락돼 있다. 일본에서는 경도대 장경서원본을 저본으로 삼아 결락된 상태 그대로 『해심밀경소』를 일본의 『속장경(続蔵経)』 제1편 34투(套)(1-7卷)와 35투(8-9卷), 『만자속장경(卍字續藏經)』 제21권(1976) 가운데 수록하였다.

중국 남경(南京)의 금릉각경처(金陵刻經處)에서는 양인산(楊仁山)이 경도대 장경서원본을 입수한 뒤, 이를 저본으로 삼아 그의 사망 11년 후 민국(民國) 11년(1922)에 34권본을 출간하였다.

학계에서는 『해심밀경소』 한문본의 결락 부분이 티베트어 번역으로 온전하게 보존돼 있다는 사실에 착안하여, 티베트어 번역에서 한문본으로 환원 작업을 시도하였다. 일본의 불교학자 도엽정취(稲葉正就, Inaba Shōju)는 『해심밀경소』의 현존 한문 사본과 티베트어 번역의 대조 연구를 수행한 뒤, 티베트어 번역으로부터 제8권의 첫 부분과 제10권 전부의 한문본을 복원하여 그 연구성과를 『圓測・解深密經疏散逸部分の研究』(1972)로 출판한다. 도엽정취의 뒤를 이어 중국의 불교학자 관공(觀空)도 『해심밀경소』의 티베트어 번역으로부터 제10권의 한문본을 복원하였고, 중국의 금릉각경처는 관공의 제10권 복원본을 덧붙여 총 40권 본의 『해심밀경소』를 출판한다(1981년). 현재 도엽정취의 복원본은 『한국불교전서(韓國佛教全書)』 제1책에, 관공의 복원본은 『한국불교전서』 제11책에 수록되어, 연구자의 편의를 도모할 수 있게 되었다.

금릉각경처본과 만자속장경본, 둘 다 동일한 경도대 장경서원본을 사용했어도 판독에 차이가 있는 탓에, 금릉각경처본과 만자속장경본은 글자의 이동(異同) 및 협주(夾註) 배당 등 판본 구성에 적지 않은 차이가 있다. 만자속장경본에는 속장경에 없던 글자의 이독(異讀)을 주(註)로 처리하고 있지만, 이는 대부분 34권본 금릉각경처본을 인용한 것이다. 도엽정취와 관공의 한문복원본을 제외하면 『해심밀경소』의 한문본 판본은 결국, 『만자속장경』과 『금릉각경처본』 두 가지로 압축된다. 따라서 『해심밀경소』의 한문본에 관해서, 필자는 만자속장경본 『해심밀경소』('GS'로 약칭)를 저본으로 하여 중국의 금릉각경처본 『해심밀경소』(40권본: 'JS'로 약칭)를 대조한 뒤, 티베트어 번역과 대교(對校) 작업을 거쳐, 한문본과 티베트어 번역본의 교정본(critical edition)을 합벽(合璧)하였다. 『한국불교전서』에 실린 『해심밀경소』는 일본의 『속장경본』을 저본으로 부분적인 교정을 시도했다고는 하지만, 『속장경본』에 비해 오히려 오탈자의 증가, 표점의 잘못 등 문제점이 많아 전혀 '독자적 판본' 역할을 할 수 없고, 이를 하나하나 교정해 나가는 것도 시간 낭비일 뿐이다. 따라서 필자의 작업에서 『한국불교전서』에 실린 『해심밀경소』는 인용하지 않겠다.

필자가 검토해 본 결과 한문본의 결락 부분은 제8권의 첫 부분과 제10권에만 해당하지 않는다. 『해심밀경소』의 〈서품(序品)〉 부분에서 상당히 많은 착간(錯簡)과 결락(缺落) 부분이 발견되기 때문이다. 따라서 〈서품〉의 많은 부분에서 티베트어 번역에 의거해서 필자의 역량껏 한문복원본을 시도해 보았다. 티베트대장경은 『중화대장경: 서장편(中華大藏經: 西藏篇)』(제68~69권)을 저본으로 하여 데르게판을 대조하였고, 몽골대장경은 『몽고문대장경(蒙古文大藏經)』(제127~129권)을 저본으로 하였다. 한문본의 결락 부분에 관해서, 학자의 편의를 도모하기 위해서 티베트어 번역의 교정본과 몽골어 번역의 교정본을 합벽(合璧)하였음을 밝혀둔다.

동아시아 사상계에서 원측의 영향력 및 사상적 지위는 『해심밀경소』의 티베트어 번역과 몽골어 번역을 통해 확인할 수 있다. 『해심밀경소』의 몽골어 번역에 관해서는 이종철의 연구(李鍾徹 2019)를 참조하기로 하고, 여기서는 『해심밀경소』의 티베트어 번역의 성립 년대에 관해서만 간략하게 언급하겠다.

『해심밀경소』 한문본은 그 전부를, 최둡(Chos grub, 780?~860?)이 티베트어로 번역한 뒤

9세기 초에 티베트대장경에 수록된다(Peking No.5517; Derge No.4016). 티베트대장경『해심밀경소』발문(跋文, colophon)을 보자.

> 《ḥphags pa dgoṅs pa zab mo ṅes par ḥgrel paḥi mdo rgya cher ḥgrel pa》 rgyaḥi slob dpon wen(DC: wen=wan) tshig gis mdsad pa rdsogs sto// // dpal lha btsan poḥi bkaḥ luṅ gis ṣu chen gyi lo tsā ba dge sloṅ ḥgos chos grub kyis rgyaḥi dpe las bsgyur ciṅ ṣus te gtan la phab paḥo//
>
> 중국의 스승 원측(圓測)이 저술한『성해심밀경소(聖解深密經疏)』가 끝나다. 'dPal lha btsan po'의 칙령(勅令)을 받들어 대역사(大譯師)·비구(比丘) 'ḥGos Chos grub'이 한문본(漢文本)에서 번역하고 교정(校正)했다.

'dPal lha btsan po'(산스크리트어 'śrī-devarāja'?) 곧 '길상대왕(吉祥大王)'이라는 존칭(尊稱)은 고유명사가 아니기 때문에 다른 왕에게도 붙일 수 있는 호칭으로 보이지만, 췌둡의 생존년대를 고려할 때, 흔히 '렐빠쩬(ral pa can)'으로도 불리는 티쭈데쩬(Khri gtsug lde btsan, 804~836)을 지칭하는 호칭으로 보아야 할 것이다.

췌둡의 생존년대와 티베트어 번역년대에 관해서는 오기욱의 연구(吳其昱 1984)에 자세하게 나와 있고, 성씨(姓氏) 'ḥGos Chos grub'의 중국명을 '管法成'으로 한 것에 관해서는 왕요의 연구(王堯 1980)를 참조할 수 있다.

티쭈데쩬의 재위기간이 815~836년에 걸쳐 있고(체立千 2000: 203~204),『해심밀경소』의 티베트어 번역본을 완성했을 당시 췌둡의 관직명이 'ṣu chen gyi lo tsā ba dge sloṅ(大譯師·比丘)'이었다는 점, 그리고 824년경 편찬된 것으로 추정되는 덴카르마(Denkarma) 목록에 췌둡 번역『해심밀경소』가 실린 점, 이상 세 가지 유의사항을 고려할 때,『해심밀경소』는 820년경에 티베트어로 번역되었다.

『해심밀경소』의 한문본을 티베트어 번역본과 대조해 보면 두 판본 모두 문제가 많음을 알게 된다. 때로는 한문 사본 자체의 문제일 수도 있고, 때로는 한문 사본 판독의 오류일 수도 있는 문제가 산적해 있는 것이다. 게다가 어떤 경우에는 티베트어 번역의 문제가 심각하게 대두되는 때도 있다. 이러한 문제에 관해서 이종철의 연구(2013)를 참조하기 바란다. 따라서 학계에서 믿고 연구할 수 있는『해심밀경소』의 교정본을 만들어내는 일은, 유식사상 연구자뿐만 아니라 동아시아 불교사상 연구자를 위해서도 선결과제로서 등장할 수밖에 없는데, 이 일은 또한 한문 교정본과 티베트어 번역본의 교정본을 만드는 일이기 때문에 오랜 세월을 요하는 장기적 과제일 수밖에 없다. 이제『해심밀경소』〈서품〉의 교정본을 마무리지으며 13여년에 걸친『해심밀경소』작업을 무사히 마쳤음을 자축하며, 또 다른 연구의 길목에서 연구자 여러분을 뵙기를 기원한다.

2024년 7월

李 鍾 徹(Jong-Cheol LEE)

〈참고문헌〉

남무희, 2009,『신라 원측의 유식사상 연구』, 민족사.

조경철, 2010,「신라 원측의 생애에 대한 검토」,『한국고대사연구』57.

조경철, 2013,「원측의 승의제에 대한 이해와 동아시아 여왕시대의 성불론」,『원측 해심밀경소 승의제상품 연구』, 한국학중앙연구원 출판부.

이종철, 2013,「해심밀경소 텍스트와 '승의제'」,『원측 해심밀경소 승의제상품 연구』, 한국학중앙연구원 출판부.

汤用彤, 1931, 再錄,『隋唐佛教史考』(汤用彤論著集之二), 北京: 中华书局, 1982. (1931년 鉛印本).

富貴原章信, 1944,『日本唯識思想史』, 大雅堂; 〈再刊〉『日本唯識思想史』(富貴原章信仏教学選集3), 国書刊行会, 1989.

足立喜六 譯注, 塩入良道 補注, 1970,『入唐求法巡禮行記 1』(東洋文庫 157), 東京: 平凡社.

足立喜六 譯注, 塩入良道 補注, 1985,『入唐求法巡禮行記 2』(東洋文庫 157), 東京: 平凡社.

稲葉正就, 1972,「圓測·解深密經疏散逸部分の研究(漢文譯篇)」,『大谷大学研究年報』第24集(1971), (抜刷本).

吉田道興, 1976,「西明寺円測の教学」,『印度学仏教学研究』(日本印度学仏教学会) 25-1.

王堯, 1980,「藏族翻譯家管·法成對民族文化交流的貢獻」,『文物』第7期.

吳其昱, 1984,「大蕃國大德 三藏法師 法成傳考」,『敦煌と中国仏教』講座敦煌7, 東京: 大東出版社.

鎌田茂雄, 1988,『新羅佛教史序說』, 東京大学東洋文化研究所.

楊廷福, 1988,『玄奘年譜』, 北京: 中华书局.

白花文·李鼎霞·許德楠, 1992,『入唐求法巡禮行記 校註』(修訂校註, 小野勝年 校註), 花山文藝出版社.

陳景富, 1999,『中韓佛教關係一千年』, 北京: 宗教文化出版社.

刘立千, 2000,『西藏王臣記』(五世Dalailama著, 刘立千 譯注), 北京: 民族出版社

李鍾徹, 2019,『圓測 解深密經疏〈如來成所作事品〉: 漢藏蒙 校勘 校訂本』, 韓國學中央研究院.

〈약호〉

大正藏	大正新修大藏経
續藏經	大日本続藏経(藏経書院, 1905~1912)
卍字續藏經	新纂大日本続藏経(国書刊行会, 1975~1989)
韓佛全	韓國仏教全書
〈휘일문〉	崔致遠(857~?)『故譯經證義大德圓測和尙諱日文』
〈원측전〉	贊寧(919~1002)『宋高僧傳』(唐京師西明寺圓測法師傳)
〈탑명〉	宋復(?~1115~?)『大周西明寺故大德圓測法師佛舍利塔銘幷序』
〈성유식론소〉	『成唯識論測疏』, 支那內學院 編, 北京: 佛學書局, 1938.
〈반야심경찬〉	卍字續藏經 1-41; 韓佛全 第一册.
〈무량의경소〉	《西教寺所藏 圓測撰 無量義經疏》, 影印本, 東國大學校·大津市歷史博物館, 2018.
〈해심밀경소〉	金陵刻經處本(40권); 卍字續藏經 1-34, 35; 韓佛全 第一册.
〈인왕경소〉	卍字續藏經 1-40; 韓佛全 第一册.

Introduction to *Āryasaṃdhinirmocanasūtraṭīkā*
ḥphags pa dgoṅs pa zab mo ṅes par ḥgrel paḥi mdoḥi rgya cher ḥgrel pa
《解深密經疏》

I. Wŏnch'ŭk: Life and Writings in Chronological Order

To understand the life of Wŏnch'ŭk, it is crucial to examine three primary sources organized chronologically in order to delve into the life of Wŏnch'ŭk 圓測 (613~696), there are three primary sources arranged chronologically: Ko yŏkkyŏng jŭngŭi daedŏg wŏnch'ŭk hwasang hwiilmun (*A Eulogy Commemorating the Late Venerable Wŏnch'ŭk of Great Virtue and the Verifier of Meaning in Interpretating Buddhist Scriptures*) written by Ch'oe Ch'iwŏn 崔致遠 (857~?); hereafter, *Eulogy*; included in the Song Gao Seng Chuan (*Biographies of Eminent Monks [compiled in] the Song dynasty*: hereafter, the *Biographies of Eminent Monks*) written by Zanning's 贊寧 (919~1001), Tang Jing Shi Xi Ming Si Yuance Fa Shi Chuan (the *Biography of Venerable Yuance* [*Wŏnch'ŭk*] [*originating from*] *Xi Ming Monastery [in the] Capital of Tang*); hereafter, *Biography of Wŏnch'ŭk*; Da Zhou Xi Ming Si Gu Da De Yuance Fa Shi Fo She Li Ta Ming Bing Xu (*Memorial Inscription of the Late Venerable Yuance of Great Virtue of Xi Ming Monastery in Great Zhou*) written by Song Fu 宋復 (?~1115?); hereafter, *Inscription*. Among them, two of the most trustworthy records are Ch'oe Ch'iwŏn's *Eulogy* from the Unified Silla period and Song Fu's *Inscription* in the Northern Song era. Based on the aforementioned documents, the life of Wŏnch'ŭk will be traced, and if necessary, the textual analysis on the *Biography of Wŏnch'ŭk* will be carried out to support the information contained in those documents.

1. Early years

□ Genealogy of Wŏnch'ŭk: Ancestry, Clan, and Lineage

The *Inscription* documents the following information about Wŏnch'ŭk's birth year.

> 後又召入東都, 講譯新華嚴經, 卷軸未終, 遷化於佛授記寺, 實萬歲通天元年七月二十二日也, 春秋八十有四.
>
> In his later years, in response to an imperial order, he entered the city of Luoyang (東都=洛陽) to both delivered lectures on the *Revised Avataṃsaka Sūtra* (新華嚴經) and worked on its translation. [However], he passed away before he could complete the undertaking and was interred at the Fo Shou Ji Temple (佛授記寺) on July 22nd, 696 CE. At the time of his passing, Wŏnch'ŭk had reached the age of 84.

Based on this record, since Wŏnch'ŭk passed away in the year 696 at the age of 84, it can be inferred that he was born in 613. While the *Biography of Wŏnch'ŭk* lacks a clear record of Wŏnch'ŭk's genealogy, the *Inscription* and *Eulogy* contain relatively more detailed descriptions regarding his ancestry, clan, or genealogy.

According to this record, Wŏnch'ŭk passed away in the year 696 at the age of 84, indicating that he was born in the year 613. The *Biography of Wŏnch'ŭk* does not contain any information about his family name or genealogy; however, relatively detailed descriptions are provided in the *Eulogy* and the *Inscription*.

> 追惟大德, 馮鄉士族, 燕國王孫. 夙種善芽, 行攀勝果, 為鰈海之龍子, 是鷄林之

鳳雛.

Upon examining it, the lineage of the Venerable Wŏnch'ŭk traces back to a distinguished Feng (馮) family with a royal heritage in the State of Yŏn (Ch. 燕). Having reaped the fruit of good karma from his previous life, he has now become a youthful dragon and a burgeoning phoenix in the land of the East. (*Eulogy*)

Also,

法師, 諱文雅, 字圓測, 新羅國王之孫也.

The venerable monk's name is Mun-ah, with the courtesy name Wŏnch'ŭk, and he is a descendant of a king of Silla. (*Inscription*)

The *Inscription* records that while his given name is Mun-ah, the courtesy name is Wŏnch'ŭk. It is presumed that he was addressed as Mun-ah at birth, and upon joining the Buddhist Order, he embraced the Buddhist title, Wŏnch'ŭk.

Identifying Wŏnch'ŭk as a member of Silla's royal lineage in the *Inscription* is consistent with the reverence expressed in the *Eulogy*, where he is hailed as a 'youthful dragon' or 'burgeoning phoenix.' This connection can be seen from an inference through an example cited in the *Memorabilia of the Three Kingdoms* (三國遺事); hereafter *Memorabilia*, where the King's palace was referred to as the 'Dragon Residence.' Thus, characterizing Wŏnch'ŭk as a 'youthful dragon' or 'burgeoning phoenix' serves to illustrate his royal lineage.

In the *Eulogy*, the sentence stating 'the lineage of the Venerable Wŏnch'ŭk traces back to a distinguished Feng family with a royal heritage in the State of Yŏn (Ch. Yan 燕)' appears to describe his ancestry. In simpler terms, Wŏnch'ŭk's genealogy can be traced to the Feng family of Northern Yŏn (407~437) during the Sixteen Kingdoms period. The historical record does not clearly indicate when his ancestors settled in Silla. It is highly probable that the Feng clan immigrated to Silla through Koguryŏ in the 5th century, especially given the historical events of

438 when some Feng family members were killed due to a foreign diplomatic conflict with Northern Wei, indicating a likely migration to Silla during that period.

> 時, 圓測法師是海東高德, 以牟梁里人故不授僧職 (三國遺事 卷2)
>
> At that time, despite being a respected monk in Korea, Wŏnch'ŭk did not receive a Buddhist clerical role, likely attributed to his Moryang district background. (*Memorabilia, Book Two*)

Hence, Wŏnch'ŭk's ancestors established their roots in the Moryang district among the Six administrative boroughs. As such, despite Moryang District being situated on the western outskirts of the capital of Silla, it held significance as one of the six districts of Chinhan, the precursor of Silla. According to Ch'oe Ch'iwŏn, Chinhan served as a settlement for people from Northern Yŏn (燕). Within this district, the royal surnames Park and Son were prominent, with Moryang Park being especially noteworthy for producing queens across generations, and it was also recognized as a devout Buddhist clan.

Queen Bodo (Park), who entered a life of nun-hood after the passing of King Pŏp'ŭng, and Queen Sado (Park), who similarly became a nun following her husband King Chinhŭng's demise, are presumed to be the notable queens representing the Moryang clan. Additionally, Wŏn'gwang, who pursued studies in Shelun (攝大乘論) and later returned to Silla, is believed to have Moryang lineage. Consequently, given the attestation of his royal ancestry in the *Eulogy* and *Inscription*, it is highly probable that Wŏnch'ŭk's surname is Park.

□ A Motivation behind entering the Buddhist Ordination as an infant

According to the *Inscription*, Wŏnch'ŭk entered Buddhist Ordination at the age of three in the year 615. Because he joined the Order as an infant, the *Eulogy* described it as "entering the Buddhist Order wrapped in a blanket. (襁褓出家)" To provide a comparison with contemporary fellow monks, Wŏnhyo 元曉 (617~686) and Ŭisang 義湘 (625~702) entered the order around the age of ten. Wŏnch'ŭk's ordination at such a young age was notably early, suggesting certain external circumstances influenced this decision.

Given the historical background, it's noteworthy that Queen Sado Park, the wife of the late King Chinhŭng, passed away in the year 614, just a year before Wŏnch'ŭk's initiation. It is presumed that her death played a role in his situation in entering the Order. (Cho 2010). Therefore, although not definitive, it would be reasonable to infer that joining the Order at the tender age of three was somehow linked to Queen Sado's demise within the Moryang clan.

2. Education

Between 615, when Wŏnch'ŭk joined the Order, and 627, the year he embarked on a journey to study in Tang China, there is a twelve-year period with no recorded activities. As per the *Inscription*,

> 三歲出家，十五請業，初於常辯二法師聽論.
>
> [Wŏnch'ŭk] entered the Buddhist Order at the age of three and initiated his studies at the age of fifteen, under the tutelage of Fa Chang and Seng Bian.

When he was fifteen, Wŏnch'ŭk traveled to Tang in 627 when he was fifteen, and upon settled in the capital of Tang, Chang An, then he studied under Fa Chang 法常 (567~645, at the Pu Guang Temple 普光寺) and Seng Bian 僧辯 (568~642 at the Hong Fu Temple 弘福寺). Fa Chang, highly versed in the *Banniepan Jing* (涅槃經) was a student of Tan Yan (曇延) and studied the *Shen Dachen Lun* (攝大乘論) under Tan Qian (曇遷). Under Dao Yue (道岳), Fa Chang was excelled in the study of the Paramārtha version of the *Abhidharmakośabhāṣya* and distinguished himself in the field of Shelun study (攝論學).

Seng Bian studied the *Shen Dachen Lun* (攝大乘論) text under Zhì Níng (智凝), a student of Jing Song (靖嵩) and learned the *Abhidharmakośabhāṣya*, the version translated by Paramārtha, from Dao Yue (道岳), and he was a reputable scholar-monk also competent in the doctrines of She Lun (*Saṃgrāha*) and contemporaneous to Fa Chang. During this period, the primary scholarly investigation centered on the *Mahāyānasaṃgraha* and the *Abhidharmakośabhāṣya*, with Paramārtha translating the relevant texts. Despite later retranslations by Xuanzang 玄奘 (600~664), Paramārtha's renditions continue to wield significant influence in the field of research even to this day.

In the context of Buddhist philosophies in East Asia, Fa Chang and Seng Bian were affiliated with the Southern Dilun (地論) school of Yogācāra scholars. They maintain a perspective that examines Yogācāra thought through the lens of Tathāgatagarbha, essentially interpreting Yogācāra views within the framework of Tathāgatagarbha.

□ The Relationship between Wŏnch'ŭk and Xuanzang

At the time Wŏnch'ŭk settled in Changan, the capital of the Tang Dynasty in 627, Xuanzang, regarded as the foremost translator of Buddhist scriptures in Chinese history, embarked on a journey to India in the same year (Yang Ting Fu 1988). Considering the profound impact of Xuanzang's scholarship on Buddhist studies in China and East Asia at large, it becomes imperative to delve into the relationship between Wŏnch'ŭk and Xuanzang as a primary focus for a better understanding of Wŏnch'ŭk's thought.

In August of the year 627, Xuanzang departed from the capital to pursue studies in India. Unfortunately, there is no recorded information about the month in which Wŏnch'ŭk arrived in Changan. Consequently, it remains uncertain whether their paths crossed during that time. It is noteworthy that in 627, Wŏnch'ŭk was fifteen years old, while Xuanzang was twenty-eight. Given the thirteen-year age gap and the shared tutelage under Fa Chang and Seng Bian, labeling their association as 'master-pupil,' as later generations might interpret it, would be an exaggeration. A more fitting description of their relationship would be as colleagues.

□ The Period of Wŏnch'ŭk's Scholarly Pilgrimage

Upon the arrival of Xuanzang from India on the 25th of January in the year 645, Wŏnch'ŭk began to mature as a distinguished scholar in the field of Buddhist thought. Consequently, the period from the time when Wŏnch'ŭk arrived in Changan 長安 at the age of fifteen in the year 627 until the age of thirty-three when Xuanzang returned from India in 645 is referred to as the *Period of Wŏnch'ŭk's Scholarly Pilgrimage*. In fact, the *Eulogy* and *Inscription* contain descriptions that highlight Wŏnch'ŭk's intellectual acumen.

> 學寧限於七洲，語將通於六國，果能天言鼓舌，而重譚華音海，會印心而優探梵義. 若楚材歸晉，如趙璞入秦，遂得行高十地之中，名達九天之上. 文皇識寶，遽度以爲僧.
>
> Wŏnch'ŭk's learning extended beyond the borders of China (the Seven States), as he was proficient in six languages. Indeed, he fluently spoke Sanskrit and interpreted it in Chinese phonetics with a profound understanding of its meanings. [Wŏnch'ŭk's abilities are] comparable to the timbers that returned from the State of Chu to the State of Jin or the jade that moved from the State of Zhao to the State of Qin. His meditative practice reached the tenth stage, and his reputation soared to the ninth heaven. Recognizing Wŏnch'ŭk as a treasure, Emperor Taizong granted him a Buddhist monk ordination license, allowing Wŏnch'ŭk to enter the Buddhist Order. (*Eulogy*)
>
> 正(正=貞: 避諱)觀中，大(⇒Ms: 太)宗文皇帝度為僧，住京元(元=玄: 避諱) 法寺，乃覧《毗曇》,《成實》,《倶舍》,《婆娑》，等論，暨古今章疏，無不閑(閑=嫻)曉，名聲藹著.

> During his reign, Emperor Taizong granted a Buddhist monk ordination license to Wŏnch'ŭk, enabling him to serve as an administrator of monks. While residing at Xuan Fa Temple, he became proficient in the Pitan Lun (毗曇), Cheng Shi Lun (成實), Ju Shi Lun (俱舍), Po Suo Lun (婆娑), and relevant ancient commentaries. Consequently, he gained widespread recognition. (*Inscription*)

The *Eulogy* and *Inscription's* sole documented record reveals that Wŏnch'ŭk obtained his Buddhist ordination license as an administrator of monks during the time of Emperor Taizong. Nevertheless, the exact timing of this event remains unclear. Because of the period in which the Emperor Taizong 太宗 ruled for 23 years between 627 to 649, it would be necessary to specify a time frame within a fairly long period of reign.

In accordance with the *Shangshu Libu* (尙書禮部, The Ministry of Rites) from the *Tang Liu Dian* (唐六典, The Six Statues of the Tang Dynasty), the State of Tang would update the list of the Buddhist Order every three years. One copy was allocated to the Office of Rites (祠部), another to the Department of Rites (鴻臚寺), and the remaining one to the Office of the Administrative District (州府) (Yang Ting Fu 1988, p. 61). Following customary practices, it can be inferred that Wŏnch'ŭk received his ordination between the ages of eighteen and twenty-one, approximately around the year 633 (seventh year of Taizong's reign).

According to the *Eulogy*, Wŏnch'ŭk received his ordination upon achieving notable reputation; however, it appears that the sequence has been reversed. In the *Inscription*, it would be more natural to infer that, having received his ordination, Wŏnch'ŭk resided in Xuan Fa Temple (玄法寺) and mastered various texts to gain prominence. In the *Inscription*, the temple is originally referred to as Yuan Fa Temple (元法寺); however, it is noteworthy that the term 'Yuan (元) is an alternative for 'Xuan (玄)' to circumvent the emperor's character out of respect. It would be more accurate to pronounce it as 'Xuan.' The Xuan Fa Temple, where Wŏnch'ŭk resided after receiving his ordination, was situated in the southeast of the capital, Changan, within two kilometers of both the Pu Guang Temple of Fa Chang and the Hong Fu Temple of Seng Bian in the northwest of the capital.

3. Wŏnch'ŭk as a scholar-monk in making: Early stages

After completing his seventeen-year study in India, Xuanzang arrived in Changan on January 25th of the year 645 (the 19th year of Taizong's reign). At that time, Xuanzang was forty-six, and Wŏnch'ŭk was thirty-three. Following Xuanzang's return, new translations on Yogācāra thought, coupled with lectures by Xuanzang himself, inspired Wŏnch'ŭk to develop into a scholar equipped with logical and systematic thinking in the field of Yogācāra, extending beyond the influence of Shelun (攝論) thought.

This period, marked by the metamorphic process of becoming a scholar and Xuanzang's translation projects, is designated as 'Wŏnch'ŭk, a scholar-monk in making: Early years.' It extends from the year Xuanzang returned from India in 645 (at the age of thirty-three) to the time when Empress Wu (則天武后) began her regency, during which Wŏnch'ŭk returned to Ximing Monastery (西明寺, the year of 679, at the age of sixty-seven), covering a span of thirty-four years.

□ Return of Xuanzang to China

三藏法師奘公自天竺將還，法師預夢婆羅門授果滿懷，其所證應勝因夙會，及奘公一見契合莫逆，即命付《瑜伽》《成唯識》等論，兼所翻大小乘經論，皎若生知.

Before Xuanzang returned from India, Wŏnch'ŭk had a dream in which an [Indian] brahmin offered him an arm full of fruits as if his insight [into reality] had a karmic connection with Xuanzang in the past life. Wŏnch'ŭk's views aligned seamlessly [with those of Xuanzang's]. Upon their meeting, they shared a like-mindedness, and when [Wŏnch'ŭk] was given treatises such as the *Yogācārabhūmiśāstra* (瑜伽師地論), *Cheng Weishi Lun* (成唯識

論) and others along with newly translated the Sectarian Buddhist literature and Mahāyāna scriptures, [he could] vividly comprehend [the contents] as if possessing innate knowledge of them. (*Inscription*)

On his return journey from the pilgrimage to India, Xuanzang collected Mahāyāna sūtras, Sarvāstivāda texts, and various Tripiṭakas from early Buddhist sects. This compilation amounted to approximately 657 Sanskrit texts, acquired as he traversed through India, Central Asia, and western regions of Dunhuang. At the behest of Emperor Taizong, Xuanzang took residence at the Hong Fu Temple (弘福寺), a center for Buddhist studies where Seng Bian had previously lived. It was at this location that Xuanzang instituted a translation bureau and initiated translation projects in May of 645.

In the Bureau, Xuanzang not only carried out translations but also delivered lectures on the texts to his pupils; as a result, all translators had chances to participate in his lectures. Despite not being a member of the translation group, Wŏnch'ŭk resided at the Xuan Fa Temple (玄法寺), located within two kilometers of the Hong Fu Temple. Given his connection with the temple during his tutelage under Seng Bian, attending Xuanzang's lectures would not have been difficult for him. Since then, it would be reasonable to presume that Wŏnch'ŭk acquired a fresh understanding of the texts after their translation, and through this process, he likely resolved some of the problematic and difficult issues presented in Yogācāra thought.

Following the construction of the Da Ci'en Monastery (大慈恩寺) in December of 648 CE, Xuanzang took up residence and established a translation bureau at the monastery. At this time, Kuiji 窺基 (632~682) was seventeen years old, and following the Emperor's directives, he settled in at the temple, becoming Xuanzang's pupil. Guided by Xuanzang, Kuiji acquired knowledge in Buddhist treatises as well as written and spoken Indian languages. Also, in August of 656, the Ximing Monastery was erected at the order of Emperor Gaozong (高宗, r. 649~683). This temple was dedicated to the longevity and health of the heir-apparent Hong (弘) by his mother, Empress-consort Wu (the date of investiture as Empress-consort, 655). Since then, her connection to the temple has been inseparable, ultimately fostering a lasting trust in Wŏnch'ŭk.

□ The Completion of the Ximing Monastery

> 後被召爲西明寺大德
>
> Under the directives of the Emperor, [Wŏnch'ŭk] becomes the Great Honorable monk at the Ximing Monastery. (*Inscription*)

In 658, during Emperor Gaozong's third year of reign, the Ximing Monastery was constructed when Wŏnch'ŭk was forty-six. Under the Emperor's directives, Wŏnch'ŭk was chosen as one of the fifty scholar monks to assist with Xuanzang's translation projects at the Ximing Monastery. It is only during the period between July 658 and October 659 that one is able to verify Wŏnch'ŭk sharing the same space with Xuanzang. In October 659, Xuanzang relocated the translation bureau to Yu Hua Temple (玉華寺 renamed Yu Hua Gong 玉華宮 in 651). However, Wŏnch'ŭk continued to remain at Ximing Monastery. This decision led to the establishment of the term 'Ximing Dharma-Teacher (西明法師) or 'Ximing Academic Circle,' highlighting the temple where Wŏnch'ŭk gained his reputation for his extensive exegetical works.

□ The "eavesdropping" episode in the Song Gao Seng Zhuan (Biographies of Eminent Monks [compiled in] the Song [dynasty])

In the *Biography of Wŏnch'ŭk*, Zanning recounted an incident where Wŏnch'ŭk surreptitiously listened to Xuanzang's lectures on *Cheng Weishi Lun* and the *Yogācārabhūmiśāstra*. Evidently, neither Ch'oe Ch'iwŏn's *Eulogy* nor Song Fu's *Inscription* written prior to the *Biography of Wŏnch'ŭk,* made any mention of such an occurrence.

三藏奘師為慈恩基師講新翻《唯識論》，測賂守門者隱聽，歸則緝綴義章．將欲罷講，測於西明寺鳴鐘召衆，稱講《唯識》．基慊其有奪人之心，遂讓測講訓．奘講《瑜伽》，還同前盜聽受之，而亦不後基也．(宋高僧傳，唐京師西明寺圓測)

While the Dharma teacher, Xuanzang, lectured on his new translation of *Cheng Weishi Lun* (*Vijñaptimātratāsiddhi*) to Master Cien (Kuiji), Wŏnch'ŭk bribed the gatekeeper to secretly listen in on the lecture. After hearing the discourse, upon returning to Ximing Monastery, Wŏnch'ŭk wrote a commentary on it. As the lecture on *Cheng Weishi Lun* was about to conclude, Wŏnch'ŭk rang the bell of Ximing Monastery to summon people and proceeded to lecture on *Cheng Weishi Lun*. Master Cien (Kuiji) initially resented Wŏnch'ŭk's lecture that captivated the minds and hearts of the people, but in the end, he relented. When Xuanzang lectured on the *Yogācārabhūmiśāstra*, Wŏnch'ŭk once again listened in secretly, just as before. He wrote a commentary and lectured before others. Once more, he did not lag behind Kuiji [at all]. (*Biographies of Eminent Monks [compiled in] the Song dynasty, Biography of Wŏnch'ŭk of Ximing Monastery in the Tang Capital*)

The *Biography of Wŏnch'ŭk*, undoubtedly composed after the *Biography of Kuiji at the Great Ci'en Monastery in the Tang capital*; hereafter, the *Biography of Kuiji,* is essentially an abbreviated version of the latter [regarding the eavesdropping incident.]

無何，西明寺測法師亦俊朗之器，於《唯識論》講場，得計於閽者，賂之以金，潛隱厥形，聽尋聯綴，亦疏通論旨．猶數座方畢，測於西明寺鳴[6]椎集僧，稱講此論．基聞之，慚居其後，不勝悵怏．奘勉之曰．測公雖造疏，未達因明．遂為講陳那之論，基大善三支，縱橫立破，述義命章，前無與比．
又云．請奘師唯為己講《瑜伽論》，還被測公同前盜聽，先講．奘曰．五性宗法，唯汝流通，他人則否．(宋高僧傳，唐京兆大慈恩寺窺基傳)

At that time [during the translation of *Cheng Weishi Lun* at the Yu Hua Temple], a brilliant Master Wŏnch'ŭk lived in the Ximing Monastery. He bribed a gatekeeper to listen secretly to *Cheng Weishi Lun* and regularly wrote [commentaries]. In fact, he elucidated the meanings [of the topic] well. Furthermore, upon the conclusion of the lecture [on *Cheng Weishi Lun*], he would ring the bell to assemble people and deliver his own lecture on the subject.

After hearing this, Kuiji felt humiliated that he was trailing behind Wŏnch'ŭk and couldn't suppress his resentment. To offer words of encouragement, Xuanzang told Kuiji that while Wŏnch'ŭk may have written a commentary *on Cheng Weishi Lun*, he lacks an understanding of Buddhist logic. Through Xuanzang's lectures on Dignāga's logic, Kuiji mastered the three-part syllogism. As a result, he could articulate his own arguments, repudiate others' opinions, and compose an expository treatise on [Buddhist views]. This proficiency set Kuiji apart, making him unrivaled. Moreover, it is said that [Kuiji] requested Xuanzang to lecture on *Yogācārabhūmiśāstra* exclusively for him. However, just as before, Wŏnch'ŭk secretly listened in and lectured on the subject ahead of [Kuiji]. Xuanzang spoke to [Kuiji], saying, 'Even if [Wŏnch'ŭk understand the *Yogācārabhūmiśāstra*], you alone could comprehend and articulate the law of the Five-natures of sentient being. (*Biographies of Eminent Monks [compiled in] the Song dynasty, Biography of Kuiji of Da Ci'en Monastery*)

Even though it is impossible to trace information regarding the episode involving bribing a gatekeeper and secretly listening to lectures by Xuanzang in the *Biography of Wŏnch'ŭk* by Zanning, there is no mention of disparaging remarks towards Wŏnch'ŭk in any of Kuiji's writings. Similarly, Wŏnch'ŭk did not document any comments on Kuiji as a person. Given this, it is likely that the episode emerged from the periphery of Kuiji's pupil, Huizhao 慧沼 (650-714).

In the earlier part of the twentieth century, the Chinese scholar Tang Yong Tong (汤用彤) concluded that the eavesdropping episode in the *Biographies of Kuiji* was a concocted narrative by Kuiji's pupils. They employed it to promote [their teacher] and justify their self-interest in explaining the process of translating *Cheng*

Weishi Lun, as discussed in the commentary titled *Zhang Zhong Shu Yao* (成唯識論掌中樞要). (Tang 1931 p.151)

To dismiss the episode as a fabricated narrative in the *Biography of Wŏnch'ŭk*, Tang provided three reasons. First, considering that the Buddhist logical treatises, particularly *the Yin Ming Ru Zheng Li Lun* (因明入正理論) and the *Yin Ming Zheng Li Men Lun* (因明正理門論) had already been translated in 647 and 649, respectively, it is evident that Buddhist logic could not have been exclusive to Kuiji. To illustrate the point, Xuanzang translated the *Yin Ming Ru Zheng Li Lun* (因明入正理論) in 647 at the Hong Fu Monastery and the *Yin Ming Zheng Li Men Lun* (因明正理門論) in 649 at the Daci'en Monastery. During this period, Kuiji, at the age of seventeen, entered the Buddhist order to study under Xuanzang. By the time the translation of *Cheng Weishi Lun* was underway, Buddhist logic had firmly established as the foundational subject of Yogācāra and had become prevalent in the field of Buddhist thought.

Second, during this time, while diligently propagating the tenets of Yogācāra thought, Xuanzang went so far as to lecture on the meanings of *Yogācārabhūmiśastra* to Emperor Taizong in 647. Therefore, it would be absurd to hypothesize that Xuanzang transmitted knowledge of the text exclusively to Kuiji.

Third, in the *Cheng Weishi Lun Hou Xu* (成唯識論後序) written by Shen Xuan Ming (沈玄明) of the Tang dynasty, Shen articulated the ways in which the text *Cheng Weishi Lun* was formulated and compiled, without any mention of the eavesdropping incident. Furthermore, the *Hou Xu* contains a record that, after completing the translation of *Cheng Weishi Lun*, Kuiji not only established the central theme, assigned titles for each chapter but also composed a commentary to expound meanings. This suggests the possibility that Kuiji could have been the one to write the initial commentary on *Cheng Weishi Lun* before Wŏnch'ŭk.

In addition to Tang's three reason, another Chinese scholar in the field, Chen Jing Fu (陳景富), provide three additional reasons exposing the fabrication of the eavesdropping incident recorded in the *Biographies of Wŏnch'ŭk*. (Chen 1999, p. 208)

First, during the time the *Yogācārabhūmiśāstra* was being translated between 646 CE and 648 at the Hong Fu Monastery, it is worth noting that the Ximing Monastery was not erected until ten years later in 658 CE. Second, the translation of *Cheng Weishi Lun* took place in the Leap Month of October of 659 at the Yuhua Monastery (玉華寺, currently known as Xingjiao Monastery, 興教寺). During this period, Wŏnch'ŭk was residing in Changan at the Ximing Monastery. The distance between Fang Zhou, the location of the Yuhua Monastery, and Ximing Monastery was at least eighty to over a hundred kilometers, rendering it impossible to cover in a single day. Third, Xuanzang translated the *Yogācārabhūmiśāstra* ten years prior to translating *Cheng Weishi Lun*, but the *Biographies of Wŏnch'ŭk* presented the order in reverse. Thus, it is certain that the eavesdropping incident was a fabrication.

Drawing from the reasons mentioned earlier, Chen clarified that the "eavesdropping incident" in the *Biographies of Wŏnch'ŭk* was orchestrated by disciples of the Ci'en Sect of Kuiji. The intent was to solidify the Ci'en Sect's position as the primary and authentic lineage of Xuanzang's Yogācāra thought, concurrently downplaying the significance of the Ximing Sect of Wŏnch'ŭk as a peripheral influence.

□ The Composition of the Sŏngyushingnonso 成唯識論疏 (*Commentary on the Chen Weishi Lun*, CCWSL)

Given that all evidence related to the 'eavesdropping incident' of Wŏnch'ŭk can be cross-referenced with Xuanzang's translation list, the timeline of translations, and locations, it is now evident that the narrative in the *Biographies of Kuiji* and *Biographies of Wŏnch'ŭk* in the *Biographies of Eminent Monks* was contrived with the deliberate intent of defaming the latter by Kuiji's disciples. Hence, there is no longer a need for further investigation into this issue. In a different context, the *Biographies of Kuiji and Wŏnch'ŭk* offer insight into the latter's initial treatise. Kuiji's disciples acknowledged that during the lifetime of Xuanzang, Wŏnch'ŭk authored the *Commentary on Cheng Weishi Lun* (成唯識論疏); hereafter, CCWSL, before Kuiji.

In the Shinp'yŏnjejonggyojangch'ongnok (*A Newly Edited Buddhist Scriptures Catalogue*: hereafter the *Catalogue*) compiled by the Korean monk Ŭichŏn 義天 (1055–1101) during the Koryŏ dynasty (918–1392), two commentaries written by Wŏnch'ŭk on *Cheng Weishi Lun* were recorded: the CCWSL (ten volumes) and the *Cheng Weishi Lun Appendix* (成唯識論別章, three volumes). In this context, both the commentary and the appendix were alluded to, likely corresponding to the 'commentary' and 'appendix' mentioned in the *Biography of Kuiji* and *Biography of Wŏnch'ŭk*.

Among them, the *Cheng Weishi Lun Appendix* is no longer extant, not listed in the *Catalogue*, and only the CCWSL is available as fragmentary pieces (A Commentary on Cheng Weishi Lun, 1938). If that is the case, it is probable that the CCWSL was composed after the full translation of *Cheng Weishi Lun* in the Leap Month of October of 659 and 664, the year Xuanzang passed away. In other words, Wŏnch'ŭk likely wrote it when he was between forty-seven and fifty-two years old.

Upon examining the reference literature of the CCWSL, available only in fragmentary pieces, it is revealed that it includes citations from various texts translated after *Cheng Weishi Lun*, such as the *Weishi Ershi Lun* (唯識二十論; Skt. *Viṃśatikā-vijñaptimātratāsiddhi*), known as *Twenty Verses* by Vasubandhu. The *Twenty Verses* was translated at the Yuhua Temple in 661. Consequently, the completion of the CCWSL by Wŏnch'ŭk can be narrowed down to the period between 662 (when he was fifty years old) and 664 (when he was fifty-two years old).

□ Conflicts between the Ci'en Sect and the Ximing Sect

After Xuanzang passed away, Wŏnch'ŭk likely experienced disillusionment due to the constant denigrating remarks on his CCWSL coupled with Kuiji's growing stature in an attempt to establish as the direct lineage of Xuanzang. Meanwhile, the Ximing Monastery emerged as the primary venue for Buddhist studies in Changan. This is exemplified by the editing and publishing of a Buddhist encyclopedia, *Fayuan Zhulin* (法苑珠林, Forest of Gems in the Garden of the Dharma) by Dao Shi (道世) in 668.

Many treaties written by Kuiji at the Daci'en Monastery contained the term *shuji* (述記). For example, *Cheng Weishi Lun Shuji*, *Bian Zhong Bian Lun* (*Madhyāntavibhāga*) *Shuji*, *Wei Shi Er Shi Lun* (*Viṃśatikā*) *Shuji*, *Yi Bu Zhong Lun Shuji*, emphasized that Kuiji himself listened to Xuanzang's lectures and personally documented them to inflate his authority. Without a doubt, Kuiji's treatises included numerous texts and their interpretations set forth by Xuanzang during his studies in India. Consequently, this enriched research on Indian and Chinese Buddhist thoughts. However, intentionally incorporating the term 'shuji' in many of the titles of his treatises served as a clear indication to establish his lineage as the orthodox school of Xuanzang's thought.

In fact, while residing at the Ximing Monastery, Wŏnch'ŭk had already attained the prestigious level of 'Venerable Monk [endowed with] Great Virtue.' Engaging in a quarrel with the Kuiji line and turning the Ximing Monastery into a venue for an imprudent dispute would have been inappropriate. Additionally, due to the six-year war between Silla and Tang (671~676), Wŏnch'ŭk, as a native of Silla, experienced a decline in both status and influence. An illustrative instance of the war is seen in Ŭisang's case. While staying in Changan, he had to return to Silla in 675 CE after receiving a secret order from Kim In-mun. (Kamada Shigeo 1988, p. 369~372)

---

* Kim In-mun (629~694), the second son of Silla's 29th King, T'aejongmuyŏrwang, excelled in political negotiation and diplomatic affairs. During his imprisonment in Tang, Ŭisang encountered him, and Kim discreetly revealed Tang's intention to invade Silla. Upon receiving this information, Ŭisang promptly returned to Silla to alert the king.
時 義相師西學入唐 來見仁問 仁問以事諭之 相乃東還上聞 (三國遺事 卷第二, 文虎王法敏: *Memorabilia of the Three Kingdoms, Book 2, Wonders, Section on King Munho, Bŏmmin*).

The *inscription* briefly describes Wŏnch'ŭk's activities during this period.

> 法師性樂山水，往依終南山雲際寺．又去寺三十餘里，閒居一所，靜志八年．
>
> The Venerable Monk [Wŏnch'ŭk] took pleasure in nature and resided at the Yunji Monastery (雲際寺) located in Zhongnan Mountain (終南山). Additionally, he stayed approximately twelve kilometers away from the monastery for eight years.

In 671, at the age of fifty-nine, Wŏnch'ŭk traveled to Zhongnan Mountain, approximately twenty kilometers southbound from Changan, the capital, and spent eight years there. The description 'he took pleasure in nature' could be interpreted literally. Alternatively, it might suggest his disenchantment and isolation from the Ci'en Sect's maligning forces, particularly regarding the issues surrounding his treatises and the *Commentary of Cheng Weishi Lun*.

As for Kuiji, he lectured twice on *Cheng Weishi Lun*, first in 673 and then in 680~681, both times on Wutai Mountain (五臺山). Eventually, he briefly stayed at Huayen Monastery in Wutai Mountain, returned to Changan, and passed away in 682, as documented in the *Biography of Kuiji*. Therefore, Kuiji died fourteen years prior to Wŏnch'ŭk.

The Japanese monk Ennin 圓仁 (794~864)'s travel log, Nitto Guho Junrei Gyoki (入唐求法巡禮行, *The Record of a Pilgrimage to China in Search of the Dharma*, composed during the period of 834~847; hereafter, *Record*) he wrote in his diary on July 26th, 840:

> 從石門寺向西上坂，行二里許，到童子寺，慈恩壹(⇒基)法師避新羅僧玄(⇒圓)測法師，從長安來始講《唯識》之處也．(白花文 · 李鼎霞 · 許德楠 1999, p.323)
>
> From the Shimen Monastery (石門寺) on [Wutai Mountain], upon climbing a hill about 1 kilometer westward, the Tongzi Temple (童子寺) comes into view. [This is the location] where the venerable monk Ci'en (Kuiji), having left Changan, delivered his first lecture on *Cheng Weishin*

Lun, while avoiding a Silla monk, Wŏnch'ŭk. (Adachi Kiroku, Shioiri Ryodo 1985, p. 101)

In the *Record*, Kuiji's arrival in Wutai Mountain to avoid Wŏnch'ŭk indicates a reversal of fortunes around 673 after Wŏnch'ŭk left Changan. That is, the Ci'en Sect was now facing persecution, with intensified criticism from the Ximing Sect. This sheds light on the dynamics within the scholarly communities in Changan at that time. (Chen 1999, p. 209)

□ Writing of the Panyabaramiltashimgyŏngch'an (般若波羅蜜多心經贊, abbr. Panyashimgyŏngch'an, 般若心經贊) *Commentary on the Heart Sutra* (CHS)

It is probable that Wŏnch'ŭk wrote the *Commentary on the Heart Sutra* (hereafter CHS) during his eight-year stay at the Yunji Temple (雲際寺) in Zhongnan Mountain (終南山). Before Xuanzang's translation, Kumārajīva had already translated the *Heart Sutra*, making Xuanzang's version a re-translation. Unlike Xuanzang's re-translation of the *Diamond Sutra* (Ch. 金剛般若波羅蜜經; Skt. Vajracchedikā Prajñāpāramitā Sūtra), Kumārajīva's translation continued to be widely accepted as the authoritative version among intellectual readers. However, once Xuanzang translated the *Heart Sutra* at the Cuiwei Gong (翠微宮) in Zhongnam Mountain, it quickly became the preferred version for intellectual audiences. Subsequently, all commentaries were written based on Xuanzang's version of the Heart Sutra.

According to Nam (2009), there are two reasons why the CHS was written while Wŏnch'ŭk was staying at the Yunji Monastery. First, after concluding his eight-year seclusion in Zhongnam Mountain, Wŏnch'ŭk returned to Ximing Monastery in 679, marking what could be considered his scholarly latter days. During this time, under the directives of the Emperor, he entered the Bureau of Translation and initiated significant translation projects. Consequently, Wŏnch'ŭk's writings encompassed almost all other translations produced by him during this period, without exception. However, the CHS does not reference any translated texts from this later period.

Second, the sole designation preceding the name Wŏnch'ŭk in the CHS is 'monk,' unlike all the other writings by him, which explicitly state 'a monk at Ximing Monastery.' Such contrasting titles could serve as circumstantial evidence that the CHS was written during Wŏnch'ŭk's seclusion period in Zhongnam Mountain (Nam 2009, p. 118~119). Hence, in concurrence with Nam's overall argument, I support it by introducing additional evidence embedded in the CHS itself, further narrowing down the period during which Wŏnch'ŭk wrote the treatise.

(1) 或有本曰"照見五蘊等皆空". 雖有兩本, 後本為正. 撿勘梵本有"等"言故. 後所說"等". 準此應知.
(2) 又解. 此經, 自有兩本. 一本如上. 一本經曰"受想行識等亦復如是". 所言"等"者, 準下經文.
(3) 或有本云"遠離一切顛倒夢想". 雖有二本, 後本為勝.

(1) Also, there is another version that stated, "[Avalokiteśvara] sees clearly that everything is empty [including] the Five-Skandhas and etc." Despite there being two versions, the later one is considered correct because by examining the Sanskrit version, the term, 'etc.' is present. Based on this, it should be understood that 'etc.' was [included] later.
(2) To further explain, [as for] this sutra, there are two versions. One version as mentioned above, and another version states, "feelings, perceptions, volitions and consciousness and etc., again, as in the case before." Regarding what is referred to as 'etc.' [could be found] in the following sutra.
(3) Som other versions state, "far away from all distorted dreams [contrary to true reality]." Even though there are two versions, the latter one is superior.

The current translation by Xuanzang's original version of the *Heart Sutra* does not contain the term, 'etc. (等)' after 'the Five-Skandhas' and 'feelings, perception, volitions, and consciousness.' In the CHS, Wŏnch'ŭk presented an alternative version of Xuanzang's translation, and according to this version, 'etc.' is indeed included. Upon comparison with the Sanskrit version, he concluded that including the term 'etc.' would be most appropriate.

Among the extant translations of the *Heart Sutra*, the only version including the term 'etc.' at the conclusion of "the Five-Skandhas" and "feelings, perceptions, volitions, consciousness" is that of Yijing 義淨 (635~713). In fact, he took part in the translation endeavor of the *Revised Huayen Scripture* (Eighty Books) alongside Wŏnch'ŭk in May of 695, following twenty-five years of Buddhist study in India. However, in Kuiji's commentary on the *Heart Sutra* (般若波羅蜜多心經幽贊, abbreviated as 般若心經幽贊), which relied on Xuanzang's translation, the term, 'etc' is included. As a result, the version identified by Wŏnch'ŭk as 'the second version of Xuanzang' aligns with the one that Kuiji utilized as the primary translation. Wŏnch'ŭk likely became aware of the existence of this 'second version of Xuanzang' through his examination of Kuiji's commentary. Furthermore, it is more probable that the 'second version of Xuanzang's Heart Sutra translation' was transmitted under the guise of being associated with Yijing.

Additionally, in Xuanzang's translation of the *Heart Sutra*, it reads, 'far away from distorted dream' ("遠離顚倒夢想") without the inclusion of 'all (一切)' between 'far away from (遠離)' and 'distorted dream (顚倒夢想).' The only version that incorporates 'all' in the statement is found in Kuiji's *Commentary on the Heart Sutra*. Therefore, it is certain that when Wŏnch'ŭk referred to 'there is another version,' he was alluding to Kuiji's commentary. Hence, Wŏnch'ŭk's CHS was written after Kuiji's.

Moreover, in contrast to other treatise-style of writings, Kuiji's *Commentary on the Heart Sutra* emanates a strong sense of the latter primer for Yogācāra thoughts. Although it is challenging to pinpoint the exact time when Kuiji composed his commentary, there is a remote possibility that during his two visits to Wutai Mountain, he wrote a commentary to disseminate Yogācāra thoughts, given the ready availability of Xuanzang's translation of the Heart Sutra. If this scenario holds true, then Kuiji's commentary could be dated to 675. Wŏnch'ŭk's CHS, likely, was composed between 676 and 679.

4. Wŏnch'ŭk as a scholar monk: later phases

Responding to the monks' plea from Ximing Monastery, Wŏnch'ŭk returned to Changan in 679 at the age of sixty-seven, concluding an eight-year seclusion in Zhongnan Mountain. During this period, the Tang Dynasty was under the regency of Empress Wu. With full support from the Empress, Wŏnch'ŭk could now dedicate himself solely to writing and translating. Distinguishing these later stages of his thoughts and views from his early years under the tutelage of Xuanzang, this section is designated as the later phase of his intellectual development.

It is important to note that upon Wŏnch'ŭk's return in 679, Kuiji could not settle in Changan but instead moved back and forth, visiting Wutai Mountain, and eventually passed away in 682. As for Wŏnch'ŭk, his later stage of scholarly life began in 679 at the age of sixty-seven and continued until 696 when he was eighty-four, totaling seventeen years. He passed away at Foshouji Monastery (佛授記寺) in Luoyang.

> 西明寺僧徒邀屈還寺，講《成唯識論》. 時有中天竺三藏地婆訶羅至京，奉勅簡召大德五人，令與譯《密嚴》等經，法師即居其首.
>
> According to the *Inscription*, "Responding to the monks' plea at Ximing Monastery, [Wŏnch'ŭk] returned and delivered lectures on *Cheng Weishi Lun*. Around the same period, an Indian Dharma teacher named Divākara (also known by the Chinese name Rizhao) arrived in Changan. Following the Emperor's directives, [Wŏnch'ŭk] convened five venerable scholar-monks and collaborated on the translation of the *Ghanavyūhasūtra* and other texts with [Divākara]. [Wŏnch'ŭk] assumed the role of the head [among these five scholar-monks.]"

Therefore, as stated in the *Inscription*, after returning to Ximing Monastery in 679 CE, Wŏnch'ŭk delivered lectures on *Cheng Weishi Lun*, suggesting that his *Commentary on Cheng Weishi Lun* was widely read among the intellectual circles in Changan. In any case, under the directives of the Emperor, Wŏnch'ŭk launched translation projects with Divākara. When Ximing Monastery was erected in 658 CE, at the age of forty-six, Wŏnch'ŭk served as a scripture translation assistant, supporting Xuanzang's lectures on various translated texts. In 679 CE, at the age of sixty-seven, Wŏnch'ŭk assumed the role of the main proofreader. Soon after, translation projects, coupled with his writing pursuits, became the dual pillars of Wŏnch'ŭk's later stages of scholarly endeavor.

According to the *Biographies of Eminent Monks*, a chapter on Divākara (Ch. 日照), he came to Changan in 679 from central India. Emperor Gaozong set up a translation site in a separate temple adjacent to a main monastery and assigned three to five scholar-monks to assist him in the project. While the exact monastery for the translation venue remains unidentified, there is a suggestion that, akin to Xuanzang initiating his project at the Hongfu Monastery (弘福寺), Divākara probably translated the *Ghanavyūhasūtra* (大乘密嚴經) at the same site.

Furthermore, the chapter on Divākara specifically describe that he dedicated his translation works while staying at the Dongtaiyuan Temple (東太原寺) in Luoyang, as well as the Xitaiyan Temple (西太原寺) and Guangfu Temples (廣福寺) in Changan until his death at the age of seventy-five in 688. Consequently, it could be conjectured that Divākara was born in 614. In other words, when he arrived in Changan in 679, Divākara was sixty-six, and Wŏnch'ŭk was sixty-seven, approximately the same age. In the later stages of Wŏnch'ŭk's scholastic period, he spent the most amount of time collaborating with and was greatly influenced by Divākara. In fact, in many of Wŏnch'ŭk's later works, he frequently referred to Divākara's translations and engaged in scholastic discussions within their communications.

□ Correspondence with the Empress Wu

武后尊賢，寔重之如佛. 每遇西天開士，則徵東海異人，俾就討論，因資演暢. 是以譚經則必居其首，撰疏則獨斷于心，捿幽則靈感荐臻，昇座則法音隨應.

Empress Wu respected wise sages, and among them, she regarded Wŏnch'ŭk as the Buddha. Whenever she encountered teachers from India, the Empress would summon an exceptional foreigner from Silla [referring to Wŏnch'ŭk], to engage in discussions; as a result, his reputation spread widely. Consequently, during discussions on scriptures, Wŏnch'ŭk always occupied the chief seat. When it came to writing commentaries, he alone had the authority to decide on meanings and interpretations. Whether residing in a quiet place or sitting on a Dharma-seat, inspiration constantly emerged, and the natural sound of Dharma teaching followed whenever he spoke. (*Eulogy*)

詒高宗之末、天后之初，應義解之選，入譯經館. 眾皆推挹，及翻《大乘顯識》等經，測充證義，與薄塵、靈辯、嘉尚，攸方其駕.

At the end of Gaozong's [reign] and the beginning of Empress Wu' [regency], [Wŏnch'ŭk] was selected as an expositor of meaning and entered the Bureau of Translation. Urged by everyone, the translation of the *Dacheng Xianshi Jing* and other [texts] was initiated, with [Wŏnch'ŭk] along with Bao Chen, Ling Bian, and Jia Shang, serving as a proofreader. (*Biography of Wŏnch'ŭk*)

In August of 674, Gaozong issued a decree proclaiming himself 'divine emperor (天皇)' and his wife 'divine empress-dowager (天后).' The following year, Gaozong's personal ailment worsened, making it increasingly difficult to govern. He attempted to relinquish his power and transfer it to Empress Wu. By the year 678, other foreign dignitaries and envoys were received by Empress Wu, further enhancing her political influence.

After the death of Gaozong in 683, Empress Wu was given the title 'divine empress-dowager' for nine years. Some later generations mistakenly conflate this official appellation, even though she was referred to as (Empress) Wu Zetian during the time of the Wu Zhao dynasty between 690 and 705. According to the *Biographies of Eminent Monks*, the statement '[at the] end of Gaozong's reign, beginning of the Empress-dowager (高宗之末、天后之初)' could be said to have occurred around the year 679.

For Wŏnch'ŭk, his later stages of scholarly works intimately intersected with Empress Wu. Heavily influenced by her mother, Lady Yang, a devout Buddhist who spent several years at the Ganye Temple (感業寺) as a nun, Empress Wu, after ascending to the throne, appointed her first son, Hong, as the heir apparent. Desiring longevity and health for her son, Empress Wu erected the Ximing Monastery in 658. It is reasonable to assume that during this event, she likely interacted with Wŏnch'ŭk, selected as one of fifty respected scholar monks for the occasion.

Following the death of the first heir apparent, Hong, in 675, and Gaozong's passing in December 683 in Dongdu 東都 (=Luoyang) at the Luoyang Palace (洛陽宮) after a prolonged illness, Empress-Dowager Wu officially crowned her third son, Xian (顯), as Emperor Zhongzong (中宗). Since then, her tenure as Empress Dowager began on a full scale.

In February of 684, the Empress Dowager deposed Zhongzong and enthroned her fourth son, Dan (旦), who became Ruizong (睿宗). The period was marked by the frequent changing of emperors and regnal names, reflecting the ensuing political turmoil following Gaozong's death. However, she successfully presided over Gaozong's funeral and adeptly managed both internal and external state affairs. Later generations recognized her as one of the most effective leaders during this chaotic and tumultuous era.

In September of 684, Empress Wu changed the name of the city from Dongdu to Shendu (神都), known as the City of the Divine. Earlier, Gaozong had renamed the Luoyang Palace to Dongdu, and by the year 684, Luoyang had evolved into the center of politics, economy, and culture. As a result, leaving Luoyang for Changan became more than a challenge for Empress Wu.

In terms of her support for Wŏnch'ŭk, there is a short statement in the *Eulogy*.

> 垂拱中(則天), 吾君慕法, 累表請還, 聖帝垂情, 優(=憂)詔顯拒.
>
> During [Wu] Zetian's era Chuigong [between 685 and 688], our king (Sinmun of Shilla, r. 681~692) expressed admiration for the venerable monk [Wŏnch'ŭk] and repeatedly petitioned for his return. However, the Holy Empress [Wu] issued a decree preventing [Wŏnch'ŭk] from returning due to concerns.

Once again, the Cuigong era (垂拱) spanned from 685 to 688 during the reign of Ruizong, running parallel to the fifth to eighth years of King Sinmun's rule in Silla. In the early years of Wŏnch'ŭk's scholarly pursuits, his commentaries, CCWSL and the CHS, along with his reputation as a translator, likely gained widespread recognition in Silla after Ŭisang returned in 675. Acknowledging Wŏnch'ŭk's accomplishments and respectability, King Sinmun (神文王, re. 681~692) sought Empress Wu's approval for Wŏnch'ŭk's return to Silla, but she refused. As for Empress Wu's involvement in translation work during this period, after Divākara translated the *Fang Guang Da Zhuang Yan Jing* (方廣大莊嚴經) in 683, she wrote the preface to it in 685.

Infer from the *Eulogy* that addressing Empress Wu as 'Holy Empress (聖帝)' allows the identification of the time period as the year 688. On May 18th, 688, she granted herself the honorific title of 'Holy Mother Divine Empress.' It is unclear what her "concern" for Wŏnch'ŭk was. Perhaps his absence could have posed a predicament in operating the Bureau of Translation, but considering the year 688, Wŏnch'ŭk was already seventy-six years old, suggesting that her concern might have been for his health.

□ Writing of the Muryangŭigyŏngso (無量義經疏, the *Commentary on the Immeasurable Meanings*)

It appears that Wŏnch'ŭk penned his commentary on the text during translation work with Divākara. Regarding Wŏnch'ŭk's *Commentary on the Immeasurable Meanings* (hereafter, CIM) a photocopy edition was released in 2018. Accordingly, the text's existence is known to only a few scholars. As a result, the sole noteworthy contribution is an article included in the photocopy edition by a Japanese scholar. The focus of the discussion here will revolve around the year the text was composed. And, concerning the year the text was composed, three distinctive characteristics emerge upon scrutinizing the photocopy edition of the CIM.

First, in this commentary, the name of the translator from the Northern Wei, Bodhiruci (菩提流志), is written as 菩提留志. In Wŏnch'ŭk's later commentary of the *Saṃdhinirmocanasūtra* (Haeshimmilgyŏngso, *The Commentary on the Saṃdhinirmocanasūtra*; hereafter, SNST), the same name is also rendered as Bodhiruci (菩提留志), with the third character changed from 流 to 留. Although the pronunciation remains the same, the characters differ. Contrarily, there is no mention of 菩提流志 in either the CCWSL or the CHS. The question arises: what could be the main reason for this difference? It is suggested that Wŏnch'ŭk may have been not only considerate but also aimed to distinguish Bodhiruci from another Indian translator (菩提流志) who shared the same name and arrived in Tang at the end of Gaozong's reign.

> 沙門菩提流志，本名達摩流支，唐言法希．天后改為菩提流志，唐云覺愛．南印度人，婆羅門種，姓迦葉氏.(開元釋教錄)
>
> The monk Bodhiruci (菩提流志)'s real name is Dharmaruci, and his Chinese (Tang) name is Faxi (法希). Empress Wu changed his name to Bodhiruci (菩提流志) with the Chinese name Jueai (覺愛). He was a brahmin from South India with the surname, Kāśyapa (迦葉). (*A Record of the Buddhism*

in the Kai Yuan Period (the appellation for the Emperor Xuanzong of Tang's reigning period, 713~741; hereafter, *Kai Yuan*)).

Also, Gaozong sent an emissary to South India for Dharmaruci and received him in 683. For reasons unknown, Empress Wu changed his name to Bodhiruci, with the Chinese name Jueai. Perhaps this change was a gesture of encouragement, with Empress Wu hoping that Dharmaruci would emulate the achievements of the Northern Wei's Bodhiruci, in the field of translation, during his stay in Luoyang. Understanding this, Wŏnch'ŭk sought to differentiate the renowned translator Bodhiruci (菩提留志) from the Northern Wei, choosing a different Chinese character, Bodhiruci (菩提流志) for Dharmaruci. This suggests that the composition of the CIM occurred later than 683.

Second, when referring to Xuanzang, he is honored with the title "Great Tang Tripiṭaka Master" (abbreviated as Tripiṭaka Master). While a detailed explanation of this title will be provided later, in what is believed to be Wŏnch'ŭk's final commentary, the *Commentary on the Benevolent King Sutra* (Inwanggyŏngso, 仁王經疏; hereafter, CBK), Xuanzang is only referred to as the 'Tripiṭaka Master [from] the Ci'en [Monastery],' without any mention of 'Great Tang Tripiṭaka Master.' The term 'Great Tang' is omitted because the CBK was written after the establishment of the Zhou dynasty in September, 690 by Empress Wu. This inference suggests that the composition of the CIM took place before September, 690.

Third, in the photoprint version of the CIM (2018), a phrase appears as 'Haeshimmilgyŏngso [Ki Kwŏn (記卷, Record Book)].' The inserted footnote term, 'ki (record),' denotes the text, SNST. Consequently, during the composition of the CIM, Wŏnch'ŭk already harbored an intention to write the SNST. However, lacking a precise timeline, he was unable to determine the number of volumes needed, resulting in the omission of that detail. Thus, the description '*Haeshimmilgyŏngso* [Ki Kwŏn (Record Book)]' suggests that the CIM predates the SNST.

Another noteworthy aspect, distinct from the previously mentioned feature, is Wŏnch'ŭk's omission of references to Divākara's text in the CIM. However,

Wŏnch'ŭk did make a reference to Divākara's text in the SNST following the latter's translation of the text, *Pañcaskandhaprakaraṇavaibhāṣya* (大乘廣五蘊論) in 685 at the Bureau of Translation. Divākara is assumed to have lived from 614 to 688, and it is likely that the *Pañcaskandhaprakaraṇavaibhāṣya* marked his final translation work. Subsequently, he relocated to Guang Fu Temple in Changan due to a chronic illness, where he stayed until his death.

Meanwhile, Devaprajñā (Ch. 提雲般若) arrived in Luoyang in 688, and from 686 to 687, Wŏnch'ŭk distanced himself from translating, he probably had sufficient amount of time to write his own commentaries. Considering the overall circumstances, the CIM was most likely composed between 686 (seventy-four years old) and 687 (seventy-five years old).

As for Devaprajñā, who settled in Luoyang at the Bureau of Translation in 688 and passed away after completing the translation of the text, *Dharmadhātvaviśeṣaśāstra* (Ch. *Dasheng Fajie Wu Chabie Lun* 法界無差別論, Treatise on the Non-Distinction of the Ultimate Reality of Mahāyana), his stay in Tang lasted only four years. This implies that unusual circumstances may have occurred in his life during this period.

Following Divākara's death around 688, the leadership position at the Bureau of Translation in Changan seamlessly shifted to Devaprajñā. It's highly probable that many scholar-monk translators who had been collaborating with Divākara relocated to Luoyang. Undoubtedly, Wŏnch'ŭk was among them. At the age of seventy-six in 688, and with Devaprajñā's passing, Wŏnch'ŭk, at the age of eighty, he resided at the Dazhoudong Temple (大周東寺) in Luoyang during that period.

□ Writing of the *Saṃdhinirmocanasūtraṭīkā* (SNST): *The Commentary on Saṃdhinirmocanasūtra*

According to Nam, Mu-Hee (2009), the period during which the SNST was written can be dated between 681 and 690. The upper limit is set at 690 because, in part, this marks the year when Wŏnch'ŭk changed Xuanzang's title from the 'Great Tang Tripiṭaka Master' to the 'Tripiṭaka Master [from] the Ci'en [Monastery],' coinciding with Empress Wu's usurpation of political power, the establishment of the Zhou dynasty, and the relocation of the capital to Luoyang. The lower limit is set at 681 as Divākara continued translating texts in Changan after that year (Nam, 2009, p. 120).

While it might be problematic to set the lower limit at 681, establishing the upper limit at 690 is reasonable. On September 9th, 690, Empress Wu established the Zhou dynasty, relocated the capital to Luoyang, and designated the regnal year as Tian Shou (天授). Short thereafter, her subjects bestowed upon her the title of 'Holy Divine Emperor.' Upon examining the term 'Divine Capital,' which refers to Luoyang in the SNST, and considering that this term was employed after September 684, Cho (2013) suggests readjusting the lower limit year to 684 (p. 168).

To understand why Luoyang earned the epithet 'Divine Capital,' it is essential to note that the Luoyang Palace was originally designated the 'Eastern Capital' in 657. However, on September 6th, 684, Empress Wu further altered the designation from the 'Eastern Capital' to 'Divine Capital.' In the SNST, the city was mentioned only once in connection with Divākara's translation venue. The SNST version in the *Jinling Kejing Chu Edition* (金陵刻經處; hereafter, *Jinling Edition*) led it as the 'Eastern Capital (東都)' rather than the 'Divine Capital (神都).' However, both the Japanese Tripiṭakas, *Zokuzokyo* (續藏經) and *Manzizokuzokyo* (卍字續藏經) employ the term 'Divine Capital.' In fact, apart from the *Cang Jing Shu Yuan* (藏經書院) version, the Chinese copy version of *Zokuzokyo*, checked against other copies of SNST from Otani and Ryukoku University, all coincide in having the term 'Divine Capital.' Therefore, it would be appropriate to change 'Eastern Capital' to 'Divine Capital' in *Jinling Edition*. Additionally, the term 'Divine Capital' in the SNST provides a crucial clue in estimating the time of its writing.

Regarding the upper limit year of 690, the SNST often referred to Xuanzang as the 'Great Tang Tripiṭaka Master' to accord him an honorific address, or in a shortened form, 'Tripiṭaka Master.' The honorific expression 'Tripiṭaka Master [from] the Ci'en [Monastery],' used in the CBK, does not appear in the SNST. Conversely, the term 'Great Tang Tripiṭaka Master' is entirely absent from the CBK.

Meanwhile, within the SNST text, there is sufficient evidence that could help trace the time of its writing. Initially, referring to *Pañcaskandhaprakaraṇavaibhāṣya* (大乘廣五蘊論) Divākara translated this text at the Bureau of Translation in 685, making it his final translation work. Moreover, mentioning of the 'Tripiṭaka Master [from] Khotan' raises a crucial distinction. The person referring to the 'Tripiṭaka Master [from] Khotan' is not Śikṣānanda who arrived in Tang around 695 but Devaprajña, a translator active between 689~691 in Luoyang. The reference to the 'Tripiṭaka Master [from] Khotan' can be found in the Introduction section of the *Saṃdhinirmocanasūtra*, "the [Bhagavan] was dwelling in the most brilliantly arrayed seven precious jewels [endowed with] beauty and grandeur" (Taisho 184c13). However, this reference is exclusive to the Tibetan version of the SNST. As for this missing section, it shows up in the Chinese version that begins with "to explain the different [regarding the dwelling pl ace]···according to (*Saṃdhinirmocanasūtra* 深密經 translated by Bodhiruci, 3rd year of Yan Chang, Northern Wei dynasty), the Enjoyment Body is teaching in the Pure land, just as described in the *Saṃdhinirmocanasūtra* (解深密 translated by Wŏnch'ŭk).

> li yul gyi sde gsum paḫi dpe las ni saṅs rgyas kyi spyod yul ṣes ḫbyuṅ gi /yoṅs su dag pa daṅ yoṅs su ma dag pa rnam par phye ba med pas gsuṅ rab ḫdi daṅ sbyar na/ gcig tu ṅes par dpyad du yaṅ mi ruṅ ṅo// (ZH 68~118)
>
> According to the Khotanese Tripiṭaka version, the phrase, "the domain of experience of the Buddhas" appears, but there is no clear distinction between pure or non-pure, [hence], it could not be determined. (ZH 68~118)

The Khotanese Tripiṭaka version refers to Devaprajña's first translation text, *Buddhāvataṃsakanāmamahāvaipulyasūtra* (大方廣佛華嚴經不思議佛境界分) This text was translated at the Weiguodong Monastery (魏國東寺) in 689, likely one of the texts brought to Tang by Devaprajña from Khotan. This might be the reason why another Khotanese, Śikṣānanda later retranslated and renamed it as

Busiyijingjiejing (不思議境界經) Thus, through an analysis of the internal evidence within the SNST itself, the timeframe for the composition of the Commentary can be more precisely narrowed down to the period between 689 and September of 690.

□ Later years of Wŏnch'ŭk

In 688, at the age of seventy-six, Wŏnch'ŭk followed Devaprajña when the Bureau of Translation, with the latter at the helm, relocated to the Dazhoudong Temple (大周東寺) in Luoyang. There, Wŏnch'ŭk witnessed the establishment of Wu Zhou (武周) in 690, and the subsequent passing of Devaprajña in 692. In the same year, his student-disciple, Tojŭng (道證) departed for Silla.

> (元年8月)高僧道證, 自唐廻, 上天文圖 (三國史記 卷8, 新羅本紀 8 孝昭王)
>
> In August of the first year of King Hyoso, the venerable Tojŭng returned from Tang and presented [to King] an astronomical chart. (*History of the Three Kingdoms* Book 8, Chapter on King Hyoso).
>
> 時, 圓測法師是海東高德, 以牟梁里人故不授僧職 (三國遺事 卷 2, 孝昭王代 竹旨郞)
>
> At that time, despite being a respected monk in Korea, Wŏnch'ŭk did not receive a Buddhist clerical role, likely attributed to his Moryang district background. (*Memorabilia of the Three Kingdoms*, Book 2, Reign of King Hyoso on *Chukchirang*)

'At that time' in the *Memorabilia* refers to the period when King Hyoso (孝昭王) persecuted the people of the Moryang Clan. It would be more natural to assume that following Tojŭng's return to Silla in 692, the persecution of the Moryang Clan promptly ensued. However, the phrase 'not offering a Buddhist clerical role' should not be misconstrued as 'did not offer a Buddhist clerical role [to Wŏnch'ŭk].' This is because, at that time, Wŏnch'ŭk was already eighty years old, and Empress Wu rejected his return to Silla. Additionally, he played a pivotal role as a translator during the Wu Zhou period, making it impractical to consider offering him a Buddhist clerical role from Silla. Hence, it is more reasonable to interpret the expression 'did not offer a Buddhist clerical role' as directed toward Tojŭng (Cho 2010, p. 375~376).

Tojŭng, estimated to be thirty years younger than Wŏnch'ŭk, lived between 640 and 710 (Fukihara Shoshin, 1944). He is credited with composing the *Sŏngyushignonyojip* 成唯識論要集 (The Essential Collection of Cheng Weishi Lun; hereafter, *Essential*). Scholars in subsequent periods could only trace his thoughts through the critical remarks made by Kuiji's student, Hui Zhao (650~714), in the *Cheng Weishi Lun Liaoyi Deng* 成唯識論了義燈 (Clarifying the Definitive Meaning of Cheng Weishi Lun, hereafter *Clarifying*).

In the *Essential*, Tojŭng asserted that Kuiji's interpretation of *Cheng Weishi Lun* involved descriptive elaboration, while Wŏnch'ŭk's interpretation was hermeneutical. Consequently, he posited the existence of two distinct branches of interpretations of *Cheng Weishi Lun*. In general, Tojŭng crafted his treatises aligning with Wŏnch'ŭk's perspective, criticizing Kuiji's stance, and incorporating his own theories and interpretations to further enhance Wŏnch'ŭk's analysis.

The timeframe for the composition of the *Essential* should be compared to the period when Wŏnch'ŭk wrote his commentaries. Given the references to Kuiji's commentaries on the *Clarifying* that were used, it is probable that the *Essential* was written between the year following Kuiji's passing in 683 and the establishment of the Wu Zhou in 690. Further discussion on this matter will not be pursued, however, as it falls beyond the scope of the introduction. Upon coming back to Silla, it was certain that, with Tojŭng as the intermediary, three treatises authored by Wŏnch'ŭk before 692 – specifically, the CCWSL, CHS, and SNST – had been transmitted.

Upon Empress Wu's establishment of Zhou and her enthronement in 690, Dharmaruci took residence at Fuxian Temple (福先寺) in Luoyang. Initially known as Dazhoudong Monastery, Fuxian Monastery had been under the occupancy of

Devaprajña during his tenure as the head of translation. Consequently, it is probable that Wŏnch'ŭk stayed with Dharmaruci.

According to the *Dabaojijing bingxu* 大寶積經并序 (The Preface to the *Mahāratnakūṭasūtra*), Dharmaruci translated the *Fo Jing Jie* (佛境界), *Bao Yu* (寶雨), *Hua Yan* (花嚴) and eleven other texts at Fuxian Monastery. Also, as stated in *Kai Yuan*, the *Bao Yu Jing* (寶雨經) was translated at the Foshouji Monastery where Wŏnch'ŭk proofread in 693. At that time, the venue for translation shifted from Fuxian to Foshouji Monastery due to a flood along the Luo river. Subsequently, together with Dharmaruci, Wŏnch'ŭk stayed there until his death in 696.

Meanwhile, in the year 693, *Āracintana (Ch: 阿儞真那, Bao Shiwei 寶思惟) translated the Sui Qui Ji De Da Zi Zai Tuo Luo Ni Shen Zhou Jing (隨求即得大自在陀羅尼神呪經) at the Tiangong (天宮) Monastery in Luoyang. In July of the same year, he moved to Foshouji Monastery, where he completed the translation of *Bukongjuansuotuoluonizizaiwangzhoujing* (不空羂索陀羅尼自在王呪經) It is believed that Wŏnch'ŭk first encountered Āracintana at Foshouji Monastery in 693 and spent his final years at the Monastery alongside Dharmaruci and Āracintana.

In the year 695, Yijing 義淨 (637~713) returned from India after a twenty-five-year study abroad period (670~695). Immediately upon his return to Tang, he devoted considerable effort to completing the *Avataṃsaka New Edition* 新譯華嚴 (hereafter, *New Edition*), working from May 695 to 699, spending four years at Foshouji Monastery. Considering the time Yijing spent at the Monastery, it is likely that Wŏnch'ŭk engaged in a year of correspondence with him. Although there is no specific record of Śikṣānanda residing at the Monastery during the New Edition's completion, the translation of the *Dafangguangrurulaizhidebusiyijing* (大方廣入如來智德不思議經) at Foshouji Monastery and the necessity for the primary translator to stay on-site during proofreading make it highly probable that Wŏnch'ŭk had a close relationship with Śikṣānanda (652~720, Ch. 喜學) for a year or so.

□ Writing of the *Commentary* on the *Inwangbanyabaramilgyŏng* (CBK)

It appears that Wŏnch'ŭk completed his final treatise, the CBK, at Foshouji Monastery. According to Yoshida Michioki (1976a), who closely examined the fact that the *CBK* referenced the *New Edition*, he suggested that the *CBK* was Wŏnch'ŭk's treatise in his last years (p.268). Nam (2009, p.124) also agreed that, based on the same reasoning, the CBK was composed between the year of the first translation in 695 and Wŏnch'ŭk's passing in July 696.

While commenting on the *Benevolent King Sutra*, Wŏnch'ŭk referenced the *New Edition* in his commentary regarding the statement, 'at that time, that world had six different kinds of tremor.'

> 若依《新翻華嚴》, 與前不同. 彼云:「爾時, 佛威力故, 普遍一切華積藏土世海六種震動. 謂震、遍震、普遍震, 動、遍動、普遍動, 涌、遍涌、普遍涌, 運、遍運、普遍運, 吼、遍吼、普遍吼, 擊、遍擊、普遍擊.」
> 解云. 初漸動為震. 漸大動為動. 上下踏涌為涌. 隱隱出聲為運. 漸大出聲為吼. 互相皷擊, 其聲轉大為擊.
>
> Based on the *New Edition*, the previously [mentioned] assertion is different. According to the text, 'at this time, due to the power of the Buddha, the oceanic worlds endowed with arrays of flowers all trembled in six ways: that is, [they] trembled, trembled everywhere, trembled everywhere in all directions; [they] shook, shook everywhere, shook everywhere in all directions; [they] surged, surged everywhere, surged everywhere in all directions; [they] hummed, hummed everywhere, hummed everywhere in all directions; [they] roared, roared everywhere, roared everywhere in all directions; [they] crashed, crashed everywhere, crashed everywhere in all directions. It is explained that 'trembled' denotes the initial phase of gradual movement; 'shook' signifies to a gradual intensification of movement; 'surged' describes a soaring up and down motion; 'hummed' indicates a sonorous sound; 'roared' implies a gradual increase in sound; 'crashed'

involves clashing each other to escalate the sound level.'

For the six tremor phenomena, they were divided into 'trembling,' 'shaking,' 'surging,' 'humming,' 'roaring,' 'clashing.' However, the currently existing *New Edition* indicates otherwise. The commented section used as a reference in the *CBK* directly corresponds to the currently existing *New Edition's* chapter on the 'Appearance of Tathāgata.'

> 爾時, 佛神力故, 法如是故, 十方各有十不可說百千億那由他世界六種震動, 所謂東涌西沒, 西涌東沒, 南涌北沒, 北涌南沒, 邊涌中沒, 中涌邊沒. 十八相動, 所謂動、遍動、等遍動, 起、遍起、等遍起, 涌、遍涌、等遍涌, 震、遍震、等遍震, 吼、遍吼、等遍吼, 擊、遍擊、等遍擊. (〈新譯華嚴〉卷52〈如來出現品〉)
>
> At that time, by the divine power of the Buddha, and with his true-teaching, the billions and trillions of the incalculable *nayuta* world, ineffably expressed in all ten directions trembled in six different ways: that is, East rose and West sank, West rose and East sank, South rose and North sank, North rose and South sank, the periphery rose and center sank, the center rose and periphery sank. [Also], there were eighteen different ways to shake; that is, [the world] shook, shook everywhere, shook everywhere in all direction; rose, rose everywhere, rose everywhere in all directions; surged, surged everywhere, surged everywhere in all directions; trembled, trembled everywhere, trembled everywhere in all directions; roared, roared everywhere, roared everywhere in all directions; crashed, crashed everywhere, crashed everywhere in all directions.

It is clear that the terms "trembled, shook, surged, hummed, roared, and crashed" in the CBK correspond to "shook, rose, surged, trembled, roared, and crashed" in the *New Edition*. This suggests that the *New Edition* referenced in the *CBK* is related to the initial translated version from 695. Furthermore, the *Inscription*, which details Wŏnch'ŭk's passing without completing the lecture on the *New Edition* at Foshouji Monastery, specifically refers to the primary translated version of the *New Edition* in 695.

Furthermore, there are four aspects to consider regarding the specific time period in which the *CBK* was composed. First, Xuanzang in the commentary was referred to as the 'Tripiṭaka Master from the Ci'en Monastery.' In other words, the treatise was written after the establishment of the Zhou of Empress Wu in 690.

Second, it mentions 'Tripiṭaka Master Āracintana.' Considering that the translation by the latter was completed in 693, and he met Wŏnch'ŭk at Foshouji Monastery in the same year, it is evident that the *CBK* was composed after 693.

Third, in the CBK, Wŏnch'ŭk makes references to his own commentary, SNST. Instances include mentions of 'the *Commentary on the Saṃdhinirmocanasūtra* first chapter,' 'details matching the *Commentary on the Saṃdhinirmocanasūtra*,' 'careful differentiation as in the *Commentary on the Saṃdhinirmocanasūtra*,' and so forth. These references undeniably suggest that the CBK was composed after the SNST.

Fourth, in addition to the textual evidence, there is a case where Yijing joined the translation project of the final edition of the *New Edition* in May of 695. This serves as circumstantial evidence regarding the precise month in 695 when the final edition commenced.

Hence, based on all the evidence, it is indisputable that the CBK was written between May of 695 and July of 696 at Foshouji Monastery.

□ The passing of Wŏnch'ŭk

後又召入東都，講譯新華嚴經，卷軸未終，遷化於佛授記寺，實萬歲通天元年七月二十二日也，春秋八十有四．以其月二十五日，燔於龍門香山寺北谷，便立白塔．在京學徒西明寺主慈善法師、大薦福寺大德勝莊法師等，當時已患禮奉無依，遂於香山葬所，分骸一節，盛以寶函石槨，別葬於終南山豐德寺東嶺上，法師嘗昔往游之地．墓上起塔，塔基內安舍利四十九粒．

Later, under the directives of the Emperor, [Wŏnch'ŭk] entered Luoyang to translate and lecture on the *New Edition Avataṃsakasūtra*. Before completing the task, he passed away on July 22nd of 696 at the age of eighty-four. On July 25th, [his body was] cremated at the northern valley of the Dragon Gate, Xiang Shan Monastery and a white pagoda was erected. At the time of his death, the chief priest and [Wŏnch'ŭk's] disciple, Ci Shan 慈善 at Ximing Monastery and another disciple, Venerable monk Sŭngjang 勝莊 (a monk from Silla) of Dajianfu Monastery residing in Changan cared for a ritual service. However, they were initially concerned that they could not find a proper resting place [for their teacher]. Eventually, at the Xiang Shan cremation site, they took some Wŏnch'ŭk's relics, placed it in a decorated stone treasure box, and buried it on the eastern hill of Fengde Monastery in Zhongnan Mountain. This location was significant as it was a venue [Wŏnch'ŭk had visited during his eight years of isolation] previously. A pagoda was erected on top of the burial site, and at the foundation of the pagoda, forty-nine of Wŏnch'ŭk's relics were enshrined.

In the year 696, at the age of eighty-four, Wŏnch'ŭk passed away while lecturing on the primary translated version of the *New Edition Avataṃsakasūtra*. Since there is no record of preexisting health conditions; thus, at the time of his death, he maintained good health.

Traditionally, the Dragon Gate was the burial site of the previously renowned Tripiṭaka masters, and it serves as a clear indication of the respect the Empress held for Wŏnch'ŭk. Following the Cremation Ritual (Skt. Jhāpita; Ch. 荼毘), Wŏnch'ŭk's disciple-students collected a portion of his relics and erected a pagoda near Fengde Monastery. This monastery was significant as it was a place where Wŏnch'ŭk traveled back and forth during his eight years of seclusion in Zhongnan Mountain. Therefore, the 'eastern hill of Fengde Monastery is located' was the very place where he secluded himself from the world for eight years.

□ Commentaries of Wŏnch'ŭk

Based on the aforementioned discussions, the currently existing commentaries of Wŏnch'ŭk can be chronologically dated.

1. *Sŏngyushignonso* (A Commentary on Cheng Weishi Lun): 662 (50 yrs.) ~ 664 (52 yrs.)
2. *Pulsŏlbanyabaramiltashimgyŏngch'an* (A Commentary on the Heart Sutra): 676 (64 yrs.) ~ 679 (67 yrs.)
3. *Muryangŭigyŏngso* (A Commentary on the Sutra of Infinite Meanings): 686 (74 yrs.) ~ 687 (75 yrs.)
4. *Haeshimmilgyŏngso* (A Commentary on the Sutra of the Explanation of the Profound Secrets): 689 (77 yrs.) ~ 690 (78 yrs.)
5. *Inwanggyŏngso* (A Commentary on the Benevolent King Sutra): 695 (83 yrs.) ~ 696 (84 yrs.)

II. Regarding the Printed Editions of *the Commentary on the Saṃdhinirmocanasūtra*

The most prominent and renowned treatise demonstrating genuine scholarship on Yogācāra among Wŏnch'ŭk's four existing writings, apart from the fragmented pieces of *the Commentary on the Cheng Weishi Lun*, is the *Commentary on the Saṃdhinirmocanasūtra*. In contrast, the other three commentaries delve into the concept of śūnyatā, interpreting it through the lens of indirect Yogācāra perspective. Conversely, the SNST directly engages with the fundamental features of Yogācāra.

Presently, three versions of SNST exist in Chinese: the Kyoto University Tripiṭaka Institute (藏經書院) version, Otani University version, and Ryukoku University version. Evidently, all three are derivatives of a common original version. The conclusion of the Otani University version provides insight: 'In the fifth year of An'ei, the year of the Monkey, mid-July, [at the location of] Koya Mountain, Nyoirin Institute [and the version was] copied at the Great Bliss Center (Dairakuin).' Upon scrutinizing the place and timeframe of the copied version, it becomes apparent that all three versions were penned in the fifth year of An'ei (in 1776), and the initial version belonged to Nyoirin Institute's collection. To reconstruct the Chinese version of the SNST fully, a thorough examination of the collection at the Institute would be essential. Nevertheless, as of now, no substantial information could be found.

The SNST was originally structured in ten volumes; nevertheless, the current Chinese rendition lacks the first part of the eighth volume and the entire tenth volume. In Japan, the SNST, derived from the Kyoto University Tripiṭaka Institute version with the aforementioned missing pieces, is included in the First Section, the text container 34 (Books 1-7) and container 35 (Books 8,9) of the *Zokuzokyo*, as well as in the *Manzizokuzokyo* Book 21 (1976). Regarding the *Jinling* version located in Nanjing, China, Yang Renshan used the Kyoto University Tripiṭaka Institute version of SNST as the foundation. Eleven years after his demise in 1922, the Book 34-Volume edition was published.

In academia, scholars identified that the missing components in the Chinese rendition of SNST were completely preserved in the Tibetan version. As a result, there were efforts to re-translate the text from Tibetan to Chinese. Japanese Buddhologist Inaba Shōju conducted a comparison between the existing Chinese version and the Tibetan translation. He successfully restored the first part of the eighth volume and the entire tenth volume into Chinese based on the Tibetan version. Shortly thereafter, he published an article titled, 'A Research on the Lost Pieces of the *Commentary on the Saṃdhinirmocanasūtra* by Wŏnch'ŭk' in 1972. Building on the groundbreaking work of Inaba Shōju, Chinese Buddhologist Guan Gong 觀空 also undertook the retranslation of the tenth volume from Tibetan to Chinese. Subsequently, the *Jinling Edition* incorporated the tenth volume and released the complete forty-volumes of SNST in 1981. At present, Inaba Shōju's restored version is featured in the first volume of *Han'guk pulgyo chŏnsŏ* (The Complete Collection of Korean Buddhism; hereafter HPC), and Guan Gong's version is included in the eleventh volume. These contributions significantly aid researchers in the field.

While both the *Jinling Edition* and *Manzizokuzokyo* editions originated from the Kyoto University Tripiṭaka Institute's version, substantial disparities exist in terms of terminology, inserted notes, and overall composition. In the *Manzizokuzokyo*, variant readings of terms not found in the *Zokuzokyo* were incorporated as footnotes, with the majority derived from the 34-Volume *Jinling Edition*.

Excluding the retranslated versions by Inaba Shōju and Guan Gong, the Chinese editions of SNST are confined to *Manzizokuzokyo* and the *Jinling Edition*; consequently, in relation to the Chinese version of SNST, the author established the *Manzizokuzokyo* edition as the baseline and cross-referenced it against both the 40-volume *Jinling Edition* collection of the Chinese edition (abbreviated as JS) and the Tibetan edition to form a critical edition.

The SNST featured in the HPC is grounded in the Japanese *Zokuzokyo* edition and has undergone partial editing and correction. Regrettably, it exhibits more errors in terms and punctuation markings for reading compared to the original edition. Given the insurmountable errors inherent in the HPC edition, rectifying each mistake would demand an unreasonable amount of time and effort. As a result, it is unsuitable as an independent edition for the author's reference, and, as a result, the HPC edition is excluded from consideration.

Upon examination of the Chinese version, it was noted that there were additional missing sections beside the aforementioned sections. Within the Introduction section of SNST, problems such as pagination issues and deletions were identified. To amend, the author reconstructed the Introduction of the Chinese version of SNST from the Tibetan edition. Specifically, the Book 68 and 69 of the Tibetan Part of Zhong Hua Da Cang Jing (中華大藏經西藏篇) along with the Book 127 to 129 of the Mongolian Buddhist Canon, formed the basis for this reconstruction. In addressing the omitted portions of the Chinese version, the author consolidated the critical editions from both Tibetan and Mongolian sources, with the intention of providing convenience for researchers in their work.

Examining the translations of SNST in Tibetan and Mongolian provides insight into the influence and prestige that Wŏnch'ŭk holds within the intellectual framework of East Asia. Lee Jong-Cheol's work (2019) can be consulted for information on the Mongolian translation of SNST, while the time period during which the Tibetan translation of SNST occurred is briefly outlined here.

The complete Chinese version of SNST was translated into Tibetan by Chos grub (780?~860?), and it was incorporated into the Tibetan Buddhist Canon in the early part of the 9th century (Peking No.5517; Derge No.4016). Let's now examine the colophon of SNST.

> 《ḥphags pa dgoṅs pa zab mo ṅes par ḥgrel paḥi mdo rgya cher ḥgrel pa》 rgyaḥi slob dpon wen(DC:wen=wan) tshig gis mdsad pa rdsogs sto// // dpal lha btsan poḥi bkaḥ luṅ gis ṣu chen gyi lo tsā ba dge sloṅ ḥgos chos grub kyis rgyaḥi dpe las bsgyur ciṅ ṣus te gtan la phab paḥo//
>
> The *Saṃdhinirmocanasūtraṭīkā* by the Chinese master Wen tshig (Wŏnch'ŭk) is now complete. Acting under the directives of 'dPal lha btsan po (吉祥大王)' and adhering to his orders, the Chief Translator monk, ḥGos Chos grub, translated the text from Chinese and proofread it.

Since the honorific term 'dPal lha btsan po' (Skt. śrīdevarāja? 吉祥大王) is not a proper noun, this honorary title could be applied to other kings. However, considering the timeframe of Chos grub's life, the king in question should likely refer to Khri gtsug lde bstan (804~836), also known as 'ral pa can.'

Regarding Chos grub's life and his Tibetan translation dates in details, Wu Qiyu (1984) discusses in detail, and as to why his surname was changed to Chinese, Guan Facheng (管法成) from 'ḥGos Chos grub,' refer to Wang Yao (1980). Given that King Khri stsug lde btsan's reign extended from 815 to 836 (Liu Liqian 2000,

p. 203~204), and during the period when Chos grub completed the translation of SNST, he held the official title 'ṣu chen gyi lo tsā ba dge sloṅ,' the Chief Translator Monk. Additionally, the SNST was included when the Denkarma was published in approximately 824. Considering these three occurrences, one can deduce that the SNST was translated into Tibetan around 820.

When comparing the Chinese version and Tibetan version of SNST, it becomes evident that there are numerous issues in both editions. Problems may stem from the Chinese version itself or from challenges in interpreting the text. In fact, significant problems were identified in the Tibetan translation, and for further details on these issues, one can refer to Lee, Jong-Cheol (2013).

The need for a critical edition of SNST is imperative for scholars in the field of Yogācāra and East Asian Buddhism. However, creating a critical edition to rectify both the Chinese and Tibetan versions is a lengthy process. Having completed the Introductory Section of SNST, I am delighted to finalize the entire *Commentary on Saṃdhinirmocanasūtra*, a project that spanned thirteen years. As I explore other subjects, I hope paths cross for the enrichment of our shared curiosity and knowledge.

July 2024

Jong-Cheol Lee (李鍾徹)

〈Reference〉

Adachi, K. & Shioiri, Y. (1970). *Nittō Guhō Junrei Kōki 1* [The Record of a Pilgrimage to China in Search of the Dharma]. *Toyo Bunko* 157: Tōkyō: Heibunsha.

Adachi, K. & Shioiri, Y. (1985). *Nittō Guhō Junrei Kōki 2* [The Record of a Pilgrimage to China in Search of the Dharma]. *Toyo Bunko* 157: Tōkyō: Heibunsha.

Baihua, W. Li, D, & Xu, D. (1992). *Ru Tang Qiu Fa Xun Li Xingji Jiaozhu* [The Record of a Pilgrimage to China in Search of the Dharma Annotated Edition]. Huashan Wenyi Chubanshe.

Chen, J. (1999). *Zhopng Han Fojiao Guanxi Yiqiannian* [The One-Thousand-year relationship between Chinese and Korean Buddhism]. Beijing: Zongjiao Wenhua Chubanshe.

Cho, K. (2010). Shilla Wŏnch'ŭgŭi Saengaee Taehan Kŏmt'o [Examination on the Life of Wŏnch'ŭk of Shilla]. *Han'gukkodaesayŏn'gu*, 57.

Cho, K. (2013). Wŏnch'ŭgŭi Sŭngŭijee Taehan Ihaewa Tongashia Yŏwangshidaeŭi Sŏngbullon [Wŏnch'ŭk's understanding of the Ultimate Reality and the Concept of the Buddha-Nature during the Reigns of Empresses in East Asia]. In Lee Jong-Cheol (Eds.), *Wŏnch'ŭk Haeshimmilgyŏngsoŭi Sŭngŭijesangp'um Yŏn'gu* [A Study on the Chapter on Ultimate Reality in the Saṃdhinirmocanasūtraṭīkā]. Han'guk'ak Chungang Yŏn'guwŏn Ch'ulp'anbu.

Cleary, T. (1993). *The Flower ornament scripture: a translation of the Avatamsaka Sutra/ [translated by] Thomas Cleary*. Shambhala.

Dalai Lama V. (2000). *Xizang Wangchen Ji* [The Record of Tibetan Kings and Ministers]. (L. Liu, Trans.). Beijing: Minzu Chubanshe.

Fukihara, S. (1989). *Nippon Yuishiki Shisōshi* [An Intellectual History of Yogācāra in Japan]. (Reprinted ed., Fukihara Shoshin Bukkyogaku Senshu 3). Tōkyō: Kokushokankōkai (Original work published 1944).

Inaba, S. (1972). *Enso Kai Shinmitsu Kyō Shosan Itsu Bubun no Kenkyū* (*Kanbun Yakuhen*) [A Study of Wŏnch'ŭk's missing portion of the Commentary of Saṃdhinirmocanasūtra (Chinese Translation Section)] (Critical Edition). Ōtani Daigaku Kenkyū Nenpō, 24. (Original work published 1971).

Kamata, S. (1988). *Shinra Bukkyōshi Josetsu* [Introduction to the History of Shilla Buddhism]. Tōkyō Daigaku Tōyō Bunka Kenkyūsho.

Lee, J. (2013). Haeshimmilgyŏngso T'eksŭt'ŭwa Sŭngŭije [The Saṃdhinirmocanasūtraṭīkā Text and the Idea of Ultimate Reality]. In Lee Jong-Cheol (Eds.), *Wŏnch'ŭk Haeshimmilgyŏngsoŭi Sŭngŭijesangp'um Yŏn'gu* [A Study on the Chapter on Ultimate Reality in the Saṃdhinirmocanasūtraṭīkā]. Han'guk'ak Chungang Yŏn'guwŏn Ch'ulp'anbu.

Lee, J. (2019). *Wŏnch'ŭk Haeshimmilgyŏngso Yŏraesŏngsojaksap'um- Han Jang Mong Kyogam Kyojŏngbon* [Wŏnch'ŭk's Saṃdhinirmocanasūtraṭikā, Chapter on Tathāgatakṛtya niṣpatti-parivarta: Critically edited from the Chinese, Tibetan, and Mongolian versions]. Han'guk'ak Chungang Yŏn'guwŏn.

Nam, M. (2009). *Shilla Wŏnch'ŭgŭi Yushiksasang Yŏn'gu* [A Study of Yogācāra by Wŏnch'ŭk of Silla]. Minjoksa.

Tang, Y. (1982). *Sui Tang Fu Jiao Shikao* [A Study of Buddhism during the Sui, Tang dynasties]. Beijing: Zhong Hua Shu Ju. (Original work published 1932)

Wang, Y. (1980). *Zangzu Fanyìjia Guan Facheng dui Minzu Wenhuajiaoliu de Gongxian* [The Contributions of Tibetan Translator Guan Facheng to Ethnic and Cultural Exchange]. Wenwu 7.

Wu, Q. (1984). *Daibankuni Daitoku Sanzohoshi Hoseidenko* [The Transmission of Dharma by a Great Virtuous Tripiṭaka Master of China]. Dunhuang to Chūgoku Bukkyō. Kōza Tonkō 7. Tōkyō: Daitō Shuppansha.

Yang, T. (1988). *Xianzang Nianbu* [Chronicles of Xianzang]. Beijing: Zhonghua Shuju.

Yoshida, D. (1976a). *Saimyō-ji Enso no Kyōgaku* [Teachings of Wŏnch'ŭk of Ximing Monastery]. *Indogaku Bukkyōgaku Kenkyū. Nihon Indogaku Bukkyōgakukai.* 25-1.

〈Abbreviated Terms〉

CBK — *Commentary of the Benevolent King Sutra* (Inwanggyŏngso) 卍字續藏經 1-40; 韓佛全 (1)

Biographies of Eminent Monks — Zanning's 贊寧 (919~1001). *Biographies of Eminent Monks [compiled in] the Sung dynasty* (Song Gao Seng Chuan 宋高僧傳)

Biography of Wŏnch'ŭk — Zanning 贊寧 (919~1001): the *Biography of Venerable Yuance [Wŏnch'ŭk] [originating from] Xi Ming Monastery [in the] Capital of Tang* 宋高僧傳(唐京師西明寺圓測法師傳: Song Gao Seng Chuan (Tang Jing Shi Xi Ming Si Yuance Fa Shi Chuan)

Catalogue — *A Newly Edited Buddhist Scriptures Catalogue* Shinp'yŏnjejonggyojangch'ongnok (新編諸宗教藏總錄)

CIM — (2018) *Commentary on the Wuliangyi jing* (西教寺所藏 圓測撰 無量義經疏)

CHS — *Commentary on the Heart Sutra* (般若波羅蜜多心經贊) 卍字續藏經 1-41; 韓國仏教全書 (1)

CCWSL — (1983) *Commentary on Cheng Weishi Lun*: 成唯識論測疏

Eulogy — Ch'oe Ch'iwŏn 崔致遠 (857~?): *A Eulogy Commemorating the Late Venerable Wŏnch'ŭk of Great Virtue and the Verifier of Meaning in Interpretating Buddhist Scriptures* 故譯經證義大德圓測和尙諱日文 (Ko yŏkkyŏng jŭngŭi daedŏg wŏnch'ŭk hwasang hwiilmun)

HPC — *The Complete Collection of Korean Buddhism:* Han'guk pulgyo chŏnsŏ (韓國仏教全書; 韓佛全)

Inscription — Song Fu 宋復 (?~1115?) *Memorial Inscription of the Late Venerable Yuance of Great Virtue of Xi Ming Monastery in Great Zhou* 大周西明寺故大德圓測法師佛舍利塔銘幷序 (Da Zhou Xi Ming Si Gu Da De Yuance Fa Shi Fo She Li Ta Ming Bing Xu)

Jinling Edition — Jinling Kejing Chu (金陵刻經處)Edition

Kai Yuan — 開元 (The appellation for the Emperor Xuanzong of Tang's reigning period, 713~741)

Manzizokuzokyo (卍字續藏經) — Shinsan Dai Nippon Zokuzōkyō: Kokusho Kankōkai 新纂大日本続藏経 (国書刊行会, 1975~1989)

Memorabilia — *Memorabilia of the Three Kingdoms* (三國遺事)

New Edition	Avataṃsaka New Edition 新譯華嚴
Record	Ennin 圓仁 (794~864): *The Record of a Pilgrimage to China in Search of the Dharma* 入唐求法巡禮行 (Nitto Guho Junrei Gyoki)
SNST	Saṃdhinirmocanasūtraṭīkā (Haeshimmilgyŏngso: 解深密經疏)
Taishō	Daishō Shinshū Daizōkyō (大正新修大藏経)
Zokuzokyo	Dai Nippon Zokuzōkyō: Zōkyō Shoin (大日本続藏経: 藏経書院, 1905~1912)

○ Translator: Pascal (Sooil) Kim

Initially drawn to Astronomy, he pursued his undergraduate studies in Mathematics at the University of Wisconsin-Madison. After graduating, he found himself intrigued by theological studies and earned a Master of Theological Studies at Wesley Theological Seminary. While deeply immersed in theology, his own karma led him back, once again, to his alma mater, the University of Wisconsin-Madison, the first institution to establish Buddhist Studies in the United States. Later, having completed all requirements except his dissertation, his scholastic inquisitiveness directed him to Professor Lee Jong-Cheol. Under Professor Lee's tutelage, Mr. Kim attained his Ph.D. at the Academy of Korean Studies in the Department of Philosophy focusing on the subject of consciousness in the Third Chapter of the *Saṃdhinirmocanasūtraṭīkā*.

범례

- 『해심밀경소』〈序品〉 관련 부분은, 만속장경(제21권, 171b-203a); 금릉각경처본(卷1-5); 中華大藏經(西藏編)(제68권 3: 1-248: 11).
- 한문본의 경우, 필자의 견해에 따라서 수정하는 경우에는 'Lee'로 표식을 달았다.
- 한문본 쪽수는 CBETA에서 입력한 방식 그대로 [308b18] 등과 같이 표기했는데, 이는 〈만자속장경〉의 308쪽, 중단(中段) 18번째 줄을 가리킨다.
- (@*) 표시는 『해심밀경소』 전체의 과단(科斷)을 설정하기 위해 필자가 임의로 붙인 부호이다. '(@1-1)'는 『해심밀경』 제1품인 〈序品〉의 첫 번째 인용문을 가리킨다.
- 한자의 자형(字形)
  (1) 異體字나 古字 혹은 略字는 표준자나 本字(今字)로 쓴다.
    예 沉 ⇒ 沈, 徧 ⇒ 遍, 虗 ⇒ 虛, 筭 ⇒ 算, 瑠 ⇒ 瑠, 舉 ⇒ 擧, 恆 ⇒ 恒, 閒 ⇒ 間, 敇 ⇒ 勅, 眾 ⇒ 衆, 麁 ⇒ 麤, 薰 ⇒ 熏, 薗 ⇒ 園, 帋 ⇒ 紙, 隟 ⇒ 隙, 毉 ⇒ 醫, 牆 ⇒ 墻, 皈 ⇒ 歸, 灾 ⇒ 災, 耎/輭 ⇒ 軟, 閇 ⇒ 閉, 抅 ⇒ 拘, 煗 ⇒ 煖, 玅 ⇒ 妙, 煑 ⇒ 煮, 蘇 ⇒ 酥, 粮 ⇒ 糧
  (2) 通假字는 원전을 중시하여 그대로 둔다.
    예 辨/辯, 穩/隱, 芽/牙, 邪/耶
  (3) 同字는 일일이 異同을 명기하지 않는다.
    예 值/値, 嘆/歎, 悋/恪, 蔑/懱, 床/牀, 楔/楔
- 티베트어 번역본은 『중화대장경: 서장편』(ZH.)을 저본으로 삼고 〈데르게판〉(D.)을 대조하였다. 티베트어 번역본 본문에 삽입된 쪽수는 『중화대장경: 서장편』의 쪽수, 〈데르게판〉의 폴리오(folio) 수를 가리킨다.
- 티베트어 번역의 경우, 필자의 견해에 따라서 수정하는 경우에는 별다른 표식을 하지 않았고, 몽골어 번역에 따라서 수정할 경우에는 'M-SNST'로 표식하였다.
- 몽골어 번역은 티베트어 번역의 충실한 재번역이다. 따라서 티베트어 번역에 비추어 보았을 때 명백한 오역(誤譯)일 경우에만 몽골어 번역을 수정하였다. 필자의 견해에 따라 티베트어 번역을 수정한 경우에는, 티베트어 번역 부분에만 수정 사항을 주석으로 처리하였고, 몽골어 번역까지 일일이 수정하지는 않았다.

약호

GS	Manzi-Zokuzōkyō(卍字續藏經) edition of『解深密經疏』
JS	Jinling-kejing-chu(金陵刻經處) edition of『解深密經疏』
SNST	Tibetan translation of『解深密經疏』by Chos-grub
ZH	Tibetan Part, Zhonghua Dazangjing(『中華大藏經(西藏編)』)
Taisho	Taishō Tripiṭaka(大正新修大藏經)
D	Derge edition
P	Peking edition
N	Narthang edition
C	Cone edition
Baek(2013a)	백진순,『해심밀경소 제1 서품』, 동국대학교 출판부, 2013.

기타 약호

【 】	한문본 협주
〈......〉	단어나 문장의 缺落
⇒	수정

Explanatory Notes

- For the parts related to the Nidāna Chapter of the *Commentary*, they are referred to the *Manzi-Zokuzōkyō* (卍字續藏經)(21st Vol, 171b-203a); *Jinling-kejing-chu* (金陵刻經處) edition (1~5th Book); Tibetan Part, *Zhonghua Dazangjing* (中華大藏經 西藏編) (68th Book, 3: 1-248: 11).
- As for the Chinese version, I have inserted 'Lee' for the parts corrected according to my opinion.
- The page numbering system used in the Chinese version corresponds to the CBETA numbering system, i.e., [308c18] refers to the 18th line of the lower segment on page 308 of the *Manzi-Zokuzōkyō* (卍字續藏經).
- Marking (@*) is an arbitrary marking system I have devised in order to indicate each segment in the entire *Commentary*. For example, '(@1-1)' refers to the first quotation of the 1st Chapter of the *Commentary*.
- As for the Tibetan translation, the Section on Tibetan in the *Zhonghua Dazangjing* (中華大藏經 西藏編) is taken as the basis, and it has been compared with the Derge Edition (D.). The page numbers inserted in the body of the Tibetan translation correspond to the page numbers of the Tibetan Section of the *Zhonghua Dazangjing* (中華大藏經 西藏編) and the folio number in the Derge Edition.
- No specific markings on the Tibetan translation if the corrections are done by the author. If corrections are made on the Mongolian translation, they are marked as M-SNST.
- The Mongolian translation is the result of strict re-translation of the Tibetan version. Hence, corrections are made only when the Mongolian translation shows mistakes in translation. Whenever corrections are made in the Tibetan version by the author, they have been annotated only in the Tibetan version, not in the Mongolian version.

Text Abbreviations

- GS　*Manzi-Zokuzōkyō* (卍字續藏經) edition of the *Commentary* (解深密經疏)
- JS　*Jinling-kejing-chu* (金陵刻經處) edition of the Commentary (解深密經疏)
- ZH　Tibetan Section, *Zhonghua Dazangjing* (中華大藏經 西藏編)
- Taisho　*Taishō Tripiṭaka* (大正新修大藏經)
- SNST　Tibetan translation of the *Commentary* (解深密經疏) by Chos-grub
- M-SNST　Mongolian translation of the *Commentary* (解深密經疏) by Ngag-dbang bstan-phel brothers
- D　Derge edition
- P　Peking edition
- N　Narthang edition
- C　Cone edition
- Baek(2013a): Jin-sun Baek(白眞順), 《해심밀경소 제1 서품》(Korean annotated translation of the 1st Chapter of *the Commentary on the Saṃdhinirmocana- sūtra*), Dongguk University Press, 2013.

Miscellaneous Abbreviations

【　】	Chinese version footnotes
〈……〉	Deletion of terms or phrases
⇒	Correction

◆〈序品〉科段◆

《解深密經疏》卷第一[(1)]

(1) Lee: null ⇒ +'(經本第一)'

西明寺沙門　圓測　撰

《解深密經 · 序品第一》

[ZH.68-3][D.Ti.1b]
/rgya gar skad du/ ārya-sandhi-gambhīra-nirmoca[(1)]-sūtra-ṭīkā/
bod skad du/ ḥphags pa dgoṅs pa zab mo ṅes par ḥgrel paḥi mdo rgya cher ḥgrel pa/
bam po daṅ po/
gsuṅ gi mṅaḥ bdag ḥphags pa byams pa daṅ/ ḥjam dpal gṣon nur gyur pa la phyag ḥtshal lo//

(1) +na

(@0-0)[0171b17] 將欲釋經四門分別:
一、教興題目, 二、辨經宗體, 三、顯所依爲, 四、依文正釋。

gaṅ gis《mdo sde ḥdi》ḥchad par ḥdod pas sgo rnam pa bṣir phye nas bstan par byaḥo//
ḥdi lta ste/ bstan pa gsuṅs paḥi dgoṅs pa daṅ mdo sdeḥi mtshan rnam par bśad pa bstan pa daṅ/ mdo sdeḥi ṅo bo ñid daṅ gṣuṅ yaṅ dag par bstan pa daṅ/ gnas daṅ gaṅ gi ched du gsuṅs pa bstan pa daṅ/ tshig gi don rnam par bśad pa bstan paḥo//

(@0-1)[0171b19] 第一、教興及題目者。
竊以, 眞性甚深, 超衆象而爲象, 圓音秘密, 布群言而不言。
斯乃[(1)], 即言而言亡, 非象而象著。
[(2)]理, 雖寂而可談。即言而言亡言[(3)], 雖弘而無說。

[4]故嘿[5]不二於丈室，可談故辨三性於淨宮。
是故，慈氏菩薩說眞俗而並存，龍猛大士談空有而雙遣。
然則存不違遣，唯識之義彌彰。遣不違存，無相之旨恒立。
亦空亦有，順成二諦之宗。非有非空，契會中道之理。
故知迷謬者說空而執有，悟解者辨有而達空。

(1) JS: null=+‘非象而象著’; SNST: null=*sic* (2) SNST: null ⇒ +‘非象而象著’
(3) SNST: 言 ⇒ 教; Baek(2013a): ‘即言而言亡言’=教
(4) JS, SNST, Baek(2013a): null ⇒ +‘無說’ (5) JS: 嘿=默

de la daṅ po mdo sde gsuṅs paḥi dgoṅs pa daṅ/ mdo sdeḥi mtshan rnam par bśad pa bstan pa ṣes bya ba la/
yaṅ dag paḥi ṅo bo ñid ni śin tu zab [ZH.68-4] ciṅ gzugs kyi dṅos po rnam pa sna tshogs las yoṅs su ḥdas kyaṅ/ gzugs kyi dṅos por snaṅ la/ yoṅs su rdsogs paḥi gsuṅ[1] [D.Ti.2a] gsaṅ ba[2] skye dguḥi rjes su gsuṅ bar mdsad kyaṅ gsuṅ ba mi mṅaḥ ste/ de ni ḥdi skad du/ gsuṅ bar mdsad kyaṅ/ tshig las rab tu dben ṣiṅ gzugs ma yin pa yaṅ gzugs su ston te/ gzugs ma yin par yaṅ gzugs su ston paḥi tshul ni rab tu ṣi ba yin mod kyi/ tshig tu brjod pa yaṅ yod do ṣes ston to//
tshig tu brjod kyaṅ tshig las rab tu dben la/[3] bstan pa[1] rgya cher gsuṅs kyaṅ tshig med de/ tshig med paḥi phyir dri ma med par grags paḥi gnas su caṅ mi smra bar gyur pa daṅ/ gṣal med khaṅ yoṅs su dag par ṅo bo ñid gsum rnam par phye ba yin te/ deḥi phyir ḥphags pa byams pa las don dam pa daṅ/ kun rdsob gñi ga yod par rnam par gṣag la/ skyes bu chen po klu sgrub kyis ni stoṅ pa daṅ/ yod pa gñis ka yaṅ yoṅs su gsal[4] ba yin no//
de la rnam par gṣag pa yaṅ yoṅs su gsal[4] ba daṅ mi ḥgal bas na rnam par rig pa tsam gyi don śin tu gsal bar ḥgyur la/ yoṅs su gsal[4] ba rnam par gṣag pa daṅ mi ḥgal baḥi phyir ni mtshan ma med paḥi tshul rab tu bstan pa yin no//
stoṅ pa ñid kyaṅ yin la yod pa yaṅ yin pas/ bden pa gñis kyi gṣuṅ daṅ rjes [D.Ti.2b] su mthun pa daṅ/ yod pa yaṅ ma yin stoṅ pa yaṅ ma yin pas dbu maḥi lam gyi tshul daṅ mthun par gyur pa yin te/ de lta bas na rmoṅs śiṅ nor ba dag gis stoṅ par bśad pa thos na[5] yod par yaṅ dag par[6] ḥdsin la/ go ṣiṅ rtogs pa dag gis ni yod pa ñid[7] stoṅ pa ñid du rtogs so//

(1) +ni (2) ba ⇒ ṣiṅ (3) la/ ⇒ paḥi (4) gsal ⇒ bsal (5) ‘pa thos na’ ⇒ kyaṅ
(6) ‘yaṅ dag par’ ⇒ null (7) +‘bstan kyaṅ’

佛法甚源[(1)]豈不斯矣[(2)]！但以接引多方入理非一，是故法王說三法輪。
初爲發起[(3)]聲聞乘者，波羅柰國施鹿林中，創開生死、涅槃因果。此即第一、四諦法輪。
次爲發趣菩薩乘者，鷲峯山等十六會中，說諸《般若》。此即第二、無相法輪。
後爲發趣一切乘者，蓮華藏等淨、穢土中，說《深密》等。此即第三、了義大乘[(4)]。
是即如來教興之意也。

(1) SNST: 源 ⇒ 深; JS: 源=玄 (2) JS: '豈不斯矣'='不在斯與'; SNST: '豈不斯矣'=*sic*
(3) SNST: 起 ⇒ 趣 (4) SNST: null=+'法輪'

saṅs rgyas kyi chos śin tu zab paḥi tshul de lta yin mod kyi ḥon kyaṅ ḥdren paḥi thabs daṅ ḥjug paḥi tshul maṅ ṣiṅ gcig kho na ñid du ma zad paḥi phyir/ [ZH.68-5] chos kyi mṅaḥ bdag gis chos kyi ḥkhor lo rnam pa gsum du gsuṅs pa yin te/
de la daṅ po ni gaṅ ñan thos kyi theg pa la gṣol ba dag la ḥkhor mor ḥjig ri dvags rgyu baḥi tshal du ḥkhor ba daṅ/ mya ṅan las ḥdas paḥi rgyu daṅ ḥbras bu yoṅs su bstan te/ ḥdi ni bden pa bṣiḥi chos kyi ḥkhor lo ṣes byaḥo//
gñis pa ni gaṅ byaṅ chub sems dpaḥi theg pa la gṣol ba dag la/ bya rgod phuṅ poḥi ri la sogs pa ḥdus pa bcu drug dag tu《ḥphags pa śes rab kyi pha rol tu phyin pa》rnams gsuṅs pa yin te/ ḥdi ni mtshan ñid med paḥi chos kyi ḥkhor lo ṣes byaḥo//
gsum pa ni gaṅ theg pa thams cad la gṣol ba dag la padmaḥi sñiṅ po la sogs pa ṣiṅ yoṅs su dag pa daṅ/ ma dag pa rnams su《ḥphags pa dgoṅs pa zab mo ṅes par ḥgrel pa》la sogs pa gsuṅs pa ni ṅes paḥi don theg pa chen poḥi chos kyi ḥkhor lo ṣes bya ste/
ḥdi ni de bṣin gśegs paḥi bstan pa gsuṅs paḥi dgoṅs pa yin par rig par byaḥo//

(@0-2)[0171c10] 題云"解深密經"者，一部總名。"序品第一"者，品內別目。
"解"謂解釋，"深"即甚深，"密"者秘密。
《此經》宗明境、行及果三種無等，解釋如是甚深之義，名"解深密"。

dgoṅs pa zab mo ṅes par ḥgrel paḥi mdo ṣes bya ba ni mdo sde gcig gi spyiḥi miṅ ṅo// gleṅ gṣiḥi leḥu ste daṅ poḥo ṣes bya ba ni leḥu ñid kyi naṅ na tha dad paḥi miṅ ṅo//
dgoṅs pa ṣes bya ba ni gsaṅ baḥi tshul du gsuṅs so// zab mo ṣes bya ba ni śin tu zab paḥo// ṅes par ḥgrel pa ṣes bya ba ni rnam par bśad pa ste/
theg pa gsum po thams cad kyis śin tu zab ciṅ mkhyud paḥi dgoṅs pa rnam par dgrol bar dkaḥ baḥi don(?)《mdo sde ḥdi》las rnam par phye ste gsal bar ston par mdsad pas na/ dgoṅs pa zab mo ṅes par ḥgrel pa ṣes byaḥo//

"經"者，梵音名素怛纜[(1)]，此云經也。
若依俗典，"經"者常也。經古歷今教義恒定，目之爲"常"。
或翻爲"綖"。《四分律》云："綖貫華定不失落。"
大唐三藏翻爲"契經"。[(2)]謂契合。契當道理，合有情機。"經"亦二義：一者、貫穿，二者、攝持。貫穿所應說義，攝持所化有情。具斯二義，故名"契經"。

[(1)] sūtra [(2)] SNST: null ⇒ +"契"

mdo ṣes bya ba ni rgya [D.Ti.3a] gar skad du *sū-tra* ṣes bya baḥi sgra [ZH.68-6] las draṅs nas/ mdo daṅ[(1)] brtag[(2)] pa ṣes bya bar ḥdren te/ sṅon daṅ da ltar gyi gsuṅ rab kyi don brtag[(2)] par ṅes paḥi phyir brtag[(2)] pa ṣes byaḥo//
yaṅ rnam pa gcig[(3)] tu na skud pa ṣes bya ste/ deḥi phyir《ḥdul ba dum bu bṣi pa》las ji skad skud pas me tog brgyus nas ḥthor bar mi ḥgyur ba bṣin no ṣes gsuṅs so//
slob dpon hyan tsaṅ gis ni mthun paḥi mdo ṣes bśad de/ de la mthun pa ni mthun par gyur pa ste/ rig[(4)] pa daṅ mthun par gyur pa daṅ/ sems can gyi dbaṅ po daṅ ḥtsham par gyur paḥo//
mdo ṣes bya ba ni don rnam pa gñis kyi phyir te/ brgyus pa daṅ sdud paḥo// de la brgyus pa ni bśad par bya baḥi don to// sdud pa ni ḥdul bar bya baḥi sems can te/ don rnam pa ḥdi gñis daṅ ldan paḥi phyir mthun paḥi mdo ṣes bya bar bśad do//

[(1)] 'mdo daṅ' ⇒ null [(2)] brtag ⇒ rtag [(3)] PN: gcig ⇒ cig [(4)] rig ⇒ rigs

辨得名者。"解"、"經"兩字，是能詮教。"深密"之言，顯所詮理。從能所詮以立經目，此即深密之解經也。故六釋中，是依主釋。

de la miṅ ḥthob par byed pa ni ṅes par ḥgrel pa daṅ/ mdo ṣes bya baḥi tshig gñis kyis brjod pa daṅ[(1)] gsuṅ rab bstan pa yin te/ dgoṅs pa zab mo gsuṅ gis brjod par bya baḥi tshul yoṅs su ston pas na rjod par byed pa daṅ brjod par bya baḥi don gyis mdo sdeḥi mtshan rnam par gṣag pa yin te/ ḥdis ni dgoṅs pa zab mos mdo sde rnam par bśad pa[(2)] bstan to//
ḥdi ni rnam par bśad pa rnam pa drug las bdag poḥi dbaṅ du mdsad nas rnam par bśad paḥo//

(1) 'brjod pa daṅ' ⇒ 'rjod par byed paḥi'
(2) 'dgoṅs pa zab mos mdo sde rnam par bśad pa' ⇒ 'dgoṅs pa zab mo ṅes par ḥgrel paḥi mdo'

"序品第一"者。
"序"謂由序，起正說之由致。"品"謂品類，或品別義。顯已[(1)]聞等義類，相從、攝義各別，目之爲"品"。於一部內有其八品，此品最初，故名"第一"。故言"解深密經 · 序品第一"。

(1) JS, SNST: 已 ⇒ 己

gleṅ gṣiḥi leḥu ste daṅ poḥo ṣes bya ba la gleṅ gṣi ni gtan tshigs kyi gleṅ gṣi ste/ yaṅ dag par bśad par ḥbyuṅ baḥi gleṅ gṣiḥo//
leḥu ni phyogs kyi rnam paḥam/ yaṅ na tha dad paḥi don te/ ḥdi ltar bdag gis thos pa la stsogs paḥi don gyi rnam pa mtshuṅs par gyur pa daṅ/ don bsdus pa so so tha dad paḥi phyir leḥu ṣes byaḥo//
《mdo sde ḥdi ñid》 las leḥu [ZH.68-7] brgyad ḥbyuṅ baḥi daṅ por leḥu ḥdi ḥbyuṅ bas na daṅ po ṣes bya ste/ deḥi phyir dgoṅs pa zab mo ṅes par ḥgrel paḥi mdo gleṅ gṣiḥi leḥu ste daṅ poḥo ṣes gsuṅs so//

(@0-3)[0171c24] 言"宗體"者。
"體"即總明能詮教體。"宗"言別顯諸教所詮。

de la mdo sdeḥi gṣuṅ daṅ ṅo bo ñid yaṅ dag par bstan pa ṣes bya ba la/ ṅo bo ñid kyis ni brjod pa daṅ[(1)] gsuṅ [D.Ti.3b] rab kyi ṅo bo ñid kyi miṅ[(2)] bstan to//
gṣuṅ ṣes bya bas ni so soḥi bstan pas brjod par bya ba thun moṅ ma yin pa[(3)]

bstan to//

(1) 'brjod pa daṅ' ⇒ 'rjod par byed paḥi' (2) 'kyi miṅ' ⇒ spyir
(3) 'thun moṅ ma yin pa' ⇒ 'rnam par phye ste'

然諸聖教, 大唐三藏五門出體。
一、攝妄歸眞門。謂諸聖教, 名、句、文身及以音聲, 用如爲體。
故《維摩》等云: "一切衆生皆如也。一切諸法亦如也。"

ḥphags pas gsuṅs paḥi gsuṅ rab rnam pa[(1)] slob dpon hyan tsaṅ gis sgo rnam pa lṅas mdo sde[(2)] ṅo bo ñid bstan pas/
de la daṅ po ni yaṅ dag pa ma yin pa yaṅ dag pa ñid du bsdu baḥi sgo ste/ ḥdi ltar ḥphags paḥi gsuṅ rab rnams kyi miṅ daṅ tshig daṅ yi geḥi tshogs daṅ sgra skad rnams ni de bṣin ñid kyi ṅo bo ñid byed de/ deḥi phyir《ḥphags pa dri ma med par grags pas bstan paḥi mdo》la stsogs pa las sems can thams cad de bṣin ñid do// chos thams cad kyaṅ de bṣin ñid do ṣes gsuṅs so//

(1) PN: 'rnam pa' ⇒ rnams
(2) PN: sde ⇒ sdeḥi

(@0-4)[0172a03] 二、攝相歸識門, 略有二義。
一、三分明義。自體名"識", 見相二分通名爲"相"。
故《成唯識》第一卷云: "變謂識體轉似二分, 見、相俱依自體[(1)]起故。"
又第二云: "識所變相, 雖無量種, 而能變識, 類別唯三。"
若依此釋, "相"謂相狀, 見、相皆是自體[(2)]分識之相狀故。
二、二分明義。見分名"識", 相分爲"相"。
故《成唯識》云: "或復內識轉似外境。"
若依此釋, 相分名"相"。相不離見, 說名"唯識"。
總說意云, 名、句、文身及以音聲, 識之相故, 名爲[(3)]"識"也。

(1) SNST: 體=*sic*; JS, Taisho: 體=證 (2) SNST: 體=*sic*; JS: 體=證 (3) SNST: 為=*sic*; JS: 為=唯

gñis pa ni rgyu mtshan rnam par rig pa ñid du bsdu baḥi sgo ste/ ḥdi yaṅ mdor bsdu na don rnam pa gñis so//
daṅ po ni cha rnam pa gsum gyis don bstan te/ raṅ gi ṅo bo ñid ni rnam par

rig pa ṣes byaḫo// lta ba daṅ rgyu mtshan gyi [(1)]rnam pa gñis ni spyir rgyu mtshan ṣes bya ste/

deḫi phyir《rnam par rig pa tsam du grub paḫi bstan bcos》las

gyur pa ni/ ḫdi lta ste/ rnam par śes paḫi ṅo bo ñid cha gñis lta bur gyur par snaṅ ste/ lta ba daṅ rgyu mtshan gñi ga [ZH.68-8] yaṅ raṅ gi ṅo bo ñid la brten nas ḫbyuṅ baḫi phyir ro ṣes bya ba daṅ/

gṣan yaṅ《de ñid》las

rnam par śes par[(2)] gyur paḫi mtshan ñid rnam pa maṅ mod kyi/ rnam par śes pa gyur pa[(3)] de yaṅ rnam pa mi mtshuṅs pas rnam pa gsum yod do// ṣes bstan pa yin te/

bśad pa ḫdi daṅ sbyar nas[(4)] rgyu mtshan ni mtshan maḫi rnam pa ste/[(5)] lta ba daṅ rgyu mtshan rnams ni raṅ gi ṅo bo ñid rnam par rig paḫi mtshan ñid yin paḫi phyir ro//

gñis pa ni cha rnam pa gñis kyis don bstan te/ lta baḫi rnam pa ni rnam par rig pa ṣes byaḫo// rgyu mtshan gyi rnam pa ni rgyu mtshan ṣes bya ste/

deḫi phyir《rnam par rig pa tsam du grub paḫi bstan bcos》las

naṅ gi rnam par śes pa ñid kyi phyi rol gyi yul lta bur gyur par snaṅ ṅo ṣes bśad do//

bśad pa ḫdi daṅ sbyar nas[(4)] rgyu mtshan gyi rnam pa ni rgyu mtshan ṣes bya ste/ rgyu mtshan ni lta baḫi rnam pa las gud na med pas rnam par rig pa tsam ṣes byaḫo//

don mdor [D.Ti.4a] bsdu na miṅ daṅ tshig daṅ yi geḫi tshogs daṅ sgra skad rnams ni rnam par rig paḫi mtshan ñid yin paḫi phyir rnam par rig pa ñid ces byaḫo ṣes bstan to//

(1) +cha (2) par ⇒ 'pa las rnam par'
(3) 'rnam par śes pa gyur pa' ⇒ 'rnam par ḫgyur baḫi rnam par śes pa'
(4) nas ⇒ na (5) 'mtshan maḫi rnam pa ste/' ⇒ 'dbyibs kyi mtshan ñid de/'

(@0-5)[0172a12] 三、以假從實門。如《瑜伽》等，名等是假，聲即是實，故離聲外無別名等。

gsum pa ni btags pa rnams rdsas su bsdus paḫi sgo ste ji ltar《rnal ḫbyor spyod paḫi sa》la sogs pa las miṅ la sogs pa ni btags pa yin no// sgra ni rdsas su yod pa yin paḫi phyir sgra las logs śig na miṅ la sogs pa gṣan med do ṣes bśad pa lta buḥo//

又解。此上三門，各開二門。
初二門者，一、攝妄歸眞門，唯眞非妄；二、眞妄差別門，是妄非眞，名等四法非眞如故。
次二門者，一、攝相歸識門，唯識非相；二、識相差別門，且依此土[(1)]，名等四法唯相非識，名等皆是相分攝故。
後二門者，一、以假從實門，唯實非假；二、假實差別門，通假及實，名等是假、聲即實故。

(1) JS: '且依此土' ⇒ '且依此上'; SNST: '且依此土'=null;

rnam pa gṣan du na goṅ maḥi sgo gsum po re re la yaṅ rnam pa gñis gñis su phye na sgo rnam pa drug tu ḥgyur te/
de la sgo daṅ poḥi rnam pa gñis kyaṅ/ daṅ po ni yaṅ dag pa ma yin pa yaṅ dag pa ñid du [ZH.68-9] bsdu ba ste/ yaṅ dag pa ñid kho na yin gyi/ yaṅ dag pa ma yin pa ñid ni ma yin paḥo// gñis pa ni yaṅ dag pa ñid daṅ yaṅ dag pa ma yin pa ñid rnam par dbye ba ste/ yaṅ dag pa ma yin pa ñid yin te/ yaṅ dag pa ñid ni ma yin te/ miṅ la sogs paḥi chos bṣi po dag yaṅ dag paḥi ṅo bo ñid ma yin paḥi phyir ro//
de la sgo gñis paḥi rnam pa gñis kyaṅ daṅ po ni rgyu mtshan rnam par rig pa ñid du bsdu ba ste/ rnam par rig pa tsam du zad kyi/ rgyu mtshan ni ma yin paḥo// gñis pa ni rnam par rig pa daṅ/ rgyu mtshan rnam par dbye ba ste/ miṅ la sogs paḥi chos bṣi po dag rgyu mtshan tsam du zad kyi/ rnam par rig pa ñid ni ma yin te/ miṅ la sogs pa ni rgyu mtshan gyi rnam pas bsdus paḥi phyir ro//
sgo gsum paḥi rnam pa gñis kyaṅ daṅ po ni btags pa rnams rdsas su bsdu ba ste/ rdsas tsam du zad kyi btags pa ni ma yin no// gñis ni btags pa daṅ rdsas su yod pa rnam par dbye ba ste/ sgo ḥdi ni btags pa daṅ rdsas su yod pa gñis bstan pas miṅ la sogs pa ni btags pa yin la/ sgra ni rdsas su yod pa yin paḥi phyir ro//

(@0-6)[0172a19] 第四、三法定體門。
"三法"即是蘊、處及界三科法門。故《雜集論》名"三法品"。

bṣi pa ni chos gsum gyi ṅo bo ñid ṅes par bstan paḥi sgo ste/ chos gsum ni phuṅ po daṅ skye mched daṅ khams kyi sgo gsum ñid yin te/
deḥi phyir《chos mṅon pa sna tshogs kun las btus paḥi bstan bcos》las chos gsum gyi leḥu ṣes [D.Ti.4b] ḥbyuṅ ṅo//

薩婆多宗, 評家正義, 用聲爲體故, 三科中色蘊、聲處、聲界所攝。
依經部宗, 假實二聲以爲教體, 五蘊門中色蘊所攝, 處、界門中聲處、法處、聲界、法界。法數門中(=@0-7), 當廣分別。
今依大乘, 聲及名等四法爲性, 於五蘊中色、行二蘊, 處、界門中聲處、法處、聲界、法界, 名等三法意識境故。

thams cad yod par smra baḥi gṣuṅ dpyad pas bśad paḥi yaṅ dag paḥi don las ni sgra la ṅo bo ñid du ḥdod pas chos gsum las gzugs kyi phuṅ po daṅ/ sgraḥi skye mched daṅ sgraḥi khams kyis bsdus so//
[ZH.68-10] mdo sdeḥi[(1)] gṣuṅ daṅ sbyar na btags pa daṅ rdsas su yod paḥi sgra gñis la bstan paḥi ṅo bo ñid du ḥdod de/ phuṅ po lṅa las gzugs kyi phuṅ pos bsdus so// skye mched daṅ khams kyi sgo nas ni sgraḥi skye mched daṅ [(2)]sgraḥi khams daṅ chos kyi khams kyis bsdus te/ rgya cher ni chos kyi rnam graṅs bstan pa las rig par byaḥo//
ḥdir theg pa chen poḥi gṣuṅ daṅ sbyar na/ sgra daṅ miṅ la sogs paḥi chos bṣi la ṅo bo ñid du ḥdod de/ phuṅ po lṅa las gzugs daṅ ḥdu byed kyi phuṅ po daṅ/ skye mched daṅ khams daṅ[(3)] sgraḥi skye mched daṅ chos kyi skye mched daṅ/ sgraḥi khams daṅ/ chos kyi khams te/ miṅ la sogs paḥi chos gsum po dag ni yid kyi rnam par śes paḥi yul yaṅ ma[(4)] yin paḥi phyir ro//

(1) sdeḥi ⇒ 'sde paḥi' (2) +'chos kyi skye mched daṅ' (3) PN: daṅ ⇒ las
(4) PN: 'yaṅ ma' ⇒ null

(@0-7)[0172b02] 第五、法數出體[(1)]。
四門分別: 一、法數出體, 二、本影有無, 三、聚集顯現歷心差別, 四、辨音一異。

(1) JS, SNST: null ⇒ +門

lṅa pa ni chos kyi rnam graṅs kyi ṅo bo ñid bstan paḥi sgo ste/ ḥdi yaṅ rnam pa bṣir dbyeḥo//

ḥdi lta ste chos kyi rnam graṅs kyi ṅo bo ñid bstan pa daṅ/ raṅ gi ṅo bo daṅ gzugs brñan yod pa daṅ med pa bstan pa daṅ/ bsags pa rnam par phye bas sems kyi khyad par bstan pa daṅ/ gsuṅ gcig pa daṅ tha dad pa rnam par dbye baḥo//

(@0-8)[0172b05] 言“法數出體”者,

[Lee:](*自有二種，謂外、內法。外宗雖無量種，此中且辨四種。)[(1)]

且辨邪教[(2)]。

數論外道，聲諦爲體。

依勝論宗，聲德爲性。

順世外道，四大爲體，一切皆用大爲性故。

聲論諸師，用聲爲體，《明論》“聲常，能爲定量，詮諸法故”。

(1) Hereafter, whenever the chinese original SNST is not extant, the texts are arranged in the order of the tibetan and the mongolian SNST. The restored chinese SNST from the tibetan SNST by the author is marked with [Lee:](*), before the tibetan SNST.

(2) Lee: ‘且辨邪教’ ⇒ null

[TIB:]

de la chos kyi rnam graṅs kyi ṅo bo ñid bstan pa yaṅ rnam pa gñis te/ phyi rol pa daṅ ḥdod do[(1)]// phyi rol paḥi gṣuṅ yaṅ rnam pa maṅ mod kyi/ ḥdir re ṣig rnam pa bṣi ṣig bstan te/

[MON:] [39-7a: 7-12]

tegün-dür nom-un ǰüil-ün mön činar-i üǰügülügsen ču qoyar ǰüil bülüge/

ɣadaɣadu kiged ǰöb nom-tan bolai/

ɣadaɣadu-yin ɣool ču olan ǰüil amui ǰ-e/

egün-dür qoromqan dörben ǰüil bolɣan nomlaqu bülüge/

[Tib:]

mu stegs can graṅs can ni sgraḥi de kho na ñid la ṅo bo ñid du ḥdod do//

mchog tu smra ba rnams ni sgraḥi yon tan la ṅo bo ñid du ḥdod do//

ḥjig rten rgyaṅ ḥphen pa rnams ni ḥbyuṅ ba chen po bṣi la ṅo bo ñid du ḥdod de/ thams cad kyaṅ ḥbyuṅ ba chen po rnams kyis ṅo bo ñid byed paḥi phyir ro [ZH.68-11] ṣeḥo//
sgrar smra ba rnams ni sgra la ṅo bo ñid du ḥdod de/ 《rigs[2] paḥi bstan bcos》 las sgra ni rtag pas ṅes paḥi tshad ma byed de chos rnams brjod paḥi phyir ro ṣeḥo//

(1) M-SNST: 'ḥdod do' ⇒ 'chos ḥdi paḥo'; PN: do='ḥdi paḥo'
(2) PN: rigs ⇒ rig

(@0-9) 今依內宗，諸說不同。
薩婆多宗，總有七十五法，義如常釋。
然彼教[1]體，《雜心》、《俱舍》及《毗婆沙》，皆有二說。
一云。如來法蘊，色蘊爲性，以是聲故。
一云。行蘊，名句字故。

(1) SNST: 教=*sic*; JS: 教=聲

de la chos ḥdi[1] gṣuṅ daṅ sbyar na yaṅ so so nas bśad pa mi mthun te thams cad yod par smra [D.Ti.5a] ba dag ni/ mdor na chos ni bdun cu rtsa lṅa las med de don ni sṅar[2] bśad pa bṣin no//
bstan paḥi ṅo bo ñid de yaṅ 《sems sna tshogs kyi bstan bcos》 daṅ/ 《mdsod kyi bstan bcos》 daṅ/ 《bye brag tu bśad pa chen poḥi bstan bcos》 dag las rnam pa gñis su bśad de/ kha cig de bṣin gśegs paḥi chos kyi phuṅ po ni gzugs kyi phuṅ pos ṅo bo ñid byed de/ ḥdi ltar sgra yin paḥi phyir ro ṣeḥo//
kha cig ni ḥdu byed kyi phuṅ po ñid de/ miṅ daṅ tshig daṅ yi geḥi yin paḥi phyir ro ṣeḥo//

(1) PN: null ⇒ +paḥi
(2) sṅar ⇒ 'rtag tu'

由斯義故，此地諸師解不同，有其三說。
一云。音教[1]以爲正義。以聲是善、名句文身是無記故。
故《雜心》云："經、律、阿毗曇，是名俗正法。三十七道品，是說第一義。長行釋云，'俗正法'者，言說正法。"

一云。名等以爲正義。以能[2]詮表所說義故。
故《發智論》云: "十二部經以何爲性? 答。名身、句身、文身次第住。乃至廣說。"
一云。通用音聲、名等爲體。由前所說二種義故。
今依《新翻俱舍》第一, 具申兩釋, 謂說音聲或說名等, 而無別判。
《正理》第三, 敍兩師說, 亦同《俱舍》, 兼有問答。
故《彼論》云: "語、教異名, 教容是語, 名、教別體[3], 教何是名?
彼作是釋。要由有名, 乃說爲'教', 是故似[4]教體即是名。所以者何? 詮義如實, 故名'佛教'。名能詮義, 故教是'名'。由是佛教定名爲體, 擧名爲首以攝句文。"
《顯宗》第三, 同《順正理》。

(1) SNST: 教 ⇒ 聲 (2) JS: 能=為 (3) Taisho, SNST: 體=*sic*; JS: 體=語
(4) JS, Taisho, SNST, Baek(2013a): 似 ⇒ 佛

don des na yul ḥdi pa ñid kyi slob dpon rnams go ba dag mi mthun pa rnam pa gsum du bśad do//
kha cig ni sgra la yaṅ dag paḥi don du ḥdod de ḥdi ltar sgra ni dge ba yin gyi/ miṅ daṅ tshig daṅ yi geḥi tshogs ni luṅ du mi ston pa yin paḥi phyir ro//
de lta bas na 《sems sna tshogs kyi bstan bcos》 las
mdo sde daṅ ḥdul ba daṅ/ ma mo dag ni kun rdsob kyi yaṅ dag paḥi chos so//
byaṅ chub kyi phyogs sum cu rtsa bdun ni don dam paḥi ḥo ṣes ḥbyuṅ ste/ ḥdi ñid kyi ḥgrel pa las kun rdsob kyi yaṅ dag paḥi chos ṣes bya ba ni tshig gis bstan paḥi chos la byaḥo ṣes bśad do ṣeḥo//
kha cig ni miṅ la sogs pa la yaṅ dag paḥi don du ḥdod de/ ḥdi ltar bstan par bya baḥi don brjod paḥi phyir ro//
deḥi phyir 《śes pa bskyed paḥi bstan bcos》 las/
gsuṅ rab yan lag bcu gñis ci ṣig gis ṅo bo [ZH.68-12] ñid byed ce na/ smras pa/ miṅ gi tshogs daṅ tshig gi tshogs daṅ yi geḥi tshogs go rims bṣin du gnas paḥo ṣes bya ba nas rgya cher bśad paḥi bar du ṣeḥo//
kha cig ni sgra daṅ miṅ la sogs pa la ṅo bo ñid du ḥdod de/ ḥdi ltar sgraḥi dbaṅ gis[(1)] don rnam pa gñis ston paḥi[(2)] phyir ro ṣeḥo//
ḥdir 《mdsod kyi bstan bcos gsar ḥgyur》 daṅ sbyar na de las bśad pa rnam pa

ḥdi gñis ka yaṅ smos te/ ḥdi ltar sgraḥam yaṅ na miṅ la sogs paḥo ṣes ḥbyuṅ gi/ rnam pa gṣan du bśad pa ni med do//

《yaṅ dag paḥi rigs paḥi bstan bcos》 las kyaṅ/ slob dpon ḥdi gñis kyi bśad pa smos pa 《mdsod kyi bstan bcos》 las ḥbyuṅ ba daṅ mthun te/ dris pa daṅ lan dag kyaṅ yod pas/

deḥi [D.Ti.5b] phyir 《bstan bcos de ñid》 las

ṅag daṅ bstan paḥi miṅ tha dad dam/ ḥon te bstan pa dag kyaṅ yin par ḥdod/ miṅ daṅ bstan pa ṅo bo ñid tha dad na/ bstan pa ji ltar miṅ yin ṣes ḥbyuṅ ste/ de las de skad du bśad pa ni miṅ yod paḥi dbaṅ gis gdod bstan pa ṣes bya bas na deḥi phyir de bṣin gśegs paḥi bstan paḥi ṅo bo ñid ni miṅ yin te/ de ciḥi phyir ṣe na/

yaṅ dag pa ji lta ba bṣin du don brjod paḥi phyir/ miṅ ni de bṣin gśegs paḥi bstan pa yin no// miṅ gi don brjod paḥi phyir bstan pa ni miṅ yin te des na de bṣin gśegs paḥi bstan pa ni ṅes par miṅ gis ṅo bo ñid byed de/ miṅ gtso bor smos pas na tshig daṅ yi geḥi tshogs kyaṅ bsdus par rig par byaḥo//

gṣan yaṅ 《gṣuṅ rab tu bstan paḥi bstan bcos》 las kyaṅ/ 《yaṅ dag paḥi rigs paḥi bstan bcos》 las bśad pa daṅ mthun par ḥbyuṅ ṅo//

(1) 'sgraḥi dbaṅ gis' ⇒ 'sṅar bstan paḥi'

(2) 'ston paḥi' ⇒ kyi

三藏解云。西方諸師傳作此釋。《俱舍》、《正理》皆有兩説，各有所歸。所以者何？令物歡喜，音聲爲勝。若約詮法，名等即勝。故知所對不同各有准據。由斯，兩説皆是正義。

sde snod gsum la mkhas paḥi slob dpon dag(?) gis bśad pa las ni/ rgya gar yul paḥi [ZH.68-13] slob dpon rnams brgyud de bśad pa las kyaṅ ḥdi skad du ston te/ 《mdsod kyi bstan bcos》 daṅ des na(1) 《yaṅ dag paḥi rigs pa》 las so so rnam pa gñis su bśad pa yaṅ so so nas dmigs pa yod de/ (2)ciḥi phyir ṣe na/ sems can mgu ba bskyed par ni sgra mchog tu gyur pa yin la/ chos brjod par ni miṅ la sogs pa mthu che baḥi phyir/ ltos(3) pa mi mthun yaṅ so so nas ṅes pa yod de/ des na rnam pa gñis su bśad pa gñi ga(4) yaṅ dag paḥi don yin no ṣes zer ro//

(1) PN: 'des na' ⇒ null (2) PN: null ⇒ +de (3) PN: ltos ⇒ bltos (4) PN: null ⇒ +yaṅ

今詳諸論, 隨文相判,《正理論》意, 名等爲正。故彼結云: “是故佛教定名爲體。”
准此,《俱舍》亦同《正理》, 以彼不破義不違故。
或可。後師自結所立, 非正理師刊定勝劣。

ḥdir bstan bcos rnams kyi dgoṅs pa brtags na《yaṅ dag paḥi rigs pa》las miṅ la sogs pa la yaṅ dag paḥi don du ḥdod pas na[(1)]/ deḥi phyir deḥi mjug sdud[(2)] pa las deḥi phyir de bṣin gśegs paḥi bstan pa ni ṅes par miṅ ñid bstan pa yin la/ ṅes par miṅ ñid ṅo bo ñid yin no[(3)] ṣes ḥbyuṅ ba daṅ sbyar na《mdsod kyi bstan bcos》las kyaṅ《yaṅ dag paḥi rigs paḥi bstan bcos》daṅ mthun te/ ḥdi ltar de las de sun mi ḥbyin pa yaṅ don ḥgal ba med paḥi phyir ro//
yaṅ na slob dpon phyi ma raṅ gi rnam par gṣag pa pham par khas blaṅs pa[(4)] yin gyi/ yaṅ dag [D.Ti.6a] paḥi rigs pa mdsad paḥi slob dpon gyis pham rgyal[(5)] rnam par phye ste bstan pa ni ma yin no[(6)]

(1) PN: na ⇒ null (2) PN: sdud ⇒ bsdud
(3) ‘miṅ ñid bstan pa yin la/ ṅes par miṅ ñid ṅo bo ñid yin no’ ⇒ ‘miṅ gis ṅo bo ñid byed do’
(4) ‘rnam par gṣag pa pham par khas blaṅs pa’ ⇒ ‘rnam par gṣag paḥi mjug bsdu ba’
(5) ‘pham rgyal’ ⇒ ‘bzaṅ ṅan’ (6) no ⇒ no//

若依《婆沙》評家正義, 音聲爲正。
故《大婆沙》第一百二十六云: “問。如是佛教以何爲體, 爲是語業爲是名等? 答。應作是說‘語業爲體’。
問。若爾, 次後所說, 當云何通, 如說‘佛教名何法? 答謂名身、句身、文身, 次第行列, 次第安布, 次第連合。’?
答。後文爲顯佛教作用, 不欲開示佛教自體。謂次第行列、安布、連合, 名、句、文身, 是佛教用。
有說。佛教名等爲體。
問。若爾, 此文所說, 當云何通, 如說‘佛教云何? 答謂佛語言、唱詞、評論、語音、語路、語業、語表, 是謂佛教。’?
答。依展轉因故作是說, 如世子孫展轉生法。謂語起名, 名能顯義。
如是說者, 語業爲體, 佛意所說他所聞故。”
具說如《彼》。

《bye brag tu bśad pa chen po》 las dpyad pa dag gis bśad paḥi yaṅ dag paḥi don daṅ sbyar na ni sgra bśad pa[(1)] yaṅ dag paḥi don yin te/
deḥi phyir 《bye brag tu bśad pa chen po》 las
ḥdi ltar de bṣin gśegs paḥi bstan pa rnams ci ṣig gis ṅo bo ñid byed/ ci ṅag gi las yin nam/ ḥon te miṅ la sogs pa yin/
smras pa/ loṅs spyod rdsogs pa daṅ sprul pas gsuṅs pa rnams ni bśad pa dag yin pas[(2)] ṅag gi las ṅo bo ñid[(3)] yin no//
gal te de lta na ḥdiḥi ḥog nas bśad pa rnam pa[(4)] ji [ZH.68-14] ltar ruṅ ste/ ji skad du de bṣin gśegs paḥi bstan pa rnams chos ci ṣes bya ṣe na/ smras pa/ ḥdi lta ste/ miṅ gi tshogs daṅ tshig gi tshogs daṅ yi geḥi tshogs rnams go rims su bkod pa daṅ/ go rims su rnam par gṣag pa daṅ/ go rims su ḥbrel baḥo ṣes ḥbyuṅ ba lta buḥo ṣe na/
yi ge ḥog nas ḥbyuṅ ba ni de bṣin gśegs paḥi bstan paḥi nus pa bstan pa yin gyi/ saṅs rgyas kyi bstan paḥi raṅ gi ṅo bo ñid rnam par phye bar ni mi ḥdod de/ ḥdi lta ste/ go rims su bkod pa daṅ/ rnam par gṣag pa daṅ ḥbrel ba ṣes bya ba ni miṅ daṅ tshig daṅ yi geḥi tshogs ni saṅs rgyas kyi bstan paḥi nus pa yin pas so//
kha cig na re de bṣin gśegs paḥi bstan pa ni miṅ la sogs pas ṅo bo ñid byed do ṣeḥo//
gal te de ltar na ḥdi skad du bśad pa ji ltar ruṅ ste/ ji skad du saṅs rgyas kyi bstan pa ji lta bu ṣe na/ ṣes[(5)] smras pa/ ḥdi lta ste/ saṅs rgyas kyi gsuṅ daṅ brjod pa daṅ ḥbrel ba daṅ ṅag gi lam daṅ ṅag gi las daṅ/ ṅag gi rnam par rig byed ni saṅs rgyas kyi bstan pa ṣes byaḥo ṣes ḥbyuṅ ba lta bu ṣe na/
brgyud paḥi rgyu la brten nas de skad du bśad de/ ḥjig rten na bu tsha rnams gcig gis gcig skyed paḥi chos byed pa ltar/ ṅag gis ni miṅ skyed la miṅ gis don gsal bar byed pas so//
dpyad pa dag gis bśad pa las ḥbyuṅ ba[(6)] de skad du bśad pa lta na/ ṅag gi las kyi ṅo bo ñid byed de/ de bṣin gśegs pas gsuṅs pa rnams pha rol gyis thos paḥi phyir ro ṣes ḥbyuṅ ste/
ṣib tu ni 《de ñid》 las ḥbyuṅ ba bṣin no//

(1) 'ni sgra bśad pa' ⇒ 'sgra ni'

(2) 'loṅs spyod rdsogs pa daṅ sprul pas gsuṅs pa rnams ni bśad pa dag yin pas' ⇒ null

(3) 'ṅag gi las ṅo bo ñid' ⇒ 'ṅag gi las kyi ṅo bo ñid byed pa'

(4) PN: 'rnam pa' ⇒ rnams (5) ṣes ⇒ null

(6) 'dpyad pa dag gis bśad pa las ḥbyuṅ ba' ⇒ null

問。豈不《正理》依《婆沙》等? 如何不依評家正義?

答曰。衆賢, 理長爲勝, 故別生理, 名等爲正。

解云。彼宗"聲爲體"者, 法數門中, 唯用音聲一法爲體。"名等爲體"者, 即用名等三法爲體。若合說者, 合用四法爲體, 謂聲、名等。評家正義, 用聲一法爲體。

《yaṅ [D.Ti.6b] dag paḥi rigs pa》 daṅ/ 《bye brag tu bśad pa chen po》 la sogs pa la brten pa ma yin nam ṣe na ciḥi phyir dpyad pa dag gis bśad paḥi yaṅ dag paḥi [ZH.68-15] don la rten par mi byed/

slob dpon ḥdus bzaṅ gis bśad paḥi rigs pa bzaṅ ṣiṅ mchog tu gyur paḥi phyir/ miṅ la sogs pa la yaṅ dag pa ñid do ṣes logs śig tu rigs pas bsgrubs so//

ḥdi ñid kyi ḥgrel pa las ḥdiḥi gṣuṅ gi sgra la ṅo bo ñid du bśad pa ni chos kyi graṅs kyi sgo nas sgraḥi chos gcig ḥbaḥ ṣig la ṅo bo ñid du ḥdod de/ miṅ la sogs pa la ṅo bo ñid du bstan pa ni/ miṅ la sogs pa ni[(1)] chos gsum la ṅo bo ñid du ston to//

gal te gcig tu bsdus te bśad na ni chos bṣi bsdus pa la ṅo bo ñid du ḥdod de/ ḥdi lta ste/ sgra daṅ miṅ la sogs paḥo//

dpyad pas bśad paḥi yaṅ dag paḥi don gyis ni sgraḥi chos gcig la ṅo bo ñid do ṣes zer ro//

(1) 'pa ni' ⇒ paḥi

(@0-10) 依經部宗, 以聲爲體。

故《順正理》第十四卷破經部云: "汝不應說[(1)]'名、句、文身即聲爲體'。"

《無性攝論》第一亦爾。《彼》云: "諸契經句, 語爲自性, 且不應理。"

然依彼宗, 有三師說。

一云。十二處中聲處爲性, 離聲無別名、句、字故。

一云。法處相續假聲以爲自性, 唯是意識所緣性故。

一云。通用假、實二聲爲體, 前二義故。

(1) SNST: 說=*sic* ; Taisho, Baek(2013a): 說=立

mdo sde pa dag ni sgra la ṅo bo ñid do ṣes bśad de/ deḥi phyir 《yaṅ dag paḥi rigs pa daṅ rjes su mthun paḥi bstan bcos》 las mdo sde pa sun ḥbyin paḥi

skabs nas ḥbyuṅ ba/ khyed miṅ daṅ tshig daṅ yi geḥi tshogs rnams sgras ṅo bo ñid byed do ṣes smra baḥi mi rigs so ṣes ḥbyuṅ ṅo//
《slob dpon ṅo bo ñid med kyis byas paḥi theg pa chen po bsdus paḥi ḥgrel pa》 las ni mdo sde rnams kyi tshig dag gis [(1)]ṅo bo ñid byed do ṣes zer ba ḥdi yaṅ rigs pa ma yin no ṣes sun ḥbyin te/
gṣuṅ ḥdi ñid la brten nas/ slob dpon gsum gyis ḥdi skad du ston to//
kha cig ni skye mched bcu gñis las sgraḥi skye mched kyis ṅo bo ñid byed de/ sgra las logs śig na miṅ daṅ tshig daṅ yi geḥi tshogs gṣan med paḥi phyir ro ṣeḥo//
kha cig ni chos kyi skye mched las rgyun mi ḥchad paḥi btags paḥi sgras ṅo bo ñid byed de/ yid kyi rnam par śes pas dmigs par bya baḥi ṅo bo ñid ḥbaḥ ṣig yin paḥi phyir ro ṣeḥo//
kha cig ni [ZH.68-16] btags pa daṅ rdsas su yod paḥi sgra gñis kas ṅo bo ñid byed de/ goṅ maḥi don gñis kyi phyir ro ṣes zer ro//

(1) +sgras

如何經部宗有此三說?
三藏解云。以經爲量釋諸義者, 皆名“經部”, 故經部宗有此三說。

ciḥi phyir mdo sde pa dag rnam pa ḥdi gsum lta bur ḥdod par gyur ce na/ slob dpon sde snod gsum daṅ ldan pa dag(?) gis bśad pa las/ [D.Ti.7a] mdo sde tshad mar byas te/ don rnams rnam par bśad pa ni thams cad kyaṅ mdo sde pa ṣes bya bas/ deḥi phyir mdo sde pa dag rnam pa gsum po ḥdi lta bur ḥdod par ḥgyur ro ṣes ḥbyuṅ ṅo//

彼宗法數, 諸說不同。
一云。離心無別心法。[(1)]
若依彼說, 有十九法。謂色中有十四, 謂五根五境及四大種。心唯是一, 無心法故。不相應法唯有一數, 謂諸無作。無爲有三, 謂虛空, 擇滅, 非擇滅。如是有十九種法。

(1) SNST: null ⇒ +‘如譬喩者。覺天亦同。’

de dag gi gṣuṅ gis chos kyi rnam graṅs rnam par gṣag pa yaṅ so so nas mi mthun te/

kha cig ni sems las logs śig na sems las byuṅ ba med do ṣes zer te/ slob dpon dpe can lta buḥo// btsun pa rtogs paḥi lhas kyaṅ ḥdi daṅ mthun par bśad do// de dag gis gṣuṅ daṅ sbyar na rnam pa bcu dgu yod do// ḥdi ltar gzugs las bcu bṣi po ḥdi lta ste/ dbaṅ po lṅa daṅ yul lṅa daṅ ḥbyuṅ ba chen po bṣiḥo// sems ni gcig kho na ste/ sems las byuṅ ba med paḥi phyir ro// mtshuṅs par ldan pa ma yin paḥi chos ni graṅs gcig kho na ste/ ḥdi lta ste mṅon par ḥdu ma byas pa rnams so// ḥdus ma byas ni rnam pa gsum ste/ nam mkhaḥ daṅ/ so sor brtags paḥi ḥgog pa daṅ/ so sor rtogs[(1)] pa ma yin paḥi ḥgog paḥo//

(1) PN: rtogs ⇒ brtags

[Lee:](*有別心法, 兩說不同。
一云。離心有別三種心法。謂受、想、思。如室利邏多[(1)]。
一云。有別四種心法。謂更加觸。
若依此釋, 有二十二、或二十三種法。於前十九法中, 更加三、四法故。
如是, 多少有此不同。)
於中但用聲處爲體, 相續假聲無別體故。
自餘諸說, 一切法義中當具分別。

(1) Śrīlāta

[TIB:]
sems las byuṅ ba yod par ḥdod pa yaṅ bśad pa mi mthun pa rnam pa gñis yod de/
kha cig ni sems las logs śig na sems las byuṅ ba rnam pa gsum yod de/ ḥdi lta ste tshor ba daṅ/ ḥdu śes daṅ/ sems paḥo ṣes zer te/ śi-ri-ra[(1)] lta buḥo//
kha cig ni rnam pa bṣi yod do ṣes zer/ de[(2)] yaṅ reg pa[(3)] bsnan naḥo//
bśad pa ḥdi daṅ sbyar na ni chos ñi śu rtsa gñis sam/ yaṅ na ñi śu rtsa gsum du [ZH.68-17] ḥgyur te/ ḥdi ltar sṅa ma bcu dguḥi steṅ du chos gsum mam/ yaṅ na bṣi bsnan paḥi phyir ro//
de ltar maṅ ñuṅ mi mthun pa yod kyaṅ sgraḥi skye mched kyis ṅo bo ñid byed par bzuṅ ste/ rgyun mi ḥchad paḥi btags paḥi sgraḥi ṅo bo ñid gud na med paḥi phyir ro//[(4)]

(1) 'śi-ri-ra' ⇒ 'śi-ri-ra-ta' (2) PN: 'zer/ de' ⇒ 'zer te/' (3) pa ⇒ pas (4) 〈......〉 omitted

[MON:] [39-11a: 8-25]
sedkil-eče boluɣsan bui kemen taɣalabaču nomlal-luɣ-a ülü ǰokilduqu qoyar ǰüil bui bülüge/
ǰarim anu sedkil-eče tusaɣar nigen-e sedkil-eče boluɣsan ɣurban ǰüil bui bülüge/ eyin uqaɣdaqui serekǖi kiged quran medeküi ba sedkil bolai kemegsen büged ši-ri-ra metü bolai/
ǰarim anu dörben ǰüil bui bolai kemen ügüleged basa kürülčeküi-yi nemegsen-e bolai/
nomlaɣsan egün-lüge nayiraɣulbasu ber qorin qoyar nom buyu-uu/ esebesü qorin-ɣurban bolqu büged/ ene metü uriduki arban yisün-ü deger-e ɣurban nom ba esebesü dörben nemekü-yin tula bolai/
tere metü olan čögen ǰokilduqu ügei bolbaču daɣun-u törön tügegü-yin mön činar bolɣan bariqui bülüge/ ürgülǰi tasural ügei nereyidügsen daɣun-u mön činar anggida ügei-yin tula bolai/

(@0-11) 今依大乘。兩說不同。
一、龍猛宗，無文正判法數多少。
准《智度論》，明諸法相，大分同於薩婆多宗，總有七百六十一法。
何以得知者，薩婆多宗明七十五法，《十住毗婆沙》立有七百不相應法，故知除十四不相應，加七百不相應法，故有七百六十一法。【更勘餘論。】

ḥdir theg pa chen poḥi gṣuṅ daṅ sbyar na/ de yaṅ mi mthun par smra ba rnam pa gñis yod do//
daṅ po ni nā-garju-naḥi gṣuṅ ste/ chos kyi rnam graṅs maṅ ñuṅ ṅes par bstan paḥi bstan bcos med de/《śes rab kyi pha rol tu phyin paḥi ḥgrel pa》las chos rnams kyi mtshan ñid rnam par bśad pa yaṅ phal cher thams cad yod par smra [D.Ti.7b] bar ḥdod pa dag daṅ mthun par chos ni mdor bsdu na bdun brgya drug cu rtsa gcig yod par bstan te/ de ltar bstan pa yaṅ thams cad yod par smra baḥi gṣuṅ gis chos bdun cu rtsa lṅar ḥdod pa daṅ/《gnas pa bcu bśad paḥi bstan bcos》las mtshuṅs par ldan pa ma yin paḥi chos bdun brgya yod par rnam par gṣag paḥi phyir mtshuṅs par ldan pa ma yin paḥi chos bcu bṣi ston[(1)] te/ mtshuṅs par ldan pa ma yin paḥi bdun brgyas bsnan na/ chos bdun brgya drug cu rtsa gcig tu ḥgyur ro//

(1) ston ⇒ spoṅ

由斯即用十一色中音聲爲體。

故《智度論》三十三云: “六通阿羅漢, 佛說法時, 雖不在座, 以天眼見佛, 天耳聞法。若神通力所不及處, 不得見聞。”

准此, 佛教用名[(1)]爲體。

(1) JS, SNST, Baek(2013a): 名 ⇒ 聲

des na gzugs rnam pa bcu gcig las sgra[(1)] ṅo bo ñid byed de/ deḫi phyir《śes rab kyi pha rol tu phyin paḫi ḫgrel pa》las ḫdi skad du

mṅon par śes pa drug thob paḫi dgra bcom pa dag de bṣin gśegs pa chos ḫchad paḫi tshe ḫkhor ḫdus pa ñid du ma ḫdus kyaṅ ḫdi ltar lhaḫi mig gis saṅs rgyas mthoṅ ṅo// lhaḫi rna bas chos thos so// mṅon par śes pas ma khyab paḫi gnas der ni mthoṅ ṣiṅ thos par mi nus so ṣes ḫbyuṅ ba[(2)]

des na de bṣin gśegs paḫi bstan pa ni sgras ṅo bo ñid byed do//

(1) sgra ⇒ sgras

(2) PN: ba ⇒ bas/

(@0-12) 二、彌勒宗, 總有百法。如《百法論》。

然出教體, 諸教不同。

有處唯聲。如《維摩經》等:

“佛以一音演說法, 衆生隨類各得解。”

又《無量義經》云: “能以一音普應衆聲。”[(1)]

又《大界經》云:

“如來一語說法中, 演說無量契經海。”

又《此經》第五(=@8-21)云: “如來言音, 略有三種: 一者、契經, 二者、調伏, 三者、本母。”

《相續》、《深密》二經, 皆云“佛語有三。一、修多羅語, 二、毗尼語, 三、摩德勒伽語”。

《顯揚》等論, 即說聖教名爲“聲量”。

(1) SNST: ‘又《無量義經》云能以一音普應衆聲’=null

(2) SNST: ‘《相續》《深密》二經......名爲聲量’=null

[ZH.68-18] gñis pa ni ḥphags pa byams pas bstan paḥi gṣuṅ ste/ des[(1)] mdor bsdu na chos ni brgya yod par bśad de/ ji ltar《chos brgya paḥi rab tu byed pa》las bstan pa bṣin no//
saṅs rgyas kyi bstan paḥi ṅo bo ñid ston pa de yaṅ gsuṅ rab de dag las mthun par mi ḥbyuṅ ste/
kha cig las ni sgra ḥbaḥ ṣig go ṣes gsuṅs te/
《ḥphags pa dri ma med par grags pas bstan pa》la sogs pa las ji skad du/

saṅs rgyas gsuṅ gcig tu ni chos ston kyaṅ//
sems can mos pa ji bṣin so sor go//

ṣes gsuṅs pa daṅ/
gṣan yaṅ《de ñid》[(2)] las ḥjig rten ḥdiḥi sems can dag śin tu gdul bar dkaḥ baḥi phyir/ bcom ldan ḥdas kyis kyaṅ tshig drag poḥi chos kyis ḥdul bar mdsad do ṣes gsuṅs pa daṅ/
gṣan yaṅ《khams chen po bstan paḥi mdo》las/

de bṣin gśegs pas gsuṅ gcig chos bstan las//
dpag med mdo sde rgya mtsho rab tu gsuṅs//

ṣes gsuṅs pa daṅ/
gṣan yaṅ《de[(3)] ñid》las de bṣin gśegs paḥi gsuṅ ni mdor bsdu na/ rnam pa gsum yod de/ [D.Ti.8a] ḥdi lta ste mdo sde daṅ ḥdul ba daṅ ma mo ṣes gsuṅs pa lta bu ste/ ḥdi la sogs paḥi gsuṅ rab gtan tshigs su ruṅ ba maṅ po yod do ṣes so//

(1) PN: des ⇒ null (2) not identified. (3) de ⇒ 'mdo ḥdi'

有處但用名等爲體。
如《仁王經》云: "此經名、句, 百千佛說。"
又《此經》第四(=@7-52)云: "一者、於無量說法、無量法句文字、後後慧辨陀羅尼自在愚癡。二者、辨才自在愚癡。"
解云。"無量說法"者, 義無礙境。"無量法句文字"者, 法無礙境。"後後慧辨"者, 辭無礙境。"辨才自在"者, 辨說無礙境。故知聖教名等爲體。[(1)]
故《成唯識》第二卷云: "若名、句、文不異聲者, 法、辭無礙境應無別。"
准知名等以爲自性。

(1) SNST: '又《此經》第四......故知聖教名等爲體'=null

kha cig las ni miṅ la sogs pas ṅo bo ñid byed do ṣes gsuṅs te/
《ḥphags pa miḥi rgyal poḥi mdo》 las ji skad du
mdo sde ḥdiḥi miṅ daṅ tshig ni saṅs rgyas brgya stoṅ du mas gsuṅs so ṣes gsuṅs pa lta buḥo//
《rnam par rig pa tsam du grub paḥi bstan bcos》 las kyaṅ/
gal te miṅ daṅ tshig daṅ yi geḥi tshogs sgra daṅ tha mi dad na/ chos daṅ ṅes paḥi tshig so sor yaṅ dag par rig paḥi yul tha dad med par ḥgyur baḥi rigs so ṣes ḥbyuṅ bas/
miṅ la sogs pa[(1)] raṅ gi [ZH.68-19] ṅo bo ñid byed do//

(1) pa ⇒ pas

有處合說聲及名等。
如《仁王經》云: "十二部經如, 名、句、文、聲。"
又《維摩經》第三卷云: "有以音聲、語言、文字而作佛事。如是乃至諸佛威儀、進止、諸所施爲, 無非佛事。[(1)]"
《無垢稱經》亦同《維摩》。
又《十地論》第一卷云: "說者以此二事說。聞者以此二事聞。" 具如《彼》說。解云。言"二事"者, 謂聲及名等。

(1) SNST: '如是乃至......無非佛事'=null

la la las ni gcig tu bsdus nas sgra daṅ miṅ la sogs pas raṅ gi ṅo bo ñid byed do ṣes gsuṅs te/
《miḥi rgyal poḥi mdo》 las
ji skad du gsuṅ rab yan lag bcu gñis ni miṅ daṅ tshig daṅ yi ge daṅ sgra dri ma med pas bsdus so[(1)] ṣes gsuṅs pa daṅ/
yaṅ 《de ñid》[(2)] las
sgra skad daṅ tshig daṅ yig ḥbru daṅ yi ges kyaṅ saṅs rgyas kyi mdsad pa byed do ṣes gsuṅs pa lta buḥo//
《ḥphags pa dri ma med par grags pas bstan pa》 las kyaṅ de skad du gsuṅs so//
gṣan yaṅ 《mdo sde ḥphags pa sa bcu paḥi ḥgrel pa》 las/
ḥchad pa po yaṅ dṅos po ḥdi gñis kyis ḥchad do// ñan pa po yaṅ dṅos po ḥdi gñis kyis ñan par byed do ṣes ḥbyuṅ ste/

de la dṅos po gñis ṣes bya ba ni ḥdi lta ste/ sgra daṅ miṅ la sogs paḥo//

(1) 'sgra dri ma med pas bsdus so' ⇒ sgraḥo
(2) '《de ñid》' ⇒ '《dri ma med par grags pas bstan paḥi mdo》'

有處文、義合說爲體。
如《瑜伽論》八十一云: "論[(1)]契經體, 略有二種: 一、文, 二、義。文是所依。義是能依。如是二種, 總名'一切所知境界'。"[(2)]

(1) Taisho, SNST, Baek(2013a): 論 ⇒ 謂
(2) SNST: null ⇒ +'《顯揚》亦同'

la lar ni yi ge daṅ don gcig tu bsdus pa la ṅo bo ñid do ṣes ston te/
《rnal ḥbyor spyod paḥi sa》 las ji skad du
mdo sdeḥi lus ni mdor bsdu na rnam pa gñis te/ yi ge daṅ don no// de la yi ge ni rten to// don ni brten paḥo// ḥdi ltar rnam pa ḥdi gñis po thams cad ni yoṅs su śes par bya baḥi yul lo// ṣes ḥbyuṅ ste/
《bstan bcos rnam par bśad pa》 las kyaṅ de skad du bstan to//

(@0-13) 所以如是諸教異者, 三藏解云。
據實皆用名等[(1)]爲體, 而諸聖教各據一義, 故不相違。
所以者何?
以假從實, 用聲爲體, 離聲無別名、句等故。
以體從用, 名等爲體, 能詮諸法自性、差別二所依故。
假實相藉, 合說爲體, 隨闕一種說不成故。
生解究竟, 必由文、義。
是故, 諸說互不相違。

(1) SNST: '名等' ⇒ '名、句、文身、聲及文、義, 合說'

ḥdi ltar gsuṅ rab rnams de ltar so so nas mi mthun par bstan pa ḥdi las/ slob dpon sde snod gsum daṅ ldan pa dag(?) gis bśad pa/ yaṅ dag paḥi don du na miṅ daṅ [D.Ti.8b] tshig daṅ yi geḥi tshogs[(1)] sgra daṅ yi ge daṅ don gcig tu bsdus pa la ṅo bo ñid ces bya ste/ ḥphags paḥi gsuṅ rab rnams so so nas don re re la dmigs te/ bstan pas na phan tshun ḥgal ba med do//

de ciḥi phyir ṣe na/
ḥdi ltar btags pa rdsas su bsdus paḥi tshe ni sgras ṅo bo ñid byed do// sgra las logs [ZH.68-20] śig na miṅ daṅ tshig la sogs pa med paḥi phyir ro//
ḥdi ltar ṅo bo ñid las kyi rdsas su bsdus paḥi tshe ni miṅ la sogs pas ṅo bo ñid byed de/ chos rnams kyi raṅ gi ṅo bo daṅ khyad par brjod pa daṅ/ gñi gaḥi rten byed paḥi phyir/[(2)]
btags pa daṅ rdsas su yod pa phan tshun ltos pas na gcig tu bsdus pa la ṅo bo ñid ces bśad de/ gal te rnam pa gcig ma tshaṅ na bśad pa mi ḥgrub paḥi phyir ro//
śes pa bskyed pa mthar phyin pa ni ṅes par yi ge daṅ don gyi dbaṅ gis ḥgrub pas na/ deḥi phyir mi mthun pa maṅ por bśad kyaṅ phan tshun ḥgal ba med do//

(1) +daṅ
(2) phyir/ ⇒ ‘phyir ro//’

(@0-14)[0173c02] 第二、本影有無, 有其二義: 一、本影有無, 二、說法差別。

de la gñis pa raṅ gi ṅo bo daṅ/ gzugs brñan yod pa daṅ med pa bstan pa yaṅ rnam pa gñis te/ raṅ gi ṅo bo daṅ gzugs brñan yod pa daṅ med pa bstan pa daṅ/ chos ston paḥi khyad par ro//

本影有無者。
如來聖教, 四法爲體, 所謂音聲、名、句、文身。如是四法, 如來自說名爲“本質”, 聞者識變名之爲“影”。如是本、影有、無差別, 總約諸宗, 有其四句。

raṅ gi ṅo bo daṅ gzugs brñan yod pa daṅ med pa daṅ/[(1)] bstan pa ni de bṣin gśegs pas gsuṅs paḥi bstan pa rnams chos bṣis ṅo bo ñid byed de/ ḥdi lta ste sgra skad daṅ miṅ daṅ tshig daṅ yi geḥi tshogs so//
ḥdi ltar chos bṣi po ḥdi dag ni de bṣin gśegs pa ñid kyis raṅ gi ṅo bo ñid do ṣes gsuṅs la/ ñan pa poḥi rnam par rig par gyur pa ni gzugs brñan ṣes bya baḥo ṣes gsuṅs so//
raṅ gi ṅo bo daṅ gzugs brñan yod pa daṅ/ med paḥi rnam par dbye ba ni mdor

bsdu na so soḥi gṣuṅ la brten nas mu rnam pa bṣir gyur te/

(1) daṅ/ ⇒ null

一、有本無影，諸說不同。
且依諸部，有其三說。
一、薩婆多宗"一切佛聲，唯是有漏"，亦說"名等，定唯無記"。
若廣分別，如《婆沙》等。
二、大衆部、一說部、說出世部、雞胤部等，皆作是說"諸佛世尊，皆是出世，無有漏法。諸如來語，皆轉法輪。佛以一音說一切法"。
三、多聞部說"佛五種音，是出世間，所謂苦、空、無常、無我、涅槃寂靜，引聖道故。所餘諸聲皆是世間"。
如是等部，皆作是說"唯本非影"，彼宗不明唯識義[(1)]。

(1) SNST: null ⇒ 故

de la mu daṅ po ni raṅ gi ṅo bo yod la gzugs brñan med paḥo//
ḥdi yaṅ so so nas bśad pa mi mthun te/ re ṣig sde pa rnams la brten nas rnam pa gsum du [ZH.68-21] bśad de/
de la daṅ po ni thams cad yod par smra ba ste/ de ḥdi skad du saṅs rgyas thams cad kyi gsuṅ gis gcig tu zag pa daṅ bcas paḥo// miṅ la sogs pa ni ṅes par luṅ mi ston paḥo ṣes zer [D.Ti.9a] te/
rgya cher rnam par dbye ba ni《bstan bcos bye brag tu bśad pa》la sogs pa las ḥbyuṅ ba bṣin du rig par byaḥo//
gñis pa ni phal chen paḥi sde pa daṅ/ lan cig brjod paḥi sde pa daṅ/ ḥjig rten ḥdas par smra baḥi sde pa daṅ/ bya ba ñal[(1)] baḥi sde pa la sogs pa ste/ de dag ḥdi skad du saṅs rgyas bcom ldan ḥdas rnams ni thams cad kyaṅ ḥjig rten las ḥdas pas zag pa daṅ bcas paḥi chos mi mṅaḥo// de bṣin gśegs pa rnams kyi gsuṅ ni chos kyi ḥkhor lo bskor ro// saṅs rgyas ni gsuṅ gcig gis chos thams cad gsuṅ ṅo ṣes zer ro//
gsum pa ni maṅ du thos paḥi sde pa ste/ de skad du saṅs rgyas kyi gsuṅ rnam pa lṅa ni ḥjig rten las ḥdas pa yin te/ ḥdi lta ste sdug bsṅal ba daṅ/ stoṅ pa daṅ/ mi rtag pa daṅ/ bdag med pa daṅ/ mya ṅan las ḥdas pa ni ṣi baḥo ṣes bya ste/ ḥphags paḥi lam ḥdren paḥi phyir ro// de las gṣan paḥi sgra rnams ni

thams cad kyaṅ ḥjig rten paḥo ṣes zer ro//
ḥdi la sogs pa sde pa rnams thams cad kyaṅ raṅ gi ṅo bo kho na ste gzugs brñan ni ma yin no ṣes ḥdod do//
de dag gis[(2)] gṣuṅ las rnam par rig pa tsam gyi don mi ston paḥi phyir ro//

(1) PN: 'ba ṅal' ⇒ mṅal
(2) gis ⇒ gi

(@0-15) 二、有影無本者。
諸[(1)]那伽犀那[(2)]，此云龍軍，即是舊翻《三身論》主。
彼說"佛果唯有眞如及眞如智，無色、聲等麤相功德"。
堅慧論師及金剛軍，皆同此釋。堅慧論師，即是舊翻《寶性論》主，五印度北也[(3)]。

(1) SNST, Baek(2013a): 諸 ⇒ 謂 (2) Nāgasena (3) JS: 也 ⇒ 地

de la mu gñis pa gzugs brñan yod pa la raṅ gi ṅo bo med par ḥdod pa ni ḥdi lta ste/ kluḥi sdeḥo// ḥdi skad du saṅs rgyas kyis[(1)] ni de bṣin ñid daṅ/ de bṣin ñid kyi ye śes kho na ste/ gzugs daṅ sgra la sogs paḥi yon tan rags paḥi mtshan ma med do ṣes ston te/
slob dpon [ZH.68-22] brtan paḥi blo gros daṅ rdo rjeḥi sde yaṅ de skad du ḥchad do//

(1) kyis ⇒ 'kyi sa'

(@0-16) 三、本影俱有者。
月藏菩薩【亦名護月】及親光等，皆作是說"一切如來具有三身，色、聲等德"。
《金光明》云"如來能轉三種法輪，謂轉、照、持"。如是等教，誠證非一。或能聞者，識變似彼。故知俱有本質、影像。

mu gsum pa raṅ gi ṅo bo daṅ gzugs brñan gñis ka yod par ḥdod pa ni ḥdi lta ste/ slob dpon zla baḥi sñiṅ po daṅ/ ñe baḥi ḥod la sogs paḥo//
de dag ḥdi skad du de bṣin gśegs pa thams cad ni sku gsum daṅ ldan ṣiṅ gzugs daṅ sgra la sogs paḥi yon tan mṅaḥ bas/[(1)]

《ḥphags pa gser ḥod dam paḥi mdo》 las kyaṅ/ de bṣin gśegs pa ni chos kyi ḥkhor lo rnam pa gsum bskor bar spyod de/ ḥdi lta ste/ bskor ba daṅ rtogs pa daṅ ḥdsin paḥo ṣes gsuṅs te/ ḥdi la sogs paḥi gtan tshigs [D.Ti.9b] su ruṅ baḥi gsuṅ rab maṅ du yod do//
yaṅ na ñan pa po rnam par śes par gyur nas de ḥdra bar snaṅ baḥi phyir ro// raṅ gi ṅo bo daṅ gzugs brñan gñi ga yod par śes par byaḥo ṣes zer ro[2]//

(1) 'bas/' ⇒ 'baḥo ṣes zer ro//'
(2) 'ṣes zer ro' ⇒ null

(@0-17) 四、本影俱無者。
清辨菩薩，依勝義諦，立一切法其性皆空。
或可。護法，就勝義諦，作如是說"如來聖教，本、影俱無，勝義諦中無言等故"。

mu bṣi pa raṅ gi ṅo bo daṅ gzugs brñan gñis ka med par ḥdod pa ni slob dpon ḥphags pa[1] don dam paḥi bden pa la brten nas/ chos thams cad ṅo bo ñid kyis stoṅ ṅo ṣes rnam par gṣag paḥo//
yaṅ na slob dpon chos skyoṅ gis raṅ gi ṅo bo daṅ gzugs brñan gñi ga med do// don dam paḥi bden pa la tshig la sogs pa med paḥi phyir ro ṣes ston paḥo//

(1) PN: pa ⇒ pas

(@0-18) 雖有如是四句差別，大唐三藏及護法宗，有其二義。
一、就實正教，唯本非影，本即如來正所說[1]故。
二、兼正俱說，通於本影，皆由如來說力起故。

(1) SNST: '正所說'='識所變'

de ltar khyad par gyur paḥi chos rnam pa bṣi yod kyaṅ slob dpon hyan tsaṅ daṅ chos skyoṅ gis[1] gṣuṅ gi don rnam pa gñis su bstan te/
de la daṅ po yaṅ dag paḥi bstan pa la brten nas raṅ gi ṅo bo kho na ste/ gzugs brñan ni ma yin no// raṅ gi ṅo bo ni de bṣin gśegs pa ñid kyis[2] rnam par rig pa las rnam par ḥgyur baḥi[3] phyir ro//
gñis pa ni yaṅ dag pa daṅ gñis ka[4] yod par bstan te/ raṅ gi ṅo bo daṅ gzugs

brñan de yaṅ[5] de bṣin gśegs paḫi gsuṅ gi mthuḫi [ZH.68-23] dbaṅ gis byuṅ baḫi phyir ro ṣes bśad do//[ZH.68-23:1] [D.9b:4]

(1) PN: gyis ⇒ gyi (2) PN: kyis ⇒ kyi (3) 'ḫgyur baḫi' ⇒ 'gyur paḫi'
(4) +'la brten nas raṅ gi ṅo bo daṅ gzugs brñan'
(5) 'raṅ gi ṅo bo daṅ gzugs brñan de yaṅ' ⇒ 'de dag thams cad kyaṅ'

[§. "不說"]

問。若正教佛自說者,《楞伽》等說如何會釋?

《四卷楞伽》第三卷云: "我從某夜得最正覺, 乃至某夜入般涅槃, 於其中間, 不說一字, 亦不已說、當說。不說是佛說。"

又《大般若》第五百六十七云: "衆生各各謂佛獨爲說法, 而佛本來無說無示。"

又五百七十一云: "諸佛菩薩, 從始至終, 不說一字。"

[1][ZH.68-28:11] [D.12a:1] [2]《ḫphags pa laṅ-kar gśegs pa》 la sogs pa ji lta bu go ṣiṅ rnam par bśad par bya ste/

《ḫphags pa laṅ-kar gśegs pa bam po bṣir byas pa》 las ji skad du

des na deḫi phyir ṅas ḫdi skad du gaṅ gi nub mo ṅas mṅon par rdsogs par saṅs rgyas pa nas gaṅ gi nub mo yoṅs su mya ṅan las ḫdas par ḫgyur ba deḫi bar du yi ge gcig kyaṅ ma bśad mi ḫchad/ ḫchad par mi ḫgyur ro ṣes gsuṅs pa daṅ/

gṣan yaṅ《mdo sde [3]ñid》 las

gaṅ bśad pa[4] ni saṅs rgyas kyis bśad paḫo ṣes gsuṅs pa daṅ/

gṣan yaṅ《ḫphags pa śes rab kyi pha rol tu phyin pa》 las/

sems can rnams so so nas bcom ldan ḫdas ni bdag gcig puḫi phyir chos ḫchad do sñam du sems kyaṅ/ de bṣin gśegs pa gdod ma nas ḫchad dam/ bstan pa med do ṣes gsuṅs pa daṅ/

gṣan yaṅ《mdo sde de ñid》 las

saṅs rgyas daṅ byaṅ chub sems dpaḫ rnams ni thog ma [ZH.68-29] nas tha maḫi bar du yi ge ḫbru gcig kyaṅ ma bśad do ṣes gsuṅs pa lta buḫo ṣe na/

(1) A mispagination in tibetan translation has been corrected.
(2) +'gal te yaṅ dag paḫi bstan pa ni de bṣin gśegs pa ñid kyis gsuṅs pa yin na'
(3) +'de' (4) +'med pa'

[Lee:](*解云。依世俗故, 名爲“佛說”。依勝義諦, 說言“不說”。故《廣百論》云: “勝義理中, 一切分別戲論絕故, 非諸如來有法可說, 亦無有法少有所得。隨順世間施設無過。”)

[TIB:]
kun rdsob kyi dbaṅ du mdsad paḥi phyir ni saṅs rgyas kyis bśad do// ṣes bstan pa yin la/ don dam pa la brten nas ni ma bśad do ṣes brjod pa yin te/
deḥi phyir 《bstan bcos śin tu rgyas pa brgya pa》 las
don dam paḥi tshul la ni/ rnam par rtog paḥi spros pa thams cad chad paḥi phyir/ de bṣin gśegs pa rnams chos gaṅ yaṅ brjod du yod paḥam/ chos gaṅ yaṅ cuṅ zad dmigs su yod pa ma yin yaṅ kun rdsob kyi rjes su rnam par gṣag pas ñes pa med do ṣes bśad do//

[MON:] [39-19a:2-13]
inaɣunki-yin erke-dür ǰokiyaqu-yin tula burqan ber nomlaǰuɣui/
kemen üǰügülügsen bülüge/
ünemleküi-dür sitüǰü ese nomlabai kemen ügülegsen buyu/
tegün-ü tula masi delgerenggüi ǰaɣutu-yin šasdir-ača ünemlekü-yin yosun-dur anu teyin büged adqaɣ-un qamuɣ tuɣurbil-i tasuluɣsan-u tula/
tegünčilen iregsen-nügüd ali nom-i ču ügüleküi bui ba/
ali nom-i ču öčügüken ǰoriquy-a bui busu bolbaču inaɣunki-yin daɣan ilɣal-iyar gem ügei bolai kemen nomlaǰuɣui/

解云(1)。“不說”有其三義。
一、依眞如離言說等種種相故, 故言“不說”。
是故《四卷楞伽》第三卷云: “何因說言‘不說是佛說’? 佛告大慧‘我因二法故, 作如是說。云何二法? 謂緣自得法及本住法’。”
又《十卷楞伽》第五卷云: “一者、依自身內證法, 二者、依本住法。”
廣說如《彼》。
解云。經意, 於一眞如有其二義: 一、內自所證, 二、有佛無佛性相常住。如是眞如離言說故, 名爲“不說”。
故彼《四卷》頌云: “爾時, 世尊欲重宣此義, 而說偈言:

　　我某夜成道, 至某夜涅槃,

於此二中間，我都無所說。

緣自得法住，故我作是說，

彼佛及與我，悉無有差別。"

《十卷》第五，大同前頌。【第五句云"內身證、法性"。】

又《仁王經》云："無聽、無說，如虛空。法同法性，聽同、說同。一切法皆如也。"

又《天親菩薩波若[2]論》云："若人言'如來[3]說法'，則爲謗佛。不能解我所說法[4]故。

此義云何？偈曰：

如佛法亦然，所說二差別，

不離於法界，說法無自相。

論自釋云。'二差別'者，所說法及義。"

解云。論意，化身如來，離眞如外，無別自相。如佛離眞如外無別自相，所說教法及所說義亦復如是。

(1) SNST: '解云' ⇒ '又解'　(2) JS: '波若'='般若'　(3) Taisho, SNST, Baek(2013a): null ⇒ +'有所'
(4) Taisho, Baek(2013a): 法=null; SNST: 法=義

yaṅ na ma bśad do ṣes gsuṅs pa yaṅ don rnam pa gsum gyi phyir te/

de la daṅ po ni de bṣin ñid tshig gi brjod pa la sogs pa mtshan ma sna tshogs pa[1] daṅ bral ba la dgoṅs paḥi phyir ma gsuṅs so ṣes gsuṅs te/

deḥi phyir《laṅ-kar gśegs pa bam po bṣir [D.Ti.12b] byas pa》las

ciḥi rgyus bśad pa med pa ni/ saṅs rgyas kyis bśad paḥo ṣes gsuṅs/ bcom ldan ḥdas kyis bkaḥ stsal ba/ blo gros chen po ṅas chos rnam pa gñis la dgoṅs nas de skad smras so// chos gñis gaṅ ṣe na/ ḥdi lta ste raṅ gis mṅon par rtogs paḥi chos daṅ/ ṅo bo ñid kyis gnas paḥi chos te ṣes gsuṅs pa daṅ/

gṣan yaṅ《mdo sde de ñid bam po bcur byas pa》las/

raṅ gi lus naṅ gi so sor rig pa la brten paḥi chos daṅ/ ṅo bo ñid kyis gnas paḥi chos so ṣes gsuṅs te/

rgya cher ni《de ñid》las ḥbyuṅ ba bṣin no//

mdo sde deḥi dgoṅs pa ni ḥdi yin te/ de bṣin ñid kyi rnam pa gcig la don rnam pa gñis yod de/ naṅ gi raṅ gis mṅon par rtogs pa ḥdi daṅ de bṣin gśegs pa byuṅ yaṅ ruṅ ma byuṅ yaṅ ruṅ/ ṅo bo ñid kyi mtshan ñid ni [ZH.68-30] rtag tu gnas pas de bṣin ñid de tshig gi brjod pa daṅ bral baḥi phyir ma bśad do ṣes gsuṅs te/ deḥi phyir 《ḥphags pa laṅ-kar gśegs pa bam po bṣir byas pa》 las/

gaṅ gi nub mo mṅon saṅs rgyas//
gaṅ gi nub mo mya ṅan ḥdas//
de dag gñis kyi bar du yaṅ//
ṅa yis cuṅ zad bśad pa med//
raṅ gis mṅon rtogs chos gnas pas//
de phyir ṅas ni ḥdi skad bśad//
ṅa daṅ saṅs rgyas de dag la//
bye brag gyur pa ci yaṅ med//

ces gsuṅs pa daṅ/

gṣan yaṅ 《miḥi rgyal pos ṣus paḥi mdo》 las/

ñan pa med ciṅ bśad med nam mkhaḥ bṣin//
chos ni chos ñid mtshuṅs śiṅ ñan daṅ bśad pa ḥdra//
chos rnams kun daṅ gcig ciṅ de bṣin ñid//

ces gsuṅs pa daṅ/

gṣan yaṅ 《slob dpon dbyig gñen gyis mdsad paḥi ḥphags pa rdo rje gcod paḥi ḥgrel pa》 las

gaṅ la la ṣig ḥdi skad du de bṣin gśegs pa rnams chos ḥchad pa yod do ṣer zer na/ de ni saṅs rgyas la skur pa btab pa yin pas/ ṅas bśad paḥi don mi śes so ṣes gsuṅs pa[2]

ḥdiḥi don ji lta bu ṣe na/ tshigs su bcad pa las/

saṅs rgyas ji bṣin chos kyaṅ de bṣin te//
bstan pa gñis po [D.Ti.13a] śin tu tha dad kyaṅ//
chos kyi dbyiṅs daṅ yoṅs su ma bral bas//
chos bstan pa la raṅ gi mtshan ñid med//

ces ḥbyuṅ ste/ ḥdi ñid kyi 《ḥbrel pa》 las/

gñis po śin tu tha dad pa//

ṣes bya ba ni bstan paḥi chos daṅ don to ṣes bśad do//

de la bstan bcos ḥdiḥi dgoṅs pa ni ḥdi yin te/ sprul paḥi skuḥi de bṣin gśegs pa ni de bṣin ñid las gud na raṅ gi mtshan ñid gṣan med de/ ji ltar saṅs rgyas de bṣin ñid las gud na raṅ gi mtshan ñid gṣan med pa ste[3]/ de bṣin du [ZH.68-31] bstan paḥi chos daṅ don kyaṅ de bṣin no ṣes ston to//

(1) PN: pa ⇒ null (2) 'gsuṅs pa' ⇒ 'gsuṅs paḥi phyir ro//' (3) PN: ste ⇒ null

二、約諸佛所說無異，故言“不說”。

故《波若論》云: “如《經》言‘須菩提! 如來無所說法故’，此義云何? 無有一法唯獨如來說餘佛不說故。”

gñis pa ni de bṣin gśegs pa rnams kyi bstan pa tha dad pa med pa la dgoṅs nas ma bśad do ṣes gsuṅs te/ deḥi phyir《ḥphags pa rdo rje gcod paḥi ḥgrel pa》las/
mdo las ji skad du rab ḥbyor de bṣin gśegs pa ni chos bśad pa med paḥi phyir ṣes gsuṅs pa ḥdiḥi don ji lta bu ṣe na/ chos gaṅ yaṅ de bṣin gśegs pa ñag gcig gis ni gsuṅs la/ saṅs rgyas gṣan gyis ni ma gsuṅs pa med paḥi phyir ro ṣes bśad do//

三、約墮文字法，故言“不說”。

是故《四卷楞伽》第四云: “如來不說墮文字法，文字有無不可得故，除不墮文字。若有人[(1)]言‘如來說墮文字法’者，此則妄說，法[(2)]離文字故。是故諸佛及諸菩薩不說一字、不答一字。” 乃至廣說。

又《彼》復云: “大慧! 若不說一切法者，教法則壞。教法壞者，則無諸佛、菩薩、緣覺、聲聞。若無者，誰說爲誰?”

《十卷》第六，大同《此》說，故不繁述。

(1) Taisho: 人 ⇒ 說
(2) SNST: 法 ⇒ 法性; Taisho: 法=*sic*

gsum pa ni yi ger lhuṅ baḥi chos la dgoṅs nas ma bśad do ṣes gsuṅs te/ deḥi phyir《ḥphags pa laṅ-kar gśegs pa bam po bṣir byas pa》las/
de bṣin gśegs pa ni yi ger lhuṅ baḥi chos mi ston te/ yi ge rnams kyi yod pa daṅ med pa mi dmigs paḥi phyir/ gṣan du ni yi ger ma lhuṅ bas[(1)] chos bstan to// gal te kha cig ḥdi skad du de bṣin gśegs pa ni yi ger lhuṅ baḥi chos ston to ṣes zer na de ni brdsun du smra ba de[(2)]/ chos ñid ni yi ge daṅ bral baḥi phyir ro// de lta bas na saṅs rgyas daṅ byaṅ chub sems dpaḥ rnams ni yi ge gcig kyaṅ ma bśad ḥchad par mi ḥgyur ro// ṣes bya ba la sogs pa rgya cher gsuṅs so//
gṣan yaṅ《de ñid》las
blo gros chen po gal te chos thams cad ma bśad na ni bstan paḥi chos rnams

ḥjig par ḥgyur ro// bstan paḥi chos ṣig na ni saṅs rgyas daṅ byaṅ chub sems dpaḥ daṅ/ raṅ saṅs rgyas daṅ ñan thos rnams kyaṅ med par ḥgyur ro// de dag med na ni gaṅ ṣig su [D.Ti.13b] la ci ṣig bśad de ṣes gsuṅs pa yin no//

(1) bas ⇒ baḥi
(2) PN: de ⇒ ste

准上經文, 雖不能說墮文字法, 而能宣(1)說不墮文字三藏聖教。
故《維摩》云: "夫說法者, 無說無示。其聽法者, 無聞無得。譬如幻士爲幻人說法。當建是意而爲說法。"

(1) SNST: '能宣'='非不'

goṅ du bstan paḥi mdo sde dgu dag las gsuṅs pa daṅ sbyar na yi ger lhuṅ baḥi chos mi gsuṅ mod kyi/ ḥon kyaṅ yi [ZH.68-32] ger ma lhuṅ baḥi sde snod gsum ḥphags paḥi gsuṅ rab mi ḥchad pa yaṅ ma yin te/
deḥi phyir《ḥphags pa dri ma med par grags pas bstan paḥi mdo》las/
de la chos ḥchad pa po yaṅ bśad pa daṅ/ bstan pa med la/ ñan pa po yaṅ thos pa med thob pa yaṅ med de/ dper na sgyu maḥi skyes bus sgyu maḥi skyes bu la chos ston pa ltar de lta buḥi bsam pas chos bśad par byaḥo ṣes gsuṅs pas/(1) [ZH.68-32:6] [D.13b:3]

(1) pas/ ⇒ 'pa yin no//'

(@0-19) [§."說法"]
又問。"兼正俱說通本影"者, 如何會釋,《無性菩薩攝大乘論》彼文"但用聞者識上聚集顯現以爲自性"?
解云。護法不依《彼論》以爲定量, 故不成難。
又解。護法同無性說。彼無性意, 許有三身, 色、聲等德, 亦能說法。
故《彼論》云: "受用、變化, 即是後得智之差別。"

(1)[ZH.68-23:1] [D.9b:4] yaṅ dag pa daṅ gñi ga la brten nas raṅ gi ṅo bo daṅ gzugs brñan yod par bstan pa de ji ltar śes par bya ṣe na/《slob dpon ṅo bo ñid med kyis theg pa chen po bsdus paḥi ḥgrel pa byas pa》las/ ḥdi ltar ñan pa poḥi rnam par śes pa la bsags pa rab tu phye bar gyur pa gaṅ yin pa des bstan

paḥi ṅo bo ñid byed do ṣes bśad de/
slob dpon chos skyoṅ ni《bstan bcos de》tshad mar mi byed pas klan kar mi ruṅ ṅo//
yaṅ slob dpon ṅo bo ñid med kyaṅ slob dpon chos skyoṅ daṅ mthun par ston te/ ḥdi ltar slob dpon ṅo bo ñid med thabs kyi sku gsum[(2)] gzugs daṅ sgra la sogs paḥi yon tan mṅaḥ ṣiṅ chos ston par yaṅ spyod do ṣes ḥdod de/
deḥi phyir《ḥgrel pa de ñid》las
loṅs spyod rdsogs pa daṅ/ sprul pa ni rjes la thob paḥi ye śes kyi khyad par yin no ṣes ḥbyuṅ ṅo//

(1) A mispagination in tibetan translation has been corrected.
(2) 'thabs kyi sku gsum' ⇒ 'kyi dgoṅs pa ni sku gsum daṅ'

問。若爾, 如何聞者識上聚集顯現以爲教體, 而不說言"見者識上所現色身以爲化身"?
解云。影略互顯。據實, 身、教, 皆有本、影。故不相違[(1)]。

(1) SNST: '故不相違'='如護法說, 須更說'

gal te de ltar na ciḥi phyir ñan pa poḥi rnam par śes pa la sogs pa[(1)] rab tu phye ba gaṅ yin pa des bstan paḥi ṅo bo ñid byed do ṣes bśad [D.Ti.10a] la mthoṅ ba poḥi rnam par rig pa la gzugs la sogs pa[(2)] snaṅ ba gaṅ yin pa de la sprul paḥi sku ṣes ma bstan/
phan tshun mdor bsdus nas bstan paḥi phyir te/ yaṅ dag paḥi don du na sku daṅ bstan pa gñis ka la raṅ gi ṅo bo daṅ gzugs brñan mṅaḥ bar slob dpon chos skyoṅ gis bśad pa bṣin du bstan dgos so//

(1) 'sogs pa' ⇒ 'bsags pa'
(2) 'gzugs la sogs pa' ⇒ 'gzugs kyi sku'

問。等[(1)]是影略, 如何不說"見者識相[(2)]以爲二[(3)]身"?
解云。不必須通, 不離難故。
又解。教爲生解, 聞者識相親能生解。身出佛體。由斯且說"佛色、心"等。

(1) SNST: 等 ⇒ 身 (2) SNST: 相=影 (3) JS: 二 ⇒ 化

gal te sku yaṅ gzugs brñan yin na ciḥi phyir mthoṅ ba poḥi rnam par rig paḥi gzugs brñan gyi[(1)] sku ṣes ma bstan/
de ltar ruṅ bar ṅes pa yaṅ med de klan ka daṅ mi ḥbrel baḥi phyir ro//
gṣan yaṅ bstan pas śes pa bskyed pa la ñan pa poḥi rnam par rig paḥi mtshan ñid śes pa bskyed par ñe baḥi phyir sku las saṅs rgyas kyi ṅo bo ḥbyuṅ ba[(2)] des na re ṣig [ZH.68-24] [(3)]gzugs daṅ/ sems la sogs pa ṣes bśad do//

(1) 'gzugs brñan gyi' ⇒ 'gzugs brñan la sprul paḥi'
(2) 'ñe baḥi phyir sku las saṅs rgyas kyi ṅo bo ḥbyuṅ ba' ⇒ 'ñe ba yin no// sku ni saṅs rgyas kyi ṅo bo las ḥbyuṅ baḥo//'
(3) +'saṅs rgyas kyi'

問。聞者識上所變教體, 爲是有漏爲無漏耶?
大唐[(1)]三藏釋云, 西方兩釋。
一云。無漏心變, 定唯無漏。有漏心變, 自有二義。橫剋而言, 名爲"有漏", 以有漏心所變境故。若從法界所流義邊, 名爲"無漏"。《無性論》宗, 多依此釋。
一云。有漏心所變者, 定是有漏。若無漏心所變相者, 定唯無漏。
雖有兩說, 大唐三藏、護法菩薩, 意存後說。
故《成唯識論》第十卷云: "見、相二分, 有漏、無漏, 定是同性。善等三性[(2)]不必同性, 三性因緣雜引生故。"

(1) SNST: '大唐'=null
(2) SNST, Taisho: '三性' ⇒ '識相'

ñan pa poḥi rnam par rig pa las rnam par gyur pa[(1)] bstan paḥi ṅo bo ñid de zag pa daṅ bcas pa ṣig gam ḥon te zag pa med pa ṣig yin/
sde snod gsum po dag gis rgya gar yul pa dag rnam pa gñis su bśad do ṣes bstan te/ kha cig ni ḥdi skad du gaṅ[(2)] zag pa med paḥi sems rnam par gyur pa gaṅ yin pa de ni ṅes par zag pa med do//
zag pa daṅ bcas paḥi sems rnam par gyur pa ni rnam pa gñis te/ yaṅ dag paḥi don du na zag pa daṅ bcas pa ṣes bya ste/ ḥdi ltar zag pa daṅ bcas paḥi sems ñid yul du rnam par gyur paḥi phyir ro//
chos kyi dbyiṅs las byuṅ baḥi don gyi mthaḥ la ltos na ni zag pa med pa ṣes bya ste/ 《slob dpon ṅo bo ñid med kyis byas paḥi bstan bcos》 kyi gṣuṅ yaṅ

phal cher ḥdi la brten nas rnam par bśad do ṣeḥo//

kha cig ni ḥdi skad du zag pa daṅ bcas paḥi sems rnam par gyur pa ni ṅes par zag pa daṅ bcas paḥo// zag pa med paḥi sems las rnam par gyur pa[(3)] ni ṅes par gcig tu zag pa med paḥo ṣes ston te/

de ltar rnam pa gñis su bśad pa yod mod kyi/ slob dpon hyan tsaṅ daṅ chos skyoṅ ni bśad pa phyi ma ltar ḥdod de/

deḥi phyir《rnam par rig pa tsam du grub paḥi bstan bcos》las/

zag pa daṅ bcas pa daṅ zag pa [D.Ti.10b] med pa ni lta baḥi mtshan ñid[(4)] ṅes par mtshuṅs la/ dge ba la sogs paḥi rnam par śes paḥi mtshan ñid ni mtshuṅs par ṅes pa yaṅ med de/ ḥdi ltar rnam pa gsum gyi ṅo bo ñid kyi rgyu daṅ rkyen gyis ḥdren mar draṅs nas bskyed paḥi phyir ro[(5)]//

(1) PN: pa ⇒ paḥi (2) gaṅ ⇒ null (3) pa ⇒ 'paḥi mtshan ñid'

(4) 'zag pa daṅ bcas pa daṅ zag pa med pa ni lta baḥi mtshan ñid' ⇒ 'lta ba daṅ rgyu mtshan gyi cha rnam pa gñis kyi zag pa daṅ bcas pa daṅ zag pa med pa ni'

(5) +'ṣes ḥbyuṅ ṅo'

問。有漏變正教，正教成有漏，無漏變邪教，邪教應無漏?
解云。許亦無失，無漏變故。

zag pa daṅ bcas pa yaṅ dag paḥi bstan pa ñid du rnam par gyur nas/ yaṅ dag paḥi bstan bcos[(1)] de las zag pa daṅ bcas pa [ZH.68-25] mṅon par ḥgrub par ḥgyur ram/ zag pa med paḥi phyin ci log gi bstan pa ñid du rnam par gyur nas phyin ci log gi bstan pa des zag pa med pa mṅon par ḥgrub par ḥgyur ram ṣe na/ de ltar bśad na yaṅ ñes pa med na[(2)]/ zag pa med pas rnam par gyur paḥi phyir ro//

(1) PN: bcos ⇒ pa

(2) PN: na ⇒ de

問。教有邪、正殊，皆通漏、無漏?或可。人有凡、聖異，皆通聖、非聖?
解云。許亦無失，以能變心通二種故。

bstan pa la phyin ci log daṅ yaṅ dag pa tha dad pa yod paḥi phyir thams cad zag pa daṅ bcas pa daṅ zag pa med pa ṣes bya baḥam/ ḥon te gaṅ zag la so soḥi skye bo daṅ/ ḥphags paḥi bye brag yod paḥi phyir thams cad ḥphags pa

daṅ/ ḥphags pa ma yin[1] ṣes bya bar ḥdod/
de ltar bstan na yaṅ ñes pa med de/ ḥdi ltar rnam par gyur paḥi sems rnams gñis su ḥgyur bar ruṅ baḥi phyir ro//

[1] PN: null ⇒ +pa

(@0-20) 言“說法差別”者, 自有二種: 一、約三身者[1], 二、依諸知[2]。

[1] JS, SNST, Baek(2013a): 者 ⇒ null
[2] JS, SNST, Baek(2013a): 知 ⇒ 土

de la chos ston paḥi khyad par ṣes bya ba yaṅ rnam pa gñis te sku gsum la brten nas bstan pa daṅ ṣiṅ rnams la brten nas bstan paḥo//

約三身[1]。
問。依何身而能說法?
答。薩婆多宗, 佛有二種: 一者、生身佛, 謂父母所生有漏身。二、法身佛, 謂五分法身。
生身說法, 而非法身, 入觀位中不說法故。

[1] JS, SNST, Baek(2013a): null ⇒ +者

sku gsum la brten nas bstan pa ṣes bya ba las brtsams nas dris pa sku gaṅ la brten nas chos ston par mdsad ce na/
thams cad yod par smra baḥi gṣuṅ gis saṅs rgyas ni rnam pa gñis te/ daṅ po ni sku ḥkhruṅs paḥi saṅs rgyas ḥdi lta ste/ yab yum las zag pa daṅ bcas paḥi sku ḥkhruṅs so// gñis pa ni chos kyi skuḥi saṅs rgyas ḥdi lta ste/ cha rnam pa lṅaḥi chos kyi skuḥo// sku rnam pa gñis las ḥkhruṅs paḥi skus chos ston par mdsad kyi chos kyi skus ni ma yin te/ mñam par gṣag paḥi gnas skabs na chos ston par mi mdsad paḥi phyir ro ṣeḥam/[1]

[1] PN: ‘ṣeḥam/’ ⇒ ‘ṣeḥo//’

依經部宗, 亦有二身, 皆能說法, 彼宗“無漏, 能發音聲, 說聖教”也[1]。

[1] SNST: 也 ⇒ 故

mdo sde paḥi gṣuṅ las kyaṅ sku rnam pa gñis yod de/ de gñi gas kyaṅ chos ston par spyod do ṣes zer te/ de dag gi gṣuṅ gis zag pa med pas kyaṅ sgra skad mṅon par bskyed nas/ ḥphags [D.Ti.11a] paḥi gsuṅ rab mdsad paḥi phyir ro [ZH.68-26] ṣeḥo//

今依大乘, 具有三身。說與不說, 有其四句。

ḥdir theg pa chen poḥi gṣuṅ daṅ sbyar na/ sku rnam pa gsum mṅaḥ ste/ chos ston par mdsad pa daṅ mi mdsad pa de yaṅ mu rnam pa bṣir dbyeḥo//

一、一說二不說。謂受用身, 爲受法樂能自說故。非法身者, 無言說故。亦非化身, 非眞說故。

或可。化身, 非餘二身, 無言說故, 無所爲故。雖他受用對機說法, 而實是化。(1)

二、二說一不說。謂佛法身及受用身, 內證聖行境界故, 受用法樂故。

或可。受用、變化皆能說法, 而非法身, 無言說故。(2)

三、三皆說法。如《十卷楞伽》第二卷說: "法身說法者, 內證聖行境界故。報佛說法者, 說一切法自相同相故。化佛說法者, 說六度等。乃至廣說。" 《四卷楞伽》第一卷說, 大同前說。

四、三皆不說。所以者何? 眞如法身, 無言說故。自受用身(3), 無所爲故。變化身等(4), 非眞說故。

(1) SNST: '謂受用身......而實是化。' ⇒ '謂佛法身, 內證境界故。故《天親菩薩般若論》云"應化非眞佛, 亦非說法者"。故知二身非說法者。'

(2) SNST: '謂佛法身及......無言說故。' ⇒ '受用、變化, 有言說故。眞如法身, 離文相故。'

(3) SNST: '自受用身' ⇒ '受用佛' (4) SNST: '變化身等' ⇒ '變化如來'

de la daṅ po gcig ni ston par mdsad la/ gñis ni ston par mi mdsad de/ ḥdi lta ste chos kyi sku ni naṅ gi mṅon par rtogs paḥi spyod yul gyi phyir ro//

deḥi phyir《ḥphags pa śes rab kyi pha rol tu phyin pa rdo rje gcod paḥi ḥgrel pa》las/

> loṅs spyod sprul pa yaṅ dag saṅs rgyas min//
> de bṣin chos ḥchad pa yaṅ ma yin te//

ṣes ḥbyuṅ bas/ sku gñis ni chos ston pa ma yin par śes par byaḥo//

gñis pa ni gñis ni ston par mdsad la/ gcig ni ston par mi mdsad de/ loṅs spyod rdsogs pa daṅ sprul pa la gsuṅ mṅaḥ baḥi phyir daṅ/ de bṣin ñid kyi chos kyi sku ni tshig gi mtshan ñid daṅ bral baḥi phyir ro//

gsum pa ni sum char yaṅ chos ston par mdsad de/ 《ḥphags pa laṅ-kar gśegs pa bam po bcur byas pa》 las ji skad du/

de la chos kyi skuḥi saṅs rgyas chos ston par mdsad pa ni naṅ gi so sor rig pa ḥphags paḥi spyod yul gyi phyir ro// loṅs spyod rdsogs paḥi saṅs rgyas chos ston par mdsad pa ni chos thams cad kyi raṅ gi mtshan ñid mñam pa ñid du ston paḥi phyir ro// sprul paḥi skus chos ston par mdsad pa ni pha rol tu phyin pa drug la sogs pa ston paḥi phyir ro// ṣes bya ba nas rgya cher gsuṅs paḥi bar duḥo//

《ḥphags pa laṅ-kar gśegs pa bam po bṣir byas pa》 las kyaṅ phal cher ḥdi daṅ mthun par ḥbyuṅ ṅo//

bṣi pa ni sum char yaṅ chos ston par mi mdsad de/ de ciḥi phyir ṣe na/ de bṣin ñid kyi chos kyi sku ni gsuṅ mi mṅaḥ baḥi phyir daṅ/ loṅs spyod rdsogs paḥi saṅs rgyas ni mṅon par ḥdu mdsad pa mi [ZH.68-27] mṅaḥ baḥi phyir daṅ/ sprul paḥi de bṣin gśegs pa ni yaṅ dag paḥi ḥchad pa po ma yin paḥi phyir ro//

[Lee:](*依四種身, 有其五句。

一、一說三不說。謂法身, 內證境界故。非他受用, 實是化故。非自受用, 無所爲故。亦非化身, 非眞說故。

二、二說二不說。謂他受用及變化。非餘二身, 無言說故, 無所爲故。

三、三說一不說。眞如法身, 離文相故。

四、四皆說法。如《楞伽》云"三皆說法"。化身開爲二故。

五、四皆不說。無言說故, 無所爲故, 非眞說故。)

[TIB:]

sku rnam pa bṣi daṅ sbyar na mu rnam pa lṅa yod de/

de la daṅ po ni gcig ston par mdsad la/ gsum ni ḥchad par mi mdsad paḥi phyir/[(1)] ḥdi lta ste chos kyi sku ni ṅag[(2)] gi so sor rig paḥi spyod yul gyi phyir daṅ/[(3)] [D.Ti.11b] ñid kyi brten pa[(4)] yaṅ ma yin te/ mṅon par ḥdu mdsad pa mi mṅaḥ baḥi phyir daṅ/ sku[5] gṣan yaṅ ma yin te/ yaṅ dag paḥi ḥchad pa po ma yin paḥi phyir ro//

gñis pa ni gñis ḥchad par mdsad la/ gñis ḥchad par mi mdsad de/ ḥdi lta ste/ gṣan yaṅ yoṅs su loṅs spyod pa daṅ/ sprul pa dag yin gyis/ sku gṣan gñis ni ma yin te/ tshig mi mṅaḥ baḥi phyir daṅ/ mṅon par ḥdu mdsad pa mi mṅaḥ baḥi phyir ro//

gsum pa ni gsum ḥchad par mdsad la gcig ni mi ḥchad de/ de bṣin ñid kyi chos kyi sku ni tshig gi mtshan ñid daṅ bral baḥi phyir ro//

bṣi pa ni bṣi char yaṅ ḥchad par mdsad de/ 《ḥphags pa laṅ-kar gśegs pa》 las/ ji skad du sku gsum char gyis chos ḥchad do// ṣes gsuṅs pa lta bu ste/ sprul paḥi sku las rnam pa gñis su phye baḥi phyir ro//

lṅa pa ni bṣi char yaṅ ḥchad par yaṅ mi mdsad de/ tshig mi mṅaḥ baḥi phyir daṅ/ mṅon par ḥdu mdsad pa mi mṅaḥ baḥi phyir daṅ/ yaṅ dag pa ḥchad pa po ma yin paḥi phyir ro//

(1) 'paḥi phyir/' ⇒ de/ (2) ṅag ⇒ naṅ (3) daṅ/ ⇒ +'ro// gṣan loṅs spyod rdsogs pa ni ma yin te/ yaṅ dag par na sprul pa yin paḥi phyir ro//'
(4) 'ñid kyi brten pa' ⇒ 'ñid kyis loṅs spyod rdsogs pa' (5) sku ⇒ 'sprul paḥi sku'

[MON:] [39-17b:17~18a:16]

dörben ǰüil bey-e-lüge nayiraɣulbasu ele tabun ǰüil bui bülüge/

tegün-dür angqan-a nigen inu üǰügül-ün üiledügsen büged/ ɣurban anu nomlan ese ǰokiyaɣsan-u tula/ eyin uqaɣdaqui nom-un bey-e kemebesü kelen-ü činar-tur uqaɣan-u edlekü oron-u tula kiged/ öber-iyen üǰügülküi ču busu bülüge/ ilete quriyan ǰokiyaɣsan-i ese erkesigsen-ü tula kiged/ bey-e anggida ču busu büged/ üneker nomlaɣči busu-yin tula bolai/

qoyaduɣar-tur qoyar anu nomlan ǰokiyaɣsan büged/ qoyar anu nomlan ese ǰokiyaɣsan bülüge/ eyin uqaɣdaqui/ busu basa oɣoɣata tegüs ǰirɣalang kiged/ qubilɣan-nuɣud mön buyu ǰ-e/ busu qoyar bey-e kemebesü busu bülüge/ üges-i ese 【39-18a】 erkesigsen-ü tula kiged/ ilete quriyan ǰokiyaɣsan-i ese erkesigsen-ü tula bolai/

ɣudaɣar-tur ɣurban anu nomlan ǰokiyaɣsan büged/ nigen inu ese nomlaɣsan bülüge/ mön činar-un nom-un bey-e kemebesü üges-ün belge činar-ača anggiǰiraɣsan-u tula bolai/

dödüger-tür dörbegüle ber ču nomlan ǰokiyaɣsan bülüge/ 《qutuɣ-tu langga-dur aǰiraɣsan sudur》-ača/ eyin kemer-ün ɣurbaɣula-yin bey-e-ber nom-i nomlaqu

bolai/ kemen nomlaɣsan metü büged/ qubilɣan-u bey-e-eče qoyar ǰüil bolɣan ilɣaqu-yin tula bolai/
tabdaɣar-tur dörbegüle ber ču nomlan ese ǰokiyaɣsan bülüge/ üges-i ese erkesigsen-ü tula ba/ ilete quriyan üiledküi-yi ese erkesigsen-ü tula ba/ üneker nomlaɣči busu-yin tula bolai/

然《佛地論》, 且依說義, 略敍三說。(1)
故《佛地論》第一卷云: "受用、變化二佛土中, 今此淨土, 何土所攝? 說此經佛爲是何身?
有義。化土化身說法。有說。受用土受用身說法。廣說如彼(2)。
如實義者, 釋迦牟尼說此經時, 地前大衆見變化身居此穢土爲其說法, 地上大衆見受用身居佛淨土爲其說法。所聞雖同, 所見各別。" 具說如《彼》。
准如實義, 於三身中二身說法, 而非法身。(3)

(1) SNST: '然《佛地論》, 且依說義, 略敍三說' ⇒ '雖有如是衆多異句, 親光等說"他受用身、化身說法", 彼說爲正。' (2) SNST: '廣說如彼' ⇒ null
(3) SNST: '准如實義, 於三身中二身說法, 而非法身' ⇒ '若如是二身說法者, 由斯義故, 說與不說, 互不相違。'

de ltar mu tha dad pa maṅ po yod mod kyi/ slob dpon ñe ḥod la sogs pas gṣan yoṅs su loṅs spyod paḥi sku daṅ sprul paḥi skus chos ḥchad do ṣes bśad pa de yaṅ dag paḥi don yin te/ deḥi phyir《ḥphags pa saṅs rgyas kyi saḥi ḥgrel pa》las/
loṅs spyod rdsogs pa daṅ sprul paḥi skuḥi saṅs rgyas kyi ṣiṅ rnam pa gñis las [ZH.68-28] yoṅs su dag pa ḥdi ṣiṅ gaṅ gis bsdus/ mdo sde ḥdi gsuṅs paḥi saṅs rgyas ni sku gaṅ ṣig yin ṣe na/
kha cig ni sprul paḥi ṣiṅ du sprul paḥi skus chos ḥchad do ṣes zer ro// kha cig ni loṅs spyod rdsogs paḥi skus chos bśad do ṣes zer te/
yaṅ dag paḥi don du na saṅs rgyas śākya thub pas mdo sde ḥdi gsuṅs paḥi tshe/ mos pas spyod paḥi sa man chad kyi ḥkhor rnams kyis ni sprul paḥi skus ṣiṅ yoṅs su ma dag pa ḥdir chos ḥchad par mthoṅ la/ sa la gnas paḥi ḥkhor maṅ po rnams kyis ni loṅs spyod rdsogs paḥi skus saṅs rgyas kyi ṣiṅ yoṅs su dag par chos ḥchad pa [D.Ti.12a] mthoṅ ste/ thos pa mtshuṅs kyaṅ mthoṅ ba ni so so tha dad do ṣes ḥbyuṅ ste/
ṣib tu《de ñid》las ḥbyuṅ ba bṣin no//

gal te de de ltar sku rnam pa gñis chos ḥchad par mdsad na/ [ZH.68-28:10] [D.12a:1]

[(1)][ZH.68-32:6] [D.13b:3] don des na gsuṅs pa daṅ ma gsuṅs pa ṣes bya ba gñi ga yaṅ phan tshun ḥgal ba med do//

(1) A mispagination in tibetan translation has been corrected.

(@0-21) 依土差別者。

依《楞伽經》, 有十種說法。(1)一、語言說法, 乃至第十、動身說法。

故(2)《十卷經》第四卷云:

“大慧復言: ‘世尊! 有語言(3)說, 應有諸法。若無諸法, 應無言說。’

佛告大慧: ‘亦有無法而有言說, 如兔角等。大慧! 兔角非有非無, 而有言說, 故汝所難此義已破。大慧! 非一切佛土言語說法。何以故?

有佛國土, 直親(4)不瞬口無言說(5), 名爲說法。【《四卷楞伽》云“瞻視顯法”。】

有佛國土, 直(6)示相, 名爲(7)說法。【《四卷楞伽》“或有作相”。】

有佛國土, 但動眉相, 名爲說法。【《四卷楞伽》“或有揚眉”。】

有佛國土, 唯動眼相, 名爲說(8)。【《四卷楞伽》“或有動精(9)”。】

有佛(10)土, 嘆(11), 名爲(12)說法。【《四卷》亦同。】

有佛國土, 欠(13), 名爲說法。【《四卷》亦同。】

有佛國土, 咬(14), 名爲說法。【《四卷》云“或謦(15)咳”。】

有佛國土, 念, 名爲說法。【《四卷經》云“或念刹土”。】

有佛國土, 動身(16), 名爲說法。【《四卷》云“或動搖”。】’”

(1) SNST: ‘依《楞伽經》, 有十種說法。’ ⇒ ‘如《楞伽經》說, 依諸佛土, 有十種說法差別。’

(2) SNST: 故 ⇒ 依 (3) JS, Taisho: ‘語言’ ⇒ ‘言語’

(4) JS, Taisho, SNST, Baek(2013a): 親 ⇒ 視 (5) JS, Taisho: 說 ⇒ 語

(6) JS, Taisho, SNST, Baek(2013a): null ⇒ +爾 (7) JS: 為=null

(8) JS, Taisho, SNST, Baek(2013a): null ⇒ +法 (9) JS, Taisho: 精 ⇒ 睛

(10) JS, SNST: null ⇒ +國 (11) JS, Taisho, SNST, Baek(2013a): 嘆 ⇒ 笑

(12) JS: 爲=null (13) JS, Taisho: null ⇒ +呿 (14) JS, Taisho, SNST, Baek(2013a): 咬 ⇒ 咳

(15) JS, Taisho: 磬 ⇒ 謦 (16) SNST, Baek(2013a): ‘動身’=*sic*; Taisho: ‘動身’=身

de la ṣiṅ la brten paḥi khyad par bstan pa ṣes bya ba yaṅ ji ltar《ḥphags pa laṅ-kar gśegs paḥi mdo》las saṅs rgyas kyi ṣiṅ rnams kyi dbaṅ du mdsad nas chos ston pa rnam pa bcuḥi khyad par gsuṅs pa lta bu de/ daṅ po tshig gis chos bstan pa nas/ tha ma lus bskyod pas chos ston paḥi bar du gsuṅs paḥo// 《mdo sde de ñid bam po bcur byas pa》 las kyaṅ/

byaṅ chub sems dpaḥ blo gros chen pos yaṅ gsol ba/ bcom ldan ḥdas brjod pa mchis na ni dṅos po rnams kyaṅ mchis par ḥgyur la dṅos po rnams ma mchis na ni brjod pa yaṅ ma mchis par ḥgyur ro//

bcom ldan ḥdas kyis bkaḥ stsal ba/ blo gros chen po dṅos po med pa dag kyaṅ brjod pa ni yod de/ ḥdi lta ste/ ri boṅ gi rva la sogs paḥo//

blo gros chen po ri boṅ gi rva ni yod pa yaṅ ma yin med pa yaṅ ma yin yaṅ brjod pa ni yod paḥi phyir ro//[(1)] khyod kyis smras paḥi don de ni ñams par ḥgyur ro//

blo gros chen po saṅs rgyas kyi ṣiṅ thams cad na brjod pas chos ston pa ni ma yin te/ de ciḥi phyir ṣe na/ saṅs rgyas kyi ṣiṅ la la na ni mig mi ḥdsums śiṅ tshig gi brjod pa med pa la chos ston pa ṣes brjod do// saṅs rgyas kyi ṣiṅ la la na ni [ZH.68-33] mtshan ma bstan pa la chos bśad pa ṣes brjod do// saṅs rgyas kyi ṣiṅ la la na ni smin ma bskyod paḥi mtshan ma la chos bśad pa ṣes brjod do// saṅs rgyas [D.Ti.14a] kyi ṣiṅ la la na ni mig rig rig byas pa la chos bśad pa ṣes brjod do// saṅs rgyas kyi ṣiṅ la la na ni bgad pa la chos bśad pa ṣes brjod do// saṅs rgyas kyi ṣiṅ la la na ni glal ba la chos bśad pa ṣes brjod do// saṅs rgyas kyi ṣiṅ la la na ni se gol byas pa la chos bśad pa ṣes brjod do// saṅs rgyas kyi ṣiṅ la la na ni rjes su dran pa la chos bśad pa ṣas brjod do// saṅs rgyas kyi ṣiṅ la la na ni lus bskyod pa la chos bśad pa ṣes brjod do ṣes gsuṅs so//

(1) ‘ro//’ ⇒ null

又《維摩經》第三卷云[(1)]: “有以光明而作佛事。或以菩薩, 或佛化人, 或菩提樹, 或以衣服、臥具, 或以飯食, 或以園林臺觀, 或以三十二相、八十隨好, 或以佛身[(2)], 或以虛空, 或夢喻等[(3)], 或以音聲、語言、文字而作佛事。或有佛土, 寂漠[(4)]無言、無說、無示、無識、無作、無爲而作佛事。如是, 阿難! 諸佛威儀進止、諸所施爲, 無非佛事。”

若廣分別, 如《無垢稱》第五卷說。

(1) SNST: ‘又《維摩經》第三卷云’ ⇒ ‘依《維摩》等, 諸所有種種利益事, 皆是說法。故《彼經》第三卷云’ (2) SNST: ‘或以菩薩......或以佛身’=null (3) SNST: ‘或夢喻等’=null

(4) JS, Taisho: 漠=寞; SNST: 漠=*sic*

《ḥphags pa dri ma med par grags pas bstan paḥi mdo》 la sogs pa daṅ sbyar na/ ji tsam du rnam pa sna tshogs kyis phan ḥdogs pa thams cad ni chos ston pa ṣes bya ste/ deḥi phyir 《mdo sde de ñid》 las la la na ni ḥod zer gyis saṅs rgyas kyi mdsad pa byed do// de bṣin du la la na ni nam mkhaḥ so// la la na ni sgra skad daṅ tshig gi brjod pa daṅ yi ges saṅs rgyas kyi mdsad pa byed do// saṅs rgyas kyi ṣiṅ la la na ni rab tu ṣi ṣiṅ tshig med pa daṅ brjod pa yaṅ med/ bstan pa yaṅ med pa daṅ/ rnam par rig pa med pa daṅ/ mṅon par ḥdus byas pa med pa daṅ/ ḥdus ma byas kyis saṅs rgyas kyi mdsad pa byed do//
de bṣin du kun dgaḥ bo saṅs rgyas rnams kyi spyod lam daṅ/ g-yo ṣiṅ bskyod pa thams cad ni saṅs rgyas kyi mdsad pa ma yin pa gaṅ yaṅ med do//
ṣes gsuṅs te/ ṣib tu ni 《de ñid》 las ḥbyuṅ ba bṣin no//

所以如是諸教異者。
依大乘宗, 汎論說法, 略有四義:
一、語言說[(1)]。如《佛地論》“二身說法, 而非法身。”
二、生解說法, 亦通法身。如《楞伽經》。
三、依土差別, 十種說法。如《楞伽經》。
四、諸佛進止、諸所施爲, 乃成無量。如《維摩》等。
各有所據, 故不相違。
或可。佛事, 顯利益事, 非唯說法。[(2)]

(1) Lee: 說 ⇒ ‘說法’
(2) SNST: ‘所以如是諸教異者。......佛事, 顯利益事, 非唯說法。’=‘所以如是說法異者。以諸如來方便, 隨順諸土所化, 種種不同故, 利益事名佛事。故諸如來, 互不相違。’

de ltar chos ston pa tha dad par gyur pas yaṅ de bṣin gśegs pa rnams kyi thabs mkhas pas so soḥi ṣiṅ gis[(1)] ḥdul baḥi rjes su rnam pa sna tshogs mi [ZH.68-34] mthun pas phan ḥdogs pa ni saṅs rgyas kyi mdsad pa ṣes bya ste/ deḥi phyir de bṣin gśegs pa rnams phan tshun ḥgal ba med do//

(1) PN: gis ⇒ gi

問。上諸說[(1)], 皆有名等, 爲不定耶?
解云。不定。法身[(2)]說法及虛空等, 能生解故, 名爲“說法”, 而無名等, 諸無爲法無分位故。若其無說、無示等者，寂嘿心上假立名等，於理無失，有爲心等有分位故。

(1) SNST, Baek(2013a): 說 ⇒ '說法'
(2) SNST: '法身'='諸土'

goṅ du bstan pa lta bu chos ston pa de dag la miṅ la sogs pa yod dam ṣe na/ ṅes pa med de/ ṣiṅ so so dag na chos ston pa yaṅ nam mkhaḥ la sogs pa śes pa bskyed paḥi phyir/ chos bśad pa ṣes brjod pa nas/ miṅ la sogs pa med de/ ḥdus ma byas kyi chos rnams la [D.Ti.14b] gnas skabs med paḥi phyir ro// brjod pa yaṅ med bstan pa yaṅ med pa la sogs pa rab tu ṣi ṣiṅ tshig med paḥi sems la brtags[(1)] pa tsam du miṅ la sogs pa rnam par gṣag na yaṅ ḥgal ba med de/ ḥdus byas kyi sems la sogs pa la gnas skabs yod paḥi phyir ro// //

(1) PN: brtags ⇒ btags

(@0-22)[0175b20] 三、聚集顯現歷心差別者。
如《攝大乘無性釋》云: "貫穿縫綴，故名爲經。此中即是隨墮八時，聞者識上直非直說聚集顯現以爲體性。"
解云。"八時"有其二釋。
一云。八時即八轉聲[(1)]，謂於七轉，加呼召聲，如言"係補盧沙"[(2)]。此八轉聲，後當分別。謂佛說法，於八轉中，隨用一聲，故云"隨墮八時"。
一云。依《聲明論》，晝夜各有四時，合有八時。如來說法，於八時中，隨墮一時，故云"隨墮八時"。

(1) '轉聲'=(Skt)'vibhakti'
(2) '係補盧沙'=(Skt)'he! puruṣa!'

bam po gñis pa/

de la gsum pa bsags pa rnam par phye bas sems kyi khyad par bstan pa ṣes bya ba yaṅ《slob dpon ṅo bo ñid med kyis theg pa chen po bsdus paḥi ḥgrel pa byas pa》las ji skad du
brgyus ṣiṅ[(1)] ḥbrel baḥi phyir mdo ṣes byaḥo ṣes ḥbyuṅ ba lta bu ste[(2)]/ de la ḥdir dus brgyad kyi rjes su ṣugs śiṅ ñan pa poḥi rnam par rig pa la draṅ po

daṅ draṅ po ma yin par bśad pa dag bsags śiṅ/ rnam par phye ba gaṅ yin pa de la ṅo bo ñid ces byaḥo[3]//

dus brgyad ces bya ba yaṅ rnam pa gñis su bśad do//

kha cig na re dus brgyad ni bsgyur baḥi sgra brgyad ñid de ḥdi ltar bsgyur baḥi sgra bdun gyi steṅ du ḥbod paḥi sgras bsnan pa ste/ ji skad du skyes bu ṣes brjod pa lta buḥo// bsgyur baḥi sgra brgyad ni ḥog nas rnam par dbye ba ñid de/ ḥdi ltar de bṣin gśegs pa rnams chos ḥchad paḥi tshe bsgyur ba brgyad po las gaṅ yaṅ ruṅ baḥi sgra cig brjod pas na deḥi phyir dus brgyad kyi rjes su ṣugs pa ṣes byaḥo ṣeḥo//

kha cig ni《sgraḥi rig paḥi rab tu byed pa》la brten nas/ ñin daṅ mtshan re re la dus bṣi bṣi yod pas gcig tu bsdus na/ dus brgyad du ḥgyur te/ de bṣin gśegs pa rnams chos ḥchad pa yaṅ dus brgyad po las gaṅ yaṅ ruṅ ba[4] cig gi rjes su ḥgro bas na/ deḥi phyir dus brgyad kyi rjes su ṣugs pa ṣes byaḥo ṣeḥo//

(1) PN: ṣiṅ ⇒ śiṅ (2) 'ṣes ḥbyuṅ ba lta bu ste' ⇒ null (3) +'ṣes ḥbyuṅ ba lta buḥo//'
(4) ba ⇒ 'baḥi dus'

"直、非直說", 有其三釋。

一云。詮自性故名爲"直說", 詮差別故名"非直說"。

一云。長行名爲"直說", 偈頌爲"非直說"。

一云。十二部中契經爲"直說", 餘十一部爲"非直說"。

此中意說。隨墮八時, 聞者識上十二部經名、字、句等聚集顯現以爲教體。

de la draṅ po daṅ draṅ po ma yin par bśad pa ṣes bya ba yaṅ rnam pa gsum du bśad do//

kha cig ni raṅ gi ṅo bo ñid brjod paḥi phyir draṅ por bśad pa ṣes byaḥo// khyad par brjod paḥi phyir draṅ po ma yin par bśad pa ṣes byaḥo ṣeḥo//

kha cig ni tshig rkaṅ[1] ni draṅ por bśad pa ṣes byaḥo// tshigs su bcad pa ni draṅ po ma yin par bśad pa ṣes byaḥo ṣeḥo//

kha cig ni [D.Ti.15a] gsuṅ rab yan lag bcu gñis las mdo sde mdoḥi sde ni draṅ por bśad pa ṣes byaḥo// gṣan bcu gcig po dag ni draṅ po ma yin par bśad paḥo// ṣes byaḥo zer te/[2] deḥi don du na dus brgyad kyi rjes su ṣugs śiṅ ñan pa poḥi rnam par rig pa la gsuṅ rab yan lag bcu gñis kyi miṅ daṅ yi ge daṅ tshig la sogs pa bsags śiṅ rab tu phye bar gyur pa gaṅ yin pa des bstan pa[(3)] ṅo bo ñid byed do ṣes ston to//

[(1)] rkaṅ ⇒ rkyaṅ
[(2)] 'paḥo// ṣes byaḥo zer te/' ⇒ 'paḥo ṣes zer te/'
[(3)] pa ⇒ paḥi

問。何等名爲"聞者識心"? 如何說爲"聚集顯現"?
解云。依《瑜伽論》, 且約六識, 分別五心。
故《彼》第一卷云: "復次, 由眼識生, 三心可得, 如其次第, 謂卒爾[(1)]、尋求[(1)]、決定心。初是眼識。二在[(2)]意識。決定心後, 方有染、淨。此後乃至等流眼識, 善、不善轉, 而彼不由自分別力。乃至此意不趣餘境, 經爾所時, 眼、意二識, 或善或染, 相續而轉。如眼識生, 乃至身識[(3)]亦爾。"
解云。五中, 初後通六, 次三唯意。
又前三是無記, 後二通善惡。
又卒[(4)]爾五識後, 必有尋求心。尋求心後, 或散不散。散即復起卒[(4)]爾五識。不散即起第三決定, 乃至等流。

[(1)] Taisho, Baek(2013a): null=+心; SNST: null=*sic* [(2)] JS, Taisho, SNST: 在 ⇒ 是
[(3)] Taisho, SNST, Baek(2013a): null ⇒ +'應知' [(4)] JS: 卒=率 [(5)] JS, Taisho: 卒=率

ji lta bu ṣig la ñan pa poḥi rnam par rig paḥi sems ṣes bya/ ciḥi phyir bsags pa rab tu phye ba ṣes bstan ṣe na/
《rnal ḥbyor spyod paḥi sa》 daṅ sbyar na re ṣig rnam par śes paḥi tshogs drug la brten nas sems rnam pa lṅa rnam par ḥbyed par byed de/
deḥi phyir《bstan bcos de ñid》 las
gṣan yaṅ/ mig gi rnam par śes pa byuṅ ba na ñe bar gnas pa las byuṅ ba daṅ/ tshol ba daṅ/ ṅes paḥi sems rnam pa gsum dmigs [ZH.68-36] par ḥgyur te/
de la daṅ po ni mig gi rnam par śes pa ñid do// gñis pa ni yid kyi rnam par śes paḥo// de la ṅes paḥi sems phan chad nas kun nas ñon moṅs pa daṅ rnam par byaṅ bar ḥgyur bar bltaḥo//
de nas deḥi rgyu mthun paḥi mig gi rnam par śes paḥi yaṅ dge ba daṅ mi dge bar yaṅ ḥbyuṅ bar ḥgyur te/ raṅ gi rtog paḥi dbaṅ gis ni ma yin no//
ji srid du yid de gṣan la rnam par g-yeṅs par ma gyur pa de srid du yid kyi

rnam par śes pa daṅ/ mig gi rnam par śes pa gñis ka dge baḥam/ ñon moṅs pa can du rgyun mi ḥchad par ḥjug par ḥgyur ro//
mig gi rnam par śes pa byuṅ ba na ji lta ba bṣin du lus kyi rnam par śes paḥi bar du yaṅ de bṣin ñid du rig par byaḥo ṣes ḥbyuṅ ste/
rnam pa lṅa las daṅ po daṅ tha ma ni rnam pa drug daṅ ldan no//
bar ma gsum ni yid ḥbaḥ ṣig go//
gṣan yaṅ daṅ po gsum ni luṅ du ma bstan pa yin la/ tha ma gñis ni dge ba daṅ mi dge bar yaṅ ḥgyur ro//
gṣan yaṅ ñe bar gnas pa las byuṅ baḥi rnam par śes pa lṅaḥi ḥog tu ṅes par tshol baḥi sems yod la/ [D.Ti.15b] tshol baḥi sems kyi ḥog tu ni rnam par g-yeṅs paḥam/ rnam par g-yeṅs pa ma yin pa ñid du ḥgyur te/ deḥi ḥog tu ni ñe bar gnas pa las byuṅ baḥi rnam par śes pa lṅa ñid du ḥbyuṅ bar ḥgyur ro// rnam par g-yeṅs par ma gyur na ni gsum pa ṅes paḥi sems nas rgyu mthun paḥi bar du ḥbyuṅ bar ḥgyur ro//

又意識卒[(1)]爾, 自有二種: 一、五識同時卒[(1)]爾意識, 二、獨頭意識卒[(1)]爾墮心。
故《瑜伽論》第三卷云: "又意識任運散亂, 緣不串習境時, 無欲等生。爾時, 意識名'卒[(2)]爾墮心', 唯緣過去境。五識無間所生意識, 或尋求、或決定, 唯應說緣現在境。"
若此即緣彼境生, 釋家四說。
一云。意識任運不依前三心次第, 故名"散亂"。汎爾漫緣不串習境時, 有五遍行[(3)], 無別境五。爾時, 意識名"卒[(1)]爾墮心", 唯能緣過去曾所緣境。若說五識無間所生意識, 或尋求心、或決定心, 唯應說緣前五識種類現在境。
若此尋求、決定二心, 即緣彼五識種類境生。
餘三師說, 如《五心章》。

(1) JS: 卒=率　(2) JS, Taisho: 卒=率　(3) JS, SNST: '五遍行' ⇒ '遍行五'

gṣan yaṅ yid kyi rnam par śes paḥi ñe bar gnas pa las byuṅ ba ni rnam pa gñis te/ rnam par śes pa lṅa daṅ dus gcig paḥi ñe bar gnas pa las byuṅ baḥi yid kyi rnam par śes pa daṅ/ yid[(1)] gcig puḥi ñe bar gnas pa las byuṅ baḥi sems ṣes brjod paḥo//

[ZH.68-37] deḥi phyir《rnal ḥbyor spyod paḥi sa》las/

de la yid kyi rnam par śes pa rtsol ba med ciṅ rnam par g-yeṅ bar gyur pa daṅ ma ḥdris paḥi dmigs pa la ni ḥdun pa la sogs pa ḥjug pa med do// yid kyi rnam par śes pa de ni ñe bar gnas pa las ḥbyuṅ bar ṣes brjod par bya ste/ ḥdas pa la dmigs pa kho naḥo//

rnam par śes paḥi tshogs lṅa po dag gi mjug thogs su byuṅ baḥi yid[(1)] tshol ba paḥam/ ṅes pa ni gal te deḥi yul deḥi dmigs pa yin na/ da ltar gyi yul can kho na ṣes byaḥo ṣes ḥbyuṅ ṅo//

gal te yul de ñid la dmigs nas skyeḥo ṣe na/ ḥgrel pa dag gis rnam pa bṣir bśad de/

de la kha cig ni yid kyi rnam par śes pa raṅ gi ṅaṅ gis ḥjug ciṅ sems daṅ po gsum gyi go rims la mi brten pa ni rnam par g-yeṅ ba ṣes bya baḥo//

rkyen drag po ma yin pa daṅ/ ma goms paḥi yul la dmigs paḥi tshe ni lṅa kun tu ḥgro ba yod kyi/ lṅa yul so sor ṅes pa ni med do// deḥi tshe yid kyi rnam par śes pa de ni ñe bar gnas pa las byuṅ baḥi sems ṣes brjod par byaḥo// sṅon myoṅ baḥi yul ḥdas pa la dmigs pa daṅ[(2)]

rnam par śes paḥi tshogs lṅaḥi mjug thogs su byuṅ baḥi yid kyi rnam par śes pa ṣes brjod pa daṅ/ tshol ba paḥi sems sam ṅes paḥi sems gaṅ yin pa de dag ni sṅa maḥi rnam par śes paḥi tshogs lṅaḥi rnam paḥi yul mṅon sum du [D.Ti.16a] gyur pa la dmigs pa kho na ṣes brjod par byaḥo//

tshol ba po[(3)] daṅ ṅes paḥi sems gñis po gaṅ yin pa de dag ni rnam par śes paḥi tshogs lṅa po de dag gi rnam paḥi yul la dmigs nas skyeḥo ṣes bśad de/ slob dpon gṣan gsum gyi bśad pa dag ni《sems rnam pa lṅa bstan pa》las ḥbyuṅ ba bṣin no//

(1) yid ⇒ 'yid kyi rnam par śes pa' (2) 'la dmigs pa daṅ' ⇒ 'kho na la dmigs paḥo//'
(3) PN: po ⇒ pa

此中，且依前五種心，以明“聚集”。

言“聚集”者。如《契經》說:

諸行無常，有起盡法，

生必滅故，彼寂爲樂。

解云。此即契經比量破執常者。“諸行無常”，(1)宗。“有起盡法”者，是同法喻，擧燈光等。“生必滅故”者，是因。由是道理，彼寂涅槃以爲勝樂。

(1) SNST:null⇒+是

ḥdir re ṣig sems rnam pa lṅa daṅ sbyar [ZH.68-38] nas/ bsags paḥi don rab tu bstan par bya ste/ de la bsags pa ṣes bya ba ni《mdo de[(1)]》dag las ji skad du/

ḥdu byed rnams ni mi rtag ste/
byuṅ nas zad paḥi chos can no//
skyes nas ṅes par ḥgag paḥi phyir//
ṣi ba de ni bde ba yin//

ṣes gsuṅs pa lta buḥo//
mdo sdeḥi tshad ma ḥdis rtag par ḥdsin pa dag ḥjig par mdsad de/

ḥdu byed rnams ni mi rtag ste/

ṣes bya ba ni dam bcaḥ baḥo//

byuṅ nas zad paḥi chos can no//

ṣes bya ba ni chos mtshuṅs paḥi dpe ste/ mar meḥi ḥod la sogs pa smos paḥo//

skyes nas ṅes par ḥjig paḥi phyir//

ṣes bya ba ni gtan tshigs yin te/ rigs pa des na ṣi baḥi mya ṅan las ḥdas pa de ni mchog tu bde bar gyur pa yin no ṣes byaḥo//

(1) de ⇒ sde

且約初句，以辨“聚集”。於中具有四聲、四字、四名、一句及所詮義。於此義中，西方諸師且作三釋。

de la re ṣig tshig daṅ po la brten nas bsags pa rnam par dbye bar bya ste/ ḥdi yaṅ sgra rnam pa bṣi daṅ yi ge bṣi daṅ miṅ bṣi daṅ tshig bṣi[(1)] daṅ brjod par bya baḥi don daṅ rab tu ldan no//
don ḥdi la rgya gar yul paḥi slob dpon dag gis rnam pa gsum du bśad do//

(1) bṣi ⇒ gcig

有云。說“諸”字時，卒[(1)]爾耳識、同時意識及尋求心，唯有聲相。
所以者何？五俱意識是現量故，不緣名等。若尋求心，尋五識等所緣境故，不緣名等。

雖此三識所變聲上皆有名等，如生等相，而不緣故，不說“聚集”。
決定心後，有三種相，謂聲、名、字。
至說“行”時，卒[(1)]爾耳識、同時意識及尋求心，唯得“行”聲。准前可知。[(2)]決定心等[(3)]，亦得九種，准前可知[(4)]。
說“常”字時，卒[(1)]爾心等，[(5)]得“常”聲。[(6)]
決定心後，得十四種，謂四聲、四字、四名、一句及所詮義。
由此極少經十六心，乃得具足。謂從四字皆有四心，謂卒[(1)]爾耳識、同時意識、尋求、決定[(7)]。
若不散者，起染、淨心，如理應思。
有義。卒[(1)]爾耳識、同時意識，不緣名等，義如前說，是現量故。
尋求已去，即非現量，由斯亦得聲、名、字等四尋求心。
如其次第，得三、六、九及以十四，准前應知。
若依此釋，經十二心，方得具足。決定心等所得多少，如理應知。
有義。耳識同時意識，亦緣名等。若不爾者，尋求意識，尋何等名？由斯道理，說“諸”字時，卒[(1)]爾耳識唯得“諸”聲，同時意識得聲、名等。
於此義中，分成兩釋。
一云。四卒[(1)]爾心，各唯得三。所以者何？說“常”聲時，不緣“諸”等聲及名、字，五識同時卒[(1)]爾墮心皆現量故。若許緣者，應有散心現量緣過去故，其尋求心，方得圓滿。尋求等心所得多少，如第二說。
一云。五識同時意識，容非現量故，得緣過去名等。若依此釋，即以心[(8)]中具足“聚集”。

(1) JS: 卒=率

(2) SNST: null ⇒ +‘決定心後，現六種相，謂“諸”聲、名、字、“行”聲、名、字。至說“無”時，率爾心等，唯得“無”聲。准前可知。’

(3) SNST: 等 ⇒ 後　(4) SNST: ‘准前可知’ ⇒ ‘謂“諸”聲、名、字、“行”聲、名、字、“無”聲、名、字。’

(5) SNST: null ⇒ 唯　(6) SNST: null ⇒ ‘准前可知’　(7) SNST: null ⇒ +心　(8) SNST: 心 ⇒ ‘八心’

kha cig tu ḥdi skad du rnam[(1)] śes bya baḥi yi ge brjod paḥi tshe/ ñe bar gnas pa las byuṅ baḥi rna baḥi rnam par śes pa las[(2)] de daṅ dus gcig paḥi yid kyi rnam par śes pa daṅ/ tshor ba paḥi sems la sgraḥi mtshan ñid ḥbaḥ ṣig yod de/ de ciḥi phyir ṣe na/ lṅa daṅ lhan cig paḥi yid kyi rnam par śes pa mṅon sum gyi tshad ma yin paḥi phyir/ miṅ la sogs pa la dmigs par mi byed do//

tshol baḥi sems rnam par śes paḥi tshogs lṅa la sogs paḥi dmigs par bya baḥi yul yoṅs su tshol baḥi phyir miṅ la sogs pa la dmigs [D.Ti.16b] par mi byed do//

rnam par śes pa gsum po ḥdi las rnam par gyur paḥi sgra la (3)sogs pa yod kyaṅ/ [ZH.68-39] skye ba la sogs paḥi mtshan ñid bṣin du dmigs pa(4) mi byed paḥi phyir bsags pa ṣes mi bśad do//

ṅes paḥi sems kyi ḥog tu mtshan ñid rnam pa gsum yod do// ḥdi lta ste/ sgra daṅ miṅ daṅ yi geḥo//

ḥdu byed ces brjod paḥi tshe ni ñe bar gnas pa las byuṅ baḥi rna baḥi rnam par śes pa daṅ/ de daṅ lhan cig paḥi yid kyi rnam par śes pa daṅ/ tshol baḥi sems ni ḥdu byed ces bya baḥi sgra ḥbaḥ ṣig daṅ ldan pa yin no// sṅa ma bṣin du śes par byaḥo//

ṅes paḥi sems kyi ḥog tu ni mtshan ñid rnam pa drug mṅon sum du ḥgyur te/ ḥdi lta ste/ rnam(5) śes bya baḥi sgra daṅ miṅ daṅ yi ge daṅ/ ḥdu byed ces bya baḥi sgra daṅ/ miṅ daṅ yi geḥo//

mi ṣes brjod paḥi tshe ni ñe bar gnas pa las byuṅ baḥi sems la sogs/ mi ṣes bya baḥi sgra ḥbaḥ ṣig thob par gyur te/ sṅa ma bṣin du rig par byaḥo//

ṅes paḥi sems kyi ḥog tu ni mtshan ñid rnam pa gsum(6) thob par ḥgyur te/ ḥdi lta ste/ rnam(5) śes bya baḥi sgra daṅ miṅ daṅ yi ge daṅ/ ḥdu byed ces bya baḥi sgra daṅ/ miṅ daṅ yi ge(7) mi ṣes bya baḥi sgra daṅ miṅ daṅ yi geḥo//

rtag ces bya baḥi yi ge brjod paḥi tshe ni ñe bar gnas pa la sogs paḥi sems rtag ces bya baḥi sgra ḥbaḥ ṣig thob par ḥgyur te/ sṅa ma bṣin du rig par byaḥo//

ṅes paḥi sems kyi ḥog tu ni mtshan ñid rnam pa bcu bṣi thob par ḥgyur te/ ḥdi lta ste/ sgra bṣi daṅ yi ge bṣi daṅ miṅ bṣi daṅ tshig(8) daṅ brjod par bya baḥi don to// des na rab tu ñuṅ na yaṅ rnam pa bcu drug daṅ ldan par gyur na/ gdod yoṅs su rdsogs par ḥgyur te/ ḥdi ltar yi ge bṣi po de dag re re yaṅ sems rnam pa bṣi daṅ ldan te/ ḥdi lta ste/ ñe bar gnas pa las byuṅ baḥi rna baḥi rnam par śes [ZH.68-40] pa daṅ/ de daṅ lhan cig paḥi yid kyi rnam par śes pa daṅ/ tshol ba daṅ ṅes paḥi sems so//

gal te rnam par g-yeṅs par ma gyur na ni kun nas ñon moṅs pa daṅ/ rnam par byaṅ baḥi sems ḥbyuṅ [D.Ti.17a] bar ḥgyur te/ ci rigs su śes par byaḥo//

kha cig ni ñe bar gnas pa las byuṅ baḥi rna baḥi rnam par śes pa daṅ/ de daṅ lhan cig paḥi yid kyi rnam par śes pa miṅ la sogs pa la dmigs par mi byed paḥi don yaṅ yod pas/ sṅa ma bṣin du rig par bya ste/ mṅon sum gyi tshad ma yin paḥi phyir ro// tshol ba pa phan chad ni mṅon sum gyi tshad ma (9)yin pas de

ni sgra daṅ miṅ daṅ yi ge la sogs pa yoṅs su tshol baḥi sems rnam pa bṣi yaṅ ḥthob par ḥgyur la/ go rims bṣin du gsum daṅ drug daṅ dgu daṅ bcu bṣi yaṅ ḥthob par ḥgyur te/ sṅa ma bṣin du rig par byaḥo ṣe na/ rnam par bśad pa ḥdi daṅ sbyar na ni sems bcu gñis daṅ ldan par gyur na gdod yoṅs su rdsogs par gyur te/ ṅes paḥi sems la sogs pas maṅ ñuṅ ci tsam daṅ ldan par ḥgyur ba yaṅ ci rigs su śes par byaḥo//
kha cig ni rna baḥi rnam par śes pa daṅ lhan cig paḥi yid kyi rnam par śes pa miṅ la sogs pa la dmigs par byed paḥi don yaṅ yod de/ de ltar ma yin na tshol ba paḥi yid kyi rnam par śes pas miṅ ji lta bu ṣig yoṅs su tshol [ZH.68-41] bar byed de/ rigs pa des na/ rnam[(5)] śes bya baḥi yi ge brjod paḥi tshe/ ñe bar gnas pa las byuṅ baḥi rna baḥi rnam par śes pa ni rnam[(5)] śes bya baḥi sgra ḥbaḥ ṣig ḥthob par ḥgyur la/ de daṅ lhan cig paḥi yid kyi rnam par śes pa ni sgra daṅ miṅ la sogs paḥi ldan par ḥgyur ro ṣeḥo//
don ḥdi yaṅ rnam pa gñis su phye nas rnam par bśad de/
kha cig ni ḥdi skad du ñe bar gnas pa las byuṅ baḥi sems rnam pa[(10)] gsum kho na daṅ ldan te/ de ciḥi phyir ṣe na/ rtag ces bya [D.Ti.17b] baḥi sgra brjod paḥi tshe/ rnam[(5)] śes bya ba la sogs paḥi sgra daṅ miṅ daṅ/ yi ge la dmigs par mi byed de/ ḥdi ltar rnam par śes paḥi tshogs lṅa daṅ lhan cig paḥi ñe bar gnas pa nas[(11)] byuṅ baḥi sems ṣes brjod pa[(12)] ni mṅon sum gyi tshad ma yin paḥi phyir ro//
gal te dmigs so ṣes bya bar ḥdod na ni rnam par g-yeṅs paḥi sems kyi mṅon sum gyi tshad ma yaṅ ḥdas pa la dmigs par ḥgyur baḥi phyir tshol ba paḥi sems kyi tshe gdod yoṅs su rdsogs par ḥgyur te/ tshol ba pa la sogs paḥi sems kyis maṅ ñuṅ ji tsam ḥthob par ḥgyur ba yaṅ gñis pas bśad pa bṣin no ṣeḥo//
kha cig[(13)] rnam par śes paḥi tshogs lṅa daṅ lhan cig paḥi yid kyi rnam par śes pa mṅon sum gyi tshad ma [(14)]yin par yaṅ ḥdod paḥi phyir ḥdas paḥi miṅ la sogs pa la dmigs par yaṅ byed do ṣes zer te/ bśad pa ḥdi daṅ sbyar na ni sems rnam pa brgyad la yaṅ bsags pa yoṅs su rdsogs par yod do//

(1) PN: rnam ⇒ rnams (2) las ⇒ daṅ (3) PN: null ⇒ +'miṅ la' (4) pa ⇒ par
(5) rnam ⇒ rnams (6) PN: gsum ⇒ dgu (7) +daṅ (8) +gcig (9) +ma
(10) +'bṣi re re ni' (11) nas ⇒ las (12) 'ṣes brjod pa' ⇒ 'thams cad' (13) +ni (14) +ma

問。若如前說“五俱意識定是現量”，如何亦說緣名等耶？
解云。現量亦然[(1)]名等自相。而《因明理門》說“不緣名”，義相繫故。

或有但由等流耳識所列[2]發故，而"顯現"者，未必要待卒[3]爾耳識之所列[2]生，方能聚集。

[(1)] SNST: 然 ⇒ 緣 [(2)] JS, SNST, Baek(2013a): 列 ⇒ 引 [(3)] JS: 卒=率

gal te goṅ du bśad pa ltar lṅa daṅ lhan cig paḥi yid kyi rnam par śes pa ṅes par mṅon sum gyi tshad ma yin na ciḥi phyir miṅ la sogs pa la yaṅ dmigs par byed ces bstan ṣe na/
mṅon sum gyi tshad mas kyaṅ miṅ la sogs paḥi raṅ gi mtshan ñid la dmigs [ZH.68-42] par byed do// 《rigs paḥi sgoḥi bstan bcos》 la[(1)] dmigs par mi byed do// ṣes bśad pa yaṅ[(2)] miṅ la sogs pa la yaṅ[(3)] dmigs par mi byed de/[(4)] phan tshun ḥchiṅ baḥi ḥbras bu[(5)] yin paḥi phyir ro//
yaṅ na rgyu mthun paḥi rna baḥi rnam par śes paḥi dbaṅ gis rab tu bskyed paḥi phyir/ rab tu phye ba ṣes bya ba yaṅ ñe bar gnas pa las byuṅ baḥi rna baḥi rnam par śes pa draṅs te bskyed pa la ltos nas/ gdod bsags pa ñid du gyur par ṅes pa yaṅ med do//

[(1)] PN: la ⇒ las [(2)] 'dmigs par mi byed do// ṣes bśad pa yaṅ' ⇒ null
[(3)] PN: yaṅ ⇒ null [(4)] +'ṣes bśad pa yaṅ'
[(5)] 'phan tshun ḥchiṅ baḥi ḥbras bu' ⇒ 'don phan tshun ḥbrel pa'(?)

上來且說，未轉依位，卒[(1)]爾心等"聚集顯現"。若轉[(2)]位，於一念中具足"顯現"，如理應思。
廣釋五心，具如前章。

[(1)] JS: 卒=率
[(2)] SNST: 轉 ⇒ '轉依'

de yan chad du ni re ṣig gnas ma gyur paḥi gnas skabs la brten nas ñe bar gnas pa las byuṅ baḥi sems la sogs paḥi bsags pa rab tu phye ba bstan to//
gnas gyur paḥi skabs na ni sems kyi skad cig ma gcig la rab tu phye ba rdsogs par yod de/ de yaṅ ci rigs su rig par [D.Ti.18a] byaḥo//
sems rnam pa lṅa rgya cher bśad pa ni mtshan ñid bstan pa las byuṅ ba bṣin no//

(@0-23)[0176b17] 四、辨音一異門[(1)]。
問。如來說法爲一音不?

答。諸說不同。

(1) SNST: 門=null

de la bṣi pa gsuṅ gcig pa daṅ tha dad pa rnam par dbye ba ṣes bya ba las brtsams nas dris pa/ de bṣin gśegs pas chos ḥchad paḥi tshe/ gsuṅ gcig tu gsuṅ bar mdsad dam ṣe na/
smras pa/ so so nas bśad pa mi mthun te/

若依《[1]異部宗輪論》, 有二十部, 分成兩釋。
一[2]、大衆部、一說部、說出世部、雞胤部, 皆作此說"諸如來語皆轉法輪。佛以一音說一切法[3]"。
【《眞諦記》[4]云: "如來言音, 自有二種: 一、從口出, 皆是法輪; 二、威德所顯, 不從口出, 不關法輪。如問阿難'從何處來?' 等。如佛說法時, 前後悉見佛面對其說法, 此亦佛威德所顯。云云。"[5]】
二[6]、一切有部及經部等, 皆作此說"非如來語皆轉法輪。非佛一音能說一切法。乃至廣說"。

(1) SNST: null=+'小乘' (2) SNST: 一=二 (3) SNST: null=+'乃至廣說'
(4) SNST: '眞諦記'='眞諦金光明記'
(5) SNST: null ⇒ +'《眞諦部執論記》云: "諸如來語利益衆生故, 說'從何處來?'等者, 爲令他增長歡喜信樂心故, 此即法輪。"'
(6) SNST: 二=一

《theg pa chuṅ ṅuḥi sde pa tha dad paḥi gṣuṅ lugs kyi[1] bstan bcos》 las/ sde pa tha dad pa ñi śu ḥbyuṅ ba rnam pa gñis su phye nas bstan te/
daṅ po ni thams cad yod par smra ba daṅ/ mdo sde ḥchad par byed pa la sogs paḥi sde pa rnams so// de dag ḥdi skad du zer te/ de bṣin gśegs paḥi gsuṅ ma yin pa de dag gis kyaṅ chos kyi ḥkhor lo bskor ro//[2] de bṣin gśegs paḥi gsuṅ gcig gis chos thams cad gsuṅ ba yaṅ ma yin no ṣes bya [ZH.68-43] ba nas/ rgya cher bśad paḥi bar duḥo//
gñis pa ni phal chen paḥi sde pa daṅ/ lan cig brjod paḥi sde pa daṅ/ ḥjig rten las ḥdas par smra baḥi sde pa daṅ/ bya mṅal baḥi sde pa la sogs pa rnams te/ de dag mthun par ḥdi skad du de bṣin gśegs pa rnams kyi gsuṅ thams cad ni chos kyi ḥkhor lo bskor ro// de bṣin gśegs pa ni gsuṅ gcig gis chos thams cad

gsuṅ bar byed do// ṣes pa nas rgya cher bśad paḥi bar duḥo//
《slob dpon yaṅ dag bden pas ḥphags pa gser ḥod dam paḥi brjed byaṅ byas pa》 las kyaṅ/
de bṣin gśegs paḥi gsuṅ ni rnam pa gñis te/ daṅ po ni gsuṅ ṅag las byuṅ ste/ thams cad kyaṅ chos kyi ḥkhor lo yin no// gñis pa ni mthuḥi yon tan gyis rab tu phye ba gsuṅ ṅag las ma byuṅ ba [(3)]ḥkhor lor ma gtogs pa ste/ ji ltar kun dgaḥ bo la gaṅ nas ḥoṅs so[(4)] ṣes dris pa la sogs pa daṅ/ bcom ldan ḥdas chos ḥchad paḥi tshe mdun daṅ rgyab na ḥdug pa dag gis de bṣin gśegs pa ṣal bstan nas chos ḥchad par mthoṅ ba lta bu ste/ ḥdi yaṅ de bṣin du[(5)] mthuḥi yon tan gyis rab tu phye ba yin no ṣes bśad do//
《slob dpon yaṅ dag bden pas sde [D.Ti.18b] pa rnams kyi[(6)] brjed byaṅ byas pa》 las/ de bṣin gśegs paḥi gsuṅ rnams ni sems can la phan ḥdogs pas gaṅ nas ḥoṅs ṣes bya ba la sogs pa smras pa ni/ gṣan dag mgu ba daṅ/ mos paḥi sems bskyed paḥi phyir te/ de yaṅ chos kyi ḥkhor lo yin no ṣes ḥbyuṅ ṅo//

(1) +'ḥkhor loḥi'

(2) 'de bṣin gśegs paḥi gsuṅ ma yin pa de dag gis kyaṅ chos kyi ḥkhor lo bskor ro//' ⇒ 'de bṣin gśegs pa rnams kyi gsuṅ thams cad ni chos kyi ḥkhor lo bskor ro yaṅ ma yin no//'

(3) +'chos kyi' (4) PN: so ⇒ null (5) du ⇒ 'gśegs paḥi' (6) +'lta ba bstan paḥi'

《大毗婆沙》第七十九, 亦有兩說, 同《部執論[(1)]》。
《彼》云: “問。佛以聖語說四聖諦, 能令所化皆得解不?
設爾何失? 二俱有過。
所以者何?
若言能者,《毗奈耶》說, 如何會釋‘世尊有時, 爲四天王, 先以聖語說四聖諦, 四天王中, 二能領解, 二不領解。世尊憐愍饒益彼故, 以南印度邊國俗語, 說四聖諦, 二天王中, 一能領解, 一不領解。世尊憐愍饒益彼故, 復以一種篾戾羊[(2)]語, 說四聖諦, 時四天王, 皆得領解。’?
若不能者, 伽他所說, 當云何通? 如有頌言:

佛以一音演說法, 衆生隨類各得解,
皆謂世尊同其語, 獨爲我說種種義。

‘一音’者謂梵音。乃至廣說。
答有二說。

一、有作是說。佛以聖語說四聖諦，皆能領解。而[3]四天王意樂有異，爲滿彼意，故佛異說。乃至廣說。

復次，世尊欲顯於諸言音皆能善解，故作是說。謂有生疑‘佛唯能作聖語說法，一切[4]言音未必自在’，爲決彼疑，佛以種種言音說法。

復次，有所化者，依佛不變形言，或依變形言[5]。乃至廣說。

是故，世尊說三種語[6]。

二云。佛以一音說四聖諦，不令一切皆能領解。世尊雖有自在、神力，而於境界不能改越，如不能令耳見諸色、眼聞聲等。

問。若爾，前頌當云何通？

答。不必須通，非三藏故。

諸讚佛頌，言多過實，如分別論者讚說‘世尊心常在定[7]’。乃至廣說[8]。

復次，如來言音，遍諸聲境，隨所欲言，皆能作之。謂佛若作支那國語，勝在支那中華生者[9]。具說如彼[10]。

復次，佛語輕利速疾迴轉，雖種種語而謂一時。謂佛若作支那語已，無間復作磔迦[11]國語，乃至復作博羅[12]語，以速轉故，皆謂一時。如旋火輪非輪輪相[13]。前頌依[14]此故亦無違。

復次，如來言音，雖有多種，而同有益[15]，故說‘一音’。”

(1) SNST: ‘部執論’=‘(異部)宗輪論’

(2) JS, Taisho, SNST, Baek(2013a): 羊 ⇒ 車; ‘篾戾車’=(Skt) mleccha

(3) Taisho, SNST: 而 ⇒‘問。若爾何故，後二天王，聞聖語說，而不能解？答。彼’

(4) SNST: ‘一切’=*sic*; Taisho: ‘一切’=‘於餘’ (5) Taisho, SNST: null ⇒ +‘而得受化’

(6) Taisho, SNST: ‘說三種語’ ⇒‘作三種語，爲四天王，說四聖諦。’

(7) Taisho, SNST: null ⇒ +‘恒不睡眠’ (8) Taisho, SNST: ‘乃至廣說’ ⇒‘前頌亦然，故不須釋’

(9) SNST: null=+‘乃至餘亦如是’

(10) Taisho, SNST: ‘具說如彼’ ⇒‘以佛言音遍諸聲境故，彼伽他作如是說。’

(11) Taisho, Baek(2013a): ‘磔迦’=‘傑迦’(*śaka〈Baek(2013a)(?)); SNST: ‘磔迦’=śākya(?)

(12) Taisho, Baek(2013a): ‘博羅’=‘博喝羅’(*bokkara〈Baek(2013a)(?)); SNST: ‘博羅’=‘ka kaḥi ra’(?)

(13) SNST: 相=*sic*; Taisho, Baek(2013a): 相=想 (14) SNST: 依=*sic*; JS: 依=作

(15) SNST: 益=答; Taisho: 益=*sic*

《bstan bcos bye brag tu bśad pa》 las kyaṅ/ 《gṣuṅ lugs kyi ḥkhor loḥi bstan bcos》 daṅ mthun pa rnam pa gñis su bśad de/ deḥi phyir 《bstan bcos de ñid》 las bcom ldan ḥdas ḥphags paḥi skad kyis ḥphags paḥi bden pa bṣi [ZH.68-44]

bstan pas ḥdul bar mdsad pa gaṅ yin pa de dag go bar ḥgyur ram ṣe na/
de lta na ñes pa ci yod ce na/ gñi ga la yaṅ ñes pa yod de/
de ciḥi phyir ṣe na/
gal te spyod do ṣe na/ 《ḥdul ba》 las bśad pa de dag ji ltar bśad ciṅ go bar ruṅ ste/ ji skad du bcom ldan ḥdas kyis dus gcig gi tshe lhaḥi rgyal po bṣi la/ sṅar ḥphags paḥi skad kyis ḥphags paḥi bden pa bṣi bstan pa na/ rgyal po bṣi las gñis kyis ni go bar gyur la/ gñis kyis ni go bar ma gyur to//
bcom ldan ḥdas kyis de dag la thugs brtse ṣiṅ phan gdags paḥi phyir/ lho phyogs kyi yul mthaḥ ḥkhob kyi skad kyis ḥphags paḥi bden pa bṣi gsuṅs pa na/ rgyal po gñis las gcig gis ni go bar gyur la/ gcig gis ni go bar ma gyur to//
bcom ldan ḥdas kyis de la thugs brtse ṣiṅ phan gdags paḥi phyir yaṅ/ kla klo can gyi skad rnam pa gcig gis ḥphags paḥi bden pa bṣi bśad pa na lhaḥi rgyal po bṣi po de dag thams cad kyis go bar gyur to ṣes gsuṅs so//
gal te mi spyod do ṣe na/ tshigs su bcad pa las gsuṅs pa de dag ji ltar ruṅ ste/ tshigs su bcad pa las ji skad du/

> saṅs rgyas gsuṅ gcig tu ni chos ston to//
> sems can mos pa ji bṣin so sor goḥo//
> bcom ldan gsuṅ gcig tu ni bdag cag don//
> rnam pa sna tshogs bśad par rab tu sems//

ṣes gsuṅs te/ de la gsuṅ gcig ces bya ba ni tshaṅs paḥi skad do [D.Ti.19a] ṣes bya ba nas/ rgya cher bśad paḥi bar duḥo//
ḥdiḥi lan yaṅ rnam pa gñis su bśad de/[ZH.68-44:19] [D.Ti.19a:1]
(1)[ZH.68-46:3] [D.Ti.19b:2] gñis pa(2) ni ḥdi skad du bcom ldan ḥdas ni ḥphags paḥi skad kyis bden pa bṣi bstan pas thams cad go bar mdsad par spyod do//
gal te de lta na ciḥi phyir lhaḥi rgyal po phyi ma gñis go bar ma gyur/ lhaḥi rgyal po bṣi po de dag mos pa tha dad pas de dag gi re ba yoṅs su skoṅ baḥi phyir/ bcom ldan ḥdas tha dad par gsuṅs so// ṣes bya ba nas rgya cher bśad paḥi bar duḥo//
gṣan yaṅ bcom ldan ḥdas skad rnam pa sna tshogs rab tu mkhyen par bstan paḥi phyir/ de skad gsuṅs te/ ḥdi ltar kha cig bcom ldan ḥdas ni ḥphags paḥi skad ḥbaḥ ṣig gis ston par mdsad kyi/ sgra skad thams cad la mṅaḥ brñes pa ni ma yin no sñam du the tshom za ba dag gi the tshom bcad paḥi phyir/ bcom ldan ḥdas kyis tha dad par gsuṅs so//
gṣan yaṅ gdul baḥi sems can kha cig ni bcom ldan ḥdas kyi sku daṅ gsuṅ ma bsgyur bas ḥdul bar ḥgyur la/ gdul ba kha cig ni bcom ldan ḥdas kyi sku daṅ

gsuṅ bsgyur bas ḥdul bar bya baḥi phyir/ bcom ldan ḥdas skad rnam pa gsum gyis lhaḥi rgyal po bṣi po dag la ḥphags paḥi bden pa bṣi bstan to ṣes bśad do// [ZH.68-46:17] [D.Ti.19b:6]

[(3)][ZH.68-44:19] [D.Ti.19a: 1] de la daṅ po[(4)] ni ḥdi skad du bcom ldan ḥdas gsuṅ gcig gis ḥphags paḥi bden pa bṣi bstan pas thams cad[(5)] mdsad par yaṅ mi spyod do//

bcom ldan ḥdas raṅ dbaṅ daṅ rdsu ḥphrul [ZH.68-45] mṅaḥ yaṅ yul la dbaṅ bsgyur bar mi spyod do// ji ltar rna bas gzugs mthoṅ bar mi nus pa daṅ/ mig gis sgra la sogs pa thos pa la sogs par mi nus pa bṣin no//

gal te de lta na sña ma bṣin[(6)] tshigs su bcad pa de [(7)]ltar ruṅ bar ḥgyur/ ruṅ bar bya dgos par ṅes pa yaṅ med de/ sde snod gsum pa ma yin paḥi phyir ro// saṅs rgyas la bstod paḥi tshigs su bcad pa rnams ni tshig la skyon yod pa phal che ste/ ji ltar bye brag tu smra ba dag bcom ldan ḥdas ni thugs rtag tu mñam par gṣag paḥo// rtag par mnal ba mi mṅaḥ ṣes bstod pa ltar/ sña maḥi tshigs su bcad pa yaṅ de bṣin te/ deḥi phyir rnam par bśad mi dgos so//

gṣan yaṅ de bṣin gśegs paḥi gsuṅ ni sgra rnams kyi yul la khyab pas ji ltar gsuṅs par bṣed pa bṣin du mdsad par spyad de/ ḥdi lta ste/ bcom ldan ḥdas kyis yul dbus kyi skad du gsuṅ bar mdsad pa na/ yul dbus su skyes pa bas mchog tu gyur pa yin la/ yul gṣan dag gis yaṅ de bṣin no ṣes bya baḥi bar du ste/ ḥdi ltar bcom ldan ḥdas kyi gsuṅ sgraḥi yul rnams la khyab paḥi phyir tshigs su bcad pa de las de skad du bstan to//

gṣan yaṅ bcom ldan ḥdas kyi gsuṅ yaṅ ṣiṅ rno la myur du bsgyur baḥi phyir/ rnam pa sna tshogs su gsuṅ bar mdsad kyaṅ thams cad kyis so so nas bcom ldan ḥdas kyis ni yul dbus kyi skad gsuṅs paḥi rjes la bar ma chad par yaṅ śākyaḥi yul gyi skad gsuṅs so// sñam pa nas/ de bṣin du ka kaḥi raḥi skad du gsuṅs paḥi bar du ste/ ḥdi ltar myur bar bsgyur baḥi sa nas[(8)] dus gcig go sñam du sems so// ji ltar mgal meḥi ḥkhor lo ma yin yaṅ ḥkhor loḥi [D.Ti.19b] mtshan ñid du snaṅ ba ltar/ sña maḥi [ZH.68-46] tshigs su bcad pa yaṅ ḥdi la brten paḥi phyir ḥgal ba med do//

gṣan yaṅ de bṣin gśegs pa ni skad maṅ po sna tshogs yod kyaṅ/ mi mthun par so sor lan ḥdebs paḥi phyir gsuṅ gcig ces bśad do ṣeḥo//[ZH.68-46:3] [D.Ti.19b:1]

(1) A mispagination in tibetan translation has been corrected.

(2) 'gñis pa' ⇒ 'de la daṅ po' (3) A mispagination in tibetan translation has been corrected.

(4) 'de la daṅ po' ⇒ 'gñis pa' (5) +'kyis go bar' (6) PN: 'ma bṣin' ⇒ maḥi (7) +ji

(8) 'sa nas' ⇒ phyir

解云。《婆沙》, 自有二說。

一云。一音能令得解。此當《部執》[1]大衆部等。言"一音"者, 謂梵音也。而三遍說, 有三種意: 一、滿彼意故; 二、斷彼疑故; 三、隨所化者, 依[2]不變形言反[3]變形言。

一云。不得一音皆令得解。此當《部執》[1]說一切有部等計。

而伽陀說"能令解"者, 不必須通, 非三藏故, 言過實故。如分別論者云"世尊心常在定"等[4]。

復以三義, 會一音義: 一、[5]隨處第一故名爲一; 二、速疾似一故名爲一; 三、利益同故名爲一。

[1] SNST: '《部執》'='《異部宗輪論》' [2] SNST: null ⇒ +佛 [3] JS, SNST: 反 ⇒ 及

[4] SNST: '如分別論者云"世尊心常在定"等'=null [5] SNST: null ⇒ +'遍諸聲境'

[1][ZH.68-46:19] [D.Ti.19b:6] 《bye brag tu bśad pa chen po》 las[2] go bar gyur te[3] ṣes bśad pa de ni 《gṣuṅ lugs kyi bstan bcos》 las ḥbyuṅ baḥi thams cad yod par smra ba la sogs paḥo//

tshigs su bcad pa las go bar gyur to ṣes bśad pa ni ṅes par bśad mi dgos te/ sde snod gsum pa ma yin paḥi phyir daṅ/ tshig gi skyon yod par bden paḥi phyir [ZH.68-47] ro// gṣan yaṅ gsuṅ gcig ces bya ba ni rnam pa gsum yod de/ daṅ po ni sgraḥi yul rnams la khyab ciṅ gnas kyi rjes su mchog tu gyur paḥi phyir gcig ces byaḥo// gñis pa ni myur ba [D.Ti.20a] gcig pa lta bur gyur paḥi phyir gcig ces byaḥo// gsum pa ni phan gdags par mtshuṅs paḥi phyir gcig ces byaḥo//

《bye brag tu bśad pa chen po》 las[3] go bar gyur to ṣes bśad pa ḥdi ni 《gṣuṅ lugs kyi bstan bcos》 las ḥbyuṅ baḥi phal chen paḥi sde pa la sogs paḥo//

[4]de ltar rnam pa gsum du bśad pa yaṅ dgoṅs pa rnam pa gsum yod de/ daṅ po ni de dag gi re ba yoṅs su rdsogs par mdsad paḥi phyir ro// gñis pa ni de dag gi the tshom yoṅs su bsal baḥi phyir ro// gsum pa ni ḥdul ba de dag bcom ldan ḥdas kyaṅ[5] sku daṅ gsuṅ ma bsgyur ba daṅ/ sku daṅ gsuṅ bsgyur ba la brten pa gñis kyi phyir ro ṣeḥo//

[1] A mispagination in tibetan translation has been corrected.

[2] 'go bar gyur te' ⇒ 'bśad pa rnam pa gñis ḥbyuṅ ste/ de la kha cig na re gsuṅ gcig gis ni thams cad go bar gyur to'

[3] '《bye brag tu bśad pa chen po》 las' ⇒ 'kha cig na re gsuṅ gcig gis ni'

[4] +'de la gsuṅ gcig ces bya ba ni tshaṅs paḥi skad de/' [5] kyaṅ ⇒ kyi

(@0-24) 今依大乘，一音能説，[1]
故《無量義經》云："能以一音普應衆聲。"
又《大不思議經》云：
"如來說法一語中，演說無邊契經海。"
《無垢稱》云：
"佛以一音演說法，有情隨類各得解。"
又《佛地論》第六卷云："成所作智，隨諸衆生意樂差別，現化語業，說種種義，斷諸疑惑。
謂發一音，表一切義，定諸有情隨類獲益。如《契經》言：
佛[2]一音演說諸法，衆生隨類各得開解，
或有怖畏或有歡喜，或生厭離或復斷疑。
此是如來本願所列[3]不思議力所發化語，一音能斷一切衆疑。[4]"
如是等說，不可具述。

[1] SNST: null ⇒ +'同大衆部等' [2] JS, Taisho, SNST, Baek(2013a): null ⇒ +以
[3] JS, Taisho, SNST, Baek(2013a): 列 ⇒ 引
[4] Taisho, SNST: null ⇒ +'若作化身亦令衆生一質異見利樂事成。'

ḥdir theg pa chen po daṅ sbyar na gsuṅ gcig gis ston par byed do ṣes phal chen paḥi sde pa la sogs pa dag daṅ mthun te/
deḥi phyir 《tshad med paḥi don gyi mdo》 las/ gsuṅ sgra gcig gis sgra skad maṅ po daṅ mthun par mdsad do ṣes gsuṅs so//
gṣan yaṅ 《ḥphags pa saṅs rgyas phal po cheḥi mdo》 las/
de bṣin gśegs pas gsuṅ gcig gis chos ston pa las//
dpag med mdo sde rgya mtsho rab tu gsuṅs//
ṣes gsuṅs pa daṅ/
gṣan yaṅ 《ḥphags pa dri ma med par grags paḥi mdo》 las/
saṅs rgyas gsuṅ gcig tu ni chos ston kyaṅ//
sems can mos pa ji bṣin so sor go//
ṣes gsuṅs pa yin no//
《saṅs rgyas kyi saḥi mdoḥi[1] ḥgrel pa》 las kyaṅ/
bya ba sgrub paḥi ye śes kyi mos pa can rnams kyi mos paḥi khyad par ji lta ba bṣin du gsuṅ sprul paḥi phrin las des don [ZH.68-48] rnam pa sna tshogs

bstan pas the tshom rnams gcod par mdsad do ṣes ḥbyuṅ ṅo//

yaṅ na [(2)]gcig bskyed pas don thams cad bstan nas sems can rnams kyi mos pa ji lta ba bṣin du phan pa thob par mdsad de/

《mdo de[(3)]》 dag las ji skad du/

> saṅs rgyas gsuṅ gcig tu ni bkaḥ stsal na//
> sems can gsuṅ gcig de dag so sor go//
> la la ḥjigs skrag la la rab tu dgaḥ//
> la la skyo ṣiṅ la la the tshom rab tu ḥchad// [D.Ti.20b]

ces gsuṅs pa lta bu ste/ ḥdi ni de bṣin gśegs paḥi sṅon gyi smon lam gyis rab tu bskyed pa/ bsam gyis mi khyab paḥi mthu las byuṅ baḥi gsuṅ sprul pa yin pas gsuṅ gcig gis sems can rnams kyi the tshom gcod par mdsad la/ sku sprul pa des kyaṅ sems can rnams sku gcig la tha dad pa ñid du mthoṅ bar mdsad pas kyaṅ phan ḥdogs paḥi dṅos po rnams yoṅs su rdsogs par mdsad de/[(4)]

ḥdi la sogs pa brjod kyis mi laṅ ṅo//

(1) mdoḥi ⇒ null (2) +gsuṅ (3) PN: de ⇒ null (4) +'ṣes ḥbyuṅ ste/'

然一音者, 是一梵音[(1)]。

故《無量義經》云:

> "稽首歸依梵音聲。"

又《智度論》八十六云: "欲爲衆生法說[(2)], 解一切衆生語言音聲[(3)], 以梵音聲而爲說法。"[(4)]

(1) SNST: '是一梵音' ⇒ '略有三種。一、隨法一故名爲一, 如說'色'字時衆生各各所聞不同。二、隨境一故名爲一, 如作支那一國語時衆生各聞自國音義。三、一梵音故名爲一。'

(2) JS, Taisho, Baek(2013a): '法說' ⇒ '說法'

(3) SNST: '欲爲衆生法說, 解一切衆生語言音聲'=null

(4) SNST: null ⇒ +'《婆沙》第七十九云: 一音者謂梵音。若至那人來在會坐, 謂佛爲說至那音義。如是餘國等人來在會坐, 各各謂佛獨爲我說自國音義, 聞已隨類各得領解。又貪行者來在會坐, 聞佛爲說不淨觀義。若瞋行者來在會坐, 聞佛爲說慈悲觀義。若癡行者來在會坐, 聞佛爲說緣起觀義。憍慢行等, 類此應知。'

de la gsuṅ gcig ces bya ba yaṅ mdor bsdu na rnam pa gsum ste/ daṅ po ni chos kyi rjes su gcig paḥi phyir gcig ces bya ste/ ji skad du gzugs ṣes brjod paḥi tshe sems can dag so so nas thos pa tha dad pa lta buḥo//

gñis pa ni yul gyi rjes su gcig paḥi phyir gcig ces bya ste/ ji ltar dbus kyi yul

gcig gi skad brjod paḥi tshe/ sems can dag so so nas raṅ gi yul gyi skad thos pa lta buḥo//
gsum pa ni tshaṅs paḥi skad du gcig paḥi phyir gcig ces bya ste/ deḥi phyir 《tshad med paḥi don gyi mdo》 las/

tshaṅs paḥi skad la spyi btud skyabs su mchi//

ṣes gsuṅs so//
《ḥphags pa śes rab kyi pha rol tu phyin paḥi ḥgrel pa》 las kyaṅ/
ḥdi ltar tshaṅs paḥi sgra skad kyis/ sems can dag la chos ston to//
ṣes ḥbyuṅ ṅo//
《bye brag [ZH.68-49] tu bśad pa chen po》 las
gsuṅ gcig ces bya ba ni ḥdi lta ste/ tshaṅs paḥi skad de ḥdi ltar yul dbus kyi mi ḥkhor ḥdus par ḥoṅs pa dag ni/ bcom ldan ḥdas bdag cag la yul dbus kyi skad du chos ston to sñam du sems la/ de bṣin du yul gṣan nas ḥoṅs pa dag ni bcom ldan ḥdas bdag gcig pu ni phyir raṅ gi yul gyi skad du ston to sñam du sems śiṅ thos nas kyaṅ ji lta ba bṣin du so so nas go bar gyur to//
gṣan yaṅ ḥdod chags spyod pa dag ni mi gtsaṅ ba bśad pa thos so//
ṣe sdaṅ spyod pa gṣan dag ni byams pa bśad pa ñid du thos so//
gti mug spyod pa dag ni rten ciṅ ḥbrel bar ḥbyuṅ bar bśad pa ñid du thos so//
ṅa rgyal spyod pa dag la sogs [D.Ti.21a] pa yaṅ ci rigs su śes par byaḥo ṣes ḥbyuṅ ṅo//

問。此如來一音所說爲是本質爲影像耶?
若本質者,《無性攝論》如何會釋?
若影像者, 隨能聞者即成多種, 如何言“一”?
解云。護法等宗, 就實正教, 唯本非影。兼正俱說, 通本及影。
而言“一[(1)]”者, 同一梵音。
難。約聲辨[(2)], 順、違同一聲, 或可, 約色辨青黃, 青、黃應成一?
解云。許亦無失。如《雜集》說: “迦末羅病, 損壞眼根, 見青爲黃。” 此亦如是。[(3)]
由佛神力, 於一色等, 各各異見。
故《佛地論》第六卷云: “成所作智, 若作化身, 亦令衆生一質異見, 利樂事成。”

(1) SNST: 一 ⇒ ‘一音’ (2) SNST: null ⇒ +‘順違’ (3) SNST: ‘如《雜集》說......此亦如是’=null

de bṣin gśegs pas gsuṅ gcig tu gsuṅ ba ḥdi raṅ gi ṅo bo yin nam ḥon te gzugs brñan ñid yin/
gal te raṅ gi ṅo bo yin na ni《ṅo bo ñid med kyis byas paḥi theg pa chen po bsdus paḥi ḥgrel pa》de ji ltar go ṣiṅ bśad par bya/
gal te gzugs brñan yin na ni ñan pa poḥi rjes su rnam pa maṅ po ñid du ḥgrub par ḥgyur na/ ji ltar gcig ces brjod/
slob dpon chos skyoṅ la sogs paḥi gṣuṅ gis yaṅ dag pa ñid kyi luṅ la brten nas raṅ gi ṅo bo kho nar zad kyi/ gzugs brñan ni ma yin no ṣes bśad de/ yaṅ dag pa daṅ gñis ka la brten nas bśad na ni raṅ gi ṅo bo daṅ gzugs brñan ñid du ḥdod do//
de gsuṅ gcig ces bya ba yaṅ tshaṅs paḥi skad du gcig paḥi gal yin te/ ḥdi ltar sgra la brten nas rjes su mthun pa daṅ/ ḥgal ba med[(1)] par ḥbyed pa na rjes su mthun pa daṅ ḥgal ba ni sgra gcig pa ñid du ruṅ na/ gal te gzugs la brten nas/ sṅon po daṅ [ZH.68-50] ser po rnam par ḥbyed pa na sṅon po daṅ ser po yaṅ gcig pa ñid du ḥgyur ram ṣe na/
de ltar ḥdod na yaṅ ñes pa med de/ de bṣin gśegs paḥi rdsu ḥphrul gyi mthuḥi dbaṅ gis gzugs la sogs paḥi dṅos po gcig la so so nas tha dad par mthoṅ ste/ deḥi phyir《saṅs rgyas kyi saḥi ḥgrel pa》las
bya ba sgrub paḥi ye śes sku sprul pa des sems can rnams gzugs kyi dṅos po gcig la tha dad par mthoṅ bar mdsad pas kyaṅ/ phan ḥdogs paḥi dṅos po yoṅs su grub par ḥgyur ro ṣes bśad do//

(1) med ⇒ rnam

問。神力得自在, 同質得異見, 或可, 神力得自在, 異質得同見?
解云。大乘, 四句皆成。
一、同質異見。如一化身, 衆生各各所見不同。
二、異質同見。如一化身, 諸佛共變, 據實衆多而見爲一。
故《成唯識論》第十卷云: “他受用身及變化身, 隨諸如來所化有情, 有共不共。所化共者, 同處同時, 諸佛各變爲身爲土。形狀相似, 不相障礙, 展轉相雜爲增上緣, 定[(1)]所化生自識變現, 謂於一土有一佛身, 爲現神通說法饒益。於不共者, 唯一佛變。諸有情類, 無始時來, 種姓法爾, 更相繫屬, 或多屬一, 或一屬多。故所化生, 有共不共。不爾, 多佛久住世間各事劬勞, 實得[(2)]無益, 一佛能益一切生故。”

三、同質同見。
四、異質異見。
諸宗共許，義顯可知。

(1) JS, Taisho, Baek(2013a): 定 ⇒ 令
(2) JS, Taisho, Baek(2013a): 得 ⇒ 爲

rdsu ḥphrul gyi mthu la mṅaḥ brñes pa gzugs kyi dṅos po gcig la tha dad par mthoṅ du ruṅ na/ rdsu ḥphrul gyi mthu la mṅaḥ brñes pas gzugs kyi phuṅ po tha dad pa yaṅ gcig pa ñid du mthoṅ bar ḥgyur ram ṣeḥam[(1)]/
theg pa chen poḥi gṣuṅ gis mu bṣi yod de/ thams cad kyaṅ ḥgrub pa ñid du bstan to//
de la daṅ po ni gzugs la tha dad par mthoṅ ba ste/ ji ltar sprul paḥi sku [D.Ti.21b] gcig la sems can rnams so so nas mi mthun par mthoṅ ba lta buḥo// gñis pa ni gzugs tha dad pa la mthoṅ ba gcig pa ste/ ji ltar sprul paḥi sku gcig saṅs rgyas rnams mthun moṅ sprul pas sprul par mdsad pa la ltos nas maṅ po ṣes brjod kyaṅ/ mthoṅ ba ni gcig par gyur pa lta buḥo//[(2)]

(1) PN: ṣeḥam ⇒ 'ṣe na'
(2) 〈......〉 omitted

問。約色辨青黃，青、黃得成[(1)]，可[(2)]，約心辨八識，[(3)]應成一？
解云。色、聲是麤法，同質得異見。心法細難知，不應說爲一。
又一音等[(4)]，即是如來三密之中，身、語密也。
言"身密"者，如《智度論》第一卷云："佛初轉法輪時，應持菩薩從他方來欲量佛身，上過虛空無量佛土至華上世界，見佛身如，故說偈讚歎。"
又《密迹經》云："佛有三密，身密、語密、意密。一切諸天人皆不解不知。有一會衆生，或見佛身黃金色、白銀色、諸雜寶色，或見佛身一丈六尺，或見一里、十里、百千萬億，乃至無邊無量遍虛空中。如是等名爲'身密'。言'語密'者。有人聞佛聲一里，有聞十里、百千萬億、無數無量遍虛空中。有一會人，或聞說布施，或聞說持戒、忍辱、精進、禪定、智慧，如是乃至十二部、八萬法聚，各各隨心所聞，是名'語密'。
是時，目連心念欲知佛聲近遠，即以神足力往至西方光明幢[(5)]世界，去此

九十六恒河沙世界, 自聞佛聲, 如近無異。其佛身長四十里, 菩薩身長二十里, 所食鉢器其高一里。其佛與大衆方食, 大目揵連行鉢際上, 彼土大衆怪問世尊'此人頭虫, 從何處來, 被沙門服, 行鉢際上?'。乃至彼佛告目連曰'汝過恒河沙劫, 尋佛音聲, 終不可得'。目連還來佛前悔過。
言'意密'者, 如來成道至滅度日, 於其中間, 如來無疑, 亦不迴轉心無思行等。"
廣說如《彼》及《智度論》第九。
如上所說, 皆是如來不思議。若思議者, 心則狂亂。如《大般若》五百六十七、《顯揚》十七說。

(1) SNST, Baek(2013a): null ⇒ +一 (2) SNST: 可='或可' (3) SNST: null ⇒ +'八識'
(4) SNST: '又一音等' ⇒ '上來言"以一音演說法"者, "同質異見"等文'
(5) Taisho, Baek(2013a): 幢 ⇒ 幡

gzugs la brten nas sṅon po daṅ ser po ḥbyed na[(1)] sṅon po daṅ/ ser po gcig pu ḥgrub pa ni ruṅ na/ gal te sems la brten nas rnam par śes pa brgyad rnam par ḥbyed pa na/ rnam par śes pa brgyad kyaṅ gcig tu ḥgyur ram ṣe na/
gzugs daṅ sgra ni chos rags pa yin te/ gzugs su mtshuṅs pa tha dad par mthoṅ gi /sems kyi chos ni phra ṣiṅ śes par dkaḥ bas gcig pa ñid do ṣes brjod par mi byaḥo//
de yan chad du gsuṅ gcig gis chos bśad pa [ZH.68-51] ṣes bya ba la gzugs mtshuṅs śiṅ lta ba tha dad pa ṣes bya ba la sogs pa bstan pa de dag thams cad ni de bṣin gśegs paḥi gsaṅ ba rnam pa gsum las sku daṅ gsuṅ gi gsaṅ ba dag yin te/[(2)] gsaṅ ba rnam pa gsum rgya cher bśad pa ni《śes rab kyi pha rol tu phyin paḥi ḥgrel pa》daṅ/《gsaṅ baḥi gnas bstan paḥi mdo》las ḥbyuṅ ba bṣin du rig par byaḥo//[(2)]

(1) 'ḥbyed na' ⇒ 'rnam par ḥbyed pa na'
(2) 〈......〉 omitted

(@0-25)
[Lee:](*所詮宗者, 略有二種, 謂外、內法。
外者外道。彼等雖有無量, 就勝不過四種。
如《成唯識》第一云: "一、執有法與有等性其體定一, 如數論等。彼執非

理。所以者何? 勿一切法即有性故, 皆如有性體無差別。
二、執有法與有等性其體定異, 如勝論等。彼執非理。所以者何? 勿一切法非有性故, 如已滅無體不可得。
三、執有法與有等性亦一亦異, 如無慚等。彼執非理。所以者何? 一異同前一異過故, 二相相違體應別故。
四、執有法與有等性非一非異, 如邪命等。彼執非理。所以者何? 非一異執同異一故。"
具說如《彼》。
若廣分別, 如《廣百論》及《聖天破四宗》[1]。)

(1) Lee:《聖天破四宗》=《百論》(?)

[TIB:]
de la gṣuṅ brjod pa yaṅ mdor bsdu na rnam pa gñis te phyi rol pa daṅ chos ḥdi paḥo// de la phyi rol pa ni mu stegs can rnams te/ de dag kyaṅ maṅ mod kyi/ gtso bo rnams kyi dbaṅ du byas te brjod na rnams pa bṣi las med de/
《rnam par rig pa tsam du grub paḥi bstan bcos》 las ji skad du/
daṅ po ni ḥdi yod pa la sogs paḥi raṅ bṣin daṅ/ ṅes par ṅo bo ñid gcig paḥi chos yod do ṣes ḥdsin pa ste/ graṅs can la sogs pa lta buḥo//
de dag gi ḥdsin pa de yaṅ rigs pa ma yin te/ chos thams cad yod paḥi raṅ bṣin yin paḥi phyir/ thams cad yod paḥi raṅ bṣin ltar ṅo bo ñid bye brag med pa ni gaṅ yaṅ med do//
gñis pa ni yod pa la sogs paḥi raṅ bṣin daṅ/ ṅo bo ṅes par tha dad paḥi chos yod do// ṣes ḥdsin pa ste/ mchog tu smra [D.Ti.22a] ba la sogs pa lta buḥo//
de dag gi ḥdsin pa de yaṅ rigs pa ma yin te/ chos thams cad yod paḥi raṅ bṣin ma yin paḥi phyir/ ḥgags zin pa ltar ṅo bo ñid med pa ni gaṅ yaṅ med de/ dmigs su med paḥi phyir ro//
gsum pa ni yod pa la sogs paḥi raṅ bṣin daṅ/ ṅo bo ñid gcig pa yaṅ yin/ tha dad pa yaṅ yin paḥi chos yod do ṣes ḥdsin pa ste/ ṅo tsha med pa la sogs [ZH.68-52] pa lta buḥo//
de dag gi ḥdsin pa de yaṅ rigs pa ma yin te/ gcig pa daṅ tha dad paḥi ni sṅa ma daṅ ḥdra ste/ gcig pa daṅ tha dad paḥi skyon yod paḥi phyir ro//
bṣi pa ni yod pa la sogs paḥi raṅ bṣin daṅ/ gcig pa yaṅ ma yin tha dad pa yaṅ ma yin paḥi chos yod do ṣes ḥdsin pa ste/ log par ḥtsho ba la sogs pa lta

buḥo//

de dag gi ḥdsin pa de yaṅ rigs pa ma yin te/ gcig pa daṅ tha dad pa ma yin paḥi skyon gcig pa daṅ tha dad pa dag daṅ mtshuṅs paḥi phyir te/ ṣib tu ni 《de ñid》 las ḥbyuṅ ba bṣin no//

rgya cher rnam par ḥbyed pa ni 《bstan bcos śin tu rgyas pa brgya pa》 daṅ/ 《slob dpon ḥphags paḥi lhas gṣuṅ rnam pa bṣi ḥjigs(1) paḥi bstan bcos mdsad pa》 las bstan par bṣin no//

(1) P, M-SNST: ḥjigs ⇒ ḥjig

[MON:] [39-32b:27~33b:6]

tegün-dür ɣool-i ügülekü̈i ču tobčilan quriyabasu qoyar ǰüil büged ɣadaɣadu kiged ǰöb nom-tan bolai/ tegün-dür ɣadaɣadu anu tirti-nar-nügüd bülüge/ tedeger ču olan amui ǰ-e/ erkin-nügüd-ün erke-ber 【39-33a】 bolɣaɣad ügülebesü dörben ǰüil-eče öber-e ügei büged 《masi uqaɣči-yin tedüyiken bütügegsen šasdir》-ača eyin kemer-ün/

angqan anu bui terigüten-ü činar kiged/ maɣad ber mön činar nigen nom bui bolai/ kemen bariɣči büged/ toɣači-tan terigüten metü bolai/

tedeger-ün bariɣči tere ču ǰokis ügei bülüge/ qamuɣ nom bui-yin öberčilen mön-ü tula/ qamuɣ-i bui-yin öberčilen metü mön činar-i ilɣaqu ügei anu alin ču ügei bolai/

qoyaduɣar anu bui terigüten-ü öberčilen kiged/ činar maɣad ber tusburi-yin nom bui bolai/ kemen bariɣči büged/ manglai ügülegčid terigüten metü bolai/

tedeger-ün bariɣči tere ču ǰokis ügei bülüge/ qamuɣ nom bui-yin öberčilen busu-yin tula töridgen daɣusuɣsan metü mön činar ügei inu alin ču ügei büged/ ǰoriɣdasi ügei-yin tula bolai/

ɣudaɣar anu bui terigüten-ü öberčilen kiged/ mön činar nigen ču mön/ anggida ču mön-ü nom bui bolai/ kemen bariɣči büged/ ičigüri ügei terigüten metü bolai/

tedeger-ün bariɣči tere ču ǰokis ügei bülüge/ nigen kiged anggida anu uridu-luɣ-a adali büged/ nigen kiged anggida-yin gem bui-yin tula bolai/

dödüger anu bui terigüten-ü öberčilen kiged/ nigen ču busu anggida ču busu-yin nom bui bolai/ kemen bariɣči büged/ buruɣu ber amiduraɣči terigüten metü bolai/

tedeger-ün bariɣči tere ču ǰokis ügei bülüge/ nigen kiged anggida busu-yin gem

nigen kiged anggida-nuɣud-luɣ-a adali-yin tula【39-33b】büged/ niɣta-yi mön tegün-eče nomlaɣsan-čilan bolai/
aɣui yeke-yi teyin büged ilɣaqui anu《masida delgerenggüi ǰaɣutu-yin šasdir》kiged/《ary-a=div-a baɣsi-yin dörben ǰüil ɣool-i ebdegči-yin šasdir-i ǰokiyaɣsan》-ača nomlaɣsan-čilan bolai/

(@0-26)[0177c22] 所詮宗者, 略有四種:
一、存妄隱眞宗。如薩婆多等, 雖說四諦, 不立眞如。
二、遣妄存眞宗。如經部師, 遣諸妄法, 存法性空。
三、眞妄俱遣宗。如清辨等, 雙遣一切有爲、無爲。
四、眞妄俱存宗。如護法等, 存立二諦、三性等義。
如是等義, 至文當說。
或可。[1]諸宗略有三種: 一、約時辨宗, 二、部別顯宗, 三、隨病別宗。[0178a04][2]

(1) SNST: '所詮宗者, 略有四種......如是等義, 至文當說。或可' ⇒ null
(2) SNST: '諸宗略有三種: 一、約時辨宗, 二、部別顯宗, 三、隨病別宗。' ⇒
'言内宗者, 略有三種: 一、隨病別宗, 二、部別顯宗, 三、約時辨宗。'
Hereafter, the sentences in the Chinese text have been reordered based on the Tibetan translations. In the case that the chinese original SNST is not extant, the texts are arranged in the order of the chinese SNST restored by me, and the tibetan SNST followed by the mongolian SNST.

[TIB:]
de la chos ḥdi paḥi gṣuṅ yaṅ mdor bsdu na rnam pa gsum ste/ nad tha dad pas rjes su ḥbraṅ baḥi gṣuṅ daṅ/ sde tha dad pas rab tu phye baḥi gṣuṅ daṅ/ dus kyi dbaṅ du mdsad nas rnam par bśad paḥi gṣuṅ ṅo//

[MON] [39-33b:6~33b:11]
tegün-dür ǰöb nom-tan-u ɣool-i ču tobčilan quriyabasu ɣurban ǰüil bülüge/ anggida ebečin-ber qoyin-a-ača daɣaqu-yin ɣool kiged/ anggida ayimaɣ ber masida ilɣaqu-yin ɣool ba/ čaɣ-un erke-ber bolɣaǰu sayitur nomlaqu-yin ɣool bolai/

[1][0178b01] 三[2]隨病別宗者。雖隨部別各詮一義，而諸有情迷蘊處等八萬四千法門。故諸部中，隨其所說，蘊界處等爲所詮宗。[3][0178b04]

(1) The sentences in the Chinese text have been reordered based on the Tibetan text.

(2) SNST: 三 ⇒ null

(3) SNST: '雖隨部別各詮一義......蘊界處等爲所詮宗' ⇒ '隨病別宗者。 謂諸有情由無明故起八萬四千諸塵勞門，一切如來應病設藥，由此一一爲所詮宗。'

[TIB:]

de la nad tha dad pas rjes su ḥbraṅ baḥi gsuṅ ni ḥdi lta ste/ sems can rnams ma rig paḥi dbaṅ gis ñon moṅs pa brgyad khri bṣi stoṅ ḥbyuṅ ba na/ de bṣin gśegs pa rnams nad pa rnams kyi rjes su sman rnams rjes su rnam par bṣag pas des na re re nas gsuṅ rnams brjod pa yin te/

[MON:]

tegün-dür tusburi ebečin-lüge daɣan ǰokilduqu-yin ɣool-i eyin uqaɣdaqui/ amitan-nuɣud mungqaɣ-un erke-ber naiman tümen dörben mingɣan nisvanis-tu boluɣsan-u tula/ tegünčilen iregsed ebečiten-nügüd-tür em-nügüd-i daɣan sayitur ilɣaɣsan-iyar teyimü-yin tula niǰeged büri-eče ɣool-nuɣud-i ügülegči mön bülüge/

[Lee:](*故《無垢稱》云："又，諸世間所有四魔、八萬四千諸煩惱門，有情之類為其所惱，一切如來即以此法為諸眾生而作佛事。"
是故，應知一切如來，隨煩惱病，廣說八萬四千對治法門。)

[TIB:]

deḥi phyir《bstan bcos dri ma med pa bsdus pa[1]》las
gsan yaṅ ḥjig rten na bdud bṣi daṅ ñon moṅs paḥi sgo brgyad khri bṣi stoṅ yod pas/ sems can rnams de dag gis rab tu ñon moṅs paḥi phyir/ de bṣin gśegs [D.Ti.22b] pa rnams chos ḥdi [ZH.68-53] dag gis sems can rnams la saṅs rgyas kyi mdsad pa mdsad do ṣes ḥbyuṅ bas de lta bas na de bṣin gśegs pa rnams ñon moṅs paḥi nad kyi rjes su chos kyi sgo mo brgyad khri bṣi stoṅ gñen por gyur pa rgya cher gsuṅs par rig par byaḥo//

(1) 'bstan bcos dri ma med pa bsdus pa' ⇒ 'ḥphags pa dri ma med par grags pas bstan paḥi mdo'

[MON:]

teyimü-yin tula《kkir ügei quriyaɣsan šasdir》-ača

busu basa yirtinčü-dür dörben simnu kiged naiman tümen dörben mingɣan nisvanis-un qaɣalɣ-a-tu tedeger amitan-nuɣud ber masida nisvanis-tu-yin tula/ tegünčilen iregsed edeger nom-iyar amitan-nuɣud-tur burqan-u ǰokiyal ǰokiyabai kemen nomlaɣsan-u tere metü-ber bügesü tegünčilen iregsed nisvanis-tan-u ebečin-i daɣan naiman tümen dörben mingɣan nom-un qaɣalɣ-a yeründeg boluɣsan-i aɣui yeke-yi nomlaɣsan-dur uqaɣdaqui/

[§.“八萬四千法門”]

[Lee:](*然釋八萬四千法門, 諸教不同。

薩婆多宗, 依《俱舍論》第一, 自有三釋。故《彼》頌曰:

“牟尼說法蘊, 數有八十千,
彼體語或名, 此色行蘊攝。
有言諸法蘊, 量如彼論說,
或隨蘊等言, 如實行對治。”

長行釋云: “有諸師言。八萬法蘊一一量等《法蘊足論》, 謂彼一一有六千頌。

或說。法蘊, 隨蘊等言一一差別, 數有八萬, 謂蘊、處、界等。

如實說者, 所化有情有貪瞋等八萬行別, 爲對治彼八萬行故, 世尊宣說八萬法蘊。”

《顯宗》第三, 亦同《俱舍》。於中, 前二師義卽是滅壞《俱舍》第三實義。故《彼論》云: “此卽順顯隨蘊等言、無蘊等言, 不爲對治有情病行, 唐捐而說。”

《俱舍論》有三種異說: 初師作如是言“如來別說八萬法聚, 部一一等《法蘊足論》, 有六千頌”; 第二師作如是言“蘊處等是名爲八萬”; 第三師作如是言“隨順病行量有八萬”。

依《毗婆沙》第七十四, 有六種說。

初二及第六, 同《俱舍》。次三說者, 謂“尊者妙音作如是說‘一一法蘊有五十萬五千五百五十頌文’。有餘師說‘一一法蘊有十五萬五千五百五十頌文'。有餘復言'一一法蘊唯有一萬五千五百五十頌文'。")

[TIB:]

chos kyi sgo mo brgyad khri bṣi stoṅ po de dag kyaṅ so soḥi bstan pa dag las mi mthun par ston pas/ thams cad yod par smra baḥi《mdsod kyi bstan bcos》las rnam pa gsum du bśad de/

deḥi phyir tshig leḥur byas pa las/

thub pas gsuṅs paḥi chos kyi phuṅ po(1)//
graṅs ni stoṅ phrag brgyad cu yod//
de dag raṅ bṣin tshig gam yaṅ na min(2)//
de ni gzugs daṅ ḥdu byed phuṅ pos bsdus//
kha cig dag ni chos kyi phuṅ poḥi tshad//
bstan bcos dag nas(3) de bṣin rab tu bśad//
kha cig phuṅ po la sogs tshig rjes su//
yaṅ dag don du spyod pa rnams gñen poḥi(4)//

ṣes ḥbyuṅ ste/

ḥdi ñid kyi ḥgrel pa las/ slob dpon kha cig ni chos kyi phuṅ po brgyad khri re reḥi tshad kyaṅ《chos kyi phuṅ po ṣes bya baḥi bstan bcos》kyi tshad tsam ste/ ḥdi ltar de dag re re la tshigs su bcad pa stoṅ phrag drug yod pas so ṣes zer ro//

kha cig chos kyi phuṅ po ni phuṅ po la sogs paḥi tshig gi rjes su re re tha dad pas graṅs stoṅ phrag brgyad cu yod de/ ḥdi lta ste phuṅ po daṅ skye mched daṅ khams la sogs paḥo ṣes zer te/

yaṅ dag paḥi don du gdul bar bya baḥi sems can ḥdod chags daṅ ṣe sdaṅ la sogs pa daṅ ldan ṣiṅ spyod pa tha dad pa brgyad khri yod pas brgyad khri de dag gi gñen poḥi phyir/ bcom ldan ḥdas kyis chos kyi phuṅ po brgyad khri gsuṅs so ṣes ḥbyuṅ ṅo//

《bstan bcos gṣuṅ rab tu bstan pa》las kyaṅ《mdsod kyi bstan bcos》las ḥbyuṅ ba dag daṅ mthun par bśad de/ de la slob dpon [ZH.68-54] sña ma gñis kyis(5) don ni《mdsod kyi bstan bcos》las ḥbyuṅ baḥi yaṅ dag paḥi don gsum(6) la ḥjigs(7) par byed de/

deḥi phyir《bstan bcos de [D.Ti.23a] ñid》las

ḥdis ni phuṅ po la sogs tshig rjes su ṣes bya ba daṅ/ phuṅ po la sogs pa med ces bya ba daṅ/ sems can gyi nad gyi spyod paḥi gñen poḥi phyir ma yin na/

bśad pa rnams don med par ḥgyur ro ṣes bya baḥi rjes su mthun par ḥgrub pa yin no ṣes ḥbyuṅ ṅo//

《mdsod kyi bstan bcos》las bśad pa rnam pa gsum tha dad par ḥbyuṅ ba yaṅ/

slob dpon daṅ po ni de bṣin gśegs pas logs śig tu chos kyi sde brgyad khri gsuṅs te/ sde re re yaṅ chos kyi phuṅ poḥi gnas ṣes bya baḥi bstan bcos daṅ mñam ste/ tshigs su bcad pa stoṅ phrag drug yod do sñam du sems so//

gñis pa ni phuṅ po daṅ skye mched la sogs pa ñid la brgyad khri ṣes byaḥo sñam du sems so//

gsum pa ni nad kyi spyod paḥi tshad kyi rjes su stoṅ phrag brgyad cu yod do sñam du sems so//

《bye brag tu bśad pa chen po》las ni rnam pa drug yod de/ daṅ po gñis daṅ drug pa ni《mdsod kyi bstan bcos》las bśad pa daṅ mthun no//

deḥi ḥog tu bśad pa rnam pa gsum ḥbyuṅ ba ni/ ḥdi lta ste/

btsun pa rab dbyaṅs na re chos kyi phuṅ po re re la yaṅ tshigs su bcad pa khri phrag lṅa bcu daṅ/ lṅa stoṅ lṅa brgya lṅa bcu yod do ṣeḥo//

yaṅ slob dpon gṣan dag na re chos kyi phuṅ po re re la yaṅ tshigs su bcad pa khri phrag bco lṅa daṅ/ lṅa stoṅ lṅa brgya lṅa bcu yod do ṣe na/[8]

gṣan kha cig ni chos kyi phuṅ po re re la yaṅ tshigs su bcad pa khri lṅa stoṅ lṅa brgya lṅa bcu yod do ṣe na/[8]

(1) PN, M-SNST: null ⇒ +yi (2) PN, M-SNST: min ⇒ miṅ
(3) PN, M-SNST: 'dag nas' ⇒ null (4) PN, M-SNST: poḥi ⇒ poḥo
(5) PN, M-SNST: kyis ⇒ kyi (6) gsum ⇒ 'gsum pa' (7) PN, M-SNST: ḥjigs ⇒ ḥjig
(8) 'ṣe na/' ⇒ 'ṣeḥo//'

[MON:]

tedeger naiman tümen dörben mingɣan nom-un qaɣalɣ-a ču öber öber-ün nomlal-nuɣud-ača ülü ǰokilduquy-a üǰügülügsen-ü【39-34a】tula/ qamuɣ-i bui kemen ügülegčid-ün《gün-ɣa-yin šasdir》-ača ɣurban ǰüil bolɣan nomlaǰuɣui/ teyimü-yin tula üges-ün bülüg-eče/

čidaɣči nomlaɣsan nom-un čoɣča-yin/
toɣ-a anu nayan mingɣan bui/
tedeger öberčilen üge ba esebesü ner-e/
tegün-i dürsü kiged quran üiledküi-yin čoɣča ber quriyamui/
ǰarim-ud anu nom-un čoɣča-yin kemǰiy-e-tü/
šasdir-i tegünčilen masida nomlabai/

ǰarim-ud anu čoɣča terigüten üges-i daɣan/

üneker udq-a ber edleküi-nügüd-i yeründeg bolai/

kemen nomlaɣsan bülüge/

mön kü egün-ü tusburi-dur/

ǰarim-ud baɣsi-nar anu naiman tümen nom-un čoɣča niǰeged-ün kemǰiy-e ču 《nom-un čoɣča kemekü šasdir》-un kemǰiy-e tedüyiken büged/ ene metü tedeger niǰeged büri-dür ǰirɣuɣan mingɣan silüg-üd bui-yin tula bolai/ kemen ügülebei/

ǰarim-ud anu nom-un čoɣča kemebesü čoɣča terigüten-ü üges-i daɣaqui-dur niǰeged büri anggida-yin tula nayan mingɣan toɣatu büged/ eyin uqaɣdaqui/

čoɣča kiged törön tügeküi ba iǰaɣur terigüten bolai/ kemen ügülemüi/

üneker udq-a-dur nomuɣadqaɣdaqun amitan tačiyangɣui kiged urin terigüten-lüge tegüsüged/ yabudal anggida naiman tümen bui ber tedeger-ün naiman tümen yeründeg bui-yin tula/ ilaǰu tegüs nögčigsen naiman tümen nom-un čoɣča-yi nomlaɣsan bolai/ kemen nomlaǰuɣui/

《ɣool-i sayitur üǰügülügsen šasdir》-ača ču 《gün-ɣa-yin šasdir》-ača nomlaɣsan-nuɣud-luɣ-a ǰokilduɣul-un nomlaɣsan büged/ tegün-dür urida qoyar baɣsi-yin 【39-34b】 udq-a anu 《gün-ɣa-yin šasdir》-ača nomlaɣsan üneker ɣurban udq-a-yi ebden üiledküi bülüge/ teyimü-yin tula mön kü 《tere šasdir》-ača

egüber inu čoɣča terigüten üges-i daɣaqui kemeküi ba/ čoɣča terigüten ügei kemekü kiged/ amitan-u ebečin-ü edlel-ün yeründeg-ün tula busu bügesü/ nomlaɣsan-nuɣud udq-a ügei bolqu bolai/ kemegdeküi-yi daɣan ǰokilduɣul-un bütügeküi bolai kemen nomlaǰuɣui/

《gün-ɣa-yin šasdir》-ača nomlaɣsan ɣurban ǰüil anggida kemen nomlabaču/

angq-a baɣsi anu tegünčilen iregsen-ber tusaɣar nigen naiman tümen nom-un ayimaɣ-i nomlaɣsan büged/ ayimaɣ niǰeged büri ču 《nom-un čoɣča oron medegdekün-ü šasdir》-luɣ-a adali büged/ ǰirɣuɣan mingɣan toɣatu silüg bui bolai kemen sedkimü/

qoyaduɣar anu čoɣča kiged törön tügeküi terigüten-e naiman tümen kemeyü kemen sedkimü/

ɣudaɣar anu ebečin-ü yabudal-un kemǰiy-e-ber daɣaqui-dur nayan mingɣan toɣatu bui bolai kemen sedkimü/

《öbermiče yeke nomlal》-ača ǰirɣuɣan ǰüil bui bülüge/ angqan qoyar kiged ǰirɣuduɣar anu 《gün-ɣa-yin šasdir》-ača nomlaɣsan-luɣ-a ǰokilduqu bolai/

tegün-ü qoyin-a nomlaɣsan ɣurban ǰüil boluɣsan-i eyin uqaɣdaqui/

masi egesig-tü toyin ügülerün nom-un čoɣča niǰeged büri-dür ču tabin tümen

toɣatu kiged/ tabun mingɣan tabun ǰaɣun tabin silüg bui bolai kemebei/
basa över-e baɣsi-nar ügüler-ün nom-un čoɣča niǰeged büri-dür ču arban tabun tümen toɣatu kiged/ tabun mingɣan【39-35a】tabun ǰaɣun tabin silüg bui bolai kemebesü/
busu ǰarim anu nom-un čoɣča niǰeged büri-dür ču tümen kiged/ tabun mingɣan tabun ǰaɣun tabin silüg bui bolai kemebesü/

[Lee:](*今依大乘龍猛宗,《大智度論》第二十五云:
"復次, 二萬一千婬欲人根, 爲是根故, 佛說八萬四千治法根。隨是諸根, 菩薩樂說治法次第。
二萬一千瞋恚人根, 爲是根故, 佛說八萬四千治法根。隨是諸根, 菩薩樂說治法次第。
二萬一千愚癡人根, 爲是根故, 佛說八萬四千治法根。隨是諸根, 菩薩樂說治法次第。
二萬一千等分人根, 爲是根故, 佛說八萬四千治法根。隨是諸根, 菩薩樂說治法次第。
是名菩薩樂說無礙智。"
解云。佛爲四種人說八萬四千法門, 菩薩爲一一人說二萬一千故, 是故合爲八萬四千。如《賢劫經》云: "三百五十修, 一一有六度, 如是有二千一百度。彼彼對治, 修習四大、六衰病故, 二萬一千。如是對治貪等四種病故, 八萬四千。"
又, 依眞諦《般若疏》, 義不相違。)

[TIB:]
ḥdir theg pa chen po slob dpon klu sgrub kyi dgoṅs pa daṅ sbyar na/
《śes rab kyi pha rol tu phyin pa thabs kyi leḥuḥi(1) [ZH.68-55] ḥgrel pa》 las/
gṣan yaṅ ḥdod chags spyod paḥi gaṅ zag gi dbaṅ po ñi khri chig stoṅ yod pas dbaṅ po de dag gi phyir/ de bṣin gśegs pa rnams gñen poḥi chos brgyad khri bṣi stoṅ gsuṅs te/ daṅ po ni(2) de dag gi rjes su byaṅ chub sems dpaḥ rnams gñen poḥi chos kyi go rims bstan par rab tu mos so//
ṣe sdaṅ spyod paḥi gaṅ zag gi dbaṅ po ñi khri chig [D.Ti.23b] stoṅ yod pas daṅ(3) po de dag gi phyir/ de bṣin gśegs pa rnams gñen poḥi chos brgyad khri

bṣi stoṅ gsuṅs te/ dbaṅ po de dag gi rjes su byaṅ chub sems dpaḫ rnams gñen poḫi chos kyi go rims bstan par rab tu mos so//
gti mug spyod paḫi gaṅ zag gi dbaṅ po ñi khri chig stoṅ yod pas dbaṅ po de dag gi phyir/ de bṣin gśegs pa rnams gñen poḫi chos brgyad khri bṣi stoṅ gsuṅs te/ dbaṅ po de dag gi rjes su byaṅ chub sems dpaḫ rnams gñen poḫi chos kyi go rims bstan par rab tu mos so//
cha mñam paḫi gaṅ zag gi dbaṅ po ñi khri chig stoṅ yod pas dbaṅ po de dag gi phyir/ de bṣin gśegs pa rnams gñen poḫi chos brgyad khri bṣi stoṅ gsuṅs te/ dbaṅ po de dag gi rjes su byaṅ chub sems dpaḫ rnams gñen poḫi chos kyi go rims bstan par rab tu mos te/ ḥdi ni byaṅ chub sems dpaḫ rnams kyi spobs pa sgrib pa med paḫi ye śes ṣes byaḫo ṣes ḥbyuṅ ṅo//
de la bstan bcos kyi dgoṅs pa ni ḥdi yin te/ de bṣin gśegs pa rnams gaṅ zag rnam pa bṣiḫi phyir mdor bsdus nas chos kyi sgo mo brgyad khri bṣi stoṅ gsuṅs te/ de las byaṅ chub sems dpaḫ rnams kyi gaṅ zag re reḫi phyir/ ñi khri chig stoṅ rab tu bśad pas deḫi phyir gcig tu bsdus nas brgyad khri bṣi stoṅ yod par ḥgyur te/ [ZH.68-56] ḥdi(4) ji ltar 《bskal pa bzaṅ poḫi mdo》 las/
sgo(5) sum brgya lṅa bcu re re la yaṅ pha rol tu phyin pa drug yod pa des na/ pha rol tu phyin pa ñis stoṅ tshig brgya ñid du ḥgyur te/ gñen po de dag(6) ḥbyuṅ ba chen po bṣi daṅ ṣe sdaṅ(?) drug gi nad rab tu sbyor bas ñi khri chig stoṅ ñid du ḥgyur la/ de bṣin du ḥdod chags la sogs paḫi nad rnam pa bṣiḫi gñen poḫi phyir/ brgyad khri bṣi stoṅ ñid du ḥgyur ro ṣes gsuṅs pa lta buḫo// gṣan yaṅ 《slob dpon yaṅ dag bden pas śes rab kyi pha rol tu phyin paḫi ḥgrel pa rnam par(7) bśad pa》 daṅ sbyar na yaṅ/ don la ḥgal ba med do//

(1) 'thabs kyi leḫuḫi' ⇒ null (2) M-SNST: 'daṅ po ni' ⇒ 'dbaṅ po'
(3) M-SNST: 'daṅ po' ⇒ "dbaṅ po' (4) P: null ⇒ +ni (5) PN: sgo ⇒ sgom
(6) P: 'gñen po de dag' ⇒ 'gñen po de gñen po de dag' (7) 'rnam par' ⇒ null

[MON:]
egün-dür yeke kölgeten-ü baɣsi-nar nagarjun-a-yin taɣalal-luɣ-a nayiraɣuluɣan-i/ 《bilig-ün činadu kürügsen arɣ-a-yin bülüg-ün tayilburi》-ača/
busu basa tačiyangɣui yabudal-tan budgali-yin erketen qoyar tümen nigen mingɣan bui ber tedeger erketen-ü tula/ tegünčilen iregsed yeründeg naiman tümen dörben mingɣan nom-i nomlaɣsan büged/ tedeger erketen-ü daɣan bodhi=saduva-nar yeründeg nom-un üy-e ǰerge-yi üǰügülüküy-e masida küsemüi/ urin yabudal-tan-u budgali-yin erketen qoyar tümen nigen mingɣan bui ber

tedeger erketen-ü tula/ tegünčilen iregsed yeründeg naiman tümen dörben mingɣan nom-i nomlaɣsan büged/ tedeger-ün erketen-i daɣan bodhi=saduva-nar yeründeg nom-un üy-e ǰerge-yi üǰügülküy-e masida küsemüi/
mungqaɣ yabudal-tan-u budgali-yin erketen qoyar tümen nigen mingɣan bui ber tedeger erketen-ü tula/ tegünčilen iregsed yeründeg naiman tümen dörben mingɣan nom-i nomlaɣsan büged/ tedeger erketen-i daɣan bodhi=saduva-nar yeründeg nom-un üy-e ǰerge-yi üǰügülküy-e masida küsemüi/
qubi tegsi budgali-yin erketen qoyar tümen nigen mingɣan bui ber tedeger erketen-ü tula/ tegünčilen iregsed yeründeg naiman tümen dörben mingɣan nom-i nomlaɣsan büged/ tedeger erketen-i daɣan bodhi=saduva-nar 【39-35b】 yeründeg nom-un üy-e ǰerge-yi üǰügülküy-e masida küseküi bülüge/
egün-i bodhi=saduva-nar-un tüidker ügei sambaɣ-a belge bilig kemen nomlabai/
tegün-dür šasdir-un taɣala anu eyin bülüge/
tegünčilen iregsed dörben ǰüil budgali-yin tula tobčilan quriyaǰu naiman tümen dörben mingɣan nom-un qaɣalɣ-a-yi nomlaɣsan büged/ tegün-eče bodhi=saduva-nar niǰeged niǰeged budgali-yin tulada qoyar tümen nigen mingɣan-i sayitur nomlaɣsan teyimü-yin tula nigen-e quriyabasu naiman tümen dörben mingɣan bui bolqu bülüge/ ene inu yambar metü kemebesü/ 《sayin čaɣ-un sudur》-ača/
bisilɣal ɣurban ǰaɣun tabin niǰeged büri-dür ču/ ǰirɣuɣan baramid bui tegün-e/ qoyar tümen nigen ǰaɣun baramid bolqu büged/ yeründeg tegün-i dörben yeke maqabud-un tedeger yeründeg-lüge ǰirɣuɣan ǰüil oron-u ebečin-i masida arilɣaqu-yin tula qoyar tümen nigen mingɣan imaɣta bolqu büged/ tegünčilen kü tačiyangɣui terigüten dörben ǰüil ebečin-ü yeründeg-ün tula/ nayiman tümen dörben mingɣan bolumu/ kemen nomlaɣsan metü bolai/
busu basa 《üneker ünen kemekü baɣsi bilig-ün činadu kürügsen-ü tayilburi-yi sayitur nomlaɣsan》-luɣ-a nayiraɣulbasu ber udq-a-dur qarsilaqui ügei bolai/

[Lee:](*依彌勒宗, 《佛地論》第六云: "云何八萬四千心行?
謂諸有情八萬四千諸垢塵勞心行差别, 此能障礙八萬四千波羅蜜多、陀羅尼門、三摩地等。
如《賢劫經》廣說其相。所謂最初修習行法波羅蜜多, 乃至最後分布佛體波羅蜜多, 三百五十, 一一皆具六到彼岸, 如是總有二千一百。對治貪、瞋、癡及等分有情心行, 八千四百。除四大種及六無義所生過失, 十轉合數，八萬四千。修習此故，復得成就八萬四千陀羅尼門、三摩地等。此猶略說，廣則無量。”
是故，略說則八萬四千，廣說則無量。八萬四千，具如《賢劫經》等。)

[TIB:]
ḥphags pa byams paḥi gşuṅ daṅ sbyar na yaṅ《saṅs rgyas [D.Ti.24a] kyi saḥi ḥgrel pa》las
sems kyi spyod pa brgyad khri bşi stoṅ gaṅ şe na/ ḥdi lta ste/ sems can rnams kyi spyod paḥi dri maḥi bye brag brgyad khri bşi stoṅ de dag pha rol tu phyin pa brgyad khri bşi stoṅ daṅ/ gzuṅs kyi sgo daṅ/ tiṅ ṅe ḥdsin gyi sgo la sogs paḥi bgegs byed do şes ḥbyuṅ ṅo//
《bskal pa bzaṅ poḥi mdo》las de dag gi mtshan ñid rgya cher bśad pa ḥdir brjod par bya ste/ de las ji skad du
ḥdi lta ste/ thog ma kho nar spyod paḥi chos kyi pha rol tu phyin pa yoṅs su bsgom par byaḥo// de bşin du tha mar ni saṅs rgyas kyi sku rnam par dgod paḥi pha rol tu phyin pa ste/ sum brgya lṅa bcu po re re yaṅ pha rol tu phyin pa drug daṅ ldan te/ de ltar thams cad bsdus na ñis stoṅ chig brgya yod par ḥgyur ro//
ḥdod chags daṅ şe sdaṅ daṅ gti mug daṅ cha mñam paḥi sems can rnams kyi spyod paḥi gñen por brgyad stoṅ bşi brgyaḥo//
ḥbyuṅ ba chen po bşi daṅ don med pa drug gis bskyed paḥi don rnams bton te/ lan bcur bsgyur ba gcig tu bgraṅs na [ZH.68-57] brgyad khri bşi stoṅ ñid du ḥgyur te/ ḥdi yoṅs su bsgom paḥi phyir/ gşan yaṅ gzuṅs kyi sgo daṅ tiṅ ṅe ḥdsin la sogs pa brgyad khri bşi stoṅ yoṅs su rdsogs par ḥgyur ro//
ḥdi ni mdor bstan pa yin te/ rgyas par byed na dpag tu med do şes gsuṅs so// de lta bas na mdor bsdus te bstan na ni brgyad khri bşi stoṅ ṅo// rgya cher bstan na ni dpag tu med de/ brgyad khri bşi stoṅ şib tu bśad pa ni/《bskal pa bzaṅ poḥi mdo》la sogs pa las ḥbyuṅ ba bşin du rig par byaḥo//

[MON:]
qutuɣ-tu mayidari-yin ɣool-luɣ-a nayiraɣuluɣsan-i ču《burqan-u ɣajar-un tayilburi》-ača
sedkil-ün yabudal naiman tümen dörben mingɣan alin bui kemebesü/
eyin uqaɣdaqui/ amitan-nuɣud-un yabudal-un kkir naiman tümen【39-36a】

dörben mingɣan ǰüil/ tedeger naiman tümen dörben mingɣan baramid kiged/ toɣtaɣal-un qaɣalɣ-a ba/ samadi-yin egüden terigüten-i todqarlaɣči bolai/ kemen nomlaǰuɣui/

《sayin čaɣ-un sudur》-ača tedeger-ün belge činar-i aɣui yeke nomlaɣsan egün-dür ügülesügei/ tegün-eče eyin kemer-ün

eyin uqaɣdaqui/ imaɣta eng terigün-dür edleküi nom-un baramid-i oɣoɣata bisilɣaɣdaqui/ tegünčilen kü adaɣ-tur burqan-u bey-e-yi teyin büged ǰokiyaqu-yin baramid bülüge/ ɣurban ǰaɣun tabin niǰeged büri-dür ču ǰirɣuɣan baramid-luɣ-a masida tegüsügsen büged/ tere metü bügüde-yi quriyabasu qoyar mingɣan nigen ǰaɣun bui bolai/

tačiyangɣui kiged urin ba mungqaɣ kiged qubi tegsi-yin amitan-nuɣud ber yabudal-un yeründeg-tür naiman mingɣan dörben ǰaɣun bolai/

dörben yeke maqabud kiged tusa ügei ǰirɣuɣan-iyar egüsgekü-yin udq-a-nuɣud-i ɣarɣaɣad/ arban-ta qubilɣaɣsan-i nigen-e toɣalabasu naiman tümen dörben mingɣan imaɣta bolqu bülüge/ egün-i oɣoɣata bisilɣaqu-yin tula/ busu basa toɣtaɣal-un qaɣalɣ-a kiged samadi terigüten naiman tümen dörben mingɣan oɣoɣata tegüsküy-e bolumui/

ene inu tobčilan üǰügülügsen mön büged/ delgerenggüy-e üiledbesü čaɣlasi ügei bolai/ kemen nomlaǰuɣui/

teyimü-yin tula tobčilan quriyaɣad üǰügülbesü naiman tümen dörben mingɣan bolai/ aɣui yeke-de üǰügülbesü ber čaɣlasi ügei bülüge/ naiman tümen【39-36b】 dörben mingɣan niɣtalan nomlaɣsan-i 《sayin čaɣ-un sudur》 terigüten-eče nomlaɣsan-čilan kü uqaɣdaqui/

(@0-27) (1)[0178a16] 二(2)、部別顯宗者。約時雖三, 而一一時皆有多部, 隨一一部所詮各別。(3) 如《法華》等一乘爲宗,《無垢稱》等不可思議解脫爲宗,《涅槃經》等佛性爲宗,《華嚴經》等四十二賢聖觀行爲宗。(4)

《此經》一部, 三種無等爲所詮宗。

一、境無等。即是二諦及三性等。二諦即是三乘通境, 三性等理唯菩薩境。

二、行無等。所謂止觀及十度等。止觀即是三乘通行, 行(5)十度唯是菩薩行門。

三、果無等。即是智斷及三身果。智斷即是菩提涅槃, 此通三乘。三身唯是菩薩所得。

如是等部，所詮各別，不可具述。[6][0178b01]

(1) The sentences in the Chinese text have been reordered based on the Tibetan text.
(2) SNST: 二 ⇒ null
(3) SNST: '約時雖三，而一一時皆有多部，隨一一部所詮各別。' ⇒ '如是，雖有八萬四千法門，由部類別所詮各別'
(4) SNST: null ⇒ +'如是等經，不可具述。' (5) JS, Baek(2013a): 行 ⇒ null
(6) SNST: '《此經》一部，三種無等爲所詮宗。......如是等部，所詮各別，不可具述。'=null

[TIB:]

de la sde tha dad pas rab tu phye baḥi gṣuṅ ṣes bya ba ni de ltar chos kyi sgo mo brgyad khri yod mod kyi/ sde rnam pa tha dad paḥi dbaṅ gis so so nas brjod paḥi gṣuṅ yaṅ tha dad de/

ji ltar 《ḥphags pa dam paḥi chos puṇḍarīkaḥi mdo》 ni theg pa gcig gṣuṅ du gsuṅs pa daṅ/ 《ḥphags pa dri ma med pas bstan pa》 ni bsam gyis mi khyab paḥi rnam par grol ba gṣuṅ du gsuṅs pa daṅ/ [D.Ti.24b] 《saṅs rgyas phal po cheḥi mdo》 ni ḥphags pa bṣi bcu rtsa gñis kyi rnal ḥbyor spyod pa gṣuṅ du gsuṅs pa daṅ/ 《mya ṅan las ḥdas pa chen poḥi mdo》 ni saṅs rgyas kyi raṅ bṣin bsnan pa gṣuṅ du gsuṅs pa ste/ ḥdi la sogs paḥi mdo la brjod kyis mi laṅ ṅo//

[MON:]

tegün-dür anggida ayimaɣ-tan ber sayitur ilɣaqu-yin ɣool kemegdeküi inu tere metü naiman tümen nom-un qaɣalɣ-a bui amui ǰ-e/ anggida ǰüil ayimaɣ-tan-u erke-ber öber-e öber-e-eče ügülekü-yin ɣool ču anggida büged/

yambar metü 《qutuɣ-tu boɣda-un nom čaɣan lingqu-a-yin sudur》 anu nigen kölgen-ü ɣool-dur nomlaɣsan kiged/

《qutuɣ-tu bimala=girdi-yin üǰügülügsen》 inu sedkisi ügei teyin büged tonilqu-yin ɣool-dur nomlaɣsan ba/

《burqan olangki-yin sudur》 anu qutuɣ-tu döčin qoyar-iyar yoga-yin yabudal-un ɣool-dur nomlaɣsan kiged/

《bari=nirvan-u sudur》 anu burqan-u öberčilen nemegsen ɣool-dur nomlaɣsan kiged/ edeger terigüten ügülesi ügei sudur bolai/

(@0-28) [1][0178a04] 約時辨宗[2]，有其三種[3]。

一、四諦法輪。如《四阿笈摩》，雖有諸部，四諦爲宗。【梵音阿笈摩[4]，此翻云傳。故《瑜伽論》八十五云："佛及南印度立五阿笈摩，弟子展轉傳來于今, 故名'笈摩'。謂四阿笈摩外, 別立百部阿笈摩經。四阿笈摩者, 一、雜, 二、中, 三、長, 四、增壹。" 廣如《瑜伽》八十五釋。】[(5)]

二、無相大乘[(6)]。如諸《般若》, 遣所執性, 無相爲宗[(7)]。

三、了義大乘[(6)]。如《此經》等, 用三性等爲所詮宗[(8)]。

[Lee:](*故下《經》(=@5-191~196)云: "爾時, 勝義生菩薩復白佛言: '世尊, 初於一時在婆羅痆斯仙人墮處施鹿林中, 唯爲發趣聲聞乘者, 以四諦相轉正法輪。雖是甚奇甚爲希有, 一切世間諸天人等先無有能如法轉者, 而於彼時所轉法輪, 有上、有容、是未了義、是諸諍論安足處所。

世尊, 在昔第二時中, 唯爲發趣修大乘者, 依'一切法皆無自性、無生無滅、本來寂靜、自性涅槃', 以隱密相轉正法輪。雖更甚奇甚爲希有, 而於彼時所轉法輪, 亦是有上、有所容受、猶未了義、是諸諍論安足處所。

世尊, 於今第三時中, 普爲發趣一切乘者, 依'一切法皆無自性、無生無滅、本來寂靜、自性涅槃', 無自性性以顯了相轉正法輪。第一甚奇最爲希有, 於今世尊所轉法輪, 無上、無容、是眞了義、非諸諍論安足處所。")

三種法輪, 至第二卷, 當廣分別。

問。諸《般若》宗明無相, 《此經》了義, 淺深何異?

清辨解云。《深密》等經, 辨有所得, 淺而非深; 諸部《般若》, 顯無所得, 爲最甚深。

護法等說。二時所說無相之理, 理無淺深。而說《深密》爲了義者, 約三性義決判諸經, 有[(9)]道理顯了說故名爲了義, 非無相中有淺深故說了義也。

問。如何得知諸部《般若》爲第二時?

解云。此義, 如第二卷經記中說。[(10)][0178a16]

(1) The sentences in the Chinese text have been reordered based on the Tibetan text.

(2) SNST: null ⇒ +者 (3) SNST: '有其三種' ⇒ '雖隨部類所詮各別, 就時辨宗, 不過三種'

(4) āgama (5) SNST: '【梵音阿笈摩......廣如《瑜伽》八十五釋。】'=null (6) SNST: '大乘' ⇒ 宗

(7) SNST: '遣所執性, 無相爲宗' ⇒ null (8) SNST: '用三性等爲所詮宗' ⇒ null

(9) Baek(2013a): null ⇒ +無

(10) SNST: '三種法輪, 至第二卷, 當廣分別。......解云。此義, 如第二卷經記中說。' ⇒ null

[TIB:]

de la dus kyi dbaṅ du mdsad nas rnam par bśad paḥi gṣuṅ ṣes bya ba ni sde rnams kyi rjes su so soḥi gṣuṅ tha dad mod kyi dus la brten te brjod na rnam pa gsum las med de/

daṅ po ni bden pa bṣiḥi chos kyi ḥkhor lo ste/ ji [ZH.68-58] ltar 《luṅ rnam pa bṣi》 la sogs pa sde maṅ po yod kyaṅ bden pa bṣi gṣuṅ du gyur pa lta buḥo//

gñis pa ni mtshan ma med paḥi gṣuṅ ste/ 《ḥphags pa śes rab kyi pha rol tu phyin pa》 la sogs pa lta buḥo//

gsum pa ni ṅes paḥi don gyi gṣuṅ ste/ 《mdo ḥdi ñid》 la sogs paḥo//

deḥi phyir ḥog nas 《mdo》 las so//[(1)]

de nas bcom ldan ḥdas la byaṅ chub sems dpaḥ don dam yaṅ dag ḥphags kyis ḥdi skad ces gsol to//

bcom ldan ḥdas kyis daṅ po[(2)] yul vā-rā-na-sī draṅ sroṅ lhuṅ baḥi gnas/ ri dvags ḥbyin paḥi nags su ñan thos kyi theg pa la yaṅ dag par ṣugs pa rnams la/ ḥphags paḥi bden pa bṣiḥi rnam pa bstan pas yaṅ dag paḥi chos kyi ḥkhor lo bskor ba daṅ ṅo mtshar rmad du byuṅ ba lags mod kyi deḥi tshe yoṅs su bskor baḥi chos kyi ḥkhor lo de ni bla na mchis pa/ skabs mchis pa/ draṅ baḥi don/ rtsod paḥi gṣiḥi gnas su gyur pa lags so//

bcom ldan ḥdas kyis sṅon dus gñis paḥi tshe theg pa chen po la yaṅ dag par ṣugs pa rnams la chos rnams kyi ṅo bo ñid ma mchis pa daṅ/ skye ba ma mchis pa daṅ/ ḥgag pa ma [ZH.68-59] mchis pa daṅ/ gzod ma nas ṣi ba daṅ/ raṅ bṣin gyis yoṅs su mya ṅan las ḥdas pa ñid las brtsams nas/ ḥdi ltar mi mṅon paḥi rnam pas yaṅ dag paḥi chos kyi ḥkhor lo bskor ba chos ṅo mtshar rmad du byuṅ ba lags mod kyi/ deḥi tshe yoṅs su bskor baḥi chos kyi ḥkhor lo de yaṅ bla na mchis pa/ skabs mchis pa/ draṅ baḥi don/ rtsod [D.Ti.25a] paḥi gṣiḥi gnas su gyur pa lags so//

bcom ldan ḥdas kyis deṅ dus gsum pa ḥdir theg pa chen po de[(3)] la yaṅ dag par ṣugs pa rnams la chos thams cad kyi ṅo bo ñid ma mchis pa daṅ/ skye ba ma mchis pa daṅ/ ḥgag pa ma mchis pa daṅ/ gzod ma nas ṣi ba daṅ/ raṅ bṣin gyis yoṅs su mya ṅan las ḥdas pa ñid las brtsams nas ḥdi ltar rab tu phye baḥi rnam pas yaṅ dag paḥi chos kyi ḥkhor lo bskor ba ḥdi ni śin tu ṅo mtshar rmad du byuṅ ba lags te/ deṅ ḥdir bcom ldan ḥdas kyis yoṅs su bskor baḥi chos kyi ḥkhor lo ḥdi ni bla na ma mchis pa/ skabs ma mchis pa/ ṅes paḥi don lags te/ rtsod pa rnams kyi gṣiḥi gnas su gyur pa ma lags so[(4)]//

(1) M-SNST: 'so//' ⇒ null (2) 'daṅ po' ⇒ 'dus daṅ por' (3) 'chen po de' ⇒ 'thams cad'
(4) null ⇒ +'ṣes gsuṅs so'

[MON:]

tegün-dür čaɤ-un erke-ber ǰokiyaǰu teyin nomlaɤsan-u ɤool kemegdeküi inu ayimaɤ-tan-nuɤud-i daɤan öber öber-ün ɤool anggida amui ǰ-e čaɤ-tur sitüǰü ügülekü bügesü ɤurban ǰüil-eče öber-e ügei bülüge/

angqan anu dörben ünen-ü nom-un kürdün büged/ yambar metü dörben ǰüil esi terigüten olan bui bolbaču dörben ünen-ü ɤool-dur boluɤsan metü bolai/

qoyaduɤar anu belge ügei-yin ɤool büged/ qutuɤ-tu bilig-ün činadu kürügsen terigüten metü bolai/

ɤudaɤar anu maɤad udq-a-yin ɤool büged/ mön ene kü sudur terigüten bolai/

teyimü-yin tula【39-37a】qoyitu《sudur》-ača/

tendeče ilaǰu tegüs nögčigsen-dür qutuɤ-tu üneker ünemleküi bodhi=saduva eyin kemen öčigsen bolai/

ilaǰu tegüs nögčigsen ber angq-a {va-ra-na-si} oron arsi unaɤsan oron görügesün bitügči-yin oron-dur širavag-un kölgen-e üneker oroɤsan-nuɤud-tur qutuɤ-tan-u dörben ünen-i sayitur üǰügülügsen-iyer üneker/ nom-un kürdün-i ergigülügsen tere ɤayiqamsiɤ ketürkei boluɤsan bui amui ǰ-e tere čaɤ-tur oɤoɤata ergigülügsen nom-un kürdün tere inu deger-e bui/ učir bui/ uduridqu-yin udq-a/ temečekü-yin sitügen-ü oron boluɤsan bui bolai/

ilaju tegüs nögčigsen erte uridu qoyaduɤar-un čaɤ-tur yeke kölgen-e üneker oroɤsan-nuɤud-tur nom-nuɤud-un mön činar ügei kiged/ törököi ügei ba/ töridküi ügei kiged/ uɤ-ača amurliɤsan ba/ öberčilen-iyer bari=nirvan-ača tuɤurbiǰu ene metü iledte ügei-yin düri ber üneker nom-un kürdün-i ergigülügsen nom ɤayiqamsiɤ ketürkei boluɤsan bui amui ǰ-e/ tere čaɤ-tur oɤoɤata ergigülügsen nom-un kürdün tere ču deger-e bui/ učir bui/ orosiqu-yin udq-a temečekü-yin sitügen-ü oron boluɤsan bui bolai/

ilaǰu tegüs nögčigsen edüge ɤudaɤar čaɤ egün-dür yeke kölgen tegün-e üneker oroɤsan-nuɤud-tur qamuɤ nom-un mön činar ügei kiged/ törököi ügei ba/ töridküi ügei kiged/ uɤ-ača amurliɤsan ba/ öberčilen-iyer bari=nirvan-ača tuɤurbiǰu【39-37b】ene metü masida ilɤaqu-yin düri ber üneker nom-un kürdün ergigülügsen ene inu masida ɤayiqamsiɤ ketürkei boluɤsan bui büged edüge dgün-dür ilaǰu tegüs nögčigsen ber oɤoɤata ergigülügsen nom-un kürdün ene inu deger-e ügei/ učir ügei/ maɤad udq-a bui büged/ temečel-nügüd-ün sitügen-ü oron boluɤsan bui bolai/

[§.“三時法輪”]

[Lee:](*此三教之意難解故, 佛滅度後, 百餘年滿, 上座等二十部諸師, 各依自宗, 釋四諦法輪。此方已入聖教, 不過二部, 謂薩婆多及經量部。是故, 今略辨二部說。
薩婆多部云“一切法有自性故, 三世諸法實有體性”。
然此宗亦, 四釋不同: 一、類異, 二、相異, 三、位異, 四、待異。
故《俱舍》第二十云: “尊者法救作如是說‘由類不同三世有異’。彼謂諸法行於世時, 由類有殊, 非體有異。如破金器作餘物時, 形雖有殊而體無異。如是諸法行於世時, 從未來至現在, 從現在入過去, 唯捨得類, 非捨得體。
二、尊者妙音作如是說‘由相不同三世有異’。彼謂諸法行於世時, 過去正與過去相合, 而不名爲離現未相。現未兩世相合, 此亦如是。如人正染一妻室時, 於餘姬媵(1)不名離染。
三、尊者世友作如是說‘由位不同三世有異’。彼謂諸法行於世時, 至位位中作異異說, 由位有別, 非體有異。如運一籌, 置一名一, 置百名百, 置千名千。
四、尊者覺天作如是說‘由待有別三世有異’。彼謂諸法行於世時, 前後相待立名有異。如一女人名母名女。”
如是, 雖有四釋, 第三爲勝。
故《俱舍》云: “頌曰:

此中有四種, 類相位待異,
第三約作用, 立世最爲善。”

破餘三種, 長行釋云: “此四種說一切有中, 第一執法有轉變故, 應置數論外道朋中。第二所立世相雜亂, 三世皆有三世相故。第四所立前後相待, 一世法中應有三世。謂過去世前後刹那, 應名去來, 中爲現在。未來現在類亦應然。
故此四中第三最善。以約作用位有差別, 由位不同立世有異。彼謂諸法作用未有名爲未來, 有作用時名爲現在, 作用已滅名爲過去, 非體有殊。此已具知。

若爾，現在有眼等根，彼同分攝，有何作用？彼豈不能取果、與果。”《顯宗》、《順正理》，大同《俱舍》。)

(1) SNST: 滕=勝

[TIB:]
bstan pa ḥdi gsum gyi dgoṅs pa rtogs par dkaḥ baḥi phyir/ saṅs rgyas mya ṅan las ḥdas paḥi ḥog tu lo brgya lhag lon nas gnas brtan paḥi sde la sogs pa ñi śu paḥi slob dpon rnams so so nas raṅ gi gṣuṅ gis ḥphags paḥi bden pa bṣiḥi chos kyi ḥkhor lo rnam par bśad de/ yul ḥdir ḥphags paḥi gsuṅ rab bṣugs pa yaṅ/ sde pa gñis las med de/ thams cad yod par smra ba daṅ/ mdo sde tshad mar byed paḥi sdeḥo// deḥi phyir ḥdir sde pa gñis kyi brjod pa mdo tsam du bśad de/
de la thams cad yod par smra baḥi sde pa dag ni chos thams cad la raṅ bṣin yod pas/ dus gsum gyi chos rnams yaṅ dag par ṅo bo ñid yod do ṣes zer te/ gṣuṅ ḥdi yaṅ bśad pa mi mthun pa rnam pa bṣi yod do//
daṅ po ni dṅos po ḥgyur baḥo// gñis pa ni mtshan ñid du ḥgyur baḥo// gsum pa ni gnas skabs ḥgyur baḥo// bṣi pa ni dus[(1)] ḥgyur ba ste/
deḥi phyir《mdsod kyi bstan bcos》las
btsun pa chos skyoṅ gis ḥdi ltar dṅos po mi mtshuṅs paḥi phyir/ dus gsum tha dad do ṣes bśad de/ ḥdi lta ste/ chos rnams ḥjig rten na ḥjug paḥi tshe/ dṅos po la bye brag yod kyaṅ ṅo bo ñid tha dad [D.Ti.25b] pa ni ma yin te/ ji ltar gser gyi [ZH.68-60] snod bcag ste dṅos po gṣan du byas na/ dbyibs la bye brag yod kyaṅ ṅo bo ñid la ni ḥgyur ba med pa de bṣin du chos rnams ḥjig rten na ḥjug pa na/ ma ḥoṅs pa nas ni da ltar gyi dus su ḥjug la da ltar gyi dus ḥdi nas ni ḥdas paḥi dus su ḥjug ste/ thob paḥi dṅos po daṅ bral bar zad kyi/ thob paḥi ṅo bo ñid daṅ ni bral ba ni ma yin no ṣeḥo//
gñis pa ni btsun pa rab dbyaṅs kyis ḥdi ltar mtshan ñid mi mtshuṅs pas dus gsum tha dad do ṣes bśad de/ de ḥdi lta ste/ chos rnams ḥjig rten na ḥjug paḥi tshe/ ḥdas pa ni ḥdas paḥi mtshan ñid[(2)] daṅ bral ba ṣes mi brjod de/ da ltar daṅ ma ḥoṅs paḥi mtshan ñid dus gñis par[(3)] sbyar ba yaṅ de bṣin te/ ji ltar skyes bu bud med cig la ḥdod chags spyod paḥi tshe/ gṣan khyad par can dag la ḥdod chags daṅ bral ba ṣes mi brjod pa bṣin no ṣeḥo//
gsum pa ni btsun pa dbyig gi bśes gñen gyis ḥdi ltar gnas skabs mi mtshuṅs pas dus gsum tha dad do ṣes bśad de/ ḥdi lta ste/ chos rnams ḥjig rten na ḥjug

paḥi tshe/ gnas skabs nas gnas skabs su gyur pa la/ gṣan daṅ gṣan du ṣes ston te/ gnas skabs la bye brag yod paḥi phyir/ ṅo bo ñid tha dad pa ni ma yin te/ ji ltar śod cig bskyod nas graṅs gcig gi gnas su bṣag paḥi tshe ni gcig ces bya ba daṅ/ brgyaḥi steṅ du bṣag paḥi tshe ni brgya ṣes bya ba daṅ/ stoṅ gi tsheḥi steṅ du bṣag paḥi tshe ni stoṅ ṣes brjod pa bṣin no ṣeḥo//

bṣi pa ni btsun pa rtogs paḥi lhas ḥdi ltar dus[1] mi mtshuṅs paḥi phyir/ dus gsum tha dad do ṣes bśad de/ ḥdi lta ste/ chos rnams ḥjig rten na ḥjug paḥi tshe/ sṅa phyi phan tshun sdod pas/ miṅ [ZH.68-61] tha dad par rnam par gṣag ste/ ji ltar bud med gcig la ma ṣes kyaṅ bya/ bu mo ṣes kyaṅ bya ṣes brjod do ṣeḥo//

de ltar rnam pa bṣis bśad pa yod kyaṅ gsum pa bzaṅ ste/

deḥi phyir《mdsod kyi bstan bcos》tshig leḥur byas [D.Ti.26a] pa las/

> de dag la ni tshig rnam pa[4] bṣi yod de//
> dṅos po mtshan ñid gnas skabs sdod ḥgyur te//
> gsum la byed pa la ni brten nas su//
> dus su rnam par gṣag pas mchog tu bzaṅ//

ṣes ḥbyuṅ ste/

ḥdi ñid kyi《ḥgrel pa》gṣan rnam pa gsum pa dag sun ḥbyin pa las/

thams cad yod par smra ba rnam pa bṣi po de dag las/ daṅ po ni chos rnams rnam par ḥdsin par ḥgyur baḥi tshe/ mu stegs graṅs can gyi rigs ñid du rnam par gṣag go//

gñis pa ni dus kyi mtshan ñid ḥdren pa ñid du rnam par gṣag pas dus gsum po kun la yaṅ/ dus gsum gyi mtshan ñid yod pa bṣin du ḥdsin paḥi phyir ro//

bṣi pa ni sṅa phyi phan tshun sdod pa ñid du rnam par gṣag pas dus gcig gi chos la dus gsum yod pa ñid du ḥgyur te/ ḥdi lta ste/ ḥdas paḥi dus kyi sṅa phyiḥi skad cig ma dag ni ḥdas pa daṅ ma ḥoṅs pa ṣes bya bar ḥgyur la/ bar ma ni da ltar ṣes bya ba ñid du ḥgyur baḥi rigs te/ ma ḥoṅs pa daṅ da ltar yaṅ de daṅ ḥdra ba ñid du ḥgyur baḥi phyir/ rnam pa bṣi las gsuṅs[5] pa mchog tu bzaṅ ste/ ḥdi ltar byed paḥi dbaṅ gis gnas skabs tha dad la/ gnas skabs mi mtshuṅs paḥi phyir/ dus rnam par gṣag pa yaṅ tha dad de/ ḥdi lta ste/ chos rnams gaṅ gi tshe bya ba mi byed pa deḥi tshe ni ma ḥoṅs pa ṣes byaḥo// gaṅ gi tshe byed pa deḥi tshe ni da ltar byuṅ ba ṣes byaḥo// gaṅ gi tshe byas nas ḥgags pa deḥi tshe ni ḥdas pa ṣes bya ste/ ṅo bo ñid tha dad par gyur pa ni ma [ZH.68-62] yin no ṣes ḥdod paḥi phyir ro//

gal te de ltar na da ltar yod paḥi mig la sogs paḥi dbaṅ po yod pa de dag kyaṅ skal ba [6]mtshuṅs pas bsdus pa yin na/ de dag la byed pa ji lta bu ṣig yod ce na/ ci de dag ḥbras bu len ciṅ ḥbras bu ḥbyin nus pa ma yin ṣes ḥbyuṅ ste/ 《bstan bcos gṣuṅ rab tu bstan pa》 daṅ/ 《yaṅ dag paḥi rigs pa》 las kyaṅ 《mdsod kyi bstan bcos》 las ḥbyuṅ ba daṅ mthun par bśad do//

(1) dus ⇒ sdod (2) +'daṅ sbyar la/ da ltar daṅ ma ḥoṅs paḥi mtshan ñid'
(3) PN: par ⇒ daṅ (4) pa ⇒ null (5) gsuṅs ⇒ gsum (6) PN: null ⇒ +ma

[MON:]

ene ɣurban-i üǰügülügsen-iyer taɣalal-i onuquy-a berke-yin tula/ burqan nirvan boluɣsan-u qoyin-a ǰaɣun ǰil ilegü boluɣsan-a batuda aɣči-yin ayimaɣ terigüten qorin baɣsi-nar öber-e öber-e-eče öber-ün ɣool-iyar qutuɣ-tan-u dörben ünen-ü nom-un kürdün-i sayitur nomlaɣsan büged/ ene oron-dur qutuɣ-tu sayin ǰarliɣ orosiɣsan ču/ qoyar ayimaɣ-tan-ača ügei büged/ qamuɣ-i bui kemen ügülegči kiged/ sudur-un ayimaɣ-i silɣadaɣ bolɣan üiledkü-yin ayimaɣ bolai/ teyimü-yin tula ene qoyar ayimaɣ-tan-u ügüleküi ču tobči-yin tedüyiken nomlaɣsan büged/ tegün-dür qamuɣ-i bui kemen ügülegči-yin ayimaɣ-tan-nuɣud anu qamuɣ nom-dur öberčilen bui-yin tula ɣurban čaɣ-un nom-nuɣud üneker činar bui bolai/

kemegsen bülüge/ ɣool egün-i nomlaɣsan-luɣ-a ülü ǰokilduqui doluɣan ǰüil bui bolai/ angqan anu boda qubilqu bolai/ qoyaduɣar anu belge činar qubilqu bolai/ ɣudaɣar anu aqui učir qubilqu bolai/ dödüger inu čaɣ qubilqu bülüge/ teyimü-yin tula 《gün-ɣa-yin šasdir》-ača

{dharma=pāla} 【39-38a】 toyin-bar ene metü boda adali busu-yin tula ɣurban čaɣ anggida bolai/ kemen nomlaɣsan bülüge/ eyin uqaɣdaqui/ nom-nuɣud yirtinčü-dür oroqu-yin čaɣ-tur boda-dur ilɣal bui bolbaču mön činar anu anggida busu/ yambar metü altan-u saba-yi ebden anggida boda bolɣabasu ele/ düri-dür ilɣal-tui bolbaču mön činar anu qubilqui ügei tegünčilen kü nom-nuɣud yirtinčü-dür orobasu irege edüi-eče ber edügeki-yin čaɣ-tur ču oroqu bülüge/ olqu-yin boda-ača qaɣačaqui-bar baramui ǰ-e/ olqu-yin mön činar-ača qaɣaqaqui anu busu balai kemebei/

qoyaduɣar anu masi egesig-tü toyin-bar ene metü belge činar adali busu-yin tula ɣurban čaɣ anggida bolai/ kemen nomlaɣsan bülüge/ eyin uqaɣdaqui/ nom-nuɣud yirtinčü-dür oroqu-yin čaɣ-tur/ nögčigsen inu nögčigsen-ü belge činar-ača qaɣačaɣsan kemen ülü ügüleküi büged/ edüge kiged irege edüi-yin belge činar qoyar čaɣ-luɣ-a nayiraɣuluɣsan tegünčilen büged/ yambar metü

nigen em-e tačiyangɣui-yi edlekü-yin čaɣ-tur/ busu ilangɣui-tu-nuɣud-tur tačiyangɣui-ača qaɣačaɣsan kemen ülü ügüleküi-čilen bolai kemebei/
ɣudaɣar anu {basu=bandhu} toyin ene metü aqui učir adali busu-yin tula ɣurban čaɣ anggida bolai/ kemen nomlaɣsan bülüge/ eyin uqaɣdaqui/ nom-nuɣud yirtinčü-dür oroqu-yin čaɣ-tur/ aqui učir-ača aqui učir boluɣsan büged/ busu kiged busu dur【39-38b】kemen üǰügülüged/ aqui učir-tur ilɣal bui-yin tula/ mön činar anggida anu busu bülüge/ yambar metü nigen ügülen kötülgeǰü nigen toɣan-iyar oron-dur aɣulqu-yin čaɣ anu nigen kemegdekü kiged/ yaɣun-u deger-e aɣulqu-yin čaɣ anu ǰaɣun kemegdeküi ba/ mingɣan-u deger-e aɣulqu-yin čaɣ anu mingɣan kemen ügüleküi-čilen bolai kemebei/
dödüger inu ǰiv-a {bo=dha=de=ba} toyin-bar ene metü čaɣ adali busu-yin tula/ ɣurban čaɣ anggida bolai kemen nomlaɣsan bülüge/ eyin uqaɣdaqui/ nom-nuɣud yirtinčü-dür oroqu-yin čaɣ-tur/ uridu qoyitu esergü tesergü qamsudqu-yin tula/ ner-e-yi anggida kemen teyin büged ilɣaqui bülüge/ yambar metü nigen em-e-yi eke kemen ču üiledküi/ ükin kemen ču üiledküi kemen ügülebei kemegsen bolai/
tere metü nomlaɣsan dörben ǰüil nomlaɣsan bui bolbaču ɣudaɣar anu sayin bülüge/ teyimü-yin tula üges-i bülüglegsen《gün-ɣa-yin šasdir》-ača/

tedeger-tür inu dörben ǰüil üges bui bülüge/
boda belge činar aqui učir qamsudqu boluɣad/
ɣudaɣar üiledügči-dür inu sitüǰü bür-ün/
čaɣ-tur teyin büged ilɣaqu-yin tula degedü sayin/

kemen nomlaɣsan bülüge/
mön kü egün-ü《tayilburi》busu ɣurban ǰüil-nügüd-i sökügegsen-eče/
qamuɣ-i bui kemen ügülegči dörben ǰüil-nügüd-eče/ angqan anu nom-nuɣud-i teyin barimtalaqu-yin čaɣ-tur/ tirti-nar toɣači-tan-u ayimaɣ imaɣta-dur teyin büged ilɣaqu bolai/
【39-39a】qoyaduɣar anu čaɣ-un belge činar-i uduriduɣči teyin büged ilɣaqui-bar ɣurban čaɣ bükün-dür-dü/ ɣurban čaɣ-un belge činar-i bui-čilan kü bariqu-yin tula bolai/
dödüger inu uridu qoyitu esergü tesergü qamsudqui-dur sayitur ilɣaqu-yin tula nigen čaɣ-ta nom-dur ɣurban čaɣ bui bolɣaqu-yi eyin uqaɣdaqui/ nögčigsen čaɣ-un uridu qoyitu-yin gšan-nuɣud kemebesü nögčigsesn kiged irege edüi kemegdeküi bolqui büged/ dumdadu anu edüge kemegdeküi bolqu-yin ǰüil bülüge/

irege-edüi kiged edüge ču tegün-lüge adali bolqu-yin tula/ dörben ǰüil-eče nomlaɤsan degedü sayin büged/ ene metü üiledkü-yin erke-ber aqui učir anggida büged/ aqui učir adali busu-yin tula/ čaɤ-i sayitur ilɤaɤsan ču anggida bülüge/ eyin uqaɤdaqui/ nom-nuɤud alin-u čaɤ-tur üile-yi ülü üiledküi tere čaɤ anu irege edüi kemeyü/ alin čaɤ-tur üiledküi tere čaɤ anu edüge kemeyü/ alin čaɤ-tur üiledčü daɤusuɤsan tere čaɤ anu nögčigsen kemekü bülüge/ mön činar anggida boluɤsan anu busu bolai kemen taɤalaɤsan-u tula bolai/
kerbe tere metü bügesü edüge bui nidün terigüten-ü erketen bui tedeger ču qubi adali busu-yin tula quriyaɤsan mön bügesü tedeger-tür üiledügči yambar metü nigen bui kemebesü/ kerkin tedeger ür-e nigen-bui kemebesü/ tedeger ür-e-yi abuɤad ür-e-yi ɤarɤan čidaɤči busu kemen nomlaɤsan bülüge/
【39-39b】《ɤool-i sayitur üǰügülügsen šasdir》 kiged/ 《üneker ayimaɤ》-ača ču 《gün-ɤa-yin šasdir》-ača nomlaɤsan-luɤ-a/ ǰokilduɤul-un nomlaǰuɤui/

[Lee:](*二、經量部立如是說"一切法無自性。現世有, 兩世無"。如鳩摩邏多及室利邏多等。
他衆師說不同, 如《順正理》。)

[TIB:]
gñis pa mdo sde [D.Ti.26b] tshad mar byed paḥi sde pa rnams ni ḥdi skad du chos thams cad la raṅ bṣin med do// da ltar gyi dus ni yod do// dus gñis ni med do ṣes rnam par ḥjog ste/ ku-ma-ra-ta daṅ/ śi-ri-ra-ta la sogs pa lta buḥo// slob dpon maṅ po gṣan mi mthun par smra ba dag ni 《bstan bcos yaṅ dag paḥi rigs pa daṅ mthun pa》 las ḥbyuṅ ba bṣin du rig par byaḥo// //

[MON:]
qoyaduɤar sudur-un ayimaɤ-i silɤadaɤ bolɤan üiledkü-yin ayimaɤ-tan-nuɤud anu eyin kemer-ün qamuɤ nom-dur öberčilen ügei bolai/ edügeki-yin čaɤ anu bui bolai/ qoyar čaɤ anu ügei bolai kemen masida aɤuluɤad/ {ko-ma-ra-ta} kiged/ {si-ri-ra-ta-la} terigüten metü bolai/
busu olan baɤsi-nar ülü ǰokilduquy-a ügülegčid-i 《üneker ayimaɤ-luɤ-a ǰokilduqui šasdir》-ača nomlaɤsan-čilan kü uqaɤdaqui // //

[Lee:](*第二無相、第三了義, 此二異相, 如《瑜伽釋》。
《彼》云: "佛涅槃後, 魔事紛起, 部執競興, 多着有見。
龍猛菩薩證極喜地, 採集大乘無相空教, 造《中論》等, 究暢眞要, 除彼有見。聖提婆等諸大論師, 造《百論》等, 弘闡大義。由是衆生, 復着空見。無着菩薩位登初地, 證法光定, 得大神通, 事大慈尊, 請說《此論》。理無不窮, 事無不盡, 文無不釋, 義無不詮, 疑無不遣, 執無不破, 行無不修, 果無不證。正爲菩薩及餘乘, 乃至廣說。")

[TIB:]

bam po gsum pa/

de la gñis pa mtshan ñid med pa daṅ/ gsum pa ṅes paḥi don ces bya ba ḥdi gñis kyi mtshan ñid tha dad pa yaṅ《rnal ḥbyor spyod paḥi saḥi ḥgrel pa》las ji skad du ḥbyuṅ ba bṣin te/《de》las ji skad du

saṅs rgyas mya ṅan las ḥdas paḥi ḥog tu bdud kyi las cher g-yos/ sde pa rnams kyis ḥdsin pa rnams so so nas rab tu laṅs te/ phal cher g-yos[(1)] pa ñid du lta ba la mṅon par ṣen pas byaṅ chub sems dpaḥ klu sgrub sa rab tu dgaḥ ba brñes pas theg pa chen po mtshan ma med pa stoṅ pa ñid kyi gsuṅ rab la brten nas《bstan bcos dbu ma》la sogs pa mdsad de/ yaṅ dag pa ñid kyi don rgya cher bstan nas yod par lta ba de dag rab tu bsal to//

ḥphags paḥi lha la sogs pa bstan bcos kyi mkhan po chen por grags pa rnams kyis [ZH.68-63]《bstan bcos śin tu rgyas pa brgya pa》la sogs pa byas nas don chen po rgya cher bstan te/ des na sems can rnams stoṅ pa ñid du lta ba la mṅon par ṣen pas/ byaṅ chub sems dpaḥ thogs med sa daṅ po brñes pas chos kyi ḥod kyi tiṅ ṅe ḥdsin mṅon par rtogs pa rdsu ḥphrul chen po daṅ ldan pa/ ḥphags pa byams paḥi ṣal mṅon sum du mthoṅ ba/《rnal ḥbyor spyod paḥi sa》bśad par gsol te/ ḥdir rig[(2)] pa mthar ma gtugs pa ci yaṅ med do// dṅos po mi[(3)] zad pa ci yaṅ med do// tshig ḥbru rnam par ma bśad pa ci yaṅ med do// don ma brjod pa ci yaṅ med do// the tshom ma bsal ba ci yaṅ med do// so soḥi ḥdsin pa rnam par ma gṣig pa ci yaṅ med do// spyod pa rnams ma spyad pa ci yaṅ med do// [D.Ti.27a] ḥbras bu mṅon sum mi byed pa ci yaṅ med do// byaṅ chub sems dpaḥ daṅ/ theg pa gṣan rnams kyi phyir rgya cher bśad paḥi bar duḥo ṣes ḥbyuṅ ste/

(1) g-yos ⇒ yod (2) PN: rig ⇒ rigs (3) PN: mi ⇒ ma

[MON:]

ɣudaɣar keseg/

tegün-dür qoyaduɣar belge činar ügei kiged/ ɣudaɣar maɣad udq-a kemeküi ene qoyar-un belge činar tusburi-yi ču 《yoga-yin yabudal-un ɣaǰar kemekü tayilburi》-ača eyin kemen nomlaɣsan-čilan büged/ 《tegün》-eče eyin kemer-ün burqan nirvan boluɣsan-u qoyin-a simnu-yin üile yeke-de ködölügsen-iyer/ ayimaɣ-tan-nuɣud-i ber bariɣčid öber-e öber-e-eče masida bošoɣad/ olangki ber ködölügsen-i üǰeküi-dür iledte sinuɣsan-u tula nagarjun-a bodhi=saduva masida bayasqulang-tu-yi oluɣsan-iyar yeke kölgen-ü belge ügei qoɣosun činar-un sayin ǰarliɣ-tur sitüǰü 《madiy-a {magha}》 terigüten šasdir-i ǰokiyaɣad/ üneker činar-un udq-a-yi aɣui yeke-de üǰügülǰü bui kemen üǰeküi tedeger-i sayitur arilɣabai/

{ary-a di-ba} terigüten šasdir-un yeke【39-40a】ubadini kemen aldarsiɣsan-nuɣud-ud 《masida delgerenggüi šasdir》 terigüten-i ǰokiyaǰu yeke udq-a-yi aɣui yeke-de üǰügülüged/ tegüber ele amitan-nuɣud qoɣosun činar-un üǰel-dür iledte sinuqayiraɣsan-iyar/ dürbel ügei bodhi=saduva angqan ɣaǰar-i oluɣsan-iyar nom-un gerel-tü samadi-yi iledte onoqui yeke ridi qubilɣan-luɣ-a tegüsüged/ qutuɣ-tu mayidari-yin niɣur-i iledte üǰeged/ 《yoga-yin yabudal-un ɣaǰar》-i nomlan soyurqaǰu/ egün-dür ǰüil ečüs ülü muqurdaqui yaɣuqan ber ügei bolai/ boda ülü baraɣdaqu yaɣuqan ber ügei bolai/ ür-e üge teyin büged ese nomlaɣsan yaɣuqan ber ügei bolai/ udq-a ese ügülegsen yaɣuqan ber ügei bolai/ sesig ese ariluɣsan yaɣuqan ber ügei bolai/ öber öber-ün bariɣči-yi masi ese ebdegsen yaɣuqan ber ügei bolai/ edleküi-nügüd-i ese edlegsen yaɣuqan ber ügei bolai/ ür-e iledte ülü bolqu yaɣuqan ber ügei büged/

bodhi=saduva kiged busu kölgeten-nügüd-ün tula aɣui yeke-yi nomlaɣsan kürtele bolai/ kemen nomlaɣsan bülüge/

[Lee:](*於《彼釋》中，雖說二宗，如是二宗，皆有三釋。

約無相宗，三師作如是說。

一云。於三性中，具遣三性。如淸辨等。故《掌珍》云：“頌曰：

　　眞性有爲空，如幻緣生故，

　　無爲無有實，不起似空華。”

一云。但遣二性，而不遣圓成實。故諸經說遣所執，非是遣法。

一云。三中但遣所執。如下《經》(=@5-54~62)由說三無性故遣所執。雖有三說，大唐三藏，意存後說。)

[TIB:]

de ltar 《ḥgrel pa》 de las gṣuṅ rnam pa gñis bśad zin mod kyi/ gṣuṅ rnam pa gñis po de dag re re la yaṅ bśad pa rnam pa gsum yod de/
de la mtshan ñid med paḥi gṣuṅ la slob dpon gsum gyis ḥdi skad du bstan te/
kha cig ni ṅo bo ñid rnam pa gsum las ṅo bo ñid rnam pa gsum ṣib tu bśad[(1)] dgos so ṣes zer te/ bha-vya la sogs paḥo//
deḥi phyir 《bstan bcos lag na rin po che》 tshig leḥur byas pa las/

yaṅ dag ṅo bo ñid du ḥdus byas stoṅ//
sgyu ma ji bṣin rkyen las skyes paḥi phyir//
ḥdus ma byas kyaṅ yaṅ dag yod ma yin//
ma byuṅ nam mkhaḥi me tog rab tu ḥdra//

ṣes ḥbyuṅ ṅo//
kha cig ni ṅo bo ñid rnam pa gñis yoṅs su btsal bar zad kyi/ yoṅs su grub paḥi ṅo bo ñid ni mi btsal te/ deḥi phyir mdo sde dag la [ZH.68-64] brtags paḥi btsal ba yin gyi/ chos yoṅs su btsal bar bya ba ni ma yin no ṣeḥo//
kha cig ni rnam pa gsum la kun brtags pa ñi tshe btsal bar bya ba yin te/ ji ltar 《mdo ḥdi》 las ḥog nas ṅo bo ñid med pa rnam pa gsum bstan pas/ kun brtags yoṅs su btsal ba gsuṅs pa lta buḥo ṣeḥo//
de ltar rnam pa gsum du bśad pa yod mod kyi/ slob dpon hyan tsaṅ gi dgoṅs pa ni rnam par bśad pa phyi ma yin par dgoṅs so//

(1) bśad ⇒ bsal

[MON:]

tere metü tayilburi tegün-eče qoyar ǰüil ɣool-i nomlan daɣusbai ǰ-e/ tedeger qoyar ǰüil ɣool niǰeged büri-dür ču nomlaɣsan ɣurban ǰüil bui büged/
tegün-dür belge činar ügei-yin ɣool-dur ɣurban baɣsi ber eyin kemen üǰügülür-ün/
ǰarim-ud anu mön činar ɣurban ǰüil-eče/ ɣurban ǰüil mön činar-i niɣtata nomlaqu kereg-tü bolai kemegsen büged/ {bha-bya} baɣsi 【39-40b】 terigüten bolai/
teyimü-yin tula 《ɣar-taɣan erdeni-tü-yin üges-i bülüglegsen šasdir》-ača/

üneker mön činar-tur quran egüdügsen ču qoɣosun/
ǰali yambarčilan nököčel-eče törökü-yin tula/

quran ese egüdügsen ču üneker bui busu/

ese boluɣsan oɣtarɣu-yin sečig-lüge masida adali/

kemen nomlabai/

ǰarim-ud anu qoyar ǰüil mön činar-i oɣoɣata ilɣan baramui ǰ-e/ oɣoɣata bütügsen činar-i anu ese ilɣaɣsan bülüge/ teyimü-yin tula sudur-un ayimaɣ-nuɣud-tur nereyidügsen-i ilɣaqu mön bui ǰ-e/ nom-i oɣoɣata ilɣan üiledküi inu busu bolai/ kemebei/

ǰarim-ud anu ɣurban ǰüil-dür bükün nereyidügsen keseg busaɣ-i ilɣan üiledküi mön büged/ yambar metü 《ene sudur》-tur door-a-ača ɣurban mön činar ügei-yi üǰügülügsen-ü tula/ bükün nereyidügsen-i oɣoɣata ilɣaqu kemen nomlaɣsan metü bolai kemebei/

tere yosuɣar ɣurban ǰüil-dür nomlaɣsan bui amui ǰ-e/ {hin}zang baɣsi-yin taɣalal anu sayitur nomlaɣsan qoyitu mön kemen taɣalabai/

[Lee:](*約彌勒了義宗, 亦有三釋。

一、眞諦三藏, 具遣三性, 立三無性。謂遣分別性, 立分別無相性; 遣依他性, 立依他無生性; 遣眞實性, 立眞實無性性。然與淸辨有差別者, 三性是立諦門, 非是立三無性理故, 非如淸辨遣而不立。

二、但遣二性, 而不遣圓成實。因緣所生是空性故。

三、但遣所執, 非遣二性。如《瑜伽論》等。

雖有三釋, 後釋爲正。合《此經》文, 義不相違故。)

[TIB:]

byaṅ chub sems dpaḥ byams paḥi ṅes paḥi don la yaṅ bśad pa rnam pa gsum yod de/

de la daṅ po ni slob dpon yaṅ dag bden pa na re/ ṅo bo ñid rnam pa gsum rab tu btsal nas/ ṅo bo ñid med pa gsum rnam par gṣag go// ḥdi lta ste/ kun tu rtog paḥi ṅo bo ñid btsal nas/ kun tu rtog paḥi(1) mtshan ñid med par rnam par gṣag go// gṣan gyi dbaṅ gi ṅo bo ñid yoṅs su btsal nas/ gṣan gyi dbaṅ gi ṅo bo ñid skye ba med pa rnam par gṣag go// [D.Ti.27b] yoṅs su grub paḥi ṅo bo ñid btsal nas/ yoṅs su grub paḥi ṅo bo ñid/ ṅo bo ñid med par rnam par gṣag go ṣes bśad de/

slob dpon bha-vya daṅ/ bye brag yod pa yaṅ ṅo bo ñid rnam pa gsum ni bden pa rnam par gṣag paḫi sgo yin la/ ṅo bo ñid med pa rnam pa gsum gyi don ni rnam par gṣag pa ma yin pas/ slob dpon bha-vya ltar yoṅs su btsal nas/ rnam par [(2)]gṣag pa ni ma yin no//

gñis pa ni ṅo bo ñid rnam pa gñis btsal bar zad kyi/ yoṅs su grub paḫi ṅo bo ñid ni mi btsal te/ rgyu daṅ rkyen las skyes pa dag ni stoṅ pa ñid yin paḫi phyir ro ṣeḫo//

gsum pa ni kun brtags pa btsal bar zad kyi/ ṅo bo ñid rnam pa gñis btsal ba ni ma yin te/ 《rnal ḫbyor spyod paḫi sa》 la sogs pa lta [ZH.68-65] buḫo ṣeḫo//

de ltar rnam pa gsum du bśad pa yod kyaṅ/ bśad pa phyi ma yaṅ dag pa ma[(3)] yin te/ 《mdo sde ḫdi ñid》 la yi ge daṅ mthun ṣiṅ don ḫgal ba med paḫi phyir ro//

(1) +'ṅo bo ñid' (2) PN: null ⇒ +mi (3) ma ⇒ null

[MON:]

mayidari bodhi=saduva maɣad udq-a-dur ču nomlaɣsan ɣurban ǰüil bui bülüge/ tegün-dür angqan anu üneker ünen kemekü baɣsi ügüler-ün/ ɣurban ǰüil mön činar-i sayitur ilɣaɣad ɣurban mön činar ügei-dür masida ilɣaqu bolai/ eyin uqaɣdaqui/ bükün adqaɣ-un činar-i ilɣaɣad bükün adqaɣ-un belge činar ügei-nar teyin ilɣaqu bolai/ busud-un erke-tü ene činar-i oɣoɣata 【39-41a】 ilɣaǰu busud-un erketü-yin činar töröküi ügei teyin kemen ilɣaqu bolai/ oɣoɣata bütügsen-ü činar-i ilɣaǰu oɣoɣata bütügsen-ü činar ügei teyin kemen ilɣaqu bolai/ kemen nomlaǰuɣui/

bha-bya baɣsi-luɣ-a ilɣal bui bolbaču ɣurban ǰüil mön činar anu ünen-i masi ilɣaqu-yin egüden mön büged/ ɣurban ǰüil mön činar ügei-yin udq-a-yi ilɣaqu busu-yin tula/ bha-bya baɣsi metü oɣoɣata ilɣaɣad/ masi ülü ilɣaqu anu busu bolai/

qoyaduɣar anu qoyar ǰüil mön činar-i ilɣaqu ber baramui ǰ-e/ oɣoɣata bütügsen-ü činar-i ülü ilɣaqu bülüge/ siltaɣan kiged nököčel-eče törögsen-nügüd inu qoɣosun činar mön-ü tula bolai kemebei/

ɣudaɣar anu bükün nereyidügsen-i ilɣaqui ber baramui ǰ-e/ qoyar ǰüil mön činar-i ilɣaqu anu busu büged/ 《yoga-yin yabudal-un ɣaǰar》 terigüten metü bolai kemebei/

tere metü ɣurban ǰüil-dür nomlaɣsan bui bolbaču/ qoyitu nomlaɣsan anu üneker busu bülüge/ 《sudur-un ayimaɣ》 mön kü egün-dür üsüg-lüge ǰokilduɣad udq-a qarsilaqu ügei-yin tula bolai/

[Lee:](*問。三種法輪有深淺耶?
答。自有兩釋。
一、清辨等言。第一、四諦法輪, 爲聲聞教。唯說生空, 非說法空, 故不深。第二、有相大乘。謂《解深密》等說三性等, 有所得故不甚深。第三、無相大乘。謂諸部《般若》說諸法空性, 無所得故甚深。
二、護法等依經言。初、說四諦, 次、說無相, 後、說了義。四諦法輪, 義如前說。後二法輪, 說無相故, 理無淺深。二教爲不了義者, 分別廣顯三種無自性有無道理故, 名爲了義, 以隱密相言"一切法無自性"等故, 名爲不了義, 非理淺深名了、不了。)

[TIB:]
chos kyi ḥkhor lo rnam pa gsum la zab pa daṅ/ mi zab pa ltar yod dam ṣe na/ bśad pa rnam pa gñis te/
daṅ po ni slob dpon bha-vya la sogs pas ḥdi skad du bden pa bṣiḥi chos kyi ḥkhor lo daṅ po ni ñan thos kyi gsuṅ rab yin te/ sems can stoṅ pa ḥbaḥ ṣig ston ciṅ chos stoṅ pa ñid ston pa ma yin paḥi phyir zab pa ma yin no//
gñis pa mtshan ma daṅ bcas paḥi theg pa chen po ḥdi lta ste/ 《ḥphags pa dgoṅs pa ṅes par ḥgrel pa》 la sogs pa las ṅo bo ñid gsum la sogs pa ston ciṅ dmigs pa daṅ bcas paḥi phyir/ śin tu zab pa ma yin no//
gsum pa mtshan ma med paḥi theg pa chen po ḥdi lta ste/ 《śes rab kyi pha rol tu phyin pa》 rnams las chos rnams stoṅ pa ñid du ston ciṅ dmigs pa med paḥi phyir/ śin tu zab pa yin no ṣeḥo//
gñis pa ni slob dpon chos skyoṅ la sogs pas mdo sde la brten nas/ ḥdi skad du daṅ po ni ḥphags paḥi bden pa bṣi bstan to// deḥi ḥog tu mtshan ñid med pa bstan to// tha mar ni ṅes paḥi don bstan te/
[D.Ti.28a] bden pa bṣiḥi chos kyi ḥkhor loḥi don ni sṅar bśad pa bṣin no//
chos kyi ḥkhor lo phyi ma gñis ni mtshan ñid med pa ston pas don la zab mi zab ces bstan du med do//
gsuṅ rab rnam pa gñis la ṅes pa ma yin pa ṣes brjod pa yaṅ ṅo bo ñid med pa yaṅ rnam pa gsum yod pa daṅ/ med paḥi rigs pa gsal bar rab tu phye nas bstan paḥi phyir ni ṅes paḥi don ces brjod la/ gsaṅ baḥi rnam pas chos thams cad ṅo bo ñid med pa la sogs par bstan paḥi phyir ni ma ṅes paḥi [ZH.68-66] don ṣes bśad de/ don la zab pa daṅ/ zab pa ma yin paḥi phyir ṅes pa daṅ ma ṅes pa

ṣes brjod pa ni ma yin no ṣeḫo//

[MON:]
ɣurban ǰüil nom-un kürdün-dür gün kiged/ gün busu metü bui buyu kemebesü/ qoyar ǰüil nomlaɣsan bülüge/
angqan anu bha-vya baɣsi terigüten-ber eyin kemer-ün/ dörben ünen-ü nom-un kürdün-ü angqan anu širavag-un sayin ǰarliɣ mön büged/ amitan-dur imaɣta qoɣosun-i【39-41b】üǰügülüged nom-un qoɣosun činar-i üǰügülküi busu-yin tula gün busu bolai/
qoyaduɣar belge-tü-yin yeke kölgen-i eyin uqaɣdaqui/ qutuɣ-tu gün taɣalal-iyan maɣad tayiluɣsan terigüten-eče ɣurban mön činar terigüten-i üǰügülüged ǰoriqui-luɣ-a selte-yin tula/ masida gün busu bolai/
ɣudaɣar belge ügei-yin yeke kölgen-i eyin uqaɣdaqui/ bilig-un činadu kürügsen-nügüd-eče nom-nuɣud-i qoɣosun činar kemen üǰügülüged ǰoriqui ügei-yin tula/ masida gün bolai kemebei/
qoyaduɣar anu {dharma=pāla} baɣsi terigüten-ber sudur-un ayimaɣ-tur sitüǰü/ eyin kemer-ün angqan anu qutuɣ-tan-u dörben ünen-i üǰügülküi bolai/ tegün-i qoyin-a belge činar ügei-yi üǰügülküi bolai/ adaɣ-tur anu maɣad udq-a-yi üǰügülküi bülüge/
dörben ünen-ü nom-un kürdün-ü udq-a anu uridu nomlaɣsan-čilan bolai/
nom-un kürdün-ü qoyitu qoyar anu belge ügei-yi üǰügülügsen-ü tula udq-a-dur gün sayin kemen üǰügülküi ügei bolai/
qoyar ǰüil sayin ǰarliɣ-tur maɣad kiged maɣad busu kemen ügülebečü mön činar ügei ber ɣurban ǰüil bui kiged/ ügei-yin uqaɣan-i todorqay-a masida ilɣaǰu üǰügülkü-yin tula maɣad udq-a kemen ügülegsen büged/ niɣuča-yin ǰüil-iyer qamuɣ nom-i mön činar ügei terigüten kemen üǰügülügsen-ü tula maɣad ügei-yin udq-a kemen nomlaɣsan bülüge/ udq-a-dur gün kiged/ gün【39-42a】busu-yin tula maɣad kiged maɣad ügei kemen ügüleküi inu busu bolai kemebei/

[Lee:](*問。三性中遣何性以爲無相?
答。自有兩釋。
依護法，但遣所執。依清辨，但遣依他。
如《廣百論》第十說。

護法立宗云。“分別所執法體是無。因緣所生法體是有。爲證此義，引《經》頌云：

遍計所執無，依他起性有，

妄分別失壞，隨增減二邊。”

清辨評釋云。“此經云‘名是遍計所執。義是依他起性。名於其義非有故無。義隨世間非無故有’故，不可引此證有依他。”

護法破云。“此釋不然，義相違故。

若名於義非有故無，義亦於名是無，何有？

若妄所執能詮性無，妄執所詮其性豈有？

世俗假立能詮、所詮，無應並無，有應齊有，如何經說‘一有一無’？

故汝所言不符經義。應信遍計所執性無，是諸世間妄情立故。

依他起性，從因緣生，非妄情爲，應信是有。”

清辨，爲證依他性無，引《經》頌云。

“無有少法生，亦無少法滅，

淨見觀諸法，非有亦非無。”

護法釋云。“此亦不能證依他起其性非有。所以者何？

此頌意明遍計所執自性、差別，能詮、所詮其體皆空、無生、無滅，離執淨見觀諸世間，因緣所生非無非有。故此非證依他起無。”

清辨云。“若有依他，何緣經說‘一切法性無不皆空’？

又契經言‘色等諸法，自性皆無’，‘一切法性皆無有生，先有、先無不可生[1]故’。”

護法釋云。“此有密意，密意如何？謂此諸經，唯破遍計所執自性，非一切無。

云何知有此密意耶？餘契經中顯了說故。謂薄伽梵說如是言‘我唯依於相應自性，說一切法自性皆無。若有如言而生執着，謂染淨法自性皆無，彼惡取空名爲邪見’。

相應自性，卽是世間遍計所執，能詮所詮相應自性。染淨諸法，卽是依他。故知諸經有此密意。又《到彼岸般若經》中，佛自分明判有無義‘遍計所執自性一切皆名爲無，因緣所生皆說爲有’。

又餘《經》說‘遍計所執自性無生，依他起性所攝諸法從因緣生’。
又諸經說‘諸法無性、無生滅等’。皆應分別，不可如言執爲了義。
勿世俗諦諸法亦無，便惡取空，成大邪見。”
清辨以因爲證云。“此言非理。所以者何？於了義經異分別故。世尊自說‘若諸經中說空、無相、無願、無行、無生、無滅、無有自性、無有有情、命者、主宰、補特伽羅、解脫門等，名了義經’。”
護法釋云。“我言合理。以於餘經，佛自決判‘我依遍計所執自性，於餘經中，說一切法皆無自性、無生無滅、本來寂靜、自性涅槃。依依他起自性，說言諸有情心生滅流轉’。乃至廣說。
又餘經中，佛告具壽舍利子言‘色自性空。自性空故，無生無滅。無生滅故，無有變易。受想行識，亦復如是’。
此依遍計所執自性，說自性空、無生滅等。依他起性，由無遍計所執性故，亦說爲空，非自性空、無生滅等。如來處處說三自性，皆言‘遍計所執性空，依他、圓成二性是有’。
故知空教別有意趣，不可如言撥無諸法。如言取義，名‘謗大乘’。
又契經說‘善現！當知色名諸色，無性之性。受想行等，廣說亦爾’。
此經意明，依他起性以其遍計所執色等無性所顯離言法性爲其自性，故名‘無性之性’。”
清辨引訟云。“依他起性若實有者，便違經說。故契經言：

諸法從緣起，緣法兩皆無，
能如是正知，名通達緣起。
若法從緣生，此法都無性，
若法都無性，此法非緣生。”

護法釋云。“如是二經說緣生法，雖無自性而不相違。以從緣生法有二種：一者、遍計所執，二者依他起性。此中意明，遍計所執自性非有，不說依他。若說依他都無自性，便撥染淨二法皆無，名‘惡取空’，自他俱損。”
清辨復云。“此妄分別，誰復能遮？得正見時，自當除遣。”
護法釋云。“若從緣生心及心法，同遍計執，皆自性空，便似空花，何能繫縛三有含識生死輪迴？是故依他非無體實。論者本意決定應然。若不爾者，何緣故說'妄分別縛，證空能除'？誰睹龜毛能計能縛？誰見兎角能證能除？由是應知，有心心法，但無心外所執諸塵。"
廣說如《彼》。)

(1) SNST: 生 ⇒ 得; Taisho: 生=*sic*

[TIB:]

ṅo bo ñid rnam pa gsum las ṅo bo ñid gaṅ btsal baḥi phyir/ mtshan ñid med pa ṣes bya ṣe na/

bśad pa rnam pa gñis yod de/

slob dpon chos skyoṅ gi bśad pa daṅ sbyar na ni kun brtags pa ḥbaḥ ṣig btsal bas so//

slob dpon bha-vyas bśad pa daṅ sbyar na ni/ gṣan gyi dbaṅ gi ṅo bo ñid ḥbaḥ ṣig btsal baḥi phyir te/ 《bstan bcos śin tu rgyas pa brgya pa》 las ḥbyuṅ ba bṣin no//

slob dpon chos skyoṅ gis gṣuṅ rnam par gṣag ste/

bśad pa las ḥbyuṅ ba kun tu brtags paḥi chos kyi ṅo bo ñid ni med pa yin no//

rgyu daṅ rkyen las ḥbyuṅ baḥi ṅo bo ñid ni yod pa yin te/

don ḥdi bsgrub paḥi phyir 《mdo sde》 las ḥbyuṅ baḥi khuṅs bstan pa/

kun tu rtog pa dag ni med pa yin//
gṣan gyi dbaṅ ni ṅo bo ñid yod do//
yaṅ dag ma yin kun rtog stoṅ ḥjig na//
sgro ḥdogs skur ḥdebs mthaḥ gñis lhuṅ bar ḥgyur//

ṣes gsuṅs so// ṣes bśad do//

slob dpon bha-vyas dpyad de bśad pa/

《mdo sde ḥdi》 las miṅ ni kun tu brtags paḥo// don ni gṣan gyi dbaṅ gi ṅo bo ñid do// miṅ de ni don la yod pa ma yin paḥi phyir med paḥo// don ni ḥjig rten paḥi rjes su med pa ma yin paḥi phyir yod paḥo ṣes gsuṅs pa yin pas/ gtan tshigs ḥdis gṣan gyi dbaṅ gi ṅo bo ñid yod par bsdus pa ḥdi mi ruṅ ṅo ṣes(1)

slob [D.Ti.28b] dpon chos skyoṅ gis ni ḥdi skad du/ rnam par bśad pa ḥdi mi ruṅ ste/ don ḥgal baḥi phyir ro//

gal te miṅ don la yod pa ma yin paḥi phyir med pa yin na/ don yaṅ miṅ la med pa yin na ji ltar yod par ḥgyur/

gal te yaṅ [ZH.68-67] dag pa ma yin paḥi rnam par brtags pa rjod par byed paḥi ṅo bo ñid med na/ yaṅ dag pa ma yin pa rnam par brtags pa brjod par bya baḥi ṅo bo ñid de/ ci yod par ḥgyur ram/

kun rdsob tu brtags[(2)] pa tsam du rjod par byed pa daṅ/ brjod par bya ba med na yaṅ ḥdra ba med na[(3)]/ yod na yaṅ mñam du yod pa yin la ciḥi phyir/ 《mdo sde》 las gcig ni yod la gcig ni med ces gsuṅs te/ deḥi phyir khyod kyi smra ba ḥdi mdo sdeḥi don daṅ rjes su mthun pa ma yin pas/ kun brtags kyi ṅo bo ñid med par yid ches par byas te/ ḥjig rten pa rnams kyi brdsun du rnam par gṣag pa yin paḥi phyir ro// gṣan gyi dbaṅ gi ṅo bo ñid ni rgyu daṅ rkyen las skyes te/ yaṅ dag pa ma yin paḥi sems kyis byas pa ma yin pas yod pa ñid du yid ches par byaḥo ṣes sun ḥbyin to//

slob dpon bha-vyas gṣan gyi dbaṅ gi ṅo bo ñid med par bsgrub paḥi phyir/ 《mdo sde》 las ḥbyuṅ baḥi khuṅs bstan pa/

cuṅ zad skye baḥi chos ni gaṅ yaṅ med//
cuṅ zad ḥgag par ḥgyur baḥi chos kyaṅ med//
rnam dag lta bas chos rnams rab brtags na//
yod pa ḥaṅ ma yin med paḥaṅ ma yin no//

ṣes gsuṅs so ṣeḥo//

slob dpon chos skyoṅ gi bśad pa ḥdis kyaṅ gṣan gyi dbaṅ gi ṅo bo ñid yod pa ma yin par bsgrub mi nus te/ de ciḥi phyir ṣe na/ tshigs su bcad pa ḥdiḥi dgoṅs pa ni kun tu brtags paḥi raṅ bṣin gyi khyad par rjod par byed pa daṅ/ brjod par bya ba de dag gis ṅo bo ñid kyi stoṅ pa daṅ/ skye ba med pa daṅ ḥgag pa med par rnam par brtags pa daṅ bral baḥi lta ba rnam par dag pas ḥjig rten rnams rab tu brtags na/ rgyu daṅ rkyen las skyes pas yod pa yaṅ ma yin med pa yaṅ ma yin [ZH.68-68] par mthoṅ ṅo ṣes ston pas/ deḥi phyir ḥdi gṣan gyi dbaṅ gi ṅo bo ñid med par bsgrub [D.Ti.29a] pa ma yin no ṣeḥo//

slob dpon bha-vyas gal te tshig tu[(4)] smras pa/ gal te gṣan gyi dbaṅ gi ṅo bo ñid yod pa yin na/ ciḥi phyir 《mdo sde》 las chos thams cad mi stoṅ pa gaṅ yaṅ med do ṣes gsuṅs so//

gṣan yaṅ 《mdo sde》 las gzugs la sogs paḥi chos rnams ni raṅ bṣin gyis med do ṣes bya ba daṅ/ chos thams cad kyi ṅo bo ñid skye ba gaṅ yaṅ med pas/ sṅon yod pa daṅ/ sṅon med pa ṣes bya baḥi miṅ yaṅ mi dmigs paḥi phyir ro ṣes gsuṅs so ṣe na/

slob dpon chos skyoṅ gis bśad pa ḥdi la yaṅ dgoṅs pa yin te/ dgoṅs pa de yaṅ ji lta bu ṣig ce na/

ḥdi lta ste/ 《mdo sde ḥdi》 rnams las kun tu brtags paḥi raṅ gi ṅo bo ñid ḥjig

par mdsad kyi/ thams cad med do ṣes gsuṅs pa ni ma yin no//
dgoṅs pa ḥdi lta bu yod par ji ltar śes śe na/
《mdo sde》 gṣan las gsal bar gsuṅs paḥi phyir ro//
ḥdi lta ste/ bcom ldan ḥdas kyis ḥdi skad du gsuṅs te/ ṅas mtshuṅs par ldan paḥi raṅ bṣin la dgoṅs nas/ chos thams cad raṅ bṣin med do ṣes bśad de/ gal te la la ṣig sgra ji bṣin du mṅon par ṣen nas/ kun nas ñon moṅs pa daṅ/ rnam par byaṅ baḥi chos raṅ bṣin gyis med do ṣes zer na/ stoṅ pa ñid ñes par bzuṅ ba de ni log par lta ba ṣes bya ba ṣes gsuṅs te/
de la mtshuṅs par ldan paḥi raṅ bṣin ṣes bya ba ni ḥjig rten pa rnams kyi kun tu brtags pa rjod par byed pa daṅ/ brjod par bya baḥi mtshuṅs par ldan paḥi raṅ bṣin no//
kun nas ñon moṅs pa daṅ rnam par byaṅ baḥi chos rnams ni gṣan gyi dbaṅ gi ṅo bo ñid yin te/ deḥi phyir ḥphags pa rnams la dgoṅs pa ḥdi lta bu yod par śes so//
gṣan yaṅ 《ḥphags pa śes rab kyi pha rol tu phyin paḥi mdo》 las/ bcom ldan ḥdas ñid kyis yod pa daṅ med paḥi don gsal bar bcad de/ kun tu brtags paḥi ṅo bo ñid ni thams cad du med pa ṣes byaḥo// rgyu daṅ rkyen gyis bskyed pa rnams ni yod do ṣes brjod do ṣes gsuṅs so//
gṣan yaṅ 《mdo sde》 gṣan dag las kun [D.Ti.29b] tu brtags paḥi raṅ bṣin gyis ma skyes paḥo// gṣan gyi dbaṅ gi ṅo bo ñid kyis bsdus paḥi chos rnams ni rgyu daṅ rkyen las skyes paḥo ṣes gsuṅs pa daṅ/
gṣan yaṅ 《mdo sde》 maṅ po las chos rnams ni ṅo bo ñid med pa/ skye ba daṅ ḥgag pa la sogs pa med kyaṅ thams cad du rab tu dbye bar byaḥi/ sgra ji bṣin du mṅon par ṣen nas/ ṅes paḥi don yin no ṣes bzuṅ du mi ruṅ ste/ kun rdsob kyi bden pa tsam du yaṅ chos rnams med do ṣes stoṅ pa ñid du ñes par bzuṅ nas/ log par lta ba chen po bsgrub par mi byaḥo ṣes gsuṅs so ṣeḥo//
slob dpon bha-vyas yaṅ gtan tshigs kyis bsgrubs te smras pa/ smra ba ḥdi yaṅ rigs pa ma yin te/ de ciḥi phyir ṣe na/ ṅes paḥi don gyi mdo las gṣan daṅ gṣan du rnam par ḥbyed paḥi phyir ro//
bcom ldan ḥdas ñid kyis ḥdi skad du/ mdo sde gaṅ du stoṅ pa ñid daṅ/ mtshan ma med pa daṅ/ smon pa med pa daṅ/ mṅon par ḥdu byed pa med pa daṅ/ skye ba med pa daṅ/ ḥgag pa med pa daṅ/ raṅ bṣin med pa daṅ/ sems can med pa daṅ/ srog med pa daṅ/ bdag po med pa daṅ/ gaṅ zag med pa daṅ/ rnam par grol baḥi sgo la sogs pa bstan pa gaṅ yin pa de dag ni ṅes paḥi don gyi mdo sde ṣes byaḥo ṣes gsuṅs so ṣeḥo//

slob dpon chos [ZH.68-70] skyoṅ gis bśad pa/ bdag gis smras pa ḥdi rigs pa daṅ śin tu mthun te/

ḥdi ltar 《mdo sde》 gṣan dag las bcom ldan ḥdas ñid kyis bcad de bkaḥ stsal ba/ ṅas kun tu brtags paḥi raṅ gi ṅo bo ñid la dgoṅs nas 《mdo sde》 gṣan dag las chos thams cad raṅ bṣin med pa daṅ/ skye ba med pa daṅ/ ḥgag pa med pa daṅ/ gzod ma nas ṣi ba daṅ/ raṅ bṣin gyis mya ṅan las ḥdas paḥo ṣes ston to// gṣan gyi dbaṅ gi ṅo bo ñid la dgoṅs nas ni sems can rnams kyi sems skye ba daṅ/ ḥgag pa daṅ/ ḥkhor bar ḥjug pa la sogs paḥo ṣes bstan to ṣes gsuṅs so//

gṣan yaṅ 《mdo sde》 gṣan dag las bcom ldan ḥdas kyis [D.Ti.30a] bkaḥ stsal ba/ śa-ra-dva-tiḥi bu gzugs ni raṅ bṣin gyis stoṅ ste/ raṅ bṣin gyis stoṅ paḥi phyir/ skye ba med pa ḥgag pa med paḥo// skye ba daṅ ḥgag pa med paḥi phyir/ rnam par ḥgyur ba med paḥo// tshor ba daṅ/ ḥdu śes daṅ/ ḥdu byed rnams daṅ rnam par śes pa yaṅ de bṣin no ṣes gsuṅs te/

ḥdi ni kun tu brtags paḥi ṅo bo ñid la dgoṅs nas raṅ bṣin gyis stoṅ pa daṅ/ skye ba daṅ ḥgag pa med pa la sogs pa gsuṅs so//

gṣan gyi dbaṅ gi ṅo bo ñid la kun brtags kyi ṅo bo ñid med paḥi phyir stoṅ pa ñid gsuṅs te/ raṅ bṣin gyis stoṅ pa daṅ skye ba daṅ/ ḥgag pa med pa la sogs pa ni ma yin no//

de bṣin gśegs pas de daṅ de dag(5) ṅo bo ñid rnam pa gsum las/ kun brtags paḥi ṅo bo ñid stoṅ pa ñid do// gṣan gyi dbaṅ gi ṅo bo ñid daṅ/ yoṅs su grub paḥi ṅo bo ñid gñis ni yod pa ñid do ṣes gsuṅs te/ de lta bas na/ stoṅ pa ñid du bstan pa gsuṅ rab dag la dgoṅs pa yod pas [ZH.68-71] sgra ji bṣin du chos rnams med do ṣes skur par mi bya ste/ sgra ji bṣin du don ḥdsin pa gaṅ yin pa de dag ni theg pa chen po la skur pa ḥdebs pa yin par śes par byaḥo//

gṣan yaṅ 《mdo sde》 las rab ḥbyor gzugs ṣes bya baḥi gzugs rnams ni ṅo bo ñid med paḥi ṅo bo ñid du śes par bya ste/ tshor ba daṅ/ ḥdu śes daṅ/ ḥdu byed la sogs pa rgya cher bśad paḥi bar du yaṅ de bṣin no ṣes gsuṅs te/

mdo sdeḥi dgoṅs pa ni gṣan gyi dbaṅ gi ṅo bo ñid ni kun tu brtags paḥi gzugs la sogs paḥi ṅo bo ñid med pas rab tu phye ba tshig daṅ bral baḥi chos kyi ṅo bo ñid kyis ṅo bo ñid med paḥi(6) phyir/ ṅo bo ñid med paḥi ṅo bo ñid ces bya ba gsuṅs so ṣes ston to//

slob dpon bha-vyas gal te(7) tshigs su bcad de smras pa/ gṣan gyi dbaṅ gi ṅo bo ñid gal te yaṅ dag par yod pa ma yin na/ ḥo na ni 《mdo sde》 las gsuṅs pa daṅ ḥgal bar ḥgyur te/ 《mdo sde》 las ni/

chos rnams rkyen las byuṅ ba ste/
rkyen daṅ chos gñis med paḥo//
gaṅ gis [D.Ti.30b] de ltar rab śes na//
rten ḥbrel rtogs pa ṣes byaḥo//
gal te chos ni rkyen las skyes//
chos de yoṅ gis raṅ bṣin med//
gal te chos ni raṅ bṣin med//
chos ni rkyen las byuṅ ba min//

ṣes gsuṅs so ṣeḥo//

slob dpon chos skyoṅ gis bśad pa/ de ltar mdo sde gñis las rten ciṅ ḥbrel bar ḥbyuṅ baḥi chos raṅ bṣin med do ṣes bśad kyaṅ ḥgal ba med do//

ḥdi ltar rten ciṅ ḥbrel bar ḥbyuṅ baḥi chos ni rnam pa gñis te/ kun tu brtags pa daṅ gṣan gyi dbaṅ gi ṅo bo ñid do//

ḥdir dgoṅs pas kun tu brtags paḥi ṅo bo ñid yod pa ma yin par ston ciṅ gṣan gyi dbaṅ gi ṅo bo ñid bstan pa ni ma yin no//

gal te gṣan [ZH.68-72] gyi dbaṅ gi ṅo bo ñid gzod ma nas raṅ bṣin med do ṣes bśad pa ni rnam par byaṅ ba daṅ/ kun nas ñon moṅs paḥi chos gñis kyaṅ med par skur par ḥgyur bas/ stoṅ pa ñid ñes par zin pa ṣes bya ste/ bdag daṅ gṣan gñi ga la gnod par ḥgyur ro ṣeḥo//

slob dpon bha-vyas yaṅ smras pa//

yaṅ dag pa ma yin paḥi rtog pa ḥdi su ṣig bzlog par nus te/ yaṅ dag paḥi lta ba thob par gyur paḥi tshe raṅ ñid kyis bsal bar ḥgyur ro ṣeḥo//

slob dpon chos skyoṅ gis bśad pa/ gal te rkyen las ḥbyuṅ baḥi sems daṅ sems las byuṅ baḥi chos de dag kyaṅ kun brtags daṅ ḥdra bar thams cad raṅ bṣin gyis stoṅ pa yin na/ ḥo na ni nam mkhaḥi me tog ḥdra bas/ ji ltar srid pa gsum gyi sems can ḥchi ṣiṅ skye śiḥi ḥkhor ba byed par nus/ de lta bas na gṣan gyi dbaṅ gi ṅo bo ñid raṅ gi ṅo bo ñid med pa ma yin no//

bstan bcos mdsad paḥi daṅ poḥi dgoṅs pa yaṅ ṅes par de ḥdraḥo//

gal te de lta ma yin na ciḥi phyir yaṅ dag pa ma yin pa rnam par rtog paḥi ḥchiṅ ba dag ni stoṅ pa ñid mṅon par rtogs pas rab tu sel te ṣes bśad/ rus sbal gyi sbus ḥchiṅ baḥi bya ba byed pa daṅ/ ri boṅ gi rva mṅon sum du rtogs pa daṅ/ yoṅs su bsal bar byed nus par sus mthoṅ ste/ de nas sems daṅ sems las byuṅ baḥi chos ni yod [D.Ti.31a] la sems las logs śig na yul yod par yoṅs su bzuṅ ba de dag ni med par śes par bya ste/ ṣib tu bśad pa ni 《de ñid》 las ḫbyuṅ ba bṣin no ṣeḫo//

(1) +'so//' (2) brtags ⇒ btags (3) PN: na ⇒ la (4) M-SNST: 'gal te tshig tu' ⇒ null
(5) +tu (6) 'ňo bo ñid med paḫi' ⇒ 'raṅ bṣin byed paḫi' (7) M-SNST: 'gal te' ⇒ null

[MON:]

ɣurban ǰüil mön činar-ača alin-i arilɣaqu-yin tula/ belge činar ügei kememü kemebesü/

qoyar ǰüil nomlaɣsan bui bülüge/

{dharma=pāla} baɣsi-yin nomlaɣsan-luɣ-a nayiraɣulbasu ele bükün nereyidügsen-i imaɣta arilɣaqu-yin tula bolai/

bha-vya baɣsi-yin nomlaɣsan-luɣ-a nayiraɣulbasu ele/ busud-un erketü-yin mön činar-i imaɣta arilɣaqu-yin tula/ 《masida delgerenggüi ǰaɣutu-yin šasdir》-ača nomlaɣsan-čilan bolai/

{dharma=pāla} baɣsi-yin ɣool-i sayitur ilɣaɣad/ nomlaɣsan-ača boluɣsan inu bükün nereyidügsen-ü nom-un činar anu ügei bolai/

siltaɣan kiged nököčel-eče boluɣsan mön činar anu bui bülüge/ udq-a egün-i bütügekü-yin tula 《sudur-un ayimaɣ》-ača boluɣsan-u mön itegemǰi-yi üǰügülür-ün/

qotala-dur adqaɣlaqui-nuɣud anu ügei bui/
busud-un erke-tü-yin mön činar bui bolai/
üneker busu qotala-yi adqaɣlaɣči qoɣosun-i ebdebesü/
güdgekü kiged maɣusiyaqu-yin qoyar kiǰaɣar-tur unaqui bolai/

kemen nomlaǰuɣui/

bha-vya baɣsi ber siǰileged nomlar-un/

《sudur-un ayimaɣ》 egün-eče ner-e kemebesü bükün nereyidügsen bolai/ udq-a kemebesü busud-un erke-tü-yin činar bolai/ ner-e tere inu udq-a-dur bui busu-yin tula ügei bolai/ udq-a anu yirtinčü-dekin-i daɣaqui ügei mön-ü tula bui bolai/ kemen nomlaɣsan mön-ü tula/

učir siltaɣan egüber busud-un erke-tü-yin činar-i bui kemen quriyaɣsan【39-42b】ene inu ülü bolqu bolai/ kemen

{dharma=pāla} baɣsi eyin kemer-ün/

teyin nomlaɣsan ene inu ülü bolqu bülüge/ udq-a-luɣ-a qarsilaqu-yin tula bolai/ kerbe ner-e ču udq-a-dur bui busu-yin tula ügei mön bügesü udq-a ču nere-dür bui busu-yin tula ügei mön bügesü udq-a ču ner-e-dür ügei-yin tula yambar metü bui bolumui/

kerbe üneker busu-yin teyin nereyidkel-i ügülen üiledkü-yin činar ügei bügesü/ üneker busu-yin teyin nereyidkel ügülegdekün-ü mön činar tere kerkin bui bolqu buyu-uu/
inaɣunki-dur nereyidügsen tedüyiken-e ügülen üiledküi kiged/ ügülegdekün ügei bolbaču adali ügei büged/ bui bolbaču adali bui bülüge yaɣun-u tula/ sudur-un ayimaɣ-ača nigen inu bui büged nigen inu ügei kemen nomlaɣsan bülüge/ teyimü-yin tula-tan-u ügülegsen ene sudur-un ayimaɣ-un udq-a-luɣ-a ǰokilduqui busu-yin tula/ bükün nereyidügsen-ü tula mön činar ügei kemen itegemǰileged/ yirtinčü-dekin-nuɣud-un qudal-dur teyin aɣulqu mön-ü tula bolai/ busud-un erketü-yin mön činar anu siltaɣan kiged nököčel-eče törögsen büged/ üneker busu-yin sedkil-iyer üiledügsen busu-yin tula bui-yin činar-tur itegemǰilegdeküi kemen söküg ebei/
bha-vya baɣsi ber busud-un erketü-yin mön činar-i ügei kemen bütügegsen-ü tula/ sudur-un ayimaɣ-ača boluɣsan itegemǰi-yi üǰügülür-ün/

öčüken törökü-yin nom anu alin ču ügei/
öčüken törökü-yin nom ču ügei/
masi【39-43a】ariluɣsan üǰel-iyer nom-nuɣud-i sayitur sinǰilebesü/
bui ču busu ügei ču busu bolai kemen nomlabai kememü/

{dharma=pāla} baɣsi-yin nomlaɣsan egün-iyer ču busud-un erke-tü-yin mön činar-i bui busu bolɣan bütügen ülü čidaqui bülüge/ tere yaɣun-u tula kemebesü sülüglel egün taɣalal kemebesü qotala nereyidügsen-ü öberčilen bisilɣal-i ügülegčin kiged/ ügülegdekün tedeger-ün mön činar ber qoɣosun kiged/ törökü ügei ba töridküi ügei teyin nereyidügsen-eče anggiǰiraɣsan üǰel masi ariluɣsan-iyar/ yirtinčü-nügüd-i sayitur sinǰilebesü/ siltaɣan kiged nököčel-eče törögsen-ü tula bui ču busu ügei ču busu kemen üǰekü bolai/ kemen üǰügülügsen teyimü-yin tula/ egün-i busud-un erke-tü-yin mön činar ügei ber bütügeküi busu bolai kemebei/
bha-vya baɣsi ber ügüler-ün/
kerbe busud-un erke-tü-yin mön činar mön bügesü/ yaɣun-u tula《sudur-un ayimaɣ》-ača qamuɣ nom qoɣosun busu alin ču ügei bolai/ kemen nomlabai/ busu basa《sudur-un ayimaɣ》-ača dürsü terigüten-ü nom-nuɣud anu öberčilen ber ügei bolai/ kemekü kiged/ qamuɣ nom-un mön činar töröküi alin ču ügei-yin tula/ urida bui kiged/ urida ügei kemekü-yin ner-e ču ǰoriɣdasi ügei-yin tula bolai/ kemen nomlabai kemebesü/
{dharma=pāla} baɣsi-yin nomlaɣsan egün-dür ču taɣalaɣsan mön bülüge/

taɣalaɣsan tere ču yambar metü bui kemebesü/

eyin uqaɣdaqui/ ene【39-43b】《sudur-un ayimaɣ》-nuɣud-ača bükün nereyidügsen öber-ün mön činar-i ebden ǰokiyabai ǰ-e/ bügüde-yi ügei bolai kemen nomlaɣsan anu busu bolai/

ene metü taɣalaɣsan bui-yi kerkiǰü medemü kemebesü/

busu《sudur-un ayimaɣ》-ača todorqay-a nomlaɣsan-u tula bolai/

eyin uqaɣdaqui/ ilaǰu tegüns nögčigsen eyin kemen nomlar-un/ bi adali tegüsügsen-ü öberčilen-dür taɣalaǰu/ qamuɣ nom öberčilen ügei bolai/ kemen nomlaɣsan bülüge/ kerbe ǰarim-ud daɣun yambarčilan kü iledte bar sinuǰu/ qotala-ača nisvanis-tu kiged/ masi ariluɣsan-u nom öberčilen ber ügei bolai/ kemen ügülegčin-e/ qoɣosun činar-i gem kemen bariqui tegün-i buruɣu üǰel kemeyü kemen nomlaɣsan bülüge/

tegün-dür adali tegüsügsen-ü öberčilen kemekü anu yirtinčü-dekin-nuɣud-un qotala nereyidügsen-i ügülegči kiged/ ügülegdekün-ü adali tegüsügsen mön činar bolai/

qotala-ača nisvanis-tu kiged masi ariluɣsan nom-nuɣud kemebesü busud-un erke-tü-yin mön činar bülüge/ teyimü-yin tula qutuɣ-tan ber taɣalaɣsan ene metü bui kemen medeküi bolai/

busu basa《qutuɣ-tu bilig-ün činadu kürügsen sudur》-ača/

ilaǰu tegüs nögčigsen bui kiged ügei-yin udq-a-yi todorqay-a ǰokiyaɣad/ qotala nereyidügsen mön činar anu qamuɣ-a ügei kememü/ siltaɣan kiged nököčel-iyer törögsen-nügüd inu bui kemen ügülemü/ kemen nomlaɣsan bolai/

busu basa öber-e《sudur-un ayimaɣ》-ud-ača qotala【39-44a】nereyidügsen-ü öberčilen ber ese törögsen bolai/ öberčilen-iyer erke-tü-yin mön činar-i quriyaɣsan nom-nuɣud kemebesü siltaɣan kiged nököčel-eče törögsen bolai/ kemen nomlaɣsan kiged/

busu basa olan《sudur-un ayimaɣ》-ača nom-nuɣud kemebesü mön činar ügei/ töröküi kiged töridküi terigüten ügei bolbaču qamuɣ-i masida ilɣamu/ daɣun yambarčilan kü iledte sinuǰu/ maɣad udq-a mön bolai/ kemen bariǰu ülü bolqu büged/ inaɣunki-yin ünen-ü tedüyiken-dür ču nom-nuɣud ügei bolai/ kemen qoɣosun činar-i gem-dür bariǰu/ yeke buruɣu üǰel-i bütügen ülü üiledteküi/ kemen nomlabai kemegsen bolai/

bha-vya baɣsi ber ču notalal-iyar bütügeged ügüler-ün/

ene ügülegsen ču ǰokistu busu bülüge/ tere yaɣun-u tula kemebesü/ maɣad udq-a-yin sudur-ača busu kiged busu-dur teyin büged ilɣaɣsan-u tula bolai/

ilaǰu tegüs nögčigsen eyin kemer-ün/ sudur-un ayimaɣ alin-dur qoɣosun kiged/ belge ügei ba/ küseküi ügei kiged/ iledte quran üiledküi ba/ töröküi ügei kiged/ töridküi ügei ba öberčilen ügei kiged/ amitan ügei ba/ amin ügei kiged/ eǰen ügei ba/ budgali ügei-lüge/ masida toniluɣsan-u qaɣalɣ-a terigüten-i üǰügülügsen alin bui tedeger inu maɣad udq-a-yin sudur-un ayimaɣ kemeyü kemen nomlabai kemegsen bolai/

{dharma=pāla} baɣsi ber nomlaɣsan-i bi ber ügüler-ün egün-ü ǰokistu-luɣ-a masida ǰokilduɣuɣad/

ene metü busu 《sudur-un 【39-44b】 ayimaɣ》-nuɣud-ača ilaǰu tegüs nögčigsen ber ǰokiyaɣad/ ǰarliɣ bolur-un/ bi ber bükün nereyidügsen-ü öber-ün činar-tur taɣalaǰu/ busu sudur-un ayimaɣ-nuɣud-ača qamuɣ nom öberčilen ügei kiged/ töröküi ügei ba/ töridküi ügei kiged/ uɣ-ača amurliɣsan ba/ öberčilen ɣasalang-ača nögčigsen bolai/ kemen üǰügülbei/ busud-un erketü-yin mön činar-tur taɣalaǰu amitan-nuɣud-un sedkil töröküi kiged/ töridküi ba/ orčilang-dur oroqui terigüten bolai/ kemen üǰügülbei/ kemen nomlaǰuɣui/

busu basa öber-e 《sudur-un ayimaɣ》-ud-ača ilaǰu tegüs nögčigsen ǰarliɣ bolur-un/

šaribudari a dürsü kemebesü öberčilen-iyer qoɣosun büged/ öberčilen-iyer qoɣosun-u tula/ töröküi ügei töridküi bolai/ töröküi kiged töridküi ügei-yin tula/ teyin büged urbaqu ügei bolai/ sereküi kiged quran medeküi ba/ quran üiledküi-nügüd kiged teyin medeküi ču tegünčilen bolai/ kemen nomlaɣsan bülüge/

ene kemebesü bükün nereyidügsen-ü mön činar-ača taɣalaǰu/ öberčilen ber qaɣoson kiged/ töröküi ba töridküi ügei terigüten-i nomlaɣsan bolai/

busud-un erketü-yin mön činar-tur bükün nereyidügsen-ü mön činar ügei-yin tula qoɣosun činar-i nomlaɣsan-iyar/ öberčilen-iyer qoɣosun kiged töröküi ba/ töridküi ügei terigüten inu busu bolai/

tegünčilen iregsen ber tegün-lüge tedeger ɣurban ǰüil mön činar-ača/ bükün nereyidügsen-ü 【39-45a】 mön činar qoɣosun činar bolai/ busud-un erketü-yin mön činar kiged oɣoɣata bütügsen-ü mön činar qoyar anu bui-yin činar bolai/ kemen nomlaɣsan büged/ tere metü-yin tula qoɣosun činar-i üǰügülügsen sayin ǰarliɣ-nuɣud-tur taɣalaɣsan bui-yin tula daɣun yambarčilan kü nom-nuɣud ügei bolai/ kemen maɣusiyan ülü üiledküi bülüge/ daɣun yambarčilan kü udq-a-yi bariɣči alin bui tedeger kemebesü yeke kölgen-i/ maɣusiyaɣči mön kemen medegdeküi/

busu basa 《sudur-un ayimaɣ》-ača subudi e dürsü kemegdekü-yin dürsü-nügüd inu mön činar ügei-yin mön činar kemen meden üiledküi büged/ sereküi kiged quran medeküi ba/ quran üiledküi terigüten aɣui yeke-yi nomlaɣsan kürtele ču tegünčilen bolai/ kemen nomlaɣsan bülüge/

sudur-un ayimaɣ-un taɣalal kemebesü busud-un mön činar-i bügüde nereyidügsen dürsü terigüten-ü mön činar ügei ber masida ilɣan üges-eče anggiǰiraɣsan nom-un mön činar ber mön činar ügei-yin tula/ mön činar ügei-yin mön činar kemen nomlabai/ kemen üǰügülügsen bolai/

bha-vya baɣsi ber silügleged ügüler-ün/

kerber busud-un erketü-yin mön činar üneker bui busu bolbasu/ teyin bolbaču 《sudur-un ayimaɣ》-ača

nom-nuɣud nököčel-eče boluɣsan bülüge/

nököčel kiged nom qoyar ügei bolai/

ken-ber tere metü-yi sayitur 【39-45b】 medebesü/

sitün barilduɣsan-i onuɣsan kememüi/

kerber nom kemebesü nököčel-eče törögsen/

tere nom bükün ber öberčilen ügei/

kerber nom öberčilen ügei/

nom kemebesü nököčel-eče boluɣsan busu/

kemen nomlabai kemegsen bolai/

{dharma-pāla} baɣsi nomlar-un/

tere metü qoyar sudur-un ayimaɣ-ača sitüged barilduɣsan-u nom öberčilen ügei bolai/ kemen nomlaɣsan ču qarsilaqu ügei bolai/

ene metü sitün barildun boluɣsan-u nom kemebesü qoyar ǰüil bülüge/ bükün nereyiddügsen kiged busud-un erketü-yin mön činar bolai/

egün-dür taɣalaɣsan-u tula bükün nereyiddügsen-ü mön činar-i bui busu kemen üǰügülüged/

busud-un erketü-yin mön činar uɣ-ača öberčilen ügei bolai kemen nomlaɣsan anu masi ariluɣsan kiged/ qotala-ača nisvanis-un qoyar nom ču ügei kemen maɣusiyaqui boluɣsan-u tula/ qoɣosun činar-i gem kemen bariɣči kemegdeküi büged/ öber kiged busud qoyaɣula-dur qoorlaqui bolai kemebei/

bha-vya baɣsi ču ügüler-ün/

üneker busu-yin adqaɣ egün-i ken nigen qariɣulan čidaqui bülüge/ üneker üǰel-i oluɣsan čaɣ-tur öber-iyen ber arilqu bolai kemebei/

{dharma=pāla} baɣsi nomlar-un/

kerber nököčel-eče boluɣsan sedkil kiged sedkil-eče boluɣsan-u tedeger nom ču bükün nereyiddügsen-lüge adali kemen qamuɣ【39-46a】öberčilen-ü qoɣosun mön ele bügesü/ teyin atala oɣtarɣu-yin sečig-lüge adali-yin tula/ yambar metü ɣurban sansar-un amitan üküged törökü-yin orčilang-i üileddün čidaqui tere metü-ber bügesü busud-un erketü-yin mön činar kiged öber-ün mön činar ügei inu busu bolai/

šasdir-tur ǰokiyaɣsan angqan-u taɣalal ču maɣad tere adali bolai/

kerber tere metü busu bügesü yaɣun-u tula üneker busu teyin adqaɣ-un küliyesün-nügüd-i qoɣosun činar-i iledte onuɣsan-iyar masida arilɣaqu bolai kemen nomlaǰuɣui/ yasutu melekei-yin üsün-iyer küliyesün-ü üile üiledküi kiged/ taulai-yin eber-i iledte onoqui ba/ oɣoɣata arilɣan üiledčü čidaqui-yi ken-ber üǰeküi bülüge/ teyimü-yin tula sedkil kiged sedkil-eče boluɣsan nom anu bui büged sedkil-eče tusaɣar nigen bügesü oron bui kemen oɣoɣata bariɣči tedeger-i ügei kemen meden üiledkü buyu/ ananda-yi mön tegün-eče nomlaɣsan-čilan bolai kememü/

[Lee:](*三藏釋云。三種法輪者, 佛滅沒已百餘年後, 二十部諸師, 各依自宗, 以釋第一法輪。

佛滅沒已二[(1)]百年後, 龍猛菩薩, 依《般若經》, 造諸論, 謂《智度論》、《中論》等。此中, 除分別性, 顯無相理。此後, 聖提婆等, 攝受彼宗, 展轉流通。

佛滅沒已九百年後, 彌勒菩薩, 依《深密經》等, 造諸論, 謂《瑜伽》、《中邊》等。無着及世親菩薩, 攝受弘通彼宗。而於彼時, 佛法一味, 即於彼空有論, 無有諍論。

故親光云: "千年已前, 佛法一味。自此已後, 念慧漸滅, 空有乖諍, 世間廣開。"

今釋菩薩諍論者, 以如來教甚深故, 爲顯彼互相影響開示佛法。數論外道亦佛許爲解脫菩薩, 况二大士、內法補特伽羅、具慧利根, 不開示自聖教? 是故當知, 如是釋者, 爲弘通教。)

(1) 二 ⇒ 七(?); SNST: 二=*sic*

[TIB:]

sde snod gsum pa dag gis[(1)] bśad pa las ḥbyuṅ ba/ chos kyi ḥkhor lo rnam pa gsum po de yaṅ/ saṅs rgyas mya ṅan las ḥdas nas lo brgya lhag tsam lon pa na/ sde pa ñi śuḥi [ZH.68-73] slob dpon rnams so so nas raṅ gi rig pas chos kyi ḥkhor lo daṅ poḥi rnam par bśad pa dag byas so//

de nas saṅs rgyas mya ṅan las ḥdas nas lo ñis[(2)] brgya lon paḥi ḥog tu byaṅ chub sems dpaḥ klu sgrub kyis《mdo sde śes rab kyi pha rol tu phyin pa》la brten nas/ bstan bcos rnams mdsad de/ ḥdi lta ste/《śes rab kyi pha rol tu phyin paḥi ḥgrel pa》daṅ/《dbu ma》la sogs paḥo// de dag las rnam par brtags paḥi ṅo bo ñid spaṅs pas mtshan ñid med paḥi tshul rab tu bstan to//

de nas ḥphags paḥi lha la sogs pas gṣuṅ de yaṅ dag par blaṅs te/ gcig nas gcig tu brgyud ciṅ spel to//

saṅs rgyas mya ṅan las ḥdas paḥi lo dgu brgya lon pa na byaṅ chub sems dpaḥ byams pas《mdo sde dgoṅs pa zab mo ṅes par ḥgrel pa》la sogs pa la brten nas/ bstan bcos mdsad de ḥdi lta ste/《rnal ḥbyor spyod paḥi sa》daṅ《dbus daṅ mthaḥ rnam par ḥbyed pa》la sogs paḥo//

slob dpon thogs med daṅ dbyig gñen gyis gṣuṅ de yaṅ dag par blaṅs nas rab tu spel te/ deḥi tshe saṅs rgyas kyi chos ro gcig pas stoṅ pa daṅ yod par smra bas de dag la rtsod par gyur pa med do//

deḥi phyir slob dpon ñe baḥi ḥod na re/ lo stoṅ gi mdun rol du ni saṅs rgyas kyi chos ro gcig go// de tshun chad nas ni dran pa daṅ śes rab khad kyis ḥgags pas stoṅ pa daṅ yod paḥi rtsod par smra ba rnams ḥjig rten na rgyas par gyur to ṣes bśad do ṣeḥo//

ḥdir byaṅ chub sems dpaḥ rnams kyis rtsod par gyur pa rnam par bśad pa yaṅ/ de bṣin gśegs paḥi gsuṅ rab śin tu zab pas de dag phan tshun brag ca lta buḥi tshul du saṅs rgyas kyi chos rab tu [D.Ti.31b] bstan pa yin par bstan paḥi phyir ro// mu stegs graṅs can dag kyaṅ de [ZH.68-74] bṣin gśegs pas rnam par grol baḥi byaṅ chub sems dpaḥ yin no ṣes bstan pa yin no// skyes bu chen po gñis naṅ gi chos kyi gaṅ zag śes rab daṅ dbaṅ bo śin tu rno ba raṅ gis[(3)] ḥphags paḥi gsuṅ rab daṅ ḥgrel par mi mdsad pa daṅ lta ci smos te/ de lta bas na de dag gis de ltar bśad pa yaṅ/ bstan pa rgya cher spel baḥi phyir yin par rig par byaḥo//

(1) PN: gis ⇒ gi (2) ñis ⇒ bdun (?) (3) PN: gis ⇒ gi

[MON:] [39-46a:22~47a:14]

ɣurban ayimaɣ saba-tan-nuɣud-un nomlaɣsan-ača ɣaruɣsan/ ɣurban ǰüil nom-un kürdün tere ču/ burqan ɣasalang-ača nögčiǰü ǰaɣun ǰil ilegüü boluɣsan-u qoyin-a/

qorin ayimaɣ-tan baɣsi-nar öber-e öber-e-eče öber-ün uqaɣan-iyar angq-a nom-un kürdün-i sayitur nomlan üiledügsen bolai/

tendeče burqan ɣasalang-ača nögčiǰü qoyar ǰaɣun ǰil boluɣsan-u qoyin-a nagarjun-a bodhi=saduva 【39-46b】《bilig-ün činadu kürügsen sudur-un ayimaɣ》-tur sitüǰü/ šasdir-nuɣud-i ǰokiyaɣsan bülüge/ eyin uqaaɣdaqui 《bilig-ün činadu kürügsen-ü tayilburi》 kiged/ 《madiy-a {magha}》 terigüten bolai/ tedeger-eče masida nereyiddügsen-ü mön činar-i tebčigsen-iyer belge činar ügei-yin yosun-i masida üǰügülügsen bolai/

tendeče ariy-a=div-a terigüten ber tere ɣool-i üneker abuɣad/ nigen-eče nigen-dür ündüsüleǰü delgeregülbei/

burqan ɣasalang-ača nögčiǰü yisün ǰaɣun ǰil boluɣsan-u qoyin-a mayidari bodhi=saduva ber 《gün taɣalal-iyan maɣad tayiluɣsan sudur-un ayimaɣ》 terigüten-dür sitüǰü/ šasdir ǰokiyaɣsan-i eyin uqaɣdaqui/ 《yoga-yin yabudal-un ɣaǰar》 kiged 《dumda ba kiǰaɣar-i teyin büged ilɣaɣči》 terigüten bolai/

dürbel ügei baɣsi kiged basubhandu ber tere ɣool-i üneker abuɣad masida delgeregülügsen bülüge/ tere čaɣ-tur burqan-u nom nigen činar-iyar qoɣosun kiged bui-yi ügülekü-yin tula tedeger-tür temečel boluɣsan ügei bolai/

teyimü-yin tula uba=mari baɣsi ügüler-ün/

mingɣan ǰil-ün urida burqan-u nom nigen činar-tu bolai/ tegün-eče inaɣsi uqaɣan kiged bilig ulam-iyar tüyiddügsen-ü tula qoɣosun kiged bui-yin temečel-i ügülegčid yirtinčü-dür delgeregsen bolai/ kemen nomlabai kememü/

egün-dür bodhi=saduva-nar-un temečeküi boluɣsan-i sayitur nomlaɣsan ču/ tegünčilen iregsen-ü sayin ǰarliɣ 【39-47a】 masida gün-ü tula tedeger inaɣsi činaɣsi qada-yin daɣuriyan metü-yin yosun-bar burqan-u nom-i masida batu mön kemen batudɣaɣsan-u tula bolai/ tirti-nar toɣači-tan-nuɣud ču tegün-ičelen iregsen ber teyin toniluɣsan bodhiaki saduva bolai/ kemen üǰügülügsen bolai/ qoyar yeke törölkiten dotoɣadu nom-tu budgali-yin bilig kiged erketen masida qurča-dur öber-iyen qutuɣ-tu sayin ǰarliɣ-luɣ-a barilduɣul-un ese ǰokiyaɣsan-i ügülekü̈i yaɣun kereg bülüge/ teyimü-yin tula tedeger ber tere metü nomlabaču/ üǰügülügsen-i aɣui yeke-de arbidqaqu-yin tula mön kemen uqaɣdaqui/

(@0-29)[0178b04] 今此一部, 四種宗中, 眞妄俱存宗[(1)]; 約時辨宗, 了義爲宗; 隨部別宗, 三種無等爲所詮宗; 隨病別宗, 即用二諦及三性等爲所詮宗。[(2)][0178b06]

(1) SNST: '四種宗中, 眞妄俱存宗; ' ⇒ null

(2) SNST: '約時辨宗, 了義爲宗......三性等爲所詮宗。' ⇒ '隨病別宗, 即用二諦及三性、止觀等爲立宗; 隨部別宗, 三種無等爲所詮宗; 約時辨宗, 了義爲宗。'

[TIB:]

《mdo sde ḥdi》[(1)] nad tha dad pas rjes su ḥbraṅ baḥi gsuṅ las ni bden pa gñis daṅ ṅo bo ñid gsum daṅ ṣi gnas daṅ/ lhag mthoṅ la sogs pa rnam par gṣag paḥi gṣuṅ ṅo//
sde tha dad pas rab tu phye baḥi gṣuṅ las ni mtshuṅs pa med pa rnam pa gsum brjod par bya baḥi gṣuṅ du ston to//
dus kyi dbaṅ du mdsad nas rnam par bśad paḥi gṣuṅ las ni ṅes paḥi don bstan paḥi gṣuṅ yin no//

(1) +'ni

[MON:]

ene 《sudur-un ayimaɣ》-ača anggida-bar daɣaqu-yin ɣool-ača inu qoyar ünen kiged ɣurban mön činar ba/ amurlin aɣui kiged/ ülemǰi üǰeküi terigüten-i masida ilɣaqu-yin ɣool bolai/
anggida ayimaɣ-bar masida ilɣaqu-yin ɣool-ača inu adali busu ɣurban ǰüil ügülegdekün-ü ɣool-i üǰügülbei/
čaɣ-un erke-ber ǰokiyaǰu sayitur nomlaɣsan-u ɣool-ača inu maɣad udq-a-yi üǰügülkü-yin ɣool bolai/

(@0-30)[0178b07] 第三、顯所依爲, 自有二種: 一、顯教所依, 二、顯教所爲。言[(1)]所依者。聖教雖多, 總相不出二藏、三藏、十二部經[(2)]。

(1) SNST: 言 ⇒ 教

(2) SNST: '總相不出二藏、三藏、十二部經' ⇒ '要唯三藏、二藏、十二部經'

[TIB:]

de la gsum pa gnas daṅ gaṅ gi ched du gsuṅs pa bstan pa ṣes bya ba yaṅ rnam

pa gñis te/ bstan paḥi gnas bstan pa daṅ/ bstan pa gaṅ gi phyir gsuṅs pa bstan paḥo//
bstan paḥi gnas bstan pa ni ḥdi lta ste/ ḥphags paḥi gsuṅ rab la sgo maṅ du yod mod kyi/ de dag kyaṅ mdor bsdu na/ sde snod gsum daṅ sde snod gñis daṅ gsuṅ rab yan lag bcu gñis so//

[MON:]
tegün-dür ɣudaɣar oron kiged alin-u tulada ɣudaɣar-i üǰügülügsen kemeküi ču qoyar ǰüil bülüge/ üǰügülkü-yin oron-i üǰügülügsen kiged/ üǰügülküi-yi alin-u tula nomlan üǰügülügsen bolai/
üǰügülkü-yin oron-i üǰügülügsen-i eyin uqaɣdaqui/ qutuɣ-tu sayin ǰarliɣ-tur olan ǰüil bui amui ǰ-e/ tedeger-i ču tobčilan quriyabasu/ ɣurban ayimaɣ saba kiged qoyar【39-47b】ayimaɣ saba ba arban qoyar gesigütü sayin ǰarliɣ bolai/

十二部經, 至第三卷, 當廣分別。二藏、三藏, 至第五卷, 自當解釋。具如別章, 故不繁述。[1]

[1] SNST: ‘十二部經, 至第三卷......具如別章, 故不繁述’ ⇒ null

[Lee:](*言三藏者。一、素怛纜, 此云契經。“契”謂契合, 契當道理, 合有情機。“經”亦二義: 一者、貫穿, 二者、攝持。貫穿所應說義, 攝持所化有情。具斯二義, 故名“契經”。
二、毘奈耶, 此云調伏。調伏身語業七種非, 或調伏三業令不造惡, 故名“調伏”。
三、阿毘達磨, 此云對法, 對境、對果故。或名摩怛尸迦, 此云本母, 能生慧本故。
如是三種, 皆能攝藏所遍知義, 故名爲“藏”。
言二藏者。如是三藏, 下乘上乘有差別故, 則成二藏: 一、聲聞藏, 二、菩薩藏。
此二藏相, 下《第五卷》(=《如來成所作事品》)中, 當廣分別。
言十二部者。所謂契經、應頌、記別、諷頌、自說、因緣、譬喩、本生、本事、方廣、希法、論議。彼相亦《此經》下(=《分別瑜伽品》), 當廣分別。)

[TIB:]

de la sde snod gsum ṣes bya ba yaṅ daṅ po ni mdo sdeḫi sde snod de/ sū-tra ṣes bya baḫi sgra las draṅs nas mthun paḫi mdo sde ṣes ḫdren te/ mthun paḫi rigs pa daṅ/ sems can mos pa daṅ ḫtsham par gyur paḫo// mdo ṣes bya ba ni brgyus pa daṅ bsdus pa ste/ don rnams brgyus śiṅ sems can bsdus pas don ḫdi gñis daṅ ldan paḫi phyir mdo sde ṣes byaḫo//

[ZH.68-75] gñis pa ni ḫdul baḫi sde snod de lus daṅ ṅag gi las mi dge ba yan lag bdun ḫdul bar byed paḫam/ yaṅ na las rnam pa gsum ḫdul ṣiṅ mi dge ba las log paḫi phyir ḫdul ba ṣes byaḫo//

gsum pa ni chos mṅon paḫi sde snod de/ ḫdis yul mṅon du byed pa daṅ ḫbras bu mṅon du byed paḫi phyir ro// ma mo ṣes kyaṅ bya ste/ śes rab [D.Ti.32a] kyi rtsa ba skyed par byed paḫi phyir ro//

de ltar rnam pa gsum po thams cad kyis yoṅs su śes par bya baḫi don sdud ciṅ sbed pas na sde snod ces byaḫo//

de la sde snod gñis ṣes bya ba ni ḫdi ltar sde snod gsum po de dag ñid la theg pa ḫog ma daṅ goṅ maḫi bye brag yod paḫi phyir te/ des na sde snod gñis su ḫgyur te/ ñan thos kyi sde snod daṅ/ byaṅ chub sems dpaḫi sde snod do//

sde snod rnam pa ḫdi gñis kyi mtshan ñid ni ḫog nas 《mdo ḫdi ñid》 las rgya cher rnam par ḫbyed do//

de la gsuṅ rab yan lag bcu gñis ṣes bya ba ni ḫdi lta ste/ mdoḫi sde daṅ/ dbyaṅs kyis bsñad paḫi sde daṅ/ luṅ du bstan paḫi sde daṅ/ tshigs su bcad paḫi sde daṅ/ ched du brjod paḫi sde daṅ/ gleṅ gṣiḫi sde daṅ/ rtogs pa brjod paḫi sde daṅ/ de lta bu byuṅ baḫi sde daṅ/ skyes pa rabs kyi sde daṅ/ śin tu rgyas paḫi sde daṅ/ rmad du byuṅ baḫi sde daṅ/ gtan la phab par bstan paḫi sde rnams te/

de dag gi mtshan ñid kyaṅ 《mdo ḫdi ñid》 las ḫog nas rgya cher rnam par ḫbyed do//

[MON:]

tegün-dür ɣurban ayimaɣ saba kemegdeküi ču angqan anu sudur-un ayimaɣ-un ayimaɣ saba bülüge/ {sūtr-a} kemegdekü-yin/ daɣun-ača tataǰu ǰokilduqu-yin sudur kemen uduridču/ ǰokilduqu-yin uqaɣan ba/ amitan-u bisirel-lüge kiritei boluɣsan bolai/ sudur kemeküi inu delgerenggüi kiged quriyangɣui bülüge/ udq-a-nuɣud-i delgeregülüged amitan-i quriyaqu-yin ene qoyar udq-a-luɣ-a tegüsügsen-ü tula sudur-un ayimaɣ kemeyü/

qoyaduɣar anu vinai-yin ayimaɣ saba bülüge/ bey-e kelen-ü üiles-iyen nigül doluɣan gesigün-i nomuɣadqan üiledküi ba/ ese bügesü bey-e-yin ɣurban ǰüil-i nomuɣadqaɣad nigül-eče ničuɣulqu-yin tula vinai kemeyü/
ɣudaɣar anu abhi=dharm-a-yin ayimaɣ saba bülüge egün-iyer oron-i iledte bolɣaqu-yin tula bolai/ abhi=dharm-a kemen ču üiledküi büged/ bilig-ün ündüsün-i törögül-ün üiledküi-yin tula bolai/
tere metü ɣurban ǰüil-nügüd-iyer oɣoɣata medegdekün-ü udq-a-yi quriyaɣad niɣuɣsan-u tula ayimaɣ saba kemeyü/
tegün-dür qoyar ayimaɣ saba kemegdeküi inu ene metü tedeger ɣurban ayimaɣ saba-dur door-a-du kiged degedü kölgen-ü ilɣal bui-yin tula büged/ teyimü-yin tula qoyar ayimaɣ saba bolqu bülüge/ širavag-un ayimaɣ saba kiged/ bodhi=saduva-yin ayimaɣ【39-48a】saba bolai/
ene qoyar ǰüil ayimaɣ saba-yin belge činar-i door-a ene qoyar《sudur》-ača aɣui yeke-de ilɣaqu bolai/
tegün-dür arban qoyar gesigütü sayin ǰarliɣ kemeküi-yi eyin uqaɣdaqui/ sudur-un ayimaɣ kiged/ egesig-iyer ügülekü-yin ayimaɣ ba/ viyanggirid üǰügülügsen-ü ayimaɣ kiged/ silüglegsen-ü ayimaɣ ba/ tusqayilan ügülekü-yin ayimaɣ kiged/ siltaɣan-i ügülekü-yin ayimaɣ ba/ domoɣ-i ügülekü-yin ayimaɣ kiged/ edüge boluɣsan-u ayimaɣ ba/ töröl-ün čedig-ün ayimaɣ kiged/ masi delgeregsen-ü ayimaɣ ba/ tangsuɣ boluɣsan-u nom-un ayimaɣ kiged/ nutada baɣulɣan üǰügülügsen-ü ayimaɣ-nuɣud bülüge/
tedeger-ün belge činar-i ču mön kü ene《sudur》-ača door-a aɣui yeke-de sayitur ilɣaqui bolai/

然此一代如來聖教, 此國諸師意趣不同。
有說一教, 所謂一音, 義如上說。
或說二教, 所謂漸、頓。頓即《華嚴》, 餘皆是漸。漸中《涅槃》以爲了義, 餘皆不了。
【誕法師等作如是說。】
或說三教, 所謂通教、別教、圓教。
【光統法師等作如是說。慧光法師, 是國統故, 名“光統”也。】
或說四教: 一、三藏教【小乘三藏。】; 二者、通教, 謂《波若》等; 三者、別教, 謂《涅槃》等; 四者、圓教, 謂《華嚴》等。

或說五時教及七階教。

【武都山隱士劉虬云。《華嚴》等教以爲頓教。漸中五時，或開七階。

言"五時"者。一、佛初成道，爲提謂波利，說五戒十善，即是人、天教門。[1]佛成道已十二年中，說三乘差別教。如次應知四諦、緣起及六度行，未說空理。

三、佛成道已三十年中，說空宗《般若》、《維摩》、《思益》，未說一乘破三歸一。

四、成道已三十年後於八年中，說《法華經》，辨一乘義破三歸一，未說佛性，未明佛常，是不了教。

五、佛將滅度一日一夜，說《涅槃經》悉有佛性法身常住，是了義教。

言"七階"者，第二時中，開三乘教。

遠法師破云。所說年月，皆無正文也。】[2]

(1) Lee: null ⇒ +二 (2) Tibetan translation is omitted.

[0178b23] 今述西方諸師所立。[1]

有說一教，所謂一音。如羅什等。

或說二教，所謂半、滿。如曇無讖。

或說三教，如大唐三藏，依《深密》等所說四諦、無相、了義，如上已說。而說一音及半、滿等，各據一義，互不相違。所說《華嚴》及《楞伽》等，皆第三了義所攝。而言"三時所說教"者，約義淺深廣略義說，非約年歲日月前後說三時也。[2]

或說四教。所謂四諦[3]，無相[4]。或說法相，如《楞伽》等。或說觀行，如《華嚴》等。眞諦三藏作如是說。

或說五教。一者、四諦。二者、無相。三者、觀行[5]。四者、安樂，如《涅槃經》以說常樂涅槃果故。五者、守護，如《金光明》等說諸神王護國事故。婆[6]頗三藏作如是說。

(1) SNST: '今述西方諸師所立'='然此一代如來聖教，西方諸師，諸說不同。'

(2) SNST: '而說一音及半、滿等......非約年歲日月前後說三時也'=null

(3) SNST: null ⇒ +'如《阿含經》' (4) SNST: null ⇒ +'如《般若經》'

(5) SNST: null ⇒ +'義如前說' (6) JS: 婆=波

[TIB:]

de bṣin gśegs pa śākya thub pa raṅ gcig gi gsuṅ rab de dag kyaṅ/ rgya gar yul paḥi slob dpon rnams so so nas bśad pa mi mthun pas chos kyi[(1)]

[ZH.68-76] kha cig bstan pa ni rnam pa gcig ste/ ḥdi lta ste/ gsuṅ gcig go ṣes zer te/ la-śi-va[(2)] la sogs pa lta buḥo//

kha cig bstan pa ni rnam pa gñis te ḥdi lta ste/ yoṅs su ma rdsogs pa daṅ/ yoṅs su rdsogs paḥo ṣes bśad de/ tham bu chim lta buḥo//

kha cig bstan pa ni rnam pa gsum ste/ ji ltar slob dpon sde snod gsum pa hyan tsaṅ gis《ḥphags pa dgoṅs pa ṅes par ḥgrel pa》la sogs pa la brten nas ḥphags paḥi bden pa bṣi daṅ/ mtshan ñid med pa daṅ/ ṅes paḥi don ṣes bya ba goṅ du bśad pa lta buḥo//

kha cig bstan pa ni rnam pa bṣi ste/ daṅ po ni ḥphags paḥi bden pa bṣiḥi bstan pa ḥdi lta ste/《luṅ》la sogs paḥo// gñis pa ni mtshan ñid med paḥi bstan pa ḥdi lta ste/《śes rab kyi pha rol tu phyin pa》rnams so// gsum pa ni chos kyi mtshan ñid bstan pa [D.Ti.32b] ste/《ḥphags pa laṅ-kar gśegs pa》la sogs pa lta buḥo// bṣi pa ni rnal ḥbyor spyod paḥi bstan pa ste/《ḥphags pa saṅs rgyas phal po che》la sogs pa lta buḥo// slob dpon yaṅ dag bden pa ni ḥdi skad du/[(3)]

kha cig bstan pa ni rnam pa lṅaḥo ṣes zer te/ daṅ po ni bden pa bṣiḥo// gñis pa ni mtshan ñid med paḥo// gsum pa ni rnal ḥbyor spyod pa ste/ don sñar bśad pa bṣin no// bṣi pa ni śin tu bde baḥi theg pa chen poḥi ste/ ji ltar《ḥphags pa mya ṅan las ḥdas paḥi mdo》las śin tu bde ba mya ṅan las ḥdas paḥi ḥbras bu bśad pa lta buḥo// lṅa pa ni theg pa chen po yoṅs su sruṅ ba ste/ ji ltar《ḥphags pa gser ḥod dam pa》la sogs pa las lhaḥi rgyal po rnams yul yoṅs su bsruṅ bar bśad pa lta buḥo ṣeḥo// slob dpon sde snod gsum pa pas[(4)]

(1) PN: 'chos kyi' ⇒ null (2) PN: 'la-śi-va' ⇒ 'la-śibs' (3) du/ ⇒ do//

(4) pas ⇒ 'bha bu ni ḥdi skad do//'

[MON:]

tegünčilen iregsen sigemüni ɣaɣča öber-ün tedeger sayin ǰarliɣ-i ču enedkeg-ün oron-u baɣsi-nar-nuɣud öber öber-e-eče ülü ǰokilduqu-yin tula

ǰarim nigen üǰügülügsen inu nigen ǰüil büged/ eyin uqaɣdaqui/ nigen ǰarliɣ bolai kemen ügüleged/ la-šibs terigüten metü bolai/

ǰarim-ud üǰügülügsen inu qoyar ǰüil büged eyin uqaɣdaqui/ oɣoɣata ese tegüsügsen kiged/ oɣoɣata tegüsügsen bolai/ kemen nomlaɣad/ tambu-čim

metü bolai/
ǰarim-ud üǰügülügsen inu ɤurban ǰüil bülüge/ yambar metü kemebesü ɤurban ayimaɤ saba-tu {hin}zang baɤsi ber《qutuɤ-tu taɤalal-iyan maɤad tayiluɤsan》terigüten-dür sitüǰü【39-48b】qutuɤ-tan-u dörben ünen kiged/ belge činar ügei ba/ maɤad udq-a kemegdeküi-yi deger-e nomlaɤsan metü bolai/
ǰarim-ud üǰügülügsen inu dörben ǰüil bülüge/ angqan anu qutuɤ-tan-u dörben ünen-i üǰügülügsen-i eyin uqaɤdaqui/《üduriɤulsun》terigüten bolai/ qoyaduɤar anu belge činar ügei-yi üǰügülügsen-i eyin uqaɤdaqui/《bilig-ün činadu kürügsen》-nügüd bolai/ ɤudaɤar anu nom-un belge činar-i üǰügülügsen büged/《qutuɤ-tu langga-dur aǰiraɤsan》terigüten metü bolai/ dödüger inu yoga-yin yabudal-i üǰügülügsen büged/《qutuɤ-tu burqan olangki》terigüten metü bolai/ kememü/ üneker ünen kemekü baɤsi eyin kemer-ün/
ǰarim-ud üǰügülügsen inu tabun ǰüil bolai/ kemen ügüleged/ angqan anu dörben ünen bolai/ qoyaduɤar anu belge činar ügei bolai/ ɤudaɤar anu yoga-yin yabudal büged/ udq-a anu urida nomlaɤsan-čilan bolai/ dödüger inu masida amuɤulang-un yeke kölgen bülüge/ yambar metü kemebesü《qutuɤ-tu bari=nirvan-u sudur》-ača masida amuɤulang kemebesü ɤasalang-ača nögčigsen-ü ür-e-yi nomlaɤsan metü bolai/ tabdaɤar anu yeke kölgen-i oɤoɤata sakiɤči bülüge/ yambar metü kemebesü《qutuɤ-tu degedü altan gerel-tü》terigüten-eče tngri-yin qaɤan-nuɤud oron-i oɤoɤata sakiqui kemen nomlaɤsan metü kemebei/ ɤurban ayimaɤ saba-tu baɤsi/

今此一部, 二藏之中菩薩藏攝, 三藏教內[(1)]達摩[(2)]藏收[(3)], 十二部中論議、經攝。
三時教中了義教收, 四教之內法相、觀行, 五教門中觀行門也。[(4)]

(1) SNST: null ⇒ +'經藏、' (2) JS: 摩 ⇒ 磨 (3) SNST: null ⇒ +'分別法相, 能生智故'
(4) SNST: '三時教中……觀行門也'=null

[TIB:]
《mdo sde ḥdi》ni sde snod rnam pa gñis las byaṅ chub sems dpaḥi sde [ZH.68-77] snod kyis bsdus so//
sde snod gsum las ni mdo sdeḥi sde snod kyis bsdus so// yaṅ na chos mṅon paḥi sde snod kyis bsdus te/ chos rnams kyi mtshan ñid rnam par ḥbyed ciṅ/ śes pa rab tu bskyed paḥi phyir ro//

gsuṅ rab yan lag bcu gñis pa ni gtan la phab par bstan paḥi sdes bsdus so// yaṅ na mdoḥi sdes bsdus par bltaḥo ṣes bśad do//

[MON:]
sudur-un ayimaɣ ene kemebesü qoyar ǰüil ayimaɣ saba-ača【39-49a】bodhi= saduva-yin ayimaɣ saba-bar quriyaɣsan bolai/
ɣurban ayimaɣ saba-ača inu sudur-un ayimaɣ saba-bar qoriyaɣsan bolai/ ese bügesü abhi=dharm-a-yin ayimaɣ saba-bar quriyaɣsan bülüge/ nom-nuɣud-un belge činar-i teyin ilɣaɣad/ medel-i sayitur törögülügsen-ü tula bolai/
arban qoyar gesigütü sayin ǰarliɣ-i sigiyid(?)-ün baɣulɣaqui-bar üǰügülügsen-ü ayimaɣ-iyar quriyaɣsan bolai/ ese bügesü sudur-un ayimaɣ-iyar quriyaɣsan metü bolai/ kemen nomlaǰuɣui/

(@0-31) 言[(1)]所爲者, 自有二種: 一者、總明諸教所爲, 二者、別明此教所被[(2)]。
諸教所爲, 具有五性, 所謂三乘、不定、無性。[(3)]

(1) SNST: 言 ⇒ 教 (2) SNST: 被 ⇒ 爲
(3) SNST: '諸教所爲, 具有五性, 所謂三乘、不定、無性' ⇒ '諸教所爲, 雖有無量, 略唯四種。'

[TIB:]
de la bstan pa gaṅ gi phyir gsuṅs pa bstan pa ṣes bya ba yaṅ rnam pa gñis te/ gsuṅ rab thams cad kyi gaṅ gi phyir gsuṅs pa spyir bstan pa daṅ/《mdo sde ḥdi ñid》kyi gaṅ gi phyir gsuṅs pa bstan paḥo//
gsuṅ rab thams cad kyi gaṅ gi phyir gsuṅs pa yaṅ tshad med mod kyi/ mdor bsdu na rnam pa bṣi kho naḥo//

[MON:]
tegün-dür üǰügülküi inu alin-u tula nomlaɣsan-i üǰügülküi kemekü ču qoyar ǰüil bülüge/ qamuɣ sayin ǰarliɣ-i alin-u tula nomlaɣsan-i ǰiči üǰügülküi ba/ sudur-un ayimaɣ mön kü egün-i alin-u tula nomlaɣsan-i üǰügülküi bolai/
qamuɣ sayin ǰarliɣ-i alin-u tula nomlaɣsan ču čaɣlasi ügei amui ǰ-e/ tobčilan quriyabasu imaɣta dörben ǰüil bolai/

[Lee:](*一、自有二種: 一、不般涅槃法者, 二、般涅槃法者。
故《瑜伽》云: “若般涅槃法者, 一切種子皆悉具足。不般涅槃法者, 便闕三種菩提種子。”
二、或說三種: 一、正性定聚, 二、邪性定聚, 三、不定聚。
《婆沙論》[(1)]云: “正性定聚, 謂般涅槃法者。邪性定聚, 謂不般涅槃法者。”
三、或說四種。)[0178c14]故[(2)]《善戒經》第二[(3)]卷云: “衆生調伏, 有其四種: 一者、有聲聞性, 得聲聞道; 二者、有緣覺性, 得緣覺道; 三者、有佛性, 得佛道; 四者、有人天性, 得人天樂。”
《地持》第二[(3)], 亦同《善戒經》。
《彼》云: “人成就者, 略說四種。有聲聞性, 以聲聞乘而成就之。有緣覺性, 以緣覺乘而成就之。有佛種性, 以無上乘而成就之。無種性者, 則以善趣而成熟[(4)]之。如是四人, 諸佛菩薩, 以此四事而成熟[(4)]之。”
《瑜伽》三十七, 亦同《地持》。
解云。不定[(5)]不離三乘[(5)], 乘[(6)]乘之內菩薩性攝, 故不別說。又准此文, 三法輪外, 理應別有人天教門。就勝說故, 且說三時法輪。或可。攝在苦集教中。[(7)][0179a01]

(1) SNST: 《saṅs rgyas kyi saḥi ḥgrel pa》=《佛地論》. 《佛地論》, the source text of the quoted passage, does not contain the given passage. Hence, there has been a correction to the source text from the 《佛地論》 to the 《婆沙論》. Cf.(@2-54).

(2) SNST: 故 ⇒ 如 (3) Taisho, Baek(2013a): 二 ⇒ 三 (4) JS, Taisho, SNST: 熟 ⇒ 就

(5) SNST: null ⇒ +‘種性’/‘性’ (6) JS: 乘 ⇒ 三; SNST: ‘乘乘之內’=null

(7) SNST: ‘又准此文, 三法輪外......或可。攝在苦集教中’=null

[TIB:]
de la daṅ po yaṅ rnam pa gñis te/ mya ṅan las ḥdaḥ baḥi chos can ma yin pa daṅ/ mya ṅan las ḥdaḥ baḥi chos can dag go//
deḥi phyir 《bstan bcos rnal ḥbyor spyod paḥi sa》 las
yoṅs su mya ṅan las ḥdaḥ baḥi chos can dag ni/ sa bon yoṅs su tshaṅ ba yin no// yoṅs su mya ṅan las ḥdaḥ baḥi chos can ma yin pa dag ni byaṅ chub sems dpaḥ[(1)] gsum gyi sa bon med pa yin no ṣes bstan to//
gñis pa [D.Ti.33a] ni kha cig las rnam pa gsum mo ṣes bśad de/ ḥdi lta ste/ yaṅ dag pa ñid du ṅes pa daṅ/ log pa ñid du ṅes pa daṅ/ ma ṅes paḥi phuṅ poḥo//

《saṅs rgyas kyi saḥi ḥgrel pa》[(2)] las

yaṅ dag pa ñid du ṅes paḥi phuṅ po ni ḥdi lta ste/ mya ṅan las ḥdas paḥi chos can dag go// log pa ñid du ṅes paḥi phuṅ po ni mya ṅan las ḥdas pa ñid kyi chos can ma [ZH.68-78] yin pa dag go ṣes bśad do//

gsum pa ni kha cig las rnam pa bṣiḥo ṣes bśad de/ ji ltar 《legs paḥi tshul khrims bstan paḥi mdo》 las/

ḥdul bar bya baḥi sems can ni rnam pa bṣi yod de/ ñan thos kyi rigs can dag ñan thos kyi lam ḥthob par ḥgyur ba daṅ/ raṅ saṅs rgyas kyi rigs can dag raṅ saṅs rgyas kyi lam ḥthob par ḥgyur ba daṅ/ saṅs rgyas kyi rigs can dag saṅs rgyas kyi lam ḥthob par ḥgyur ba daṅ/ lha daṅ miḥi rigs can daṅ lha daṅ miḥi bde ba ḥthob par ḥgyur baḥo ṣes gsuṅs te/

《bstan bcos [(3)]yoṅs su ḥdsin pa》 las kyaṅ ḥdi daṅ mthun par bśad do//

gsum pa[(4)]

gaṅ zag de dag yoṅs su smin par bya ba daṅ/ mdor bsdu na rnam pa bṣi yod do// ñan thos kyi rigs can dag ni ñan thos kyi theg pas yoṅs su smin par bya ba daṅ/ raṅ saṅs rgyas kyi rigs can dag ni raṅ saṅs rgyas kyi theg pas yoṅs su smin par bya ba daṅ/ saṅs rgyas kyi rigs can dag ni bla na med paḥi theg pas yoṅs su smin par bya ba daṅ/ rigs med pa dag ni bde ḥgroḥi lam gyis yoṅs su smin par bya ba ste/ ḥdi ltar gaṅ zag bṣi po de dag ni de bṣin gśegs pa daṅ/ byaṅ chub sems dpaḥ rnams chos bṣi po ḥdi dag gis yoṅs su smin par mdsad de/[(5)]

《rnal ḥbyor spyod paḥi sa》 las kyaṅ 《bstan bcos [(3)]yoṅs su ḥdsin pa》 las ḥbyuṅ ba daṅ mthun par bśad do//

ma ṅes paḥi rigs can dag ni theg pa gsum gyi rigs can las gud na med de/ byaṅ chub sems dpaḥi rigs kyis bsdus paḥi phyir logs śig tu ma bśad do//

(1) 'sems dpaḥ' ⇒ null

(2) '《saṅs rgyas kyi saḥi ḥgrel pa》' ⇒ '《bye brag tu bśad pa chen po》'

(3) +sa (4) 'gsum pa' ⇒ '《de ñid》 las' (5) de/ ⇒ do ṣes gsuṅs te/

[MON:]

tegün-dür angqan ču qoyar ǰüil bülüge/ ɣasalang-ača nögčigsen-ü nom-tan busu kiged ɣasalang-ača nögčigsen-ü nom-tan-nuɣud bolai/ teyimü-yin tula yoga-yin yabudal-un ɣaǰar neretü šasdir-ača/

bari=nirvan nom-tan-nuɣud kemebesü köröngge oɣoɣata ariɣun mön bolai/ bari=nirvan nom-tan busu-nuɣud kemebesü/ ɣurban bodhi=saduva-yin köröngge ügei bolai/ kemen nomlabai/

qoyaduɣar anu ǰarim-ud-ača dörben ǰüil bolai/ kemen nomlaɣsan büged/ eyin uqaɣdaqui üneker-tür maɣadlaɣsan kiged buruɣu-dur maɣadlaɣsan ba/ 【39-49b】 ese maɣadlaɣsan-u čoɣča bolai/

《burqan-u ɣaǰar-un tayilburi》-ača

üneker-tür maɣadlaɣsan-u čoɣča-yi eyin uqaɣdaqui ɣasalang-ača nögčigsen nom-tan-nuɣud bolai/ buruɣu-dur maɣadlaɣsan-u čoɣča kemebesü ɣasalang-ača nögčigsen nom-tan busu-nuɣud bolai/ kemen nomlaǰuɣui/

ɣudaɣar anu ǰarim-ud-ača dörben ǰüil/ kemen nomlaɣsan büged/ yambar metü kemebesü 《šaɣšabad-i sayitur nomlaɣsan sudur》-ača/

nomuɣadqaɣdaqun-u amitan kemebesü dörben ǰüilbui bülüge/ širavag-un iǰaɣur-tan-nuɣud širavag-un mör-i olquy-a boluɣsan kiged bradigabud-un iǰaɣur-tan-nuɣud bradigabud-un mör-i olquy-a boluɣsan ba/ burqan-u iǰaɣur-tan-nuɣud burqan-u mör-i olquy-a boluɣsan kiged/ tngri kiged kümün-ü iǰaɣur-tan-nuɣud tngri kiged kümün-ü amuɣulang-i olquy-a boluɣsan bolai/ kemen nomlaɣsan büged/

《oɣoɣata bariɣči šasdir》-ača ču egün-lüge ǰokilduɣul-un nomlaǰuɣui/ ɣudaɣar tedeger budgali-yi oɣoɣata bolbasuraɣul-un üiledküi ba/ tobčilan quriyabasu dörben ǰüil bui bolai/ širavag-un iǰaɣur-tan-nuɣud-i širavag-un kölgen-iyer oɣoɣata bolbasuraɣul-un üiledküi kiged/ bradigabud-un iǰaɣur-tan-nuɣud-i bradigabud-un kölgen-iyer oɣoɣata bolbasuraɣul-un üiledküi ba/ burqan-u iǰaɣur-tan-nuɣud-i tengsel-ügei-yin kölgen-iyer oɣoɣata bolbasuraɣul-un üiledküi 【39-50a】 kiged/ iǰaɣur-ügei-nügüd-i emör amitan-u mör-iyer oɣoɣata bolbasuraɣul-un üiledküi bülüge/ ene metü tedeger dörben budgali-yi tegünčilen iregsen kiged bodhi=saduva-nuɣud edeger dörben nom-iyar oɣoɣata bolbasuraɣul-un üiledküi bülüge/

《yoga-yin yabudal-un ɣaǰar》-ača ču 《oɣoɣata bariɣči šasdir》-ača nomlaɣsan-luɣ-a ǰokilduɣul-un nomlaǰuɣui/

ese maɣadlaɣsan iǰaɣur-tan-nuɣud kemebesü ɣurban kölgen-ü iǰaɣur-tan-ača amgɣida ügei bülüge/ bodhi=saduva-yin iǰaɣur-iyar quriyaɣsan-u tula tusaɣar nigen-e ese nomlaǰuɣui/

[Lee:](*四、或說五種。謂前四上更加無性，即爲五種性故。

又《入楞伽》云: "有五種性。一者、聲聞乘性，二者、辟支佛乘性，三者、如來乘性，四者、不定乘性，五者、無性。”
問。若三乘種子有所闕名爲“無性”，《入楞伽》所說“無性”，如何會釋？
故《四卷楞伽》云：“大慧白佛言。世尊！此中云何畢竟不般涅槃？
佛告大慧。一闡提有二種：一者、菩薩，二者、一闡提。
菩薩一闡提者，知一切法本來般涅槃已，畢竟不般涅槃，而非捨一切善根一闡提也。
大慧！捨一切善根一闡提者，復以如來神力故，或時善根生。所以者何？謂如來不捨一切衆生故。以是故，菩薩一闡提不般涅槃。”
解云。無性有二種：一者、時邊，二者、畢竟。故《莊嚴》第一云：“無般涅槃法者，是無性位，此略有二種：一者、時邊般涅槃法，二者、畢竟無涅槃法。”《入楞伽》依初意說，《瑜伽》依後意說，互不相違。
又解。就《入楞伽》所說“無性”中，大分爲二。初、捨諸善根，即是“時邊”。後、菩薩憐愍，不如《莊嚴》所說“畢竟無性”。)

[TIB:]
bṣi pa ni kha cig las rnam pa lṅaḥo ṣes bśad de/ [D Ti 33b] ḥdi lta ste/ sṅa ma bṣiḥi steṅ du yaṅ rigs ma ṅes pa bsnan na rigs rnam pa lṅar ḥgyur baḥi phyir ro//
[ZH.68-79] gṣan yaṅ《ḥphags pa laṅ-kar gśegs paḥi mdo》las/
rigs ni rnam pa lṅa yod de/ ñan thos kyi theg paḥi rigs can daṅ/ raṅ saṅs rgyas kyi theg paḥi rigs can daṅ/ byaṅ chub sems dpaḥi theg paḥi rigs can daṅ/ theg pa ma ṅes paḥi rigs daṅ/ rigs med paḥo ṣes gsuṅs so//
gal te theg pa gsum gyi sa bon ma tshaṅ ba la rigs med pa ṣes bya ba nas(1)/《ḥphags pa laṅ-kar gśegs paḥi mdo》las gsuṅs paḥi rigs med pa ste(2)/ ji ltar brda sprod ciṅ rnam par bśad par byas te/ deḥi phyir《mdo de ñid bam po bṣir byas pa》las/
blo gros chen pos bcom ldan ḥdas la gsol ba/ bcom ldan ḥdas ḥdi la gtan du mya ṅan las mi ḥdaḥ ba gaṅ lags/ bcom ldan ḥdas kyis bkaḥ stsal ba/ blo gros chen po ḥdod chen pa ni rnam pa gñis yod de/ byaṅ chub sems dpaḥ daṅ/ ḥdod chen pa ñid do// de la byaṅ chub sems dpaḥi ḥdod chen pa ni chos thams cad gzod ma nas mya ṅan las ḥdas par śes nas gtan du mya ṅan las mi ḥdaḥ ste/ dge baḥi rtsa ba thams cad spaṅs paḥi ḥdod chen pa ni ma yin no//

blo gros chen po dge baḫi rtsa ba thams cad spaṅs paḫi ḫdod chen pa yaṅ de bṣin gśegs paḫi byin gyi rlabs kyis brgya la gal te dge baḫi rtsa ba bskyed par ḫgyur ro// de ciḫi phyir ṣe na/ ḫdi ltar de bṣin gśegs pa rnams sems can thams cad yoṅs su mi gtoṅ baḫi phyir ro// de ltar deḫi phyir byaṅ chub sems dpaḫ ḫdod chen pa rnams yoṅs su mya ṅan las mi ḫdaḫo ṣes gsuṅs so ṣe na/
rigs med pa ni rnam pa gñis te/ dus kyi mthaḫ la ltos pa daṅ/ gtan du baḫo// deḫi phyir 《bstan bcos mdo sdeḫi rgyan》 las
mya ṅan las mi ḫdaḫ baḫi [ZH.68-80] chos can ni rnam pa gñis te/ dus kyi mthaḫ la ltos pa daṅ/ gtan du baḫo ṣes ḫbyuṅ ste/
《ḫphags pa laṅ-kar gśegs pa》 ni daṅ po las dgoṅs te [D.Ti.34a] gsuṅs la/ 《rnal ḫbyor spyod paḫi sa》 las phyi ma la bsams te bstan pa ni ḫgal ba med do// gṣan yaṅ 《ḫphags pa laṅ-kar gśegs paḫi mdo》 las rigs can(3) rnam pa gñis su phye ste/ daṅ po ni dge baḫi rtsa ba spaṅs pa ste/ de dus kyi mthaḫ la ltos paḫo// gñis pa ni gtan du ba ste/ de ni byaṅ chub sems dpaḫi sñiṅ rje can yin par bstan pas/ 《mdo sdeḫi rgyan》 las gtan du rigs med par bśad pa lta bu ni ma yin no//

(1) nas ⇒ 'yin na' (2) ste ⇒ de (3) 'rigs can' ⇒ 'rigs med pa'

[MON:]
dödüger inu ǰarim-ud-ača tabun ǰüil bolai/ kemen nomlaɤsan büged/ eyin uqaɤdaqui/ uridu dörben-ü deger-e iǰaɤur ese maɤadlaɤsan-i nemebesü tabun ǰüil iǰaɤur boluɤsan-u tula bolai/
busu basa 《qutuɤ-tu langga-dur aǰiraɤsan sudur》-ača
iǰaɤur kemebesü tabun ǰüil bui bülüge/ širavag-un kölgen-ü iǰaɤur-tan kiged bradigabud-un kölgen-ü iǰaɤur-tan ba/ bodhi=saduva-yin kölgen-ü iǰaɤur-tan kiged/ kölgen-i ese maɤadlaɤsan-u iǰaɤur ba/ iǰaɤur ügei bolai/ kemen nomlaǰuɤui/
kerber ɤurban kölgen-ü köröngge-dür ese nereyiddügsen büged iǰaɤur ügei kemegdeküi-yi ču/ 《qutuɤ-tu langga-dur aǰiraɤsan sudur》-ača nomlaɤsan-u tula iǰaɤur ügei bülüge/ yambar metü kemebesü tokiyalaɤad sayitur nomlan üiledügsen bülüge/ teyimü-yin tula mön kü 《tere sudur-i dörben bülüglegsen》-eče/
【39-50b】 {mahā-mati} ber ilaǰu tegüs nögčigsen-e öčir-ün/ ilaǰu tegüs nögčigsen e egün-dür asida nirvan ülü bolqu alin bui/

ilaǰu tegüs nögčigsen ǰarliɣ bolur-un/ {mahā-mati} a yeke küsel kemebesü qoyar ǰüil bui bülüge/ bodhi=saduva kiged yeke küsel bolai/ tegün-dür bodhi=saduva-yin yeke küsel kemebesü qamuɣ nom-i uɣ-ača nirvan bolqu kemen medeǰü uda ɣasalang-ača ülü nögčikü bülüge/ buyan-u ündüsün bügüde tebčigsen yeke küsel inu busu bolai/

{mahā-mati} buyan-u ündüsün bügüde-yi tebčigsen yeke küsel ču tegünčilen iregsen-ü yosuɣar adistid-iyar kerbe nigen čaɣ-tur buyan-u ündüsün töröküy-e bolqu bolai/ tere yaɣun-u tula kemebesü/ ene metü tegünčilen iregsed qamuɣ amitan-i oɣoɣata ese tebčigsen-ü tula bolai/ teyimü-yin tula bodhi=saduva yeke küsel-nügüd oɣoɣata ɣasalang-ača ülü nögčikü buyu/ kemen nomlaɣsan bolai kemebesü/

iǰaɣur ügei inu qoyar ǰüil bülüge/ čaɣ-un ečüs-tür dulduyidduɣsan kiged/ asida-dur bolai/ teyimü-yin tula 《sudur ayimaɣ-un čimeg-ün šasdir》-ača/ ɣasalang-ača ese nögčigsen-ü nom-tan qoyar ǰüil bui bülüge/ čaɣ-un ečüs-tür dulduyidduɣsan kiged/ asida bolai/ kemen nomlaɣsan bülüge/

《qutuɣ-tu langga-dur aǰiraɣsan》 anu angqan-dur taɣalan nomlaɣsan büged/ 《yoga-yin yabudal-un ɣaǰar》 kemebesü qoyitu-dur sedkin üǰügülügsen inu qarsilaqu ügei bolai/

busu basa 【39-51a】《qutuɣ-tu langga-dur aǰiraɣsan sudur》-ača/ qoyar ǰüil iǰaɣur-tan bolɣan ilɣaqui bülüge/ angqan anu buyan-u ündüsün-i tebčigči büged/

tere kemebesü čaɣ-un ečüs-tür dulduyidduɣči bolai/ qoyaduɣar anu asida bülüge/ tere kemebesü bodhi=saduva nigülesküi-ten mön kemen üǰügülügsen-ü tula/ 《sudur ayimaɣ-un čimeg》-eče asida iǰaɣur ügei kemen nomlaɣsan metü inu busu bolai/

[Lee:](*問。定性二乘入無餘依界時，爲是衆生爲非衆生耶?

答。非衆生攝，無現識故。

若爾，應減衆生過。所以者何? 無始故無增，無終故無減。

問。若有增者，可說有減。若有減者，何緣《經》說“一切衆生無增無減”?

解云。若言先增有減，卽於後乃成難。

然增減者，自有兩釋。

一、眞諦等云。依諸宗，有其四句。

一、有始無終。如五分律宗釋“不般涅槃法者”。

二、無始有終。如說一切有部及經量部宗。

三、始終俱有。如五分律部釋“般涅槃法者”。

四、始終俱無。如經量部宗說“不般涅槃法者”, 大乘宗說“一切衆生無有始終”。

是故, 於諸宗中, 有增減過, 依大乘宗, 無增減過。或可。小乘宗中, 除第一句。

二、大唐三藏云。依小乘釋, 義如前解。依大乘宗, 有其二句。

一、無始有終, 謂定性二乘。

二、始終俱無, 謂無性衆生、餘定性及定性菩薩。

經中所說“無增無減”者, 意說理性, 故無有失。)

[TIB:]

rigs ṅes paḥi theg pa gñis po de dag lhag ma med paḥi dbyiṅs su ṣugs paḥi tshe/ sems can yin nam/ ḥon te sems can ma yin pa ṣes brjod/

sems can gyis bsdus pa ma yin te/ mṅon sum gyi rnam par śes pa med paḥi phyir ro//

gal te de lta na ḥo na ni sems can ḥgrib paḥi skyon daṅ ldan par ḥgyur te/ de ciḥi phyir ṣe na/ thog ma med paḥi phyir ni ḥphel ba med la/ tha ma med paḥi phyir ni ḥgrib pa med do//

gal te ḥphel ba yod par gyur na ni ḥgrib pa yaṅ yod par ḥgyur ro// gal te ḥgrib pa yod na ciḥi phyir《mdo》las sems can thams cad ni ḥphel ba med pa daṅ/ ḥgrib pa med paḥo ṣes gsuṅs/

sṅar ḥphel ba daṅ ḥgrib pa yod do ṣes smras na ni phyis gdod klan kar bya ba yin na yaṅ ḥphel ba daṅ ḥgrib pa ṣes brjod pa ni bśad pa rnam pa gñis yod pa yod de/

de la daṅ po ni slob dpon yaṅ dag bden pa la sogs pas so soḥi gṣuṅ rnams la brten nas mu rnam pa bṣir bstan te/

daṅ po ni thog ma yod la tha ma med par ḥdod pa ste/ ji ltar ḥdul ba phyogs lṅa paḥi gṣuṅ las mya ṅan las ḥdaḥ [ZH.68-81] baḥi chos can ma yin pa ṣes bśad pa lta buḥo//

gñis pa ni thog ma med pa daṅ tha ma yod par ḥdod pa ste/ thams cad yod par smra ba daṅ/ mdo sde tshad mar byed pa[(1)] sde paḥi gṣuṅ lta buḥo//

gsum pa ni thog ma daṅ tha ma yod par ḥdod pa ste/ ḥdul ba phyogs lṅa paḥi sde pa dag mya ṅan las ḥdaḥ baḥi chos can ṣes bśad pa lta buḥo//
bṣi pa ni thog ma daṅ tha ma med par [D.Ti.34b] ḥdod pa ste/ mdo sde tshad mar byed paḥi sde paḥi gṣuṅ gi mya ṅan las ḥdaḥ baḥi chos can ma yin pa ṣes bstan pa daṅ/ theg pa chen poḥi gṣuṅ las sems can thams cad ni thog ma daṅ tha ma med paḥo ṣes bstan pa lta bu ste/
de lta bas na gṣuṅ dag la ni ḥphel ba daṅ ḥgrib pa yod paḥi skyon yod kyi/ theg pa chen poḥi gṣuṅ daṅ sbyar na ni ḥphel ba daṅ ḥgrib paḥi skyon med do// yaṅ na theg pa chuṅ ṅuḥi gṣuṅ gis mu daṅ po bkol ba laḥo//
gñis pa ni slob dpon hyan tsaṅ gis theg pa chuṅ ṅuḥi gṣuṅ la brten nas bśad paḥi don ni sṅar bśad pa bṣin no// theg pa chen poḥi gṣuṅ la brten nas ni mu rnam pa gñis te/
daṅ po ni thog ma med pa la tha ma yod pa ḥdi lta ste/ rigs ṅes paḥi theg pa pa gñis so//
gñis pa ni thog ma daṅ tha ma med pa ni ḥdi lta ste/ rigs med paḥi sems can daṅ/ gṣan rigs ṅes pa daṅ/ rigs ṅes paḥi byaṅ chub sems dpaḥ rnams so//
mdoḥi sde las ḥphel ba daṅ/ ḥgrib pa med par gsuṅs pa ni don gyi ṅo bo ñid la dgoṅs te/ bstan paḥi phyir ñes pa med do//

(1) PN: pa ⇒ paḥi

[MON:]
ijaɤur-i maɤadlaɤsan tedeger qoyar kölgen ülegdel ügei-yin töb-tür orosiqu-yin čaɤ-tur/ amitan mön buyu-uu/ teyin atala amitan busu kemen ügülemüi/
amitan-i quriyaɤči busu bülüge/ ilete-yin teyin medeküi ügei-yin tula bolai/
kerber tere metü bolbasu amitan baɤuraqu-yin gem-lüge tegüsküy-e bolqu bolai/ tere yaɤun-u tula kemebesü/ terigün ügei-yin tula nemeküi ügei büged/ ečüs ügei-yin tula baɤuraqu ügei bolai/
kerbe nemeküi bui bolbasu ber baɤuraqui bui bolqu bolai/ kerber yaɤun-u tula sudur-ača qamuɤ amitan kemebesü nemeküi ügei kiged/ baɤuraqui ügei bolai/ kemen nomlaɤsan/
urida nemeküi kiged baɤuraqui bui bolai/ kemen ügülebesü qoyin-a sayi temečen üiledküi mön bügesü ber nemeküi kiged baɤuraqu kemen ügülegsen-i nomlaɤsan anu qoyar ǰüil bui bolqu bülüge/
tegün-dür angqan anu üneker ünen kemekü baɤsi terigüten ber öber öber-ün ɤool-nuɤud-tur sitüǰü dörben ǰüil bolɤan nomlaɤsan büged/

angqan anu terigün bui-dur ečüs ügei kemen【39-51b】taɣalaɣči bülüge/ yambar metü kemebesü vinai-yin tabun ayimaɣ-tan-u ɣool-ača ɣasalang-ača nögčikü-yin nom-tan busu kemen nomlaɣsan metü bolai/
qoyaduɣar anu terigün-ügei büged ečüs bui kemen taɣalaɣči bülüge/ qamuɣ-i bui kemen ügülegčin kiged/ sudur-un ayimaɣ-i silɣadaɣ bolɣaɣči-yin ayimaɣ-tan-u ɣool metü bolai/
ɣudaɣar anu terigün kiged ečüs bui kemen taɣalaɣči bülüge/ vinai-yin tabun ayimaɣ-tan-u ayimaɣ-tan-nuɣud ɣasalang-ača nögčikü-yin nom-tan kemen nomlaɣsan metü bolai/
dödüger inu terigün kiged ečüs ügei kemen taɣalaɣči bülüge/ sudur-un ayimaɣ-i silɣadaɣ bolɣaɣči-yin ayimaɣ-tan-u ɣool-iyar ɣasalang-ača nögčikü-yin nom-tan busu kemen üǰügülügsen kiged/ yeke kölgen-ü ɣool-ača qamuɣ amitan kemebesü terigün kiged ečüs ügei bolai/ kemen nomlaɣsan metü bülüge/
teyimü-yin tula busu ɣool-nuɣud-tur anu nemeküi kiged baɣuraqu-yin gem bui ǰ-e/ yeke kölgen-ü ɣool-luɣ-a nayiraɣulbasu ber nemeküi kiged baɣuraqu-yin gem ügei bolai/ ese bügesü öčüken kölgen-ü ɣool-iyar angqan-u ǰüil-i ilɣaɣsan bolai/
qoyaduɣar anu {hen}-zang baɣsi öčüken kölgen-ü ɣool-dur sitüǰü nomlaɣsan udq-a anu uridu nomlaɣsan-čilan bolai/ yeke kölgen-ü ɣool-dur sitübesü qoyar ǰüil büged/
aɣsan(⇒angqan) anu terigün ügei büged/ ečüs bui-yi eyin uqaɣdaqui/ iǰaɣur-i maɣadlaɣsan qoyar kölgeten bolai/
qoyaduɣar anu terigün kiged【39-52a】ečüs ügei-yi eyin uqaɣdaqui/ iǰaɣur ügei-yin amitan kiged/ busu iǰaɣur-i maɣadlaɣsan ba/ iǰaɣur-i maɣadlaɣan {bodhi}=saduva-nuɣud bolai/
sudur-un ayimaɣ-ača nemeküi kiged/ baɣuraqui ügei kemen nomlaɣsan anu udq-a-yin mön činar-tur taɣalaɣsan bülüge/ üǰügülügsen gem ügei bolai/

[Lee:](*問。依《瑜伽》及《顯揚》, 彼云“以五過失, 建立有無性衆生”, 而《佛性論》云“以五過失, 建立無性衆生”, 如何會釋?
解云。玄奘作如是說。《佛性論》所說“無性三種”等者, 多不同自所宗, 故不可誠。
五性之義, 具如別章。)

[TIB:]
《bstan bcos rnal ḥbyor spyod paḥi sa》 daṅ 《rnam par bśad pa》 daṅ sbyar na de dag las ḥdi ltar skyon rnam pa lṅas rigs yod pa daṅ med paḥi sems can rnam par gṣag par bsgrubs la/ 《saṅs rgyas kyi [ZH.68-82] ṅo bo ñid bstan paḥi bstan bcos》 las ni ḥdi ltar skyon rnam pa lṅas rigs med paḥi sems can rnam par gṣag par sgrub na ji ltar brda sprod ciṅ rnam par bśad par bya ṣe na/
slob dpon hyan tsaṅ gis ḥdi skad du/ 《saṅs rgyas kyi ṅo bo ñid bstan paḥi bstan bcos》 de las rigs med paḥi rnam pa gsum la sogs pa ston pa de phal cher gṣuṅ[(1)] daṅ mthun pa ma yin paḥi phyir/ tshad mar bzuṅ du mi ruṅ ṅo ṣes bśad de/ rgya cher rnam par ḥbyed pa ni rigs lṅa bstan pa las ḥbyuṅ ba bṣin no//

(1) gṣuṅ ⇒ 'bdag ñid kyis yod par ḥdod paḥi gṣuṅ'

[MON:] [39-52a:8~52a:25]
《yoga-yin yabudal-un ɣaǰar neretü šasdir》 kiged 《sayitur nomlaɣsan》-luɣ-a nayiraɣulbasu tedeger-eče ene metü tabun ǰüil gem-iyer iǰaɣur bui kiged ügei-yin amitan-i teyin büged ilɣan bütügeküi büged/ 《burqan-u mön činar-i üǰügülügsen šasdir》-ača inu ene metü tabun ǰüil gem-iyer iǰaɣur ügei amitan-i sayitur ilɣan bütügekü bügesü kerkin ber tokiyalaɣad sayitur nomlan üiledküi kemebesü/
{hen}-zang baɣsi ber eyin kemer-ün/ burqan-u mön činar-i üǰügülügsen šasdir tegün-eče iǰaɣur ügei-yin ɣurban ǰüil terigüten-i üǰügülügsen tere ber olangki ɣool-luɣ-a ǰokilduqu busu-yin tula/ silɣadaɣ bolɣan ülü bariqu bolai/ kemen nomlaǰuɣui/
aɣui yeke-yi teyin büged ilɣaɣsan kemebesü tabun iǰaɣur-i üǰügülügsen-eče nomlaɣsan-čilan bolai/

(@0-32)[0179a01] 別明此教所被機[(1)]者。
於五種性，但爲菩薩及不定性，說此契經。
故下《經》云:

阿陀邪識甚深細，一切種子如暴流，
我於凡愚不開演，恐彼分別執爲我。

又解。《此經》通爲四性，唯除無性。

故下《經》[(2)](=@5-195)云: "爲欲發趣一切乘者故, 說第三了義大乘。"
所以者何? 諸部《波若》, 但爲菩薩, 說諸空義。
《此經》宗明一切諸法有無道理, 故三乘者皆得勝利。[(3)]
或可。《此經》通爲五性。通說人天、一切乘故。[(4)]

(1) SNST: '所被機' ⇒ '所爲'
(2) SNST: null ⇒ +'云"爲三定性乘及不定乘", 又'
(3) SNST: '所以者何?......故三乘者皆得勝利'=null
(4) SNST: '通說人天、一切乘故' ⇒ '一切乘者能受顯了故'

[TIB:]
de la《mdo sde ḥdi ñid》kyi gaṅ gi phyir gsuṅs pa bstan pa ṣes bya ba yaṅ rigs lṅa las ni byaṅ chub sems dpaḥ daṅ/ rigs ma ṅes pa dag gi phyir gsuṅs pa [D.Ti.35a] yin te/ deḥi phyir ḥog nas《mdo》las/

len paḥi rnam par śes pa zab ciṅ phra//
sa bon thams cad chu boḥi kluṅ bṣin ḥbab//
bdag tu rtog par gyur na mi ruṅ ṣes//
de ni byis pa rnams la ṅas ma bstan//

ṣes gsuṅs pa bṣin[(1)]
bśad paḥi rnam graṅs gṣan du na/《mdo sde ḥdi》ni rigs rnam pa bṣiḥi ched du gsuṅs pas/ rigs med pa ma gtogs te/ ḥog nas《mdo》las rigs ṅes paḥi theg pa pa gsum daṅ/ rigs ma ṅes paḥi theg pa pa ḥbaḥ ṣig bstan paḥi phyir ro// gṣan yaṅ theg pa thams cad la gṣol ba dag gi phyir/ gsum pa ṅes paḥi don gyi mdo ḥdi gsuṅs paḥam/[(2)]
yaṅ na《mdo sde ḥdi》ni rigs lṅa po thams cad kyi ched du yaṅ gsuṅs pa yin te/ theg pa pa thams cad la rnam par phye ba myoṅ baḥi phyir ro//

(1) +'no//'
(2) 'paḥam/' ⇒ 'paḥo ṣes gsuṅs pa bṣin no//'

[MON:]
tegün-eče mön ene《sudur》-un ayimaɣ-u alin-u tula nomlan üǰügülügsen kemegdeküi ču tabun iǰaɣur-ača inu bodhi=saduva kiged/ iǰaɣur-i ese maɣadlaɣsan-nuɣud-un tula nomlaɣsan büged/ teyimü-yin tula dooradu《sudur》-ača/

abuɣči-yin teyin medeküi gün büged narin/

【39-52b】 köröngge bügüde mören-ü urusqal-čilan baɤuqu/
bi kemen adqaɤlaqu bolbasu ülü bolqu kemen/
tegün-i bertegčin-nügüd-tür bi ber ese üǰügülbei/

kemen nomlaɤsan-čilan/

nomlaɤsan ǰüil busučar bolbasu/ ene《sudur-un ayimaɤ》-i dörben ǰüil iǰaɤur-un tulada nomlaɤsan-iyar/ iǰaɤur ügei busu büged/

dooradu《sudur》-ača/ iǰaɤur-i maɤadlaɤsan ɤurban kölgeten kiged/ iǰaɤur-i ese maɤadlaɤsan ǰarim nigen kölgeten-i üǰügülügsen-ü tula bolai/

busu basa qamuɤ kölgen-dür čoloyiduɤsan-nuɤud-un tula/ ɤudaɤar maɤad udq-a-yin sudur egün-i nomlaɤsan ba/

ese bügesü ene《sudur-un ayimaɤ》-i tabun iǰaɤur bügüde-yin tulada ču nomlaɤsan mön bülüge/ qamuɤ kölgen-i teyin büged ilɤan amsaɤsan-u tula bolai/

五性義中，當更分別。(1)

(1) SNST: '五性義中，當更分別' ⇒ '雖有三釋，第二爲正。'

[TIB:]
de ltar rnam pa gsum du bśad pa yod kyaṅ gñis pa ni yaṅ dag pa yin no// // [ZH.68-82:20]

[MON:]
tere metü ɤurban ǰüil kemen nomlaɤsan bui bolbaču qoyaduɤar anu ünekeṙ mön bolai // // //[52b:19]

(@0-33)[0179a10] 第四、依文正釋，自有二種：一、廣略同異，二判文解釋。
廣略同異者。《此經》一部，自有二種：一者、廣本，有十萬頌；二者、略本，千五百頌。
然此略經(1)，《梵本》唯一，隨譯者異，乃成四部(2)。

(1) SNST: 經 ⇒ 本
(2) SNST: 部 ⇒ 本

[TIB:]
[ZH.68-83] bam po bṣi pa/

[1][ZH.68-83:2] bṣi pa tshig gi don rnam par bśad pa ṣes bya ba ston te/ ḥdi[2] yaṅ rnam pa gñis su dbye ste/ mdo sde rnam par ḥbyed pa daṅ/ tshig gi don yaṅ dag par bśad do//

de la mdo sde rnam par ḥbyed pa ni mdo sde ḥdi la dpe rnam pa gñis bṣugs pas/ daṅ po ni dpe rgyas pa ste/ śu lo ka ḥbum bṣugs so// gñis pa ni bsdus pa ste/ śu lo ka stoṅ lṅa brgya bṣugs te/

mdo sde ḥdiḥi dpe bsdus rgya gar la rnam pa gcig las mi bṣugs kyaṅ/ sṅa phyis bsgyur ba tha dad paḥi phyir/ dpe mi mthun pa bṣir gyur te/

(1) A mispagination in tibetan translation has been corrected.

(2) 'ston te/ ḥdi' ⇒ null

[MON:]

[52b:20] dödüger keseg/

[52b:22] dödüger üges-ün udq-a-yi sayitur nomlaɤsan kemen üǰügülügsen büged/ egün-i ču qoyar ǰüil bolɤan ilɤaqui bülüge/ sudur-un ayimaɤ-i teyin büged/ ilɤaqui ba/ üges-ün udq-a-yi üneker nomlaqui bolai/

tegün-dür sudur-un ayimaɤ-i teyin büged ilɤaqui anu sudur-un ayimaɤ egün-dür qoyar ǰüil üliger orosiɤsan-u tula/ angq-a anu delgerenggüi üliger büged/ bumdi silüg orosiɤsan bolai/ qoyaduɤar anu quriyangɤui büged/ mingɤan 【39-53a】 tabun ǰaɤun silüg orosiɤsan bülüge/

ene sudur-un ayimaɤ-un üliger quriyangɤui anu enedkeg-dür nigen ǰüil-eče ese orosibaču/ urid qoǰid orčiɤuluɤsan anggida-yin tula/ üliger ülü ǰokilduqui dörben boluɤsan bülüge/

一者。宋時元嘉年中，中印度【舊云天竺。】僧求那跋陀羅[1]【宋云功德賢。】，在於潤州江寧縣東安寺，翻出一本，名《相續解脫》。

唯有一卷，或兩卷，成[2]總十七紙。

於一卷內，有二題目：初、十紙半，名《相續解脫地波羅蜜了義經》一卷；後、有六紙半，名《相續解脫如來所作隨順處了義經》。雖無品目，如其次第，當《解深密》最後二品。

(1) Guṇabhadra

(2) JS: 成 ⇒ 或

[TIB:]
daṅ po ni rgya rje soṅ gi tshe/ rgya gar gyi mkhan po yon tan bzaṅ pos 《mtshams sbyor baḥi[(1)] rnam par dgrol baḥi mdo》 ṣes bya bar bsgyur ba bam po gñis bṣugs te/ 《dgoṅs pa zab mo ṅes par ḥgrel paḥi mdo》 ḥdiḥi tha mar byuṅ paḥi leḥu gñis po dag ñid yin no//

(1) baḥi ⇒ ba

[MON:]
angq-a anu enedkeg-ün(?) rgi-a rǰis süng kemekü-yin čaɣ-ta enedkeg-ün übadini {yontan} {bzangbo} 《ǰabsar barilduɣulqu-yi teyin büged tayiluɣsan sudur》 kemekü-yi orčiɣul-un qoyar bülüg orosiɣuluɣsan bülüge/ 《gün taɣalal-iyan maɣad tayiluɣsan sudur》 egün-ü ečüs-tür imaɣta qoyar bülüg bolai/

二者。後魏延昌二年, 北印度僧菩提留支[(1)]【魏云道希。】, 在於洛陽嵩高[(2)]山少林寺, 翻出一本, 名《深密解脫經》。
有其五卷, 品有十一, 六十七紙。[(3)]
【一、序品, 二、聖者善問菩薩問品, 三、聖者曇無竭菩薩問品, 四、聖者善清淨慧菩薩問品, 五、慧命須菩提問品, 六、聖者廣慧菩薩問品, 七、聖者功德林菩薩問品, 八、聖者成就第一義菩薩問品, 九、聖者彌勒菩薩問品, 十、聖者觀世自在菩薩問品, 十一、聖者文殊師利法王子菩薩問品也。】[(4)]

(1) Bodhiruci (2) JS, Baek(2013a): 高 ⇒ null
(3) SNST: null=+'《解深密》中, 開《勝義諦相品》以爲四品, 故爲十一, 餘是七品。'
(4) SNST: '【一、序品, ...十一、聖者文殊師利法王子菩薩問品也。】'=null

[TIB:]
gñis pa ni rgya rje ḥgris[(1)] phyi maḥi tshe rgya gar mkhan po bo-de-leḥu-cis 《zab mo rnam par grol baḥi mdo》 ṣes bya ba rnam pa gcig bsgyur ba leḥu bcu gcig [D.Ti.35b] bṣugs te/ 《dgoṅs pa zab mo ṅes par ḥgrel paḥi mdo》 ḥdi las 《don dam paḥi bden pa bstan paḥi leḥu》 la/ leḥu bṣir phye baḥi phyir bcu gcig tu gyur te/ gṣan ni bdun no//

(1) PN: ḥgris ⇒ ḥgis

[MON:]

qoyaduɣar anu rgi-a rǰis {ḫgis} {phyimai} kemekü-yin čaɣ-ta enedkeg-ün übadini {bode}=liü=či ber 《gün taɣalal-iyan maɣad tayiluɣsan sudur》 kemegdekü-yi nigen ǰüil orčiɣul-un arban nigen bülüg orosiɣuluɣsan bülüge/ 《gün taɣalal-iyan maɣad tayiluɣsan sudur》 egün-eče 《ünemleküi ünen-i üǰügülügsen-ü bülüg》 büged/ dörben bülüg bolɣan ilɣaɣsan-u tula arban nigen boluɣsan bülüge/ busu anu doluɣan bolai/

三者。陳朝保定年中，西印度內優禪那國三藏法師拘那羅陀[1]【陳云親依，或名眞諦。此三藏入漢國，歷三朝，謂周、梁、陳。】，於西京故城內四天王寺，更翻一本，名《解節經》。

唯有一卷，有其四品，紙九張半。

當《解深密》初之二品，無序品名，開勝義諦以爲四品。【一、不可言無二品，二、過覺觀境品，三、過一異品，四、一味品也。】

若依《眞諦翻譯目錄》云，陳時天嘉二年，於建造寺，譯《解節經》一卷、《義疏》四卷。

(1) Guṇarata

[TIB:]

gsum pa ni rgya rje tshin gyi tshe rgya gar mkhan po yaṅ dag bden pas 《tshig[1] ṅes par ḫgrel pa》 ṣes bya baḫi mdo bam po gcig bsgyur baḫi leḫu bṣi bṣugs te/ 《don dam paḫi bden pa bstan paḫi leḫu》 la rnam pa bṣi phye baḫi phyir te/ 《dgoṅs pa zab mo ṅes par ḫgrel paḫi [ZH.68-84] mdo》 ḫdi las ḫbyuṅ baḫi 《don dam paḫi bden pa bstan paḫi leḫu》 ṣes bya ba ñid yin no//

(1) tshig ⇒ tshigs

[MON:]

ɣudaɣar anu rgi-a rǰis {chun} kemekü-yin čaɣ-ta enedkeg-ün übadini üneker ünen kemekü ber 《üges-i maɣad tayiluɣsan》 kemegdeküi-yi sudur-i nigen keseg orčiɣul-un dörben keseg orosiɣuluɣsan bülüge/

《ünemleküi ünen-i üǰügülügsen bülüg》-i dörben ǰüil ilɣaɣsan-u tula büged/ 《gün taɣalal-iyan maɣad tayiluɣsan sudur》 egün-eče nomlaɣsan imaɣta 《ünemleküi 【39-53b】 ünen-i üǰügülügsen-ü bülüge》 kemegdeküi bolai/

四者。大唐貞觀二十一年, 三藏法師玄奘, 在於西京弘福寺, 更翻一本, 名《解深密》。
總有五卷, 開品爲八, 六十八紙。【一、序品, 二、勝義諦相品, 三、心意識相品, 四、一切法相品, 五、無自性相品, 六、分別瑜伽品, 七、地波羅蜜多品, 八、如來成所作事品。】

[TIB:]
bṣi pa ni rgya rje thaṅ gi tshe/ slob dpon sde snod gsum pa hyan tsaṅ gis 《dgoṅs pa zab mo ṅes par ḥgrel pa》 ṣes bya baḥi mdo bam po lṅa pa ste gcig tu bsgyur te/ leḥu brgyad bṣugs so//[ZH.68-84: 4]

[MON:]
dödüger inu enedkeg-ün boɣda tang kemekü-yin čaɣ-tur ɣurban ayimaɣ saba-tu {hin}=zang baɣsi 《gün taɣalal-iyan maɣad tayiluɣsan》 kemegdekü-yin sudur-i tabun keseg-lüge nigen-e orčiɣuluɣad/ naiman bülüge orosiɣulbai/ [53b:7]

(@0-34)[0179b10] 然此四本有同異者, 略有二義: 一、題名有異, 二、文義圓足。
言"名異"者。四本不同: 一、《相續解脫》, 二、《深密解脫》, 三者、《解節》, 四、《解深密》。
"解深密"者, 若依梵音, 涅謨折那删地(1)。
言"涅謨折那(2)", 此翻名"解"。"删地(3)", 翻爲"深密"。
釋其名義, 如前已前(4)。

(1) nirmocana-sandhi (2) nirmocana (3) sandhi (4) JS, SNST, Baek(2013a): 前 ⇒ 說

(1)[ZH.68-86:19] (2)rgya gar skad du/ san-dhi nir-mo-ca-na ṣes bya ba la/
san-dhi ṣes bya ba ni don rnam pa gsum daṅ ldan te/
daṅ po ni rgya gar yul pa dag dṅos po gñis mtshams sbyor ba la yaṅ san-dhi [ZH.68-87] ṣes ḥbod do// gñis pa ni rus paḥi tshigs ḥbrel ba la yaṅ sandhi ṣes zer ro// gsum pa ni lam zab mo la yaṅ sandhi ṣes zer bas/
de nas lo tsā ba rnams so so nas don re [D.Ti.37a] re la brten nas bsgyur ba yin

te/ mdo sde ḥdiḥi mtshan ni yaṅ dag par na dgoṅs pa zab mo ṣes bya ba yin no//
gṣan du na mdo sde ḥdi ni dpe las mtshan du btags pas tshigs ṣes bya ba daṅ/ mtshams sbyor ba ṣes kyaṅ bya ste/ ḥdi ltar don gyi tshigs daṅ/ dṅos po ḥbrel ba ji ltar rus paḥi tshigs phan tshun ḥbrel ba lta bur gyur paḥi phyir ro//
nir-mo-ca-na ṣes bya ba ni rnam par ḥgrel pa la bya ste/ rnam par bśad pa ṣes bya baḥi tha tshig go//[3]

(1) A mispagination in tibetan translation has been corrected.
(2) 〈......〉 omitted.
(3) The Tibetan text is not aligned with the Chinese text.

言"解節"者, 如《眞諦記》。
"解"即解釋。"節"謂堅結。堅是堅固, 結[1]縛, 楯[2]如木節及人骨節並有堅固拘、結纏縛。《此經》所明甚深密義, 難可通達難可解釋, 故非凡夫、新行菩薩所能解了, 故說此義, 名爲堅結。《此經》能解, 故名《解節》。
"解節"之義, 凡有五種:
一、深密義, 如法身等, 難可通達, 名爲義節。《此經》能釋, 故名解節。
二者、無明習氣心惑, 凡夫、二乘所不能破, 故說此惑名爲堅結。由緣眞實能滅此惑, 故說眞實名爲解節。
三者、智慧, 緣此眞實, 亦說此智名爲解節。從境得名也。
四者、《此經》文句, 名爲解節。從所顯得名。
五者、一切三乘[3]教中所有微細難可了義, 聚在《此經》, 分明解釋, 故說《此經》名爲解節。
若具分別, 如《眞諦記》。

(1) SNST: null ⇒ +是 (2) JS, SNST, Baek(2013a): 楯 ⇒ 猶 (3) SNST: '三乘' ⇒ '大乘'

deḥi phyir《slob dpon yaṅ dag bden pas tshigs ṅes par ḥgrel paḥi mdoḥi brjed byaṅ byas pa》las/ ṅes par ḥgrel pa ni rnam par bśad paḥo//
tshigs ni sra ba daṅ mdud pa ste/ de la sra ba ni brtan paḥo//
mdud pa ni ḥchiṅ ba ste/ ji ltar śiṅ daṅ miḥi rus paḥi tshigs dag las sra ṣiṅ brten[1] paḥi dṅos po daṅ/ mdud paḥi ḥchiṅ ba dag yod pa bṣin du/《mdo sde ḥdi》las bstan paḥi dgoṅs pa zab mo yaṅ śin tu rtogs par dkaḥ ṣiṅ śin tu dgrol

bar dkaḥ bas so soḥi skye bo daṅ spyod pa daṅ poḥi byaṅ chub sems dpaḥ rnams kyis rtogs śiṅ śes par bya ba ma yin paḥi phyir don ḥdi sra ba daṅ mdud pa ṣes bya ste/ mdo sde ḥdis ḥgrol bar mdsad paḥi phyir《tshigs ṅes par ḥgrel pa》ṣes byaḥo//

(2)gṣan yaṅ theg pa chen poḥi bstan bcos thams cad las śin tu phra ṣiṅ rtogs par dkaḥ baḥi don ḥbyuṅ ba de dag mdo sde ḥdir bsdus nas/ gsal bar rnam par bśad paḥi phyir/ mdo sde ḥdis tshigs ṅes par ḥgrel pa ṣes byaḥo ṣes bśad de/ [ZH.68-88] rgya cher bśad pa ni《de ñid》las ḥbyuṅ ba bṣin no//

(1) brten ⇒ brtan
(2) 〈......〉 omitted.

所言"相續解脫"、"深密解脫", 未見說處。
准義釋者, "涅謨折删(1)"含有二義:
一者、解釋義。如上已說。
二者、解脫義。故二本經, 皆云解脫。
言"删地(2)"者, 含有三義:
一者、深密義。
二者、堅結義。如上已釋。
三者、相續義。
是故二經, 一、名《相續解脫》, 二、名《深密解脫》。
此上二釋, 准《眞諦》而可了知。
言"相續"者。謂所知障, 堅結相續, 難可解脫。今一部, 釋甚深義, 便能解脫煩惱相續, 故名《相續解脫經》。即當《眞諦記》中第二、煩惱解節義。
言"深密解脫"者。由智慧力, 緣深密理, 解脫煩惱, 故言《深密解脫》。即當第三、智慧解節也。
雖有此釋, 據實即是譯家謬也。

(1) nirmocana
(2) sandhi

de la《mtshams sbyor ba rnam par grol ba》ṣes bya ba ni mtshams sbyor baḥi don so sor ḥthor ba rnam par bśad paḥi phyir/《mtshams sbyor ba rnam par

dgrol baḥi mdo》 ṣes bya ste/
《zab mo rnam par dgrol ba》 ṣes bya ba yaṅ de bṣin du rig par byaḥo//[(1)]
[ZH.68-88:4]

(1) The Tibetan text is not aligned with the Chinese text.

言"文義圓足"者。如《解深密》, 具有八品。
而差別者。
《解節》唯有最初二品, 闕無後六。
《相續解脫》當後二品, 闕無前六。
《深密解脫》有十一品, 於勝義諦, 開爲四品。
由斯與此, 文、義圓足。
然《解深密》諸所說處, 文、義明淨, 至文對釋。故今釋此《大唐一本》。

[TIB:]
[(1)][ZH.68-84: 4] mdo sde ḥdiḥi dpe de ltar maṅ ñuṅ mi mthun par gyur pa yaṅ/ 《tshig[(2)] ṅes par ḥgrel paḥi mdo》 las/ 《don dam paḥi bden pa bstan paḥi leḥu》 ñi tshe ḥbyuṅ gi/ gṣan bdun ma tshaṅ ba daṅ/
《mtshams sbyor ba rnam par ḥgrel paḥi mdo》 las ni tha maḥi leḥu gñis ḥbyuṅ gi/ gṣan drug ma tshaṅ ba daṅ/
《dgoṅs pa zab mo ṅes par ḥgrel paḥi mdo》 las ni leḥu brgyad yoṅs su rdsogs pa daṅ/ 《zab mo rnam par ḥgrel paḥi mdo》 las ni leḥu bcu gcig ḥbyuṅ baḥi phyir te/ 《don dam paḥi bden pa bstan paḥi leḥu》 la/ leḥu bṣir phye bas na dpe ḥdi gñis ni tshig daṅ don yoṅs su rdsogs pa yin no//
mdo sde ḥdi 《rgya gar gyi dpe》 daṅ po gcig pa yin na ciḥi phyir mtshan tha dad paḥi bye brag spyod pa yod pas gsuṅs pas/ de lta bas na sṅa maḥi phyogs gñis yod pa kho naḥo ṣeḥo//
de ltar rnam pa gsum du bśad pa yod mod kyi/ re ṣig bśad pa phyi ma la brten nas bśad par byaḥo//[(3)] [ZH.68-84: 16]

(1) A mispagination in tibetan translation has been corrected.
(2) tshig ⇒ tshigs
(3) The Tibetan text is not aligned with the Chinese text.

(@1-1)[0179c19] 如是我聞:
[0179c20] 釋曰。自下[(1)]判文解釋。

[(1)] Lee: null ⇒ +'第二'

[(1)][ZH.68-83:1] ḥdi skad bdag gis thos pa
ṣes bya ba ḥdi man chad ni [ZH.68-83:1]
[(1)][ZH.68-88:5] de ni[(2)] tshig gi don yaṅ dag par bśad pa ṣes bya ba ni[(3)]

[(1)] A mispagination in tibetan translation has been corrected.
[(2)] 'de ni' ⇒ 'gñis pa'
[(3)] ni ⇒ 'ston te/'

[§.《解深密經》之判文]
然判《此經》, 有其三釋。
一云。《此經》唯有二分: 一、教起因緣, 即初序品; 二、聖教正說, 謂後七品。
雖後經末"依教奉行", 品中"奉行"非一部也。
一云。一部[(1)]總有三分: 初、一[(2)]品, 名教起因緣分; 次、有七品, 名聖教正說分; 後、《第五卷》末"爾時曼殊室利"下依教奉行分。然此"奉行", 散在諸品, 於理無違。
一云。《此經》有其五分: 一、教起因緣, 即是序分; 二、無等境界分, 謂次四品; 三、無等行分, 謂次二品; 四、無等果分, 謂後一品; 五、依教奉行分, 謂即經末歡喜奉行。
雖有三釋, 且依初說, 無有一部通奉行故。[(3)]
又解。三中, 第二爲正, 具足三分義不違故。此當舊說"序、正、流通"。序謂由序, 起正說之由致。正即正宗, 所詮之宗義。通謂流通, 通後世之勝利。[(4)]
今言"教起因緣"等者。
以薄伽梵說經本主, 名之爲"因"。顯已[(5)]聞等, 非正說故, 名之爲"緣"。故說序分名"因緣分"。
正顯所詮法門品類, 故說七品名"聖教所[(6)]說分"。

時衆聞教歡喜信受，名“奉行分”。(7)

(1) SNST: ‘一部’ ⇒ ‘此教’ (2) SNST: 一 ⇒ 序 (3) SNST: ‘雖有三釋……通奉行故’=null
(4) SNST: ‘又解。……通後世之勝利’=null (5) Lee: 已 ⇒ 己 (6) Lee: 所 ⇒ 正
(7) SNST: ‘今言“教起因緣”等者……名奉行分’=null

《mdo sde ḥdi》 rnam par bśad pa yaṅ mdor bsdu na bśad pa rnam pa gsum yod de/
kha cig [D.Ti.37b] ni《mdo sde ḥdi》 las phyogs rnam pa lṅa yod te/ daṅ po ni bstan pa ḥbyuṅ baḥi rgyu rkyen gyi phyogs de/ gleṅ gṣiḥi leḥu daṅ po ñid do// gñis pa ni mtshuṅs pa med paḥi spyod yul gyi phyogs te/ deḥi ḥog ma leḥu bṣi po dag go// gsum pa ni mtshuṅs pa med paḥi spyod paḥi phyogs te/ deḥi ḥog ma leḥu gñis po dag go// bṣi pa ni mtshuṅs pa med paḥi ḥbras buḥi phyogs te/ tha maḥi leḥu gcig go// lṅa pa ni bstan pa bṣin du yaṅ dag par spyod paḥi phyogs te/ mdo sdeḥi mjug tu mṅon par bstod do ṣes gsuṅs pa dag go ṣeḥo//
kha cig ni bstan pa ḥdi gcig la phyogs rnam pa gsum yod de/ daṅ po ni gleṅ gṣiḥi phyogs te/ gleṅ gṣiḥi leḥu daṅ po ñid do// gñis pa ni yaṅ dag paḥi gṣuṅ ñid kyi phyogs te/ leḥu phyi ma bdun po dag go// gsum pa ni bstan pa gnas paḥi phyogs te/ mdo sdeḥi mjug tu mṅon par bstod do ṣes pa dag yin no ṣeḥo//
kha cig ni《mdo sde ḥdi》 gcig la phyogs rnam pa gñis yod de/ daṅ po ni leḥu gcig gis bstan pa ḥbyuṅ baḥi rgyu daṅ rkyen bstan paḥi phyogs so// leḥu phyi [ZH.68-89] ma bdun ni ḥphags paḥi gsuṅ rab yaṅ dag par bśad paḥi phyogs so// mdo sdeḥi mjug tu bstan pa bṣin du yaṅ dag par spyod pa gsuṅs pa yod mod kyi leḥu rnams kyi naṅ na bkaḥ bṣin du yaṅ dag par spyod pa smos pa gcig kho nar ma zad de/ sde gcig gi naṅ du kun la yaṅ bkaḥ bṣin du bstan te/ [ZH.68-89:4]

就因緣分，有其二義：一、證信分，二、發起(1)。
然此二分有差別者，略有三義。
一者、名別。所謂“證信”及“發起序”，亦名“通序”及名“別序”。
說“我聞”等，令物生信，名爲“證信”。諸經皆同，名爲“通序”。
以“放光”等發起正宗，名爲“發起”。隨部各別，名爲“別序”。
二者、時別。如來發起，名“經前序”。阿難所請，名“經後序”。說彼二序，時分別故。

三者、人別。一、“如來序”, 於諸《經》中如來發起。二、“阿難序”, 由阿難請說此序故。
今《此經》文及《佛地》等, 唯有證信, 而無發起。於證信中, 義說發起, 理亦無違。

(1) JS, SNST, Baek(2013a): null ⇒ +分

(1)[ZH.68-84:16] de la rgyu daṅ rkyen bstan paḥi phyogs la yaṅ rnam pa gñis su dbye ste/ yid ches par byed paḥi phyogs daṅ/ gleṅ bslaṅ baḥi phyogs so// phyogs ḥdi gñis la bye brag yod pa yaṅ mdor bsdu na rnam pa gsum yod do//[D.Ti.36a]
daṅ po ni miṅ tha dad pa ḥdi lta ste/ yid ches par byed pa daṅ/ gleṅ bslaṅ baḥi gleṅ gṣi ṣes byaḥo// thun moṅ gi gleṅ gṣi daṅ mthun pa (2)yin paḥi gleṅ gṣi ṣes kyaṅ bya ste/
ḥdi skad bdag gis thos pa ṣes kyaṅ bya ba [ZH.68-85] la sogs pa bstan pas/ gṣan dag yid ches pa bskyed pas yid ches par byed paḥi gliṅ gṣi ṣes byaḥo// mdo kun las mthun par ḥbyuṅ baḥi phyir/ thun moṅ gi gleṅ gṣi ṣes byaḥo// ḥod zer gtoṅ ba la sogs pas yaṅ dag paḥi gṣuṅ ñid gleṅ sloṅ bar byed paḥi phyir/ gleṅ bslaṅ ba ṣes byaḥo// mdo sdeḥi rjes su so so nas miṅ mthun pas thun moṅ ma yin paḥi gleṅ gṣi ṣes byaḥo//
gñis pa ni dus tha dad pa ste/ de bṣin gśegs pas gleṅ bslaṅ ba ni mdo sdeḥi mdun rol gyi gleṅ gṣi ṣes byaḥo//
kun dgaḥ bos gsol ba btab pa ni mdo sdeḥi ḥog gi gleṅ gṣi ṣes byaḥo//
gleṅ gṣi de gñis gsuṅs paḥi dus kyi bye brag tha dad paḥi phyir ro//
gsum pa ni gaṅ zag tha dad pa ste/ daṅ po de bṣin gśegs paḥi gleṅ gṣi ni 《mdo sde》 las/ de bṣin gśegs pas gleṅ bslaṅ baḥo//
gñis pa kun dgaḥ boḥi gleṅ gṣi ni kun dgaḥ bos gsol ba btab nas/ gleṅ gṣi ḥdi gsuṅs paḥi phyir ro ṣeḥo//
《mdo sde ḥdi》 daṅ 《saṅs rgyas kyi sa》 la sogs pa yid ches par byed pa ñid (3)kyaṅ gleṅ bslaṅ ba ni med de yid ches par byed pa la don gyis gleṅ ba ṣes bśad kyaṅ ḥgal ba med do//

(1) A mispagination in tibetan translation has been corrected. (2) +ma (3) +yod

[§. 證信序]

就證信中, 有其三義: 一、辨事多少, 二、說序[(1)]之意, 三、隨事別釋。

(1) SNST: 序 ⇒ 事

de la yid ches par byed pa la yaṅ don rnam pa gsum yod de/ dṅos po maṅ ñuṅ rnam par ḥbyed pa daṅ/ dṅos po bśad paḥi dgoṅs pa bstan pa daṅ/ dṅos poḥi rjes su rnam par phye ste bśad paḥo//

[§.1. 辨事多少]

辨事多少者, 自有三說。

一者、《眞諦般若記》中, 開爲七事:

一、“如是”者, 標所聞法, 一部文、理決定可信。

二、言“我”者, 出能聞人, 即是阿難。

三、言“聞”者, 親承音旨。

四、“一時”者, 顯所聞法善合時機。

五、“佛世尊”, 出能說師。

六、住處者, 顯說有處。

七、“大比丘”, 顯非獨聞。

然此七事, 總唯四意:

初、“如是”者, 明所聞法。次、“我聞”者, 辨能聞人。次二、證所聞法。後二、證能聞人。

廣如《眞諦七事記》釋。

二、依龍猛《大智度論》, 於序分中, 開爲六義: 一、信, 二、聞, 三、時, 四、主, 五、處, 六、衆。

世親菩薩《燈論》中說, 亦有六義。故《彼》偈云:

前三明弟子, 後二[(1)]證師說,
一切修多羅, 其事皆如是。

三、依親光《佛地論》中, 攝多五種: 一、總顯已[(2)]聞, 二、說經時, 三者、說主, 四、顯說處, 五、顯聽衆。

(1) JS, SNST, Baek(2013a): 二 ⇒ 三 (2) SNST: 已 ⇒ 己

dṅos po maṅ ñuṅ rnam par ḥbyed pa la yaṅ rnam pa gsum du bśad de/

daṅ po ni 《slob dpon yaṅ dag bden pas mdo sde śes rab kyi pha rol tu phyin paḥi brjed byaṅ byas pa》 las/ dṅos po rnam pa bdun du phye ste/

de la ḥdi skad ces bya ba ni thos paḥi chos smos pa ste/ mdo sde sde[(1)] gcig [D.Ti.36b] gi yi ge daṅ/ don la ṅes pa kho [ZH.68-86] nar yid ches par gyur paḥo// bdag gis ṣes bya ba ni don ṅes par[(2)] nus paḥi gaṅ zag bstan pa daṅ/ kun dgaḥ bo la sogs paḥo// thos pa ṣes bya ba ni gsuṅ mṅon sum du mnos paḥo// dus gcig na ṣes bya ba ni thos paḥi chos de śin tu dus daṅ mtshan mar gyur par bstan paḥo// bcom ldan ḥdas ṣes bya ba ni bśad paḥi ston pa bstan paḥo// rin po che mchog tu ḥbar ba la sogs pas ni gsuṅs paḥi gnas yod par bstan to// ñan thos kyi dge ḥdun chen po tshad med pa ṣes bya ba la sogs pas ni gcig pus thos pa ma yin par bstan to//

dṅos po bdun po de dag kyaṅ mdor bsdu na dgos[(3)] pa rnam pa bṣiḥi phyir te/

de la daṅ po ḥdi skad ces bya bas ni thos paḥi chos rab tu bstan to// deḥi ḥog ma dag[(4)] gis thos pa ṣes bya ba ni thos par nus paḥi gaṅ zag rnam par ḥbyed do// deḥi ḥog ma gñis kyis ni thos paḥi chos de sgrub par byed do// tha ma gñis kyis ni thos paḥi gaṅ zag sgrub par byed do ṣes bśad de/ rgya cher ni 《slob dpon yaṅ dag bden pas dṅos po bdun gyi brjed byaṅ byas pa》 las ḥbyuṅ ba bṣin no//

gñis pa ni 《slob dpon klu sgrub kyis mdsad paḥi śes rab kyi pha rol tu phyin pa[(5)]》 daṅ sbyar na de de las gleṅ gṣiḥi phyogs la don rnam pa drug tu phye nas bstan te/ yid ches pa daṅ/ thos pa daṅ/ dus daṅ/ bdag po daṅ/ gnas daṅ/ ḥkhor phun sum tshogs paḥo//

《slob dpon dbyig gñen gyis bstan bcos sgrol[(6)] ma ṣes bya ba mdsad pa》 las kyaṅ/ don rnam pa drug tu yod par ḥgyur[(7)] ṣe na/ [(8)][ZH.68-86:19]
[(9)][ZH.68-89:5] deḥi phyir tshig leḥur byas pa las/

> daṅ po gsum po dag gis slob ma bstan//
> ḥog ma gsum ni ston pas gsuṅs par sgrub//
> mdo sde gsuṅ rab dag ni thams cad kyis//
> dṅos po de dag thams cad de bṣin no//

ṣes ḥbyuṅ ṅo//

gsum pa 《slob dpon ñe baḥi ḥod kyis saṅs rgyas kyi saḥi ḥgrel pa byas pa》 las ni rnam pa lṅar bsdus te/ thams cad bdag ñid kyis thos pa daṅ/ mdo sde gsuṅs paḥi dus/ gsuṅs paḥi bdag po daṅ/ gsuṅs paḥi gnas daṅ/ ñan paḥi ḥkhor bstan pa [D.Ti.38a] ṣes ḥbyuṅ ṅo//

(1) PN: sde ⇒ null (2) 'don ṅes par' ⇒ 'thos par' (3) dgos ⇒ dgoṅs
(4) dag ⇒ bdag (5) pa ⇒ 'paḥi ḥgrel pa' (6) PN: sgrol ⇒ sgron
(7) PN: ḥgyur ⇒ gyur (8) ṣe na/ ⇒ ste/
(9) A mispagination in tibetan translation has been corrected.

[§.2. 說事之意]

說序[(1)]意者[(2)]。

問。何因緣, 一切經首皆說"如是我聞"等事?[(3)]

《眞諦三藏七事記》云"斷三疑故"。

《彼》云: "又微細律, 明其阿難當登高座出法藏時, 身即如佛, 具諸相好, 若下高座, 還復本形。衆見此瑞, 有三種疑。

一疑。大師釋迦, 以慈悲故, 從涅槃起, 更宣深法。

二疑。諸餘世尊, 從他方來。

三疑。阿難比丘, 既是佛弟, 堪代其兄, 轉身成佛。

今欲遣三疑故, 云'如是我聞'等七事, 明乃是我親從佛聞, 非關慈悲從涅槃起, 亦非餘佛他方來, 又非我已轉身成佛自說經也。"

《智度論》云"說時、方、人, 欲令衆生心生信故"。

又《智度》第二卷云: "佛涅槃時, 於俱夷那竭[(4)]國, 薩羅樹[(5)]間, 北首而臥, 將入涅槃。

爾時, 阿難親[(6)]愛未除未離欲故, [(7)]沒憂悔[(8)], 不能自出。

爾時, 長老阿[少/兔]樓豆[(9)]語阿難言: '汝是守護佛法藏者, 不應如凡人自沒憂悔[(8)]。諸有爲法皆是無常, 汝何愁憂? 又佛世尊手付汝法, 汝今愁悶, 失所受事。汝當問佛, 佛[(10)]涅槃後[(11)]云何修行? 誰當作師? 惡口車匿[(12)]云何共住? 【《長阿含經》第四卷云"闡弩[(12)]比丘云何共住"。】佛諸[(13)]經首[(14)]作何等語?'

阿難即以此語問佛。佛告阿難: '行四念處。戒經爲師。車匿比丘如梵法治。【《長阿含經》第四、《增一阿含》第三十六, 皆云"梵法治者, 即是不共語"也。廣說如《彼》。】諸佛經者[(15)]首皆稱如是我聞等語。' "

依《集法經》及《涅槃》後分, 大同《智論》, 恐繁不述。

《大悲經》說: “憂[16]波離[17]教阿難請問。”
所以經、論說不同者, 二人共教, 各據一義, 互不相違。

(1) SNST: 序 ⇒ 事 (2) SNST: null=+‘亦有二種。一、斷三疑故。二、爲令佛教堅住故。’
(3) SNST: ‘問。何因緣……說“如是我聞”等事?’=null (4) kuśinagara (5) sāla-vṛkṣa
(6) Taisho, SNST, Baek(2013a): null ⇒ +屬 (7) Taisho, SNST, Baek(2013a): null ⇒ +心
(8) JS, Taisho, SNST, Baek(2013a): 悔 ⇒ 海 (9) Taisho: ‘阿[少/兔]樓豆’ ⇒ ‘阿泥樓豆’ (aniruddha)
(10) Taisho, Baek(2013a): null=+般; SNST: null=*sic*
(11) Taisho, Baek(2013a): null=+‘我曹’; SNST: null=*sic* (12) chandaka(?)
(13) SNST: ‘佛諸’ ⇒ ‘諸佛’; Taisho: 諸=null (14) Taisho: 首=初; SNST: 首=*sic*
(15) JS, Taisho, SNST, Baek(2013a): 者 ⇒ null (16) JS, Taisho: 憂 ⇒ 優 (17) upāli

de la dṅos po bśad paḥi dgoṅs pa bstan pa ṣes bya ba yaṅ rnam pa gñis te/ the tshom rnam pa gsum bcad paḥi phyir daṅ/ saṅs rgyas kyi bstan pa brtan par bya baḥi phyir ro//
de la the tshom rnam pa gsum bcad pa ni《slob dpon yaṅ dag bden pas dṅos po bdun gyi brjed byaṅ byas pa》las ḥdi skad du/
ḥdul ba phra mo las dge sloṅ kun dgaḥ bo seṅ geḥi khri la ḥdug nas chos kyi sde snod ḥdon paḥi tshe/ deḥi lus saṅs rgyas ji lta ba bṣin du mtshan daṅ dpe byad daṅ ldan par gyur to// seṅ geḥi khri las babs nas ni sña ma bṣin du gyur pas/ ḥkhor rnams mtshan ma de mthoṅ nas the tshom rnam pa gsum skyes par gyur te/ ston pa chen po saṅs rgyas śākya thub pa thugs rjeḥi [ZH.68-90] dbaṅ gis mya ṅan las ḥdas pa las bṣeṅs nas yaṅ chos zab mo gsuṅ ba ma yin sñam du the tshom za ba daṅ/ de bṣin gśegs pa[1] ḥjig rten gyi khams gṣan nas ḥdir de bṣin gśegs pa ma yin sñam du the tshom za ba daṅ/ kun dgaḥ bo saṅs rgyas gcuṅ yin te/ gcen gyi tshab mar ḥos pa yin pas lus gyur nas mṅon par saṅs rgyas pa ṣig ma yin nam sñam du the tshom za ba ste/
the tshom za ba gsum bcad par dgoṅs paḥi phyir ḥdi skad bdag gis thos ṣes bya ba la sogs paḥi tshig gsuṅs te/ des kun dgaḥ bo ñid kyis bcom ldan ḥdas las mṅon sum du thos pa yin gyi/ thugs rje chen pos mya ṅan las ḥdas pa las bṣeṅs pa ma yin pa daṅ/ de bṣin gśegs pa gṣan ḥjig rten gyi khams gṣan nas gśegs pa ma yin pa daṅ/ kun dgaḥ bo lus gyur te mṅon par saṅs rgyas nas bstan pa yaṅ ma yin par bstan to ṣes ḥbyuṅ ba lta buḥo//
gaṅ gṣan yaṅ《śes rab kyi pha rol tu phyin paḥi ḥgrel pa》las dus daṅ/ phyogs daṅ gaṅ zag bstan pa ni sems can rnams yid ches pa bskyed paḥi phyir ro ṣes bśad do//

de la saṅs rgyas kyi bstan pa brtan par bya baḥi phyir ṣes bya ba ni 《śes rab kyi pha rol tu phyin paḥi ḥgrel [D.Ti.38b] pa》 las ji skad du/

bcom ldan ḥdas mya ṅan las ḥdas paḥi tshe groṅ khyer rtsva can śiṅ sā la zuṅ cig gi druṅ du dbu byaṅ phyogs su bstan te gzims nas mya ṅan las ḥdas par bṣugs so//

deḥi tshe kun dgaḥ bo gñen bśes la sred pa ma spaṅs ḥdod chags daṅ ma bral baḥi phyir sems mya ṅan gyi mtshor byiṅ bas raṅ gis ḥbyuṅ bar ma nus so//

de nas tshe daṅ ldan pa ma ḥgags pas kun dgaḥ bo la smras pa/

saṅs rgyas kyi chos kyi [ZH.68-91] sde snod ḥdsin pa gaṅ yin pa de dag ni so soḥi skye bo bṣin du bdag ñid mya ṅan gyi mtshor byiṅ bar mi rigs te/ ḥdus byas kyi chos rnams ni thams cad kyaṅ mi rtag pa yin na ciḥi phyir mya ṅan byed/ gṣan yaṅ bcom ldan ḥdas phyag gi chos rnams khyod la gtad na deṅ khyod mya ṅan gyis gzir bas yaṅ dag par blaṅs paḥi dṅos po stor bar gyur to// khyod kyis bcom ldan ḥdas la bcom ldan ḥdas mya ṅan las ḥdas paḥi ḥog tu ji ltar rnam(2) ḥbyor bsgom par bgyi// ston pa ni gaṅ gis bgyi/ mos pa can dkaḥ blo mi bde ba daṅ ji ltar gnas par bgyi/ de bṣin gśegs pa rnams kyi mdo sdeḥi mgo bor tshig ji lta bu ṣig bṣag par bgyi ṣes ṣus śig ces smras pa daṅ/

des kyaṅ dṅos po de dag bcom ldan ḥdas la ṣus so//

bcom ldan ḥdas kyis bkaḥ stsal pa/ kun dgaḥ bo dran pa ñe bar gṣag pa bṣi la gnas par byaḥo// so sor thar paḥi mdo ni ston par ltos śig /dge sloṅ mos pa can ni tshaṅs paḥi smra ba lta bus chad pas gcad do// de bṣin gśegs paḥi mdo sde rnams kyi mgor ni ḥdi skad bdag gis thos pa ṣes bya ba la sogs paḥi tshig rnams gṣag par byaḥo ṣes gsuṅs so ṣes bśad do//

《chos bsdus paḥi mdo》 daṅ 《mya ṅan las ḥdas pa chen poḥi mdo》 las kyaṅ phal cher 《śes rab kyi pha rol tu phyin paḥi ḥgrel pa》 las bstan pa daṅ mthun par ḥbyuṅ ste/ maṅs kyis dogs nas ḥdir ma brjod do//

《sñiṅ rje chen poḥi mdo》 las ni ñe bar ḥkhor gyis kun [D.Ti.39a] dgaḥ bo la bcol ṣes gsuṅs te/ de ltar mdo sde daṅ bstan bcos las bśad pa mi mthun par gyur pa yaṅ/ gaṅ zag gñis kas kyaṅ bcol bas so so nas don re re la brten paḥi phyir phan tshun ḥgal ba med do//

(1) +gṣan

(2) rnam ⇒ rnal

[§.3. 隨事別釋]

復依《經》文，隨事別釋。

言“如是我聞”者，即七事中，所聞、能聞、親承音旨三種事也。於六義中，信、聞二事。五中，第一、總顯已[(1)]聞。

雖有三說，且依《佛地》，“如是我聞”釋有三義：一、總釋如是我聞，二、別釋如是我聞，三者、申其合說之意。

[(1)] SNST: 已 ⇒ 己

[ZH.68-92] dṅos poḥi rjes su rnam par phye ste bśad pa yaṅ de la ḥdi skad bdag gis thos pa ṣes bya ba ni dṅos po bdun las thos par bya ba daṅ/ thos par nus pa daṅ/ gsuṅ mṅon sum du mnos pa ṣes bya baḥi dṅos po gsum dag go// don rnam pa drug las ni yid ches pa daṅ/ thos paḥi dṅos po gñis po dag go// rnam pa lṅa las ni thams cad bdag ñid kyis thos pa ṣes byaḥo//
de ltar rnam pa gsum du bśad pa yod mod kyi re ṣig《saṅs rgyas kyi saḥi ḥgrel pa》daṅ sbyar na/ ḥdi skad bdag gis thos pa ṣes bya ba rnam par bśad pa la don rnam pa gsum yod de/ ḥdi skad bdag gis thos pa spyiḥi rnam par bśad pa daṅ/ ḥdi skad bdag gis thos pa rnam par phye ste bśad pa daṅ/ de dag bśad paḥi dgoṅs pa bstan paḥo//

[§.3.1. 總釋“如是我聞”]

言“總釋”者。謂傳佛教，曼殊室利及阿難等，皆作此言“如是所說甚深等[(1)]，我昔曾聞”。

【《金剛仙論》云“三種阿難中，大乘阿難傳大[(2)]教”也。】[(3)]

[(1)] SNST: null ⇒ +義
[(2)] JS: null ⇒ +乘
[(3)] SNST: ‘【《金剛仙論》云......也。】’=null

de la spyiḥi rnam par bśad pa ṣes bya ba ni ḥdi lta ste/ saṅs rgyas kyi bstan pa brgyud pa ḥphags pa ḥjam dpal daṅ kun dgaḥ bo la sogs pa de dag ḥdi skad du zab mo la sogs paḥi don ḥdi dag sṅon ḥdi skad bdag gis thos paḥi ṣes ḥbyuṅ baḥo//

[§.3.2. 別釋“如是我聞”]

言“別釋”者。先辨“如是”，後釋“我聞”。

[§.3.2.1. 別釋“如是”]

言“如是”者，諸說不同。

【(1)此地諸師，略有八釋，義如常說。

言“八釋”者。

一、約信順釋。言“如是”者，信順之辭也。夫信則所言之理順，順則師資之道成。經無豐約，非信不傳，故建言“如是”。《注維摩》中，肇法師釋也。

二、約文義釋。以文爲“如”，以理爲“是”。文(2)巧詮爲“如”，理以無非爲“是”。智者禪師《維摩記》中，有此釋也。

三、約眞俗釋。眞不違俗，名之爲“如”。俗順於眞，稱之爲“是”。相傳釋也。

四、約弟子釋。阿難所說，如於佛語，故名爲“如”。爲欲簡去相似之如，故稱“是”。

五、唯約佛釋。阿難道佛所說之法，如過去佛所說不異，故名爲“如”。如諸佛說，是正非邪，故復言“是”。此上二釋，遠法師說。

六、約佛及弟子釋。言“如是”者，感應之瑞(3)也。“如”以順機受名，“是”以無非立稱。衆生以無非爲感，如來以順機爲應。傳經(4)者，以名教出於感應，故言“如是”。《注法華經》，有此釋也。

七、光宅師云。言“如是”者，將傳所聞，前題擧一部也。如是一部經，我親從佛聞，即爲“我聞”。

八、梁武帝云。言“如是”者，如斯之言，是佛所說，故言“如是”。

(5)等說，不可具述也。】(6)

(1) JS, SNST: 【 ⇒ null　(2) Taisho, SNST, Baek(2013a): null ⇒ +以　(3) SNST: 瑞 ⇒ 辭
(4) SNST: 經 ⇒ 聞　(5) JS, Baek(2013a): null ⇒ +‘如是’　(6) JS, SNST: 】 ⇒ null

rnam par phye ste bśad pa ṣes bya ba de yaṅ/ sṅar ni ḥdi skad ces bya ba bśad la phyis ni bdag gis thos pa ṣes bya ba rnam par bśad par bya ste/
de la ḥdi skad ces bya ba yaṅ so so nas bśad pa mi mthun pas/
yul ḥdi paḥi slob dpon rnams kyis bśad pa yaṅ mdor bsdu na rnam pa brgyad de/

de la kha cig ni yid ches pa daṅ mthun par byed pa la brten nas/ rnam par bśad de/ [ZH.68-93] de la ḥdi skad ces bya ba ni yid ches pa daṅ rjes su mthun par byed paḥi tshig ste/ yaṅ yid ches pa yod na ni tshig daṅ don gyi rjes su ḥjug par ḥgyur la/ rjes su ḥjug pa yod na ni/ slob dpon daṅ slob maḥi tshul gyis lam mṅon par ḥgrub par ḥgyur te/ mdo sde yaṅ yid [D.Ti.39b] ches pa ma yin na/ brgyud par mi byed paḥi phyir ḥdi skad ces bya ba tshig rnam par gṣag pa yin no ṣeḥo//

kha cig ni yi ge daṅ don la brten nas bśad de/ de la yi ge ni ḥdi ṣes bya bar ḥgyur la/ don ni ḥdi bṣin ṣes bya bar ḥgyur te/ ḥdi ltar yi ge ni legs pa brjod pas ḥdi ṣes bya bar ḥgyur la/ don ni skyon med pas bṣin ṣes bya bar ḥgyur ro ṣeḥo//

kha cig ni don dam pa daṅ kun rdsob la brten nas bśad de/ don dam pa kun rdsob daṅ mi mthun pa med pas ḥdi ṣes brjod la/ kun rdsob don dam pa daṅ rjes su mthun paḥi phyir ni bṣin ṣes brjod do ṣeḥo//

kha cig ni slob ma la brten nas bśad de/ ḥphags pa kun dgaḥ bo la sogs pas bśad pa de dag saṅs rgyas kyi gsuṅ ji lta ba bṣin paḥi phyir ni ḥdi ṣes pa la/ ḥdra baḥi de bṣin ñid las rnam par dbye baḥi phyir ni de bṣin ṣes brjod do ṣeḥo//

kha cig ni de bṣin gśegs pa la brten nas bśad de/ ḥphags pa kun dgaḥ bo la sogs pa saṅs rgyas kyis gsuṅs paḥi chos rnams zlos pa de dag ni ḥdas paḥi saṅs rgyas rnams kyis gsuṅs pa daṅ tha dad pa med paḥi phyir ḥdi ṣes bstan la/ de bṣin gśegs pa rnams ji lta ba de bṣin du bśad pas yaṅ dag pa yin te/ log pa ma yin paḥi phyir tshig phyi ma las bṣin ṣes bya ba gsuṅs so ṣeḥo//

kha cig ni ston pa daṅ slob ma la brten nas bśad de/ de la ḥdi skad ces bya ba ni skal ba daṅ ldan pa daṅ [ZH.68-94] rjes su mthun paḥi tshig yin te/ ḥdi ṣes bya ba dbaṅ poḥi rjes su mthun pas mi[(1)] blaṅ ba yin la/ bṣin ṣes bya ba ni skyon med paḥi phyir miṅ du rnam par gṣag pa yin te/ ḥdi ltar sems can skyon med pas ni skal ba daṅ ldan la/ de bṣin gśegs pa ni mos pa ji lta ba bṣin du mdsad pas rjes su mthun par gyur pa yin te/ brgyud pa daṅ ñan pa poḥi miṅ la skal ba daṅ ldan pa daṅ rjes su mthun pa ṣes bya ba ḥbyuṅ baḥi phyir ḥdi skad ces bya baḥi tshig gsuṅs so ṣeḥo//

kha cig na re ḥdi skad ces bya ba ni mdo sde ḥdi gcig bdag gis ston pa las mṅon [D.Ti.40a] sum du thos pas des na ḥdi skad bdag gis thos pa ṣes gsuṅs so ṣeḥo//

kha cig na re ḥdi skad ces bya ba ni gsuṅ ḥdi lta bu ḥdi ni de bṣin gśegs pas gsuṅs so ṣes bstan paḥi phyir ḥdi skad ces bya ba gsuṅs so ṣeḥo//[(2)]

(1) mi ⇒ miṅ

(2) +'ḥdi la sogs paḥi bśad pa maṅ po yod pa ni ḥdir brjod kyis mi rdsogs so//'

西方諸師, 三說不同。

一、菩提留支《金剛仙論》云: "若依世辨, 乃有多途, 略而言之, 凡有四種: 一者、發心如是, 二者、教他, 三者、譬喻, 四者、決定。

發心如是者, 自念'我當如是發菩提心修[(1)]善行'。

教他如是者, 教前人言'汝當如是發菩提心修[(1)]善行'等也。

譬喻如是者, '是人[(2)]威德熾盛, 如日光明。智慧深廣, 猶如大海。面貌端正, 猶如滿月。' 乃至廣說。

決定如是者, '我如是見、聞'等是名'決定如是'。

今言'如是'者, 但取第四決定如是, 明須菩提[(3)]'我[(4)]從佛聞所說理教, 我之所說[(5)]不多不少、不錯不謬、決定如是、無所傳之失', 故曰'如是'。" 【解云。意趣大同親光。】

[(6)]長耳三藏, 釋有三義:

一者、就佛。三世諸佛所說無異, 故名爲"如"。以同說故, 稱之爲"是"。

二者、約法。諸法實相, 故名爲"如"。如如而說, 故稱爲"是"。

三者、約僧。阿難所傳不異佛說, 故名爲"如"。永離過非, 稱之曰"是"。

三、眞諦三藏, 釋"如是"者決定義, 有其二種: 一、文, 二、理。文是能詮。理即所詮。廣說如《彼》。[(7)]總釋意云。阿難所傳文、理決定, 如佛所說, 故曰"如是"。[(8)]

(1) Taisho, SNST, Baek(2013a): null ⇒ +諸 (2) Taisho: '是人'= 又; SNST: '是人'= *sic*

(3) Taisho, Baek(2013a): null ⇒ +'自云'; SNST: null=*sic*

(4) Taisho, Baek(2013a): null ⇒ +親; SNST: null=*sic*

(5) Taisho, Baek(2013a): null ⇒ +'如佛所說'; SNST: null=*sic* (6) SNST: null ⇒ +二

(7) SNST: '廣說如《彼》' ⇒ null

(8) SNST: null ⇒ +'又眞諦三藏《七事記》云: "親聞曰'如是我聞'。傳聞曰'我聞如是'。" 又《部執記》云: "親聞曰'我聞'。傳曰'所聞'。" '

rgya gar yul paḥi slob dpon rnams kyis bśad pa yaṅ mdor bsdu na rnam pa gsum yod de/ daṅ po ni 《slob dpon bo de leḥu cis slob dpon rdo rje draṅ sroṅ gis byas pa rdo rje gcod paḥi ḥgrel paḥi brjed byaṅ byas pa》 las/

kun rdsob kyi dbaṅ du byas te brjod na rnam pa maṅ du yod mod kyi/ ḥdir bsdu na rnam pa bṣi yod do// sems bskyed pa de bṣin pa daṅ/ gṣan la gdams pa daṅ/ dpe daṅ rnam par ṅes paḥo//

de la sems bskyed pa de bṣin pa ni bdag ñid ḥdi sñam du bdag gis de bṣin du byaṅ chub tu sems bskyed la/ dge ba rnams spyad par byaḥo ṣes bya ba lta buḥo//

gṣan la gdams pa de bṣin pa ni gṣan dag la ḥdi sñam du khyod kyi ḥdi bṣin du byaṅ chub tu sems bskyed la/ legs paḥi spyod pa rnam par spyod[1] par byaḥo// ṣes ḥdoms par byed pa lta buḥo//

dpe de bṣin pa ni gaṅ zag ḥdi gzi byin [ZH.68-95] śin tu rgyas pa ni ñi maḥi ḥod bṣin no// śes rab zab ciṅ yaṅs pa ni rgya mtsho bṣin no// byad bṣin sdug pa ni zla ba ña ba bṣin no ṣes zer ba lta buḥo//

rnam par ṅes pa de bṣin pa ni bdag gis ḥdi bṣin du mthoṅ ṅo thos so ṣes bya ba la sogs pa lta buḥo//

ḥdir ḥdi skad ces bya ba ni bṣi pa daṅ sbyar te/ rnam par ṅes pa de bṣin pa ḥdis ni rab ḥbyor gyis de bṣin gśegs pa las bstan paḥi tshul thos pa daṅ/ bdag gis ḥdir bśad pa ḥdi las maṅ ñuṅ daṅ nor ba med de/ ṅes par de kho na bṣin du bśad pa yin no ṣes bstan paḥi phyir ḥdi skad ces bya ba gsuṅs so ṣes ḥbyuṅ ṅo//

gñis pa ni slob dpon sde snod gsum pa rna riṅs kyis don rnam pa gsum du bśad de/ daṅ po ni saṅs rgyas kyi dbaṅ du byas nas/ dus gsum gyi saṅs rgyas rnams [D.Ti.40b] kyi gsuṅ la tha dad pa med paḥi phyir ni ḥdi ṣes gsuṅs la/ de ltar gsuṅs pa mtshuṅs paḥi phyir ni bṣin ṣes gsuṅs pa yin no ṣes bśad do//

gñis pa ni chos kyi dbaṅ du byas nas/ chos rnams kyi yaṅ dag paḥi ṅo bo ñid kyi phyir ni ḥdi ṣes gsuṅs la/ de bṣin ñid ji lta ba bṣin du bśad paḥi phyir ni bṣin ṣes gsuṅs so ṣes bśad do//

gsum pa ni dge ḥdun gyi dbaṅ du byas nas/ ḥphags pa kun dgaḥ bos bśad de/ saṅs rgyas kyis gsuṅs pa daṅ tha dad pa med paḥi phyir ni ḥdi ṣes gsuṅs la/ skyon rnams daṅ gtan du bral baḥi phyir ni bṣin ṣes gsuṅs so ṣes bśad do//

gsum pa ni slob dpon yaṅ dag bden pas ḥdi skad ces bya ba ni rnam par ṅes paḥi don yin te/ de yaṅ rnam pa gñis so// ḥdi lta ste tshig ḥbru daṅ don to// de la tshig ḥbru ni brjod par bya ste/[2] ḥphags pa kun dgaḥ bos [ZH.68-96] brjod paḥi tshig ḥbru daṅ/ don rnam par ṅes pa ni saṅs rgyas kyis gsuṅs pa ji lta ba bṣin paḥi phyir ḥdi skad ces bya ba gsuṅs so ṣes bśad do//

gṣan yaṅ mṅon sum du thos pa la ni di skad bdag gis thos pa ṣes bya la/ brgyud de thos pa la ni ḥdi skad thos pa ṣes byaḥo//
gṣan yaṅ 《sde pa rnams kyi brjed byaṅ》 las/ mṅon sum du thos pa la ni bdag gis thos pa ṣes brjod la/ thos pa gtams pa la ni ḥdi skad thos pa ṣes brjod do ṣeḥo//

(1) 'rnam par spyod' ⇒ 'rnams spyad'
(2) 'brjod par bya ste/' ⇒ 'rjod par byed pa yin la/ don ni brjod par bya ba yin no//'

諸論所說, 亦有三種。
一、依《智度論》第一卷云: "如是義者, 即是信也。佛法大海中, 信爲能入, 智爲能度[1]。其信順者, 是事如是。其不信者, 此事不如是。" 廣說如《彼》。
二、依《功德施波若論》云: "'如是我聞'者, 顯示此[2]是世尊現覺而演, 非自所作。"
三、依《佛地論》, 有其四義。
故第一云: "'如是'總言依四義轉。
一、依譬喻。謂當所說如是文句, 如我昔聞。【此即以昔喻今。】
二、依教誨。謂告時衆'如是當聽我昔所聞'。
三、依問答。謂有問言'汝當所說昔定聞耶?', 故此答言'如是我聞'。
四、依許可。謂結集時, 諸菩薩衆咸共請言'如汝所聞, 當如是說'。傳法菩薩[3]許彼言'如是當說, 如我所聞'。
於此四義, 有三師釋。
一云。四中唯依第四。
一云。此中唯依後二。
一云。四中總依四義而說。" 具說如《彼》。

(1) SNST: '智爲能度'=null (2) SNST, Baek(2013a): 此 ⇒ '此經'
(3) Taisho, Baek(2013a): null=+便

bstan bcos rnams las kyaṅ rnam pa gsum du bśad de/
daṅ po ni 《śes rab kyi pha rol tu phyin paḥi ḥgrel pa》 las/
ḥdi skad ces bya baḥi don ni yid ches par byed pa yin te/ ḥdi ltar saṅs rgyas kyi chos kyi rgya mtsho chen por yid ches pas ḥjug par nus pas/ gaṅ yid ches

śiṅ rjes su ḥbraṅ ba dag ni dṅos po ḥdi de bṣin no ṣes zer la gaṅ yid ma ches pa de dag ni dṅos po ḥdi de lta bu ma yin no zer ro ṣes bśad de/ rgya cher ni《de ñid》las byuṅ pa bṣin no//

gñis pa ni《slob dpon yon tan byin gyis ḥphags pa śes rab kyi pha rol tu phyin pa rdo rje gcod paḥi ḥgrel pa byas pa》las/

de la [D.Ti.41a] ḥdi skad bdag gis thos pa ṣes bya ba ni mdo sde ḥdi bcom ldan ḥdas blo mṅon sum du gyur pas gsuṅs pa yin gyis/ bdag ñid kyis byas pa ni ma yin par ston to ṣes ḥbyuṅ ṅo//

gsum pa ni《ḥphags pa saṅs rgyas kyi saḥi ḥgrel pa》las rnam pa bṣir bśad de/ de las ḥdi skad ces bya ba ni don rnam pa bṣiḥi rjes su ḥjug pas de la dpe ni ḥdi lta ste/ da ltar bśad paḥi tshig ḥbru ḥdi dag gis bdag gis sṅon thos pa bṣin no ṣes bya baḥo//

luṅ ḥbogs pa ni ḥdi lta ste/ ḥkhor rnams la ḥdi bṣin du bdag gis sṅon thos pa rnams ñon cig ces bya ba lta buḥo//

dris [ZH.68-97] pa rnam par ṅes pa ni ḥdi lta ste/ kha cig ḥdi skad du khyod kyis de ltar bśad paḥi don ḥdi ṅes par sṅon thos pa yin nam ṣes dris na/ deḥi phyir lan du ḥdi bṣin du bdag gis thos so ṣes bya ba lta buḥo//

tshig gi lan ni ḥdi lta ste/ yaṅ dag par sdud paḥi tshe/ byaṅ chub sems dpaḥi ḥkhor rnams kyis khyod kyis ji ltar thos pa bṣin du/ de bṣin du bśad par gsol ṣes gsol ba btab pa daṅ/ byaṅ chub sems dpaḥ chos brgyud pas de dag la gnaṅ baḥi tshig tu de bṣin du bśad par bya ste/ ji ltar bdag gis thos pa bṣin no ṣes bya baḥo//

don rnam pa ḥdi bṣi la slob dpon gsum gyis ḥdi skad du bśad de/

kha cig ni rnam pa bṣi las tha ma daṅ sbyar ro ṣeḥo//

kha cig ni rnam pa (1)gñis daṅ sbyar ro ṣeḥo//

kha cig ni don bṣi char daṅ sbyar te bśad par byaḥo ṣes ḥbyuṅ ste/

ṣib tu《de ñid》las bśad pa bṣin no//

(1) +'phyi ma'

[§.3.2.2. 別釋"我聞"]

別釋"我聞"者。

傳法菩薩及阿難等, 五蘊身上假立爲我, 耳根發識, 聽聞所說, 故言"我聞"。

故《佛地論》云: "'我'謂諸蘊世俗假者。'聞'謂耳根發識聽受。廢別就總, 故說'我聞'。"

de la bdag gis thos pa rnam par phye ste bśad pa yaṅ chos brgyud paḥi byaṅ chub sems dpaḥ daṅ kun dgaḥ bo la sogs pa phuṅ po lṅaḥi lus la btags pa tsam du bdag ces rnam par gṣag ste/ rna baḥi dbaṅ pos rnam par śes pa bskyed nas/ bśad pa ñan paḥi phyir bdag gis thos pa ṣes brjod de/
deḥi phyir《saṅs rgyas kyi saḥi ḥgrel pa》las
bdag ces bya ba ni ḥdi lta ste/ phuṅ po rnams la kun rdsob tu btags [D.Ti.41b] paḥo// thos pa ni ḥdi lta ste rna baḥi dbaṅ pos rnam par śes pa bskyed nas ñan par byed paḥo// gṣan spaṅs pas spyiḥi dbaṅ du mdsad paḥi phyir bdag gis thos pa ṣes gsuṅs so ṣes ḥbyuṅ ṅo//

問。佛法中無人無我, 如何諸經皆說"我聞"?
解云。此義, 諸說不同。
依龍猛宗, 約四悉檀以釋"我聞"。
【梵音悉檀(1), 諸說不同。
一云。不翻, 含多義故。
或說翻之。或翻"宗成", 或翻爲"墨", 或翻爲"印", 或翻爲"定", 或翻"或(2)就究竟"。
如是異翻, 難可定准。
南岳禪師云"如'大涅槃', 胡漢並稱也。'悉'是隋音, '檀'是胡語。'悉'之言遍, '檀'翻名施。佛以四法遍施衆生, 故名'悉檀'也"。智者師,《維摩記》中, 作如是說。
若依《四卷楞伽經》, 有其四(3)種。故第二卷注經釋云"悉檀者, 謂(4)或言'宗', 或言'成', 或言'理'(5)也"。】(6)
四悉檀義, 如《智度論》第一卷說:
"一、世界悉檀。如蘊成人, 如是'我聞', 世界故有, 第一義故無。
二、各各爲人悉檀。觀人心行而爲說法, 於一事中, 或聽不聽, 爲斷見故說'有續生', 爲常見故說'無有人'。
三、對治悉檀。如不淨觀, 於貪對治, 於瞋則無。

四、第一義悉檀。謂諸法實相，言語道斷，心行處滅。即說偈言:

一切實一切非實，及一切實亦非實，

一切非實非非實，是名諸法之實相。”

【廣釋此偈，如《中論》第三。】

又《彼論》云: “復次，世界語言有三: 一、邪，二、慢，三者、名字。依第三故，名之爲‘我’。”

即當《瑜伽》“假說我”也。

(1) siddhānta (2) JS, Baek(2013a): 或 ⇒ 成 (3) Baek(2013a): 四=三

(4) Taisho, Baek(2013a): 謂 ⇒ ‘譯義’ (5) Taisho, Baek(2013a): 理 ⇒ 默

(6) SNST: ‘【梵音悉檀......或言理也】’=null

saṅs rgyas kyi chos la gaṅ zag med do// bdag med do ṣes gsuṅs na ciḥi phyir mdo sde kun las bdag gis thos pa ṣes gsuṅs/

don ḥdi yaṅ so so nas [ZH.68-98] bśad pa mi mthun te/ slob dpon klu sgrub kyi gṣuṅ gis ni grub paḥi mthaḥ rnam pa bṣi la brten nas bdag gis thos pa ṣes bya ba rnam par bśad de/

grub paḥi mthaḥ rnam pa bṣiḥi don kyaṅ《śes rab kyi pha rol tu phyin paḥi ḥgrel pa》las ji skad du/

daṅ po ni ḥjig rten paḥi grub paḥi mthaḥ ste/ ji ltar phuṅ po rnams kyi gaṅ zag mṅon par ḥgrub par byed pa de bṣin du bdag gis thos pa ṣes bya ba yaṅ ḥjig rten paḥi phyir ni yod paḥo// don dam paḥi phyir ni med paḥo ṣes bśad pa dag go//

gñis pa ni gaṅ zag so soḥi grub paḥi mthaḥ ste/ gaṅ zag gi sems kyi spyod pa so sor brtags nas/ chos bśad paḥi tshe dṅos po gcig la kha cig ni ñan par byed/ kha cig ni ñan par mi byed pas chad par lta ba dag gi phyir ni mtshams sbyor baḥi sems can yod do ṣes bśad la/ rtag par lta ba dag gi phyir ni gaṅ zag med do ṣes bśad pa dag go//

gsum pa ni gñen po grub paḥi mthaḥ ste/ ji ltar mi gtsaṅ bar bsgom pa ḥdod chags spyod pa dag gis ni gñen por gyur pa la/ ṣe sdaṅ spyod pa dag la ni ma yin pa lta buḥo//

bṣi pa ni don dam paḥi grub paḥi mthaḥ ste/ ḥdi ltar chos rnams kyi de kho naḥi mtshan ñid ni tshig gi lam chad pa/ sems kyi spyod yul ḥgags paḥo ṣes bśad do//

tshigs su bcad pa las kyaṅ/

thams cad yaṅ dag ñid yin te//
yaṅ dag ñid kyaṅ yaṅ dag min//
thams cad yaṅ dag ma yin paḫaṅ min//
de ni chos rnams yaṅ dag mtshan ñid do//

ṣes ḫbyuṅ ṅo//

yaṅ 《bstan bcos de ñid》 las

gṣan yaṅ ḫjig rten gyi tha sñad ni gsum yod de/ ḫdi lta ste log [D.Ti.42a] pa daṅ ṅa rgyal daṅ miṅ ṅo// gñis[(1)] paḫi dbaṅ du byas paḫi phyir bdag ces byaḫo ṣes ḫbyuṅ ste/

ḫdi ni [ZH.68-99] 《rnal ḫbyor spyod paḫi sa》 las btags pa tsam du bdag ces bśad do ṣes bstan pa ñid do//

(1) gñis ⇒ gsum

問。豈不《中論》實相問[(1)]中"非我、非無我", 如何《智度論》中說爲"無我"? 答。不相違。世界悉檀即說爲"我", 第一義中說爲"無我", 各各爲人"或我、無我", 雙遣二執亦得說言"非我、非非[(2)]無我"。故《中論》云:

諸佛或說我, 或說於無我,
諸法實相中, 非我非無我。

若偏對我, 即說無我以爲實相。若雙遣執, 非我非無我以爲實相。各據一義, 故不相違。

若依《涅槃》, 即說眞我以爲實相。如理應知。

(1) SNST: 問 ⇒ 門
(2) SNST, Baek(2013a): '非非' ⇒ 非

《dbu maḫi bstan bcos》 las/ de kho naḫi mtshan ñid kyi sgo nas bdag kyaṅ ma yin/ bdag med pa yaṅ ma yin no ṣes bstan nam ṣe na/ ciḫi phyir 《śes rab kyi pha rol tu phyin paḫi ḫgrel pa》 las bdag med do ṣes bśad la/

ḫgal ba med de ḫjig rten paḫi grub paḫi[(1)] dbaṅ du byas na ni bdag ces bśad la/ don dam paḫi dbaṅ du byas na ni bdag med ces bśad do//

gaṅ zag so soḫi dbaṅ du byas na ni bdag yod paḫam/ yaṅ na bdag med pa ṣes bśad de/ ḫdsin pa gñi ga cig car yoṅs su bsal baḫi phyir bdag kyaṅ ma yin bdag med pa yaṅ ma yin no ṣes kyaṅ bstan te/

deḫi phyir 《bstan bcos dbu ma》ḫi tshig leḫur byas pa las/

saṅs rgyas rnams kyis res ḥgaḥ bdag//
res ḥgaḥ bdag med par yaṅ gsuṅs//
chos rnams yaṅ dag mtshan ñid la//
bdag med bdag med paḥaṅ min//

ṣes ḥbyuṅ ste/

gal te phyogs gcig tu bdag tu ḥdsin pa la ltos na ni/ bdag med par bśad pa ste/ de kho naḥi mtshan ñid yin la/ gal te ḥdsin pa cig car yoṅs su bsal na ni bdag kyaṅ ma yin bdag med pa yaṅ ma yin par bstan pa ste/ de kho naḥi mtshan ñid yin te/ so so nas don re reḥi dbaṅ du byed pas ḥgal ba med do//

《mya ṅan las ḥdas pa chen poḥi mdo》 daṅ sbyar nas/ yaṅ dag paḥi bdag ñid ni de kho naḥi mtshan ñid do ṣes gsuṅs so//

(1) +mthaḥi

依彌勒宗, 四義故, 於諸蘊中假說爲我。

故《瑜伽論》第六卷云: "薄伽梵說: '苾蒭[(1)]! 當知由四因故[(2)]假說有情[(3)]: 一、爲[(4)]世間言說易故, 二、[(5)]欲隨順諸世間故, 三、爲[(6)]斷除決[(7)]定無我[(8)]諸怖畏故, 四、爲宣說自他得失[(9)], 令其[(10)]決定信解心故'。"

《顯揚》第九、《對法》十三, 同《瑜伽》說。

(1) JS: 蒭=芻 (2) Taisho, SNST: null ⇒ +'於諸行中'
(3) Taisho, Baek(2013a): '有情'='有我'; SNST: '有情'=*sic*
(4) Taisho, SNST, Baek(2013a): null ⇒ +令 (5) Taisho, SNST, Baek(2013a): null ⇒ +爲
(6) Taisho, Baek(2013a): null ⇒ +欲 (7) Taisho, SNST, Baek(2013a): 決 ⇒ 謂
(8) SNST: 我='有情身'; Taisho: 我=*sic* (9) Taisho, SNST: '得失' ⇒ '成就功德成就過失'
(10) Taisho, SNST, Baek(2013a): 其 ⇒ 起

ḥphags pa byams paḥi gṣuṅ daṅ sbyar na don rnam pa bṣiḥi phyir phuṅ po rnams la btags pa tsam du bdag ces brjod pa yin no ṣes ḥbyuṅ ste/ deḥi phyir 《rnal ḥbyor spyod paḥi sa》 las

ḥdi ltar bcom ldan ḥdas kyis dge sloṅ dag rgyu [ZH.68-100] rnam pa bṣiḥi phyir ḥdu byed rnams la sems can dogs[(1)] par rig par bya ste/ tha sñad la bde bar bya ba daṅ/ ḥjig rten pa daṅ mthun par bya ba daṅ/ sems can gyi dṅos [D.Ti.42b] po rnam pa thams cad kyis med do sñam paḥi skrag pa bsal ba daṅ/ bdag daṅ pha rol la tha sñad kyis yon tan daṅ ldan pa daṅ/ skyon daṅ ldan par yid ches pa bskyed paḥi phyir ro ṣes ḥbyuṅ ste/

《bstan bcos rnam par bśad pa》 daṅ/ 《chos mṅon pa》 las kyaṅ ḥdi daṅ mthun par bśad de/[(2)]

(1) dogs ⇒ ḥdogs
(2) de/ ⇒ do//

言“聞”者，諸說不同。
薩婆多宗，耳聞，非識。
法救論師，識聞，非耳，如《大毗婆沙》第十三等。
依經部宗，識聞，非耳，如《成實》第六。
譬喻論師，和合能聞，如《婆沙》十三。

de la thos pa ṣes bya ba ni so so nas bśad pa mi mthun te/
thams cad yod par smra baḥi gṣuṅ gis ni rna bas thos pa yin gyis/ rnam par śes pa ni ma yin no ṣes bśad do//
slob dpon chos skyoṅ gis rnam par śes pas thos kyis/ rna bas ni ma yin no ṣes zer te/ 《bye brag tu bśad pa chen po》 bam po bcu gsum pa las bśad pa bṣin no//
mdo sdeḥi[(1)] gṣuṅ gis kyaṅ/ rnam par śes pas thos kyis rna bas ni ma yin no ṣes zer te/ 《bstan bcos de kho na ñid grub pa》 las bśad pa bṣin no//
slob dpon dpe can gyis ḥdus pa las thos so ṣes zer te/ 《bye brag tu bśad pa chen po》 bam po bcu gsum pa las bśad pa bṣin no//

(1) sdeḥi ⇒ ‘sde paḥi’

今依大乘，龍樹菩薩，自有兩釋。
一者、天眼見色，准知耳聞。[(1)]
二者、和合能聞。知[(2)]《智度論》第一卷等。
雖有兩說，和合爲正，正釋“聞”中說和合故。

(1) SNST: ‘天眼見色，准知耳聞’ ⇒ ‘耳聞，非識。如《智度論》第三十三卷云“以天眼見佛，以天耳聞法”。’
(2) JS, SNST: 知 ⇒ 如

ḥdir theg pa chen po dag gis bśad pa daṅ sbyar na byaṅ chub sems dpaḥ klu sgrub kyis bśad pa yaṅ rnam pa gñis yod de/

daṅ po ni rna bas thos kyis/ rnam par śes pas ni ma yin no ṣes bśad de/ 《śes rab kyi pha rol tu phyin paḥi ḥgrel pa》 las ji skad du

lhaḥi mig gis saṅs rgyas mthoṅ ṅo// lhaḥi rna bas chos thos so ṣes bstan pa lta buḥo//

gñis pa ni ḥdus pa las thos so ṣes bśad de/ 《śes rab kyi pha rol tu phyin paḥi ḥgrel pa》 las ji skad du[(1)]

rnam pa gñis su bśad pa yod kyaṅ ḥdus pa ni yaṅ [ZH.68-101] dag pa yin te/ thos pa yaṅ dag paḥi don du rnam par bśad pa las ḥdus pa las thos so ṣes bśad paḥi phyir ro ṣes bstan pa lta buḥo[(2)]//

(1) 'ji skad du' ⇒ 'bśad pa bṣin no//'

(2) 'ṣes bstan pa lta buḥo' ⇒ null

依彌勒宗, 自有三說。

一云。耳聞, 非識。如《集論》、《雜集》第一卷云: "耳界何相? 謂能聞聲。" 又《瑜伽論》第三卷云: "數數於此聲至, 能聞, 故名爲耳。"

一云。識聞, 非耳。如《瑜伽釋論》[(1)]第一卷云: "聞謂聽聞, 即是耳根發生耳識聞言教故。"

又《佛地論》第一卷云: "聞謂耳根發識聽受。"

或可。二論[(2)], 耳聞, 非識。[(3)]

一云。和合能聞。如《雜集論》第二卷云: "問。爲眼見色爲識等耶? 答。非眼見色, 示[(4)]非識等。以一切法無作用故。由有和合, 假立爲見。耳等亦爾。" 廣說如《彼》。

(1) SNST: '瑜伽釋論' ⇒ '瑜伽論'　(2) SNST: null ⇒ +'亦釋'

(3) SNST: null ⇒ +'(聞)用得發識耳根爲體故'　(4) JS, Taisho, SNST, Baek(2013a): 示 ⇒ 亦

ḥphags pa byams paḥi gṣuṅ daṅ sbyar na bśad pa gsum yod de/

kha cig las ni rna bas thos kyis/ rnam par śes pas ni ma yin no ṣes bśad de/ 《chos mṅon pa sna tshogs kun las btus pa》 las/

rna baḥi khams kyi mtshan ñid ji lta bu ṣe na/ ḥdi lta ste sgra thos paḥo ṣes ḥbyuṅ ba daṅ/

[D.Ti.43a] 《rnal ḥbyor spyod paḥi sa》 las

ḥdi la grag pa[(1)] rnams dmigs śiṅ/ ḥdi la grag pa[(1)] rnams dmigs pas na rna baḥo ṣes ḥbyuṅ ba lta buḥo//
kha cig las ni rnam par śes pas thos kyis/ rna bas ni ma yin no ṣes bśad de/
《rnal ḥbyor spyod paḥi sa》 las ji skad du
thos pa ni ḥdi lta ste/ mñan nas thos paḥo ṣes ḥbyuṅ ba lta bu ste/ de ni rna baḥi dbaṅ pos rna baḥi rnam par śes pa bskyed nas tshig gis bstan pa thos paḥi phyir ro//
gṣan yaṅ 《saṅs rgyas kyi saḥi ḥgrel pa》 las
thos pa ni ḥdi lta ste/ rna baḥi dbaṅ pos rnam par śes pa bskyed nas ñan par byed paḥo ṣes ḥbyuṅ ṅo//
bstan bcos rnam pa gñis las rna bas thos kyis/ rnam par śes pas ni ma yin no ṣes bstan pa yaṅ rnam par śes pa bskyed paḥi rna baḥi dbaṅ po thob paḥi ṅo bo ñid yin paḥi phyir ro//
kha cig las ni ḥdus pa las nus par[(2)] thos so ṣes bśad do//
《chos mṅon pa sna tshogs kun las btus pa》 las ji skad du
mig gis gzugs mthoṅ ṅam/ ḥon te rnam par śes pa la sogs pa yin na/
mig gis gzugs mthoṅ ba yaṅ ma yin/ rnam par śes pa la sogs pas kyaṅ ma yin te/ ḥdi ltar chos thams cad la byed pa med paḥi phyir ro// ḥdus pa yod paḥi dbaṅ gis btags pa yod pa tsam du mthoṅ ba ṣes ḥdogs [ZH.68-102] par zad de/
rna ba la sogs pa yaṅ de bṣin no ṣes ḥbyuṅ ba lta bu ste/
rgya cher ni 《de ñid》 las bśad pa bṣin no//

(1) 'grag pa' ⇒ sgra
(2) 'nus par' ⇒ null

所以如是諸論異者。
爲顯聞聲最勝所依, 故《瑜伽》等, 說耳爲聞。
就分別義, 故《佛地》等, 說識爲聞。
爲顯諸法無實作用, 故《智度論》及《雜集論》, 和合爲聞。
各據一義, 互不相違。
【問。無實作用, 不許耳聞, 無[(1)]實作用, 智不應緣? 此中應作問答。】[(2)]

(1) Baek(2013a): 無=有
(2) SNST: '【問。無實作用......此中應作問答。】'=null

de ltar bstan bcos rnams las tha dad par gyur pa yaṅ sgra ñan pa daṅ rten khyad par can du gyur paḥi phyir/ 《rnal ḥbyor spyod paḥi sa》 las rna bas thos so ṣes bśad la/ don rnam par ḥbyed paḥi dbaṅ du byas paḥi phyir ni 《saṅs rgyas kyi saḥi ḥgrel pa》 la sogs pa las rnam par śes pas thos so ṣes bśad do// chos rnams la yaṅ dag par byed pa med paḥi phyir ni 《śes rab kyi pha rol tu phyin paḥi ḥgrel pa》 daṅ/ 《chos mṅon pa sna tshogs kun las btus pa》 las [(1)]thos so ṣes bśad de/ so so nas don re reḥi [D.Ti.43b] dbaṅ du byas paḥi phyir phan tshun ḥgal ba med do//

(1) +'ḥdus pa las'

唯識道理以辨聞者, 如《佛地論》第一卷說, 有二師義。

故《彼論》云: "有義。如來慈悲、本願、增上緣力, 聞者識上文、義相生。此文、義相, 雖親依自善根力起, 而就強緣名爲'佛說'。由耳根力, 自心變現, 故名'我聞'。

有義。聞者善根、本願、增上緣力, 如來識上文、義相生。此文、義相, 是佛利他善根所起, 名爲'佛說'。聞者識心, 雖不取得, 然似彼[(1)]分明顯現, 故名'我聞'。"

解云。《佛地》二師所說, 初即那伽犀那[(2)], 不許佛果有色、聲等。

第二師義, 許佛果中具色、聲等。

大唐三藏, 法護[(3)]菩薩, 皆用後說, 如前 "本影有無(=#2.1.5.2.)" 中說(=@0-19)。

(1) Taisho, SNST, Baek(2013a): null ⇒ +相 (2) nāgasena
(3) JS, SNST, Baek(2013a): '法護' ⇒ '護法'

rnam par rig pa tsam gyis[(1)] rigs pas thos pa bya ba rnam par ḥbyed pa yaṅ/ 《saṅs rgyas kyi saḥi ḥgrel pa》 las slob dpon gñis kyis bśad paḥi don ḥbyuṅ ste/ de la daṅ pos ni ḥdi skad du de bṣin gśegs paḥi thugs rje daṅ/ sṅon gyi smon lam daṅ/ [(2)]rkyen gyi mthu can gyi dbaṅ gis ñan pa poḥi rnam par rig pa la yi ge daṅ don gyi rnam par skye ste/ yi ge daṅ don gyi rnam pa de yaṅ raṅ gi dge baḥi rtsa baḥi mthu las mṅon du byuṅ ba yin yaṅ/ rkyen mthu can gyi dbaṅ du mdsad nas saṅs rgyas kyis gsuṅs so ṣes bśad la/ rna baḥi dbaṅ po daṅ raṅ gi sems gyur pa las snaṅ baḥi phyir na bdag gis thos pa ṣes bśad do ṣeḥo//

gñis pa ni ḥdi skad du ñan pa poḥi dge baḥi rtsa ba daṅ/ smon lam chen po daṅ/ [(2)]rkyen mthu can gyi dbaṅ gis de bṣin gśegs paḥi rnam par rig pa la/ yi ge daṅ don gyi rnam pa skye ste/ yi ge daṅ don gyi rnam pa de yaṅ de bṣin gśegs pas gṣan la phan btags paḥi dge baḥi rtsa ba las byuṅ bas/ [ZH.68-103] saṅs rgyas kyis gsuṅs pa ṣes pa[(3)] bstan la/ ñan pa poḥi rnam par rig paḥi sems kyis blaṅs nas thob pa ma yin mod kyi/ rnam pa de daṅ ḥdra bar gsal bar gnaṅ[(4)] baḥi dbaṅ du mdsad nas/ bdag gis thos pa ṣes gsuṅs so ṣeḥo//

《saṅs rgyas kyi saḥi ḥgrel pa》 las slob dpon gñis kyis bśad pa de yaṅ/ daṅ po ni slob dpon kluḥi sde[(5)] saṅs rgyas kyi saḥi gnas skabs su gzugs daṅ sgra la sogs pa yod par mi ḥdod do//

slob dpon gñis pa ni don gyi saṅs rgyas kyi saḥi gnas skabs su yaṅ gzugs daṅ sgra la sogs pa daṅ ldan par ḥdod do//

slob dpon hyan tsaṅ daṅ/ chos skyoṅ yaṅ dag bstan paḥi phyi ma ltar bśad de/ goṅ du ṅo bo ñid daṅ gzugs brñan yod med bstan paḥi skabs su bśad pa bṣin no//

(1) gyis ⇒ gyi (2) +'bdag poḥi' (3) PN: pa ⇒ null (4) PN: gnaṅ ⇒ snaṅ (5) +'yin te/'

問曰。阿難, 如來成道日生, 經二十年方爲侍者, 前所說經皆非親聞, 如何諸經皆說“我聞”?

菩提留支《金剛仙論》云: “昔如來滅後, 凡有三時結集法藏。初、在王舍城因陀羅窟中, 五百比丘結集法藏, 舍利弗等諸阿羅漢比丘, 各自稱言‘某甲經, 如是我聞, 佛在某處說’。後時, 爲惡國王壞滅佛法, 自此以後, 復有七百比丘重結集法藏, 皆云‘某甲經, 我從某甲比丘邊聞’, 不云‘我從佛聞’。此之再集, 並是小乘之人, 結集法藏。

又復如來在鐵圍山外, 不至餘世界, 二界中間, 無量諸佛共集於彼, 說佛話[(1)]經訖。欲結集大乘法藏, 復召集徒衆。羅漢有八十億那由他, 菩薩衆有無量無邊恒河沙不可思議, 皆集於彼。當於爾時, 菩薩、聲聞, 皆云‘如是我聞, 如來在某處, 說某甲經’。”

眞諦三藏《七事記》云: “親聞曰‘如是我聞’。傳聞曰‘我聞如是’。”

又《部執記》云: “親聞曰‘我聞’。傳曰‘所聞’。”[(2)]

解云。如是等說, 違《報恩經》說也。[(2)]

若依《報恩經》, 釋有三義: 一者、傳聞, 二者、知佛世俗心[3], 三者、佛重爲說。

故第六云: "佛二十年中說法, 阿難不聞, 何得言'我聞'?

答[4]。諸天語阿難。又云。從諸比丘邊聞。又云。佛入世俗心, 令阿難知。又云。阿難從佛請願'佛二十年中[5]說法, 盡爲我說'。佛善巧[6], 於一法一句中演無量法, 能以無量法爲一句義, 佛粗[7]示其端[8], 阿難盡已得知, 速利、強持力故。"

又解。《金剛華經》[9]說: "阿難比丘, 得法性覺[10]自在王三昧, 以三昧力故, 前所說經皆能憶持, 與親聞無異。如宿命通見過去事無不明了, 亦如迦旃延得願智力故, 佛所說經皆能憶持, 阿難亦爾。"

(1) JS, Taisho: 話 ⇒ 語 (2) SNST: '菩提留支《金剛仙論》云......又《部執記》云親聞曰我聞傳曰所聞'=null; '如是等說違《報恩經》說也'=null

(3) SNST, Baek(2013a): '知佛世俗心'='佛入世俗心令知'(<《仁王經疏》卷1)

(4) Taisho, Baek(2013a): null=+云 (5) Taisho, SNST, Baek(2013a): null ⇒ +所

(6) Taisho, SNST, Baek(2013a): null ⇒ +'方便' (7) JS, Taisho, SNST: 粗 ⇒ 麤

(8) Taisho, SNST, Baek(2013a): null ⇒ +緖 (9) SNST: '金剛華經'='金剛等論'(?)

(10) Baek(2013a): 覺='覺性'; SNST: 覺=*sic*

ḫphags pa kun dgaḫ bo ni de bṣin gśegs pa mṅon par rdsogs par saṅs rgyas paḫi ñin par btsas [D.Ti.44a] pas lo ñi śu lon nas gdod ṣam riṅ ba byas te/ sṅar gsuṅs paḫi mdo sde rnams mṅon sum du thos pa med na ciḫi phyir mdo sde thams cad las bdag gis thos pa ṣes gsuṅs/

[1]《ḫphags pa drin lan gyi mdo》ḫi ḫgrel pa las don rnam pa gsum du bśad de/ brgyud de thos pa daṅ/ de bṣin gśegs paḫi ḫjig rten paḫi thugs bskyed pa[2] śes pa daṅ/ bcom ldan ḫdas kyis yaṅ bzlas te bśad paḫo// deḫi phyir《de ñid》las bcom ldan ḫdas kyis lo bcu gñis kyi bar du gsuṅs paḫi phyir chos rnams kun dgaḫ bos ma thos na/ ciḫi phyir bdag gis thos ṣes brjod/

smras pa/ lha rnams kyis kun dgaḫ bo la smras pas so//

yaṅ na dge sloṅ rnams las thos pas so//

yaṅ na bcom ldan ḫdas ḫjig rten paḫi thugs bskyed pas kun dgaḫ bos śes par [ZH.68-104] gyur paḫi phyir ro//

yaṅ na kun dgaḫ bos bcom ldan ḫdas la lo bcu gñis kyi bar du gsuṅs paḫi chos rnams ma lus par bdag la yaṅ bśad par gsol ba btab paḫi phyir ro//

yaṅ na bcom ldan ḫdas thabs legs par thugs su chud pas chos kyi tshig[3] las

chos tshad med pa gsuṅs pa daṅ/ chos tshad med pa chos kyi tshig gcig tu gsuṅs par mdsad pas/ bcom ldan ḥdas kyis mdo tsam du smos pa kun dgaḥ bos ma lus par khoṅ du chud de/ myur ṣiṅ rno ba daṅ/ ḥdsin paḥi mthu che baḥi phyir ro ṣes bśad do//
gṣan yaṅ《rdo rje gcod pa la sogs paḥi ḥgrel pa》(?) las/ dge sloṅ kun dgaḥ bo ni chos kyi ṅo bo ñid blo dbaṅ phyug gi rgyal po ṣes bya baḥi tiṅ ṅe ḥdsin thob pas/ tiṅ ṅe ḥdsin gyi mthus sṅar gsuṅs pa rnams ma lus par ḥdsin par nus pas mṅon sum du thos pa daṅ tha dad pa med de/ ji ltar mṅon par śes pa dag gis ḥdas paḥi dṅos po rnams gsal bar rtogs pa daṅ/ kā tyā ya naḥi bu chen po smos nas śes paḥi mthu thob paḥi phyir de bṣin gśegs pas gsuṅs paḥi mdo sde rnams ma lus par ḥdsin nus pa bṣin du/ kun dgaḥ bo yaṅ de bṣin no ṣes ḥbyuṅ ṅo//

(1) 〈......〉 omitted (2) pa ⇒ pas (3) PN: null ⇒ +gcig

問。阿難既是聲聞, 如何能持大乘經典?
答。如《大乘集法經》中說, 有三種阿難: 一者、阿難陀, 持聲聞法; 二者、阿難賢, 持緣覺法; 三者、阿難海, 持摩訶衍法。
《金剛仙論》亦同《集法》。
眞諦三藏《金剛波若疏》, 引《闍王懺悔經》說三種阿難"三種之中第三阿難持此經也", 故不相違。

[D.Ti.44b] ḥphags pa kun dgaḥ bo ñan thos yin na ji ltar theg pa chen poḥi mdo sde rnams yoṅs su ḥdsin par nus/
《theg pa chen poḥi chos bsdus pa la sogs pa mdo sde maṅ po》 las/ kun dgaḥ bo ni rnam pa gsum yod de/ daṅ po ni kun dgaḥ bo ste ñan thos kyi chos yoṅs su ḥdsin paḥo// gñis pa ni dgaḥ bo bzaṅ po ste/ raṅ saṅs rgyas kyi chos yoṅs su ḥdsin paḥo// gsum pa ni dgaḥ bo rgya mtsho ste/ theg pa chen poḥi chos yoṅs su ḥdsin paḥo ṣes gsuṅs te/
《ḥphags pa rdo rje gcod paḥi ḥgrel pa draṅ sroṅ [ZH.68-105] rdo rjes byas pa》 las kyaṅ ḥdi daṅ mthun par ḥbyuṅ ṅo//
《slob dpon yaṅ dag bden pas byas pa rdo rje gcod paḥi ḥgrel pa》 las/《rgyal po ma skyes dgras sdig pa bśags paḥi mdo》 khuṅs bstan pa las gsuṅs pa dgaḥ bo rnam pa gsum las/ dgaḥ bo gsum pa ni theg pa chen poḥi mdo sde yoṅs su

ḥdsin paḥo ṣes gsuṅs paḥi phyir ḥgal ba med do//

[§.3.3. 申其合說之意]
第三、申其合說意者。
如《佛地論》云: "應知說此'如是我聞', 意避增減異分過失。謂如是法, 我從佛聞, 非他展轉。顯示聞者有所堪能, 諸有所聞皆離增減異分過失。"
具說如《彼》。

de la gsum pa de dag bśad paḥi dgoṅs pa bstan pa ṣes bya ba yaṅ/
《saṅs rgyas kyi saḥi ḥgrel pa》 las
ḥdi skad bdag gis thos pa ṣes bya ba ḥdis ni yan lag gṣan gyis sgro ḥdogs pa daṅ/ skur pa ḥdebs paḥi ñes pa daṅ bral bar bstan te ṣes ḥbyuṅ yoṅs su spoṅs par(1) rigs(2) par bya ste/ ḥdi ltar chos ḥdi ni bdag gis bcom ldan ḥdas las mṅon sum du thos kyis gud nas gcig nas gcig tu brgyud pa ma yin te/ ñan pa po nus pa daṅ ldan pas thos pa rnams kyaṅ yan lag gṣan gyis sgro ḥdogs pa daṅ/ skur pa ḥdebs paḥi ñes pa daṅ bral bar bstan to ṣes ḥbyuṅ ste/
ṣib tu 《de ñid》 las bśad pa bṣin no//

(1) 'te ṣes ḥbyuṅ yoṅs su spoṅs par' ⇒ par
(2) PN: rigs ⇒ rig

(@1-2)[0182c08] 一時,
[0182c09] 釋曰。五中第二、教起時分。

dus gcig na
ṣes bya bas ni rnam pa lṅar phye ba las gñis pa ḥbyuṅ baḥi dus kyi phyogs ṣes bya ba ston te/

然此一時, 【(1)此地諸師, 有說四種。一者、如來一代說法有五十年時。二者、說一部時。三者、衆機熟時。四者、說聽共相會遇時。吉藏法師《法華疏》說。(2)】(3)

(1) JS, SNST: 【 ⇒ null (2) SNST: '吉藏法師《法華疏》說'=null (3) JS, SNST: 】⇒ null

dus gcig na ṣes bya ba ḥdi yaṅ yul ḥdi paḥi slob dpon rnams kyis rnam pa bṣir bstan te/ de bṣin gśegs pa riṅ gcig gis lo lṅa bcuḥi bar du bstan pa gsuṅs paḥi dus daṅ mdo sde gcig gsuṅs paḥi dus daṅ/ ḥkhor lo yoṅs su smin[(1)] [D.Ti.45a] paḥi dus daṅ/ ḥchad [ZH.68-106] pa daṅ/ ñan pa phan tshun phrad par gyur paḥi dus so//

(1) PN: null ⇒ 'par gyur'

西方諸師, 三說不同。

一、菩提留支。言"一時"者, 有其多種。謂一念時, 有日時, 有百年時, 有一切時, 有春秋冬夏時。今言"一時"者, 非此等時, 正是如來說此經時。雖言"一時", 不云某年月日故, 不知何時。如《大華嚴 · 淨眼品》等"如來成道日"說, 其《十地品》"第二七日"說。如《十萬偈般若》"如來成道五年經"有成文, 餘七部《般若》但云"一時"。皆不知何年說。乃至《彼》云: "相傳說云。如來一代成道, 乃至涅槃, 恒說《[(1)]般若》、《華嚴》、《大集》, 未曾斷絕。"【解云。准此, 西方三藏亦不能定說諸經時也。】[(2)]

(1) Taisho, Baek(2013a): null=+'摩訶'(《《金剛仙論》)

(2) SNST: '雖言一時, 不云某年月日故......西方三藏亦不能定說諸經時也】'=null

rgya gar yul paḥi slob dpon gyis bśad pa yaṅ mi mthun pa rnam pa gsum yod de/ de la daṅ po ni slob dpon bo de leḥu cis ḥdi skad du

dus gcig na ṣes bya ba yaṅ/ rnam pa maṅ bas ḥdi lta ste/ skad cig maḥi dus kyaṅ yod/ ñin mtshan gyi dus kyaṅ yod/ lo brgyaḥi dus kyaṅ yod/ thams cad kyi dus kyaṅ yod/ dpyid daṅ ston daṅ/ dgun daṅ/ dbyar gyi dus kyaṅ yod de/ ḥdir dus gcig na ṣes bya ba ni ḥdi lta bu la sogs paḥi dus ma yin gyi/ de bṣin gśegs pas ldan par mdo ḥdi gsuṅs paḥi dus so ṣes bśad do//

二、長耳三藏云, "[(1)]時"有兩種:

一、半音時, 對緣不遍。

二、圓音時, 對緣即普。

從初得道, 終訖雙林, 二音並行, 半滿俱說。

見小分者爲半音時, 見滿分者爲圓音時。

又解。“時”復有三:
一、分段流轉時, 二、不思議變易時, 三、假名施設時。
前二, 即是二種生死時。
“假名時”者, 梵音劫波[2], 自有三意: 一、迦羅[3]時, 二、三摩耶[4]時, 三、世流布時。
“迦羅時”者, 此翻別相時。如來[5]戒律, 大戒時聞, 小戒時不聞, 出家時聞, 在家不聞, 國王得聞, 餘人不聞。
“三摩耶時”, 此翻破耶[6]見時。謂五部阿含、九分達磨, 不簡黑白, 一切得聞。
【言“九分”者, 如眞諦師《部執論記》第一卷云: “如來正教, 即是經、律、阿毗曇。
經即五阿含, 謂長、增一、中、雜、百部也。
律不過三部: 一、二〔二〕[7]五十戒律, 二、雜誦律, 三、比丘尼律。
阿毗曇有九分: 一、分別說戒, 二、分別說世間, 三、分別說因緣, 四、分別說界, 五、分別說同隨得, 六、分別說名味句, 七、分別集定, 八、分別說集業, 九、分別說諸陰。一分有六千偈, 六九五十四, 合五萬四千偈也。”】[8]
上二種時, 大同《智度論》說。[9]
“世流布[10]”者, 如說“一時佛在恒河岸”、“一時在申怒[11]林”。
今言“一時”, 且依後二。

(1) SNST: null ⇒ +‘一’ (2) kalpa (3) kāla (4) samaya
(5) Baek(2013a): ‘如來’=‘如制’/‘如說’; SNST: ‘如來’=*sic*
(6) JS, SNST, Baek(2013a): 耶 ⇒ 邪 (7) JS, Baek(2013a): 〔二〕⇒ 百
(8) SNST: ‘【言九分者......合五萬四千偈也】’=null
(9) SNST: ‘上二種時, 大同《智度論》說’=null
(10) SNST: null ⇒ +時 (11) śiṃśapā; Lee: ‘申怒’ ⇒ ‘申恕’

gñis pa ni slob dpon rna riṅs kyis ḥdi skad du
dus gcig ces bya ba yaṅ rnam pa gñis yod de/ daṅ po ni [1]yoṅs su ma rdsogs paḥi dus te/ dmigs pa ma khyab pa la ltos nas so// gñis pa ni gsuṅ yoṅs su rdsogs paḥi dus te/ dmigs pa khyab pa la ltos nas so//

daṅ po mṅon par rdsogs par saṅs rgyas pa nas/ tha ma śiṅ sā la zuṅ cig gi druṅ du mya ṅan las ḥdas paḥi bar du gsuṅ rnam pa gñis su gsuṅs pas yoṅs su ma rdsogs pa daṅ yoṅs su rdsogs pa gñis ka yaṅ gsuṅs te/ chuṅ ṅuḥi phyogs can gzigs pa la ni yoṅs su ma rdsogs paḥi gsuṅ gi dus ṣes byaḥo// yoṅs su rdsogs paḥi phyogs can gzigs pa la ni yoṅs su rdsogs paḥi gsuṅ gi dus ṣes byaḥo//

gṣan yaṅ dus ni rnam pa gsum yod de/ dṅos po can ḥkhor bar ḥjug paḥi dus daṅ/ bsam gyis mi khyab paḥi rnam par gyur paḥi dus daṅ/ btags pa tsam du gdags paḥi dus te/ sṅa ma gñis ni skye śi rnam pa gñis kyi dus so//

btags paḥi dus de yaṅ rnam pa gsum ste/ sṅa [ZH.68-107] ma gñis ni(2) śes par gyur paḥi dus daṅ/ log par lta ba ḥjig paḥi dus daṅ/ ḥjig rten na gnas paḥi dus so//

de la śes par gyur paḥi dus ni de bṣin gśegs paḥi ḥdul ba rnams bsñen par rdsogs paḥi tshe ni thos su gnaṅ la/ bsñen par ma rdsogs paḥi tshe thos su mi gnaṅ ba daṅ/ [D.Ti.45b] rab tu byuṅ baḥi tshe ni thos su gnaṅ la/ khyim paḥi tshe thos su mi gnaṅ ba daṅ/ rgyal po ni thos su gnaṅ la/ gṣan rnams thos su mi gnaṅ baḥo//

log par lta ba ḥjig paḥi dus ni ḥdi lta ste/ luṅ sde lṅa daṅ/ chos mṅon pa yan lag dgu po dag nag po daṅ dkar poḥi phyogs mi dbye bar thams cad thos su gnaṅ baḥo//

ḥjig rten na gnas paḥi dus ni ji skad du bcom ldan ḥdas dus gcig na chu bo gaṅ-gāḥi ḥgram na bṣugs so// dus gcig na tshal ḥjigs su ruṅ ba(?) na bṣugs so ṣes gsuṅs pa lta bu ste/

ḥdi dus gcig na ṣes bya baḥi ri(3) ṣig phyi ma gñis daṅ sbyar ro ṣeḥo//

(1) +gsuṅ (2) 'sṅa ma gñis ni' ⇒ null (3) PN: ri ⇒ re

三、眞諦三藏《七事記》云: "'一時'有十義:

一、佛出世時, 二、說正法時, 三、聽正法時, 四、持正法時, 五、思正法時, 六、修正法時, 七、下善種時【謂菩提心。】, 八、成就善根時【謂生中國, 修四念處。】, 九、解脫善根時【謂聽法、說法、持法、靜心、修習, 以此五緣得入解脫, 故名'解脫善根時'。】, 十、平等捨心時。【若心多退, 名爲下心, 聽法不入。若心動踊, 名爲高心, 聽法不入。若作棄捨正法心, 此是無明不平等心, 聽亦不入。若能拔沈抑浮, 調停得中念, 知捨平等,

得入正法。故云‘平等捨心時’。[(1)]
具此十義，故云‘一時’也。” 廣說如《彼》。】[(2)(3)]

(1) Lee: null ⇒ +】 (2) Lee: 】⇒ null
(3) SNST: ‘三、眞諦三藏《七事記》云......廣說如《彼》。】’=‘三、眞諦三藏云，一時有十義。廣說如《七事記》，恐繁不述。’

gsum pa ni slob dpon yaṅ dag bden pas ḥdi skad du dus[(1)] ṣes bya baḥi don ni rnam pa bcu yod do ṣes bśad de/ ṣib tu《dṅos po bdun gyi brjed byaṅ byas pa》las ḥbyuṅ ste/ maṅs kyis dogs nas ḥdir ma brjod do//

(1) +gcig

今依諸論，有其三說。
一、《功德施波若論》云: “一時者，說此經時。餘時，復說無量經故。”

ḥdir bstan bcos rnams daṅ sbyar na bśad pa rnam pa gsum yod de/
de la daṅ po ni《slob dpon yon tan byin gyis śes rab kyi pha rol tu phyin pa rdo rje gcod paḥi ḥgrel pa byas pa》las dus gcig na ṣes bya ba ni mdo sde ḥdi gsuṅs paḥi dus gcig gi tshe ste/ dus gṣan na ni mdo sde tshad med pa gṣan gsuṅs paḥi phyir ro ṣes bśad do//

二、依龍猛宗，時有二種:
一、名“迦羅時”，通假及實，內外通用。
二、三摩耶時，唯假非實。內宗“一時”依此而說。
故《智度論》第一卷云: “問。天竺說‘時’，有其[(1)]二種，一、名‘迦羅’，二、三摩耶。佛何不言迦羅時分，而但說三摩耶時?【此即外人問龍樹宗。】
答。[(2)]言‘迦羅’，俱亦有疑。【龍樹略答。設言‘迦羅’，還有此難，故不應答。】
問曰。此中應說迦羅，以彼二字轉[(3)]易說故，而不應說三摩耶時，以彼三字重語難故?
【此外人難龍樹，何不就輕而就重耶?】
答曰。今此除邪見故，說‘三摩耶’，不言‘迦羅’。”
具說如《彼》。

【龍樹廣釋。若說"迦羅", 執時外道, 便作此言"時能生諸法, 世尊許時, 是實有故"。】

(1) JS, Taisho: '有其'='名有'; SNST: '有其'=*sic* (2) Taisho, SNST, Baek(2013a): null=+若
(3) Taisho, SNST: 轉 ⇒ 輕

gñis pa ni slob dpon klu sgrub kyis bśad pa daṅ sbyar na/ dus ni rnam pa gñis yod de/
daṅ po ni śes paḥi dus te/ [ZH.68-108] btags pa daṅ rdsas su yod paḥi phyi naṅ gñis ka daṅ sbyar baḥo//
gñis pa ni log par lta ba ḥjig paḥi dus te/ btags pa kho na yin gyi/ rdsas su ni ma yin no ṣes chos ḥdi paḥi gṣuṅ gis(1) (2)ḥdi la brten nas bśad pa yin no ṣes ḥbyuṅ ste/ deḥi phyir《śes rab kyi pha rol tu phyin paḥi ḥgrel pa》las
dris pa/ rgya gar yul pa rnams dus ni rnam pa gñis yod de/ śes paḥi dus daṅ/ log par lta ba ḥjig paḥi dus so ṣes bśad na/ bcom ldan ḥdas ciḥi phyir śes paḥi dus kyi cha mi gsuṅ bar/ log par lta ba ḥjig paḥi dus ḥbaḥ ṣig gsuṅ ba mdsad/
smras pa/ gal te śes pa daṅ gñi ga gsuṅ na yaṅ(3) the tshom yod par [D.Ti.46a] ḥgyur ro//
yaṅ dris pa/ ḥdir śes pa ṣes gsuṅs paḥi rigs te/ ḥdi ltar yi ge gñis po de yaṅ ṣiṅ bśad sla baḥi phyir/ log par lta ba ḥjig paḥi dus ṣes thad kar gsuṅ baḥi mi rigs te/ ḥdi ltar yi ge gsum po de lci ṣiṅ smra dkaḥ baḥi phyir ro ṣe na/
smras pa/ ḥdir log par lta ba bsal baḥi phyir/ log par lta ba ḥjig par gsuṅs kyi śes pa ni ma gsuṅs so ṣes ḥbyuṅ ste/
ṣib tu《de ñid》las ḥbyuṅ ba bṣin no//

(1) PN: gis ⇒ gi (2) +'dus gcig ni'
(3) 'śes pa daṅ gñi ga gsuṅ na yaṅ' ⇒ 'śes pa gsuṅ na yaṅ gñi ga'

三、依親光, "時"有四(1)種:
一、說、聽究竟, 總名"一時"。
故《佛地論》云: "言'一時'者, 謂說、聽時。此就刹那相續無斷聽、說究竟, 總名'一時'。
【此即總說。一會說法, 說、聽究竟, 總名一時。】
若不爾者, 字、名、句等, 聽、說時異, 云何言'一'?
【此即反解。若不就其說、聽究竟名一時者, 如初說字、次名、後句, 乃至

偈、章、品、部等，說、聽時皆異，云何言‘一’?】”
二者、一剎那頃，能持、能說、能領、能受，故言“一時”。
故《彼論》云: “或能說者，得陀羅尼，於一字中，一剎那頃，能持、能說一切法門。
【解云。地上菩薩，得陀羅尼故，一剎那頃，能持、說一切法門也。】
或能聽者，得淨耳根，一剎那頃，聞一字時，於餘一切皆無障礙，悉能領、受，故名‘一時’。
【解云。地上菩薩，得陀羅尼，一時能領，名‘一時’也。】”
三者、共相會遇，名爲“一時”。
故《彼論》云: “或相會遇，時分無別，故名‘一時’。即是說、聽共相會遇同一時義。
【解云。感聖赴機，更相會遇，名一時也。或可爲四，開聽、說時爲二時故。】”

(1) JS, SNST, Baek(2013a): 四 ⇒ 三

gsum pa ni slob dpon ñe baḥi yid[(1)] kyis dus ni rnam pa gsum yod de/
daṅ po ni bśad pa daṅ ñan pa mthar phyin pa la dus gcig ces byaḥo ṣes bśad de/
deḥi phyir《saṅs rgyas kyi saḥi ḥgrel pa》las/
dus gcig ces bya ba ni ḥdi lta ste/ bśad pa daṅ ñan paḥi dus te/ ḥdi ni skad cig ma gcig la rgyun chags su bar chad med par bśad pa daṅ ñan pa mthar phyin paḥi dbaṅ du mdsad nas spyir dus gcig ces bstan to// de lta ma yin na yi ge daṅ miṅ daṅ tshig la sogs pa ñan pa daṅ/ bśad paḥi dus daṅ tha dad pas ji ltar gcig tu [ZH.68-109] ḥgyur ṣes bśad do//
gñis pa ni skad cig ma gcig la ḥdsin pa daṅ bśad pa daṅ go ba daṅ/ yoṅs su bzuṅ bar nus paḥi phyir/ dus gcig ces byaḥo ṣes bśad de/ deḥi phyir《ḥgrel pa de ñid》las/
yaṅ na ñan pa po[(2)] gzuṅs thob pas yi ge ḥbru gcig la/ skad cig ma gcig gis chos kyi rnam graṅs thams cad yaṅ dag par ḥdsin paḥi phyir/
yaṅ na ñan pa poḥi rna baḥi dbaṅ po rnam par dag pa thob pas skad cig ma gcig la yi ge ḥbru gcig yoṅs su bcad pa na gṣan thams cad la thogs pa med par yaṅ dag par ḥdsin paḥi phyir dus gcig ces byaḥo ṣes ḥbyuṅ ṅo//
gsum pa ni phan tshun tshogs śiṅ phrad par gyur pa la dus gcig ces byaḥo ṣes

bśad de/ deḥi phyir《ḥgrel pa de ñid》las/

yaṅ na phan tshun tshogs śiṅ phrad par gyur nas/ dus kyi cha tha dad pa med paḥi phyir dus gcig ces byaḥo ṣes ḥbyuṅ ste/ ḥdi ni ḥchad pa daṅ ñan pa phan tshun tshogs śiṅ dus mtshuṅs par gyur paḥi don to//

(1) PN: yid ⇒ ḥod

(2) 'ñan pa po' ⇒ 'bśad pa poḥi'

問。一及時, 其體是何?

答。一是數, 時即時分, 諸說不同。

薩婆多宗及經部師, 即用有爲五蘊爲性, 處、界門中亦用有爲爲性。

【難。薩婆多宗, 約色辨同異, 色外有同異。或可。約色辨數量, 亦應有別體。】

今依大乘, 自有兩釋。

一、龍猛宗, 數及時等皆無有體, 非蘊、處、界三科所攝故。

《智度論》第一卷云: "數、時等法實無, 陰、入、持所不攝故。

《彼論》復云: "謂有時、方、離、合、一、異、長、短名字, 凡人心著謂是實有。"

廣說如《彼》。

(1)依彌勒宗, 數、時即是有爲法上分位假立, 即二十四不相應中數及時也。五蘊門中(2)蘊所攝。處、界門中法界、法處, 意識境故。

依《佛地論》: "或是心上分位影像, 是不相應。"

此約唯識道理說。

(1) SNST: null ⇒ +二

(2) JS, SNST, Baek(2013a): null ⇒ +行

dus daṅ gcig ces bya baḥi [D.Ti.46b] ṅo bo ñid ji lta bu yin/

de la dus ni dus kyi chaḥo// gcig ni graṅs so//

thams cad yod par smra ba daṅ/ mdo sde pa dag ni gud na chos med[1] kyi phuṅ po lṅa ñid kyi ṅo bo ñid byed do// khams daṅ skye mched kyi sgo nas ni ḥdus byas kyi ṅo bo ñid byed do ṣes bśad do//

ḥdir theg pa chen poḥi gṣuṅ daṅ sbyar na bśad pa rnam pa gñis yod de/

daṅ po ni slob dpon klu sgrub kyi gṣuṅ gis graṅs daṅ dus la sogs pa la raṅ gi ṅo bo ñid med pas phuṅ po daṅ khams daṅ skye mched dag gis bsdus pa ma yin no ṣes bśad de/ deḫi phyir《śes rab kyi pha rol tu phyin paḫi ḫgrel pa》las/ graṅs daṅ dus la sogs paḫi chos ni yaṅ dag par yod pa ma yin pas/ phuṅ [ZH.68-110] po daṅ skye mched daṅ/ ḫdsin pa dag gis ma bsdus paḫi phyir ro ṣes ḫbyuṅ ṅo//

gṣan yaṅ《bstan bcos de ñid》las

ḫdi lta ste/ dus daṅ phyogs la bral ba daṅ ḫdus pa daṅ/ gcig pa daṅ tha dad pa daṅ/ riṅ po daṅ thuṅ ṅuḫi miṅ daṅ yi ge yod pas so soḫi skye bo rnams sems kyis mṅon par ṣen nas yaṅ dag pa ñid du sems so ṣes ḫbyuṅ ste/

rgya cher《de ñid》las bśad pa bṣin no//

gñis pa ni ḫphags pa byams paḫi gṣuṅ gis dus daṅ gcig ces[(2)] bya ba ni ḫdus byas yin te/ yid ches paḫi[(3)] gnas skabs btags pa tsam du rnam par gṣag pa ste/ ḫdi ni mtshuṅs par ldan pa ma yin pa ñi śu rtsa bṣi las graṅs daṅ dus ṣes bya ba ñid yin no// phuṅ po lṅa las ni ḫdu byed kyi phuṅ pos bsdus so// khams daṅ skye mched las ni chos kyi khams daṅ chos kyi skye mched kyis bsdus te/ yid kyi rnam par śes paḫi yul yin paḫi phyir ro ṣes bśad do//

《ḫphags pa saṅs rgyas kyi saḫi ḫgrel pa》las ni

yaṅ na sems kyi gnas skabs kyi gzugs brñan yin te/ ḫdi ni mtshuṅs par ldan pa ma yin paḫo ṣes ḫbyuṅ ste/

ḫdi ni rnam par rig pa tsam gyi dbaṅ du byas nas bśad paḫo//

(1) 'gud na chos med' ⇒ 'ḫdus byas' (2) 'dus daṅ gcig ces' ⇒ 'graṅs daṅ dus ṣes'

(3) 'ḫdus byas yin te/ yid ches paḫi' ⇒ 'ḫdus byas kyi chos la'

問。何故，二宗有、無不同?

答。龍猛宗，爲[(1)]破外道實數、時等故無體性。

依彌勒宗，爲顯大乘法相道理故別立之[(2)]。故不相違。

或可。五百不相應攝，於理無違。《十住毗婆沙》立七百不相應。[(3)]

雖有此理，未見成文。[(4)]

(1) SNST: null ⇒ +'顯法空性' (2) SNST: 之 ⇒ '不相應'

(3) SNST: '五百不相應攝，於理無違。《十住毗婆沙》立七百不相應。' ⇒ '龍猛宗，於五法中，七百不相應攝。《智度論》云"心等五法"，《十住毗婆沙》立七百不相應故。'

(4) SNST: '雖有此理，未見成文'=null; Lee: 成 ⇒ 誠

ciḥi phyir gṣuṅ gñis yod pa daṅ med pa mi mthun par gyur/

slob dpon klu sgrub ni chos stoṅ pa ñid du bstan ciṅ mu stegs can la sogs pa ni[(1)] graṅs [D.Ti.47a] daṅ dus[(2)] rdsas su yod par ḥdod pa gṣig paḥi phyir ṅo bo ñid med par bśad la/ ḥphags pa byams pa ni theg pa chen poḥi chos kyi mtshan ñid kyi rigs pa bstan paḥi phyir/ logs śig tu mtshuṅs par ldan pa ma yin pa rnam par gṣag pa yin no//

yaṅ slob dpon klu sgrub kyis chos lṅaḥi naṅ du mtshuṅs par ldan [ZH.68-111] pa ma yin pa bdun brgya bsdus te/ 《śes rab kyi pha rol tu phyin paḥi ḥgrel pa》 las/ sems la sogs paḥi chos lṅa ṣes bśad la/ 《gnas pa bcuḥi bśad pa》 las ni mtshuṅs par ldan pa ma yin pa bdun brgya rnam par gṣag paḥi phyir[(3)]

(1) 'la sogs pa ni' ⇒ null (2) +'la sogs pa' (3) +'ro//'

問。不別顯"日初出時"乃至"中夜"說此契經，如下處等別指勝處，而《此經》中但言"一時"？

答。如《佛地論》："晝夜、時分，諸方不定，不可別說。"

【解云。如南贍部洲日午時，西方日出，北方夜半，東方日沒。】

ciḥi phyir ñi ma daṅ po śar baḥi dus daṅ/ de bṣin du nam gyi guṅ thun gyi dus la mdo sde ḥdi gsuṅs ṣes ma bstan paḥi[(1)] [(2)]gnas pa la sogs pa ni logs śig tu gnas khyad par can dag tu bstan la/ 《mdo sde ḥdi》 las ni dus gcig na ṣes bya ba ḥbaḥ ṣig gsuṅs/

《saṅs rgyas kyi saḥi ḥgrel pa》 las ñin mtshan daṅ dus tshod kyi yul so so nas ṅes pa med pas logs śig na bśad du mi ruṅ ṅo ṣes ḥbyuṅ ṅo// //

(1) PN: paḥi ⇒ par

(2) +'ḥog nas'

(@1-3)[0183c11] 薄伽梵[(1)],

[0183c12] 釋曰。五中第三、別顯教主。

(1) bhagavan

bam po lṅa pa/

bcom ldan ḥdas

ṣes bya ba ḥdis ni rnam pa lṅa las gsum pa bstan pa gsuṅs paḥi bdag po ṣes bya ba bstan to//

依《智度論》, 說佛法人, 有其五種。
故第二卷云: "說法有五: 一、佛自說, 二、弟子說, 三、仙人說, 四、諸天說, 五、化人說。今簡餘四, 標'薄伽梵'。"

《śes rab kyi pha rol tu phyin paḥi ḥgrel pa》 daṅ sbyar na/ saṅs rgyas kyi chos ḥchad paḥi gaṅ zag ni rnam pa lṅa yod do ṣes bśad de/
deḥi phyir《de ñid》 las bśad pa las
chos bśad pa ni rnam pa lṅa yod de/ saṅs rgyas ñid kyis gsuṅs pa daṅ/ slob mas bśad pa daṅ/ draṅ sroṅ gis bśad pa daṅ/ lha rnams kyis bśad pa daṅ/ sprul pas bśad pa ste gṣan rnam pa bṣi bkod paḥi phyir bcom ldan ḥdas ṣes bya ba gsuṅs so ṣes ḥbyuṅ ṅo//

問。《此經》初, 解甚深義密意菩薩說一切法無二之義, 如何但言"薄伽梵說"?
答。有三義。一、以少從多, 二、就勝說故, 三、佛加被故。【如《華嚴經》等。】

《mdo sde ḥdi》 daṅ po kho nar byaṅ chub sems dpaḥ don zab mo dgoṅs pa ṅes par ḥgrel pas kyaṅ gñis su med paḥi don bśad na/ ciḥi phyir bcom ldan ḥdas ṣes bya ba ḥbaḥ ṣig gsuṅs/
don rnam pa gsum gyi phyir te/ ñuṅ ṅu maṅ poḥi rjes [ZH.68-112] su ḥjug paḥi phyir daṅ/ mchog tu gyur paḥi dbaṅ du mdsad nas bśad paḥi phyir daṅ/ saṅs rgyas [D.Ti.47b] kyis[(1)] byin gyis brlabs paḥi phyir ro//

(1) PN: kyis ⇒ kyi

然諸經首, 標名不同, 乃有四種:
自有經初, 唯置"佛"名, 如《涅槃》等;
自有經初, 唯"婆伽婆", 如《大品》等;
自有經初, 雙標兩號, 如《無上依》;
【"佛婆伽婆", 《般若經》。】

或有經文, 二種俱無, 如《相續解脫》及《多心經》等。
所以如是諸本異者,《相續解脫》, 即一部中最後二品, 故不標名。
《多心般若》, 即《大般若》, 應是結集菩薩別錄流行, 故亦不標名。

mdo sde rnams kyi mgor mtshan smos pa yaṅ mi mthun pa rnam pa bṣi yod de/ kha cig las ni saṅs rgyas ṣes bya ba ḥbaḥ ṣig smos te/ 《mya ṅan las ḥdas pa chen po》 la sogs pa lta buḥo//
kha cig las ni bcom ldan ḥdas ṣes bya ba ñi tshe smos te/ 《leḥu chen po》 la sogs pa lta buḥo//
kha cig las ni saṅs rgyas bcom ldan ḥdas ṣes mtshan gñi ga smos pa yaṅ yod de/ 《bla na med paḥi gnas bstan paḥi mdo》 la sogs pa lta buḥo//
kha cig las ni gñi ga smos pa yaṅ yod(1) de/ 《mtshams sbyor ba rnam par grol(2) baḥi mdo》 daṅ/ 《śes rab kyi pha rol tu phyin paḥi sñiṅ po》 la sogs pa lta buḥo//
de ltar mdo sde rnams kyi dpe mi mthun par gyur pa yaṅ 《mtshams(3) rnam par dgrol pa》 ni sde gcig gi naṅ na tha maḥi leḥu gñis yin paḥi phyir mtshan ma smos so// 《śes rab kyi pha rol tu phyin paḥi sñiṅ po》 ni 《dpe rgyas pa》 las sdud pa po dag gis bsdus paḥi phyir mtshan ma smos so//

(1) yod ⇒ med (2) PN: grol ⇒ dgrol (3) +'sbyor ba'

餘之三句, 西方諸師, 自有三說。
一、眞諦三藏《七事記》中, 有其二意。
一、依《眞實論》, "佛"具十義, 故諸經初, 十種號中, 單置佛號。
故《七事記》云: "大師十號, 經中何故不別(1)餘九, 而獨稱'佛'?
解有十義。一、覺勝天鼓, 二、不由他悟, 三、離二無知【解脫障無知、一切智障無知。】, 四、已過睡眠, 五、譬如蓮華, 六、自性無染, 七、具足三義【三義者: 一、假名佛, 即六神通; 二、寂滅佛, 惑不生故; 三、眞實佛, 即是眞如。】, 八、具於三德【法身、般若、解脫三德。】, 九、具三寶性, 十、自知令知他。"
總有四紙, 恐多不述。眞諦自云"此十種義, 出《眞實論》"也。
二者、眞諦自申道理(2), 四句分別, 一切經首雙標兩號。

故《七事》中云: "'佛、婆伽婆'有其四句。

一、是佛非婆伽婆, 即聲聞二乘[3]。觀四諦證無餘涅槃, 在其自位中得名爲佛。不修功德行, 非婆伽婆。

二、是婆伽婆非佛, 即是菩薩。功德行滿, 名婆伽婆。既在因位智慧未滿, 不得名佛。

三、非佛非婆伽婆, 是凡夫。其不修智慧, 不名爲佛。不修功德, 非婆伽婆。

四、亦佛亦婆伽婆, 即是佛世尊。智慧圓滿, 故名爲佛。功德具足, [4]婆伽婆。"

【廣釋"婆伽婆", 有三四紙, 恐繁不述。】

乃至《彼》云: "若但言'佛', 恐濫二乘。若單'婆伽婆', 濫於大菩薩及轉輪王。故知合說即是'如來'。是故《無上依經》及《金剛波若》[5], 皆作此言'佛、婆伽婆'也。"

《部執論記》亦同《七事》也。

(1) JS, SNST, Baek(2013a): 別 ⇒ 列　(2) SNST: '自申道理'='自中道理'
(3) SNST: '聲聞二乘' ⇒ '下二乘'　(4) SNST: null ⇒ +名　(5) SNST: '《金剛波若》' ⇒ '《解節經》'

tshig gṣan gsum pa[1] dag ni rgya gar yul paḥi slob dpon rnams kyis bśad pa rnam pa gsum yod de/

de la daṅ po ni《slob dpon yaṅ dag bden pas dṅos po bdun gyi brjed byaṅ byas pa》las rnam pa gñis su bśad de/

daṅ po ni《bstan bcos de kho na ñid bstan pa》las/ saṅs rgyas ni don rnam pa bcu daṅ ldan paḥi phyir mdo sde rnams kyi mgor mtshan rnam pa bcu las saṅs rgyas ṣes bya ba ñi tshe rnam par gṣag pa yin no ṣes bśad de/ deḥi phyir《dṅos po bdun gyi brjed byaṅ》ñid las

ston pa chen po la mtshan rnam pa bcu mṅaḥ na mdo sde las ciḥi phyir gṣan dgu po dag mi smos par saṅs rgyas ṣes bya ba ḥbaḥ ṣig [ZH.68-113] brjod ce na/

don rnam pa bcu las de sad par mdsad pa lhaḥi rṅa las mchog tu gyur pa daṅ/ gṣan gyi dbaṅ gis rtogs pa ma yin pa daṅ/ mi śes pa gñis daṅ bral ba daṅ/ gñis[2] las śin tu ḥdas pa daṅ/ padma lta bur gyur pa daṅ/ raṅ bṣin gyi mṅon par ṣen pa mi mṅaḥ ba daṅ/ don rnam pa gsum phun sum tshogs pa daṅ/ yon tan gsum daṅ ldan pa daṅ/ dkon mchog gsum gyi ṅo bo ñid daṅ ldan pa [D.Ti.48a] daṅ/ bdag ñid thugs su chud ciṅ gṣan dag kyaṅ khoṅ du chud par mdsad paḫo ṣes ḫbyuṅ ste/

rgya cher《de ñid》las bśad pa[3]

gñis pa ni slob dpon yaṅ dag bden pa ñid kyis dbu maḫi rig[4] pa mu rnam pa bṣir phye nas/ mdo sde thams cad kyi mgor mtshan rnam pa gñis cig car smos pa yin no ṣes bśad de/ deḫi phyir《dṅos po bdun gyi brjed byaṅ》las/

saṅs rgyas bcom ldan ḫdas ṣes bya ba la mu rnam pa bṣi yod de/ saṅs rgyas yin la/ bcom ldan ḫdas ma yin pa yod de/ de ni theg pa ḫog ma pa gñis po dag bden pa bṣi bsgoms pas/ lhag ma med paḫi mya ṅan las ḫdas pa mṅon sum du byas nas raṅ gi gnas pa la/ bdag kyaṅ saṅs rgyas ṣes bya baḫi miṅ thob ste/ spyad pa[5] mi spyod paḫi phyir bcom ldan ḫdas ni ma yin paḫo//

bcom ldan ḫdas yin la saṅs rgyas ma yin pa yaṅ yod de/ de ni byaṅ chub sems dpaḫ rnams yon tan gyi spyod pa spyad paḫi phyir/ bcom ldan ḫdas ṣes bya la/ rgyuḫi gnas skabs gnas śiṅ śes rab yoṅs su ma rdsogs pas saṅs rgyas ṣes bya baḫi miṅ mi thob paḫo//

saṅs rgyas kyaṅ ma yin la bcom ldan ḫdas kyaṅ ma yin pa yaṅ yod de/ de ni so soḫi skye bo rnams yon tan mi ḫgrub paḫi phyir ni bcom ldan ḫdas ma yin la/ [ZH.68-114] śes rab mi bsgom paḫi phyir ni saṅs rgyas ṣes mi brjod paḫo//

saṅs rgyas kyaṅ yin la bcom ldan ḫdas kyaṅ yin pa yaṅ yod de/ de ni saṅs rgyas bcom ldan ḫdas rnams mkhyen pa yoṅs su rdsogs paḫi phyir ni saṅs rgyas ṣes brjod la/ yon tan phun sum tshogs paḫi phyir ni bcom ldan ḫdas kyaṅ yin ṣes ḫbyuṅ ste/

de bṣin du《de ñid》las

gal te saṅs rgyas ṣes bya ba ñi tshe smos na ni/ theg pa ḫog ma pa gñis kyaṅ der bsdu bar ḫgyur la/ bcom ldan ḫdas ṣes bya ba ḫbaḫ ṣig smos na yaṅ/ byaṅ chub sems dpaḫ daṅ ḫkhor los sgyur baḫi rgyal po dag kyaṅ bsdu bar ḫgyur baḫi phyir/ gcig tu bsdus pa la de bṣin gśegs pa ṣes bya ste/ deḫi phyir《bla na med paḫi gnas bstan pa》daṅ/《tshig[5] ṅes par ḫgrel paḫi mdo》la sogs pa las/ saṅs [D.Ti.48b] rgyas bcom ldan ḫdas ṣes smos pa yin no ṣes ḫbyuṅ ṅo//《sde pa rnams kyi lta ba bśad paḫi brjed byaṅ》las kyaṅ《dṅos po bdun gyi brjed byaṅ》las ḫbyuṅ ba daṅ mthun par bśad do//

(1) pa ⇒ po (2) gñis ⇒ gñid (3) +'bṣin no//' (4) PN: rig ⇒ rigs
(5) 'spyad pa' ⇒ 'yon tan gyi spyod pa' (5) tshig ⇒ tshigs

二、菩提留支《金剛仙論》: “依西方正本, 一切經首, 皆云“婆伽婆”。此方諸經, 或佛, 或婆伽婆, 或復雙擧佛薄伽梵者, 隨譯者意。”

gñis pa ni slob dpon bo de leḥu ci daṅ[(1)] 《draṅ sroṅ rdo rjes byas paḥi bstan bcos》 las/
rgya gar yul paḥi dpe ma nor ba daṅ gtugs nas mdo thams cad kyi mgor bcom ldan ḥdas ḥbyuṅ ṅo// yul ḥdi paḥi mdo sde rnams kha cig las saṅs rgyas ṣes smos/ kha cig las bcom ldan ḥdas smos/ kha cig las saṅs rgyas bcom ldan ḥdas ṣes smos pa ni lo tsā[(2)] dag gis de ltar byas so ṣes bśad do//

(1) ci daṅ ⇒ cis
(2) PN: null ⇒ +ba

三、親光菩薩《佛地論》意, 同《金剛仙》。
故《佛地》云: “佛具十種功德名號, 何故如來教傳法者, 一切經首皆置如是‘薄伽梵’名?
謂此一名, 世咸尊重故。諸外道皆稱本師名薄伽梵。
又此一名, 總攝諸德, 餘名不爾。是故經首皆置此名。”
《大智度論》意同《佛地》。
故第二云: “問曰。婆伽婆正有此[(1)]名, 更有餘名?
答。佛功德無量, 名號亦無量。此名耳[(2)]其大者, 以人多識故。”

(1) Taisho, SNST, Baek(2013a): null=+一
(2) JS, Taisho, SNST, Baek(2013a): 耳 ⇒ 取

gsum pa ni 《slob dpon ñe baḥi ḥod kyis saṅs rgyas kyi saḥi ḥgrel pa byas pa》 las/
saṅs rgyas ni yon tan rnam pa bcu daṅ ldan paḥi mtshan mṅaḥ na/ ciḥi phyir de bṣin gśegs paḥi bstan pa brgyud pa dag gis mdo sde thams cad kyi mgor ḥdi ltar bcom ldan [ZH.68-115] ḥdas ṣes bya ba smos/
ḥdi ltar mtshan ḥdi[(1)] ḥjig rten kun gyis bkur baḥi phyir ro// mu stegs can rnams kyaṅ so so nas raṅ gi ston pa la bcom ldan ḥdas ṣes brjod pas so//
gṣan yaṅ mtshan ḥdi gcig gis yon tan thams cad bsdus pa yin gyi/ mtshan gṣan dag na de lta ma yin pas/ deḥi phyir mdo sde thams cad kyi mgor mtshan ḥdi smos pa yin no ṣes bśad do//

《śes rab kyi pha rol tu phyin paḥi ḥgrel pa》 las kyaṅ/ 《saṅs rgyas kyi saḥi ḥgrel pa》 daṅ don mthun par ḥbyuṅ ste/ deḥi phyir bam po gñis pa las/
bcom ldan ḥdas la mtshan ḥdi gcig mṅaḥ bar zad dam/ mtshan gṣan yaṅ mṅaḥ/ smras pa/ saṅs rgyas kyi yon tan tshad med pas mtshan yaṅ tshad med do// mtshan ḥdi phal cher smos pa ni maṅ po kun gyis śes paḥi phyir ro ṣes ḥbyuṅ ṅo//

(1) +gcig

[§. 'bhagavat']
又"婆伽婆", 依《涅槃經》, 釋有二意。一者、破惡, 二、具六德。
合有七義。故第十八云: "婆伽婆者, 婆伽[1]名破, 婆[2]名煩惱。能破煩惱, [3]名婆伽婆。
【此即破惡。四魔之中, 唯破煩惱魔也。】
又能成就諸善法故, 又能善解諸法義故, 有大功德無能勝故, 有大名聞遍十方故, 又能[4]種種大惠施故, 又於無量阿僧祇劫吐女根故。【此即六德。[5]"
依《智度論》, 有其四義。
故第二云: "頗加[6]名德, 婆名爲[7]有, 此名'有德'。
又頗[8]伽名分別, 婆名巧用[9], 總相、別相巧分別法[10]故。
又頗[8]伽[11]名聲, 婆名爲[12]有, 是[13]'有名聲'。
又頗[8]伽名破, 婆名能也[14]。能破三毒, 名'頗[8]伽婆'。
二乘[15]雖斷而有習氣, 是故不名頗[8]伽婆也。"
又《瑜伽論》三十八云: "能破諸魔大力軍衆, 具多功德, 名薄伽梵。"
又八十云[16]云"怛[17]然安坐妙菩提座, 任運摧滅一切魔軍大勢力, 故薄伽梵。"】[18][19]
依《佛地論》, "薄伽梵"名, 含有二義: 一、具六德, 二、能破四魔。
"具六德"者。"薄伽梵"聲, 依六義轉。
一、自在義。永不繫爲[20]諸煩惱故。
二、熾盛義。炎熱[21]智火所燒練故。
三、端嚴義。妙三十二大士相等所莊飾故。

四、名稱義。一切殊勝功德圓滿無不知故。

五、吉祥義。一切世間親近供養咸稱讚故。

六、尊貴義。具一切德，常起(22)利益、安樂一切有情，無懈癈故。

如有頌言:

自在熾盛與端嚴，名稱吉祥及尊貴，

如是六種義差別，應知總名爲薄伽。

“破四魔”者。

一、“煩惱魔”，百二十八根本煩惱及隨煩惱，名“頌(23)惱魔”。

有漏五蘊，名爲“蘊魔”。

有漏五蘊諸無常相，名爲“死魔”。

第六他化自在天子，名爲“天魔”。

如是四種，能損諸善，故名爲“魔”。離四魔故，名“薄伽梵”。

“破四魔”義，後當分別(=@1-17)。

(1) bhaga (2) va〈van (3) Taisho, SNST, Baek(2013a): null=+故

(4) SNST: null=+‘棄捨’ (5) Lee: null ⇒ +】 (6) JS, Taisho: ‘頗加’=‘婆伽’

(7) Taisho: 爲=null (8) JS, Taisho: 頗=婆 (9) JS, Taisho: 用=null

(10) JS, Taisho, SNST: ‘總相別相巧分別法’ ⇒ +‘巧分別諸法總相、別相’

(11) Taisho: null ⇒ +名 (12) JS, Taisho: 為=null (13) JS, Taisho, SNST: null ⇒ +名

(14) JS, Taisho: 也=是 (15) SNST: ‘二乘’=‘下乘’ (16) JS: 云 ⇒ 卷

(17) Taisho, Baek(2013a): 怛 ⇒ =坦 (18) Lee: 】⇒ null

(19) SNST: ‘又《瑜伽論》三十八云……任運摧滅一切魔軍大勢力，故薄伽梵。’=null

(20) JS, Taisho, SNST: 為 ⇒ 屬 (21) JS, Taisho: 熱=猛; SNST: 熱=*sic*

(22) Taisho, Baek(2013a): null=+‘方便’; SNST: null=*sic*

(23) SNST, Baek(2013a): 頌 ⇒ 煩

《mya ṅan las ḥdas pa chen poḥi mdo》 daṅ sbyar na/ bśad pa rnam pa gñis yod de/ sdig pa ḥjoms pa daṅ/ yon tan drug daṅ ldan paḥo//

de dag gcig tu bsdus nas don rnam pa bdun du ḥgyur te/ deḥi phyir 《mdo sde de ñid》 las

bcom ldan ḥdas ṣes bya ba la/ bcom pa ni ḥjig paḥo// ldan pa ni ñon moṅs pa ste/ [D.Ti.49a] ñon moṅs pa ni ḥjig paḥi phyir bcom ldan ḥdas ṣes byaḥo//

gṣan yaṅ dge baḥi chos mṅon par grub par mdsad paḥi phyir daṅ/ chos rnams kyi don legs par thugs su chud paḥi phyir daṅ/ yon tan chen po mṅaḥ bas dpe zla med paḥi phyir daṅ/ grags pa chen po daṅ ldan pas phyogs bcu kun tu khyab paḥi phyir daṅ/ gtoṅ ba chen pos rnam pa sna tshogs yoṅs su btaṅ baḥi phyir daṅ/ bskal pa tshad daṅ graṅs med pa nas bud med kyi dbaṅ po bor ba bsgrubs paḥi phyir ro ṣes gsuṅs so//

yon tan drug po ḥdi [ZH.68-116] dag kyaṅ 《śes rab kyi pha rol tu phyin paḥi ḥgrel pa》 daṅ sbyar na don rnam pa bṣi daṅ ldan te/ deḥi phyir 《de ñid》 las bha-ga ni yon tan ṣes bya/ ba na[1] ni yod pa ṣes bya ste/ ḥdi ni yon tan mṅaḥ ba ṣes byaḥo//

gṣan yaṅ bha-ga ni rnam par ḥbyed paḥo// van ni legs par spyod pa ste/ spyiḥi mtshan ñid daṅ/ bye brag gi mtshan ñid legs par rnam par ḥbyed paḥi phyir ro//

gṣan yaṅ bha-ga ni sgra la byaḥo// van ni yod pa la bya ste/ ḥdi ni sgra daṅ grags pa daṅ ldan paḥo//

gṣan yaṅ bha-ga ni bcom paḥo// van ni nus pa ste/ dus[2] gsum bcom par spyod pas na/ bcom ldan ḥdas ṣes byaḥo//

theg pa ḥog ma dag spaṅs pa yin par bag chags daṅ bcas pas/ deḥi phyir bcom ldan ḥdas ṣes mi byaḥo ṣes ḥbyuṅ ṅo//

《saṅs rgyas kyi saḥi ḥgrel pa》 las bcom ldan ḥdas ṣes bya baḥi mtshan ñid[3] ḥdi ni don rnam pa gñis daṅ ldan te/ yon tan drug daṅ ldan pa daṅ bdud bṣi bcom paḥo// de la yon tan drug daṅ ldan pa ni 《de ñid》 las

bcom ldan ḥdas ṣes bya baḥi sgra ni don rnam pa drug gi rjes su ḥjug ste/ daṅ po ni raṅ dbaṅ daṅ ldan paḥi don te/ ñon moṅs pa rnams kyi dbaṅ du ma gyur paḥi phyir ro//

gñis pa ni rab tu sbyaṅs paḥi don te/ ye śes meḥi gduṅ bas yoṅs su sbyaṅs paḥi phyir ro//

gsum pa ni śin tu mdses paḥi don te/ skyes bu chen poḥi mtshan mchog sum cu rtsa gñis la sogs pas rab tu brgyan paḥi phyir ro//

bṣi pa ni grags paḥi don te/ yon tan gyi khyad par thams [D.Ti.49b] cad phun sum tshogs pas kun gyis śes paḥi phyir ro//

lṅa pa ni dpal gyi don te/ ḥjig rten thams cad kyis bsñen bkur byed ciṅ bsṅags pa brjod paḥi phyir ro//

drug pa ni bdag ñid chen [ZH.68-117] poḥi don te/ yon tan thams cad daṅ ldan pas sems can thams cad la rnam pa thams cad du phan pa daṅ/ bde ba mdsad paḥi sbyor ba ñams pa mi mṅaḥ baḥi phyir te/

tshigs su bcad pa las ji skad du/

raṅ dbaṅ rab dbyaṅs mdses pa daṅ//
grags daṅ dpal daṅ bdag ñid che//
ḥdi ltar don drug khyad par la//
bcom ldan ṣes ni rig par bya//

ṣes gaṅ bśad paḥo ṣes ḥbyuṅ ṅo//
de la bdud bṣi bcom pa ṣes bya ba la/
ñon moṅs paḥi bdud ni rtsa baḥi ñon moṅs pa daṅ/ ñe baḥi ñon moṅs pa brgya ñi śu rtsa brgyad la/ ñon moṅs paḥi bdud ces byaḥo//
zag pa daṅ bcas paḥi phuṅ po lṅa ni phuṅ poḥi bdud ces byaḥo//
zag pa daṅ bcas paḥi phuṅ po lṅa mi rtag paḥi mtshan ñid rnams ni ḥchi bdag gi bdud ces byaḥo//
gṣan ḥphrul dbaṅ byed kyi gnas na lhaḥi bu dbaṅ phyug la dbaṅ thob pa dag ni lhaḥi buḥi bdud ces byaḥo//
ḥdi ltar bṣi po de dag dge baḥi chos ñams par byed paḥi phyir bdud ces byaḥo//
bdud bṣi daṅ bral baḥi phyir bcom ldan ḥdas ṣes bya ste/
bdud bṣi bcom paḥi don phyis rnam par ḥbyed do//

(1) 'ba na' ⇒ van (2) dus ⇒ dug (3) ñid ⇒ null

今詳西方諸三藏意。
曇無讖等，依《眞實論》，但置“佛”名。
眞諦三藏，依《眞實論》及《四句義》，雙標兩號。
大唐三藏及菩提流支，各依一論，置“薄伽梵”。
雖有諸說，且依“薄伽梵”有論說。
故地婆訶羅三藏說云“西方諸本，皆云薄伽梵”，而不相違。
大唐三藏諸本中有“婆伽婆”等者，具七轉聲故有種種，依第八轉，此亦未可。
即是地婆訶羅三藏，神(1)都翻者皆安“薄伽梵”，西京所翻皆云“佛”也。(2)

(1) JS: 神=東
(2) SNST: '故地婆訶羅三藏說云......西京所翻皆云佛也'=null

ḥdir rgya gar yul paḥi sde snod gsum pa rnams kyi dgoṅs pa brtags na/

slob dpon tham bu chim la sogs pa ni《bstan bcos de kho na ñid bstan pa》la brten nas/ saṅs rgyas ṣes bya baḥi mtshan ñi tshe smos so//
sde snod gsum pa yaṅ dag bden pa ni《bstan bcos de kho na ñid bstan pa》daṅ/《mu bṣi paḥi don》la brten nas mtshan rnam pa gñis smos so//
sde snod gsum pa hyan tsaṅ daṅ po de leḥu ci[(1)] gñis ni so so nas bstan bcos re re la brten nas/ bcom ldan ḥdas ṣes bya ba smos pa yin no//
de ltar so so nas bśad pa yod kyaṅ ḥdir re ṣig bcom ldan ḥdas ṣes bya ba las brtsams [ZH.68-118] nas/ brjod pa yod par gyur pa yin no//

(1) 'pa de leḥu ci' ⇒ 'bo de leḥu ci'

(@1-4)[0184c13] 住最勝光曜七寶莊嚴,
[0184c14] 釋曰。五中, 第四、說經處所。

rin po che sna bdun mchog tu [D.Ti.50a] ḥbar ba bkod pa
ṣes bya ba la sogs pas ni rnam pa lṅa las bṣi pa mdo sde gsuṅs paḥi gnas brtan[(1)] pa ṣes bya ba ston to//

(1) PN: brtan ⇒ bstan

於中有二: 初、明如來住處莊嚴, 後、釋世尊總別功德。

ḥdi yaṅ rnam pa gñis te/ de bṣin gśegs pa bṣugs paḥi gnas kyi bkod pa bstan pa daṅ bcom ldan ḥdas kyi yon tan gyi spyi daṅ khyad par rab tu bstan paḥo//

就住處中, 有其二義: 初、明住處同異, 後、正釋[(1)]經住處差別[(2)]。

(1) Lee: null ⇒ +此
(2) SNST: '住處差別' ⇒ '住處之義'

gnas pa bstan pa la yaṅ rnam pa gñis te/ bṣugs paḥi gnas gcig pa daṅ/ tha dad paḥi bśad pa daṅ/ mdo sdeḥi[(1)] tshig gi don yaṅ dag par bśad paḥo//

(1) 'mdo sdeḥi' ⇒ 'mdo sde ḥdiḥi gnas kyi'

[§1. 住處同異]

言“[(1)]同異”者。

依《解節經》, 化身如來在穢土說。故《彼經》云“如是我聞一時佛婆伽婆住王舍城耆闍崛山中”。

若依《深密經》, 即受用身在淨土說, 同《解深密》。[(2)]

(1) SNST: null ⇒ +‘住處’

(2) SNST: null ⇒ +‘依于闐三藏本“如來所行”, 淨土、穢土無有分別, 准此教即不可決定尋思。’ (?)

de la bṣugs paḥi gnas gcig pa daṅ/ tha dad paḥi bśad pa ṣes bya ba daṅ/ 《tshig[(1)] ṅes par ḥgrel paḥi mdo》 daṅ sbyar na sprul paḥi skuḥi de bṣin gśegs pas ṣiṅ yoṅs su ma dag par ḥdi gsuṅs pa yin te/ deḥi phyir 《tshig[(1)] ṅes par ḥgrel paḥi mdo》 las/ ḥdi skad bdag gis thos pa dus gcig na/ saṅs rgyas bcom ldan ḥdas rgyal poḥi khab bya rgod phuṅ poḥi ri la bṣugs te ṣes ḥbyuṅ ṅo// 《zab mo rnam par grol baḥi mdo》 daṅ sbyar na [(2)]ṣiṅ yoṅs su dag par bṣugs par ḥbyuṅ bas 《dgoṅs pa zab mo ṅes par ḥgrel paḥi mdo》 las mthun no// li yul gyi sde gsum paḥi dpe las ni saṅs rgyas kyi spyod yul ṣes ḥbyuṅ gi /yoṅs su dag pa daṅ yoṅs su ma dag pa rnam par phye ba med pas gsuṅ rab ḥdi daṅ sbyar na/ gcig tu ṅes par dpyad du yaṅ mi ruṅ ṅo//

(1) tshig ⇒ tshigs

(2) +‘loṅs spyod rdsogs paḥi skuḥi de bṣin gśegs pas’

解云。眞諦翻《解節經》, 意欲礭明勝義諦相, 故十八品內, 但翻中間四品, 略而不翻餘十四品。爲成《此經》具足三分故, 《不二品》內安通序文, 《一味品》末安後流通。

故《眞諦記》第一卷云: “經初不說通序文者, 譯家略故。”

解云。不安品目故說爲“略”, 非無序文名之爲“略”。[(1)]

(1) Tibetan translation is omitted.

然《眞諦記》與《經[(1)]》相違[(2)]。

《經》[(3)]“王舍城耆闍崛[(4)]”, 《眞諦記》第一云“毗舍離國鬼王法堂, 爲眞尙[(5)]菩薩, 說《解節經》等”[(6)]。[(7)]又《智度論》第三卷云“王舍城在摩揭陀國”, 不云"山在毗耶離國", 故如[8]違經也。[9]

[(1)] SNST: 經 ⇒ '《解節經》' [(2)] SNST: null ⇒ '故不可依。所以者何?'
[(3)] SNST: null ⇒ +云 [(4)] SNST: null ⇒ +山
[(5)] SNST: '眞尙'=*sic*; Baek(2013a): '眞尙'='眞常' [(6)] SNST: null ⇒ +故
[(7)] SNST: null ⇒ +'又《解節經》具足序分、正說分、流通分, 《眞諦記》但釋中間四品故。眞諦《諸經名記》(?)亦同《眞諦記》。初後二分是正梵本。'
[(8)] JS, Baek(2013a): 如 ⇒ 知 [(9)] SNST: '又《智度論》......違經也'=null

《tshig[1] ṅes par ḫgrel paḫi mdo》 daṅ/ 《slob dpon yaṅ dag bden pas byas paḫi ḫgrel pa》ḫi dpe gñis phan tshun ḫgal baḫi phyir tshad mar mi ruṅ ste/ [ZH.68-119] de ciḫi phyir ṣe na/ 《tshig ṅes par ḫgrel paḫi mdo》 las ni/ rgyal poḫi khab bya rgod kyi phuṅ poḫi ri la bṣugs te ṣes bya ba ḫbyuṅ ste/ 《ḫgrel pa de》 las ni yaṅs pa can gyi groṅ khyer ri dvags kyi rgyal poḫi pho braṅ na bṣugs te/ byaṅ chub sems dpaḫ [2]yaṅ dag ḫphags la bśad pa ḫbyuṅ baḫi phyir ro//

gṣan yaṅ 《tshig ṅes par ḫgrel paḫi mdo》 las ni gleṅ gṣi daṅ yaṅ dag paḫi gṣuṅ ñid daṅ/ bstan pa gnas paḫi phyogs rdsogs par ḫbyuṅ la/ ḫgrel pa de ñid las [D.Ti.50b] ni bar gyi leḫu bṣi ñi tshe rnam par bśad paḫi phyir ro//

《slob dpon yaṅ dag bden pas mdo sde rnams kyi mtshan gyi brjed byaṅ byas pa》 yaṅ/ 《mdo sdeḫi ḫgrel pa》 daṅ mthun paḫi daṅ po daṅ tha maḫi phyogs gñis rgya gar gyi dpe yaṅ dag pa ni yin no//

[(1)] tshig ⇒ tshigs
[(2)] +'don dam'

依《佛地論》釋《佛地經》, 自有三說。

故第一云: "佛住如是大宮殿中, 說此契經, 受用、變化二佛土中, 今此淨土, 何土所攝? 說此經佛爲是何身?

有義。此土變化土攝, 說此經佛是變化身。聲聞等衆, 住此土中, 現對如來, 聞說此經, 歡喜信受而奉行故。佛心所現故, 出三界淨識爲相。爲說勝法, 化此地前諸有情類, 令其欣樂修行彼因, 故暫化作清淨佛土、殊勝化身, 神力加衆, 令暫得見。若[1]爾者, 聲聞等衆應俱不見。

有義。此土受用土攝, 說此經佛是受用身。此淨土量無邊際故。路、乘、門等是實德故。受用如是清淨佛土, 一向淨妙、一向安樂、一向無罪、一向自在，餘處說故。《解深密》說"三地已上乃得生"故。【解云。《此經》無此文也。應是廣本。或可，譯家錯也。此文即是《瑜伽》第七十九。[(2)] 說】[(3)]此經佛，具後所說'二十一種實功德'故。說餘經時，不列如是佛功德故。

若暫化作如是淨土、如是妙身，加衆令見，應如餘經分明顯說，然不說故，是受用土及受用身。聲聞等衆是佛化作，或諸菩薩現作此身，莊嚴佛土說法會故。

若爾，此是地上菩薩所應見聞，何故於此化佛土中結集流布？

傳法菩薩，爲欲示現一切智者及所居處超過一切世間法故，如是示現。欲令所化生欣樂故，爲令發願當生如是清淨佛土、見如是佛、聞如是法、修彼因故，爲生廣大勝解有[(4)]有情及諸菩薩[(5)]歡喜故，欲令增上意樂勝解界堅牢故，結集流布。又是法勝於此宜聞，然處非勝、化身相麤，不可宣說。故受用身，居受用土，爲初地上諸菩薩說，令傳法者結集流通。

若爾，何故不但說'彼所說法'耶？

若不說處及能說者，不知此法何處誰說，一切生疑，故須具說。

如實義者，釋迦牟尼說此經時，地前大衆見變化身居此穢土爲其說法，地上大衆見受用身居佛淨土爲其說法。所聞雖同，所見各別。雖俱歡喜、信受、奉行，解有淺深，所行各異。

而傳法者，爲令衆生聞勝悕願、勤修彼因、當生淨土、證佛功德故，就勝者所見結集，言'薄伽梵住最勝等'，乃至廣說如來功德。"

今釋《此經》，同"如實義"，義亦無失。

諸本同異，已如上釋。

(1) JS, Taisho, SNST, Baek(2013a): null ⇒ +不 (2) JS: null ⇒ +】
(3) JS, Taisho, SNST: 】⇒ null (4) JS, Taisho, SNST, Baek(2013a): 有 ⇒ null
(5) JS, Taisho, SNST, Baek(2013a): null ⇒ +勝

《saṅs rgyas[(1)] saḥi ḥgrel pa》 las ni rnam pa gsum yod de/
deḥi phyir bam po daṅ po las
bcom ldan ḥdas ḥdi ltar gṣal med khaṅ chen po na bṣugs te/ mdo sde ḥdi gsuṅs na loṅs spyod rdsogs pa daṅ/ sprul paḥi saṅs rgyas gñis kyi ṣiṅ las ṣiṅ

yoṅs su dag pa ni ḥdi gaṅ gis yoṅs su bsdus/ mdo sde ḥdi gsuṅs paḥi saṅs rgyas ni sku gaṅ dag gis bsdus śe na/

kha cig las ṣiṅ ḥdi ni sprul paḥi ṣiṅ gis bsdus so// mdo sde ḥdi gsuṅs paḥi saṅs rgyas kyaṅ sprul paḥi sku yin te/ ñan thos la sogs paḥi ḥkhor rnams ṣiṅ ḥdir gnas nas/ de bṣin gśegs pa las mṅon sum du mdo sde ḥdi thos pas rab tu dgaḥ ṣiṅ mṅon par yid ches nas gus pas ñams su blaṅs paḥi phyir ro//

saṅs rgyas kyi thugs las snaṅ paḥi phyir khams gsum las ḥdas pa śin tu rnam par dag paḥi rnam par rig paḥi mtshan ñid de/ chos khyad par can gsuṅs pa dag gis saḥi mdun rol gyi [ZH.68-120] sems can gyi rnam pa rnams btul nas mos pa bskyed de/ deḥi rgyu sgrub tu gṣug par mdsad paḥi phyir/ re ṣig saṅs rgyas kyi ṣiṅ yoṅs su dag pa daṅ/ sprul paḥi skuḥi khyad par can sprul nas byin gyi rlabs kyis de dag re ṣig mthoṅ ba ñid du mdsad do// de lta ma yin na ñan thos la sogs paḥi ḥkhor thams cad kyis mthoṅ bar gyur pa mi rigs so ṣeḥo//

kha cig las ṣiṅ ḥdi ni loṅs spyod rdsogs paḥi ṣiṅ gis bsdus so// mdo sde ḥdi gsuṅs paḥi saṅs rgyas kyaṅ loṅs spyod rdsogs paḥi sku yin te/ ṣiṅ yoṅs su dag paḥi deḥi tshad daṅ mthaḥ med paḥi phyir daṅ lam daṅ bṣon pa daṅ/ sgo la sogs pa yaṅ dag paḥi yon tan yin paḥi phyir daṅ saṅs rgyas kyi ṣiṅ yoṅs su dag pa ḥdi lta bu la/ yoṅs su loṅs spyod pa ni gcig tu gya nom pa daṅ/ gcig tu bde ba daṅ/ [D.Ti.51a] gcig tu kha na ma tho ba med pa daṅ/ gcig tu dbaṅ thob pa daṅ(?)/ gṣan las bśad paḥi phyir daṅ/ 《dgoṅs pa zab mo ṅes par ḥgrel paḥi mdo》 las sa gsum pa yan chad kyis der skye bar ḥgyur ro ṣes gsuṅs paḥi phyir daṅ/ mdo sde ḥdi gsuṅs paḥi saṅs rgyas ḥog nas bśad paḥi yon tan yaṅ dag pa ñi śu rtsa gcig daṅ ldan paḥi phyir daṅ/ mdo sde gṣan gsuṅs paḥi tshe saṅs rgyas kyi yon tan ḥdi lta bu ma bkod paḥi phyir ro//

gal te re ṣig ḥdi lta buḥi ṣiṅ yoṅs su dag pa daṅ/ ḥdi lta buḥi sku gya nom pa sprul nas ḥkhor rnams byin gyis brlabs te/ mthoṅ bar mdsad pa yin na/ mdo sde gṣan dag bṣin du gsal bar rab tu dbye bar rigs na/ bśad pa de lta bu yaṅ med paḥi phyir/ loṅs spyod rdsogs paḥi ṣiṅ daṅ loṅs spyod rdsogs paḥi sku yin par mṅon no// ñan thos la sogs paḥi ḥkhor ni saṅs rgyas kyi [ZH.68-121] sprul pa yin no// yaṅ na byaṅ chub sems dpaḥ rnams lus de lta bur bsgyur nas saṅs rgyas kyi ṣiṅ daṅ chos bśad paḥi ḥkhor mdses par bya baḥi phyir ro//

gal te de ltar na ḥdi ni sa la gnas paḥi byaṅ chub sems dpaḥ rnams kyis mthoṅ ṣiṅ thos par ḥgyur ba yin na/ ciḥi phyir sprul paḥi saṅs rgyas kyi ṣiṅ ḥdir bsdus śiṅ gnas par ḥgyur ṣe na/

chos brgyud paḥi byaṅ chub sems dpaḥ rnams kyis thams cad mkhyen pa daṅ/

de bṣugs nas[(2)] ḥjig rten paḥi chos thams cad las ḥdas par rab tu bstan paḥi phyir ro// de ltar bstan pa yaṅ gdul bar bya ba rnams la mos pa bskyed paḥi phyir daṅ/ saṅs rgyas kyi ṣiṅ yoṅs su dag pa de lta bur skyes nas/ saṅs rgyas de lta bur mthoṅ ba daṅ/ chos de lta bu thos par smon lam ḥdebs śiṅ/ deḥi rgyu bsgrub tu gṣug paḥi phyir daṅ/ rgya chen po la mos paḥi sems can daṅ byaṅ chub sems dpaḥ rnams mgu ba khyad par can rab tu bskyed paḥi phyir daṅ/ lhag paḥi bsam pa la mos pa rnams lhag paḥi bsam paḥo//[(3)] khams bstan[(4)] par bya baḥi phyir ḥdir bsdus śiṅ gnas par [D.Ti.51b] gyur pa yin no// gṣan yaṅ chos khyad par can yin pas ḥdir thos par ḥos te/ ḥon kyaṅ gnas mchog tu gyur pa ni ma yin no// sprul paḥi skuḥi mtshan ñid ni rags pas der gsuṅ bar mi ruṅ baḥi phyir ro//

loṅs spyod rdsogs paḥi sku loṅs spyod rdsogs paḥi ṣiṅ du bṣugs nas/ sa daṅ po yan chad kyi byaṅ chub sems dpaḥ rnams la gsuṅs pas ḥdir chos brgyud pa dag gis bsdus śiṅ gnas par gyur pa yin no//

gal te de lta na ciḥi phyir der gsuṅs paḥi chos ṣes ma bstan/

gal te gnas daṅ ḥchad pa po ma bstan na/ chos ḥdi gaṅ du gaṅ gis bśad pa mi śes pas thams [ZH.68-122] cad the tshom skye baḥi phyir ṣib tu bśad dgos śe na/[(5)]

yaṅ dag paḥi don du de bṣin gśegs pa śākya thub pas mdo sde ḥdi gsuṅs paḥi tshe/ saḥi mdun rol gyi ḥkhor rnams kyis sprul paḥi sku ṣiṅ yaṅs su ma dag pa ḥdir bṣugs nas/ de dag la chos bśad par mthoṅ la/ sa la gnas paḥi ḥkhor rnams kyis ni loṅs spyod rdsogs paḥi sku saṅs rgyas kyi ṣiṅ yoṅs su dag par bṣugs nas de dag la chos bśad par mthoṅ ste/ thos par mtshuṅs kyaṅ lta ba tha dad do//

thams cad dgaḥ ba daṅ/ mṅon par yid ches pa daṅ/ len ciṅ spyod par ḥdra yaṅ śes pa zab mi zab daṅ/ spyod pa ni tha dad do//

chos brgyud pa dag gis sems can mchog thos pas brtson ḥgrus kyis deḥi rgyu spyad nas/ saṅs rgyas kyi ṣiṅ yoṅs su dag par skye bar smon lam ḥdebs pa daṅ/ saṅs rgyas kyi yon tan du ma mṅon du bya baḥi phyir khyad par can dag gis mthoṅ baḥi dbaṅ du mdsad nas bsdus pas na/ bcom ldan ḥdas gṣal med khaṅ chen po na bṣugs te ṣes bya ba nas/ de bṣin du de bṣin gśegs paḥi yon tan rgya cher bstan paḥi bar du gsuṅs so ṣes ḥbyuṅ ste/

ḥdir 《mdo sde ḥdi》 yaṅ dag paḥi don daṅ sbyar te bśad na yaṅ ḥgal ba med do//

mdo sde ḥdiḥi dpe rnams mthun mi mthun paḥi bśad pa ni goṅ du bśad pa bṣin no//

(1) +kyi (2) nas ⇒ gnas (3) 'lhag paḥi bsam paḥo//' ⇒ kyi (4) bstan ⇒ brtan
(5) 'śe na/' ⇒ 'so//'

[§2.《解深密經》之"住處"義]

今正釋住處之義。

依《智度論》第三, 三義釋住。一、住威儀, 二、住聖住, 三、住佛住, 故名爲"住"。

故《彼論》云: "問曰。何不直說般若波羅蜜, 而說住處耶?(1)

答曰。說時、方、人, 令人生信故。

【"時"謂說經時。"方"謂說法處。"人"謂聽衆, 聲聞菩薩等。】

云何(2)住? 四種身儀, 坐、卧、行、住, 故名爲'住'。

復有三住:

一者、天住, 謂六欲天住法。

二者、梵住, 謂色、無色天住法。

三者、聖住, 謂佛、獨覺及阿羅漢住法。

於三住中, 佛住聖住。

復次, 施、戒、善心三事, 名爲'天住'。

四無量心, 名爲'梵住'。

空、無相、無作(3)三三昧。名爲'聖住'。

於三住中, 佛住聖住。

復有四住: 一、天, 二、梵, 三、聖, 四、佛。三住如前。

'佛住'(4), 首楞嚴等諸佛無量三昧、十力、四無畏、十八不共法、一切智等種種諸慧, 及八萬四千法藏度人法門, 如是等種種諸佛功德, 是佛所住處。佛於中住故名'佛住'。"

《法華論》云: "顯法勝故。佛住勝處。"

《勝思惟論》, 同《法華論》。(5)

《寶積論》云: "問曰。何故初明住處?

答。佛住此處者, 欲令敬重彼處故。(6)重福衆生, 敬此處故, 增長善根,是故先明住處。”

《功德施菩薩波若論》中，同《寶積論》。

(1) SNST: ‘問曰......而說住處耶’=null (2) Taisho, SNST, Baek(2013a): null ⇒ +名
(3) SNST: ‘無作’=‘無願’ (4) Taisho, SNST: null ⇒ +者
(5) SNST: ‘《勝思惟論》, 同《法華論》’=null (6) SNST: ‘問曰......欲令敬重彼處故’=null

da ni gnas kyi don yaṅ dag par bśad pa ston te/ gnas kyi don bstan pa de yaṅ/ 《dam paḥi [D.Ti.52a] chos padma dkar poḥi mdo》 las/ chos khyad par can du bstan paḥi phyir bcom ldan ḥdas gnas khyad par can na bṣugs so ṣes gsuṅs so//

《dkon mchog brtsegs paḥi mdo》 las kyaṅ/ sems can bsod nams can dag ḥdir smos par bya baḥi phyir daṅ/ dge baḥi rtsa ba [ZH.68-123] ḥphel bar bya baḥi phyir sṅar bṣugs paḥi gnas bstan pa yin no ṣes gsuṅs te/

《yon tan byin gyis rdo rje gcod paḥi ḥgrel pa byas pa》 las kyaṅ ḥdi daṅ mthun par bśad do//

《śes rab kyi pha rol tu phyin paḥi ḥgrel pa》 las dus daṅ phyogs daṅ gaṅ zag smos pa ni sems can rab tu dad pa bskyed paḥi phyir ṣes ḥbyuṅ bas gnas bstan pa yin no//

de la dus ni mdo sde gsuṅs paḥi dus so// phyogs ni ḥdi lta ste/ mdo sde gsuṅs paḥi gnas so// gaṅ zag ni chos ñan paḥi phyir te/ ñan thos la sogs paḥo ṣes ḥbyuṅ ṅo//

gṣan yaṅ 《de ñid》 las rnam pa gsum gyis bṣugs paḥi don bstan te/ spyod lam gyis bṣugs pa daṅ/ ḥphags paḥi gnas pas bṣugs pa daṅ/ saṅs rgyas kyi gnas pas bṣugs pa ste/ deḥi phyir 《de ñid》 las

bṣugs pa ji lta bu ṣe na/

skuḥi lam rnam pa bṣi ste/ bṣugs pa daṅ gzims pa daṅ/ gśegs pa daṅ/ bṣeṅs paḥi phyir yaṅ bṣugs pa ṣes byaḥo//

gṣan yaṅ gnas pa rnam pa gsum mo//

daṅ po ni lhaḥi gnas pa ḥdi lta ste/ ḥdod paḥi khams kyi lha drug po dag ni[(1)] gnas paḥi chos so//

gñis pa ni tshaṅs paḥi gnas pa ḥdi lta ste/ gzugs daṅ gzugs med paḥi lha rnams kyi gnas paḥi chos so//

gsum pa ni ḥphags paḥi gnas pa ḥdi lta ste/ saṅs rgyas daṅ raṅ saṅs rgyas daṅ/ dgra bcom pa rnams kyi gnas paḥi chos te/ gnas pa rnam pa gsum las de bṣin

gśegs pa rnams ni ḥphags paḥi gnas pa la bṣugs so//
gṣan yaṅ sbyin pa daṅ/ tshul khrims daṅ dge baḥi sems kyi dṅos po gsum ni lhaḥi gnas pa ṣes byaḥo//
tshad med paḥi sems bṣi ni tshaṅs paḥi gnas pa ṣes byaḥo//
stoṅ pa daṅ mtshan ma med pa daṅ/ smon pa med paḥi tiṅ ṅe ḥdsin(2) [ZH.68-124] ni ḥphags paḥi gnas pa ṣes byaḥo//
gnas pa(3) las saṅs [D.Ti.52b] rgyas kyi(4)
(5)gnas pa rnam pa bṣir ḥgyur te/ lha daṅ tshaṅs pa daṅ/ ḥphags pa daṅ saṅs rgyas kyi gnas pa ste/ gnas pa gsum ni sṅa ma bṣin no//
de la saṅs rgyas kyi gnas pa ni dpaḥ bar ḥgro ba la sogs pa saṅs rgyas rnams kyi tiṅ ṅe ḥdsin tshad med pa daṅ/ stobs bcu daṅ mi ḥjigs pa bṣi daṅ/ ma ḥdres paḥi chos bco brgyad daṅ/ rnam pa thams cad mkhyen pa ñid la sogs pa śes rab sna tshogs pa daṅ chos kyi sde snod brgyad khri bṣi stoṅ sems can sgrol baḥi sgo rnams daṅ ḥdi la sogs pa yon tan rnam pa sna tshogs ni saṅs rgyas gnas par bya ba yin pas/ saṅs rgyas der bṣugs paḥi phyir saṅs rgyas kyi gnas pa ṣes byaḥo ṣes ḥbyuṅ baḥo//

(1) ni ⇒ gi (2) +gsum (3) +'rnam pa gsum'
(4) kyi ⇒ 'ni ḥphags paḥi gnas pa la bṣugs so//' (5) +'gṣan yaṅ'

眞諦三藏(1), 八義釋住。
一、境界住。【謂一切十六大國, 四事供養之處。是佛所遊履故云“境界住”。】
二、依止住。【是(2)一切僧伽藍(3), 耆闍崛(4)山、迦蘭陀(5)竹林等。是所依止。】
三、威儀住。【謂行、住、坐、臥四威儀。】
四、未捨壽命住。【謂現在未般涅槃, 住戒、定等五分法身中也。】
五者、梵住。【謂四無量心。佛在大悲心中故名“梵住”也。】
六者、天住。【謂四禪, 即初禪、二禪、三禪、四禪。第四禪最勝, 佛住此中。】
七者、聖住。【謂是解脫。解脫有四: 一、入無心定暫滅苦, 二、入空定滅諸見, 三、入無願定滅貪愛, 四、入無相定滅四謗。佛住無相定中, 心惑都盡也。】

八、佛住。【[6]佛住無生、無滅、無處所法中，而具足在此八處[7]，故名“佛住”。三身而辨，前三住即是化身住，次三是應身，後二是法身。前二身是能住，後法身是所住也。經中多舉八住，前兩境界化白衣，依止化出家人，即舉總、別二處。】

(1) SNST: ‘眞諦三藏’=‘依《眞諦七事記》’ (2) SNST: 是 ⇒ 謂 (3) saṃghārāma
(4) gṛdhrakūṭa (5) kalanda (6) SNST: null ⇒ +謂 (7) SNST: ‘而具足在此八處’=null

《slob dpon yaṅ dag bden pas dṅos po bdun gyi brjed byaṅ byas pa》 la[1] ni don rnam pa brgyad kyis bṣugs par bśad de/

de la spyod yul la bṣugs pa ni ḥdi lta ste/ yul chen po bcu drug pa thams cad kyis yo byad rnam pa bṣis mchod pa byas paḥi gnas rnams ni de bṣin gśegs pas bgrod paḥi yul yin paḥi phyir spyod yul ṣes byaḥo//

rten gyi gnas su bṣugs pa ni ḥdi lta ste/ dge ḥdun gyi kun dgaḥ ra ba thams cad daṅ/ bya rgod phuṅ poḥi ri daṅ/ ka lan da kaḥi tshal la sogs paḥi gnas na bṣugs paḥo//

spyod lam gyis bṣugs pa ni ḥdi lta ste/ gśegs pa daṅ/ bṣeṅs pa daṅ/ bṣugs pa daṅ/ gzims paḥi spyod lam gyis bṣugs so//

sku tshe ma spaṅs paḥi bṣugs pa ni ḥdi lta ste/ mṅon sum du bṣugs śiṅ mya ṅan las ma ḥdas pa daṅ/ tshul khrims daṅ/ tiṅ ṅe ḥdsin pa la sogs pa cha rnam pa lṅaḥi chos kyi sku la gnas paḥo//

tshaṅs paḥi [ZH.68-125] bṣugs pa ni ḥdi lta ste/ tshad med pa rnam pa bṣiḥi sems te/ de bṣin gśegs pa ni thugs rje chen poḥi sems la gnas paḥi phyir/ tshaṅs paḥi gnas pa ṣes byaḥo//

lhaḥi bṣugs pa ni ḥdi lta ste/ bsam gtan bṣi po rnams te/ bsam gtan bṣi po[2] mchog tu gyur paḥi de bṣin gśegs pa ni de la gnas so//

ḥphags paḥi bṣugs pa ni ḥdi lta ste/ rnam par thar paḥo//

rnam par thar pa yaṅ [D.Ti.53a] rnam pa bṣi yod do// daṅ po ni sems med paḥi tiṅ ṅe ḥdsin du bṣugs pa ste/ re ṣig sdug bsṅal bkag paḥo// gñis pa ni stoṅ pa ñid tiṅ ṅe ḥdsin du bṣugs pa ste/ lta ba rnams bkag paḥo// gsum pa smon pa med paḥi tiṅ ṅe ḥdsin du bṣugs pa ste/ ḥdod chags bkag paḥo// bṣi pa ni mtshan ma med paḥi tiṅ ṅe ḥdsin du bṣugs pa ste/ skur pa rnam pa bṣi bkag paḥo//

bcom ldan ḥdas ni mtshan ma med paḥi tiṅ ṅe ḥdsin la gnas pa/ sems kyi ñon moṅs pa gtan nas zad paḥo//

saṅs rgyas kyi bṣugs pa ni ḥdi lta ste/ saṅs rgyas ni skye ba med pa ḥgag pa med pa gnas pa med paḥi chos la gnas paḥi phyir saṅs rgyas kyi gnas pa ṣes byaḥo//
sku gsum daṅ sbyar te rnam par dbye na/ gnas pa sṅa ma gsum ni sprul paḥi skuḥo// bar ma gsum ni loṅs spyod rdsogs paḥi skuḥo// tha ma gñis ni chos kyi skuḥo//
de la sku sṅa ma gñis ni gnas paḥo// phyi ma chos kyi sku ni gnas par bya ba ste/ mdo sde thams cad phal cher gnas pa brgyad po de dag las sṅa ma gñis po spyod yul la bṣugs pas ni khyim pa rnams ḥdul bar mdsad do// rten gyi gnas su bṣugs pas ni rab tu byuṅ ba rnams ḥdul bar mdsad do ṣes gsuṅs te/ spyi daṅ bye brag gi gnas gñis smos pa yin no ṣes ḥbyuṅ ṅo//

(1) la ⇒ las
(2) po ⇒ pa

就釋《此經》"住處"之中(1), 有十九句, 顯彼淨土十八圓滿。
十八圓滿, 即十八段。
言"十八"者, 如《佛地論》第一卷云: "論曰。此顯如來住處圓滿, 謂佛淨土。如是淨土, 復由十八圓滿事故, 說名'圓滿', 謂顯色圓滿、形色圓滿、分量圓滿、方所圓滿、因圓滿、果圓滿、主圓滿、輔翼圓滿、眷屬圓滿、住(2)持圓滿、事業圓滿、攝益圓滿、無畏圓滿、住處圓滿、路圓滿、乘圓滿、門圓滿、依持圓滿。
由十九句, 如其次第, 顯示如是十八圓滿。
即此圓滿所嚴宮殿名'佛淨土'。佛住如是大宮殿中, 說此契經。"
然諸論中,《世親、無性攝大乘釋》第十、《梁朝攝論》第十五、《佛地論》等【等耶(3)《大業論》等。】, 皆釋《經》中"十八圓滿", 至文對釋。

(1) SNST: 中 ⇒ 義 (2) JS, Taisho, SNST: 住 ⇒ 任 (3) JS: 耶 ⇒ 取

[ZH.68-126] de la (1)gnas kyi tshig ni(2) don rnam par bśad pa yaṅ tshig bcu dgur ṣiṅ yoṅs su dag pa deḥi phun sum tshogs pa rnam pa bco brgyad ston par mdsad de/ phun sum tshogs pa bco brgyad po de dag ñid kyis rnam pa bco brgyad du dbyeḥo//
rnam pa bco brgyad ni《saṅs rgyas(3) saḥi ḥgrel pa》las ji skad du

ḥdis ni de bṣin gśegs paḥi gnas phun sum tshogs pa bstan te/ ḥdi lta ste saṅs rgyas kyi ṣiṅ yoṅs su dag paḥo//

ḥdi ltar ṣiṅ yoṅs su dag pa ḥdi yaṅ phun sum tshogs paḥi dṅos po bco brgyad kyi dbaṅ gis na phun sum tshogs pa ṣes byaḥo//

ḥdi lta ste kha dog phun sum tshogs pa daṅ/ dbyibs phun sum tshogs pa daṅ/ tshad phun sum tshogs pa daṅ/ yul phun sum tshogs pa daṅ/ rgyu [D.Ti.53b] phun sum tshogs pa daṅ/ ḥbras bu phun sum tshogs pa daṅ/ bdag po phun sum tshogs pa daṅ/ phyogs phun sum tshogs pa daṅ/ ṣabs ḥbriṅ ba phun sum tshogs pa daṅ/ ston[4] pa phun sum tshogs pa daṅ/ phrin las phun sum tshogs pa daṅ/ phan ḥdogs pa phun sum tshogs pa daṅ/ mi ḥjigs pa phun sum tshogs pa daṅ/ gnas phun sum tshogs pa daṅ/ lam phun sum tshogs pa daṅ/ bṣon pa phun sum tshogs pa daṅ/ sgo phun sum tshogs pa daṅ/ gṣi phun sum tshogs pa daṅ/ de yaṅ tshig bcu dgu go rims bṣin du phun sum tshogs pa bco brgyad yoṅs su ston to// ḥdi ni[5] yul[6] phun sum tshogs paḥo//[7] rab tu brgyan pa ni[8] gṣal med khaṅ gaṅ yin pa de ni saṅs rgyas kyi ṣiṅ yoṅs su dag pa ṣes bya ste/ bcom ldan ḥdas de lta buḥi gṣal med khaṅ chen po na bṣugs nas mdo sde ḥdi gsuṅs so//[9]

bstan bcos rnams las kyaṅ《slob [ZH.68-127] dpon dbyig gñen daṅ/ ṅo bo ñid med kyis theg pa chen po bsdus paḥi ḥgrel pa mdsad pa》las/《mdo sde》las ḥbyuṅ baḥi phun sum tshogs pa bco brgyad rnam par bśad de/ yi ge thad kar bab paḥi tshe bśad par byaḥo//

(1) +'mdo sde ḥdiḥi'　(2) ni ⇒ gi　(3) +kyi　(4) ston ⇒ sten　(5) ni ⇒ 'lta buḥi'
(6) yul ⇒ null　(7) paḥo// ⇒ 'pa dag gis'　(8) 'pa ni' ⇒ paḥi　(9) so// ⇒ 'so ṣes ḥbyuṅ ṅo//'

初圓滿中, 有二句經[1]。初、明顯色, "七寶莊嚴"。後、辨放光, "照無邊界"。

此中"句"者, 顯義滿足之爲"句", 非要數字方名"句"也。餘十八句, 准此應知。

然初經句, 親光兩釋。

故《佛地論》云: "謂大宮殿, 用最勝光曜七寶, 莊嚴。【此釋光曜屬於七寶也。】

或大宮殿, 七寶莊嚴故, 最勝光曜。【此釋光曜屬於宮殿。】"

《無性釋論》, 亦同《佛地》。

《世親》不釋，易可知故。

(1) SNST: '句經' ⇒ '經句'

de la phun sum tshogs pa daṅ po yaṅ mdo tshig gñis kyis bstan te/ daṅ po kha dog gi gzugs bstan pa ni/ rin po che sna bdun bkod pa ṣes gsuṅs paḥo//
gñis pa ḥod zer ḥbyuṅ ba ni ḥjig rten gyi khams rgyas par ḥgeṅs paḥo ṣes gsuṅs paḥo//
de la tshig ces bya ba ni don yoṅs su rdsogs par bstan pa la tshig byaḥi yi geḥi graṅs la tshig ces bya ba ni ma yin te/ tshig gṣan bco brgyad po dag la yaṅ de bṣin du sbyar bar rig par byaḥo//
mdoḥi tshig daṅ po de yaṅ slob dpon ñe baḥi ḥod kyis rnam pa gñis su bśad de/ deḥi phyir《saṅs rgyas kyi saḥi ḥgrel pa》las/
ḥdi ltar gṣal med khaṅ chen po de mchog tu ḥbar baḥi rin po che sna bdun dag gis bkad[(1)] pa brgyan paḥo// yaṅ na gṣal med khaṅ chen poḥi khyad par rin po che sna bdun po de dag mchog tu ḥbar baḥo ṣes ḥbyuṅ ste/
《ṅo bo ñid med kyis byas paḥi ḥgrel pa》las kyaṅ ḥdi daṅ mthun par bśad do//
《slob dpon dbyig [D.Ti.54a] gñen》rnam par ma bśad pa ni go sla baḥi phyir ro//

(1) PN: bkad ⇒ bkod

言"七寶"者。
如《稱讚淨土經》云："一、金[(1)]，二、銀[(2)]，三、吠瑠璃[(3)]，四、頗胝迦[(4)]，五、赤眞珠[(5)]，六、阿濕摩揭拉婆[(6)]，七、牟娑洛揭拉婆[(7)]。"
依《智度論》，亦同《彼經》。
故第十云："金、銀、毗瑠璃[(3)]、頗梨[(4)]、車渠[(7)]、馬瑙[(6)]、赤眞珠。"
解云。金、銀二寶，此土有故，翻爲此名。
《眞諦釋》云"弗師羅伽[(8)]，此云黃色寶，即是金也。旃陀羅乾多[(9)]，此云白色寶，即是銀也"。
"吠瑠璃"者，是正梵音。"毗瑠璃"者，梵音訛也。或云"瑠璃"者，略"吠"音也。
或可。此土無眞瑠璃，有似瑠璃，故亦翻也。《眞諦梁論記》云"瑠璃，是青色寶，燒不可壞。唯有鬼神有神力者，能破爲器。或可。是其金翅鳥卵"。
"頗胝迦"者，此云黃綠色寶。《佛地論》云"羯鷄怛諾迦[10]寶"。《智度論》云"過千歲冰化爲頗梨珠"。

赤眞珠者。《佛地論》云"赤虫所出名赤眞珠。或珠體赤名赤眞珠"。《眞諦釋》云即"無價寶珠"也。

阿濕摩揭拉婆者，舊云馬瑙。《眞諦釋》云"是赤色寶"。《無性攝論》云"是帝青、大青等寶"。

解云。"帝青"是帝釋青色寶。"大青"是帝釋勝青色寶。

牟娑洛揭拉婆[11]者，舊云車璩[12]。《眞諦釋》云"是紺色寶"。

(1) suvarṇa (2) rūpya (3) vaiḍūrya (4) sphaṭika (5) lohitamuktikā (6) aśmagarbha
(7) musāragalva; Taisho: '牟婆洛揭拉婆' ⇒ '牟娑洛揭拉婆' (8) Skt.(?)
(9) candrakānta(?) (10) Skt.(?) (11) Lee: '牟婆洛揭拉婆' ⇒ '牟娑洛揭拉婆'
(12) JS: 璩 ⇒ 渠

de la rin po che sna bdun ni《saṅs rgyas kyis [1]yoṅs su dag paḥi bsṅags pa brjod paḥi mdo》las ji skad du/

gser daṅ/ dṅul daṅ/ vai-ḍūrya daṅ/ spug daṅ/ mu tig dmar po daṅ/ rdoḥi sñiṅ po daṅ/ ke ke ru ṣes gsuṅs te/

《śes rab kyi pha rol tu phyin paḥi ḥgrel pa》las kyaṅ《mdo ḥdi》daṅ mthun par ḥbyuṅ ṅo//

《slob dpon yaṅ dag bden paḥi bśad pa》las

gser ni rin po che kha dog ser poḥo//

dṅul ni rin [ZH.68-128] po che kha dog dkar poḥo//

vai-ḍūrya ni rin po che kha dog sṅon poḥo// bsregs na yaṅ mi ḥjig ste/ lha ma srin mthu daṅ ldan pa dag gis gdod bṣu nas snod spyad dag tu byed par nus so// yaṅ na bya gser ḥdab can gyi sgo ṅa bṣi yin no//

spug ni rin po che kha dog ljaṅ ser can no ṣes bśad do//《śes rab kyi pha rol tu phyin paḥi ḥgrel pa》las kyaṅ lo stoṅ ḥdas paḥi chab rom ni spug tu ḥgyur ro ṣes bśad do//

mu tig dmar po ni《saṅs rgyas kyi saḥi ḥgrel pa》las srog chags dmar po las byuṅ baḥi phyir/ mu tig dmar po ṣes bya ste/ ṅo bo ñid dmar baḥi phyir mu tig dmar po ṣes bśad do//《slob dpon ṅo bo ñid med kyis bśad pa》las kyaṅ ḥdi daṅ mthun par ḥbyuṅ ṅo//《slob dpon yaṅ dag bden pas bśad pa》las ni

nor bu rin po che rin thaṅ med pa ṣes ḥbyuṅ ṅo//
rdoḥi sñiṅ po ni slob dpon yaṅ dag bden pas rin po che kha dog dmar ṣes bśad do// 《slob dpon ṅo bo ñid med kyis theg pa chen po bsdus paḥi ḥgrel pa byas pa》 las/ rdoḥi sñiṅ po ni anda-rñila daṅ/ mthon ka chen po la sogs paḥo ṣes ḥbyuṅ ste/ de la anda-rñila ni lhaḥi dbaṅ poḥi rin po che kha dog sṅon poḥo// mthon ka chen po ni lhaḥi dbaṅ poḥi rin po che kha dog sṅon po mchog tu gyur paḥo//
ke ke ru ni slob dpon yaṅ dag bden pas rin po che ljaṅ sṅon no ṣes bśad do//

(1) +ṣiṅ

又《智度論》云: "寶有三種, 謂人寶、天寶、菩薩寶。
人寶力少, 唯有淸淨光色, 除毒、除鬼、除闇, 亦除飢、渴、寒、熱等[1]苦。
天寶亦大亦勝, 常隨逐天身, 可使令[2]共語, 輕而不重。
菩薩寶, 勝於天寶, 能兼有人、天寶事, 又能令衆生知死此生彼因緣本末, 又復能出種種法音, 乃至廣說。"
又《彼》復云: "問曰。是諸珍寶, 從何處出?
答曰。金出山、石、沙、赤銅中。眞珠出魚腹中、竹中、蛇腦中。龍珠出龍腦中。珊瑚出海中石樹。生[3]貝生[4]虫甲[5]。[6]銀生[7]燒石。餘瑠璃、頗梨等, 皆出山窟中。如意珠出自佛舍利, 若法沒盡時, 諸舍利皆變爲如意珠, 譬如過千歲冰化爲頗梨珠。如是等諸寶, 是人中常寶。
[8]所莊嚴一切國土[9], 是最殊勝, 諸天所不能得。
何以故? 從大功德所生故[10]。"
《大業論》云"七寶皆是石所攝"也。

(1) Taisho, Baek(2013a): null=+'種種'; SNST: null=*sic*
(2) Taisho, SNST, Baek(2013a): null ⇒ +可 (3) Baek(2013a): 生=玉
(4) Taisho, SNST, Baek(2013a): 生 ⇒ 出 (5) Taisho, SNST, Baek(2013a): null ⇒ +中
(6) SNST: '石樹生貝生虫甲'=null (7) Taisho, SNST: 生 ⇒ 出
(8) Taisho, Baek(2013a): null ⇒ +佛 (9) Taisho: '國土'='世界'
(10) Taisho: 故=null; SNST: 故=*sic*

gṣan yaṅ 《śes rab kyi pha rol tu phyin paḥi ḥgrel pa》 las/
rin po che rnam pa gsum yod de/ ḥdi lta ste/ miḥi rin po che daṅ/ lhaḥi rin po

che daṅ/ byaṅ chub sems dpaḥi rin po cheḥo//

de la miḥi rin po che ni mthu chuṅ ste/ yoṅs su dag paḥi kha dog daṅ ldan pas/ dug daṅ gdon daṅ [D.Ti.54b] mun pa daṅ bkres pa daṅ/ skom pa [ZH.68-129] daṅ graṅ ba daṅ tsha ba la sogs paḥi sdug bsṅal sel bar byed do//

lhaḥi rin po che ni chen po yaṅ yin/ mchog kyaṅ yin pas rtag par lhaḥi lus kyi rjes su ḥbraṅ ba daṅ/ mṅags[1] pa daṅ/ smrar ruṅ ba daṅ/ yaṅ ṣiṅ mi lci baḥo//

byaṅ chub sems dpaḥi rin po che miḥi rin po che las mchog tu gyur pa daṅ/ gṣan yaṅ lhaḥi rin po che las mchog tu gyur pa daṅ/ gṣan yaṅ lhaḥi daṅ miḥi rin po che ni gñis kyis[2] nus pa daṅ ldan pa daṅ/ gṣan yaṅ sems can dag ḥchi bar ḥgyur ba rtogs śiṅ ḥdi deḥi rgyu daṅ rkyen gyi thog ma daṅ tha maḥo ṣes śes par byed pa daṅ/ gṣan yaṅ chos kyi sgra skad rnam pa sna tshogs ḥbyuṅ ṅo ṣes bya ba nas rgya cher bśad paḥi bar duḥo//

gṣan yaṅ《de ñid》las

rin po che de dag gaṅ nas byuṅ ṣe na/

smras pa/ gser ni ri daṅ rdo daṅ bye ma daṅ zaṅs dmar po las ḥbyuṅ ṅo//

mu tig ni ñaḥi khog pa daṅ/ rgyu ma daṅ sbrul gyi glad paḥi naṅ nas ḥbyuṅ ṅo//

kluḥi nor bu ni kluḥi glad paḥi naṅ nas ḥbyuṅ ṅo//

byi ru ni rgya mtshoḥi naṅ nas ḥbyuṅ ṅo//

dṅul ni rdo bsregs pa las ḥbyuṅ ṅo//

vai-ḍūrya daṅ spug la sogs pa gṣan dag ni/ riḥi phug nas ḥbyuṅ ṅo//

yid bṣin gyi nor bu ni de bṣin gśegs paḥi riṅ bsrel las ḥbyuṅ ste/ nam chos nub par gyur paḥi tshe/ riṅ bsrel rnams yid bṣin gyi nor bur ḥgyur te/ ji ltar lo stoṅ ḥdas paḥi chab rom spug tu ḥgyur ba bṣin no//

ḥdi lta bu la sogs paḥi rin po che rnams ni miḥi rin po che phal che baḥo//

ḥdir yoṅs su brgyan pa dag ni śin tu khyad par can du gyur pa dag yin pas/ lha rnams kyis thob par mi nus so//

de ciḥi phyir ṣe na/

yon tan chen po las rab tu byuṅ baḥi phyir ro ṣes ḥbyuṅ ṅo//

《theg [ZH.68-130] pa chen po bsdus paḥi ḥgrel paḥi dpe mi mthun pa kha cig》las rin po che sna bdun po thams cad ni rdoḥi rigs su gtogs pa yin no ṣes bśad do//

[1] PN: mṅags ⇒ mṅag

[2] 'ni gñis kyis' ⇒ 'gñis kyi'

(@1-5)[0186b17] 放大光明普照一切無邊世界,
[0186b18] 釋曰。明第二句“放光普照”。

ḥjig rten gyi khams dpag tu med pa rgyas par ḥgeṅs paḥi ḥod zer chen po rab tu ḥbyuṅ ba
ṣes bya bas ni tshig gñis po[1] ḥod zer rgyas par ḥgeṅs pa bstan to//

(1) po ⇒ pa

《親光釋》云: “他受用土, 體雖不遍, 以光普照。自受用土, 以體遍故, 光亦普照。”
《世親釋》云: “謂前七寶於光普照。”
《無性釋論》, 具上二[1]釋。

(1) SNST: 二 ⇒ 三

《slob dpon ñe baḥi ḥod kyis ḥgrel pa》 [D.Ti.55a] las/
gṣan yaṅ[1] loṅs spyod paḥi ṣiṅ ni raṅ gi ṅo bo ñid kun tu khyab pa ma yin yaṅ/ ḥdir ḥod zer gyis kun tu ḥgeṅs par byed la/ ñid kyis loṅs spyod paḥi ṣiṅ ni raṅ gi ṅo bo kun tu khyab paḥi phyir/ ḥod zer gyis kun tu gsal bar byed do ṣes ḥbyuṅ ṅo//
《slob dpon dbyig gñen gyis ḥgrel pa》 las ni ḥdi ltar sṅar bstan paḥi rin po che sna bdun las ḥod zer ḥbyuṅ bas kun tu gsal bar gyur pa yin no ṣes ḥbyuṅ ṅo//
《slob dpon ṅo bo ñid med kyis ḥgrel pa》 las kyaṅ goṅ maḥi rnam par bśad pa gsum char daṅ ldan no//

(1) yaṅ ⇒ null

(@1-6)[0186b22] 無量方所妙飾間列,
[0186b23] 釋曰。此顯第二、形色圓滿。

gnas tha dad pa śin tu rnam par phye ba mthaḥ yas par rnam par gnas pa ṣes bya bas ni gñis pa dbyibs phun sum tshogs pa bstan to//

言“方所”者, 如綺井等。

言“妙飾”者，如華文等。
《親光釋》云：“謂大宮殿，妙飾間列無量方所。【此釋無量屬於方所。】
或大宮殿，無量妙飾方所間列。【此釋無量屬於妙飾。】
言‘無量’者，或數無量，或處無量。”
解云。此中“數無量”者，重釋前云“無量妙飾”。
“處無量”者。重釋前云“無量方所”。
《世親》、《無性》，亦同《親光》。

de la gnas tha dad pa ṣes bya ba ni zab dar gyi gur la sogs pa lta buḥo//
śin tu rnam par phye ba ṣes bya ba ni me tog gi ri moḥi rnam pa la sogs pa lta buḥo//
《slob dpon ñe baḥi ḥod kyis ḥgrel pa》 las/
ḥdi ltar gṣal med khaṅ chen poḥi śin tu rnam par phye ba dag gis gnas tha dad pa tshad med par phye baḥam/ yaṅ na gṣal med khaṅ chen po śin tu rnam par phye ba tshad med pa dag gnas tha dad pa rab tu dbye baḥo//
tshad med pa ṣes bya ba ni graṅs tshad med pa mṅaḥ/ yaṅ na gnas tshad med paḥo ṣes bśad de/
ḥdir graṅs tshad med pa ṣes bya [ZH.68-131] bas ni sṅa ma bṣin du rnam par phye ba tshad med pa bzlas te bśad paḥo//
gnas tshad med pa ṣes bya bas ni sṅa maḥi gnas tshad med pa tha dad pa bzlas te bśad paḥo//
《slob dpon ṅo bo ñid med》 kyis kyaṅ 《ñe baḥi ḥod》 daṅ mthun par bśad do//

[§. 顯色，形色]
上來已釋顯、形二色。
然此二色，有差別者。
依《俱舍》等，二門分別：一、約二十色分別顯形，二、顯形相對四句分別。
二十色辨顯形者，如《俱舍論》初卷頌云：

色二或二十。

長行釋云：“言‘色二’者，一、顯，二、形。
顯色有四：青、黃、赤、白。餘顯是此四色差別。
【解云。“餘”者，光、影、明、闇、烟、雲、塵、霧。皆是青等之差別也。

日光名“光”。餘光名“明”。有云，“光”者，黃色所攝。有云，赤色。有云，黃赤。

今解。不爾。光、明二種，皆通四色。影、闇是青。烟、雲、塵、霧，皆通四色。或可。霧是青白所攝。】

形色有八，謂長、短、方、圓、高、下、正、不正。

復說‘二十’者，謂青、[(1)]赤、白、光、影、明、闇、雲、烟、塵、霧、長、短、方、圓、高、下、正、不正。

有餘師說，空一顯色，第二十一。”

釋諸色相，具說如《彼》。

言“四句”者，如《彼論》說：

“或有色處，有顯無形，謂青、黃、赤、白、光、影[(2)]、明、闇。

或有色處，有形無顯，謂長等、一分身表業性。

或有色處，有顯有形，謂所餘色。”

(1) Taisho, SNST, Baek(2013): null ⇒ +黃
(2) JS, SNST: ‘光、影’ ⇒ ‘影、光’

de yan chad du kha dog daṅ dbyibs rnam pa sna gñis bśad zin te/ gzugs ḥdi gñis la bye brag yod pa yaṅ《mdsod kyi bstan bcos》la sogs pa las sgo rnam pa gñis kyis rnam par ḥbyed de/ gzugs rnam pa ñi śu[(1)] rtsa gcig daṅ sbyar nas[(2)]/ kha dog daṅ dbyibs phan tshun ltos paḥi[(3)] mu bṣis rnam par dbye baḥo//

de la gzugs rnam pa ñi śu[(4)] kha dog daṅ dbyibs bstan pa ni《mdsod kyi bstan bcos》tshig leḥur byas pa las ji skad du/

gzugs rnam[(5)] [D.Ti.55b] gñis daṅ rnam pa ñi śu[(6)]

ṣes ḥbyuṅ ba ste/ de ñid kyi ḥgrel pa las/

de la gzugs rnam pa gñis ṣes bya ba ni ḥdi lta ste/ kha dog daṅ dbyibs rnam pa gñis so//

kha dog daṅ[(7)] gzugs kyaṅ rnam pa bṣi yod de/ sṅon po daṅ/ ser po daṅ/ dmar po daṅ/ dkar poḥo//

kha dog bṣi[(8)] ni gzugs ḥdi bṣiḥi dbye ba las so//

dbyibs ni rnam pa brgyad de/ ḥdi lta ste/ riṅ po daṅ/ thuṅ ṅu daṅ/ lham pa daṅ/ zlum po daṅ/ mtho ba daṅ/ dmaḥ ba daṅ/ phya le ba daṅ/ phya le ba ma yin paḥo//

gṣan yaṅ rnam pa ñi śu ḥdi lta ste/ sṅon po daṅ/ ser po daṅ/ dmar po daṅ/ dkar po daṅ/ ḥod daṅ/ grib ma daṅ/ snaṅ ba daṅ/ mun pa daṅ/ sprin daṅ/ du ba daṅ/ rdul daṅ/ khug rna daṅ/ riṅ po daṅ thuṅ ṅu daṅ/ lham pa daṅ/ zlum po daṅ/ mtho ba daṅ/ dmaḥ ba daṅ/ phya le ba daṅ/ phya le ba ma yin paḥo ṣes bśad do//

slob dpon kha [ZH.68-132] cig ni nam mkhaḥ kha dog gcig paḥi(9) gzugs so(10) ṣes kyaṅ bśad do//

bam po ñi śu rtsa gcig pa las(11) gzugs rnams kyi mtshan ñid rgya cher rnam par bśad de/ 《de ñid》 las ḥbyuṅ ba bṣin du rig par byaḥo//

de la mu bṣis bstan pa ni 《bstan bcos de ñid》 las ji skad du

gzugs kyi skye mched kha cig ni kha dog yod la/ dbyibs med pa yaṅ yod de/ ḥdi lta ste/ sṅon po daṅ/ ser po daṅ/ dmar po daṅ/ dkar po daṅ/ grib ma daṅ/ ḥod daṅ/ snaṅ ba daṅ mun pa rnams so//

gzugs kyi skye mched kha cig ni dbyibs yod la kha dog med pa yaṅ yod de/ ḥdi lta ste riṅ ba la sogs pa daṅ/ lus kyi rnam par rig byed kyi las kyi ṅo bo ñid kyi phyogs gcig go//

gzugs kyi skye mched kha cig ni kha dog daṅ dbyibs gñi ga yod pa yaṅ yod de/ ḥdi lta ste/ de las gṣan paḥi gzugs rnams so//

(1) +'la brten nas' (2) 'rtsa gcig daṅ sbyar nas' ⇒ 'kha dog daṅ dbyibs rnam par ḥbyed pa daṅ'
(3) paḥi ⇒ pas (4) +'la brten nas' (5) rnam ⇒ null (6) su ⇒ 'su//' (7) daṅ ⇒ gi
(8) bṣi ⇒ gṣan (9) paḥi ⇒ 'pa ni' (10) so ⇒ 'ñi śu rtsa gcig paḥo'
(11) 'bam po ñi śu rtsa gcig pa las' ⇒ null

然此四句, 諸說不同。

一、眞諦三藏云。

一、顯而非形, 如須彌山四方空中靑等顯色。

二、形而非顯, 謂身表色。

三、亦顯亦形, 如譬(1)等中靑黃等色。

四、非顯非形, 如無表色。

二形而非顯謂身表色。(2)

二、大唐三藏, 約生智義以辨四句。

如一込白(3)染靑色時, 而形不改, 唯生顯智, 形智不生, 如是名爲"顯而非形"。

若其截割而不染者，但有形智，顯智不生，如是名爲“形而非顯”。

若其染截，形、顯智生，如《正理》說“遙見黑幡，作如是言‘是烏[4]非幡，幡非烏等’”，如是名爲‘亦顯亦形’。“非顯非形”者，如空界色等。

然第四句，諸說不同。

依《毗婆沙》，自有兩說。

一云。空界色，爲第四句。

一云。“非顯非形”者，無也。

若依《正理》，聲、香、味、觸及無表色，爲第四句。

《識身足論》[5]“五根、四塵及無表色，爲第四句”。

又《俱舍》云：“有餘師說‘唯光、明色，有顯無形，現見世間青等色處有長等故’。【此是薩婆多第二師說。】”

(1) SNST: 譬 ⇒ 壁; JS: 譬=身 (2) JS, SNST, Baek(2013a): ‘二形而非顯謂身表色’ ⇒ null
(3) JS, SNST: ‘込白’ ⇒ ‘疋帛’ (4) Taisho: 烏=鷺; SNST: 烏=*sic* (5) SNST: null ⇒ +云

mu bṣi po ḥdi yaṅ so so nas bśad pa mi mthun te/

de la daṅ po ni slob dpon yaṅ dag bden pas ḥdi skad du kha dog yin la dbyibs ma yin pa ni ri rab kyi ṅos bṣiḥi nam mkhaḥ kha dog sṅon po la sogs paḥi kha dog gi gzugs rnams so//

dbyibs yin la kha dog ma yin [D.Ti.56a] pa ni ḥdi lta ste/ lus kyi rnam par rig byed kyi gzugs so//

kha dog kyaṅ yin la dbyibs kyaṅ yin pa ni rtsig pa la sogs paḥi sṅon po daṅ ser po la sogs paḥi gzugs rnams so//

kha dog kyaṅ ma yin dbyibs kyaṅ ma yin pa ni rnam par rig byed ma yin paḥi gzugs so ṣes bśad do//

gñis pa ni slob dpon hyan tsaṅ gis śes pa skye baḥi dbaṅ du byas nas mu bṣir rnam par ḥbyed de ji ltar ras dkar po yug gcig sṅon por ḥjer baḥi[1] tshe/ dbyibs las gyur pa med pas/ kha dog gi śes pa bskyed mod kyi dbyibs kyi śes pa yaṅ[2] [ZH.68-133] skye ste/ ḥdi lta bu ni kha dog yin la dbyibs ma yin pa ṣes byaḥo//

gal te draṅs nas ḥtsher bar[3] mi byed na ni dbyibs kho naḥi śes pa skyeḥi/ kha dog gi śes pa ni mi skye ste/ ḥdi lta buḥi dbyibs yin la kha dog ma yin paḥo//

gal te kha dog bsgyur te ḥdra bar yaṅ byed na ni dbyibs daṅ kha dog gñi gaḥi

śes pa skyes te/《bstan bcos yaṅ dag paḥi rigs pa》las ji skad du/
rgyaṅ nas rtsig pa nag po mthoṅ nas ḥdi sñam du ḥdi ni bya rog yin gyi/ rtsig pa ni ma yin te/ rtsig pa ni bya rog la sogs pa ma yin no sñam du sems so ṣes bśad pa ḥdi lta bu ni kha dog kyaṅ yin dbyibs kyaṅ yin paḥo ṣes byaḥo//
kha dog kyaṅ ma yin dbyibs kyaṅ ma yin pa ni nam mkhaḥi khams kyi gzugs la sogs paḥo ṣes bśad do//
mu bṣi po[4] de dag kyaṅ so so nas bśad pa mi mthun pas
《bstan bcos bye brag tu bśad pa chen po》las bśad pa rnam pa gñis yod de/ kha cig ni ḥdi skad du nam mkhaḥi khams kyi gzugs ni mu bṣi pa yin no ṣes zer ro//
kha cig ni kha dog kyaṅ ma yin pa dbyibs kyaṅ ma yin pa ni med do ṣes bśad do//
《bstan bcos yaṅ dag paḥi rigs pa》daṅ sbyar na/ sgra daṅ dri daṅ ro daṅ reg bya daṅ/ rnam par rig byed ma yin paḥi gzugs ni mu bṣi pa yin no ṣes bśad do//
《bstan bcos rnam par śes paḥi chos[5] kyi gnas ṣes bya ba》las/ dbaṅ po lṅa daṅ yul rnam pa bṣi daṅ/ rnam par rig byed ma yin paḥi gzugs ni mu bṣi pa yin no ṣes bśad do//
[D.Ti.56b] gṣan yaṅ《mdsod kyi bstan bcos》las slob dpon kha cig ḥdi skad du/ ḥod daṅ snaṅ paḥi gzugs kho na ḥbaḥ ṣig la kha dog yod kyi dbyibs ni med de/ ḥdi ltar ḥjig rten na sṅon po la sogs paḥi gzugs la riṅ po la sogs paḥi mṅon sum [ZH.68-133] du dmigs paḥi phyir ro ṣes bśad do//

(1) 'ḥjer baḥi' ⇒ 'chags paḥi' (2) yaṅ ⇒ 'ni mi' (3) 'ḥtsher bar' ⇒ 'chags par' (4) po ⇒ pa
(5) chos ⇒ tshogs

問。薩婆多，顯、形別體，如何說云"亦顯亦形"？
解云。《俱舍》，有[1]此問答。
故《彼論》云："如何一事具有顯、形？【經部師等問薩婆多宗。】
由於此中俱可知故。此中'有'者，是有智藏[2]，非有境義。"
薩婆多師答"於一處所約新生智故名爲'形、顯'，非於一體[3]有二境義"。
大唐三藏，依此而說。[4]

(1) JS: 有=由; SNST: 有=*sic* (2) JS, Taisho, SNST, Baek(2013a): 藏 ⇒ 義
(3) SNST: 體=事 (4) SNST: null=+'若具四句分別，如《毗婆沙》'

thams cad yod par smra ba dbyibs daṅ kha dog gi ṅo bo ñid[1] rnam pa bśad pa las kha dog kyaṅ yin dbyibs kyaṅ yin ṣes bya ba des ji ltar bśad/
《mdsod kyi bstan bcos》 las ḥdiḥi dris pa[2] daṅ ldan pa yod de/ deḥi phyir 《bstan bcos de》 las
ji ltar dṅos po gcig pa kha dog daṅ dbyibs gñi ga daṅ ldan pa yod/
ḥdi gñi ga dmigs paḥi phyir te/ de la yod ces bya ba yaṅ śes pa yod paḥi don gyis yin gyi/ yul yod paḥi don gyis ni ma yin no ṣes ḥbyuṅ ste/
thams cad yod par smra ba las lan du gnas gcig tu śes par ḥdren mar skye baḥi phyir/ kha dog daṅ dbyibs ṣes byaḥi/ dṅos po gcig la yul gñis yod paḥi don gyis ni ma yin no ṣes bśad de/ slob dpon hyan tsaṅ gis kyaṅ ḥdi la brten nas ḥdi skad du bśad pa yin no//
mu bṣi ṣib tu bśad pa ni 《bye brag tu bśad pa chen po》 las ḥbyuṅ ba bṣin no//

(1) +'tha dad pa'
(2) +'daṅ lan'

今依大乘, 種數多少, 諸論不同。
若依《瑜伽》, 二十四色。
故第一云: "(1)略說有三, 謂顯色、形色、表色。
'顯色'者, 謂青、黃、赤、白、光、影、明、闇、雲、烟、塵、霧及空一顯色。
'形色'者, 謂長、短、方、圓、麤、細、正、不正、高、下(2)。
'表色'者, 謂取、捨、屈、申、行、住、坐、臥, 如是等色。"
解云。雖二十四色, 四句分別, 唯有三句:
一、顯而非形, 有十三。
二、形而非顯, 有十種。
三、非顯非形, 謂表色。
依《顯揚論》, 亦二十四。
故初卷云: "若顯色, 若形色, 若表色。(3)云何(4)?
(5)青、黃、赤、白, 如是等。顯(6)長、短、方、圓、麤、細、高、下、正及不正。烟、雲、塵、霧、光、影、明、闇, 若空一顯色。若(7)影像之色(8)。"
解云(9)。《顯揚》, 言雖有異, 意同《瑜伽》。

故《彼》所說“如是等”言，“等”取後說“雲烟[10]”等句。“影像之色”即是表色。
依《雜集論》，二十五色，更加迴[11]色，餘同《瑜伽》。
而不分別四句差別，同《瑜伽論》，於理無違。

(1) Taisho, SNST: null ⇒ +‘此復多種’ (2) Taisho, Baek(2013a): null=+色; SNST: null=*sic*
(3) Taisho, SNST: null ⇒ +‘彼復’ (4) JS: ‘云何’=null; SNST: ‘云何’=*sic*
(5) JS, Taisho, SNST: null ⇒ +謂 (6) SNST: 顯 ⇒ 謂; Taisho: 顯=‘顯色’
(7) Taisho, Baek(2013a): null=+彼; SNST: null=*sic*
(8) JS: ‘之色’=‘色是色’; SNST: ‘之色’=*sic* (9) JS: 云=null (10) SNST: ‘雲烟’ ⇒ ‘烟雲’
(11) Taisho, SNST, Baek(2013a): 迴 ⇒ 逈

ḥdir theg pa chen poḥi gṣuṅ daṅ sbyar na graṅs maṅ ñuṅ gis bstan pa yaṅ bstan bcos rnams las mi mthun te/
《rnal ḥbyor spyod paḥi sa》 las ni gzugs rnam pa ñi śu rtsa bṣi yod do ṣes bśad de/ deḥi phyir 《de ñid》 las
de yaṅ rnam pa du mar yod de/ mdor na kha dog daṅ dbyibs daṅ rnam par rig byed do//
kha dog ni ḥdi lta ste/ sṅon po daṅ/ ser po daṅ/ dmar po daṅ/ dkar po daṅ/ grib ma daṅ/ ñi ma daṅ/ snaṅ ba daṅ/ mun pa daṅ/ sprin daṅ/ du ba daṅ/ rdul daṅ/ khug rna daṅ/ nam mkhaḥ kha dog gcig paḥo//
dbyibs ni ḥdi lta ste/ riṅ po daṅ/ thuṅ ṅu daṅ/ lham pa daṅ/ zlum po daṅ/ rdul phra mo daṅ/ rags pa daṅ/ phya le ba daṅ/ phya le ba ma yin pa daṅ/ [ZH.68-135] mthon po daṅ/ dmaḥ baḥo//
rnam par rig byed ni ḥdi lta ste/ len pa daṅ/ ḥjog pa daṅ/ bskum pa daṅ/ [D.Ti.57a] brkyaṅ ba daṅ/ ḥgreṅ ba daṅ/ ḥdug pa daṅ/ ñal ba daṅ/ ḥgro ba daṅ/ ldog pa daṅ/ de la sogs paḥo ṣes ḥbyuṅ ste/
de ltar ñi śu rtsa bṣi yod mod kyi mu rnam pa bṣir rnam par dbye na/ mu rnam pa gsum kho nar ḥgyur te/
kha dog[1] la dbyibs ma yin pa yaṅ bcu gsum po dag go//
dbyibs yin la kha dog ma yin pa ni bcu po dag go//
kha dog kyaṅ ma yin la dbyibs kyaṅ ma yin pa ni ḥdi lta ste/ rnam par rig byed do//
《bstan bcos rnam par bśad pa》 las kyaṅ rnam pa ñi śu rtsa bṣiḥo ṣes bśad do// deḥi phyir 《de ñid》 las
kha dog gam/ dbyibs sam rnam par rig byed do//
de yaṅ gaṅ ṣe na/

ḥdi lta ste/ sṅon po daṅ ser po daṅ/ dmar po daṅ/ dkar poḥo// de lta bu la sogs pa[(2)] ḥdi lta ste/ riṅ po daṅ thuṅ ṅu daṅ/ lham pa daṅ/ zlum po daṅ/ rags pa daṅ/ phra ba daṅ/ mtho ba daṅ/ dmaḥ ba daṅ/ phya le ba daṅ/ phya le ba ma yin pa daṅ/ du ba daṅ sprin daṅ/ rdul daṅ/ khug rna daṅ/ ḥod daṅ/ grib ma daṅ/ snaṅ ba daṅ/ mun pa daṅ/ nam mkhaḥ kha dog gcig paḥam/ gzugs brñan gyi gzugs so ṣes ḥbyuṅ ste/

《rnam par bśad pa》las tshig tha dad pa ḥdra yaṅ don《rnal ḥbyor spyod paḥi sa》daṅ mthun te/ deḥi phyir《de》las ḥdi lta bu la sogs pa ṣes bya baḥi tshig smos te/ stsogs pa ṣes bya bas ni phyi ma du ba daṅ sprin la sogs paḥi tshig bsdus paḥo//

gzugs brñan gyi gzugs ni rnam par rig byed kyi gzugs so//

《bstan bcos chos mṅon pa sna tshogs kun las btus pa》las/ gzugs ni ñi śu rtsa lṅa yod do [ZH.68-136] ṣes bśad de/ mṅon par skabs yod pas bsnan naḥo//

gṣan ni《rnal ḥbyor spyod paḥi sa》daṅ mthun te/ mu rnam pa bṣir dbye ba med pa yaṅ/《rnal ḥbyor spyod paḥi sa》daṅ mthun pas don la ḥgal ba med do//

(1) +yin

(2) 'dkar poḥo// de lta bu la sogs pa' ⇒ 'dkar po daṅ/ de lta bu la sogs paḥo//'

(@1-7)[0187b03] 周圓無際其量難測,

[0187b04] 釋曰。此顯第三、分量圓滿。

rgya yoṅs su ma chad pas deḥi tshad śin tu dpag par dkaḥ ba

ṣes bya ba ḥdis ni gsum pa tshad phun sum tshogs pa yoṅs su bstan to//

親光菩薩, 先、以三義釋其難測, 後、約二土分別難測。

言"三義"者。

一云。其量周圓無際難測。

一云。其量無際周圓難測。

第三、一義。約十方等以釋難測。

故《佛地》云: "謂大宮殿其量周圓無際難測, 或大宮殿其量無際周圓離測。又東方等分齊無故, 長短等相難可測故[(1)]。"

後、約二土釋難測者, 有三師釋。

故《佛地》云: “有義。如來受用身土, 隨所化生所宜而現, 或大或小, 其量無定。顯[2]現廣大, 亦有邊際。然就地前菩薩智等, 說言‘無際其量難測’。

有義。如來受用身土, 三無數劫所修無邊善根所感, 周遍法界。地上菩薩及諸如來, 亦不能測其量邊際。以無邊故, 如無始時。

如實義者, 受用身土, 略有二種:

一、自受用。謂諸如來三無數劫所修無邊善根所感, 周遍法界。爲自受用大法樂故, 從初得佛盡未來際, 相續無變, 如諸功德。諸大菩薩, 亦不能見, 但可得聞。如是淨土以無量故, 諸佛雖見亦不能測其量邊際。

二、他受用。謂諸如來, 爲令地上諸菩薩衆受大法樂進修勝行, 隨宜而現, 或勝或劣, 或大或小, 改轉不定, 如變化土。如是淨土以有邊故, 地上菩薩及諸如來, 皆測其量。但就地前, 言‘不能測’。

由是二種差別, 故言‘周圓無際其量難測’。”

(1) Taisho, SNST, Baek(2013a): 故 ⇒ 量

(2) Taisho, SNST, Baek(2013a): 顯 ⇒ 雖

slob dpon ñe baḥi ḥod kyis sṅar don rnam pa gsum gyis deḥi tshad śin tu dpag par dkaḥ bar bśad la/ phyis ni [D.Ti.57b] ṣiṅ rnam pa gñis kyi dbaṅ du byas nas dpag par dkaḥ ba rnam par ḥbyed de/

de la don rnam pa gsum ṣes bya ba yaṅ

kha cig ni deḥi tshad kyi rgya mthaḥ med paḥi phyir dpag par dkaḥo ṣes zer ro//

kha cig ni deḥi tshad kyi mthaḥ med pas rgya yaṅ śin tu dpag par dkaḥo ṣes zer ro//

don gsum pa ni phyogs bcu la brten nas dpag par dkaḥ bar bśad de/

deḥi phyir《saṅs rgyas[1] saḥi ḥgrel pa》las

ḥdi lta ste/ gṣal med khaṅ deḥi tshad kyi rgya mthaḥ med pas dpag par dkaḥ baḥam/ yaṅ na gṣal med khaṅ chen po deḥi tshad kyi mthaḥ med pas/ rgya yaṅ śin tu dpag par dkaḥo//

gṣan yaṅ śar phyogs la sogs paḥi phyogs cha med paḥi phyir/ riṅ po daṅ thuṅ ṅu la sogs paḥi mtshan ñid kyaṅ dpag par dkaḥo ṣes ḥbyuṅ ṅo//

de la ṣiṅ rnam pa gñis kyi dbaṅ du byas nas dpag par dkaḥ bar bstan pa yaṅ/

slob dpon gsum gyis bśad pa yaṅ yod de/

deḥi phyir 《saṅs rgyas[(1)] saḥi ḥgrel pa》 las

kha cig ni ḥdi skad du/ de bṣin gśegs pa loṅs spyod rdsogs paḥi skuḥi ṣiṅ ni gdul baḥi sems can gyi mos pa ji lta ba bṣin du/ res ḥgaḥ rgya chen po res ḥgaḥ rgya chuṅ ṅu ston par mdsad pas deḥi tshad ṅes pa yaṅ med do// [ZH.68-137] yaṅs śiṅ rgya chen po ston par mdsad kyaṅ/ mthaḥ med pa ma yin gyi/ ḥon kyaṅ saḥi mdun rol gyi byaṅ chub sems dpaḥ rnams kyi śes pa la sogs paḥi dbaṅ du mdsad nas/ mthaḥ med pa daṅ/ deḥi tshad dpag par dkaḥo ṣes gsuṅs pa yin no ṣeḥo//

yaṅ kha cig na re de bṣin gśegs pa loṅs spyod rdsogs paḥi skuḥi ṣiṅ ni bskal pa graṅs med pa gsum du dge baḥi rtsa ba mthaḥ med pa bsgrub pa las mṅon par bsgrubs pas na/ chos kyi dbyiṅs daṅ mñam ste/ sa la gnas paḥi byaṅ chub sems dpaḥ daṅ/ de bṣin gśegs pa rnams kyis kyaṅ deḥi tshad dpag par mi spyod do//

ḥdi ltar mthaḥ med paḥi phyir thog ma med paḥi dus ji lta ba bṣin no//

yaṅ dag paḥi don du na loṅs spyod rdsogs paḥi skuḥi ṣiṅ yaṅ mdor bsdu na rnam pa gñis yod de//

daṅ po ni ñid kyi loṅs spyod rdsogs paḥi ṣiṅ ḥdi lta ste/ de bṣin gśegs pa rnams [D.Ti.58a] bskal pa graṅs med pa gsum du dge baḥi rtsa ba mthaḥ med pa yoṅs su bsgoms pa las mṅon par grub pas na/ chos kyi dbyiṅs kun tu khyab ste/ ñid kyi chos kyi dgyes pa chen po bstan paḥi phyir/ daṅ por mṅon par rdsogs par saṅs rgyas pa nas phyi maḥi mthaḥ ji srid par rgyun mi ḥchad ciṅ ḥgyur ba med de/ yon tan rnams ji lta ba bṣin no//

byaṅ chub sems dpaḥ sems dpaḥ chen po rnams kyis kyaṅ mthoṅ bar mi nus kyi/ thos pa tsam du zad do// ḥdi ltar ṣiṅ yoṅs su dag pa de tshad med paḥi phyir ro// de bṣin gśegs pa rnams kyis gzigs mod kyi/ deḥi tshad mthaḥ ni dpag par mi spyod do//

gñis pa ni gṣan loṅs spyod rdsogs paḥi ṣiṅ ni ḥdi lta ste/ de bṣin gśegs pa rnams [(2)]la gnas paḥi byaṅ chub sems dpaḥi ḥkhor rnams kyis chos [ZH.68-138] kyi dgaḥ ba chen po la loṅs spyod ciṅ spyod pa khyad par can sgrub tu gṣug paḥi phyir/ mos pa ji lta ba bṣin du res ḥgaḥ khyad par can daṅ/ res ḥgaḥ dman pa daṅ res ḥgaḥ rgya chen po daṅ/ res ḥgaḥ rgya chuṅ ṅu ston par mdsad de/ ḥgyur ṣiṅ ṅes pa med pas sprul paḥi ṣiṅ ji lta ba bṣin no//

ḥdi ltar ṣiṅ yoṅs su dag pa de mthaḥ med[(3)] paḥi phyir/ sa la gnas paḥi byaṅ chub sems dpaḥ daṅ/ de bṣin gśegs pa rnams kyis kyaṅ deḥi tshad dpag par

mi[4] spyod do// saḥi mdun rol pa rnam pa gñis[5] kyi dbaṅ du mdsad nas ni dpag par mi nus so ṣes gsuṅs so//
de ltar rnam pa gñis kyi bye brag gi phyir rgya yoṅs su ma chad pas deḥi tshad śin tu dpag par dkaḥo ṣes gsuṅs pa yin no ṣes ḥbyuṅ ṅo//

(1) +kyi (2) +sa (3) med ⇒ yod (4) mi ⇒ null (5) ‘rnam pa gñis’ ⇒ rnams

《無性》, 即同《佛地》三中初二復次。
《世親》不釋, 義可知故。

slob dpon ṅo bo ñid med kyis kyaṅ/ 《saṅs rgyas[1] saḥi ḥgrel pa》 las ḥbyuṅ baḥi rnam pa gsum las rnam graṅs daṅ poḥi gñis daṅ mthun par bśad do//
slob dpon dbyig gñen gyis ni bśad pa ma mdsad de/ don go sla baḥi phyir ro//

(1) +kyi

(@1-8)[0187c03] 超過三界所行之處,
[0187c04] 釋曰。此明第四、方所圓滿。

khams gsum pa las yaṅ dag par ḥdas paḥi spyod yul
ṣes bya ba ḥdis ni bṣi pa yul phun sum tshogs pa bstan to//

《親光釋》云: “謂大宮殿處所方域, 超過三界所行之處, 非如三界自地諸愛執爲已有、所緣相應二縛隨增、是彼異熟及增上果。如是淨土, 非三界受[1]所執愛[2]故, 離二縛故, 非彼異熟、增上果故, 如涅槃等, 超過三界異熟果地。”

(1) Taisho, SNST, Baek(2013a): 受 ⇒ 愛
(2) Taisho, SNST, Baek(2013a): 愛 ⇒ 受

《slob dpon ñe baḥi ḥod kyis byas paḥi ḥgrel pa》 las
ḥdi ltar gṣal med khaṅ chen po deḥi gnas daṅ/ phyogs daṅ [D.Ti.58b] yul khams gsum poḥi spyod yul las śin tu ḥdas pas ji ltar khams gsum pa dag pa ltar raṅ gi saḥi srid pa dag gir[1] byas pa daṅ/ dmigs pa daṅ mtshuṅs par ldan pas ḥchiṅ ba gñis brtas par byed pa daṅ/ deḥi rnam par smin par byed pa daṅ/

dbaṅ gi ḥbras bu gyur pa lta bu ni ma yin te/ ḥdi ltar [2]yoṅs su dag pa de khams gsum paḥi sred paḥi dbaṅ gis yoṅs su [ZH.68-139] bzuṅ ba ma yin paḥi phyir daṅ/ ḥchiṅ ba gñis daṅ bral baḥi phyir daṅ/ deḥi rnam par smin pa daṅ/ dbaṅ gi ḥbras bu ma yin paḥi phyir/ mya ṅan las ḥdas pa la sogs pa bṣin du/ khams gsum paḥi rnam par smin paḥi sa las śin tu ḥdas pa yin no ṣes bśad de/

(1) PN: 'srid pa dag gir' ⇒ 'sred pa bdag gir'
(2) +ṣiṅ

約十八界問答分別具不具等，廣如《佛地》及《淨土章》
【勘《淨土章》及《三身章》，約十八界問答分別有[1]不。】[2]

(1) Baek(2013a): 有=具
(2) SNST: '【勘《淨土章》......有不。】'=null

khams bco brgyad daṅ sbyar nas phan tshun ḥdri ṣiṅ rnam par dbye ba daṅ ldan mi ldan pa la sogs pa ni《saṅs rgyas kyi saḥi ḥgrel pa》daṅ/《ṣiṅ yoṅs su dag pa bstan pa》las rgya cher bśad pa bṣin du rig par byaḥo//

(@1-9)[0187c11] 勝出世間善根所起，
[0187c12] 釋云。此明第五、因圓滿也。

ḥjig rten las ḥdas pa bla maḥi dge baḥi rtsa ba las byuṅ ba
ṣes bya ba ḥdis ni lṅa pa rgyu phun sum tshogs pa bstan to//

《親光釋》云："謂大宮殿，用出世間無分別智後所得智善根爲因而得生起，非是無因，非大自在天等爲因。
云何淨土超過三界，而用出世無分別智後所得[1]世間淨法爲異熟因?
不說與彼爲異熟因。然爲餘因彼得生起，如苦法智忍品世第一法爲因。
此用本來無分別智後得無漏善根[2]種子三無數劫修令增廣爲此淨土變現生因。
無分別智名'出世間'。後得過前，說名爲'勝'。用勝出世無漏善根爲此生因。
或諸聲聞、獨覺聖道名'出世間'。如來善根過彼名'勝'。此佛淨土，如來識中無漏善根爲因而生。

有義。但是增上緣生，以外法故。

有義。亦是因緣而生，親能生故。若不爾者，應無因緣。外法相望非因緣故，一切外法皆用內法熏習爲因。

若爾，外法既是共有，云何有情各別種子，共爲因緣合生一果?

勿以小心測[3]測量大法! 外物豈是極微合成，實有[4]體性?

多因共感，但是有情異識各變，同處相似，不相障礙，如衆燈[5]明，如多所夢。

因類是同，果相相似，處所無別，假名爲'共'，實各有異。

諸佛淨土，亦復如是，各別識變，皆遍法界，同處相似，說名爲'共'。"

(1) JS: null=+智; SNST: null=*sic* (2) JS, Taisho, SNST: 根 ⇒ 法
(3) JS, Taisho, SNST, Baek(2013a): 測 ⇒ null (4) SNST: 有 ⇒ 無;Taisho: 有=*sic*
(5) JS: 燈=鐙

《slob dpon ñe baḥi ḥod kyis byas paḥi ḥgrel pa》 las/

ḥdi lta ste/ gṣal med khaṅ chen po de ḥjig rten las ḥdas pa rnam par mi rtog paḥı ye śes kyi rjes la thob paḥi ye śes kyi dge baḥi rtsa ba las rgyu byas pa las mṅon par byuṅ bas rgyu med pa yaṅ ma yin/ dbaṅ phyug chen po la sogs paḥi rgyu las kyaṅ ma yin no//

ji ltar na ṣiṅ yoṅs su dag pa khams gsum pa las śin tu dag pa/ ḥjig rten las ḥdas pa rnam par mi rtog paḥi ye śes kyi rjes la thob pa dag pa ḥjig rten paḥi chos kyi rnam par smin paḥi rgyu byed ce na/

deḥi rnam par smin paḥi rgyu byed do ṣes ni mi brjod do//

rgyu gṣan las de ḥbyuṅ bar bstan te/ ji ltar sdug bsṅal la chos śes paḥi bzod paḥi phyogs ḥjig rten paḥi chos kyi mchog gi rgyu byed pa bṣin no//

ḥdi ni raṅ bṣin gyis rnam par mi rtog paḥi ye śes kyi rjes la thob pa zag pa med paḥi dge baḥi chos kyi sa bon bskal pa graṅs med pa gsum du mṅon par bsgrubs nas ḥphel ṣiṅ rgya chen por gyur pas ṣiṅ yoṅs su dag [ZH.68-140] pa ḥdi mṅon du snaṅ bar [D.Ti.59a] ḥgyur baḥi rgyu byed do//

de la rnam par mi rtog paḥi ye śes ni ḥjig rten las ḥdas pa ṣes byaḥo// rjes las thob paḥi sṅa ma las ḥdas paḥi phyir bla ma ṣes brjod de/ ḥjig rten las ḥdas paḥi bla maḥi gaṅ[1] zag pa med paḥi dge baḥi rtsa bas ḥdir ḥbyuṅ baḥi rgyu byed do ṣes bya baḥi tha tshig go//

yaṅ rnam pa gcig tu na ñan thos daṅ raṅ saṅs rgyas rnams kyis ḥphags paḥi lam ni ḥjig rten las ḥdas pa ṣes bya la/ de bṣin gśegs paḥi dge baḥi rtsa ba ni de dag las ḥdas paḥi phyir bla ma ṣes bya ste/ saṅs rgyas rnams kyi ṣiṅ yoṅs su dag pa ḥdi ni de bṣin gśegs paḥi rnam par rig pa la mṅaḥ baḥi zag pa med paḥi dge baḥi rtsa baḥi rgyu byas nas rab tu skyeḥo//

kha cig ni bdag poḥi rkyen las ḥbyuṅ ste/ ḥdi ltar phyi rol gyi chos can gyi phyir ro ṣeḥo//

kha cig ni rgyuḥi rkyen gyis ḥbyuṅ ste/ ñe bar bskyed paḥi phyir ro//

gal te de lta ma yin na rgyu daṅ rkyen med pa ñid du ḥgyur te/ phyi rol gyi chos ma yin pa(2) rnams phan tshun ltos na/ rgyu daṅ rkyen ma yin paḥi phyir/ phyi rol gyi chos thams cad ni naṅ gi chos yoṅs su bsgos pas rgyu byed de/ gal te de ltar phyi rol gyi chos rnams thun moṅ du yod pa yin na/ ji ltar sems can so soḥi sa bon gyis lhan cig tu rgyu daṅ rkyen byas nas thun moṅ du ḥbras bu gcig skyed par byed ce na/

ḥdi ltar sems can rgyu chuṅ ṅus chos rgya chen po dpag par mi nus te/ ciḥi phyir phyi rol gyi dṅos po rnams rdul phra rab la sogs pa las mṅon par grub ciṅ yaṅ dag paḥi ṅo bo ñid yod pa ma yin na/ de ni rgyu maṅ po las thun moṅ du mṅon par ḥgrub pa yin te/ sems can gyi rnam par rig pa tha dad pa so so nas gnas gcig pa lta bur gyur nas gcig la gcig sgrib par [ZH.68-141] mi byed de/ ji ltar mar me maṅ poḥi ḥod daṅ/ skye bo maṅ poḥi rmi lam lta bur rgyuḥi rnam pa mtshuṅs pas ḥbras buḥi mtshan ñid daṅ ḥdra yaṅ gnas ni tha (3)dad de/ btags pa tsam du thun moṅ ṅo ṣes brjod kyaṅ yaṅ dag par so so tha dad do// de bṣin gśegs pa rnams kyi ṣiṅ yoṅs su dag pa yaṅ de bṣin te/ so soḥi rnam par rig pa gyur nas chos kyi dbyiṅs kun tu khyab ciṅ gnas gcig ḥdra bar snaṅ [D.Ti.59b] bas thun moṅ ṣes brjod pa yin no ṣes ḥbyuṅ ṅo//

(1) gaṅ ⇒ null (2) 'ma yin pa' ⇒ null (3) +mi

(@1-10)[0188a08] 最極自在淨識爲相,

[0188a09] 釋曰。此顯第六、果圓滿也。

śin tu rnam par dag ciṅ dbaṅ bsgyur baḥi rnam par rig paḥi mtshan ñid ces bya ba ḥdis ni drug pa ḥbras bu phun sum tshogs pa bstan te/

《親光釋》云: "謂大宮殿, 最極自在佛無漏心以爲體相, 唯有識故, 非離識外別有寶等。即佛淨心, 如是變現似衆寶等。此即如來大圓鏡智相應淨識, 由昔所修自利無漏淨土種子因緣力故, 於一切時, 遍一切處, 不待作意, 任運變現衆寶莊嚴受用佛土, 與自受用身作所作(1)依止處。利他無漏淨土種子因緣力故, 爲(2)地上菩薩隨(3)宜變現淨土, 或小或大, 或劣或勝, 爲(4)他受用身作所作(5)止處。謂隨初地菩薩所宜, 現小現劣, 如是展轉, 乃至十地, 最大最勝, 於地地中初、中、後等, 亦復如是。"
《世親》、《無性》, 更無別釋。

(1) JS, Taisho, SNST, Baek(2013a): 作 ⇒ null
(2) JS, Taisho, Baek(2013a): 爲 ⇒ '隨他'; SNST: 爲=隨
(3) JS, Taisho, SNST, Baek(2013a): 隨 ⇒ 所
(4) JS, Taisho, SNST, Baek(2013a): 爲 ⇒ 與
(5) JS, Taisho, SNST, Baek(2013a): 作 ⇒ 依

《slob dpon ñe baḥi ḥod kyis byas paḥi ḥgrel pa》 las
ḥdi ltar gṣal med khaṅ chen po de ni śin tu rnam par dag ciṅ dbaṅ bsgyur ba/ de bṣin gśegs paḥi zag pa med paḥi thugs kyi ṅo bo ñid kyi mtshan ñid byed de/ rnam par rig pa tsam du zad paḥi phyir rnam par rig pa las ma gtogs par rin po che la sogs pa yod pa ma yin te/ de ni de bṣin gśegs pa rnams kyi thugs yoṅs su dag paḥo//
de ltar rin po che la sogs pa lta bur snaṅ ba yaṅ/ de bṣin gśegs paḥi me loṅ lta buḥi ye śes daṅ/ mtshuṅs par ldan paḥi rnam par rig pa yoṅs su dag pa sṅon bdag la phan ḥdogs paḥi zag pa med paḥi ṣiṅ yoṅs su dag paḥi sa bon mṅon par bsgrub paḥi rgyu daṅ rkyen gyi mthuḥi phyir/ dus thams cad daṅ/ gnas thams cad du mṅon par ḥdu mdsad pa la mi ltos par raṅ gi ṅaṅ gis rin po che sna tshogs kyi bkod pa/ loṅs spyod rdsogs paḥi saṅs rgyas kyi ṣiṅ daṅ ñid kyi loṅs spyod rdsogs paḥi skuḥi gnas byed pa lta bur gyur par snaṅ ṅo//
gṣan la phan btags paḥi zag pa med [ZH.68-142] paḥi ṣiṅ yoṅs su dag paḥi sa bon gyi rgyu daṅ rkyen gyi stobs kyi phyir ni sa la gnas paḥi byaṅ chub sems dpaḥ rnams kyi ched du ji ltar ḥos pa bṣin du ṣiṅ yoṅs su dag pa rgya chen poḥam/ rgya chuṅ ṅuḥam/ khyad par can nam khyad par can ma yin pa dag ston par mdsad pas kyaṅ gṣan loṅs spyod rdsogs paḥi skuḥi gnas byed pa lta bur snaṅ ṅo//
ḥdi ltar sa daṅ poḥi byaṅ chub sems dpaḥ rnams kyi ched du ni ji ltar ḥos pa bṣin du rgya chuṅ ṅu daṅ/ dman pa dag ston par mdsad la/ de bṣin du goṅ sa

goṅ du sa bcu pa dag la ni rgya chen po daṅ khyad par can dag ston te/ sa deḥi daṅ po daṅ bar ma daṅ/ tha ma la sogs pa yaṅ de bṣin du ṣes ḥbyuṅ ṅo// slob dpon dbyig gñen daṅ ṅo bo ñid med kyis kyaṅ/ de las rnam pa gṣan du bśad pa med do//

(@1-11)[0188a20] 如來所都,
[0188a21] 釋曰。此明第七、主圓滿也。

de bṣin gśegs paḥi gnas
ṣes bya ba ḥdis ni bdun pa [D.Ti.60a] bdag po phun sum tshogs pa bstan to//

《親光釋》云: "謂大宮殿, 諸佛世尊爲主, 非餘。以殊勝故, 唯屬世尊。或, 唯世尊住持攝受, 非餘不[(1)]能。
自受用土, 雖遍法界, 一一自變, 各自爲主, 不相障礙。
他受用土, 雖諸佛變, 然一合相, 亦一相身攝受用[(2)]爲主, 不相障礙。"
《世親》、《無性》, 無別異釋。

(1) JS, Taisho, SNST, Baek(2013a): 不 ⇒ 所
(2) JS, Taisho, SNST, Baek(2013a): 用 ⇒ null

《slob dpon ñe baḥi ḥod kyis byas paḥi ḥgrel pa》 las
ḥdi ltar gṣal med khaṅ chen po de saṅs rgyas bcom ldan ḥdas mṅaḥ bdag yin gyis gṣan ni ma yin te/ khyad par du gyur paḥi phyir bcom ldan ḥdas ñag gcig mṅaḥ ba yin no//
yaṅ na bcom ldan ḥdas ñag gcig gis byin gyis brlabs nas bṣes pa yin gyis gṣan gyis ni ma yin no//
ñid kyis loṅs spyod paḥi ṣiṅ chos kyi dbyiṅs kun tu khyab pa yin mod kyi/ raṅ raṅ gis sprul pa yin pas so so nas mṅaḥ bdag mdsad de/ gcig la gcig sgrib pa yaṅ med do//
gṣan loṅs spyod paḥi ṣiṅ de bṣin gśegs pa rnams kyi sprul pa yin yaṅ/ mtshan ñid gcig tu gyur pas mtshan ñid kyi sku gcig gis yoṅs su bṣeṅs nas mṅaḥ bdag mdsad de/ phan tshun sgrib pa yaṅ med do [ZH.68-143] ṣes ḥbyuṅ ste/
slob dpon dbyig gñen daṅ ṅo bo ñid med kyis rnam pa gṣan du bśad pa ni med do//

(@1-12)[0188b03] 諸大菩薩衆所雲集,
[0188b04] 釋曰。此辨第八、輔翼圓滿。

byaṅ chub sems dpaḥ chen poḥi dge ḥdun yoṅs su ḥdus pa
ṣes bya ba ḥdis ni brgyad pa phyogs phun sum tshogs pa bstan to//

《親光釋》云: “謂大宮殿, 常有無量大菩薩僧, 共所雲集, 諸[(1)]來朝者名[(2)]爲‘輔翼’。既有無數大菩薩僧, 常來輔翼, 故無怨敵能爲違害。諸聲聞等, 無如是事。
謂初地上諸菩薩衆, 雖不能集諸佛自利受用淨土, 而能集會諸佛利他受用淨土[(3)]。
諸佛慈悲, 於自識上, 隨菩薩宜, 現麤妙土。
菩薩隨自善根、願力, 於自識上, 似佛所生淨土相現。
雖是自心各別變現, 而同一處現[(3)]相相似, 謂‘爲一土共集其中’。”
如是地上菩薩淨土爲是有漏爲是無漏, 如是等義, 具如章[(4)]說。
《世親》、《無性》, 更無異釋。

(1) Taisho: 諸=謂; SNST: 諸=*sic* (2) Taisho: 名=必; SNST: 名=*sic*
(3) SNST: '而能集會諸佛利他受用淨土'=null (3) JS, Taisho, SNST, Baek(2013a): 現 ⇒ 形
(4) SNST, Baek(2013a): 章 ⇒ 彼

《slob dpon ñe baḥi ḥod kyis byas paḥi ḥgrel pa》 las
ḥdi ltar gṣal med khaṅ chen po de na rtag par rgyun du byaṅ chub sems dpaḥ chen poḥi dge ḥdun tshad med pa dag lhan cig tu ḥdus nas ḥgro bar ḥos pa gaṅ yin pa de dag ni phyogs ṣes byaḥo//
de ltar byaṅ chub sems dpaḥ chen poḥi dge ḥdun graṅs med pa rtag par ḥoṅ ṣiṅ phyogs byed pa ñid kyi phyir/ dgra bo rnams kyis gnod par byed paḥaṅ mi mṅaḥ ste/ ñan thos la sogs pa la ni de lta bu med do//
ḥdi ltar sa daṅ poḥi[(1)] byaṅ chub sems dpaḥi ḥkhor rnams de bṣin gśegs pa rnams kyis bdag la phan ḥdogs paḥi loṅs spyod paḥi ṣiṅ yoṅs su dag par [(2)]mi nus mod kyi/ de bṣin gśegs pa rnams kyi thugs rjeḥi dbaṅ gis raṅ gi rnam par rig pa las byaṅ chub sems dpaḥ de dag la ji lta ba bṣin du/ ṣiṅ rags pa gya nom pa byaṅ chub sems dpaḥ raṅ gi dge baḥi rtsa ba daṅ/ smon lam gyi stobs ji lta ba bṣin du raṅ gi rnam par rig pa la/ de bṣin gśegs pa rnams kyis bskyed

pa [D.Ti.60b] ḥdra baḥi ṣiṅ yoṅs su dag paḥi rgyu mtshan rab tu snaṅ ṅo// so so nas raṅ gi sems de ltar snaṅ yaṅ gnas gcig tu dbyibs kyi mtshan ñid mtshuṅs pa daṅ ṣiṅ gcig tu lhan cig tu ḥdus par gyur to sñam du sems so ṣes ḥbyuṅ ste/

ḥdi ltar sa la gnas paḥi byaṅ chub sems dpaḥ rnams kyi ṣiṅ yoṅs su dag pa de zag pa daṅ bcas pa daṅ/ ḥon te zag pa [ZH.68-144] med pa ṣig yin ṣes bya ba la sogs paḥi don ni ṣib tu《de ñid》las bśad pa bṣin no//

slob dpon dbyig gñen daṅ ṅo bo ñid med kyis de las rnam pa gṣan du bśad pa ni med do// //

(1) 'daṅ poḥi' ⇒ 'daṅ po yan chad kyi'
(2) +'ḥdus par'

(@1-13)[0188b14] 無量天、龍、藥叉、健達縛、阿素洛、揭路茶、緊捺洛、摩(1)呼洛伽、人非人等, 常所翼從,
[0188b16] 釋曰。此即第九、眷屬圓滿。

(1) JS: 摩 ⇒ 莫

bam po drug pa/

lha daṅ klu daṅ gnod sbyin daṅ dri za daṅ lha ma yin daṅ nam mkhaḥ ldiṅ daṅ/ miḥam ci daṅ lto ḥphye chen po daṅ mi daṅ mi ma yin pa la sogs pa tshad med pa rtag par rnam par rgyu ba

ṣes pa ḥdis ni dgu pa ṣabs ḥbriṅ ba phun sum tshogs pa bstan to//

[§. 八部神衆]

依《智度論》第五卷說, 天有三種:
一、假號天, 謂輪王等。【"等"即等取諸小王也。】
二者、生天, 謂從四天王天乃至有頂天。
三者、淨天, 謂佛法身、菩薩、辟支佛、阿羅漢。
《智度論》第七, 大同《此》說。
又第二十二, 天有四種:
一者、名天, 如今國王名爲天子。
二者、生天, 從四天王乃至非非想天。

三者、淨天，謂人中生諸聖人是。

四者、生淨天，三界天中生諸聖人是。

解云。三種四種天中，名、生二天，名爲"天"也。

故《法華》云:

我此土安隱，

天人常充滿。

《本業經》云:"無色諸天，來入會故，亦名天衆。"

依《舍利弗問經》，護天諸神，名爲"天"也。

《śes rab kyi pha rol tu phyin paḥi ḥgrel pa》 daṅ sbyar na/ lha ni rnam pa gsum yod do ṣes bśad de/

de la miṅ gi lha ni ḥdi lta ste/ ḥkhor los sgyur baḥi rgyal po la sogs paḥo//

skye baḥi lha ni ḥdi lta ste/ rgyal chen rigs(1) bṣiḥi lha nas srid paḥi rtse moḥi bar gyi lha rnams so//

rnam par dag paḥi lha ni ḥdi lta ste/ saṅs rgyas kyi chos kyi sku daṅ/ byaṅ chub sems dpaḥ daṅ/ raṅ saṅs rgyas daṅ/ dgra bcom pa rnams so ṣes bśad do//

gṣan yaṅ《de ñid》las lha ni rnam pa bṣi yod de/

miṅ gi lha ni ji ltar da ltar gyi miḥi rgyal po la lhaḥi bu ṣes brjod pa lta buḥo//

skye baḥi lha ni rgyal chen ris bṣiḥi lha nas ḥdu śes med ḥdu śes med min gyi bar gyi lha rnams so//

rnam par dag paḥi lha ni ḥdi lta ste/ miḥi gnas ḥdir ḥphags pa rnams ḥbyuṅ ba gaṅ yin paḥo//

skye ba yoṅs su dag paḥi lha ni khams gsum paḥi lhaḥi naṅ nas ḥphags pa rnams ḥbyuṅ ba gaṅ yin paḥo ṣes ḥbyuṅ ṅo//

lha rnam pa gsum daṅ rnam pa bṣi las mi(2) daṅ skye baḥi lha rnams ni lha ṣes bya ste/ deḥi phyir《dam paḥi chos padma dkar poḥi mdo》las/

ṅa yi ṣiṅ ḥdi śin tu bde//

lha rnams kyis ni rtag tu gaṅ//

ṣes gsuṅs [ZH.68-145] pa daṅ/

gṣan yaṅ《sṅon gyi las bstan paḥi [D.Ti.61a] mdo》las/

gzugs med paḥi lha rnams ḥkhor ḥdus par soṅ baḥi phyir yaṅ lhaḥi ḥkhor ṣes byaḥo ṣes gsuṅs pa daṅ/

gṣan yaṅ《śā riḥi bus ṣus paḥi mdo》las lha rnams bsruṅ baḥi lha la yaṅ lha ṣes gsuṅs so//

(1) rigs ⇒ ris
(2) mi ⇒ miṅ

龍有四種:
一者、天龍, 持天宮殿令不墮落。
二者、人龍, 興雲致雨。
三者、地龍, 持地及海。
四者、王龍, 守王寶藏。

klu ni rnam pa bṣi ste/
lhaḫi klu ni lhaḫi gṣal med rnams ḫdsin ciṅ lhuṅ bar mi byed paḫo//
miḫi klu ni sprin ḫbyin ciṅ char ḫbebs paḫo//
sbrul gyi klu ni sa daṅ rgya mtsho yoṅs su ḫdsin paḫo//
rgyal poḫi klu ni rgyal poḫi rin po cheḫi bar mdsod bsruṅ baḫo//

言"藥叉[1]"者, 舊云"夜叉"。
眞諦, 翻爲"輕捷鬼"也。
大唐三藏, 翻爲"暴惡", 亦名"勇健", 亦名"可畏"。
其類有三:
一者、在地。
二者、在空。
三者、在天, 爲天給使。

(1) yakṣa

gnod sbyin ṣes bya ba ni khro gtum che baḫam/ dpaḫ baḫam/ ḫjigs su ruṅ ba ṣes byaḫo//
de yaṅ rnam pa gsum ste/ sa la gnas pa daṅ/ nam mkhaḫ la gnas pa daṅ/ lhaḫi naṅ na gnas śiṅ lhaḫi g-yog byed paḫo//

"健達縛[1]"者, 舊云"乾闥婆", 此翻名"尋香行"。

西方人呼發樂戲兒名“健達縛”。
不事生業, 尋食香氣作樂乞求, 名“尋香行”。
今此神鬼, 常能作樂, 食諸香氣, 名“健達縛”。
《智度論》第十云: “是天妓[2]神, 常隨諸天。其心柔軟, 福少諸天, 居十[3]寶山間。”

[(1)] gandharva [(2)] JS, Taisho, Baek(2013a): 妓 ⇒ 伎 [(3)] SNST: 十=七; Taisho: 十=*sic*

dri za ṣes bya ba ni rol mo byed pa ste/ dris ḥtsho baḥi phyir dri za ṣes bya ste/ 《śes rab kyi pha rol tu phyin paḥi ḥgrel pa》 las
ḥdi ni lhaḥi rol mo mkhan rnams kyi rjes su ḥbraṅ ba/ sems mñen des śiṅ bsod nams lha rnam pas chuṅ ba ste/ rin po che sna bdun gyi riḥi bar na gnas paḥo//

“阿素洛[1]”者, 舊云“阿修羅”, 此云“非天”。
行多諂詐, 無天實行, 名曰“非天”, 如人惡行名曰“非人”。
故《瑜伽論》第四卷云: “又諸非天, 當知天趣所攝。然由意志多懷詐幻、諂誑多故, 不如諸天爲淨法器。由此因緣, 有時經中說爲別趣, 實是天類。由不受行諸天法故, 說爲‘非天’。”
或云“疑神”。故《智度論》第三十云: “阿修羅神是天[2]。受樂小減諸天, 威德變化隨意所作, 是故人疑言‘是修羅[3]非修羅’。”
或云“身大”。《智度論》云: “修羅, 秦言大也。大海中立, 不沒於[月*來][4], 向下觀忉利天。”
又云“不端正”。唯女舍脂[5]端正, 父、兄、眷屬皆醜。
又云。男醜女端正, 故云“不端正”。
又云“無酒”。採[6]四天下華, 於海釀酒不成, 故言“無酒”。
依《瑜伽》、《智度》, 修羅, 天攝。
《毗曇論》說, 修羅, 鬼攝。
依《正法念[7]經》, 有鬼、有畜。
依《伽他[8]經》, 有天、鬼、畜三種所攝。

[(1)] asura [(2)] Taisho: ‘是天’=‘民衆’ [(3)] sura [(4)] JS, Taisho: [月*來] ⇒ 膝 [(5)] śacī
[(6)] JS: 採=采 [(7)] JS: null=+處 [(8)] SNST: 他=耶

lha ma yin ni sgyu che ṣiṅ lhaḥi yaṅ dag paḥi spyod pa med paḥi phyir lha ma yin ṣes bya ste/ ji ltar mi ḥgaḥ ṣig ñes par spyod pa la mi ma yin pa ṣes bya ba yin te/ deḥi phyir 《rnal ḥbyor spyod paḥi sa》 las

lha ma yin rnams kyaṅ lhaḥi ḥgro bas bsdus par blta bar byaḥo//

ḥon kyaṅ de dag ni sgyu can ḥdrid paḥi bsam pa daṅ ldan pa sgyu daṅ g-yoḥi spyod pa śas che ba yin te/ de bas na ḥdi lta ste/ lha rnams bṣin du dkar poḥi chos rnams kyi snod du gyur pa ma yin te/ deḥi phyir ched ḥgaḥ ṣig mdo gṣan dag las ḥgro ba tha dad paḥi bstan pas bstan to//

de dag lha ñid yin [ZH.68-146] na lhaḥi chos yaṅ dag par blaṅs te/ gnas pa ma yin pas deḥi phyir lha ma yin rnams ṣes byaḥo ṣes ḥbyuṅ ṅo//

yaṅ na the tshom skye baḥi lha ṣes bya ste/ deḥi phyir 《śes rab kyi pha rol tu phyin paḥi ḥgrel pa》 las

lha ma yin ni lhaḥi bde ba ñams su myoṅ ba mi ñams pa lha rnams kyis byin gyis brlabs pas sprul pa rnams dgaḥ mgur byed pas/ deḥi phyir mi rnams the tshom za baḥi tshig tu ḥdi lha yin nam ma [D.Ti.61b] yin ṣes zer baḥi phyir ro ṣes bśad do//

yaṅ na lus po che ṣes kyaṅ bya ste/ deḥi phyir 《śes rab kyi pha rol tu phyin paḥi ḥgrel pa》 las lha ma yin rgya mtshoḥi naṅ du ḥgreṅ baḥi tshe/ pus mo mi nub par sum cu rtsa gsum paḥi lha rnams la bltaḥo ṣes ḥbyuṅ ṅo//

gṣan yaṅ 《de ñid》 las(?) mi sdug pa ṣes kyaṅ bya ste/ bu mo śa tsi ḥbaḥ ṣig byad bṣin bzaṅ gi pha miṅ daṅ ñe bśes bṣin mi sdug go//

yaṅ na skyes pa mi sdug la bud med byad bṣin bzaṅ baḥi phyir yaṅ mi sdug pa ṣes byaḥo ṣes ḥbyuṅ ṅo//

《rnal ḥbyor spyod paḥi sa》 daṅ 《śes rab kyi pha rol tu phyin paḥi ḥgrel pa》 daṅ sbyar na lha ma yin ni lhaḥi ḥgro bas bsdus par bśad do//

《bstan bcos chos mṅon paḥi ma mo》 las ni yi dags kyis bsdus par ḥbyuṅ ṅo//

《chos yaṅ dag par dran paḥi mdo》 las ni yi dags daṅ dud ḥgroḥi ḥgro bas bsdus par gsuṅs so//

《ga-yaḥi mdo》 las ni lha daṅ yi dags daṅ dud ḥgro rnam pa gsum gyis bsdus par bśad do//

然阿修羅，有五地別。

如《地經》說：“一、在[(1)]地上，衆相山中勢力最下。

二、在須彌山北大海之下二萬一千由旬，有修羅王，名曰‘羅睺[(2)]’。

三、羅睺下，過二萬一千由旬，有修羅王，名曰‘勇健’。
於勇健下，復過二萬一千由旬，有修羅王，名曰‘華鬘’。
於華鬘下，復過二萬一千由旬，有修羅王，名‘毗摩質多[(3)]’。
毗摩之母，本從天生，故名天。
劫初成時，有諸天女，來海中洗浴，水觸其身，遂失精氣，流在水中，成一肉卵。
逕八千歲乃生一女，有九百九十九頭，頭有千眼，有九百九十九口，口有四牙，牙上出火猶如礔礰，二十四手，九百九十九脚。此女後時，在海浮戲，水精入身，生一肉卵。
逕八千歲，生毗摩質多，有九[(4)]頭，頭有千眼，口中出火，有九百九十手，脚唯有八。其形四倍大於須彌，純食淤泥及與禍[(5)]根，多與天諍。”
[(6)]如《正法念經》說。

(1) JS: 在=者 (2) rāhu (3) vimacitrin (4) JS: ‘有九’=‘身千’; SNST: ‘有九’=*sic*
(5) JS, SNST, Baek(2013a): 禍 ⇒ 藕 (6) SNST: null ⇒ +具

lha ma yin de yaṅ gnas kyi bye brag gis rnam pa lṅa yod de/
《gnas bstan paḥi mdo》 las ji skad du/
de la daṅ poḥi saḥi steṅ du gnas pa ste/ mtshan ma sna tshogs kyi ri la lag na mtshon thogs naṅ gi ḥog na gnas so//
gñis pa ni ri rab kyi byaṅ phyogs rgya mtshoḥi ḥog dpag tshad [(1)]stoṅ ḥdas pa na/ lha ma yin gyi rgyal po sgra [ZH.68-147] gcan zin gnas so//
gsum pa ni sgra gcan gyi ḥog [(2)]dpag tshad ñi khri chig stoṅ ḥdas pa na lha ma yin gyi rgyal po rab brtan ṣes bya ba gnas so ṣes gsuṅs pa lta buḥo//
rab brtan gyi ma ni daṅ po lha las byuṅ ba yin paḥi phyir lha dman pa ṣes bya ste/ bskal pa daṅ po chags paḥi tshe lhaḥi bu mo rnams rgya mtshoḥi naṅ du lus bkrus pa las/ chus de dag gi lus la reg pa daṅ/ khu chu śor nas chuḥi naṅ du lhuṅ ba śaḥi sgo ṅa gcig tu gyur to// de lo brgya stoṅ lon pa daṅ de las bu mo ṣig byuṅ ste/ mgo dgu brgya dgu bcu rtsa dgu yod do// mgo la mig stoṅ daṅ/ kha dgu brgya dgu bcu rtsa dgu yod do// kha la ni so bṣi yod soḥi steṅ du me byuṅ ba ni lce ḥbab pa ḥdraḥo// lag pa ni ñi śu rtsa bṣiḥo// rkaṅ pa ni dgu brgya dgu bcu rtsa dgu yod do//
bu mo de dus gṣan ṣig na [D.Ti.62a] rgya mtshoḥi naṅ du ṣugs te/ rtsed mo

byas pa las chu dvaṅs ma de khuṅ du ṣugs pas/ śaḫi sgo ṅa gcig btsas so// lo brgya stoṅ lon pa daṅ/ rab brtan ṣes bya ba byuṅ ste/ mgo ni dgu yod do// mgo la mig ni dgu[3] stoṅ yod do// kha nas ni me ḫbar ro// lag pa ni dgu brgya dgu bcuḫo// rkaṅ pa ni brgyad yod do//
lus kyi tshad ni ri rab pas phyed(?) kyis riṅ ste/ zas su sa ṣag daṅ padmaḫi rtsa ba zaḫo// phal cher ni lha rnams[4] rtsod do ṣes bśad de/
ṣib tu ni《chos yaṅ dag par dran paḫi mdo》las gsuṅs pa bṣin du rig par byaḫo//

(1) +'ñi khri chig' (2) 〈......〉 omitted (3) 'ni dgu' ⇒ null (4) PN: null ⇒ +daṅ

"揭路茶[1]"者, 舊云"迦樓羅", 名爲"金翅鳥", 今云"妙翅鳥"。
鳥翅種種寶色莊嚴不唯金故。
《華嚴經》云: "法身金翅鳥, 四如意爲足, 慈、悲明淨眼, 住一切智樹。菩薩金翅鳥, 生死大海中, 持[2]撮天[3]龍, 安置涅槃岸。此是'不退三昧金翅之法門'。"
准此, 應知淨土八部皆是化也。
《海龍王經》, 翻爲大身鳳凰。【勘】[4][5]
又[6]《經》云: "[7]兩翅相去三百三十六萬里, 閻浮提止容一足。頸下有如意珠, 故名'如意'。"
又云: "是其鳥神。於中有其金翅之鳥, 純食諸龍, 有四生別。
其化生者, 食四生龍。
其胎生者, 食三生龍, 除其化生。
其卵生者, 食二生龍, 除化、除胎。
其濕生者, 唯食其濕。
此四天下, 有一化生迦樓羅王, 名曰'正音', 壽八千歲, 日別新食一大龍王、五百小龍。遶四天下, 周而復始, 次第食之。命欲終時, 諸龍吐毒, 不復能食, 飢火所燒, 聳翅直下, 至風輪際, 爲風所吹, 而復上來。往返七迴, 無處停足, 遂至金剛輪山頂上命終。
以食諸龍身肉, 毒氣遂發猛火。其難陀龍王及跋難陀, 恐燒寶山, 遂降大雨, 渧[8]如車輪[9], 以滅其火。身肉消散, 唯有心在, 大如人髀[10], 純清瑠璃。輪王得之用爲珠寶，帝釋得之爲髻中珠。”

(1) garuḍa (2) JS, Taisho, SNST, Baek(2013a): 持 ⇒ 搏
(3) JS, Taisho, SNST, Baek(2013a): null ⇒ +人 (4) JS:【勘】=null
(5) SNST: '准此應知……翻爲大身鳳凰。【勘】'=null (6) JS: 又=null; SNST: 又=*sic*
(7) JS, Taisho: null=+'其鳥'; SNST: null=*sic* (8) JS, Taisho, SNST: 渧 ⇒ 滴
(9) Taisho, Baek(2013a): 輪=軸; SNST: 輪=*sic* (10) JS, Taisho, SNST: 髀 ⇒ 胜

de la nam mkhaḥ ldiṅ ni bya gser ḥdab ces kyaṅ bya/ bya ḥdab bzaṅs ṣes kyaṅ bya ste/ bya deḥi ḥdab ma rin po che sna tshogs kyi bkod pa daṅ ldan pas gcig tu gser yin par ṅes pa ma yin no//
《saṅs rgyas phal po cheḥi mdo》 las
chos kyi sku gser ḥdab can ni dran pa ñe bar gṣag pa bṣiḥi [ZH.68-148] rkaṅ pa daṅ/ byams pa daṅ/ sñiṅ rje daṅ/ rig pa yoṅs su dag paḥi mig daṅ ldan te/ rnam pa thams cad mkhyen paḥi ye śes kyi śiṅ la gnas so//
byaṅ chub sems dpaḥ gser ḥdab can ni ḥkhor baḥi rgya mtsho chen poḥi naṅ du lha daṅ miḥi klu rnams spar mos blaṅs nas/ mya ṅan las ḥdas paḥi ḥgram du ḥjog par byed pa/ ḥdi ni phyir mi ldog paḥi tiṅ ṅe ḥdsin gyi gser ḥdab can gyi chos kyi sgo mo ṣes gsuṅs so//
yaṅ 《mdo》 gṣan dag las
ḥdab ma gñis kyi bar du dpag tshad khri phrag sum brgya sum cu rtsa drug yod de/ ḥdsam buḥi gliṅ du deḥi rkaṅ pa gcig las mi śoṅ ṅo// deḥi ḥgram pa na yid bṣin gyi nor bu rin po che yod pas deḥi phyir yid bṣin ṣes kyaṅ byaḥo ṣes kyaṅ bśad do//
yaṅ kha cig las
de ni byaḥi rgyal po yin pas/ byaḥi naṅ na gser ḥdab can ṣes bya ba klu ḥbaḥ ṣig zas su za ba yod de/ de yaṅ skye ba rnam pa bṣiḥi bye brag gis tha dad do//
de la rdsus te skye ba ni (1) rnam pa bṣiḥi klu dag za bar byed do//
mṅal nas skye ba ni skye ba rnam pa gsum gyi klu dag za bar byed de/ rdsus te skyes pa ma gtogs so//
sgoṅ las skye ba ni skye ba rnam pa gñis kyi klu dag za bar byed de/ rdsus te skye ba daṅ mṅal nas [D.Ti.62b] skye ba ma gtogs so//
drod gśer las skye ba ni drod gśer las skye ba ḥbaḥ ṣig za bar byed do//
gliṅ bṣi po ḥdir rdsus te skye baḥi nam mkhaḥ ldiṅ gi rgyal po yaṅ dag dbyaṅs ṣes bya ba tshe lo brgyad stoṅ thub pa ñin re ṣiṅ kluḥi rgyal po chen po gcig

daṅ klu phra mo lṅa brgya za bar nus pa cig yod de/ gliṅ bṣi po rnams su rim gyis mthar chags su za bar byed do//
ḥchi kaḥi dus kyi tshe klu rnams bzuṅ ṣiṅ bzaṅ mi btub ste/ bkres paḥi gduṅ bas bsregs pas ḥdab maḥi śugs [ZH.68-149] kyis rluṅ gi dkyil ḥkhor la thug paḥi bar du babs pa las rluṅ gis bus pas slar yaṅ gyen du thug go//
de ltar lan bdun yan man ḥdas pas rkaṅ pa bṣag paḥi gnas kyaṅ mi rñed de/ de nas rdo rjeḥi ḥkhor loḥi riḥi rtse mor phyin nas der tshe ḥdaḥo//
klu maṅ poḥi śa zos paḥi dug gdug paḥi dbaṅ gis lus la me rab tu ḥbar ba ḥbyuṅ ṅo// kluḥi rgyal po dgaḥ bo daṅ/ ñe dgaḥ bo gñis rin po cheḥi ri rab rnams tshig tu dogs nas/ char chen poḥi rgyun thigs pa śiṅ rtaḥi ḥphaṅ lo tsam phab nas me gsod par byed do//
deḥi lus kyi śa gṣan ṣig ṣu nas sñiṅ ḥbaḥ ṣig lus pa tshad miḥi brla tsam vai-ḍūrya sṅon po ñid du ḥgyur te/ ḥkhor los sgyur baḥi rgyal po thob na ni nor bu rin po cher byed do// brgya byin lhaḥi dbaṅ po thob na ni gtsug gi nor bu byed do ṣes bśad do//

(1) +'skye ba'

"緊捺洛(1)"者，此云"歌神"。
能唱(2)歌詠，(3)乾闥婆同事諸天，天須之時，更互來去。
又云"疑神"。體是畜生，形狀似人，面貌端正，頂有一角，人見生疑'不知爲人爲鬼畜耶'，故名"疑神"。
此是天之樂神。

(1) kiṃnara
(2) JS: 唱=null
(3) JS, SNST: null ⇒ +與

de la miḥam ci ṣes bya ba ni lha glu mkhan ṣes bya ba ste/ glu la mkhas ṣiṅ dri za rnams daṅ lhan cig tu lha rnams kyi g-yog byed do// lha rnams nam dgos pa na res kyis ḥgro bar byed do//
yaṅ the tshom skye baḥi lha ṣes bya ste/ lus dud ḥgro yin la dbyibs mi ḥdra ṣiṅ byad bṣin bzaṅ ba daṅ/ mgo po la rva gcig yod pas mis mthoṅ baḥi tshe/ the tshom skyes nas ci ḥdi mi yin nam ḥon te yi dags daṅ dud ḥgro gaṅ yin pa mi śes so ṣes zer baḥi phyir/ the tshom skye baḥi lha ṣes byaḥo//

"莫呼洛伽[(1)]"者, "莫呼[(2)]"此云大, "洛[(3)]"名爲腹, "伽[(4)]"名爲行。
此是蟒神, 亦云"地龍", 無足腹行神。
即世間㕑[(5)]神, 受人酒害[(6)], 悉入蟒腹。
又龍、蛇難辨, 以濫於龍, 故偏指也。
《世親攝論》云: "前已舉龍。今復舉'莫呼洛伽'爲攝大蟒。"[(7)]

(1) mahoraga (2) maho〈mahā (3) ra〈ura (4) ga (5) JS, SNST: 㕑 ⇒ 廟
(6) JS, SNST: 害 ⇒ 肉 (7) SNST: '《世親攝論》云......爲攝大蟒。'=null

lto ḥphye chen po ni sprul chen poḥo// rkaṅ pa med de ltos ḥphye ṣiṅ ḥgro baḥi phyir lto ḥphye ṣes byaḥo//
yaṅ gcig tu na sprul klu ṣes kyaṅ bya ste/ ḥdi ni ḥjig rten paḥi chab khuṅ saḥi lha mi rnams kyis śa chaṅ [D.Ti.63a] len ciṅ za baḥo//
ltoḥi naṅ na klu daṅ sprul yod de ṅo śes par dkaḥ ṣiṅ cuṅ zad klu ḥdra baḥi phyir logs śig tu smos pa yin no//

"人非人等"者, 有八部鬼神, 悉非人作人形, 來聽法故, 曰"人非人"。
故《舍利弗問經》云: "非[(1)]八部鬼神, 皆曰'人非人'也。"
又云: "'人'者總攝一切人。'非人'者總攝一切人非人。"
又云: "'人非人'者, 疑云'爲是人爲非人?'也。"

(1) Taisho, SNST, Baek(2013a): 非 ⇒ null

[ZH.68-150] miḥam ci[(1)] ṣes bya ba ni miḥi gzugs su bsgyur nas chos ñan du ḥoṅs paḥi phyir miḥam ci[(1)] ṣes byaḥo//
《śā riḥi bus ṣus paḥi mdo》 las/
lha ḥdre sde brgyad ni thams cad kyaṅ miḥam ci[(1)] ṣes gsuṅs so//
de la mi ṣes bya ba ni mi thams cad bsdu baḥo//
mi ma yin pa ṣes bya ba ni [(2)]mi ma yin pa thams cad bsdu baḥo//
yaṅ na mi daṅ mi ma yin pa ṣes bya ba ni the tshom za baḥi tshig tu ci ḥdi mi yin nam/ ḥon te mi ma yin ṣes smra baḥi phyir ro ṣeḥo//

(1) 'miḥam ci' ⇒ 'mi daṅ mi ma yin pa'
(2) +'mi daṅ'

依《舍利弗問經》, 說八部因。

《彼》云: "舍利弗白佛言'世尊! 八部鬼神, 以何因緣, 生於惡道, 常聞正法?'。

佛言。以二種業: 一、以惡業生於惡道, 二、以善業多受快樂, 此八部皆曰'人非人'。

[(1)]者, 先身[(2)]以車轝等供養三寶、父母、賢勝之人, 猶懷慳儉[(3)]諂嫉, 故受此身, 如普光、淨勝天神等。

龍者, 先世修建德本廣行布施, 不依正念急性好瞋, 故受此身, 如摩尼光龍王等。

夜叉神者, 先世好大布施, 或先損害然後饒益, 隨功勝負, 故受此身。

乾闥婆者, 先生[(4)]亦少有瞋恚, 常好布施, 以青蓮華自嚴, 作衆妓[(5)]樂, 今爲此神。常爲諸天奏諸妓[(5)]樂, 因名'樂神'。

阿修羅者, 志強不隨善友所作淨福, 好逐幻偽之人, 作諸邪福依傍邪師, 甚好布施, 又樂觀他鬪訟, 故受此身。

迦樓羅神者, 先世修大捨施, 常有高心以陵[(6)]於物, 故受此身。

緊那羅者, 昔好勸人發菩提心, 未正其志, 逐諸邪師[(7)], 故受此身。

摩睺羅神者, 亦布施護法, 性好瞋恚, 故受此身。"

(1) Taisho, SNST, Baek(2013a): null ⇒ +天 (2) Taisho: 身=世; SNST: 身=*sic*
(3) JS, Taisho, SNST: 儉 ⇒ 險 (4) Taisho: 生=世; SNST: 生=*sic*
(5) JS, Taisho, SNST, Baek(2013a): 妓 ⇒ 伎 (6) Taisho: 陵=俊; SNST: 陵=*sic*
(7) Taisho, Baek(2013a): 師=行; SNST: 師=*sic*

《śā riḥi bus ṣus paḥi mdo》 las sde brgyad kyi rgyu ṣus pa ḥbyuṅ ste/ deḥi phyir《de》la[(1)]

śā riḥi bus bcom ldan ḥdas la gsol ba/ bcom ldan ḥdas lha ḥdre sde brgyad rnams rkyen gaṅ gis las[(2)] ṅan par skyes kyaṅ rtag par chos yaṅ dag par thos par gyur lags/

bcom ldan ḥdas kyis bkaḥ stsal ba/ las rnam pa gñis kyis te ḥdi ltar las ṅan[(3)] par skyes so// ḥdi ltar las dge bas ni bde ba cher myoṅ bar ḥgyur ba yin te/ sde brgyad po ḥdi dag thams cad kyaṅ mi daṅ mi ma yin pa ṣes byaḥo//

de la lha ni tshe rabs sṅa ma la śiṅ rta daṅ khyogs la sogs pas dkon mchog gsum daṅ pha ma daṅ/ skyes bu dam pa rnams mchod pa byas mod kyi/ ḥon

kyaṅ ser sna daṅ sgyu daṅ phrag dog daṅ bcas paḥi phyir lus ḥdi blaṅs pa yin te/ lhaḥi bu kun tu ḥod daṅ gtsaṅ mchog la sogs pa lta buḥo//
klu ni tshe sṅa ma la yon tan rnams kyi rgyu bsags pa daṅ/ sbyin pa rgya cher btaṅ yaṅ yaṅ dag paḥi dran pa la mi gnas śiṅ spro thuṅ ba daṅ khro ba la dgaḥ baḥi phyir lus ḥdi blaṅs pa yin te/ kluḥi rgyal po yid ṣiṅ gyi nor bu la sogs pa lta buḥo//
gnod sbyin ni tshe sṅa ma la sbyin pa chen po legs par btaṅ baḥam/ yaṅ na sṅar gnod pa byas la deḥi ḥog tu phan btags pa las mtho dman gyi [ZH.68-151] dbaṅ gis lus[(4)] blaṅs pa yin no//
dri za ni tshe rabs sṅa ma la ṣe sdaṅ cuṅ zad daṅ bcas la rtag par sbyin paḥi legs par bstab pa daṅ/ padma sṅon pos bdag ñid brgyan te/ [D.Ti.63b] rol mo rnam pa sna tshogs maṅ po byas paḥi phyir/ lus ḥdi blaṅs pa yin no//
lha ma yin ni sems kheṅs śiṅ dge baḥi bśes gñen gyi rjes su yoṅs su dag paḥi bsod nams byed du mi btub la/ gaṅ zag g-yo sgyu can gyi rjes su ḥbraṅ ṣiṅ bsod nams yaṅ dag pa ma yin pa la dgaḥ ba daṅ/ log par ston paḥi mkhan po la brten ciṅ sbyin pa yaṅ legs par btaṅ ba daṅ/ gṣan yaṅ gṣan dag ḥthab mo byed pa la lta bar mos paḥi phyir lus ḥdi blaṅs pa yin no//
nam mkhaḥ ldiṅ ni tshe rabs sṅa ma la sbyin pa chen po btaṅ ba daṅ/ sems mtho ṣiṅ gṣan dag la brñas paḥi phyir lus ḥdi blaṅs pa yin no//
miḥam ci ni tshe rabs sṅa ma la gṣan dag legs par byaṅ chub tu sems bskyed du bcug pa las/ de sems yaṅ dag pa ñid du ma gyur par log par ston pa rnams kyi rjes su ḥbraṅ baḥi phyir lus ḥdi blaṅs pa yin no//
lto ḥphye chen po ni sbyin pa yaṅ btaṅ/ dam paḥi chos kyaṅ bsdus mod kyi/ khoṅ khro ba la dgaḥ baḥi phyir lus ḥdi blaṅs pa yin no ṣes gsuṅs so//

(1) la ⇒ las (2) las ⇒ lam (3) +'pas lam ṅan' (4) +ḥdi

又《佛地論》云: "云何淨土超過三界所行之處, 而有天等以爲眷屬, 天等皆是三界攝故?
淨識如是, 攝受變現, 爲嚴淨土, 故不相違。
或, 爲成熟所化有情, 示現如是變化種類, 如爲調伏劫比拏[(1)]王, 現化無量轉輪王衆眷屬圍繞。[(2)]或, 諸菩薩, 化作無量天龍等身, 住淨土中, 以供養佛。
或, 自化身爲天龍等, 翼從如來, 故無有過。"
《梁攝論》云【第十五】[(3)]: "於淨土中, 實無如此天龍等衆, 欲令不空, 故佛化作如此雜類。"

(1) kapila (2) SNST: null=+'此之由緒具如《佛地記》說'(?) (3) JS: '云【第十五】'⇒'十五云'

《saṅs rgyas kyi saḫi ḫgrel pa》 las

ṣiṅ yoṅs su dag pa ḫdi khams gsum pa las yaṅ dag par ḫdas paḫi spyod yul yin na/ lha la sogs paḫi ṣam riṅ ba ji ltar srid de lha la sogs pa de dag thams cad ni khams gsum pas bsdus paḫi phyir ro ṣe na/

yoṅs su dag paḫi rnam par rig pas bzuṅ nas ṣiṅ yoṅs su dag pa brgyan paḫi phyir snaṅ bas ḫgal ba med do//

yaṅ na ḫdul bar bya baḫi sems can yoṅs su smin par bya baḫi phyir/ sprul paḫi rnam paḫi rnam pa de lta bu ston te/ [ZH.68-152] ji ltar rgyal po bkaḫ byin na ḫdul baḫi phyir/ ḫkhor los sgyur baḫi rgyal po ḫkhor stoṅ daṅ byas pa sprul nas bstan pa bṣin no ṣes ḫbyuṅ ste/

ḫdi ni gleṅ gṣi ṣib tu ni《saṅs rgyas kyi saḫi brjed byaṅ》 las bśad pa bṣin no// gṣan yaṅ《saṅs rgyas kyi saḫi ḫgrel pa》 las/

yaṅ na byaṅ chub sems dpaḫ rnams lha daṅ klu la sogs paḫi lus tshad med pa dag tu sprul nas/ ṣiṅ yoṅs su dag pa der gnas śiṅ saṅs rgyas rnams la mchod pa byed pa ḫam/

[D.Ti.64a] yaṅ na bdag ñid kyi lus lha daṅ klu la sogs paḫi lus su sprul nas de bṣin gśegs paḫi ṣam riṅ byed pa yin paḫi phyir ḫgal ba med do ṣes bśad do//

《theg pa chen po bsdus paḫi ḫgrel pa mi mthun paḫi rnam pa gcig》 las

ṣiṅ yoṅs su dag pa der yaṅ dag par lha daṅ klu la sogs pa ḫdi lta bu med mod kyi/ stoṅ pa ñid du mi ḫdsin paḫi phyir de bṣin gśegs pa ñid kyis ḫdi lta buḫi rnam pa ḫdren pa sna tshogs sprul pa yin no ṣes bśad do//

(@1-14)[0189c23] 廣大法味喜樂所持,

[0189c24] 釋曰。此明第十、住(1)持圓滿。

(1) JS: 住 ⇒ 任; Baek(2013a): 住=*sic*

chos rgya chen po roḫi dgaḫ ba daṅ bde ba(1) bsten pa

ṣes bya ba ḫdis ni bcu pa rtogs(2) pa phun sum tshogs pa bstan to//

(1) PN: ba ⇒ bas

(2) rtogs ⇒ sten

《親光釋》云: “謂於此中, 大乘法味喜樂所持食能令住, 是任持義。
【此上《親光釋》義。】
已說‘淨土超過三界所行之處’, 云何有食? 有[(1)]無漏法, 不應名‘食’? 食能長養三有衆生, 此斷有故, 應不名‘食’?
【此外人問, 有其三意: 一、問超過三界云何有食, 二、無漏法不應名食, 三、斷三有故應不名食。】
是任持因, 故亦名‘食’。
【論主略答。雖是無漏而任持故, 亦名爲‘食’。】
如汝宗中‘生色界等入無漏定, 亦應名食’。
[(2)]此反經部。汝宗“生色界等入無漏定, 雖是無漏, 亦應名食”。[(3)]
非過去食應名爲食, 過去無故。
【此破薩婆多。“用過去食爲食”此, 抑破小乘, 合許無漏食。[(4)]
此亦應爾, 是任持因故說爲‘食’。
[(5)]此即論主立自宗義。】
如有漏法, 雖障無漏, 然持有漏, 得名爲‘食’, 無漏亦爾, 雖斷有漏, 然持無漏, 云何非食?
【論主成立食義。】
此淨土中, 諸佛菩薩後得無漏, 能說能受大乘法味, 生大歡[(6)]樂。又正體智[(7)]眞如味, 生大喜樂, 能任持身, 令不斷壞, 長養善法, 故名爲‘食’。
【此中[(8)]大乘正義。】”
《世親》、《無性》, 更無別釋。

(1) Taisho, SNST, Baek(2013a): 有 ⇒ 又 (2) JS, SNST, Baek(2013a): null ⇒ +【
(3) JS, SNST, Baek(2013a): null ⇒ +】 (4) JS, SNST, Baek(2013a): null ⇒ +】
(5) JS, SNST, Baek(2013a): null ⇒ +【 (6) JS, Taisho, SNST: 歡 ⇒ 喜
(7) JS, Taisho, SNST, Baek(2013a): null ⇒ +受 (8) JS: 中 ⇒ 申

《slob dpon ñe baḥi ḥod kyis byas paḥi ḥgrel pa》 las
ḥdi ltar de na theg pa chen poḥi chos kyi[(1)] dgaḥ ba daṅ bde baḥi zas kyis bsten nas gnas par byed pa ni ston[(2)] paḥi don yin no//
khams gsum pa las yaṅ dag par ḥdas paḥi spyod yul ṣes bśad na/ ji ltar zas yod par ḥgyur/ zag pa med paḥi chos ni zas ṣes brjod par mi rigs te/ zas ni srid

pa gsum gyi sems can gso par byed pa yin la/ ḥdi ni srid pa gcod pa yin paḥi phyir zas brjod pa ni mi rigs so ṣe na/
zag pa med pa yin yaṅ ston[(2)] paḥi rgyu yin paḥi phyir yaṅ zas ṣes brjod de/ ji ltar [ZH.68-153] khyed kyi gṣuṅ las gzugs med pa[(3)] la sogs par skyes pa rnams zag pa med paḥi tiṅ ṅe ḥdsin la sñoms par ṣugs pa la yaṅ zas ṣes brjod pa daṅ ḥdraḥo//
ḥdas paḥi zas la zas ṣes brjod pa yaṅ ma yin te/ ḥdas pa med paḥi phyir ro// ḥdi yaṅ don bṣin te ston[(2)] paḥi rgyu yin paḥi phyir zas ṣes brjod do//
ji ltar zag pa daṅ bcas paḥi chos zag pa med pa la sgrib pa yin mod kyi ḥon kyaṅ zag pa daṅ bcas pa yoṅs su ḥdsin pas zas ṣes byaḥo ṣes brjod pa de bṣin du zag pa med pa yaṅ de bṣin no// zag pa daṅ bcas pa spaṅs mod kyi/ ḥon kyaṅ zag pa med pa yoṅ su ḥdsin pas ciḥi phyir zas ma yin te/
ṣiṅ yoṅs su dag pa der/ saṅs rgyas daṅ byaṅ chub sems dpaḥ rnams rjes la brñes paḥi zag pa med paḥi theg pa chen paḥi chos kyi roḥi dgaḥ [D.Ti.64b] ba ḥchad pa yaṅ spyod/ bstar ba yaṅ spyod pas dgyes pa chen po skye la/ gṣan yaṅ yaṅ dag paḥi ṅo bo ñid kyi ye śes kyis de bṣin ñid kyi ro bstar ṣiṅ dgyes pa chen po skye ba daṅ/ sku yoṅs su ḥdsin ciṅ ḥjig par mi ḥgyur ba daṅ/ dge baḥi chos rnams gso baḥi phyir zas ṣes brjod de ṣes ḥbyuṅ ṅo//
slob dpon dbyig gñen daṅ ṅo bo ñid med kyis rnam pa gṣan du bśad pa ni med do//

(1) +roḥi (2) ston ⇒ rton (3) 'gzugs med pa' ⇒ 'gzugs kyi khams'

又《法華》云: "其國衆生, 常以二食: 一者、法喜食, 二者、禪悅食。" 即彼偈云:

法喜禪悅食, 更無餘食想。

gṣan yaṅ《dam paḥi chos padma dkar poḥi mdo》las/
ṣiṅ deḥi sems can ni rtag par zas rnam pa gñis kyis gnas par byed de/ chos kyi dgaḥ baḥi zas daṅ/ bsam gtan gyi dgaḥ baḥi zas so ṣes gsuṅs te/
de ñid kyi ḥgrel pa[(1)] las/

chos daṅ bsam gtan dgaḥ baḥi zas//
zas gṣan ḥdu śes ci yaṅ med//

ces gsuṅs so//

(1) 'ḥgrel pa' ⇒ 'tshigs su bcad pa'

(@1-15)[0190a17] 現作[1]衆生一切義利,
[0190a18] 釋曰。此第十一、事業圓滿。

(1) Taisho, SNST: '現作' ⇒ '作諸'

sems can gyi don daṅ phan pa thams cad byed par gnas pa
ṣes bya ba [ZH.68-154] ḥdis ni bcu gcig pa phrin las phun sum tshogs pa bstan to//

《親光釋》云: "謂於此中, 自能現作一切有情一切義利, 或令一切有情自作一切義利。
現益名'義', 當益名'利'。世間名'義', 出世名'利'。離惡名'義', 攝善名'利'。福德名'義', 智慧名'利'。如是等別。雖在寂定, 由先所修加行、願行[1], 任運能作一切有情一切義利。"
《世親》、《無性》, 更無異釋。

(1) Taisho, SNST, Baek(2013a): 行 ⇒ 力

《slob dpon ñe baḥi ḥod kyis byas paḥi ḥgrel pa》las/
ḥdi ltar de na de ñid kyis mṅon sum du sems can thams cad kyi don daṅ phan pa thams cad mdsad paḥam/ yaṅ na sems can thams cad raṅ ñid kyi don daṅ phan pa thams cad byed par ḥgyur baḥo//
de la tshe ḥdi la phan ḥdogs paḥi[1] don to// tshe phyi ma la phan ḥdogs par ḥgyur ba ni phan paḥo//
gṣan yaṅ ḥjig rten pa ni don ṣes byaḥo// ḥjig rten las ḥdas pa ni phan pa ṣes byaḥo//
gṣan yaṅ sdig pa daṅ bral ba ni don ṣes byaḥo// dge ba sdud pa ni phan pa ṣes byaḥo//
gṣan yaṅ bsod nams daṅ yon tan ni don ṣes byaḥo// ye śes daṅ śes rab ni phan pa ṣes bya ste/ ḥdi lta bu la sogs pa tha dad do//
tiṅ ṅe ḥdsin rab tu ṣi ba la bṣugs kyaṅ sṅon sbyor ba mṅon par bsgrubs pa daṅ/ smon lam gyi mthuḥi dbaṅ gis sems can thams cad kyi phan par mdsad par spyod do ṣes ḥbyuṅ ste/
slob dpon dbyig gñen daṅ ṅo bo ñid med kyis rnam pa gṣan du bśad pa ni

med do//

(1) paḥi ⇒ 'par ḥgyur ba ni'

(@1-16)[0190a24] 蠲除一切煩惱(1)纏垢,
[0190b01] 釋曰。此第十二、攝益圓滿。

(1) Taisho: '蠲除一切煩惱'='滅諸煩惱災橫'; SNST: '蠲除一切煩惱'=*sic*

ñon moṅs pa(1) ḥchiṅ ba daṅ dri ma thams cad rab tu bsal ba
ṣes bya ba ḥdis ni bcu gñis pa phan ḥdogs pa [D.Ti.65a] phun sum tshogs pa bstan to//

(1) pa ⇒ paḥi

依《佛地論》, 煩惱、纏垢二種差別, 三復次釋。
故《彼論》云: "即諸煩惱名爲'纏、垢'。
【(1)解云。煩惱、纏、垢, 差別異名。如《瑜伽》第八卷云: "煩惱差別者, 謂纏、垢等。數起現行故名爲'纏'。自性染汚故名爲'垢'。"】(2)
又, '煩惱'者, (3)一百二十八根本煩惱。
【欲界四諦各有十, 色、無色界四諦除瞋各九, 合有一百一十二。欲界修道有六使, 謂貪、瞋、慢、無明、身見、邊見。色、無色界修道各五, 除瞋。合有一百二十八。如《顯揚》第一說。】
'纏'者, 即是無慚愧等。
【"等"者, 於八纏中, 等取惛沈、掉擧、惡作、嫉妬、慳悋(4)。如《瑜伽》第八、《雜集》第七。】
'垢'者, 即是諂、誑、憍等。
【"等"者, 於六垢中, 等取害、恨、惱三。】
又, 所知障, 或諸隨眠, 名爲'煩惱'。即彼現起說名'纏垢', 本惑名'纏', 隨惑名'垢'。
如是遠離煩惱、纏垢, 名爲'攝益'。"

(1) JS: 【=null (2) JS: 】=null (3) Taisho, SNST, Baek(2013a): null ⇒ +謂
(4) Baek(2013a): null ⇒ +'睡眠'

《saṅs rgyas kyi saḥi ḥgrel pa》 las/ ñon moṅs paḥi ḥchiṅ baḥi[(1)] dri ma yaṅ rnam pa gñis kyis tha dad do ṣes rnam graṅs gsum gyis bśad de/ deḥi phyir de ñid ḥgrel pa de ñid las

ñon moṅs pa de dag ñid la ḥchiṅ ba daṅ dri ma ṣes byaḥo//

yaṅ na ñon moṅs pa ni ḥdi lta ste/ rtsa baḥi ñon moṅs pa brgya ñi śu rtsa brgyad do// ḥchiṅ ba ni ño tsha med pa daṅ khrel med pa la sogs paḥo// dri ma ni g-yo [ZH.68-155] daṅ sgyu[(2)] la sogs paḥo//

gṣan yaṅ śes byaḥi sgrib pa daṅ bag la ñal rnams ni ñon moṅs pa ṣes byaḥo// de ñid mṅon sum du byuṅ ba ni ḥchiṅ ba daṅ dri ma ṣes brjod de/ de la rtsa baḥi ñon moṅs pa rnams ni ḥchiṅ ba ṣes byaḥo// ñe baḥi ñon moṅs pa rnams ni dri ma ṣes bya ste/ de ltar ñon moṅs paḥi ḥchiṅ ba daṅ dri ma yoṅs su spaṅs pa ni phan ḥdogs pa ṣes byaḥo ṣes ḥbyuṅ ño//

(1) baḥi ⇒ ‘ba daṅ’

(2) +‘daṅ rgyags pa’

然《此經》文，三本不同。

《攝大乘論》所列經文，雖有“災橫”，而無“纏垢”。

故《彼論》云“蠲除一切煩惱災橫”。

今依《此經》，雖有“纏垢”，而無“災橫”。

《佛地經》文，具說“煩惱”、“災橫”、“纏垢”。

故《彼經》云“滅諸煩惱災橫纏垢”。

釋“災橫”義，如《佛地論》及《攝大乘》。

mdoḥi tshig ḥdi yaṅ mi mthun pa rnam pa gsum yod de/

《bstan bcos theg pa chen po bsdus pa》 las mdo sdeḥi tshig khuṅs su bstan pa las gnod pa ṣes ḥbyuṅ gis/ ḥchiṅ ba daṅ dri ma ṣes mi ḥbyuṅ ste/ deḥi phyir 《bstan bcos de ñid》 las ñon moṅs paḥi gnod pa thams cad rab tu bsal ba ṣes ḥbyuṅ ba yin no//

《mdo sde ḥdi》 las ni ḥchiṅ ba daṅ dri ma ṣes ḥbyuṅ gi /gnod pa ṣes byaḥi tshig ni ma gsuṅs so//

《saṅs rgyas kyi saḥi mdo》 las ni gñi ga smos te/ deḥi phyir 《mdo de ñid》 las ñon moṅs paḥi gnod pa daṅ ḥchiṅ ba daṅ dri ma thams cad daṅ bral ba ṣes gsuṅs pa yin te/ gnod paḥi don ni ḥog nas byaṅ chub sems dpaḥi yon tan brjod paḥi skabs[(1)] nas bśad pa bṣin no//

(1) The Tibetan text is not aligned with the Chinese text.

(@1-17)[0190b15] 遠離衆魔,
[0190b16] 釋曰。顯第十三、無畏圓滿。

bdud thams cad yoṅs su spaṅs pa
ṣes bya ba ḥdis ni bcu gsum pa mi ḥjigs pa phun sum tshogs pa bstan to//

言"衆魔"者, 如前所說(=@1-3), 煩惱、蘊、死及與天魔。
如《親光》說: "如是四種, 皆能損害諸善法故, 說名爲'魔'。"

de la bdud thams cad ces bya ba ni/ sṅar goṅ du ñon moṅs pa daṅ phuṅ po daṅ ḥchi bdag daṅ lhaḥi buḥi bdud do ṣes bstan pa ñid do//
《slob dpon ñe baḥi ḥod kyis ḥgrel pa》 las ji skad du
ḥdi ltar rnam pa bṣi po ḥdi dag dge baḥi chos rnams la gnod pa byed paḥi phyir bdud ces byaḥo ṣes bśad pa lta buḥo//

然離四魔, 有差別者。
依薩婆多及大乘化相, 菩提樹下成佛道時, 無間解脫, 破煩惱魔。入無餘依涅槃界時, 能破蘊魔。留三月命, 能破死魔。入慈定時, 能破天魔。

bdud bṣi [D.Ti.65b] spaṅs paḥi bye brag kyaṅ thams cad yod par smra ba daṅ/ theg pa chen poḥi gṣuṅ daṅ sbyar na byaṅ [ZH.68-156] chub kyi śiṅ druṅ mṅon par rdsogs par saṅs rgyas paḥi tshe/ bar chad med paḥi lam gyis ni ñon moṅs paḥi bdud bcom mo//
lhag ma med paḥi mya ṅan las ḥdas par ṣugs nas[(1)] mya ṅan las ḥdas paḥi dbyiṅs su ṣugs paḥi tshe ni phuṅ poḥi bdud bcom mo//
zla ba gsum du sku tshe slar bsriṅ ba ni ḥchi bdag gi bdud bcom pa yin no//
byams paḥi tiṅ ṅe ḥdsin la gnas paḥi tshe ni lhaḥi buḥi bdud bcom pa yin no ṣes bśad do//

(1) 'mya ṅan las ḥdas par ṣugs nas ' ⇒ null

[(1)][Lee:](*依《智度論》, 與此少異。
故《彼論》云: “過諸魔事者, 謂離煩惱魔、陰魔、死魔、天魔。是諸菩薩得菩薩道[(2)]故, 破煩惱魔。得法身故, 破陰魔。得道、得法性身故, 破死魔。常一心故, 一切處心不着故, 入不動三昧故, 破他化自在天子魔。
奪慧命, 壞道法、功德、善本, 是故名爲‘魔’。”
具說如《彼》。)

(1) The restored chinese SNST from the tibetan SNST by the author is marked with [Lee:](*), before the tibetan SNST.

(2) SNST: ‘菩薩道’=‘涅槃道’

《śes rab kyi pha rol tu phyin paḥi ḥgrel pa》 las ni bśad pa ḥdi daṅ cuṅ zad tha dad de/ deḥi phyir 《de ñid》 las
bdud thams cad spaṅs pa ṣes bya ba ni ḥdi lta ste/ ñon moṅs pa daṅ phuṅ po daṅ/ ḥchi bdag daṅ lhaḥi buḥi bdud daṅ bral baḥo//
de la byaṅ chub sems dpaḥ rnams kyis mya ṅan las ḥdas paḥi lam thob paḥi phyir ni ñon moṅs paḥi bdud bcom mo//
chos kyi ṅo bo ñid kyi sku thob paḥi phyir ni phuṅ poḥi bdud bcom mo//
lam daṅ chos kyi ṅo bo ñid kyi sku thob paḥi phyir ni ḥchi bdag gi bdud bcom mo//
sems rtse gcig paḥi phyir thams cad du sems mṅon par ṣen pa med paḥi phyir daṅ mi g-yo baḥi tiṅ ṅe ḥdsin las rab tu ṣugs paḥi phyir ni gṣan ḥphrul dbaṅ byed kyi lhaḥi buḥi bdud bcom paḥo//
śes rab kyi srog ḥphrog pa daṅ/ lam gyi chos daṅ yon tan daṅ dge baḥi rtsa ba rnams ḥjig par byed paḥi phyir bdud ces bya baḥo ṣes bśad de/
rgya cher 《de ñid》 las ḥbyuṅ ba bṣin no//

若依大乘理實說者, 如《佛地論》: “初地以上, 離麤四魔。於佛果中, 究竟永離。”
隨義分別, 十信已上, 於諸地中, 漸次遠離, 如理應思。

theg pa chen po yaṅ dag paḥi don daṅ sbyar na/ 《saṅs rgyas kyi saḥi ḥgrel pa》 las ji skad du
sa daṅ po yan chad ni bdud rags pa rnam pa bṣi spaṅs paḥo//

saṅs rgyas[(1)] saḥi tshe ni gtan du spaṅs paḥo ṣes bśad pa lta buḥo//
don gyi rjes su rnam par dbye na dad pa bcu la gnas pa yan chad kyaṅ [ZH.68-157] sa rnams su rim gyis yoṅs su spoṅ bar byed de ci rigs su sbyar ro//

(1) P: null ⇒ +kyi

(@1-18)[0190c01] 過諸莊嚴，如來莊嚴之所依處，
[0190c02] 釋曰。辨第十四、住處圓滿。

thams cad kyi bkod pa las lhag pa/ de bṣin gśegs paḥi bkod paḥi gnas
ṣes bya ba ḥdis ni bcu bṣi pa gnas [D.Ti.66a] phun sum tshogs pa bstan to//

《親光釋》云: "謂於此中，佛所住處，勝過一切菩薩及餘莊嚴住處。唯是如來妙飾莊嚴爲所住處，由勝一切莊嚴住處，是故說名'住處圓滿'。"
《世親》、《無性》，更無異釋。

《slob dpon ñe baḥi ḥod kyis byas paḥi ḥgrel pa》 las
ḥdi ltar de ni saṅs rgyas bṣugs paḥi gnas yin pas byaṅ chub sems dpaḥ thams cad daṅ/ gṣan dag gis bkod paḥi gnas gaṅ yin pa de dag pas lhag ciṅ de bṣin gśegs pa ḥbaḥ ṣig gis bkod pa khyad par can gyis brgyan paḥi gnas su gyur pa des na thams cad kyis bkod paḥi gnas las mchog tu gyur paḥi phyir/ gnas phun sum tshogs pa ṣes bśad do ṣes ḥbyuṅ ṅo/

(@1-19)[0190c06] 大念、慧、行以爲遊路，
[0190c07] 釋曰。顯第十五、路圓滿也。

dran pa daṅ blo gros daṅ spyod pa chen po rnam par rgyu baḥi lam du gyur pa
ṣes bya ba ḥdis ni bco lṅa pa lam phun sum tshogs pa bstan to//

《親光釋》云: "謂於此中，大念、大慧及以大行爲所行路。所遊履故，名爲'遊路'，是道異名。
聞所成慧，名爲'大念'，聞已記恃[(1)]無倒義故。思所成慧，名爲'大慧'，依理

審思得決定故。修所成慧, 名爲‘大行’, 由修習力趣眞理故。‘大’者, 念等緣大乘法而生起故, 是彼果故, 彼所攝故。履三妙慧, 淨土往還, 故名‘遊路’。此說菩薩, 因三妙慧, 得入淨土, 故名‘遊路’。
【八地已上, 常入定位, 即用何慧名爲“聞慧”? 准此大乘, 設入定位, 義說聞慧, 於理無失。】
若諸如來, ‘大念’即是無分別智, 由念安住眞如理故。‘大慧’即是後所得智, 分別諸法眞俗相故。此二皆有造作淨土增上業用, 故俱名‘行’。由此二智, 通生淨土, 故名‘遊路’。
或‘大念行’是自利行, 內攝記故。‘大慧行’者是利他行, 外分別故。如其次第, 通生如來二種淨土, 故名‘遊路’。”
【具如《佛地論》說。】
《無性》、《世親》, 更無異釋。
[Lee:](*《世親釋》云: “聞、思、修慧, 如其次第, 大念、慧、行, 爲遊入路。” 《無性釋》云: “思所成慧名爲大念。聞所成慧名爲大慧。修所成慧名爲大行。遊路即是道之異名。”)

(1) JS, Taisho, SNST, Baek(2013a): 恃 ⇒ 持

《slob dpon ñe baḥi ḥod kyis ḥgrel pa》 las
ḥdi ltar de ni dran pa chen po daṅ blo gros chen po daṅ spyod pa chen po rnams rnam par rgyu baḥi lam du gyur pa yin te/ bgrod par bya ba yin paḥi phyir rnam par rgyu baḥi lam ṣes bya ste/ lam gyi rnam graṅs so//
thos pa las byuṅ baḥi śes rab kyi dran pa chen po ṣes bya ste/ ḥdi ltar thos nas mi brjed par ḥdsin par byed do// don phyin ci ma log par ḥdsin paḥi phyir ro//
bsams pa las byuṅ baḥi śes rab ni blo gros chen po ṣes bya ste/ don ji lta ba bṣin du legs par bsams nas ṅes par thob paḥi phyir ro//
bsgoms pa las byuṅ baḥi śes rab ni spyod pa chen po ṣes bya ste/ bsgoms paḥi stobs kyis de kho na ñid rtogs paḥi phyir ro//
de la chen po ni dran pa la sogs pa theg pa chen poḥi chos la dmigs pa las byuṅ baḥi phyir daṅ/ deḥi ḥbras bu yin paḥi [ZH.68-158] phyir daṅ de[(1)] bsdus paḥi phyir ro//
śes rab gya nom pa rnam pa gsum gyis ṣiṅ yoṅs su dag par phan tshun du bgrod paḥi phyir rnam par rgyu baḥi lam ṣes byaḥo//

ḥdis ni byaṅ chub sems dpaḥ rnams śes rab gya nom pa gsum gyi rgyus ṣiṅ yoṅs su dag par ḥjug paḥi phyir/ rnam par rgyu baḥi lam ṣes byaḥo ṣes bstan to//
de bṣin gśegs pa rnams kyi dran pa chen po ni rnam par mi rtog paḥi ye śes yin te/ dran paḥi dbaṅ gis de kho na ñid kyi don la rab tu gnas paḥi phyir ro// blo gros chen po ni rjes las [D.Ti.66b] thob paḥi ye śes yin te/ chos rnams kyi don dam pa daṅ kun rdsob kyi mtshan ñid rnam par ḥbyed paḥi phyir ro//
ḥdi gñi ga yaṅ ṣiṅ yoṅs su dag paḥi mṅon par ḥdu byed paḥi las khyad par can daṅ ldan paḥi phyir gñi ga yaṅ spyod pa ṣes byaḥo//
śes pa ḥdi gñis kyi dbaṅ gis ṣiṅ yoṅs su dag par skye bar ḥgyur baḥi phyir rnam par rgyu baḥi lam ṣes byaḥo//
yaṅ ni[2] dran pa chen poḥi spyod pa ni bdag la phan ḥdogs paḥi spyod pa yin te/ naṅ du bsdus nas mṅon par rdsogs paḥi phyir ro//
blo gros chen poḥi spyod pa ni gṣan la phan ḥdogs paḥi spyod pa yin te/ phyi rol du rnam par ḥbyed paḥi phyir ro//
go rims bṣin du de bṣin gśegs paḥi ṣiṅ yoṅs su dag pa rnam pa gñis su skye bar ḥgyur baḥi phyir rnam par rgyu baḥi lam ṣes byaḥo ṣes ḥbyuṅ ṅo//
《slob dpon dbyig gñen gyis mdsad paḥi ḥgrel pa》 las ni
thos pa daṅ bsams pa daṅ/ bsgoms paḥi śes rab ni go rims bṣin du dran pa daṅ blo gros daṅ spyod pa chen pos bgrod paḥi lam byed do ṣes bśad do//
《slob dpon ṅo bo ñid med kyis byas paḥi ḥgrel pa》 las
bsams pa las byuṅ baḥi śes rab ni dran pa chen po ṣes byaḥo//
thos pa las byuṅ baḥi śes rab ni blo gros chen po ṣes byaḥo//
[ZH.68-159] bsgoms pa las byuṅ baḥi śes rab ni spyod pa chen po ṣes bya ste/ bgrod par bya baḥi lam du gyur pa ni lam gyi [3]graṅs so ṣes bśad do//

(1) PN: de ⇒ des (2) PN: ni ⇒ na (3) +rnam

(@1-20)[0190c22] 大止、妙觀以爲所乘,
[0190c23] 釋曰。是第十六、乘圓滿也。

ṣi gnas daṅ lhag mthoṅ chen poḥi bṣon pa yin pa
ṣes bya ba ḥdis ni bcu drug pa bṣon pa phun sum tshogs pa bstan to//

《親光釋》云: "止謂三摩地[1], 觀謂般羅若[2]。'大'義如前。此二等運, 故名'所乘'。乘此止觀, 隨其所應, 行前道[3]。[4]是應住[5], 住[6]中止觀, 別名'所

乘'。【總別不顯思[7]。】"

《世親釋》云: "乘止及觀而遊趣故。"

《無性釋》云: "以乘止觀, 遊三慧路, 往所趣國[8]。勝諸聲聞、獨覺、菩薩所乘止觀, 故名爲'大'。"

(1) samādhi (2) prajñā (3) JS, Taisho, SNST, Baek(2013a): null ⇒ +路

(4) JS, Taisho, SNST, Baek(2013a): null ⇒ +路

(5) JS, Taisho, SNST, Baek(2013a): '應住' ⇒ '總位'

(6) JS, Taisho, SNST: 住 ⇒ 位

(7) JS: '不顯思' ⇒ '顯不思議'; SNST: '【總別不顯思】'=null

(8) Taisho, Baek(2013a): 國 ⇒ 園; SNST: 國=路

《slob dpon ñe baḥi ḥod kyis byas paḥi ḥgrel pa》 las

ṣi gnas ni tiṅ ṅe ḥdsin to// lhag mthoṅ ni śes rab bo//

chen poḥi don ni sṅa ma bṣin no//

de ñid raṅ gi ṅaṅ gis ḥjug pa ni bṣon pa ste/ ṣi gnas daṅ lhag mthoṅ la ṣon nas/ ci rigs par mdun gyi lam du ḥgro baḥo//

de la lam ni spyiḥi gnas yin la gnas las ṣi gnas daṅ lhag mthoṅ bye brag tu bṣon pa ṣes bstan pa yin no ṣes ḥbyuṅ ṅo//

《slob dpon dbyig gñen gyis mdsad paḥi ḥgrel pa》 las ni

ṣi gnas daṅ lhag [D.Ti.67a] mthoṅ la ṣon nas rnam par rgyu ṣiṅ ḥgro baḥi phyir ro ṣes bśad do//

《ṅo bo ñid med kyis byas paḥi ḥgrel pa》 las ni

ṣi gnas daṅ lhag mthoṅ la ṣon nas śes rab rnam gsum gyis[1] lam du rgyu ṣiṅ bgrod par bya baḥi lam du ḥgro baḥo//

ñan thos daṅ raṅ saṅs rgyas daṅ byaṅ chub sems dpaḥ rnams kyi bṣon paḥi ṣi gnas daṅ lhag mthoṅ las mchog tu gyur paḥi phyir chen po ṣes byaḥo ṣes bśad do//

(1) gyis ⇒ gyi

(@1-21)[0191a05] 大空、無相、無願解脫爲所入門,

[0191a06] 釋曰。是第十七、門圓滿也。

rnam par thar pa chen poḥi stoṅ pa ñid daṅ mtshan ma med pa daṅ smon pa med par ḥjug paḥi sgor gyur pa

ṣes bya ba ḥdis ni bcu bdun pa sgo phun sum tshogs pa bstan to//

《親光釋》云: "謂大宮殿, 三解脫門爲所入處。'解脫'即是出離涅槃。即大空等名'解脫門', 依從是[(1)]門而入淨土。

遍計所執生、法無我, 說名爲'空'。緣此三摩地, 名'空解脫門'。

'相'謂十相: 一、色, 二、聲, 三、香, 四、味, 五、觸, 六、男, 七、女, 八、生, 九、老, 十、死。即此[(2)]涅槃, 無此等相, 故名'無相'。緣此三摩地, 名'無相解脫門'。

'願'謂願求[(3)]。觀三界苦無所願求[(3)], 故名'無願'。緣此三摩地, 名'無願解脫門'。

由此空等三解脫門, 得入淨土, 故名爲'門'。'大'如前說。

此淨土中, 亦應有事, 路、乘、門等, 爲令有情欣樂實德, 故就行說【如論說須釋。此中應辨三解脫門章。】[(4)]"

(1) JS, Taisho, SNST: 是 ⇒ 此 (2) JS, Taisho, SNST: 此 ⇒ 是

(3) JS, Taisho: '願求'='求願'; SNST: '願求'=*sic* (4) SNST: '【如論說......三解脫門章。】'=null

《slob dpon ñe baḥi ḥod kyis byas paḥi ḥgrel pa》 las

ḥdi ltar gṣal med khaṅ chen po rnam par thar paḥi sgo gsum gyis ḥjug paḥi gnas byed de/ de la rnam par thar pa ni ṅes par ḥbyuṅ ba mya ṅan las ḥdas paḥo//

stoṅ pa la sogs pa ni rnam par thar paḥi sgo yin te/ sgo mo de la brten nas [ZH.68-160] ṣiṅ yoṅs su dag par ḥjug paḥo//

kun brtags paḥi sems can daṅ chos bdag med pa ni stoṅ pa ṣes byaḥo// de la dmigs paḥi tiṅ ṅe ḥdsin ni rnam par thar paḥi sgo stoṅ pa ñid yin no//

mtshan ma ni ḥdi lta ste/ mtshan ma bcu po rnams te/ gzugs daṅ sgra daṅ dri daṅ ro daṅ reg bya daṅ/ skyes pa daṅ bud med daṅ skye ba daṅ rga ba daṅ ḥchi ba ste/ mya ṅan las ḥdas pa ḥdi la mtshan ma ni bdag[(1)] med paḥi phyir mtshan ma med pa ṣes byaḥo// de la dmigs paḥi tiṅ ṅe ḥdsin ni rnam par thar paḥi sgo mtshan ma med pa yin no//

smon pa ni smon ciṅ rtsol ba ste/ khams [(2)] sdug bsṅal ñid du lta na smon ciṅ rtsol bar bya ba med paḥi phyir smon pa med pa ṣes byaḥo// de la dmigs paḥi tiṅ ṅe ḥdsin ni rnam par thar paḥi sgo smon pa med pa yin no//

stoṅ pa ñid la sogs paḥi rnam par thar paḥi sgoḥi dbaṅ gis ṣiṅ yoṅs su dag par ḥjug pa thob paḥi phyir sgo ṣes byaḥo//

chen po ni sṅa ma bṣin du bśad par byaḥo//

ṣiṅ yoṅs su dag pa der don gñer ba yod pas lam daṅ bṣon pa daṅ sgo la sogs pa bstan pa ni sems can rnams [D.Ti.67b] yaṅ dag paḥi yon tan la rab tu daṅ ba bskyed paḥi phyir spyod paḥi dbaṅ du mdsad nas gsuṅs pa yin no ṣes ḥbyuṅ ṅo//

(1) 'ni bdag' ⇒ 'ḥdi dag'
(2) +'gsum gyi'

(@1-22)[0191a17] 無量功德衆所莊嚴, 大寶華王衆所建立大宮殿中。
[0191a18] 釋曰。明第十八、依持圓滿。

yon tan gyi tshogs mthaḥ yas par rab tu brgyan pa rin po che padmaḥi rgyal po chen po rnams kyis rnam par gṣag paḥi gṣal med khaṅ chen po na bṣugs te ṣes bya ba ḥdis ni bco brgyad pa gṣi phun sum tshogs pa bstan to//

《佛地論》云: "謂如地等依風輪等, 或如世間宮殿依地, 如是淨土, 無量功(1)德衆所莊(2)嚴, 大寶紅蓮華王衆所建立。
(3)下以三義, 釋'大'及'王'。(4)
一者(5)、謂紅蓮華, 大寶所成。如是大寶, 無量功德衆善所起, 於衆寶中勝故名'大'。【釋大。】
此寶紅蓮, 於諸華中最爲殊勝故名'華王'。【釋王。】
二者(6)、或此寶華, 望諸菩薩善根所起, 紅蓮華衆勝故名'大'。【釋大。】
佛是法王, 是佛最勝善根所起故名'華王'。【釋王。】
三者(7)、又此寶華, 極難得故名爲'大寶'(8)。【釋大。】
(9)華中最勝故名'華王'。【釋王。】
此華非一, 或華葉多, 故名爲'衆'。"

(1) Taisho: 功=null; SNST: 功=*sic* (2) Taisho: 莊=null; SNST: 莊=*sic*
(3) Lee: null ⇒ +【 (4) Lee: null ⇒ +】 (5) Taisho: '一者'=null; SNST: '一者'=*sic*
(6) Taisho: '二者'=null; SNST: '二者'=*sic* (7) Taisho: '三者'=null; SNST: '三者'=*sic*
(8) JS: 寶=null; SNST: 寶=*sic* (9) JS: null=+寶; SNST: null=*sic*

《slob dpon ñe baḥi ḥod kyis(1) ḥgrel pa》 las
ḥdi lta ste/ ji ltar sa la sogs pa rluṅ gi dkyil ḥkhor la sogs pa la brten pa bṣin

duḥam/ yaṅ na ḥjig rten paḥi gṣal med khaṅ sa la brten pa de bṣin du/ ṣiṅ yoṅs su dag pa de [ZH.68-161] yaṅ yon tan gyi tshogs tshad med pas rab tu brgyan pa rin po che le brgan gyi padmaḥi rgyal po chen po rnams kyis rnam par gṣag pa yin no ṣes ḥbyuṅ ste/

de la don rnam pa gsum gyis chen po daṅ rgyal po ṣes bya baḥi don to//

daṅ po ni ḥdi ltar padma le brgan de rin po che chen po las mṅon par grub pa yin la/ rin po che chen po de yaṅ yon tan daṅ dge baḥi tshogs tshad med pa las byuṅ bas/ rin po che rnams kyi naṅ na mchog tu gyur paḥi phyir chen po ṣes byaḥo//

rin po cheḥi padma le brgan de padma rnams kyi naṅ na mchog daṅ khyad par du gyur paḥi phyir padmaḥi rgyal po ṣes byaḥo//

gñis pa ni yaṅ na rin po cheḥi padma de byaṅ chub sems dpaḥ rnams kyi dge baḥi rtsa ba las byuṅ ba las ltos na padma le brgan de dag mchog tu gyur paḥi phyir chen po ṣes byaḥo//

de bṣin gśegs pa ni chos kyi rgyal po yin la de bṣin gśegs paḥi dge baḥi rtsa ba mchog las byuṅ baḥi phyir/ padmaḥi rgyal po ṣes byaḥo//

gsum pa ni rin po cheḥi padma de śin tu rñed par dkaḥ baḥi phyir na rin po che chen po ṣes bya la/ padmaḥi naṅ na mchog tu gyur paḥi phyir/ padmaḥi rgyal po ṣes byaḥo//

padma de gcig kho na ma yin paḥam/ yaṅ na padmaḥi ḥdab ma [(2)] mṅaḥ baḥi phyir rnam[(3)] śes gsuṅs so ṣes bśad do//

(1) +'mdsad paḥi' (2) +'du ma' (3) rnam ⇒ rnams

《世親釋》云: "次有一句顯依持圓滿。

如大地等依風輪住, 此佛淨土[(1)]何所依持?

無量功德衆所莊嚴, 大紅蓮華之所建立。"

《無性釋》云: "此紅蓮華, 於諸華中最爲殊勝, 是故說名'大寶華王'。或即如來說名大王[(2)]故, 此紅蓮華是佛依處, 從王爲名。'所建立'者, 謂佛淨土, 依此華王, 長時相續無有間絕。此句顯示依持圓滿。"

[Lee:](*又《攝論》云: "復次, 受用如是淸淨佛土, 一向淨妙、一向安樂、一向無罪、一向自在。"

《無性釋》云: " '一向淨妙'者, 無不淨故, 離糞穢故。

‘一向安樂’者，無有苦受及處中受故。

‘一向無罪’者，無有不善及無記故。

‘一向自在’者，不待外緣故，暫起於心衆事辦故。”)

(1) Taisho: ‘佛淨土’=‘淨佛土’

(2) Taisho: null=+‘大法王’; SNST: null=*sic*

《slob dpon dbyig gñen gyis mdsad paḥi ḥgrel pa》 las

tshig ḥdi gcig gis gṣi phun sum tshogs pa bstan te/ ji ltar sa chen po la sogs rluṅ gi dkyil [D.Ti.68a] ḥkhor la sogs pa la brten ciṅ gnas pa bṣin du saṅs rgyas kyi ṣiṅ yoṅs su dag pa ḥdir yaṅ ci ṣig gṣi byed ce na/

yon tan gyi tshogs tshad med pas rab tu brgyan pa padma le brgan gyi rgyal po chen pos rnam par gṣag pa ṣes gsuṅs pa yin no ṣes bśad do//

《slob dpon ṅo bo ñid med kyis ḥgrel [ZH.68-162] pa》 las ni

padma le brgan ḥdi padma rnams kyi naṅ na ḥdi mchog daṅ khyad par can du gyur paḥi phyir/ rin po cheḥi padmaḥi rgyal po ṣes gsuṅs so//

yaṅ na de bṣin gśegs pa ni rgyal po chen po ṣes brjod la/ padma le brgan ḥdi ni de bṣin gśegs paḥi rten paḥi gnas yin/ bdag poḥi dbaṅ du mdsad nas miṅ ḥdi skad ces byaḥo//

rnam par gṣag ces bya ba ni ḥdi lta ste/ saṅs rgyas kyi ṣiṅ yoṅs su dag pa de padmaḥi rgyal po ḥdi la brten nas rtag par rgyun du bar chad med pa ste/ tshig ḥdis ni gṣi phun sum tshogs pa bsten(1) to ṣes ḥbyuṅ ṅo//

gṣan yaṅ《theg pa chen po bsdus pa》 las yaṅ saṅs rgyas kyi ṣiṅ yoṅs su dag paḥi loṅs spyod ni śin tu dag pa daṅ/ (2)śin tu kha na ma tho ba med pa daṅ/ śin tu dbaṅ bsgyur ba can no ṣes ḥbyuṅ ste/

ḥdi ñid kyi ḥgrel pa las/

de la śin tu dag pa ṣes bya ba ni ma dag pa med paḥi phyir daṅ/ gcin skyag daṅ bral baḥi phyir ro//

śin tu bde ba ni sdug bsṅal gyi tshor ba daṅ/ tshor ba bar med paḥi phyir ro//

śin tu kha na ma tho ba med pa ni mi dge ba daṅ luṅ ma bstan pa med paḥi phyir ro//

śin tu dbaṅ bsgyur ba can ni phyi rol gyi rkyen la mi ltos paḥi phyir daṅ/ sems bskyed pa tsam gyis bya ba rnams ḥbyor baḥi phyir ro ṣes ḥbyuṅ ṅo//

(1) PN: bsten ⇒ bstan

(2) +‘śin tu bde ba daṅ/’

(@1-23)[0191b10] 是薄伽梵最清淨覺,

[0191b11] 釋曰。上來已釋住處莊嚴。自下第二、釋總別德。

bcom ldan ḥdas śin tu rnam par dag paḥi blo daṅ ldan pa
ṣes bya ba la sogs pas ni de yan chad du gnas kyi bkod pa rnam par bśad nas/ ḥdi man chad gñis pa yon tan gyi spyi daṅ khyad par rab tu bstan pa ṣes bya ba bstan to//

如何此中先處後德?
《親光釋》云: "爲顯世尊依淨佛土具如是德說此經故。"

ḥdir ciḥi phyir gnas sṅar bstan la/ yon tan phyis bstan [ZH.68-163] ṣe na/
《slob dpon ñe baḥi ḥod kyis [(1)] ḥgrel pa》 las/
bcom ldan ḥdas [D.Ti.68b] saṅs rgyas kyi ṣiṅ yoṅs su dag pa na bṣugs śiṅ yon tan ḥdi lta bu daṅ ldan pas mdo sde ḥdi gsuṅs so ṣes bstan paḥi phyir ro ṣes bśad do//

(1) +'mdsad paḥi'

就釋德中, 復分爲二: 初、釋總德, 二、釋別德。

de la yon tan rnam par bśad pa la yaṅ rnam pa gñis su dbye ste/ yon tan gyi spyiḥi rnam par bśad pa daṅ/ yon tan gyi khyad par rnam par bśad paḥo//

說此二德, 有何義耶?
依《佛地論》, 有其二義:
"一、顯諸佛異餘大師故, 說世尊功德殊勝。
二、爲其餘生淨信故, 顯示如來[(1)]功德圓滿。"
《無性論》云: "顯薄伽梵, 異諸聲聞、獨覺、菩薩覺, 最勝故。"

(1) JS: '如來'='世尊'; SNST: '如來'=*sic*

yon tan ḥdi gñis bstan pa la don ci yod ce na/
《saṅs rgyas kyi saḥi ḥgrel pa》 las don rnam pa gñis kyi phyir ṣes bśad de/ de

bṣin gśegs pa rnams ston pa gṣan las khyad par du ḥphags par bstan paḥi phyir/ bcom ldan ḥdas kyi yon tan khyad par can gsuṅs pa daṅ/ gṣan dag rab tu daṅ ba[(1)] bskyed paḥi phyir de bṣin gśegs paḥi yon tan phun sum tshogs pa bstan to ṣes ḥbyuṅ ṅo//

《slob dpon ṅo bo ñid med kyis ḥgrel pa》 las/

bcom ldan ḥdas ñan thos daṅ raṅ saṅs rgyas daṅ byaṅ chub sems dpaḥ rnams kyi blo las mchog tu gyur par bstan paḥi phyir[(2)]

(1) 'daṅ ba' ⇒ 'dad pa'

(2) +'ro ṣes bśad do//'

"薄伽梵"者, 顯有德人。

"最清淨覺"者, 正明勝德。

[(1)]依《佛地論》, 釋有三義:

"一、於一切有爲、無爲所應覺境, 正開覺故。

二、於一切所應覺境, 淨妙、圓滿正開覺故。

三、於一切如所有性、盡所有性, 正開覺[(2)]。"

解云。三釋有差別者。

一、約法數以釋淨覺, 有爲、無爲攝法盡故。

二、約二慧以釋淨覺, 淨妙、圓滿攝慧盡故。【"淨妙"者緣俗智。"圓滿"者緣眞智。】

三、就眞俗以釋淨覺, 以依二諦攝境盡故。[(3)]

下《經》云(@6-118~132)"盡諸[(4)]有性, 如五數蘊等。如所有性, 七眞如等"。此"盡所有性"、"如所有性", 如《第三卷經記》(=@6-120)中說。

(1) SNST: null ⇒ +'然此勝德' (2) JS, Taisho, SNST, Baek(2013a): null ⇒ +故

(3) SNST: '三釋有差別者......以依二諦攝境盡故' ⇒

'三釋有差別者, 諸說不同。

一云。一、約法數以釋淨覺。有爲無爲攝所知盡故。

二、約淨妙圓滿以釋淨覺。斷障淨妙亦圓滿故。

三、約自性差別以釋淨覺。自性覺名爲盡所有, 差別覺名爲如所有。

一云。一、約法數以釋淨覺。即同前說。

二、約二慧以釋淨覺。生空慧名爲淨妙覺, 法空慧名爲圓滿覺。

三、就眞俗以釋淨覺。緣世俗名爲盡所有, 緣勝義名爲如所有。'

(4) JS, Taisho, SNST, Baek(2013a): 諸 ⇒ 所

bcom ldan ḥdas ṣes bya bas gaṅ zag yon tan can yin par bstan la/
śin tu rnam par dag paḥi blo daṅ ldan pa ṣes bya bas ni yon tan mchog tu gyur par yaṅ dag par bstan to ṣes bśad do[(1)]//
yon tan mchog tu gyur pa de yaṅ《saṅs rgyas kyi saḥi ḥgrel pa》daṅ sbyar na don rnam pa gsum du bśad de/
ḥdus byas daṅ ḥdus ma byas thugs su chud par bya ba ji sñed pa yod pa thams cad yaṅ dag par thugs su chud paḥi blo mṅaḥ baḥi phyir daṅ/
thugs su chud par bya ba thams cad legs par rdsogs par yaṅ dag par thugs su chud paḥi blo mṅaḥ baḥi phyir daṅ/
ji lta ba bṣin du yod pa daṅ ji sñed yod pa thams cad yaṅ dag par thugs su chud paḥi blo mṅaḥ baḥi [ZH.68-164] phyir ro ṣes ḥbyuṅ ṅo//
rnam pa gsum du bśad pa la bye brag yod par bstan pa yaṅ so so nas bśad pa mi mthun te/
kha cig na re daṅ po ni chos kyi rnam graṅs kyi dbaṅ du byas nas śin tu rnam par dag paḥi blo bstan te/ ḥdus byas daṅ ḥdus ma byas kyi śes bya mthaḥ dag ma lus par bsdus paḥi phyir ro//
gñis pa ni legs par rdsogs paḥi dbaṅ du byas [D.Ti.69a] nas śin tu rnam par dag paḥi blo bstan te/ sgrib pa spaṅs pa śin tu gya nom pa yaṅ yoṅs su rdsogs paḥi phyir ro//
gsum pa ni raṅ gi ṅo bo ñid daṅ bye brag gi dbaṅ du byas nas śin tu rnam par dag paḥi blo bstan te/ raṅ gi ṅo bo ñid thugs su chud pa ni ji sñed yod pa ṣes byaḥo// bye brag tu thugs su chud pa ni ji lta ba bṣin du yod pa ṣes byaḥo//
kha cig na re daṅ po ni chos kyi rnam graṅs kyi dbaṅ du byas nas śin tu rnam par dag paḥi blo bstan pa yin no ṣes bśad de sṅa ma daṅ mthun no//
gñis pa ni mkhyen pa gñis kyi dbaṅ du byas nas śin tu rnam par dag paḥi blo bstan te/ ḥdi ltar sems can stoṅ pa ñid du mkhyen pa ni yoṅs su dag pa gya nom paḥi blo ṣes bya ba la chos stoṅ pa ñid mkhyen pa ni yoṅs su rdsogs paḥi blo ṣes byaḥo//
gsum pa ni don dam pa daṅ kun rdsob kyi śes byaḥi dbaṅ du byas nas śin tu rnam par dag paḥi blo bstan te/ kun rdsob kyi yul la dmigs pa ni ji sñed yod pa ṣes byaḥo// don dam paḥi yul la dmigs pa ni ji lta ba bṣin du yod pa ṣes bya ste/
deḥi phyir ḥog nas《mdo》las
ji sñed yod pa ñid ni ñe bar len paḥi phuṅ po lṅa la sogs paḥo//
ji lta ba bṣin du yod pa ni de bṣin ñid bdun la sogs paḥo ṣes gsuṅs pa yin no

ṣeḥo//
tshig gñis kyi bśad pa ni yi ge thad kar bab pa na bśad par byaḥo//

(1) 'ṣes bśad do' ⇒ null

(@1-24)[0191c03] 不二現行,
[0191c04] 釋曰。自下第二、釋諸別德。

[ZH.68-165] kun tu spyod pa gñis mi mṅaḥ ba
ṣes bya ba la sogs pas ni gñis pa yon tan gyi khyad par bstan to//

然釋此德, 有其二義:
一、明種數多少新舊同異。
二、依諸論正釋經文。

yon tan ḥdi dag rnam par bśad pa yaṅ rnam pa gñis te/ graṅs kyi rnam pa maṅ ñuṅ daṅ dpe gsar rñiṅ mthun mi mthun bstan pa daṅ/ bstan bcos rnams daṅ sbyar nas mdo sdeḥi tshig rnam par dgrol baḥo//

[§1. 種數多少新舊同異]
文同異者。
眞諦三藏《梁攝大乘論本》, 唯有二十句, 闕經一句"窮未來際", 無著(1), 但二十德名。
《釋論》初云"由二十道理成就如來智慧最清淨故", 乃至後云"第一句爲本, 餘二十一(2)句爲能成就"。
【(3)解云。舊本有二種失:
一、脫經一句"窮未來際"。
二、或釋云"釋云(4)二十道理", 便違後說"二十一句"。
由斯, 諸師謬釋非一。
《眞諦記》云: "别德唯有二十句。通取結句, 合成二十一句。"
(5)別德, 常[冗-几+言](6)二師, 亦同眞諦。
嵩法師云, 論中有二十句, 而言'一'者, 乘(7)此'一'字, 或可脫失一種功德。

道默法師，總別合說，成二十一。

如是等謬，不可具述。】

今依《唐本攝大乘》等，具釋《經》中二十一德。

故今《唐本經論》爲正。[8]

(1) SNST: '無著' ⇒ '無有差別' (2) Taisho: '二十一'='二十'; SNST: '二十一'=*sic*
(3) SNST: 【 ⇒ null (4) SNST, Baek(2013a): '釋云' ⇒ null (5) Lee: null ⇒ +【
(6) Baek(2013a): [冗-几+言]=訇 (7) JS: 乘 ⇒ 乖; Baek(2013a): 乘=剩
(8) SNST: '別德常[冗-几+言]二師......故今《唐本經論》爲正'=null

de la mthun mi mthun ṣes bya ba yaṅ

《theg pa chen po bsdus paḥi dpe mi mthun pa gṣan kha cig》 las mdo sdeḥi tshig ñi śu las med do// mdo tshig phyi maḥi mthaḥi mur thug pa ṣes bya ba ma tshaṅ ba daṅ/ bye brag med par yon tan ñi śu rtsa gcig gi[1] miṅ tsam ṣig smos pa kho nar zad do//

deḥi 《ḥgrel pa》 las kyaṅ mgor ni rigs pa rnam pa ñi śuḥi dbaṅ gis de bṣin [D.Ti.69b] gśegs paḥi blo śin tu rnam par dag par mṅon par ḥgrub paḥi phyir ro ṣes ḥbyuṅ ṅo// mjug tu ni tshig daṅ po ni mdor rnam par gṣag paḥo// gṣan ñi śu rtsa gcig gis ni de sgrub par byed do ṣes ḥbyuṅ ṅo//

dpe rñiṅ ḥgyur de la skyon rnam pa gñis yod de/ mdoḥi tshig phyi maḥi mthaḥi mur thug pa ṣes bya ba ma tshaṅ ba daṅ/ 《ḥgrel pa》 las rigs pa rnam pa ñi śu ṣes ḥbyuṅ ste/ ḥog nas tshig ñi śu rtsa gcig ces ḥbyuṅ ba daṅ mi mthun paḥi phyir/ slob dpon de dag gis bsgyur ciṅ bśad pa la nor ba yod do//

slob dpon yaṅ dag bden pas ni yon tan gyi khyad par bstan pa la tshig ñi śu yod de mjug bsdus paḥi tshig kyaṅ der bsdu na ñi śu rtsa gcig tu ḥgyur ro ṣes bśad do//

(1) 'śu rtsa gcig gi' ⇒ 'śuḥi'

[§2. 依諸論正釋經文]

二、依諸[1]論正釋經[2]者。

釋此別德，諸論不同。

一、《攝大乘論》，先擧《經》中"二十一德"，後依道理立功德名，而不解釋。

故《本論》云："謂於所知一向無障轉功德，

於有無無二相眞如最勝清淨能入功德，

無功用佛事不休息住功德,
於法身中所依、意樂、作業無差別功德,
修一切障對治[3],
降伏一切外道功德,
生在世間不爲世法所礙功德,
安立正法功德,
授記功德,
於一切世界現示受用、變化身功德,
斷疑功德,
令人[4]種種行功德,
當來法生妙智功德,
如其勝解示現功德,
無量所依調伏有情加行功德,
平等法身波羅蜜多成滿功德,
隨其勝解示現差別佛土功德,
三種佛身方處無分限功德,
窮生死際常現利益安樂一切有情功德,
無盡功德等。"
二者、《世親》, 略釋經論二十一德。【帳[5]一紙半。】
三者、《無性》, 廣釋經論二十一德, 【三紙半。】後、明功德生起次第。【一紙半。】
四者、親光《佛地論》中, 有二復次[6]:
初、自立名[7], 釋經諸句, 【兩紙半。】
後、依《無著》所立德名, 以釋經句。【有其四紙。】[8]

(1) JS: 諸=經 (2) SNST: null ⇒ +文 (3) JS, Taisho, SNST, Baek(2013a): null ⇒ +功德
(4) JS, Taisho, SNST, Baek(2013a): 人 ⇒ 入 (5) JS: 帳 ⇒ 張 (6) SNST: null ⇒ +'釋二十一德'
(7) SNST: 名 ⇒ '德名' (8) SNST: null ⇒ +'卽同餘論'

de la gñis pa bstan bcos rnams daṅ sbyar nas mdo sdeḥi tshig rnam par dgrol ba yaṅ yon tan gyi khyad par ḥdi rnam par bśad pa bstan bcos las mi

[ZH.68-166] mthun te/
《slob dpon thogs med kyis mdsad pa bstan bcos theg pa chen po bsdus pa》 las
sṅar ni 《mdo sde》 las gsuṅs paḥi tshig ñi śu rtsa gcig bkod pa deḥi ḥog tu ni
rigs pa daṅ sbyar nas mdo sdeḥi tshig gi go rims bṣin du yon tan gyi miṅ rnam
par gṣag go// de dag gi rnam par bśad pa ni med do//
yon tan de dag gi miṅ yaṅ 《theg pa chen po bsdus pa》 las ji skad du
śes bya la śin tu sgrib pa med par ḥjug paḥi yon tan daṅ/
yod pa daṅ[(1)] [(2)]med paḥi de bṣin ñid mchog tu rnam par dag par ḥjug par
mdsad paḥi yon tan daṅ/
saṅs rgyas kyi mdsad pa lhun gyis grub pa rgyun mi ḥchad par gnas paḥi yon
tan daṅ/
chos kyi sku la gnas pa daṅ/ dgoṅs pa daṅ/ phrin las mdsad pa tha dad pa mi
mṅaḥ baḥi yon tan daṅ/
sgrib pa thams cad kyi gñen po bsgoms paḥi yon tan daṅ/
mu stegs can thams cad btul baḥi yon tan daṅ/
ḥjig rten du skyes kyaṅ ḥjig rten gyi chos kyis mi ḥphrogs paḥi yon tan daṅ/
chos yaṅ dag pa rnam par gṣag paḥi yon tan daṅ/
luṅ ston paḥi yon tan daṅ/
ḥjig rten gyi khams thams cad du loṅs spyod rdsogs pa daṅ/ sprul paḥi sku ston
paḥi yon tan daṅ/
[D.Ti.70a] the tshom gcod paḥi yon tan daṅ/
spyod pa sna tshogs kyis ḥjug par mdsad paḥi yon tan daṅ/
phyi ma la chos ḥbyuṅ ba rab tu mkhyen paḥi yon tan daṅ/
mos pa ji lta ba bṣin ston paḥi yon tan daṅ/
rten tshad med pas sems can ḥdul bar sbyor baḥi yon tan daṅ/
chos kyi sku mñam pa la pha rol tu phyin pa rnams yoṅs su grub paḥi yon tan
daṅ/
mos pa ji lta ba bṣin du saṅs rgyas kyi ṣiṅ tha dad pa ston paḥi yon tan daṅ/
saṅs rgyas kyi sku gsum gyi yul yoṅs su ma chad paḥi yon tan daṅ/
ḥkhor [ZH.68-167] baḥi mthaḥ ji sñam par sems can thams cad la phan pa daṅ
bde ba ñe bar gnas paḥi yon tan daṅ/
mi zad paḥi yon tan la sogs paḥo ṣes bstan paḥo//
《slob dpon dbyig gñen gyis mdsad paḥi ḥgrel pa》 las/ yon tan ñi śu rtsa gcig
po ḥdi dag mdo tsam du rnam par ḥgrel to//
《slob dpon ṅo bo ñid med kyis ḥgrel pa》 las ni yon tan ñi śu rtsa gcig po ḥdi

dag rgya cher ḥchad de/ yon tan rnams mtshams sbyor baḥi go rims kyaṅ ston to//
《slob dpon ñe baḥi ḥod kyis byas paḥi saṅs rgyas kyi saḥi ḥgrel pa》 las ni rnam graṅs gñis kyis yon tan ñi śu rtsa gcig rnam par bśad de/
de rnam graṅs daṅ po las ni raṅ ñid kyi yon tan gyi miṅ rnam par gṣag nas mdoḥi tshig rnam par ḥchad do//
rnam graṅs gñis pa las ni 《slob dpon thogs med kyis mdsad paḥi ḥgrel pa》 las ḥbyuṅ baḥi yon tan gyi miṅ rnam par gṣag pa la brten nas mdoḥi tshig rnam par ḥchad de/ bstan bcos gṣan daṅ mthun no//

(1) PN: null ⇒ +'med paḥi mtshan ñid'
(2) +gñis

今依諸論, 正釋經文。
就釋文中, 自有兩說。
一、《世親》等, 一一別釋, (1)爲二十一。
二者、《親光》, 合釋後二, 分爲二十。
雖有兩說, 且依前說。
此釋第一、不二現行。(2)
【依《無性論》, 總分爲二: 初、有四種明自利德, 後、十七種顯利他德。
自利德中, 復分爲四: 一、明智德, 二、顯斷德, 三、辨恩德, 四、釋化用平等。
配文可知。】(3)

(1) SNST: null ⇒ +分 (2) JS, SNST: '此釋第一不二現行'=null
(3) SNST: '【依《無性論》......配文可知。】'=null

tshig gi don rnam par bśad pa yaṅ yon tan ñi śu rtsa gcig yod pa de ñid kyis rnam pa ñi śu rtsa gcig tu rnam par dbye ste/ rnam pa re re yaṅ sṅar ni smos pa bstan la/ phyis ni yon tan daṅ sbyar bas bstan par rig par byaḥo(?)//

(1)《世親釋》云: "即是於所知一向無障轉功德。非如聲聞、獨覺智亦有障亦無障故。"
【解云。且如天眼, 三千界內無障, 外即有障。餘皆准此。】

依《無性論》, 有二復次: 初, 同《世親》。後復次云"或二處現行, 此中無有"。【"二處", 自有兩說。一云。前約得通者說。今"二處", 約未得通, 於內、外處, 皆有障行。佛無此故"不二現行"。或可。"二處", 如《佛地論》, 生死、涅槃以爲二處也。(2)】

《親光釋》云: "顯示世尊一向無障殊勝功德。謂諸異生住著生死, 二乘聖者住著涅槃, 如是二障世尊無故。"《佛地》後釋, 文同《世親》。(3)

如是諸釋, 總有三說:

一、有障、無障爲二現行。

二、內、外二處無智(4)爲二現行。

三、樂著生死、涅槃爲二現行。(5)

(1) JS, SNST: null ⇒ +'此釋第一不二現行。'

(2) SNST: '或可。......生死、涅槃以爲二處也'=null

(3) SNST: '文同《世親》'='謂聲聞等, 於諸境界智有障礙, 極遠時方無邊差別諸佛法中無智轉故。如來不爾, 一切時方無邊差別諸佛法中一切種智無障礙轉, 於諸法相無知不知二種現行, 是故說名不二現行。'

(4) SNST: '無智' ⇒ '障行'

(5) SNST: null ⇒ +'佛無此三種二現行, 是故說名不二現行'

de la kun tu spyod pa gñis mi mṅaḥ ba ṣes bya bas ni yon tan daṅ po bstan te/ ḥdi ni śes bya la śin tu sgrib pa med par ḥjug paḥi yon tan ṣes bya ba ñid do//

《slob dpon dbyig gñen gyis mdsad paḥi ḥgrel pa》 las ni(1) ñan thos daṅ/ raṅ saṅs rgyas kyi śes pa ltar kha cig tu ni thogs pa daṅ [D.Ti.70b] bcas la/ kha cig tu ni thogs pa med pa lta bu ma yin paḥi phyir ro ṣes bśad de/

《ṅo bo ñid med kyis ḥgrel pa》 las kyaṅ ḥdi daṅ mthun par bśad do//

ḥdi ltar [ZH.68-168] theg pa gñis kyi ye śes kyis thag ñe ba ni śes la/ thag riṅ po mi śes paḥi phyir thogs pa daṅ bcas paḥi kun tu spyod pa gñis daṅ ldan no//

de bṣin gśegs pa ni thag riṅ po daṅ ñe ba kun mkhyen ciṅ gcig tu thogs pa mi mṅaḥ baḥi phyir kun tu spyod pa gñis mi mṅaḥo(?)//

gṣan yaṅ 《ṅo bo ñid med kyis ḥgrel pa》 las/

yaṅ na gnas gñis kyi kun tu spyod pa ḥdi la mi mṅaḥ bas/ kun tu spyod pa gñis mi mṅaḥ ba ṣes byaḥo ṣes ḥbyuṅ ste/

ji ltar mṅon par śes pa ma thob paḥi gaṅ zag ni thag ñe ba daṅ thag riṅ ba gnas gñis la thogs pa daṅ bcas paḥi kun tu spyod pa yod mod kyi/ bcom ldan ḥdas ni thag ñe ba daṅ riṅ ba thams cad la thogs pa mi mṅaḥ bas kun tu spyod pa gñis mi mṅaḥ ba ṣes bya baḥo//

《slob dpon ñe baḥi ḥod kyis ḥgrel pa》 las/

ḥdi ltar ñan thos la sogs pa ni spyod yul rnams la śes pa thogs pa daṅ bcas pas śin tu thag riṅ baḥi dus daṅ phyogs daṅ rnam pa tshad med paḥi saṅs rgyas kyi chos rnams la śes pa ḥjug pa med paḥi phyir ro//

de bṣin gśegs pa ni de lta ma yin te/ dus daṅ phyogs thams cad daṅ rnam pa tshad med paḥi saṅs rgyas kyi yul[(2)] rnams la rnam pa thams cad mkhyen paḥi ye śes kyis thogs pa mi mṅaḥ bar ḥjug pas chos rnams kyi mtshan ñid la mkhyen pa daṅ mi mkhyen paḥi kun tu spyod pa gñis mi mṅaḥ baḥi phyir/ kun tu spyod pa gñis mi mṅaḥ ba ṣes byaḥo ṣes ḥbyuṅ ṅo//

gṣan yaṅ 《de ñid》 las

ḥdi ni bcom ldan ḥdas kyis śin tu sgrib pa mi mṅaḥ bas khyad par du ḥphags paḥi yon tan bstan te/ ḥdi ltar byis pa so soḥi skye bo rnams ni ḥkhor ba las rab tu chags la/ theg pa gñis kyis ḥphags pa dag ni mya ṅan las ḥdas pa la mṅon par ṣen te/ de lta buḥi sgrib pa gñis bcom [ZH.68-169] ldan ḥdas la mi mṅaḥ baḥi phyir ṣes bśad do//

bstan bcos rnams las bśad pa yaṅ mdor bsdu na rnam pa gsum du ḥgyur te/ daṅ pos ni thogs pa daṅ bcas [D.Ti.71a] pa daṅ thogs pa med pas kun tu spyod pa gñis bstan to//

gñis pas ni [(3)]gnas gñis la thogs pa spyod par kun tu spyod pa gñis bstan to// gsum pas ni ḥkhor ba daṅ mya ṅan las ḥdas pa la gnas pas kun tu spyod pa gñis bstan te/ bcom ldan ḥdas la ḥdi lta buḥi kun tu spyod pa rnam pa gsum mi mṅaḥ baḥi phyir kun tu spyod pa gñis mi mṅaḥ ba ṣes byaḥo//

(1) 'ḥdi ni śes bya la...... 《slob dpon dbyig gñen gyis mdsad paḥi ḥgrel pa》 las ni' ⇒ '《slob dpon dbyig gñen gyis mdsad paḥi ḥgrel pa》 las ni ḥdi ni śes bya la śin tu sgrib pa med par ḥjug paḥi yon tan ṣes bya ba ñid do//'

(2) yul ⇒ chos (3) +'thag ñe ba daṅ thag riṅ ba'

(@1-25)[0192a21] 趣無相法,

[0192a22] 釋曰。顯第二德。

mtshan ñid med paḥi chos la mchog tu gṣol bar mdsad pa
ṣes bya bas ni yon tan gñis[(1)] bstan te/

(1) +pa

《世親釋》云: "謂清淨眞如名'無相法'。'趣'謂趣入。即是於有無無二相眞如最勝清淨能入功德。

謂此眞如, 非是有相, 諸法無性以爲相故, 亦非無相, 自相有故。於此無相眞如最勝清淨能入故。"

解云。眞如, 有其二義: 一者、最勝, 二者、清淨。

證智, 能入最勝、清淨二種境義, 亦令他入。是故說"最勝能入"、"清淨能入"。

《無性》兩釋, 初同《世親》, 後復次云: "無住涅槃名爲'無相', 不住生死涅槃相故。"[(1)]

《親光釋》云: "顯示世尊調化方便殊勝功德。謂'無相法'即是涅槃。佛善知了三乘有情隨彼堪能調化方便, 如實爲說, 令彼趣證無相法故。"

《親光》後釋, 亦同《世親》。

(1) SNST: '《無性》兩釋, 初同《世親》, 後復次云......不住生死涅槃相故'='《無性釋》云。謂此眞如有圓成實相, 無遍計所執相。由此道理名無二相。無有無相, 是實有故。無有有相, 所執無故。謂即眞如最勝淸淨, 一切法中最第一故, 遠離一切客塵垢故。'

ḥdi ni yod pa daṅ med pa gñis su med paḥi mtshan ñid de bṣin ñid mchog tu rnam par dag par ḥjug par mdsad paḥi yon tan ṣes bya ba ñid do//

《slob dpon dbyig gñen gyis mdsad paḥi ḥgrel pa》 las[(1)]

yoṅs su dag paḥi de bṣin ñid ni mtshan ñid med paḥi chos ṣes byaḥo//

gṣol ba ni ḥjug par gṣol baḥo//

ḥdi ltar de bṣin ñid ni mtshan ñid yod pa ma yin te/ chos rnams kyi ṅo bo ñid med pas mtshan ñid byed paḥi phyir ro//

mtshan ñid med pa yaṅ ma yin te/ raṅ gi mtshan ñid byed[(2)] paḥi phyir ro ṣes bśad do//

《ṅo bo ñid med kyis ḥgrel pa》 las ni

ḥdi ltar de bṣin ñid de la ni yoṅs su grub pa kho naḥi mtshan ñid kho na yod kyis/ kun brtags paḥi mtshan ñid ni med de/ rigs pa des ni gñis su med paḥi mtshan ñid ces byaḥo//

mtshan ñid med pa yaṅ ma yin te/ yaṅ dag par yod pa ma yin[3] paḥi phyir ro//

mtshan ñid yod pa yaṅ ma yin te/ brtags pa dag med paḥi phyir ro//

de bṣin ñid de ni mchog tu gyur par dag pa ṣes bya ste/ chos thams cad kyi naṅ na mchog tu gyur [ZH.68-170] paḥi phyir daṅ/ glo bur gyi dri ma thams cad yoṅs su spaṅs paḥi phyir ro[4]//

de bṣin ñid de la ñid kyi ḥjug pa mdsad pa de bṣin du gṣan dag kyaṅ ḥjug par mdsad paḥi phyir de bṣin ñid mchog tu rnam par dag par ḥjug par mdsad paḥi yon tan ṣes gsuṅs so ṣes ḥbyuṅ ste/[5]

《ñe baḥi ḥod kyis ḥgrel pa》 las kyaṅ don ḥdi daṅ mthun par bśad do//

gṣan yaṅ 《de ñid》 las

ḥdis ni bcom ldan ḥdas kyis gdul baḥi thabs kyis yon tan khyad par du ḥphags pa bstan te/ mtshan ñid med paḥi chos ni mya [D.Ti.71b] ṅan las ḥdas pa yin par bṣed la/ bcom ldan ḥdas theg pa gsum gyis gaṅ zag gi skal pa ji lta ba bṣin du ḥdul baḥi thabs yoṅs su mkhyen pas yaṅ dag pa ji lta ba bṣin du bstan nas de dag mtshan ñid med paḥi chos la mchog tu ḥgro bar mdsad paḥi phyir ro ṣes bśad de//

(1) 'ḥdi ni yod pa daṅ med pa gñis su med paḥi......《slob dpon dbyig gñen gyis mdsad paḥi ḥgrel pa》 las' ⇒ '《slob dpon dbyig gñen gyis mdsad paḥi ḥgrel pa》 las ḥdi ni yod pa daṅ med pa gñis su med paḥi mtshan ñid de bṣin ñid mchog tu rnam par dag par ḥjug par mdsad paḥi yon tan ṣes bya ba ñid do//'

(2) byed ⇒ yod (3) 'pa ma yin' ⇒ null (4) +'ṣes bśad do' (5) 'so ṣes ḥbyuṅ ste/' ⇒ 'so//'

如是諸論，總有三釋[1]:

一者、眞如名爲"無相"，遠離有無二種相故。

二、無住涅槃名爲"無相"，不住生死涅槃相故。[2]

三者、三乘[3]涅槃名爲"無相"，以無色等十種相故。

(1) SNST: '總有三釋'='總有兩釋'

(2) SNST: '二、無住涅槃......生死涅槃相故'=null

(3) SNST: '三者、三乘'='二者'

de dag kyaṅ mdor bsdu na bśad pa gñis su ḥgyur te/

daṅ pos ni de bṣin ñid la mtshan ñid med pa ṣes bya ba bstan te/ yod pa daṅ med pa la sogs paḥi mtshan ma thams cad daṅ bral baḥi phyir ro//

gñis pas ni mya ṅan las ḥdas pa la mtshan ma med pa ṣes bya ste/ gzugs la sogs paḥi mtshan ma rnam pa bcu med paḥi phyir ro// //

(@1-26)[0192b13] 住於佛住,
[0192b14] 釋曰。顯第三德。

bam po bdun pa/
saṅs rgyas kyi gnas pas gnas pa
ṣes bya bas ni yon tan gsum pa bstan te/

《世親釋》云: "謂住佛所住, 無所住處。即是無功用佛事不休息住功德。謂此住中, 常作佛事, 無有休息。"
解云。"無所住處"者, 謂無住涅槃。"無功用"者, 謂不由功用作利有情事。故《攝大乘》[(1)]第十卷云: "佛無住爲住者, 生死、涅槃無住爲住。此即安住無住涅槃。諸事無功用者, 不由功用作一切事, 猶如世間末尼、天樂。"
《無性釋》云: "[(2)]隨[(3)]所應恒正安住聖、天、梵住, 故名'佛住'[(4)], 非如聲聞要作功用[(5)], 非如外道有住非勝[(6)]。'天住'即是四種靜慮。'梵住'即是悲等無量。'聖住'即是空、無相等。"
又《無性》云: "於空、大悲善安住故, 名爲'佛住'。[(7)]"
《親光釋》云: "顯示世尊觀所調化殊勝功德, 謂住大悲, 晝夜六時觀世間故。"
《親光》後釋, 同《無性》前釋。

(1) JS: '故《攝大乘》'='《無性攝論》'; SNST: '故《攝大乘》'=*sic*
(2) Taisho, SNST: null ⇒ +'謂不作功用於諸佛事, 有情等中能無間斷'
(3) JS, Taisho, SNST, Baek(2013): null ⇒ +其
(4) JS, Taisho, SNST: '故名佛住' ⇒ null
(5) JS, Taisho: null=+'方利有情'; SNST: null=*sic*
(6) Taisho, SNST, Baek(2013a): '有住非勝' ⇒ '雖有所住而非殊勝'
(7) SNST: '天住即是四種靜慮......名爲佛住'=null

ḥdis ni saṅs rgyas kyi mdsad pa lhun gyis grub pa rgyun mi ḥchad par gnas paḥi yon tan ṣes bya ba ñid do// 《slob dpon dbyig gñen gyis mdsad paḥi ḥgrel pa》 las/[1] saṅs rgyas kyi gnas pa ṣes bya ba ni gnas pa med pa ste/ ḥdi ltar gnas ḥdir rtag par saṅs rgyas kyi mdsad pa rgyun ma chad paḥo ṣes bśad do// de la gnas pa med pa ṣes bya ba ni [ZH.68-171] mi gnas paḥi mya ṅan las ḥdas paḥo//

deḥi phyir《theg pa chen po bsdus paḥi ḥgrel pa》las/

saṅs rgyas kyi gnas pa med pa ni mya ṅan las ḥdas par byon nas/ gnas pa med par gnas paḥo ṣes ḥbyuṅ bas/ de ñid mi gnas paḥi mya ṅan las ḥdas pa la gnas paḥo//

mdsad pa lhun gyis grub paḥo ṣes bya ba ni mṅon par ḥdu mdsad pa la mi ltos par mdsad pa thams cad mdsad pa ste/ dper na ḥjig rten paḥi yid bṣin gyi nor bu daṅ lhaḥi rṅa lta buḥo//

《slob dpon ṅo bo ñid med kyis ḥgrel pa》las/

ḥdi ltar sgrim mi dgos par saṅs rgyas kyi mdsad pa rnams daṅ/ sems can gyi don la sogs pa la/ ḥphags pa daṅ lha daṅ tshaṅs paḥi gnas pa rnams kyis rgyun mi ḥchad par ji ltar mthun mthun du gnas pas ñan thos ltar bsgrims te gnas pa ma yin pa daṅ/ mu stegs can ltar gnas pa yod pas/ khyad par du ḥphags pa ma yin pa ni ma yin no ṣes ḥbyuṅ ste/

《slob dpon ñe baḥi ḥod kyis [D.Ti.72a] ḥgrel pa》las kyaṅ ḥdi daṅ mthun par bśad do//

gṣan yaṅ《slob dpon ñe baḥi ḥod kyis ḥgrel pa》las/

ḥdis ni bcom ldan ḥdas kyis gdul bya la so sor rtog pa khyad par du ḥphags paḥi yon tan bstan te/ thugs rje chen pos ñin mtshan lan drug tu ḥjig rten la gzigs paḥi phyir ro ṣes bśad do//

(1) 'ḥdis ni saṅs rgyas kyi mdsad pa......《slob dpon dbyig gñen gyis mdsad paḥi ḥgrel pa》las/' ⇒ '《slob dpon dbyig gñen gyis mdsad paḥi ḥgrel pa》las/ ḥdis ni saṅs rgyas kyi mdsad pa lhun gyis grub pa rgyun mi ḥchad par gnas paḥi yon tan ṣes bya ba ñid do//'

如是諸論, 總有四釋:

一、住無住涅槃, 二、住聖、天、梵住, 三、住空、大悲, 四、住大悲。[1]

(1) SNST: '總有四釋: 一、住無住涅槃, 二、住聖、天、梵住, 三、住空、大悲, 四、住大悲。'='總有三釋: 一、住無住涅槃, 二、住聖、天、梵住, 三、住大悲。'

de dag kyaṅ mdor bsdu na bśad pa rnam pa gsum du ḥgyur te/

daṅ po ni mi gnas paḥi mya ṅan las ḥdas pa las gnas pas so//

gñis pa ni ḥphags pa daṅ lha daṅ tshaṅs paḥi gnas pas so//
gsum pa ni thugs rje chen po la gnas pas so//

(@1-27)[0192c04] 逮得一切佛平等性,
[0192c05] 釋曰。明第四德。

saṅs rgyas thams cad daṅ mñam pa ñid brñes pa
ṣes bya bas ni yon tan bṣi pa bstan te/

《世親釋》云: “即是於法身中所依、意樂、作業無差別功德。” 更無別釋。
【《梁攝論》云: “‘所依’即法身, ‘意樂’即應身, ‘作業’即化身。如是三身, 一切十方三世如來平等無異, 皆已至得。”】
《無性釋》云: “‘所依無差別’者, 一切皆依清淨智故。‘意樂無差別’者, 一切皆有利益、安樂一切有情勝意樂故。‘作業無差別’者, 一切皆作受用、變化利他事故。非如聲聞等唯有所依[(1)]故。”
《親光釋》云: “顯示世尊得一切佛相似事業殊[(2)]功德。謂證諸佛相似事業平等性故。”
解云。諸佛能現受用[(3)]、變化, 利有情事, 平等相似。
《親光》後釋, 亦同《無性》。

(1) SNST: ‘所依’=思
(2) JS, Taisho, SNST, Baek(2013a): null ⇒ +勝
(3) SNST: ‘受用’=null

[(1)]ḥdi ni chos kyi sku la gnas pa daṅ/ dgoṅs pa [ZH.68-172] daṅ/ phrin las mdsad pa tha dad pa mi mṅaḥ baḥi yon tan ṣes bya ba ñid do[(2)]//
《theg pa chen po bsdus paḥi ḥgrel paḥi dpe mi mthun pa rnam pa gcig》 las
de la gnas pa ṣes bya ba ni chos kyi skuḥo//
dgoṅs pa ṣes bya ba ni loṅs spyod rdsogs paḥi skuḥo//
phrin las mdsad pa ṣes bya ba ni sprul paḥi skuḥo//
ḥdi ltar gsum po de dag ni phyogs bcu dus gsum gyi de bṣin gśegs pa thams cad mtshuṅs śiṅ tha dad pa med pas de dag brñes par gyur paḥo ṣes bśad do//
《slob dpon ṅo bo ñid med kyis ḥgrel pa》 las

gnas tha dad pa mi mṅaḫ ba ni thams cad kyaṅ ye śes rnam par dag paḫi bdag ñid yin paḫi phyir ro//
dgoṅs pa tha dad pa mi mṅaḫ ba thams cad kyaṅ sems can thams cad la phan pa daṅ bde ba mdsad par śin tu dgoṅs paḫi phyir ro//
phrin las tha dad pa mi mṅaḫ ba ni thams cad kyaṅ loṅs spyod rdsogs pa daṅ sprul pa gñis kyis gṣan gyi don sgrub paḫi phyir te/ ñan thos la sogs pa ltar bsams pa tsam ḫbaḫ ṣig ni ma yin no ṣes ḫbyuṅ ṅo//
《slob dpon ñe baḫi ḫod kyis ḫgrel pa》 las kyaṅ ḫdi daṅ mthun par bśad do//
gṣan yaṅ《ñe baḫi ḫod kyis ḫgrel pa》 las
ḫdi ni bcom ldan ḫdas kyis saṅs rgyas thams cad daṅ/ phrin las mdsad pa ḫdra ba khyad par du ḫphags paḫi yon tan bstan te/ [D.Ti.72b] ḫdi ltar saṅs rgyas thams cad daṅ phrin las ḫdra bar mdsad paḫi mñam pa ñid brñes paḫi phyir ro ṣes bśad de/
saṅs rgyas rnams kyi sprul paḫi skuḫi phrin las ḫdra baḫi phyir mñam pa ñid ces byaḫo// brñes par gyur paḫi phyir brñes pa ṣes byaḫo(3)//

(1) +'《slob dpon dbyig gñen gyis mdsad paḫi ḫgrel pa》 las/'
(2) +'ṣes bśad do'
(3) The Tibetan text is not aligned with the Chinese text.

如是諸論，總有三釋:
一者、諸佛三身無別。
二者、諸佛淨智、大悲，受用、變化二身無別。
三者、諸佛示現受用(1)、變化，相似事業無別。

(1) SNST: '受用'=null

de dag kyaṅ mdor bsdu na bśad pa rnam pa gsum du ḫgyur te/
daṅ po ni saṅs rgyas rnams kyi sku gsum mñam pa ñid kyis so//
gñis pa ni saṅs rgyas kyi rnam par [ZH.68-173] dag paḫi ye śes daṅ/ thugs rje chen po daṅ/ loṅs spyod rdsogs pa daṅ/ sprul paḫi sku gñis mñam pa ñid kyis so//
gsum pa ni saṅs rgyas rnams kyi sprul paḫi skuḫi phrin las ḫdra ba mñam pa ñid kyis so//

(@1-28)[0192c17] 到無障處,
[0192c18] 釋曰。顯第五德。

sgrib pa mi mṅaḥ baḥi gnas su byon pa
ṣes bya ba ni yon tan lṅa pa bstan te/

《世親釋》云: "即是修一切障對治功德。謂一切時常修覺慧對治一切障故。"
《無性釋》云: "謂已串習一切煩惱及所知障對治聖道、一切種智、定自在性,【此釋功德。】
已到永離一切習[(1)]氣所依趣處。【此釋"到無障處"。"所依趣處"即是涅槃。】"
《親光釋》云: "顯示世尊永斷所治殊勝功德。謂已證得解脫一切煩惱、所知二障故[(2)], 及以[(3)]永斷一切障[(4)]。"
《親光》後釋, 同《無性論》總釋。

(1) Taisho: 習=障; SNST: 習=*sic*
(2) Taisho, SNST, Baek(2013a): '二障故' ⇒ +'二障智故'; JS: '二障故'='二障智'
(3) JS, Taisho, SNST, Baek(2013a): 以 ⇒ 已
(4) Taisho, SNST: null ⇒ +故

ḥdi ni sgrib pa thams cad kyi gñen po bsgoms paḥi yon tan ṣes bya ba ñid do//
《slob dpon dbyig gñen gyis mdsad paḥi ḥgrel pa》 las[(1)]
ḥdi ltar dus thams cad du śes rab yoṅs su sbyaṅs pas sgrib pa thams cad kyi gñen por gyur paḥi phyir ro ṣes bśad do//
《slob dpon ṅo bo ñid med kyis ḥgrel pa》 las
ḥdi ltar ñon moṅs pa daṅ/ śes byaḥi sgrib pa thams cad kyi gñen po ḥphags paḥi lam rnam pa thams cad mkhyen pa ñid daṅ tiṅ ṅe ḥdsin la dbaṅ baḥi bdag ñid goms par byas pas bag chags thams cad daṅ gtan du bral baḥi gnas su byon paḥo ṣes ḥbyuṅ ste/
《slob dpon ñe baḥi ḥod kyis ḥgrel pa》 las kyaṅ ḥdi daṅ mthun par bśad do//
gṣan yaṅ 《de ñid》 las
ḥdi ni bcom ldan ḥdas kyis mi mthun paḥi phyogs yoṅs su spaṅs pa khyad par du ḥphags paḥi yon tan bstan te/ ñon moṅs pa daṅ/ śes byaḥi sgrib pa thams cad las rnam par grol baḥi ye śes mṅon du mdsad paḥi phyir daṅ/ sgrib pa

thams cad ma lus par spaṅs paḥi phyir ro ṣes ḥbyuṅ ṅo//

(1) 'ḥdis ni sgrib pa thams cad kyi gñen po......《slob dpon dbyig gñen gyis mdsad paḥi ḥgrel pa》las/' ⇒ '《slob dpon dbyig gñen gyis mdsad paḥi ḥgrel pa》las/ ḥdis ni sgrib pa thams cad kyi gñen po bsgoms paḥi yon tan ṣes bya ba ñid do//'

意云。如上諸論，修二障[(1)]智，斷一切障，能到涅槃無障之處。

(1) SNST: '二障'='遠離二障'

de dag kyaṅ mdor bsdu na ḥdi skad du sgrib pa gñis las dben paḥi ye śes bsgoms te/ sgrib pa thams cad spaṅs pas mya ṅan las ḥdas pa sgrib pa med paḥi gnas su byon pa yin no ṣes bstan par ḥgyur ro//

(@1-29)[0193a02] 不可轉法，
[0193a03] 釋曰。辨第六德。

phyir mi ldog paḥi chos daṅ ldan pa [D.Ti.73a]
ṣes bya bas ni yon tan drug pa bstan te/

《世親論》云："即是降伏外道功德。" 更無別釋。【非諸外道所能退轉。】
[Lee:](*《梁攝論》云："無有天魔及外道諸說，能如理破如來所說正法。")
《無性釋》云："謂教、證二法，皆不爲他所能動轉，無有餘法勝過此故。
【教、證二法，非外道轉。】"
又《無性》云："謂諸魔等不能退轉。"
《親光釋》云："顯示世尊降伏外道殊勝功德。謂佛正法，一切外道不能退轉，降伏彼已顯正道故。"
《親光》後釋，同《無性》前解。

(1) SNST: '又《無性》云謂諸魔等不能退轉'=null

[ZH.68-174] ḥdi ni mu stegs can thams cad btul baḥi yon tan ṣes bya ba ñid do//
《theg pa chen po bsdus paḥi ḥgrel pa mi mthun pa rnam pa gcig》las
lhaḥi buḥi bdud daṅ mu stegs can gaṅ gis kyaṅ de bṣin gśegs pas yaṅ dag par gsuṅs paḥi chos ḥjig par nus pa med paḥo ṣes bśad do//

《slob dpon ṅo bo ñid med kyis ḫgrel pa》 las/
bstan pa daṅ thugs su chud paḫi chos gñis gṣan gyis phyir bzlog mi nus pa ste/ de la ches khyad par du ḫphags paḫi chos gṣan med paḫi phyir ro ṣes ḫbyuṅ ste/
《slob dpon ñe baḫi ḫod kyis ḫgrel pa》 las kyaṅ ḫdi daṅ mthun par bśad do//
gṣan yaṅ 《slob dpon ñe baḫi ḫod kyis ḫgrel pa》 las
ḫdis ni bcom ldan ḫdas mu stegs can zil gyis gnon pa khyad par du ḫphags paḫi yon tan te/ ḫdi ltar saṅs rgyas kyis gsuṅs paḫi chos yaṅ dag pa mu stegs thams cad kyis phyir bzlog mi nus te de dag zil gyis mnan nas yaṅ dag paḫi lam rab tu ston paḫi phyir ro ṣes ḫbyuṅ ste/

如是諸論，總有二釋:
一者、外道不能退轉。
二者、魔等不能退轉。

de ni ḫdi skad du de bṣin gśegs pas gsuṅs paḫi yaṅ dag paḫi chos rnams ni lhaḫi buḫi bdud daṅ/ mu stegs can dag gis phyir mi bzlog go ṣes ḫbyuṅ baḫi tha tshig go//

(@1-30)[0193a11] 所行無礙，
[0193a12] 釋曰。顯第七德。

spyod yul gyis mi ḫphrogs pa
ṣes bya bas ni yon tan bdun pa bstan te/

《世親釋》云: "即是生在世間不爲世法所礙功德。謂雖在[(1)]世間行於世間所行之處，不爲利等世間八法所染汚故。【言"八法"者，謂利、衰、毁、譽、稱、譏、苦、樂。廣如《無性》前釋，亦同《世親》。】"
又《無性》云: "於諸所化[(2)]有情利益安樂事中，無有高下能爲拘礙，名'所行無礙'。"[(3)]
《親光釋》云: "顯示世尊降伏魔怨殊勝功德。謂'所行'者即色等境。此所行境，擾亂心故，障礙善故，說名'魔怨'。諸佛世尊，心善安定，極悅意境亦不能亂。所有功德，極善成滿，一切惡境不能爲礙。以能摧伏一切境界，一切所行不能拘礙，是故說名‘所行無礙’。”
《親光》後釋，同《世親》說。

(1) JS, Taisho, SNST, Baek(2013a): 在 ⇒ 生 (2) Taisho, Baek(2013a): 化=作
(3) SNST: ‘於諸所化......名所行無礙’=“謂若於中常所遊履，說名‘所行’。雖行世間，而於其中非利衰等愛恚世法所能拘礙, 如有頌言:
諸佛常遊於世間, 利樂一切有情類,
八法熱風邪分別, 不能傾動不拘礙。”

ḥdi ni ḥjig rten du skyes kyaṅ ḥjig rten paḥi chos kyis mi ḥphrogs paḥi yon tan ṣes bya ba ñid do//
《slob dpon ṅo bo ñid med kyis ḥgrel pa》las/
gaṅ la su spyod pa de ni deḥi spyod yul ṣes bya ste/ ḥjig rten na rnam par rgyu yaṅ ḥdir rñed pa daṅ ma rñed pa la sogs pa la rjes su chags pa daṅ/ khoṅ khro baḥi ḥjig rten paḥi chos kyis ḥphrogs par nus pa ma yin te ji skad du/ [ZH.68-175]

saṅs rgyas rtag par ḥjig rten rnam rgyu ṣiṅ//
sems can rnam pa thams cad phan ḥdogs kyaṅ//
chos brgyad rtsa rluṅ log par rtogs dag gis//
bskyod par mi nus ḥgrogs(1) par nus ma yin//

ṣes bśad pa lta buḥo ṣes ḥbyuṅ ste/
《slob dpon dbyig gñen》daṅ/《ñe baḥi ḥod kyis ḥgrel pa》las kyaṅ don ḥdi daṅ mthun par bśad do//
gṣan [D.Ti.73b] yaṅ《slob dpon ñe baḥi ḥod kyis ḥgrel pa》las/
ḥdis ni bcom ldan ḥdas kyis bdud zil gyis gnon pa khyad par du ḥphags paḥi yon tan bstan te/ de la spyod yul ni gzugs la sogs paḥi yul te/ spyod yul de ñid sems ḥkhrul par byed paḥi phyir daṅ/ dge baḥi bar chad byed pa ñid kyi phyir bdud ces byaḥo//
saṅs rgyas bcom ldan ḥdas rnams ni thugs legs par tiṅ ṅe ḥdsin la gṣag pas yul śin tu yid du ḥoṅ bas kyaṅ bar chad bya bar mi nus la/ yon tan ji sñed pa de dag legs par yoṅs su rdsogs pas spyod yul ṅan pa thams cad kyis kyaṅ ḥphrog par mi nus te/ spyod yul thams cad zil gyis gnon pa daṅ/ spyod yul thams cad kyis ḥphrog par mi nus paḥi phyir/ spyod yul gyis mi ḥphrogs pa ṣes byaḥo ṣes bśad do//

(1) PN: ḥgrogs ⇒ ḥphrogs

如上諸論，總有三釋：
一者、八風，
二者、高下，
三者、魔境，皆不能礙[(1)]。

[(1)] SNST: '總有三釋: 一者、八風, 二者、高下, 三者、魔境, 皆不能礙'='總有兩釋: 一者、八法風不能動, 二者、魔境無礙'

bśad pa de dag kyaṅ rnam pa gñis su ḥgyur te/
daṅ po ni chos brgyad kyi rluṅ gis mi bskyod pas so//
gñis pa ni bdud kyi spyod yul gyis mi ḥphrogs pas so//

(@1-31)[0193a24] 其所安立不可思議，
[0193b01] 釋曰。明第八德。

rnam par gṣag pa bsam gyis mi khyab pa
ṣes bya bas ni yon tan brgyad pa bstan te/

《世親釋》云: "即是安立正法功德。由契經等正法無量不可思議, 非凡夫所能知, 如來安立不可思議[(1)], 非諸愚夫所能解故。"
【解云。教法對佛名"所安立"。愚所解非[(2)]名"不可思議"。
《梁攝論》云: "十二部教[(3)]此法[(4)], 竟乃至嬰兒等, 亦能通達。"】
《無性釋》云: "謂契經等十二分教名'所安立', 安立彼彼自相、共相故。如是安立, 非諸愚夫覺所行故, 出世間故, 不可思議。"
【解云。十二分教對佛名"所安立"。即此教法, 安立自相共相故, 名爲"安立"。】
《親光》兩釋, 初同《世親》, 第二復次大同《無性》。[(5)]

[(1)] Taisho, SNST: '非凡夫......不可思議' ⇒ null; JS, Baek(2013a): '非凡夫......不可思議'='【原本有"非凡夫所能知, 如來安立不可思議"十四字。世親釋論本無今册。】'
[(2)] JS, SNST: '愚所解非' ⇒ '非愚所解'
[(3)] Taisho, SNST, Baek(2013a): null ⇒ +'不可量不可思, 非凡夫所能知。如來安立'
[(4)] JS: '此法'='安立'; SNST: '此法'=*sic*
[(5)] SNST: '《親光》兩釋......大同《無性》'='《親光釋》云'顯示世尊安立法教殊勝功德。謂佛安立一切法教超過一切尋思境故'。'

ḥdi ni chos yaṅ dag par rnam par gṣag paḥi yon tan ṣes bya ba ñid do//
《slob dpon dbyig gñen gyis mdsad paḥi ḥgrel pa》 las/
ḥdi ltar mdo la sogs pa yaṅ dag paḥi chos tshad med ciṅ bsam gyis mi khyab pa de [ZH.68-176] dag so soḥi skye bo rnams kyis śes par bya ba ma yin paḥi phyir ro ṣes ḥbyuṅ ste/
bstan paḥi chos rnams saṅs rgyas la ltos pas rnam par gṣag pa ṣes bya la/ byis pa rnams kyis śes par bya ba ma yin pas na/ bsam gyis mi khyab pa ṣes byaḥo//
《theg pa chen po bsdus paḥi ḥgrel pa dpe mi mthun pa rnam pa gcig》 las gsuṅ rab yan lag bcu gñis po bsam gyis mi khyab pas so soḥi skye bo rnams kyis śes par bya ba ma yin la/ de bṣin gśegs pa chos ḥdi rnam par gṣag pas/ de bṣin du byis pa chuṅ ṅu la sogs pas kyaṅ khoṅ du chud par ḥgyur baḥo ṣes ḥbyuṅ ṅo//
《slob dpon ṅo bo ñid med kyis ḥgrel pa》 las/
mdo la sogs pa gsuṅ rab yan lag bcu [D.Ti.74a] gñis po dag ni rnam par gṣag pa ṣes bya ste/ de daṅ de dag gis raṅ daṅ spyiḥi mtshan ñid rnam par ḥjog paḥi phyir ro// de ltar rnam par gṣag pa de yaṅ byis pa so soḥi skye bo rnams kyi bloḥi spyod yul ma yin paḥi phyir daṅ/ ḥjig rten las ḥdas paḥi phyir bsam gyis mi khyab paḥo ṣes ḥbyuṅ ste/
gsuṅ rab yan lag bcu gñis po de ḥdi dag de bṣin gśegs pa la ltos pas rnam par gṣag pa ṣes bya ste/ gsuṅ rab kyi chos de dag gis raṅ daṅ spyiḥi mtshan ñid rnam par ḥjog paḥi phyir rnam par gṣag pa ṣes byaḥo//
《slob dpon ñe baḥi ḥod kyis ḥgrel pa》 las/
ḥdis ni bcom ldan ḥdas kyis chos bstan pa rnam par gṣag pa khyad par du ḥphags paḥi yon tan bstan te/ ḥdi ltar bcom ldan ḥdas kyis bstan paḥi chos thams cad rnam par gṣag pa de rtog geḥi spyod yul las śin tu ḥdas paḥi phyir ro ṣes ḥbyuṅ ṅo//

[Lee:](*意云。如上諸論，世尊安立十二分教，不可思議，非凡夫所能知。)

de dag kyaṅ mdor bsdu na bcom ldan ḥdas kyis gsuṅ rab yan lag bcu gñis rnam par gṣag pa bsam gyis mi khyab pas so [ZH.68-177] soḥi skye bo rnams kyis śes pa ma yin no ṣes bstan par ḥgyur ro//

(@1-32)[0193b09] 遊於三世平等法性,
[0193b10] 釋曰。辨第九德。

dus gsum mñam paḥi chos ñid la gśegs pa
şes bya bas ni yon tan dgu pa bstan te/

《世親論》云: "即是授記功德。"
《無性釋》云: "謂於三世平等法性能遍遊涉, 以於三世平等性[(1)]中能隨解了, 過去、未來曾當轉事, 皆如現在而授記故。"
解云。《無性》, 自有兩釋。
此則初釋。[(2)]謂能了知三世諸法平等眞如故, 證知過、未, 猶如現在。
或, 即三世名爲"法性", 證無差別故名"平等"。
《無性》後釋"三世諸佛利有情事皆相似故"[(3)]。
《親光釋》云: "顯示世尊記別三世殊勝功德。謂記三世[(4)]皆無礙故。"
後復次云: "謂於三世流轉句義, 皆如現在分別無倒, 故名'平等'。"[(5)]

(1) SNST: 性 ⇒'法性'; Taisho: 性=*sic* (2) SNST: null ⇒ +'法性即是眞如'
(3) SNST: '《無性》後釋三世諸佛利有情事皆相似故'=null
(4) Taisho, SNST: '記三世' ⇒'如現在記別過去未來世事'
(5) SNST: '後復次云......故名平等'=null

ḥdi ni luṅ ston paḥi yon tan şes bya ba ñid do//
《slob dpon ṅo bo ñid med kyis ḥgrel pa》 las/
ḥdi ltar dus gsum mñam paḥi chos ñid du kun tu khyab par bgrod ciṅ gśegs paḥam/ dus gsum mñam paḥi chos ñid ji lta ba bşin du thugs su chud pas ḥdas pa daṅ/ ma ḥoṅs paḥi don rnams ḥbyuṅ ṅo// ḥbyuṅ bar ḥgyur ro şes bya ba la sogs pa da ltar gyi bşin du luṅ ston paḥi phyir ro şes ḥbyuṅ ste/
《slob dpon ñe baḥi ḥod kyis ḥgrel pa》 las kyaṅ ḥdi daṅ mthun par bśad do//
de la chos ñid ces bya ba ni de bşin ñid do//
de ltar dus gsum gyi chos rnams kyi mñam pa de bşin ñid thugs su chud paḥi phyir ḥdas pa la sogs pa yaṅ da ltar gyi bşin du thugs su chud par gyur paḥo//
yaṅ na dus gsum gyi chos ñid ces bya ste/ de dag gsal bar thugs [D.Ti.74b] su chud ciṅ dbyer med paḥi phyir mñam pa ñid ces byaḥo//
gşan yaṅ 《slob dpon ñe baḥi ḥod kyis ḥgrel pa》 las

ḥdis ni bcom ldan ḥdas kyis dus gsum luṅ ston pa khyad par du ḥphags paḥi yon tan bstan te/ da ltar byuṅ baḥi dus bṣin du ḥdas pa daṅ ma ḥoṅs paḥi dus luṅ ston pa thogs pa mi mṅaḥ baḥi phyir ro ṣes ḥbyuṅ ṅo//

如是諸論，總有二釋。
一云。三世即所記境[(1)]。
二云。三世謂三世佛[(2)]。

(1) SNST: null ⇒ +'法性，卽是平等眞如'
(2) SNST: '三世謂三世佛'='三世名爲法性，證無差別故名平等'

de ni ḥdi skad du mkhyen pas dus gsum luṅ ston par yul gyi chos ñid gaṅ yin pa de ñid mñam paḥi de bṣin ñid yin pa ḥam/ yaṅ na dus gsum ñid chos ñid ces bya ste/ bye brag med par thugs su chud paḥi phyir mñam pa ñid ces byaḥo ṣes bstan par ḥgyur ro//

(@1-33)[0193b21] 其身流布一切世界，
[0193b22] 釋曰。明第十德。

[ZH.68-178] ḥjig rten gyi khams thams cad du ṣugs paḥi sku daṅ ldan pa ṣes bya bas ni yon tan bcu pa bstan te/

《世親釋》云："即是於一切世界示現受用變化身功德。"
《無性》意同。[(1)]
《親光釋》云："顯示世尊現從覩史天宮來下殊勝功德。謂現化身，普於一切世界洲[(2)]渚，同時流下入母胎故。"
《親光》後釋，意同《世親》。

(1) SNST: '《無性》意同'='《無性釋》云。謂隨所化遍諸世界，示現兩身利樂彼故。'
(2) JS, Taisho: 洲=州; SNST: 洲=*sic*

ḥdi ni ḥjig rten gyi khams thams cad du loṅs spyod rdsogs pa daṅ/ sprul paḥi sku ston paḥi yon tan ṣes bya ba ñid do//
《slob dpon ṅo bo ñid med kyis ḥgrel pa》las
ḥdi ltar gdul bya ji lta ba bṣin du ḥjig rten gyi khams kun tu khyab par sku gñis

ston pas de dag la phan ḥdogs paḥi phyir ro ṣes ḥbyuṅ ṅo//
《ñe baḥi ḥod kyis ḥgrel pa》 las kyaṅ ḥdi daṅ mthun par bśad do//
gṣan yaṅ 《de ñid》 las/
ḥdis ni bcom ldan ḥdas dgaḥ ldan gyi gnas nas gśegs pa kun tu ston pa khyad par du ḥphags paḥi yon tan bstan te/ ḥdi sprul paḥi sku gliṅ bṣi paḥi ḥjig rten gyi khams thams cad du yum gyi lhums su ḥjug pa kun tu cig car ston paḥi phyir ro ṣes ḥbyuṅ ṅo//

如是諸論, 總有兩釋:
一、約二身,
二、謂化相(1)。

(1) SNST: '謂化相' ⇒ '約化身, 顯流布一切世界'

de dag kyaṅ mdor bsdu na bśad pa rnam pa gñis su ḥgyur te/
daṅ po ni sku gñis kyi dbaṅ du byas so//
gñis pa ni sprul paḥi skuḥi dbaṅ du byas nas ḥjig rten gyi khams thams cad du ṣugs par bstan to//

(@1-34)[0193c03] 於一切法, 智無疑滯,
[0193c04] 釋曰。顯第十一德。

chos thams cad la mkhyen pa the tshom mi mṅaḥ ba
ṣes bya bas ni yon tan bcu gcig pa bstan te/

《世親釋》云(1): "即是斷疑功德。"
《無性釋》云(1): "於一切境善決定故, 非於諸法自不決(2)他疑, 非離決定能斷疑故。"
《親光釋》云: "顯示世尊斷一切疑殊勝功德。謂於諸法, 以(3)得能除一切疑惑決定智故。"
《佛地》後釋, 亦同《無性》。

(1) JS: 云=null (2) JS, Taisho, SNST, Baek(2013a): null ⇒ +'定能決'
(3) JS, Taisho, SNST: 以 ⇒ 已

ḥdi ni the tshom gcod paḥi yon tan ṣes bya ba ñid do//
《slob dpon ṅo bo ñid med kyis ḥgrel pa》 las
yul thams cad la ṅes par legs par brñes paḥi phyir daṅ/ chos rnams la bdag ñid kyis gtan la phebs pa med pa gṣan gyi the tshom chod [D.Ti.75a] par ḥgyur ba yaṅ ma yin pa ṅes pa daṅ bral bas the tshom gcod pa yaṅ ma yin paḥi phyir ro ṣes ḥbyuṅ ste/
《ñe baḥi ḥod kyis ḥgrel pa》 las ḥdi daṅ don mthun par bśad do//
gṣan yaṅ 《slob dpon ñe baḥi ḥod kyis ḥgrel pa》 las
ḥdis ni bcom ldan ḥdas the tshom gyi rnam pa thams cad [ZH.68-179] gcod pa khyad par du ḥphags paḥi yon tan bstan te/ chos thams cad la the tshom ma lus par bsal baḥi ye śes ṅes par brñes paḥi phyir ro ṣes bśad do//

如是諸釋, 皆同斷疑。[1]

(1) SNST: '如是諸釋, 皆同斷疑'='意云。如是諸釋, 如來於一切法智無疑滯故, 能決他疑。他亦由得四無畏故自決無疑。然[如來]由得四無礙解故能決他疑, 是故說名功德。'

de ni ḥdi skad du de bṣin gśegs pa chos thams cad la the tshom mi mṅaḥ baḥi phyir/ gṣan gyi the tshom gcod pa yin no ṣes bstan par ḥgyur ro//
gṣan yaṅ mi ḥjigs pa bṣi brñes paḥi phyir bdag ñid ṅes par the tshom mi mṅaḥ ba daṅ/ so so yaṅ dag par rig pa bṣi brñes paḥi phyir/ gṣan gyi the tshom gcod par byed pas deḥi phyir yon tan ṣes byaḥo//

(@1-35)[0193c09] 於一切行, 成就大覺,
[0193c10] 釋曰。第十二德。

spyod pa thams cad kyi blo chen po yoṅs su grub pa
ṣes bya bas ni yon tan bcu gñis pa bstan te/

《世親釋》云: "即是令入種種行功德。"
《無性》亦同。
《親光釋》云: "顯示世尊於一切乘所化有情能隨所應示現自身殊勝功德。謂遍了知一切有情性、行差別, 如其所應, 現自身故。"
《親光》後釋, 意同《世親》。

ḥdi ni spyod pa sna tshogs kyis ḥjug par mdsad paḥi yon tan ṣes bya ba ñid do//
《slob dpon ñe baḥi ḥod kyis ḥgrel pa》 las
ḥdi ltar ḥdul baḥi sems can gyi rjes su ji ltar ḥos pa bṣin du skal pa mñam paḥi lus bstan pas de dag ḥjug par mdsad paḥi phyir ro//
ḥdis ni bcom ldan ḥdas theg pa thams cad kyis ḥdul baḥi sems can dag la de daṅ ḥdra baḥi sku kun tu ston pa khyad par du ḥphags paḥi yon tan bstan te/ sems can thams cad kyi raṅ bṣin daṅ/ spyod pa tha dad pa yoṅs su mkhyen pas ji lta ba bṣin du ñid kyi sku yaṅ kun tu ston paḥi phyir ro ṣes ḥbyuṅ ste/

如上諸釋, 皆同入行。[1]

[1] SNST: '如上諸釋, 皆同入行'='意云。如是諸釋, 世尊於三乘或五乘性行差別, 示現自身, 令入開覺, 於餘二乘殊勝, 故名'於一切行成就大覺'。'

de ni ḥdi skad du bcom ldan ḥdas theg pa gsum mam/ yaṅ na theg pa lṅas raṅ bṣin daṅ spyod pa tha dad pa rnams la de daṅ ḥdra baḥi sku kun tu ston pas/ blo bye ba mṅon par bsgrub ciṅ so so nas ḥjug par mdsad pa theg pa gṣan gñis po dag la khyad par du gyur paḥi phyir/ spyod pa thams cad kyi blo chen po yoṅs su grub pa ṣes byaḥo//

(@1-36)[0193c15] 於諸法智, 無有疑惑,
[0193c16] 釋曰。第十三德。

[ZH.68-180] chos mkhyen pa la nem nur mi mṅaḥ ba
ṣes bya bas ni yon tan bcu [D.Ti.75b] gsum pa bstan te/

《世親釋》云: "即是當來法生妙智功德。謂知當來如是法生如來妙智。"
《無性釋》云: "謂聖聲聞言'此全無少分善根'而棄捨者, 佛薄伽梵, 如[1]彼後時善法當生, 現證知彼餘生微少善根種子所隨逐故。"
解云。如《經》中說【勘是何經。】: "佛於一時在祇洹林, 有一乞人, 至此[2]丘所, 請求入道。諸聲聞等, 以宿住智, 觀八萬劫來未有一念趣向善根, 故皆不度。
佛後責問不度所由。

諸比丘等具報所爲。
於後, 世尊爲說法要, 得證初果。
諸比丘等請問所由。
佛爲說云。此人, 先世定光佛時, 作取柴人, 至城門首, 見諸人等掃飾治道, 以待世尊。
此取柴人問諸人云'治道何爲?'
諸人答言'定光如來, 今日入城, 故修道路'。
此取柴人聞佛名已, 身毛皆豎悲泣雨淚, 不能自勝欲待世尊, 衣食所累遂往入山, 路逢一虎摟而食之, 未入口時忘本佛名, 但云城門首人, 遂爲虎食。
此人唯有此一念念佛善根, 從定光佛是第二僧祇[(3)]時, 起此念佛, 後經第三僧祇及九十[(4)]餘劫, 此一念善根方熟。故佛依此善種, 爲其說法, 得證初果。"
如此細種, 二乘不知, 佛能達也。
《親光釋》云: "顯示世尊妙善了達一切法智, 能隨所應, 怛[(5)]正教誨殊勝功德。謂於諸法[(6)]懷疑惑者, 無有堪能隨應教誨。唯佛世尊, 證見諸法智善決定, 能隨所應, 無倒教誨無休廢故。"
《親光》後釋, 意同《無性》。

(1) JS, Taisho, SNST, Baek(2013a): 如 ⇒ 知 (2) JS, SNST: 此 ⇒ 比 (3) JS: 祇=秖
(4) SNST: '九十'='十九' (5) JS, Taisho, Baek(2013a): 怛 ⇒ 恒 (6) JS: 法=佛; SNST: 法=*sic*

ḥdi ni phyi ma la chos ḥbyuṅ ba rab tu mkhyen pa ṣes bya ba ñid do//
《slob dpon dbyig gñen gyis mdsad paḥi ḥgrel pa》 las/
ma ḥoṅs paḥi dus na chos ḥdi lta bus de bṣin gśegs paḥi gya nom paḥi ye śes skye bar ḥgyur ro ṣes mkhyen paḥo ṣes bśad do//
《ṅo bo ñid med kyis ḥgrel pa》 las/
ḥdi ltar ḥphags pa ñan thos rnams kyis gaṅ la ḥdi ni gcig tu dge baḥi rtsa ba cuṅ zad kyaṅ med paḥo ṣes spaṅs pa gaṅ yin pa de la saṅs rgyas bcom ldan ḥdas kyis ma ḥoṅs paḥi dus na dge baḥi chos skye bar ḥgyur ba yaṅ rab tu mkhyen la/ deḥi tshe rabs gṣan daṅ ḥbrel baḥi sa bon dge baḥi rtsa ba śin tu phra mo yaṅ mṅon sum du mkhyen paḥi phyir ṣes ḥbyuṅ ste/

《slob dpon ñe baḥi ḥod kyis ḥgrel pa》 las ḥdi daṅ don mthun par bśad do//[(1)]
《mdo》 las ji skad du
bcom ldan ḥdas rgyal bu rgyal byed kyi tshal na bṣugs paḥi tshe/ spraṅ po ṣig dge sloṅ gi thad du phyin nas rab tu ḥbyuṅ bar gsol ba btab pa daṅ/ dge sloṅ dag gis sṅon gyi gnas dran paḥi śes pas brtags na/ bskal pa brgyad khri tshun chad du dge baḥi rtsa ba la phyogs paḥi sems cuṅ zad kyaṅ med par mthoṅ baḥi phyir gaṅ gis kyaṅ rab tu ma byuṅ ṅo//
mi de ṅu ṣiṅ phyir byuṅ ba(?) bcom ldan ḥdas kyis gzigs nas slar khrid de dge sloṅ rnams la ciḥi phyir ḥdi rab tu ma phyuṅ[(2)] ṣes bkaḥ stsal ba daṅ/ dge sloṅ dag gis ṣib tu gsol to//
de nas dus gṣan ṣig na bcom ldan ḥdas kyis de rab tu phyuṅ ste/ chos bstan pas rgyun du ṣugs paḥi ḥbras bu thob par gyur to//
dge sloṅ rnams the tshom skyes nas bcom ldan ḥdas la gsol ba daṅ/
bcom ldan ḥdas kyis bkaḥ [ZH.68-181] stsal ba/ ḥdi sṅon saṅs rgyas mar me mdsad kyi tshe śiṅ thun ṣig tu gyur te/ groṅ khyer gyi sgor mi maṅ po rnams lam ḥphyag ciṅ saṅs rgyas mar me mdsad la sdod pa śiṅ thun des mthoṅ nas maṅ po rnams la lam ḥphyag pa ḥdi ciḥi phyir ṣes dris so//
mi maṅ po rnams kyis deṅ saṅs rgyas mar me mdsad groṅ khyer ḥdir gśegs paḥi phyir lam ḥphyag ciṅ sdod pa yin [D.Ti.76a] no ṣes smras pa daṅ/
de saṅs rgyas ṣes bya baḥi mtshan thos pas lus kyi spu ziṅ ṣes byed nas mchi ma blags te dus so//
bcom ldan ḥdas gśegs pa las bsdad du yaṅ gos zas dag gis phoṅs pas mthar gyis ri la soṅ ba las/ lam du stag cig daṅ phrad nas des bzuṅ ste khar bcug paḥi tshe saṅs rgyas ṣes bya baḥi mtshan brjod nas groṅ khyer gyi sgoḥi mi ṣes tshig tu brjod pa las stag gis bsad de zos so//
mi ḥdi la saṅs rgyas ṣes brjod paḥi dge baḥi rtsa ba ḥdi ḥbaḥ ṣig yod pas so ṣes gsuṅs pa lta bu ste/ de bṣin gśegs pa mar me mdsad ni saṅs rgyas ḥdiḥi bskal pa graṅs med pa gñis pa na byuṅ ste deḥi tshe saṅs rgyas rjes su dran paḥi dge baḥi rtsa ba ḥdi bskyed de/ phyis bskal pa graṅs med pa gsum pa yaṅ rdsogs/ bskal pa bcu dgu yaṅ ḥdas nas gdod dge baḥi rtsa ba yoṅs su smin paḥi phyir bcom ldan ḥdas kyis dge baḥi rtsa ba ḥdi la brten nas rab tu phyuṅ ste/ chos bśad pas rgyun du ṣugs paḥi ḥbras bu thob par gyur pa[(3)]
ḥdi lta buḥi sa bon śin tu phra ba theg pa ḥog ma gñis kyis mi śes kyi de bṣin gśegs pa ñag gcig gis thugs su chud paḥo//
[(4)]gṣan yaṅ 《slob dpon ñe baḥi ḥod kyis ḥgrel pa》 las/

ḥdis ni bcom ldan ḥdas chos thams cad śin tu mkhyen paḥi ye śes kyis ci rigs par gdams ṅag yaṅ dag par sbyin pa khyad [ZH.68-182] par du ḥphags paḥi yon tan bstan te/ ḥdi ltar chos rnams la nem nur daṅ ldan pas ni ci rigs par gdams ṅag sbyin par mi nus kyi/ saṅs rgyas bcom ldan ḥdas ḥbaḥ ṣig gis chos rnams thugs su chud ciṅ mkhyen pas śin tu rnam par ṅes pas ci rigs su phyin ci ma log par gdams ṅag sbyin pa la rgyun chad pa mi mṅaḥo ṣes ḥbyuṅ ṅo//

(1) '《slob dpon ñe baḥi ḥod kyis ḥgrel pa》 las ḥdi daṅ don mthun par bśad do//' ⇒ null
(2) phyuṅ ⇒ byuṅ (3) pa ⇒ 'paḥo ṣes ḥbyuṅ ṅo//'
(4) +'《slob dpon ñe baḥi ḥod kyis ḥgrel pa》 las ḥdi daṅ don mthun par bśad do//'

如上諸論, 總有兩釋:
一、於當來,
二、通諸法。(1)

(1) SNST: '一於當來, 二通諸法。'='一、知諸衆生經長時, 細因當得諸法, 無有疑惑。二、知諸衆生因果法故, 能隨所應教誨, 無有疑惑。'

bśad pa de dag kyaṅ mdor bsdu na rnam pa gñis su ḥgyur te/
daṅ pos ni sems can rnams kyis yun riṅ por lon paḥi rgyu śin tu phra bas ma ḥoṅs paḥi dus na/ chos rnams thob par ḥbyuṅ pa rab tu mkhyen paḥi nem nur mi mṅaḥ bar bstan to//
gñis pas ni sems can rnams [D.Ti.76b] kyi rgyu daṅ ḥbras buḥi chos rab tu mkhyen paḥi phyir ci rigs su gdams ṅag sbyin pas nem nur mi mṅaḥ bar bstan to//

(@1-37)[0194a16] 凡所現身不可分別。
[0194a17] 釋曰。第十四德。

rnam par ma brtags paḥi sku mṅaḥ ba
ṣes bya bas ni yon tan bcu bṣi pa bstan to//

《世親論》云: "即是如其勝解示現功德。"
《無性釋》云: "謂隨有情種種勝解, 現金色等, 雖現此身而無分別, 如末尼珠及簫笛等。"

【雖無分別而能現身，名“不可分別”。
或可。所現之身，由無分別起故，餘人不可分別。】
《無性》復云：“即於所化有情邪、正及俱行中，所應現相，不可分別。”
【於有情中，現邪、正等行，不可分別。是邪、正等行，名“不可分別”也。】
《親光釋》云：“顯示世尊能正攝受無染自身殊勝功德。謂諸佛身，非是虛妄分別所起，無煩惱、業、生雜染故。[(1)]如來身非是雜染分別起故，‘不可分別’。”
【凡所現身，不由虛妄分別起故，名“不可分別”。
或可。所現身，非虛[(2)]分別起故，餘人不可分別也。】
《親光》後釋，大同《無性》。
故《彼論》云：“謂佛世尊，雖無分別，如末尼珠，由諸如來增上力故，亦由自身勝解力故，見如來身如金色[(3)]。然諸如來，無有分別，無異分別。”具說如《彼》。【“無有分別”者，無自性分別。“無者無自性[(4)]異分別”者，無差別分別。】[(5)]
又《親光》云：“或同彼類，不可分別。”
【解云。此同《無性》。現邪等行，不可知故，不可分別。
或可。現六道身，不可分別，與其六道有差別相，名“不可分別”。】
依《梁論》云：“示現化身數量、相貌、時節、處所，並不可分別。”

(1) Taisho, Baek(2013a): null=+以; SNST: null=*sic* (2) JS, SNST: null ⇒ +妄
(3) Taisho, Baek(2013a): null=+等 (4) JS, Baek(2013a): ‘者無自性’ ⇒ null
(5) SNST: ‘故《彼論》云謂佛世尊……無差別分別。】’=null

ḥdi ni mos pa ji lta ba bṣin du ston paḥi yon tan ṣes bya ba ñid do//
《slob dpon ṅo bo ñid med kyis mdsad paḥi ḥgrel pa》 las/
sems can gyi mos pa ji lta ba bṣin du gser la sogs paḥi raṅ bṣin du snaṅ yaṅ sku la rnam par rtog pa mi mṅaḥ ste/ nor bu daṅ sil sñan la sogs pa lta buḥo ṣes ḥbyuṅ ṅo//
rnam par rtog pa mi mṅaḥ yaṅ sku ston par mdsad paḥi phyir rnam par ma brtags pa ṣes byaḥo//
yaṅ na sku snaṅ ba de yaṅ rnam par mi rtog paḥi dbaṅ las byuṅ baḥi phyir gṣan dag gis rnam par ma brtags paḥo//

《slob dpon ñe baḥi ḥod kyis ḥgrel pa》 las/
yaṅ na de dag daṅ ḥdra ba ñid du ston pas rnam par brtag tu med paḥi[1] ṣes bśad do//
gṣan ni ṅo bo ñid med kyis bśad pa daṅ mthun no//
de la de dag daṅ ḥdra ba ñid du ṣes [ZH.68-183] bya ba ni gdul bar bya baḥi sems can gyi log par spyod pa daṅ yaṅ dag par spyod pa daṅ/ gñi gaḥi spyod pa mtshuṅs śiṅ yoṅs su bstan paḥi mtshan ma de dag dbyer med paḥo//
yaṅ na ḥgro ba drug poḥi rnam pa daṅ mtshuṅs pa ñid du ḥgro ba drug po dag gi lus ston kyaṅ ḥdi ni ḥgro ba drug po dag gi naṅ na ḥdi yin no ṣes dbyer med paḥo//
《theg pa chen po bsdus paḥi ḥgrel pa mi mthun pa rnam pa gcig》 las sprul paḥi sku bstan pa deḥi graṅs daṅ tshad daṅ/ rnam pa daṅ dus daṅ dus tshigs daṅ gnas rnam par brtag tu med paḥo ṣes bśad do//
gṣan yaṅ 《slob dpon ñe baḥi ḥod kyis ḥgrel pa》 las
ḥdis ni bcom ldan ḥdas kyis kun nas ñon moṅs pa mi mṅaḥ baḥi sku yoṅs su ḥdsin pa khyad par du ḥphags paḥi yon tan bstan te/
ḥdi ltar de bṣin gśegs paḥi sku ni yaṅ dag pa ma yin pa kun tu rtog pa las ḥkhruṅs pa ni ma yin te/ ñon moṅs pa daṅ las daṅ skye baḥi [2]ñon moṅs pa mi mṅaḥ baḥi phyir ro//
de bṣin gśegs paḥi sku ni kun nas ñon moṅs pa rnams kyis [D.Ti.77a] rnam par brtags pa ma yin paḥi phyir ro//[3] rnam par ma brtags paḥo ṣes ḥbyuṅ ste/
ji tsam du sku ston pa de dag yaṅ dag pa ma yin pa kun tu rtog pa las ma ḥkhruṅs paḥi phyir rnam par ma brtags paḥo//
yaṅ[4] sku bstan pa de dag yaṅ dag pa [5]yin pa rnam par rtog pa las ḥkhruṅs pa ma yin paḥi phyir gṣan dag gis rnam par brtag tu med paḥo//[6]

(1) PN: paḥi ⇒ paḥo (2) +'kun nas' (3) PN: 'ro//' ⇒ null (4) +na
(5) PN: null ⇒ +ma (6) The order of the Tibetan text is different from the Chinese text.

如上諸說，總有四[1]釋:
[Lee:](*一、雖現身而無分別故，名不可分別。
二、同彼類，不可知故，名不可分別。
三、化身數量等，不可知故，名不可分別。
四、凡所現身，不由虛妄分別起故，名不可分別。)

一云。凡所現身，不由分別任運起故，名不可分別。
一云。於有情中現邪等行，不可知故，名不可分別。[2]

(1) Baek(2013a): 四=二; SNST: 四=*sic*
(2) SNST: '一云。凡所現身......不可知故，名不可分別' ⇒ null

de dag kyaṅ mdor bsdu na bśad pa rnam pa bṣir ḫgyur te/
daṅ pos ni sku ston par mdsad kyaṅ rnam par rtog pa mi mṅaḫ baḫi phyir rnam par ma brtags pa ñid du ston to//
gñis pas ni de daṅ ḫdra ba ñid du ston par mdsad pas śes par mi nus paḫi phyir rnam par ma brtags pa ñid du bstan to//
[ZH.68-184] gsum pas ni sprul paḫi skuḫi graṅs daṅ/ tshad la sogs pa śes par mi nus paḫi phyir rnam par ma brtags pa ñid du bstan to//
bṣi pas ni ji tsam du sku ston pa dag yaṅ dag pa ma yin pa rnam par rtog pa las ḫkhruṅs pa ma yin paḫi phyir rnam par ma brtags pa ñid du bstan to//

(@1-38)[0194b12] 一切菩薩正所求智，
[0194b13] 釋曰。第十五德。

byaṅ chub sems dpaḫ thams cad kyis yaṅ dag par gñer ba mkhyen pa mṅaḫ ba ṣes bya bas ni yon tan bco lṅa pa ston te/

《世親》云: "即是無量所依調伏有情加行功德。謂無量菩薩所依，能作調伏諸有情事，此非諸佛已得自他平等更求此智，唯有諸佛已作如是勝調伏事。"
【總釋意云。佛調伏智，即是無量菩薩所依，由菩薩加行漸次證得，非佛所求，以佛已證最勝調伏[1]故。餘釋差別，如後所引。】

(1) SNST: null=+'有情智'
(2) SNST: '餘釋差別，如後所引'='或可。無量所依智，能作調伏有情方便事，是故菩薩所求此智'

ḫdi ni rten tshad med pas sems can gdul bar sbyor baḫi yon tan ṣes bya ba ñid do//

《slob dpon dbyig gñen gyis mdsad paḥi ḥgrel pa》 las/
ḥdi ltar byaṅ chub sems dpaḥ tshad med paḥi rten du gyur pas sems can gdul baḥi bya ba mdsad pa yin gyi/ de bṣin gśegs pa rnams bdag daṅ gṣan mñam pa ñid brñes pas/ yaṅ ye śes ḥdi yoṅs su tshol ba ni ma yin te/ de bṣin gśegs pas de lta buḥi gdul baḥi bya ba mchog sñar mdsad pas so ṣes bśad de/
de ni ḥdi skad du de bṣin gśegs paḥi gdul baḥi mkhyen pa ni byaṅ chub sems dpaḥ tshad med pa rnams kyi rten du gyur pas byaṅ chub sems dpaḥ rnams sbyor paḥi rim gyis thob par bya ba yin gyi/ de bṣin gśegs pa gñer bar mdsad pa ma yin te/ sems can gdul baḥi mkhyen paḥi mchog brñes par gyur paḥi phyir ro ṣes bstan par ḥgyur ro//
yaṅ [D.Ti.77b] na rten tshad med paḥi ye śes kyis sems can gdul baḥi thabs kyi bya ba mdsad pas deḥi phyir byaṅ chub sems dpaḥ rnams ye śes ḥdi yoṅs su gñer baḥo//

《無性釋》云: “謂由無量菩薩所依, 爲欲調伏諸有情故, 發起加行, 佛增上力聞法爲先, 獲得妙智。異類菩薩, 攝受付屬, 展轉相續無間而轉, 由此證得一切菩薩等所求智。”
【此於[1]釋中, 先釋功德, 後釋經句。
“無量菩薩所依”者, 釋上“無量所依”。“無量所依”即佛智也。
有說。即是菩薩無分別智, 爲欲調伏諸有情執取心故, 發起加行智[2], 求佛智也。
或可。求菩薩智。
雖有二釋, 求佛智爲勝。
[3]下釋經句。佛增上力, 有菩薩聞法爲先, 獲得初地無分別妙智。或可。獲得佛一切妙智。
譬如一燈[4]傳燃千燈[4], 地前異類菩薩及不定性聲聞、獨覺, 佛自攝受, 佛涅槃時, 付屬餘佛及大菩薩, 一切善人展轉令[5]聞思修智, 由此證得一切菩薩等皆所求佛果智也。
《世親波若論》: “‘善護念’者, 依根熟菩薩說。‘善付屬’者, 依根未熟菩薩說。”[6]】
《無性》復云: “列攝[7]任持不定種性聲聞、菩薩, 故讚大乘。爲顯此事, 故次說言‘一切菩薩等所求智’。”

【解云。爲列[8]不定聲聞等令進趣故，任持不定菩薩令不退故，說大乘智。故《法華》云:

十方佛土中，唯有一乘法，

無二亦無三，除佛方便說。】[9]

(1) JS, SNST: ‘此於’ ⇒ ‘於此’ (2) JS: null=+者; SNST: null=*sic*

(3) SNST: null ⇒ +‘調伏有情加行功德’ (4) JS: 燈=鐙; SNST: 燈=*sic*

(5) SNST: null ⇒ +得 (6) SNST: ‘《世親波若論》......依根未熟菩薩說’=null

(7) Taisho: ‘列攝’=‘引發’;Baek(2013a): ‘列攝’=‘引攝’ (8) Baek(2013a): 列=引

(9) SNST: ‘《無性》復云列攝......除佛方便說。】’=null

《slob dpon ṅo bo ñid med kyis ḥgrel pa》 las/

ḥdi ltar byaṅ chub sems dpaḥi rten dpag tu med pas sems can gdul baḥi phyir sbyor ba bskyed pa de saṅs rgyas kyi dbaṅ gis[1] chos mñen[2] pa [ZH.68-185] sṅon du btaṅ bas ye śes gya nom pa ḥthob ste/ rnam pa tha dad paḥi byaṅ chub sems dpaḥ rnam pa[3] rjes su gzuṅ ṣiṅ yoṅs su gtad pas gcig nas gcig tu rgyun mi ḥchad par ḥjug pa des byaṅ chub sems dpaḥ thams cad kyis mtshuṅs par gñer baḥi ye śes thob par ḥgyur baḥo ṣes ḥbyuṅ ṅo//

slob dpon ñe baḥi ḥod kyis kyaṅ don ḥdi daṅ mthun par bśad do//[4]

ḥgrel pa ḥdi las sṅar ni yon tan bśad la/ deḥi ḥog tu ni mdoḥi tshig rnam par bśad de/

de la byaṅ chub sems dpaḥi rten dpag tu med pa ṣes bya bas ni goṅ maḥi rten tshad med pa ṣes bya baḥi bśad pa yin te/ rten [5]med pa ni saṅs rgyas kyi ḥbras bu rtog paḥi(?) ye śes so//

kha cig na re de ni byaṅ chub sems dpaḥ rnams kyi rnam par mi rtog paḥi ye śes yin te/ sems can rnams kyis yoṅs su ḥdsin paḥi sems gdul baḥi phyir sbyor baḥi śes pa bskyed nas saṅs rgyas kyi ye śes yoṅs su tshol baḥo//

yaṅ na byaṅ chub sems dpaḥi śes rab po ṣes bśad do//

de ltar rnam pa gñis su bśad pa yod kyaṅ/ saṅs rgyas kyi ye śes yoṅs su tshol ba ṣes bśad pa de bzaṅ ṅo//

sems can gdul baḥi sbyor baḥi yon tan ṣes bya ba man chad kyis mdoḥi tshig rnam par bśad pa yin te/ saṅs rgyas kyi dbaṅ gi stobs kyis byaṅ chub sems dpaḥ chos mñan pa yod par gyur nas/ sa daṅ poḥi ye śes gya nom pa ḥthob paḥo//

yaṅ na saṅs rgyas kyi ye śes gya nom pa ḥthob par ḥgyur ro//
dper na mar me gcig gis mar me brgya stoṅ ḥbar bar byed pa de bṣin du saḥi mdun rol gyi rnam pa tha dad paḥi byaṅ chub sems dpaḥ daṅ/ rigs ma ṅes paḥi ñan thos daṅ/ raṅ saṅs rgyas [D.Ti.78a] rnams saṅs rgyas ñid kyis rjes su gzuṅ ba daṅ/ [ZH.68-186] yoṅs su mya ṅan las ḥdaḥ baḥi tshe/ de bṣin gśegs pa gṣan daṅ byaṅ chub sems dpaḥ chen po dag la yoṅs su gtad pas dge ba spyod paḥi gaṅ zag thams cad kyis rim gyis thos pa daṅ/ bsams pa daṅ/ bsgoms paḥi śes rab thob par mdsad pas deḥi dbaṅ gis byaṅ chub sems dpaḥ thams cad kyis mtshuṅs par gñer baḥi ye śes thob nas saṅs rgyas kyi mkhyen paḥi ye śes yoṅs su tshol baḥo//

(1) gis ⇒ 'gi stobs kyis' (2) N: mñen ⇒ mñan (3) 'rnam pa' ⇒ null
(4) 'slob dpon ñe baḥi ḥod kyis kyaṅ don ḥdi daṅ mthun par bśad do//' ⇒ null
(5) +tshad

《親光釋》云: "顯示世尊成就佛種不斷方便殊勝功德。謂諸菩薩, 爲令佛種無斷絕故, 勤修加行, 非聲聞等。是故佛智, 唯諸菩薩正所應求。"
【准此, 佛智以爲所求, 非菩薩智爲所求也。】
《親光》後釋, 亦同《無性》。

(1)gṣan yaṅ《slob dpon ñe baḥi ḥod kyis ḥgrel pa》las/
ḥdis ni bcom ldan ḥdas kyi saṅs rgyas kyi gduṅ rgyun mi ḥchad par sbyor ba khyad par du ḥphags paḥi yon tan bstan te/
byaṅ chub sems dpaḥ rnams saṅs rgyas kyi rigs rgyun mi ḥchad par bya baḥi phyir/ sbyor ba la brtson par byed kyi ñan thos la sogs pa ni ma yin te/ deḥi phyir saṅs rgyas kyi ye śes ni byaṅ chub sems dpaḥ rnams kho na yaṅ dag par yoṅs su btsal bar bya ba yin no//
bśad de saṅs rgyas kyi ye śes ḥdi ḥbaḥ ṣig yoṅs su gñer bar bya ba yin gyi/ byaṅ chub sems dpaḥ rnams kyi śes pa ni gñer bar bya ba ma yin paḥo//

(1) +'slob dpon ñe baḥi ḥod kyis kyaṅ don ḥdi daṅ mthun par bśad do//'

如上諸說, 總有兩釋:
[Lee:](*一、簡異諸佛, 唯諸菩薩所求, 非佛所求。
二、簡下二乘, 非二乘所求智。)

一者、利他德,
二者、佛種不斷即自利德。[(1)]

(1) SNST: '一者、利他德......即自利德' ⇒ null

de dag kyaṅ mdor bsdu na bśad pa rnam pa gñis su ḥgyur te/
daṅ pos ni saṅs rgyas rnams las tha dad par dgar ba ste/ byaṅ chub sems dpaḥ rnams kho nas gñer bar byed kyi/ saṅs rgyas rnams kyis gñer bar mdsad pa ni ma yin paḥo//
gñis pas ni theg pa ḥog ma gñis las dgar ba ste/ theg pa gñis kyis gñer bar bya baḥi ye śes ma yin no ṣes bya baḥi tha tshig go//

(@1-39)[0194c10] 得佛無二住勝彼岸,
[0194c11] 釋曰。第十六德。

saṅs rgyas kyis[(1)] gnas pa gñis su med pa brñes pas dam paḥi pha rol tu byon paḥo
ṣes bya bas ni yon tan bcu drug pa bsten te/

(1) PN: kyis ⇒ kyi

《世親釋》云: "即是平等法身波羅蜜多成滿功德。謂無二法身名'平等法身'。即於如是無二法身, 得善清淨波羅蜜多。"
【解云。准《梁論》, 用圓滿法身及四德波羅蜜爲功德體。
故《梁論》云: "如來法身名'住[(1)]'。四德究竟名'波羅蜜'。"具說如《彼》。】
《無性釋》云: "謂無二故名爲'平等'。依平等法身, 波羅蜜多果位成滿故。"
【解云。諸佛法身無二, 故名"平等"。[(2)]】
《無性》復云: "果位六度無增減故, 名爲'平等'。"[(3)]
具說如《彼》。

(1) Taisho: 住='佛住'; SNST: 住=*sic*
(2) SNST: null ⇒ +'依平等法身, 常、樂、我、淨波羅蜜多, 佛位成滿。或依平等法身, 六度圓滿, 波羅蜜多佛位成滿故。'
(3) SNST: '《無性》復云果位六度無增減故名爲平等'=null

ḥdi ni chos kyi sku mñam pa la pha rol tu phyin pa rnams yoṅs su grub paḥi yon tan ṣes bya ba [ZH.68-187] ñid do//
《slob dpon dbyig gñen gyis mdsad paḥi ḥgrel pa》las/
ḥdi ltar gñis su med paḥi chos kyi sku ni [(1)]mñam pas mñam pa ṣes bya ste/ gñis su med paḥi chos kyi sku ḥdi las śin tu rnam par dag paḥi pha rol tu phyin pa rnams brñes par gyur paḥo ṣes [D.Ti.78b] ḥbyuṅ ste/
《theg pa chen po bsdus paḥi ḥgrel pa mi mthun pa rnam pa gcig》daṅ sbyar na yoṅs su grub paḥi chos[(2)] daṅ/ yon tan bṣiḥi pha rol tu phyin pa rnams kyi yon tan gyi ṅo bo ñid byed paḥi phyir ro ṣes bśad do//
deḥi phyir《bstan bcos de ñid》las
de bṣin gśegs paḥi chos kyi sku ni gnas pa ṣes byaḥo// yon tan bṣi mthar phyin pa ni pha rol tu byon pa ṣes byaḥo ṣes bśad do//
《slob dpon ṅo bo ñid med kyis ḥgrel pa》las
chos kyi sku la gñis su med paḥi phyir mñam pa ṣes byaḥo// chos kyi sku mñam pa la brten nas/ pha rol tu phyin paḥi ḥbras bu yon tan mṅon par ḥgrub paḥi phyir ro ṣes ḥbyuṅ ste/
saṅs rgyas kyi chos kyi sku gñis su med paḥi phyir mñam pa ṣes byaḥo// yoṅs su mñam paḥi chos kyi sku ḥdi la brten nas/ rtag pa daṅ bde ba daṅ de[(3)] daṅ yoṅs su btsal[(4)] baḥi pha rol tu byon pa rnams saṅs rgyas kyi gnas skabs kyi tshe gdod mṅon par ḥgrub paḥo//
yaṅ na chos kyi sku mñam pa la brten nas pha rol tu phyin pa drug yoṅs su rdsogs par ḥgyur la/ pha rol tu phyin pa ni saṅs rgyas kyi gnas skabs kyi tshe gdod mṅon par ḥgrub paḥo//

(1) PN: null ⇒ +'chos kyi sku' (2) +'kyi sku' (3) PN: de ⇒ ṅa (4) PN: btsal ⇒ gtsaṅ

《親光釋》云: "顯示世尊自性身分殊勝功德。謂佛法身無差別相, [(1)]名[(2)]二。'佛無二住', 即是法身, 眞如爲體。無差別相, 於[(3)]一切二相分別, 皆不現行, 緣[(4)]勝定常住其中, 故名爲'住'。即無二住名'勝彼岸'。佛已窮到, 說[(5)]名爲'得'。"
【解云。判此《親光》, 三說不同。
一云。擧能住定, 顯所住境平等法身。
一云。雖擧所住, 意取住定。
一云。通取所住能住以立德名。】

又《親光》云: “謂於佛地無二法身, 一切施等波羅蜜多平等圓滿。” 【解云。法身一故名爲“無二”。六度皆滿故名“平等”。】

(1) Taisho, SNST, Baek(2013a): null ⇒ +故 (2) JS, Taisho, SNST, Baek(2013a): null ⇒ +無
(3) JS, Taisho, SNST: null ⇒ +中 (4) JS, Taisho, SNST, Baek(2013a): null ⇒ +彼
(5) JS, Taisho, SNST: 說 ⇒ 故

《slob dpon ñe baḥi ḥod kyis ḥgrel pa》 las/
ḥdi ltar saṅs rgyas kyi sa gñis su med pa chos kyi sku las sbyin pa la sogs pa pha rol tu phyin pa thams cad mñam pa ñid du yoṅs su rdsogs par ḥgyur ro ṣes ḥbyuṅ ṅo//
gṣan yaṅ 《de ñid》 las
ḥdis ni bcom ldan ḥdas kyi raṅ bṣin gyi skuḥi phyogs khyad [ZH.68-188] par du ḥphags paḥi yon tan bstan te/
de bṣin gśegs paḥi chos kyi sku la tha dad paḥi mtshan ñid mi mṅaḥ baḥi phyir gñis su med pa ṣes byaḥo//
saṅs rgyas kyi gnas pa gñis su med pa ni chos kyi sku ste/ de bṣin ñid kyi ṅo bo ñid byed do//
mtshan ñid tha dad pa med pas der gñis su rnam par rtog pa thams cad mṅon du mi ḥbyuṅ ste/ de la dmigs paḥi tiṅ ṅe ḥdsin khyad par can rtag tu gnas paḥi phyir gnas pa ṣes bya ste/ gñis su med paḥi gnas pa de ñid ni dam paḥi pha rol tu byon pa ṣes byaḥo//
de bṣin gśegs pas deḥi phyi rol du byon paḥi phyir brñes [D.Ti.79a] pa ṣes byaḥo ṣes ḥbyuṅ ṅo//
slob dpon ñe baḥi ḥod kyis bśad pa ḥdi la mi mthun pa rnam pa gsum du bśad de/
kha cig ni tiṅ ṅe ḥdsin la gnas paḥi dbaṅ du byas nas gnas par bya baḥi yul chos kyi sku mñam pa bstan pa yin no ṣeḥo//
kha cig ni de ltar gnas par bya baḥi yul smos kyaṅ/ don gyis na tiṅ ṅe ḥdsin la gnas pa ṣes bzuṅ ṅo ṣeḥo//
kha cig ni gnas par bya ba daṅ gnas pa las yon tan gyi miṅ rnam par gṣag pa yin no ṣeḥo//

如上諸論, 總有兩釋:

一云。法身一故, 名爲“無二”。

一云。於法身中無種種二故，名爲“無二”。[(1)]

(1) SNST: null ⇒ '餘義可知。'

de dag kyaṅ mdor bsdu na bśad pa rnam pa gñis su ḫgyur te/
daṅ po ni chos kyi sku gcig paḫi phyir gñis su med pa ṣes byaḫo ṣes bstan to//
gñis pas ni chos kyi sku la rnam pa sna tshogs kyi gñis med paḫi phyir gñis su med paḫo ṣes bstan to//
don gṣan ni brda phrad par zad do//

(@1-40)[0195a03] 不相間雜如來解脫妙智究竟，
[0195a04] [(1)]第十七德。

(1) Lee: null ⇒ +'釋曰'

yoṅs su ma ḫdres pas de bṣin gśegs paḫi rnam par thar paḫi ye śes dam pa mthar phyin pa
ṣes bya bas ni yon tan bcu bdun pa bstan te/

《世親釋》云: “謂於無雜如來智中, 勝解究竟。此中‘勝解’名爲‘解脫’。即是隨其勝解示現差別佛土功德。”
【解云。《世親論》意, 依《無性釋》, 而可了知。
言“不相間雜”者, 如來勝解所現佛土, 不相間雜。
言“如來解脫”者。即是如來現土勝解。
於所現中, 無不了知, 故名“妙智究竟”。
[Lee:](*此釋文義。若依此釋功德名, 如來隨其勝解示現差別衆生佛土, 不相間雜。於無雜如來智中, 利益衆生勝解究竟故, 隨衆生勝解現種種差別佛土, 亦不相間雜。由智無雜, 示現佛土, 亦不相間雜。)】

ḫdi ni mos pa ji lta ba bṣin du saṅs rgyas kyi ṣiṅ tha dad pa ston paḫi yon tan ṣes bya ba ñid do//
de la yoṅs su ma ḫdres pa ṣes bya ba ni de bṣin gśegs paḫi [ZH.68-189] mos pas saṅs rgyas kyi ṣiṅ bstan pa rnams yoṅs su ma ḫdres paḫo//
de bṣin gśegs paḫi rnam par thar pa ṣes bya ba ni de bṣin gśegs pas saṅs

rgyas kyi ṣiṅ yoṅs su bstan paḥi mos pa ñid do//
yoṅs su bstan par mdsad pa la mi mkhyen pa ci yaṅ med paḥi phyir ye śes dam pa mthar phyin pa ṣes bya ste/
ḥdi ni mdoḥi tshig gi don rnam par bśad paḥo//
ḥdi ñid daṅ sbyar te yon tan gyi miṅ bśad na de bṣin gśegs paḥi mos pa ji lta ba bṣin du sems can daṅ/ saṅs rgyas kyi ṣiṅ tha dad par bstan pa rnams yoṅs su ma ḥdres par gyur paḥo//
《slob dpon dbyig gñen gyis mdsad paḥi ḥgrel pa》 las/
yoṅs su ma ḥdres pa de bṣin gśegs paḥi ye śes las mos pa mthar phyin pa ste/
de la ḥdir smos[(1)] pa ni rnam par thar pa ṣes byaḥo ṣes ḥbyuṅ ste/
yoṅs su ma ḥdres pa de bṣin gśegs paḥi ye śes las sems can [D.Ti.79b] la phan ḥdogs paḥi mos pa mthar phyin paḥi phyir/ sems can gyi mos pa ji lta ba bṣin du saṅs rgyas kyi ṣiṅ tha dad pa rnam pa sna tshogs bstan pa yaṅ yoṅs su ma ḥdres pa yin te/ mkhyen pa la ḥdres pa mi mṅaḥ baḥi dbaṅ gis saṅs rgyas kyi ṣiṅ yoṅs su bstan pa rnams kyaṅ yoṅs su ma ḥdres par gyur paḥo//[(2)]

(1) smos ⇒ mos
(2) The order of the Tibetan text is different from the Chinese text.

《無性釋》云: “謂觀衆生勝解差别, 現金銀等種種佛土不相間雜。世尊勝解現在前時, 隨衆所樂, 悉皆顯現, 無不了知。[(1)]”
《無性》復云: “聞‘一切佛得平等’言, 即謂一切應同一性。爲遮此疑, 故次說言‘[(2)]如來解脫妙智究竟’。”[(3)]

(1) Taisho, SNST: null ⇒ +‘是故說名‘如來解脫妙智究竟’。此中勝解說爲‘解脫’。’
(2) Taisho, Baek(2013a): null ⇒ +‘不相間雜’
(3) SNST: ‘《無性》復云......如來解脫妙智究竟’=null

《slob dpon ṅo bo ñid med kyis ḥgrel pa》 las
sems can rnams kyi mos pa tha dad pa la ltos nas/ gser daṅ dṅul la sogs paḥi saṅs rgyas kyi ṣiṅ rnam pa sna tshogs yoṅs su ma ḥdres par ston te/ bcom ldan ḥdas kyis mos pa mṅon du gyur pas na ḥkhor rnams kyi mos pa ji lta ba bṣin ston par mdsad de mi mkhyen pa mi mṅaḥ bas/ deḥi phyir de bṣin gśegs paḥi rnam par thar pa ye śes dam pa mthar phyin pa ṣes gsuṅs so//
de la ḥdir mos pa la rnam par thar pa ṣes bya bar [ZH.68-190] bṣed do ṣes bya bar bśad do//

《親光釋》云: “顯示世尊受用身分殊勝功德。【立功德名。】
謂受用身不相間雜, 一切如來受用身體各各別故。【釋自受用身不相間雜。】
如來妙智能令一切衆生解脫, 故名‘如來解脫妙智’。佛於此智已得究竟, 如是即說‘如來妙智不相間雜’。【此釋妙智不相間雜。】
於淨佛土現受用身, 亦不相雜。【此釋他受用身不相間雜。】
大集會中現種種身, 與諸菩薩受用法樂, 亦不相雜。【釋受用法樂不相間雜。】
如來於此智所現身, 亦到究竟。【重釋究竟。】”
《親光》後解, 同《無性》初釋。
【上來五釋, 文顯可知。】[1]

[1] SNST: ‘【上來五釋, 文顯可知。】’ ⇒ null

slob dpon ñe baḥi ḥod kyis kyaṅ don miṅ[1] daṅ mthun par bśad do//
gṣan yaṅ《slob dpon ñe baḥi ḥod kyis ḥgrel pa》las/
ḥdis ni bcom ldan ḥdas kyi loṅs spyod rdsogs paḥi sku phyogs khyad par du ḥphags paḥi yon tan bstan te/
ḥdir loṅs spyod rdsogs paḥi sku ni ma ḥdres pa ste/ de bṣin gśegs pa thams cad kyi loṅs spyod rdsogs paḥi skuḥi ṅo bo ñid so so tha dad paḥi phyir ro//
de bṣin gśegs paḥi ye śes dam pas sems can thams cad rnam par thar par mdsad paḥi phyir ro//[2] de bṣin gśegs paḥi rnam par thar pa ye śes dam pa ṣes byaḥo// de bṣin gśegs pas ye śes ḥdiḥi mthar phyin pa brñes pas ḥdi ñid de bṣin gśegs paḥi ye śes dam pa ma ḥdres pa yin no//
saṅs rgyas kyi ṣiṅ yoṅs su dag par loṅs spyod paḥi sku ston par mdsad kyaṅ/ phan tshun ḥdres par mi ḥgyur la/
ḥkhor gyi dkyil ḥkhor rnams su sku rnam pa sna tshogs bstan nas/ byaṅ chub sems dpaḥ rnams daṅ chos kyi dgyes pa bstar bar mdsad kyaṅ/ phan tshun ḥdres par mi ḥgyur te/
de bṣin gśegs pa ye śes las snaṅ baḥi sku ḥdiḥi [D.Ti.80a] mthar yaṅ byon paḥo ṣes ḥbyuṅ ṅo//

[1] PN: miṅ ⇒ ḥdi
[2] ‘ro//’ ⇒ null

[Lee:](*如上諸論, 總有五釋:
一、如來妙智不相間雜,
二、示現佛土不相間雜,
三、自受用身不相間雜,
四、他受用身不相間雜,
五、受用法樂不相間雜。)

ḥdir bstan bcos de dag las bśad paḥi don yaṅ mdor bsdu na bśad pa rnam pa lṅar ḥgyur te/
daṅ pos ni de bṣin gśegs paḥi ye śes dam pa ma ḥdres par bstan to//
gñis pas ni saṅs rgyas kyi ṣiṅ bstan pa rnams kyis ma ḥdres par bstan to//
gsum pas ni ñid kyi loṅs spyod paḥi sku ma ḥdres par bstan to//
bṣi pas ni gṣan loṅs spyod paḥi sku ma ḥdres par bstan to//
lṅa pas ni chos kyi sku(1) dgyes pa bstar ba ma ḥdres par bstan to//

(1) sku ⇒ null

(@1-41)[0195a21] 證無中邊佛地平等,
[0195a22] 釋曰。第十八德。

[ZH.68-191] dbus daṅ mthaḥ med paḥi saṅs rgyas kyi sa mñam pa ñid thugs su chud pa
ṣes bya bas ni yon tan bco brgyad pa bstan te/

《世親釋》云: "即是三種佛身方處無分限功德。謂佛法身, 不可分限爾所方處。受用、變化, 亦不可說爾所世界。"【文顯可知。】
《梁論釋》云: "如來三種身中, 法身約處所不可度量, 應、化兩身互(1)爾不可言'但此世界有彼世界無'。無有一法出法身外, 無有衆生界出應、化兩身外。"

(1) JS, Taisho, SNST, Baek(2013a): 互 ⇒ 亦

ḥdi ni saṅs rgyas kyi sku gsum gyi yul yoṅs su ma chad pa yon tan ṣes bya ba ñid do//
《slob dpon dbyig gñen gyis mdsad paḥi ḥgrel pa》 las/
ḥdi ltar saṅs rgyas kyi chos kyi skuḥi yul daṅ/ phyogs kyi khyon ni ḥdi tsam mo ṣes bya bar yoṅs su chad pa med la/ loṅs spyod rdsogs pa daṅ/ sprul paḥi skuḥi ḥjig rten gyi khams kyaṅ ḥdi tsam mo ṣes brjod par mi nus so ṣes ḥbyuṅ ṅo//
《theg pa chen po bsdus paḥi ḥgrel pa rnam pa gcig》 las
de bṣin gśegs paḥi sku rnam pa gsum las/ chos kyi sku yul la brten nas tshad dpag par yaṅ mi nus so// loṅs spyod rdsogs pa daṅ/ sprul paḥi sku rnam pa gñis kyaṅ ḥjig rten gyi khams ḥdi na ni yod la ḥdi ni med do ṣes brjod par yaṅ mi nus te/
chos ḥgaḥ yaṅ chos kyi sku las gud na med la/ sems can gaṅ yaṅ loṅs spyod rdsogs pa daṅ/ sprul paḥi sku las gud na med do ṣes ḥbyuṅ ṅo//

《無性》兩釋。初次中, 復有四種, 意同《世親》。
故《彼論》云(1): "如世界無中無邊, 佛地亦爾, 功德方處無有分限。
或復世界方處無邊, 諸佛三身, 即於其中, 稱世界量, 平等遍滿。以法身等, 即住如是諸世界中, 非餘處故。
或法身等, 於佛地中, 平等遍滿, 無中無邊, 無有分限。
此法身等, 遍一切處, 爲諸衆生現化(2)饒益, 然非自性無中無邊。"
【解云。"無中無邊", 有其四種。
一、約喻法, 釋無中邊。
二、"或復世界"下約所依能依, 釋無中邊。
三、"或法身等"下唯約佛地, 釋無中邊無有分限(3)。
四、"此法身等"下明爲衆生故現身, 無分限(4), 然非自性無中邊身(5)也。】
《無性》復云: "非一非異, 其相云何?
爲答此問, 故次說言'證無中邊佛地平等'。"
(6)'不相間雜'(=@1-40), 故云'非一'。乘前'得佛無二'(=@1-39), 故云'非異'。
如是非一異相, 云何應【解云。於此德中先問後答。乘前(7)知?
爲答此問, 故次說言'證無中邊佛地平等'。

雖復非一，各各遍周。若是無二，亦是遍滿。故“無中邊”。】[8]

(1) SNST: '《無性》兩釋。初次中, 復有四種, 意同《世親》。故《彼論》云'='《無性釋》云'
(2) JS, Taisho, SNST, Baek(2013a): 化 ⇒ 作
(3) SNST: '無有分限' ⇒ null (4) SNST: '無分限' ⇒ '釋無中邊'
(5) SNST: null ⇒ +'非饒益衆生故' (6) JS: null ⇒ +'【解云。於此德中, 先、問, 後、答。乘前'
(7) JS: '【解云......乘前' ⇒ null (8) SNST: '《無性》復云......故“無中邊”。】'=null

《slob dpon ṅo bo ñid med kyis ḫgrel pa》 las
ji ltar ḫjig rten gyi khams la dbus daṅ mthaḫ med pa de bṣin du saṅs rgyas kyi saḫi yon tan yaṅ de bṣin te/ yul daṅ phyogs kyi tshad yoṅs su ma chad paḫo//
yaṅ na ḫjig rten gyi khams kyi phyogs mthaḫ med pas de bṣin gśegs paḫi sku rnam pa gsum der ḫjig rten gyi tshad daṅ ḫtsham pa[1] mñam par kun tu khyab ciṅ [D.Ti.80b] gaṅ ba ste/ ḫdi ltar chos kyi sku la sogs pas ḫjig rten gyi khams de lta bu dag tu ṣugs kyi/ gṣan dag tu ni ma yin paḫi phyir ro//
yaṅ na chos kyi sku la sogs pa saṅs rgyas kyi sar mñam par kun tu khyab ciṅ gaṅ bas dbus daṅ mthaḫ med ciṅ [ZH.68-192] tshad yoṅs su chad pa med paḫo//
chos kyi sku la sogs pa de dag thams cad kun tu khyab ciṅ sems can gyi ched du phạn ḫdogs pa mṅon sum du mdsad kyaṅ raṅ gi ṅo bo ñid la dbus daṅ mthaḫ med pa ni ma yin no ṣes ḫbyuṅ ste/
《slob dpon ñe baḫi ḫod kyis ḫgrel pa》 las kyaṅ don ḫdi daṅ mthun par bśad do//[2]
slob dpon ṅo bo ñid med kyis dbus daṅ mthaḫ med par bśad pa de yaṅ rnam pa bṣir ḫgyur te/
daṅ po ni dpeḫi chos can la brten nas dbus daṅ mthaḫ med par bstan to//
gñis pa ni yaṅ na ḫjig rten gyi khams ṣes bya ba man chad kyis brten par bya ba daṅ/ rten paḫi dbaṅ du byas nas dbus daṅ mthaḫ med pa bstan to//
gsum pa ni yaṅ na chos kyi sku la sogs pa ṣes bya ba la sogs pas saṅs rgyas kyi saḫi dbaṅ du byas nas/ dbus daṅ mthaḫ med pa bstan to//
bṣi pa ni chos kyi sku la sogs pa de dag ces bya ba man chad kyis sems can gyi ched du sku ston par mdsad pas/ dbus daṅ mthaḫ med pa bstan te/ ḫon kyaṅ raṅ gi ṅo bo ñid la dbus daṅ mthaḫi sku med pa ni ma yin te/ sems can la phan ḫdogs pa ma yin paḫi phyir ro//

(1) PN: pa ⇒ par
(2) '《slob dpon ñe baḫi ḫod kyis ḫgrel pa》 las kyaṅ don ḫdi daṅ mthun par bśad do//' ⇒ null

《親光》云: “顯示世尊證眞如相殊勝功德。謂眞如相無有中邊, 遠離一切有爲無爲中邊相故, 遠離方處中邊相故。如是眞如, 即是佛地平等法性。證此佛地平等性故, 遍知一切有[1]爲無爲等, 於中不染。”

【解云。“遠離一切有爲無爲中邊相故”者, 如於有爲, 執爲定有是常邊, 執爲定無是斷邊, 非有非無是中道。中道之義, 待邊故立, 邊性自離, 中何所中? 故佛證平等, 中邊俱離。有爲既爾, 無爲亦然。若隨俗說, 方土處所, 有中有邊, 如中國爲中, 餘國名邊。佛證平等, 無方土故, 遠離方土中邊相也。

或可。有爲無爲爲二邊, 非有爲非無爲爲中, 邊既非有, 中何所中? 方所中邊, 准此應釋。】

《親光》後釋, 同《世親》說。

[1] Taisho: 有=null; SNST: 有=*sic*

[1]gşan yaṅ《slob dpon ñe baḥi ḥod kyis ḥgrel pa》las/

ḥdis ni bcom ldan ḥdas de bşin ñid thugs su chud paḥi mtshan ñid khyad par du ḥphags paḥi yon tan bstan te/

ḥdi ltar de bşin ñid mtshan ñid la mthaḥ daṅ dbus med de/ ḥdus byas daṅ ḥdus ma byas kyi dbus daṅ mthaḥi mtshan ñid thams cad yoṅs su spaṅs paḥi phyir daṅ/ yul gyi dbus daṅ mthaḥi mtshan ñid yoṅs su spaṅs paḥi phyir ro//

de bşin ñid de ni saṅs rgyas kyi saḥi mñam paḥi chos ñid yin te/ saṅs rgyas kyi saḥi mñam [ZH.68-193] paḥi ṅo bo ñid ḥdi thugs su chud paḥi phyir/ ḥdus byas daṅ ḥdus ma byas la sogs pa thams cad kun tu [D.Ti.81a] khyab ciṅ der yaṅ mṅon par şen pa mi mṅaḥ ba yin no şes ḥbyuṅ ṅo//

de la ḥdus byas daṅ ḥdus ma byas kyi dbus daṅ mthaḥi mtshan ñid thams cad yoṅs su spaṅs paḥi phyir şes bya ba ni/ gaṅ ḥdus byas la ṅes par yod do şes ḥdsin pa ni rtag paḥi mthaḥo// stoṅ pa ñid[2] med paḥo şes ḥdsin pa ni chad paḥi mthaḥo// yod pa yaṅ ma yin med pa yaṅ ma yin pa ni dbu maḥi lam mo// dbu maḥi don de yaṅ mthaḥ la ltos nas rnam par gşag pa yin te/ mthaḥi ṅo bo ñid kyaṅ raṅ ñid kyis bral ba yin na/ dbus la ltos te dbus şes bya//

deḥi phyir de bşin gśegs pa ni mñam pa ñid thugs su chud pas dbus daṅ mthaḥ gñi ga yaṅ spaṅs pa yin te/ ḥdus byas ji lta ba bşin du ḥdus ma byas la yaṅ de bşin no//

kun rdsob kyi dbaṅ du byas te brjod na yul daṅ phyogs la dbus daṅ mthaḥ yod de ji ltar dbus kyi yul la ni dbus ṣes brjod la yul gṣan la ni mthaḥ ṣes brjod pa lta bu ste/ de bṣin gśegs paḥi mñam pa ñid thugs su chud de/ yul daṅ phyogs mi mṅaḥ baḥi phyir/ yul daṅ phyogs kyi dbus daṅ mthaḥi mtshan ñid yoṅs su spaṅs paḥo//

yaṅ na ḥdus byas daṅ ḥdus ma byas ni mthaḥ gñis yin la/ yod pa yaṅ ma yin med pa yaṅ ma yin pa ni dbus yin te/ mthaḥ yaṅ yod pa ma yin/ dbus kyaṅ ci la dbus ṣes bya ste/ yul gyi dbus daṅ mthaḥ yaṅ de kho na bṣin du bśad par byaḥo//

(1) +'《slob dpon ñe baḥi ḥod kyis ḥgrel pa》 las kyaṅ don ḥdi daṅ mthun par bśad do//'
(2) 'stoṅ pa ñid' ⇒ 'ṅes par'

(@1-42)[0195c01] 極於法界,
[0195c02] 釋曰。第十九德。

chos kyi dbyiṅs kyis klas pa
ṣes bya bas ni yon tan bcu dgu pa bstan te/

《世親釋》云: "謂極清淨法界是名'極於法界'。即是窮生死際常現利益安樂一切有情功德。"
【准《無性釋》, 可知。】
《無性釋》云: "謂此法界, 最清淨故, 能起等流契經等法, 極此法界, 於當來世一切有情, 如其所應, 常能現作利益安樂。"
【解云。最清淨法界流出正智。由正智故流出後智。由後智故流出大悲。由大悲故流出契經等十二部。由此法界常住故, 常於當來世, 能現利益。】
《親光釋》云: "顯示世尊證得果相殊勝功德。謂得窮極清淨法界。如是法界, (1)修道果。"
《親光》後釋, 同於《無性》。

(1) JS, Taisho, SNST, Baek(2013a): null ⇒ +是

ḥdi ni ḥkhor baḥi mthaḥ ji tsam par sems can thams cad la phan pa daṅ/ [ZH.68-194] bde ba ñe bar gnas pa ṣes bya baḥi yon tan ñid do//

《slob dpon dbyig gñen gyis mdsad paḥi ḥgrel pa》 las/
ḥdi ltar rnam par dag paḥi chos kyi dbyiṅs kyis klas pa ni chos kyi dbyiṅs kyis klas paḥo ṣes ḥbyuṅ ṅo//
slob dpon 《ṅo bo ñid med kyis ḥgrel pa》 las/
ḥdi ltar chos kyi dbyiṅs de śin tu rnam par dag paḥi phyir/ rgyu mthun par mdo la sogs paḥi chos rnams kyis chos dbyiṅs de las klas pas/ [D.Ti.81b] ma ḥoṅs pa na sems can thams cad la ji ltar ḥos pa bṣin du rtag par phan pa daṅ bde ba ñe bar gnas paḥo ṣes ḥbyuṅ ste/
slob dpon ñe baḥi ḥod kyis kyaṅ ḥdi daṅ mthun par bśad do//[1]
chos kyi dbyiṅs śin tu rnam par dag pa las ni yaṅ dag par[2] ye śes ḥbyuṅ ṅo//
yaṅ dag paḥi ye śes kyi dbaṅ gis ni rjes la brñes paḥi ye śes ḥbyuṅ ṅo//
rjes la brñes paḥi ye śes kyi dbaṅ gis ni thugs rje chen po skyeḥo//
thugs rje chen poḥi dbaṅ gis ni mdo la sogs paḥi gsuṅ rab yan lag bcu gñis gsuṅ bar ḥgyur ro//
chos kyi dbyiṅs ḥdi rtag par gnas paḥi dbaṅ gis ni ma ḥoṅs pa na phan ḥdogs pa ñe bar gnas so//
[3]gṣan yaṅ 《slob dpon ñe baḥi ḥod kyis ḥgrel pa》 las/
ḥdis ni bcom ldan ḥdas ḥbras buḥi mtshan ñid brñes pa khyad par du ḥphags paḥi yon tan bstan te/
ḥdi ltar chos kyi dbyiṅs śin tu rnam par dag pa brñes paḥo//
chos kyi dbyiṅs de ni lam bsgoms paḥi ḥbras bu yin no ṣes ḥbyuṅ ṅo//

(1) 'slob dpon ñe baḥi ḥod kyis kyaṅ ḥdi daṅ mthun par bśad do//' ⇒ null
(2) par ⇒ paḥi
(3) +'slob dpon ñe baḥi ḥod kyis kyaṅ ḥdi daṅ mthun par bśad do//'

(@1-43)[0195c11] 盡虛空性,
[0195c12] 釋曰。第二十德。

nam mkhaḥi khams kyi mthaḥ gtugs pa
ṣes bya bas ni yon tan ñi śu pa bstan te/

《世親釋》云: "即是無盡功德。謂佛智無盡, 如虛空故。"
《無性釋》云: "如彼虛空, 無邊無際、無盡無減、無生無滅、無有變易, 於一切時, 現前容受一切質礙, 法界[1]亦爾, 常現前作一切有情利樂爲相,盡[2]一切界遍作衆生諸饒益事, 無有休息。"
廣說如《彼》。

(1) Taisho, SNST, Baek(2013a): 界 ⇒ 身
(2) JS, Taisho: 盡=null; SNST: 盡=*sic*

ḥdi ni mi zad paḥi yon tan ṣes bya ba ñid do//
《slob dpon dbyig gñen gyis mdsad paḥi ḥgrel pa》 las
ḥdi ltar de bṣin gśegs paḥi ye [ZH.68-195] śes ni zad pa med de/ nam mkhaḥ daṅ mtshuṅs paḥi phyir ro ṣes ḥbyuṅ ṅo//
slob dpon 《ṅo bo ñid med kyis ḥgrel pa》 las ni
ji ltar nam mkhaḥ de mthaḥ med pa/ mu med pa/ zad pa med pa/ ḥgrib pa med pa/ skye ba med pa/ ḥgag pa med pa/ ḥgyur ba med pa/ dus thams cad du gzugs can thams cad la skabs dbye ba de bṣin du/ chos kyi sku yaṅ rtag par sems can thams cad la phan pa daṅ bde ba mdsad pa ñe bar gnas paḥi mtshan ñid de/ sems can gyi khams ji srid par ḥgro ba thams cad kyi don mdsad pa rgyun chad med do ṣes ḥbyuṅ ste/
ṣib tu 《de ñid》 las bśad pa bṣin no//

(@1-44)[0195c18] 窮未來際。
[0195c19] 釋曰。第二十一德。

phyi maḥi mthaḥi mur thug pa[1]
ṣes bya bas ni yon tan ñi śu rtsa gcig pa bstan te/

(1) +de

《世親釋》云: "即是究竟功德等。言'等', 此佛智究竟窮未來際, 無有間斷。是故名爲'最清淨覺'。"
《無性釋》云: "'等'者, 等取究竟功德。謂此功德窮未來際, 常無間斷。窮於未來無際之際, 顯佛功德永無窮盡, 所化有情永無盡故。"

ḥdi ni mthar byon paḥi yon tan ṣes bya ba ñid do//
《slob dpon [D.Ti.82a] dbyig gñen gyis mdsad paḥi ḥgrel pa》 las/
de bṣin gśegs paḥi mkhyen pas phyi maḥi mthaḥ mu mthar byon pa la rgyun

chad pa mi mṅaḥ baḥo ṣes ḥbyuṅ ṅo//
《ṅo bo ñid med kyis ḥgrel pa》 las/
yon tan ḥdi dag phyi maḥi mthaḥi bar du rtag par rgyun mi ḥchad paḥo//
phyi maḥi mthaḥi mur thug pa ṣes pas ni de bṣin gśegs paḥi yon tan mi zad par bstan te/ gdul bar bya baḥi sems can gtan du mi zad paḥi phyir ro ṣes ḥbyuṅ ṅo//

若依《親光》, 後二(=@1-43, @1-44)合釋。
故《佛地》云: “次後二種殊勝功德, 顯示世尊功德無盡。‘盡虛空性窮未來際’者, 顯示世尊自利利他二德無盡[(1)]。謂如虛空經成壞劫性常無盡, 如來一切眞實功德亦復如是, 常無斷盡。如未來際無有盡期, 利他功德亦復如是, 窮未來際常作一切有情利益安樂事故。”
《親光》後釋云: “顯示世尊[(2)]無盡、究竟[(3)]殊勝功德。謂如虛空常無窮盡[(4)], 諸佛法界所起[(5)]功德, 亦復如是, 無窮盡故[(6)]。如未來際無有盡期, 利樂一切有情加行, 無休息故。”
【解云。《親光》兩釋, 有差別者。
前釋, 立功德名, 皆是無盡。
後復次釋, 同《世親》等, 兼有問答, 具說如《彼》。】[(7)]

(1) Taisho, SNST, Baek(2013a): null=+‘殊勝功德’
(2) JS, Taisho: null ⇒ +‘二利’; SNST: null=*sic*
(3) JS, Taisho: ‘究竟’=null; SNST: ‘究竟’=*sic*
(4) JS, Taisho: ‘常無窮盡’=‘性常無盡’; SNST: ‘常無窮盡’=*sic*
(5) JS, Taisho: ‘諸佛法界所起’=‘如來一切眞實’; SNST: ‘諸佛法界所起’=*sic*
(6) JS, Taisho: ‘無窮盡故’=‘常無斷盡’; SNST: ‘無窮盡故’=*sic*
(7) SNST: ‘【解云......具說如《彼》】’=null

《slob dpon ñe baḥi ḥod kyis ḥgrel pa》 las ni bśad pa phyi ma ḥdi gñis gcig tu bsdus nas ston te/
deḥi phyir 《ḥgrel pa de ñid》 las
ḥdis ni bcom ldan ḥdas kyi zad pa mi mṅaḥ baḥi phyir[(1)] byon pa khyad par du ḥphags paḥi yon tan bstan te/
ḥdi lta ste/ ji ltar nam mkhaḥ rtag par gtan du mi zad pa de bṣin du saṅs rgyas rnams kyi [(2)]dbyiṅs las ḥbyuṅ baḥi yon tan rnams kyaṅ de bṣin te/ gtan du mi

zad [ZH.68-196] pa ñid kyi phyir daṅ/ ji ltar phyi maḫi mthaḫ zad paḫi dus med pa de bṣin du sems can thams cad la phan ḫdogs paḫi sbyor ba yaṅ rgyun chad pa mi mṅaḫ baḫi phyir ro ṣes ḫbyuṅ ṅo//
gṣan yaṅ《slob dpon ñe baḫi ḫod kyis ḫgrel pa》las/
ḫdis ni bcom ldan ḫdas bdag daṅ gṣan la phan ḫdogs paḫi yon tan rnam pa gñis zad pa mi mṅaḫ ba khyad du ḫphags paḫi yon tan bstan te/
ji ltar nam mkhaḫ bskal pa ḫjig pa daṅ ḫchags pa dag ni ṅo bo ñid rtag par mi zad pa de bṣin du/ de bṣin gśegs paḫi yaṅ dag paḫi yon tan thams cad kyaṅ de bṣin de rtag par zad pa mi mṅaḫ baḫo//
ji ltar phyi maḫi mthaḫ zad pa med pa de bṣin du gṣan la phan ḫdogs paḫi yon tan rnams kyaṅ de bṣin te/ phyi maḫi mthaḫi mur thug paḫi bar du sems can thams cad la phan ḫdogs paḫi phan pa daṅ/ bde baḫi dṅos po rtag par mdsad paḫi phyir ro ṣes ḫbyuṅ ṅo//

(1) PN: phyir ⇒ mthar
(2) +'chos kyi'

上來所釋如來功德，具申諸論，諸講說者，隨情廣略。
若用一者，取《世親釋》，或《親光》初說。
若用二者，合取兩家。

(1) SNST: '若用一者……合取兩家'=null

《theg pa chen po bsdus paḫi ḫgrel pa》mi mthun pa rnam pa gsum las/ yon tan rnams bstan pa yaṅ don phal cher mthun te/ goṅ du [D.Ti.82b] bśad pa rnams ni slob dpon dbyig gñen daṅ/ ṅo bo ñid med daṅ/《saṅs rgyas kyi saḫi ḫgrel pa》daṅ sbyar nas bstan pa yin te/ ḫchad par ḫdod pa rnams kyis ḫphral la blaṅ ba daṅ dor ba ci dgar byos śig// //

(@1-45)[0196a12] 與無量大聲聞衆俱，
[0196a13] 釋曰。自下第五、教機。
【六中，第六、衆成就。】

bam po brgyad pa/
de(1) ñan thos chen poḫi dge ḫdun tshad med pa

ṣes bya ba la sogs pas ni lṅa pa gsuṅ rab ñan paḥi ḥkhor bstan pa ṣes bya ba ston te/ rnam pa drug las ni drug pa ḥkhor phun sum tshogs paḥo//

(1) de ⇒ null

於中有二: 初、明聲聞, 後、明菩薩。謂即聲聞、菩薩二衆。

ḥdi yaṅ rnam pa gñis su dbye ste/ ñan thos kyi ḥkhor bstan pa daṅ/ byaṅ chub sems [ZH.68-197] dpaḥi ḥkhor bstan paḥo//

[§. 聲聞菩薩衆之四門分別]
然此二衆, 四門分別後方釋文。
言"四門"者: 一、辨有無, 二、釋前後, 三、明權實, 四、顯餘衆有無。

ḥkhor rnam pa ḥdi gñis kyaṅ sṅar sgo rnam pa bṣis rnam par phye nas/ deḥi ḥog tu tshig gi don bśad par byaḥo//
de la sgo rnam pa bṣi ni yod pa daṅ med pa rnam par ḥbyed pa daṅ/ sṅa phyiḥi rnam par bśad pa daṅ/ re ṣig pa daṅ/ gtan du ba bstan pa daṅ/ ḥkhor gṣan yod pa daṅ/ med pa bstan paḥo//

[§1. 辨有無]
辨有無者, 有其四句。
(1)自有經文, 唯小非大, 如《金剛波若》及《阿含》(2)等。
二、唯大非小, 如《華嚴經》及《理趣》等。
三、大小俱列, 如《法華》、《維摩》等。
四、大小俱無, 如《金光明》及(3)《勝鬘》等。

(1) SNST: null ⇒ +一 (2) SNST: '阿含'='長阿含' (3) SNST: '《金光明》及'=null

de la yod pa daṅ med pa rnam par ḥbyed pa ni mu rnam pa bṣi yod de/ daṅ po ni mdo sde la sogs pa las dman pa kho na smos la/ chen po smos pa ma yin pa ste/ 《ḥphags pa rdo rje gcod pa》 daṅ/ 《luṅ riṅ po》 la sogs pa las bśad pa lta buḥo//
gñis pa ni chen po kho na smos la dman pa mi smos pa ste/ 《ḥphags pa saṅs

rgyas phal po che》 daṅ/ 《tshul brgya lṅa bcu paḥi mdo》 la sogs pa lta buḥo// gsum pa ni che chuṅ gñis ka smos pa ste/ 《ḥphags pa dam paḥi chos padma dkar poḥi mdo》 daṅ/ 《dri ma med par grags pas bstan paḥi mdo》 la sogs pa lta buḥo// bṣi pa ni che chuṅ gñi ga mi smos pa ste/ 《ḥphags pa phreṅ ldan maḥi mdo》 la sogs pa lta buḥo//

問。若有四句, 如何會釋《大智度論》,《彼》云“聲聞藏中, 唯列聲聞。菩薩藏中, 具列聲聞及菩薩衆”?

此有二說。

一云。據實, 如《智度論》。而四句, 結集經者意樂異故。

一云。據實, 具有四句。而《智度論》, 爲顯二藏勝劣異故, 具[(1)]說二句。舊來相傳, 實有無故, 或廣略故。

【眞諦三藏《金光明記》云: “《此經》, 三義不立同聞:

一、耆闍之衆, 唯聞正說後分, 不聞正說前分所明因果。王舍之衆, 聞前分因果, 不聞後分緣用等事。時衆有聞不聞, 所以不立同聞。

二義者、說四德之果是四佛, 明三身之因是釋迦。非止聽時衆不同, 亦是法主有異, 故不安同聞。

三義者、聞懺悔是信相。獨自夢感, 不得與多同聞。

爲此三義, 不安同聞。】[(2)]

(1) SNST: 具 ⇒ 且

(2) SNST: '【眞諦三藏《金光明記》云......爲此三義, 不安同聞】'=null

gal te mu rnam pa bṣi yod na/ 《śes rab kyi pha rol tu phyin paḥi ḥgrel pa》 las byuṅ ba ji ltar brda sprod ciṅ bśad par bya ste/ de las

ñan thos kyi sde snod las ni ñan thos kho na smos so// byaṅ chub sems dpaḥi sde snod las ni ñan thos daṅ byaṅ chub sems dpaḥi ḥkhor gñi ga tshaṅ bar smos pa yin no ṣes ḥbyuṅ ṅo ṣe na/

ḥdi la bśad pa [D.Ti.83a] rnam pa gñis yod de/

kha cig ni yaṅ dag paḥi don du na 《śes rab kyi pha rol tu phyin paḥi ḥgrel pa》 las bśad pa kho na bṣin te/ mu bṣi smos pa ni mdo sde sdud pa dag gi mos pa tha dad paḥi phyir ro ṣeḥo//

kha cig ni yaṅ dag paḥi don du na mu bṣi tshaṅ bar smos pa ñid yin

[ZH.68-198] te/《śes rab kyi pha rol tu phyin paḥi ḥgrel pa》las/ sde snod gñis kyi mchog daṅ dman pa tha dad par bstan paḥi phyir/ re ṣig mu gñis bstan pa yin te/ sṅon brgyud paḥi bśad pa las/ yaṅ dag par yod pa daṅ/ med paḥi phyir daṅ/ yaṅ na rgyas pa daṅ bsdus paḥi phyir ro ṣeḥo//

[§2. 釋前後]

辨前後者, 此即不定。

自有經文, 先大後小, 如《五濁經》。

自有經文, 先小後大, 即《此經》等。

de la sṅa phyiḥi rnam par bśad pa yaṅ ṅes pa med de/

mdo sde kha cig las sṅar chen po smos la/ deḥi ḥog tu dman pa smos pa yod de《ḥphags pa sñigs ma lṅa bstan paḥi mdo》lta buḥo//

kha cig las ni sṅar dman pa smos la/ deḥi ḥog tu chen po smos pa yaṅ yod de/《mdo sde ḥdi ñid》la sogs pa lta buḥo//

問。若爾, 如何《佛地》及《智度論》, 皆說聲聞爲先?

解云。如《智度論》第四卷說: "佛法二種: 一者、秘密, 二者、顯示。

顯示門中, 先聞(1)聲聞, 以其煩惱滅無餘故。

秘密門中, 先說菩薩, 得無生忍斷煩惱故。"

解云。是故兩經, 各據一義, 互不相違。

(1) JS, SNST, Baek(2013a): 聞 ⇒ 說

gal te de lta na ciḥi phyir《saṅs rgyas kyi saḥi ḥgrel pa》daṅ/《śes rab kyi pha rol tu phyin paḥi ḥgrel pa》las/ ñan thos sṅar smos pa bśad ce na/

《śes rab kyi pha rol tu phyin paḥi ḥgrel pa》las ḥdi skad du/ saṅs rgyas kyi chos ni rnam pa gñis te/ śin tu gsaṅ ba daṅ/ bstan par bya baḥo ṣes bśad pa lta bu ste/ bstan par bya baḥi sgo nas sṅar ñan thos smos pa yin te/ ḥdi ltar de dag ñon moṅs pa spaṅs pas lus pa med paḥi phyir ro//

śin tu gsaṅ baḥi sgo nas ni byaṅ chub sems dpaḥ sṅar smos pa yin te/ mi skye baḥi chos la bzod pa thob nas ñon moṅs pa spaṅs paḥi phyir ro//

de nas mdo sde rnam pa gñis so so nas don re reḥi dbaṅ du mdsad pas phan tshun ḥgal ba med do//

然說聲聞以爲先者，依《佛地論》，有其八故。

《第二》云："一、爲於大乘生疑惑者，除彼疑故。[(1)]疑大乘教非是佛說，親對佛聞，信是佛說。[(2)]

二、爲列[(3)]不定種性[(4)]令[(5)]生定信故。[(1)]不定性者，欲取小果，故遣近佛令取大果。[(2)]

三、爲已清淨諸大聲聞，捨於自身尊貴慢故。乃至廣說。【謂近世尊，親授化故。自捨高慢究竟門也。】[(6)]

四、又諸聲聞常隨佛故。[(1)]菩薩化物不常隨佛，聲聞常隨，故先列之。[(2)]

五、形同佛故。【剃髮染衣形同佛故。菩薩不定，是故後說。】

六、內眷屬故。【出家近佛名"內眷屬"也。】

七、又令菩薩生恭敬故。乃至廣說。【親侍佛故，菩薩恭敬。如侍王者，餘人敬也。】

八者、由是讚嘆[(7)]聲聞功德，亦令其餘於聲聞衆生淨信故。[(1)]轉釋菩薩敬聲聞意。菩薩尙敬，況復餘衆！[(2)]"

(1) SNST, Baek(2013a): null ⇒ +【 (2) SNST, Baek(2013a): null ⇒ +】

(3) JS, Taisho, SNST, Baek(2013a): 列 ⇒ 引 (4) Taisho, SNST: null ⇒ +'菩薩'

(5) Taisho, SNST: 令 ⇒ null

(6) SNST, Lee: '乃至廣說。【謂近世尊親授化故。自捨高慢究竟門也。】'='【謂於衆前大聲聞衆近對世尊親受化故自捨高慢】'

(7) JS, Taisho: 嘆=歎

ñan thos sṅar smos pa de yaṅ《saṅs rgyas kyi saḥi ḥgrel pa》las/ don rnam pa brgyad kyi phyir ro ṣes bśad de/

theg pa chen po la the tshom za ba dag gi the tshom rab tu bsal baḥi phyir daṅ/

rigs ma ṅes paḥi byaṅ chub sems dpaḥ rnams ṅes paḥi daṅ ba rab tu bskyed par dran[(1)] paḥi phyir daṅ/

yoṅs [ZH.68-199] su dag paḥi ñan thos chen po rnams [D.Ti.83b] bdag cag gi lus ni btsun pa yin no sñam paḥi ṅa rgyal spaṅ bar bya baḥi phyir daṅ/

gṣan yaṅ ñan thos rnams rtag par de bṣin gśegs paḥi ṣam riṅ ba byed paḥi phyir daṅ/

cha byad mtshuṅs paḥi phyir daṅ/

naṅ gi ḥkhor yin paḥi phyir daṅ/
byaṅ chub sems dpaḥ rnams ñan thos kyi ḥkhor la gus pa bskyed paḥi phyir daṅ/
gṣan dag kyaṅ ñan thos kyi ḥkhor rnams la rab tu daṅ ba bskyed paḥi phyir ro ṣes ḥbyuṅ ṅo//

(1) dran ⇒ draṅs

依《智度論》, 有二復次。
《彼》云: "問曰。若從上數應先菩薩, 若從下數先優婆夷, 何以先說聲聞四衆, 後說菩薩?
答曰。菩薩智慧雖多, 應次佛說, 以惑未盡, 所以後說。諸阿羅漢智慧雖少, 而惑已盡, 是故先說。
復次, 菩薩, 以方便力, 現入五道, 受其五欲, 引導衆生。若在阿羅漢上, 諸天世人當生疑怪, 是故後說。"
廣說如《彼》。

《śes rab kyi pha rol tu phyin paḥi ḥgrel pa》 las ni rnam graṅs[1] kyis ston te/ deḥi phyir 《de》 las
gal te yas bgraṅ na ni sṅar byaṅ chub sems dpaḥ smos par rigs so// gal te mas bgraṅ na ni sṅar dge bsñen ma smos paḥi rigs na/ ciḥi phyir sṅar ñan thos kyi ḥkhor rnam pa bṣi bstan paḥi ḥog tu byaṅ chub sems dpaḥ smos śe na/
smras pa/ byaṅ chub sems dpaḥ śes pa che mod kyi/ saṅs rgyas kyis deḥi ḥog tu gsuṅs te/ ḥdi ltar ñon moṅs pa da duṅ ma zad pas deḥi phyir ḥog tu smos so//
dgra bcom pa rnams śes pa chuṅ yaṅ ñon moṅs pa zad pas deḥi phyir goṅ du smos so//
gṣan yaṅ byaṅ chub sems dpaḥ ni thabs kyi stobs kyis ḥgro ba lṅa po dag tu ḥdod pa lṅa ñams su len ciṅ sems can ḥdren par byed la/ gal te dgra bcom pas de ltar byas na lha daṅ mi rnams the tshom skye ṣiṅ ya mtshan du ḥdsin pas/ deḥi phyir ḥog tu bstan pa yin no ṣes ḥbyuṅ ste/
ṣib tu 《de ñid》 las bśad pa bṣin no//

(1) +gñis

[§3. 明權實]

言權實者。

《此經》一部, 如前所說, 如實義者, 二處所說: 一者、淨土, 二者、穢土。

今釋《此經》。若淨土中, 菩薩爲實, 二乘是權。

故《瑜伽論》七十九云: “問。何等有情不生淨土? 答。異生、二乘、地前菩薩。”

故知二乘是化, 非實。

若穢土中, 二乘爲實, 菩薩是權。

受變易[(1)]不可見故, 七地以來容受分段故, 有實身義亦無失。

故《智度論》云: “七地已來, 未捨虫身、肉身。”

(1) SNST: null ⇒ +身

de la re ṣig pa daṅ/ gtan du ba bstan pa ni

《mdo sde ḥdi》 yaṅ sṅar goṅ du bśad pa bṣin du yaṅ dag paḥi don du na gnas gñis su gsuṅs pa yin te/ ṣiṅ yoṅs su dag pa daṅ/ ṣiṅ yoṅs su ma dag paḥo//

《mdo [ZH.68-200] sde ḥdi》 gal te ṣiṅ yoṅs su dag par gsuṅs pa yin na ni/ byaṅ chub sems dpaḥ rnams ni gtan du ba yin la/ theg pa gñis ni re ṣig pa yin te/

deḥi phyir 《rnal ḥbyor spyod paḥi sa》 las/

sems can ji lta bu dag ṣiṅ yoṅs su dag par skye bar mi ḥgyur ro ṣe na/

so soḥi skye bo daṅ theg pa gñis daṅ/ saḥi mdun rol gyi byaṅ chub sems [D.Ti.84a] dpaḥ rnams so ṣes bśad pas

deḥi phyir theg pa gñis ni sprul pa yin pas/ gtan du ba ma yin no//

gal te ṣiṅ yoṅs su ma dag par gsuṅs pa yin na ni theg pa gñis ni gtan du ba yin la/ byaṅ chub sems dpaḥ dag ni re ṣig pa yin te/ ḥgyur baḥi lus len pas mthoṅ bar mi nus paḥi phyir daṅ/ sa bdun pa man chad dṅos po can len paḥi phyir daṅ yaṅ dag paḥi lus kyi don daṅ ldan pas ñes pa med paḥi phyir te/

《śes rab kyi pha rol tu phyin paḥi ḥgrel pa》 las

sa bdun pa man chad da duṅ srin bu daṅ bcas paḥi lus daṅ śaḥi lus ma spaṅs pa yin no ṣes bśad do//

[§4. 顯餘衆有無]

言餘衆有無者。

若依穢土，有實龍等。
故《佛地論》第二卷云：“於此會中亦有餘衆，結集法者，略說二衆，以其勝故。如《經》後言‘世間天人阿素洛等一切大衆，聞佛所說，皆大歡喜信受奉行’。”
若在淨土，有化龍等。
故《佛地論》云：“化亦無過，爲欲莊嚴說法會故。或佛化作，或菩薩化作。”
《世親、無性[1]大乘論》，亦同此釋。

(1) SNST: null ⇒ +攝

de la ḥkhor gṣan yod pa daṅ/ med pa bstan pa ni
gal te ṣiṅ yoṅs su ma dag paḥi dbaṅ du byas nas ni yaṅ dag paḥi klu la sogs pa yaṅ yod de/
deḥi phyir《saṅs rgyas kyi saḥi ḥgrel pa》las/
ḥkhor ḥdus pa der ḥkhor gṣan yaṅ yod mod kyi/ sdud pa po rnams kyis mdor bsdus nas rnam pa gñis bstan pa ni de dag mchog tu gyur paḥi phyir te/ ḥog nas mdo la ji skad du lha daṅ mi daṅ lha ma yin la sogs paḥi ḥjig rten yi raṅs te/ bcom ldan ḥdas kyis gsuṅs pa la mṅon par bstod do ṣes gsuṅs pa lta bu ṣes ḥbyuṅ ṅo//
gal te ṣiṅ yoṅs su dag par bṣugs pa yin na ni/ sprul paḥi klu la sogs pa yod de/ deḥi phyir《saṅs rgyas kyi saḥi ḥgrel pa》las
sprul pa yin na yaṅ ñes pa [ZH.68-201] med de/ chos bśad paḥi dkyil ḥkhor rab tu brgyan paḥi phyir ro// yaṅ na saṅs rgyas kyi sprul paḥam/ byaṅ chub sems dpaḥ dag gi sprul pa yin no ṣes ḥbyuṅ ste/
《slob dpon dbyig gñen daṅ ṅo bo ñid med kyis mdsad pa theg pa chen po bsdus paḥi ḥgrel pa》las kyaṅ ḥdi daṅ mthun par bśad do//

就釋文中，文別有二：初、明聲聞，後、顯菩薩。
就聲聞衆，文別有三：初、標數辨類，次、“一切”下廣釋諸德，後“已善”下顯已奉行。
此即第一、標數辨類。謂二衆中，簡異菩薩，故言“聲聞”。

de la tshig gi don rnam par bśad pa yaṅ rnam pa gñis su dbye ste/ ñan thos

kyi ḫkhor bstan pa daṅ/ byaṅ chub sems dpaḫi ḫkhor bstan paḫo//
ñan thos kyi ḫkhor bstan pa la yaṅ rnam pa gsum du dbye ste/
daṅ po ni graṅs smos śiṅ [D.Ti.84b] rnam pa rnam par ḫbyed paḫo//
gñis pa ni thams cad kyaṅ ṣes bya ba man chad kyis yon tan rnams rgya cher rnam par bśad paḫo//
gsum pa ni de bṣin gśegs paḫi bkaḫ ṣes bya ba man chad kyis bkaḫ bṣin byed pa bstan pa ste/ ḫdi ni graṅs smos śiṅ rnam par ḫbyed paḫo//
ḫdi ltar ḫkhor rnam pa gñis las/ byaṅ chub sems dpaḫ las tha dad pa dbye baḫi phyir ñan thos ṣes bya ba gsuṅs so//

文有五節: 一、辨"與俱", 二、解"無量", 三、釋其"大", 四、明"聲聞", 五、顯"衆"也。

ḫdi yaṅ rnam pa lṅas bstan te/ thabs cig tu bṣugs pa rnam par ḫbyed pa daṅ/ tshad med pa rnam par bśad pa daṅ/ chen po rnam par bśad pa daṅ/ ñan thos kyi don bstan pa daṅ/ dge ḫdun gyi don bstan paḫo//

言"與俱"者。約佛對衆以身兼彼, 目之爲"與"。
又"與"是"共"。故《大品》云"共摩訶僧"。
《智度論》云: "一處、一時、一心、一戒(1)、一見、一道、一解脫, 是名爲'共'。"
《此經》"與"者, 即《彼》"共"也。

(1) SNST: '一戒'=null

de la thabs cig ces bya ba ni ḫkhor daṅ bdag ñid mṅon sum du gyur paḫi phyir de dag daṅ lhan cig paḫi don to//
《śes rab kyi pha rol tu phyin paḫi leḫu chen po》 las ni
dge ḫdun chen po daṅ lhan cig ces gsuṅs so//
《śes rab kyi pha rol tu phyin paḫi ḫgrel pa》 las/
gnas gcig pa daṅ/ dus gcig pa daṅ/ sems gcig tu gyur paḫam/ yaṅ na lta ba [ZH.68-202] gcig pa daṅ/ lam gcig pa daṅ/ rnam par grol ba gcig tu gyur pa ni lhan cig pa ṣes byaḫo ṣes ḫbyuṅ ste/
《mdo sde ḫdi》 las thabs cig ces gsuṅs pa daṅ don gcig go//

言“無量”者。
《親光釋》云: “其數甚多, 難可算計, 故名‘無量’。”

de la tshad med pa ṣes bya ba ni《slob dpon ñe baḥi ḥod kyis ḥgrel pa》las/ deḥi graṅs śin tu maṅ ste/ bgraṅ bar dkaḥ baḥi phyir tshad med pa ṣes byaḥo ṣes ḥbyuṅ ṅo//

所言“大”者。
依《智度論》, 釋有三義: 一、大, 二、多, 三、勝。
衆中上故, 諸障斷故, 王等敬故, 名爲“大”也。
數甚多故, 名之爲“多”。
勝九十六外道論故[(1)], 名爲“勝”也。
依《佛地論》, 釋有四義:
一者、利根波羅蜜多種性聲聞,
二者、無學果故,
三、如實義, 不定種性迴心向大, 故名爲“大”。
四者、衆多故名爲“大”, 如今大衆。[(2)]
【《眞諦釋》云: “大有三義:
一者、數大, 如言‘大軍’。以數多故名爲大也。
二者、量大, 如言‘大山’。不以數多名之爲大, 但以形量高廣故名大也。
三者、勝大, 如言‘大王’。非關數多及以形量高廣, 但由德勝故名爲大。
聲聞亦爾。數非一故, 即是數大。迴求佛果修菩提高極無上, 即是勝大。
廣大無底不可測量, 即是量大。】

(1) JS: 故=議; SNST: 故=*sic*
(2) SNST: ‘依《佛地論》, 釋有四義......衆多故名爲大, 如今大衆’=‘依《佛地論》, 釋有四義: 一、利根, 二、無學, 三、不定, 四、衆多。故《彼》云: “一切皆是最極利根波羅蜜多種性聲聞, 故名爲大。有義, 皆住無學果位, 故名爲大。如實義者, 皆是不定種性聲聞, 得小果已趣大菩提, 故名爲大。或衆數多, 故名爲大, 如今大衆。”’

de la chen po ṣes bya ba ni《śes rab kyi pha rol tu phyin paḥi ḥgrel pa》las/ don rnam pa gsum gyi phyir te/ che ba daṅ maṅ ba daṅ mchog tu gyur paḥo// maṅ poḥi naṅ na gtso bor gyur paḥi phyir daṅ/ sgrib pa rnams spaṅs paḥi phyir

daṅ/ rgyal po la sogs pas śin tu bkur baḥi phyir che ba ṣes byaḥo//
graṅs śin tu maṅ baḥi phyir maṅ ba ṣes byaḥo//
mu stegs can dgu bcu rtsa drug gi smra ba rnams ḥjig paḥi phyir mchog tu gyur paḥo ṣes ḥbyuṅ ṅo//
《saṅs rgyas kyi saḥi ḥgrel pa》 las ni rnam pa bṣir bstan te/ dbaṅ po rno ba daṅ/ mi slob pa daṅ/ ma ṅes pa daṅ/ ḥkhor maṅ poḥo ṣes bśad de/
deḥi phyir ḥgrel pa de ñid las
[D.Ti.85a] thams cad kyaṅ dbaṅ bo śin tu rno ba pha rol tu phyin paḥi rigs can gyi ñan thos yin paḥi phyir chen po ṣes byaḥo//
gṣan yaṅ mi slob paḥi ḥbras buḥi gnas skabs la gnas paḥi phyir chen po ṣes byaḥo//
yaṅ dag paḥi don du na thams cad kyaṅ ma ṅes paḥi rigs can gyi ñan thos yin pas/ ḥbras bu chuṅ ṅu thob nas byaṅ chub chen por gṣol baḥi phyir chen po ṣes byaḥo//
yaṅ na ḥkhor graṅs maṅ baḥi phyir chen po ṣes bya ste/ da ltar gyi ḥkhor maṅ po bṣin no ṣes ḥbyuṅ ṅo//
《slob dpon yaṅ dag bden pas byas paḥi brjed byaṅ》 [ZH.68-203] las/
chen po ṣes bya ba ni don rnam pa gsum yod do//
daṅ po ni graṅs maṅ ba ste/ ji ltar dmag chen po ṣes brjod pa lta bu graṅs maṅ baḥi phyir chen po ṣes byaḥo//
gñis pa ni tshad che ba ste ji ltar rin po che[(1)] ṣes brjod pa ltar graṅs maṅ baḥi phyir chen po ṣes bya ba ma yin gyi dbyibs kyi tshad mtho ṣiṅ rgya che baḥi phyir chen po ṣes brjod paḥo//
gsum pa ni mchog tu gyur pas che ba ste/ rgyal po chen po ṣes brjod pa lta bu graṅs maṅ ba daṅ/ dbyibs kyi tshad mtho ṣiṅ rgya che ba la bya ba ma yin gyi/ yon tan mchog tu gyur paḥi phyir chen po ṣes byaḥo//
ñan thos rnams kyaṅ de bṣin te graṅs gcig kho na ma yin paḥi phyir de ni graṅs chen po ṣes byaḥo//
saṅs rgyas kyi ḥbras bu tshol bar sems gyur nas byuṅ chub kyi lam bsgrub ste/ śin tu mtho ṣiṅ bla na med par gyur pa ni mchog tu che ba yin no//
rgya che ṣiṅ gtiṅ med de dpag par mi nus pa ni tshad med pa[(2)] ṣes byaḥo ṣes bśad do//

(1) 'rin po che' ⇒ 'ri chen po'
(2) PN: 'med pa' ⇒ 'che ba'

言“聲聞”者。

《成實論》云: “聞法得悟故曰‘聲聞’。”

《親光釋》云: “聞佛言音而入聖道故曰[(1)]‘聲聞’。”

又《瑜伽論》八十二云: “從他聽聞正法言音, 又能令他聞正法聲, 故曰‘聲聞’。”

《十地經》云: “從他聞聲而通達故, 聞聲意解, 成聲聞乘。”

釋《彼經》意, 如《十地論》第四。[(2)]

【廣釋聲聞, 如《大集經》十七、《大般若》第五百一十、《十住婆沙》第一、第十一、《成實》第五、《瑜伽釋論》[(3)]。】

(1) JS, Taisho: 曰 ⇒ 名 (2) SNST: ‘《十地經》云……如《十地論》第四’=null

(3) SNST: ‘《成實》第五、《瑜伽釋論》’=null

de la ñan thos ṣes bya ba ni《bstan bcos de kho na ñid grub pa bstan pa》las/ chos thos pas go bar gyur paḥi phyir ñan thos ṣes byaḥo ṣes ḥbyuṅ ṅo//

《saṅs rgyas kyi saḥi ḥgrel pa》las/

saṅs rgyas kyi gsuṅ gi sgra thos pas ḥphags paḥi lam la ḥjug paḥi phyir ñan thos ṣes byaḥo ṣcs ḥbyuṅ ṅo//

gṣan yaṅ《rnal ḥbyor spyod paḥi sa》las

gṣan dag las yaṅ dag paḥi chos kyi gsuṅ gi sgra thos pa daṅ/ gṣan dag yaṅ dag paḥi chos kyi sgra thos par byed paḥi phyir ñan thos ṣes byaḥo ṣes bśad do// ñan thos [D.Ti.85b] kyi sgra rgya cher bśad pa ni《saṅs rgyas kyi saḥi ḥgrel pa》daṅ/《gnas pa bcuḥi bśad pa》daṅ/《mdo sde śes rab kyi pha rol tu phyin pa》daṅ/《ḥdus pa chen po》la sogs pa las [ZH.68-204] ḥbyuṅ ba bṣin du rig par byaḥo//

所言“衆”者, 梵音僧伽[(1)], 此云和合衆。

謂理事二和, 故名“衆”也。廣如《智度論》第三卷說。[(2)]

(1) saṃgha

(2) SNST: ‘廣如《智度論》第三卷說’=‘《親光釋》云“並出家僧故名爲衆”。《智度論》云“多比丘一處和合是名僧伽”。具說如《彼》。’

de la dge ḥdun ṣes bya ba ni sam-ghaḥi sgra las draṅs nas mthun paḥi ḥkhor ṣes bya bar ḥdren te/ don daṅ dṅos po gñis mthun par gyur paḥi phyir dge

ḥdun ṣes byaḥo//
《saṅs rgyas kyi saḥi ḥgrel pa》 las thams cad kyaṅ rab tu byuṅ baḥi dge ḥdun yin paḥi phyir dge ḥdun ṣes byaḥo ṣes bśad do//
《śes rab kyi pha rol tu phyin paḥi ḥgrel pa》 las ni/ dge sloṅ maṅ po gcig tu ḥdus nas mthun par gyur pa ni dge ḥdun ṣes byaḥo ṣes ḥbyuṅ ste/
ṣib tu 《de ñid》 las bśad pa bṣin no//

(@1-46)[0197a18] 一切調順,
[0197a19] 釋曰。自下第二、廣釋諸德。

thams cad kyaṅ śin tu dul ba
ṣes bya ba la sogs pas ni gñis pa yon tan rnams rgya cher bśad pa ṣes bya ba bstan to//

有十三德[(1)]。此即第一、心善調順德。

(1) SNST: null ⇒ +'分十三門'

ḥdi yaṅ yon tan rnam pa bcu gsum yod pa ñid kyis sgo rnam pa bcu gsum du dbye ste/ ḥdis ni daṅ po śin tu dul baḥi yon tan bstan to//

依《佛地論》, 有其三釋。
故第二云: "'一切調順'者。
有義。有學離見所斷一百一十二種分別麤重煩惱, 不[怡-台+龍]悷故, 猶如良馬, 名爲'調順'。
有義。無學離見、修斷一百二十八種煩惱, 不剛強故, 猶如眞金, 名爲'調順'。
如實義者, 皆是迴向菩提種性, 一切堪能發趣大果, 隨佛意轉, 如聰慧衆[(1)], 故名'調順'。"

(1) JS, Taisho, SNST, Baek(2013a): 衆 ⇒ 象

ḥdi yaṅ 《saṅs rgyas kyi saḥi ḥgrel pa》 las/ bśad pa rnam pa gsum yod de/ deḥi phyir 《de ñid》 las

thams cad kyaṅ śin tu dul ba ṣes bya ba ni/
kha cig na re slob pa daṅ bcas pa dag gis mthoṅ bas spaṅ bar bya baḥi ñon moṅs paḥi gnas ṅan len kun tu brtags pa brgya rtsa bcu gñis kyi rnam pa daṅ bral ba dmu rgod ma yin paḥi phyir rta caṅ śes bṣin pas na śin tu dul ba ṣes byaḥo ṣeḥo//
kha cig ni mi slob pa dag gis mthoṅ ba daṅ/ bsgoms pas spaṅ bar bya baḥi ñon moṅs paḥi rnam pa brgya ñi śu rtsa brgyad daṅ bral bas ma dul ba ma yin paḥi phyir/ gser btso ma bṣin pas na dul ba ṣes byaḥo//
yaṅ dag paḥi don du kun kyaṅ byaṅ chub chen por [ZH.68-205] yoṅs su bsṅos paḥi rigs can dag yin pas thams cad kyaṅ ḥbras bu chen po la gṣol ba daṅ/ de bṣin gśegs paḥi thugs ji lta ba bṣin du ḥgyur ṣiṅ/ glaṅ po che caṅ śes bṣin pas na śin tu dul ba ṣes bya ste/

依《智度論》第三卷中, 有三復次, 釋心調順。
一、約三種順違, 以釋調順: 一、恭敬、罵詈心等無異, 二、珍寶、瓦石視之無異, 三、持刀斫身、栴檀塗身亦等無異。
二、約利、鈍根本煩惱已斷, 以釋調順。
三、約應貪不貪、應瞋不瞋、應癡不癡守護六情, 以釋調順。

(1) SNST: '依《智度論》第三卷中......守護六情以釋調順'='若廣分別調順, 如《智度論》'

śin tu dul ba rgya cher bśad pa ni《śes rab kyi pha rol tu phyin [D.Ti.86a] paḥi ḥgrel pa》las ḥbyuṅ ba bṣin du rig par byaḥo//

(@1-47)[0197b07] 皆是佛子,
[0197b08] 釋曰。第二、紹隆佛種德。

saṅs rgyas kyi sras
ṣes bya bas ni gñis pa saṅs rgyas kyi gduṅ gsob paḥi yon tan bstan to//

[§. "佛子"]
然此佛子, 自有三義。
一、唯約聲聞, 以釋佛子。如即《此經》、《佛地經》等。

《親光釋》云: “由佛教力彼聖道生, 故名‘佛子’。如說‘皆從世尊口生, 正法生故’。
有義。皆是趣大[(1)]聲聞, 能紹佛種令不斷絕, 故名‘佛子’。”

(1) SNST: 大=‘大乘’

saṅs rgyas kyi sras ṣes bya ba ḥdi yaṅ rnam pa gsum gyis bstan te/
daṅ po ni ñan thos kyi dbaṅ du mdsad nas saṅs rgyas kyi sras ṣes bśad de/
《mdo sde ḥdi ñid》 daṅ/ 《saṅs rgyas kyi sa》 la sogs pa las gsuṅs pa ñid do//
《slob dpon ñe baḥi ḥod kyis ḥgrel pa》 las/
de bṣin gśegs paḥi luṅ gi stobs kyis ḥphags paḥi lam las skyes paḥi phyir/ saṅs rgyas kyi sras ṣes bya ste/ ji skad du thams cad kyaṅ bcom ldan ḥdas kyi gsuṅ ṅag las skyes pa ste/ yaṅ dag paḥi chos las skyes paḥi phyir ro ṣes bśad pa lta buḥo//
kha cig ni thams cad kyaṅ theg pa chen po la gṣol baḥi ñan thos yin pas/ de bṣin gśegs paḥi gduṅ ḥtshob ciṅ rgyun mi gcod paḥi phyir saṅs rgyas kyi sras ṣes byaḥo ṣes ḥbyuṅ ṅo//

二、唯約菩薩, 以釋佛子。
如《梁攝論》第八卷云: “佛子有五義: 一、願樂無上乘爲種子, 二、以般若爲母, 三、以定爲胎, 四、以大悲爲乳母, 五、以諸佛爲父。”
《眞諦釋》云: “成衆生身, 必具五事: 一、父, 二、種子, 三、母, 四、胎處, 五、乳母。
父是出子之根本, 故先明父。
父之遺體以爲身種子, 故第二明種子。
雖有種子, 若無母懷伍[(1)], 不得成身, 故第三明母。
母雖懷之, 若無胎裹, 亦不成身, 胎是安身之處, 故第四明胎處。
出生以後, 若無乳母飮養, 即不成身, 故第五明乳母。
佛子亦爾, 有五緣勝:
一者、父勝, 諸佛世尊爲其父故。
二、種子勝, 以菩提心爲種子故。
三、生母勝, 以其波若爲生母故。

四、胎藏勝，以福智住持爲胎藏故。
五、乳母勝，以大悲長養爲乳母故。”

(1) JS, Taisho, SNST, Baek(2013a): 伍 ⇒ 妊

gñis pa ni byaṅ chub sems dpaḥi dbaṅ du mdsad nas/ saṅs rgyas kyis sras ṣes bśad de/ 《theg pa chen po bsdus paḥi ḥgrel pa mi mthun pa rnam pa gcig》 las/ ji skad du

saṅs rgyas kyi sras ṣes bya ba yaṅ don rnam pa lṅa yod de/

bla na med paḥi theg pa la śin tu mos pas ni sa bon byed do//

śes rab kyis ni mi(1) byed do//

tiṅ ṅe ḥdsin gyis ni mṅal byed do//

sñiṅ rje chen pos ni ma ma byed do//

[ZH.68-206] saṅs rgyas rnams kyis ni yab mdsad do ṣes bśad pa lta buḥo//

《slob dpon yaṅ dag bden paḥi ḥgrel pa》 las/

sems can gyi lus mṅon par grub pa las gdon mi za bar dṅos po lṅa phun sum tshogs par bya dgos te/ pha daṅ/ sa bon daṅ/ ma daṅ/ mṅal gyi gnas daṅ/ ma ma ḥo//

pha ni bu skyed paḥi gṣi yin pas sṅar bstan paḥo//

phaḥi khu chu las lus kyi sa bon du ḥgyur baḥi phyir gñis pa sa bon bstan to//

ma med na ḥdsin par mi nus pas lus mi ḥgrub paḥi phyir gsum pa ma bstan to//

mas yoṅs su bzuṅ yaṅ gal te mṅal gyis ma bkris na lus mi ḥgrub ste/ mṅal [D.Ti.86b] ni lus gnas paḥi rten yin pas bṣi pa mṅal gyi gnas bstan to//

btsas nas ma mas ma gsos na lus mi ḥgrub paḥi phyir lṅa pa ma ma bstan to//

saṅs rgyas kyi sras ṣes bya ba yaṅ de bṣin du rkyen khyad par can rnam pa lṅa dgos te/

daṅ po ni yab mchog tu gyur pa ste/ saṅs rgyas bcom ldan ḥdas rnams yab mdsad paḥi phyir ro//

gñis pa ni sa bon mchog tu gyur pa ste/ ḥdi ltar byaṅ chub kyi sems kyis sa bon byed paḥo//

gsum pa ni skyed paḥi yum mchog tu gyur pa ste/ śes rab kyis bskyed paḥi ma byed paḥi phyir ro//

bṣi pa ni mṅal gyi sñiṅ po mchog tu gyur pa ste/ bsod nams daṅ ye śes kyis yoṅs su bzuṅ nas mṅal gyi sñiṅ po byed paḥi phyir ro//

lṅa pa ni ma ma mchog tu gyur pa ste/ sñiṅ rje chen po rnams kyis gso ṣiṅ ma ma byed paḥi phyir ro ṣes ḥbyuṅ ṅo//

(1) mi ⇒ ma

三、通約菩薩、聲聞，以釋佛子。

如《智度論》七十二云："佛子有五，皆從口生法生，謂須陀洹乃至阿羅漢及入正位菩薩。辟支佛，雖佛法中種因緣，無佛時自能得道，不得言'從佛口生'，因緣遠故。"

【《瑜伽》第八十四、《佛性論》第二、《莊嚴論》第一、《攝論》第六、《十住婆沙》第十三、《智度論》第四十一，皆釋佛子，恐繁不述。】

gsum pa ni byaṅ chub sems dpaḥ daṅ/ ñan thos gñi gaḥi dbaṅ du mdsad nas/ saṅs rgyas kyi sras ṣes bśad de/ 《śes rab kyi pha rol tu phyin paḥi ḥgrel pa》 las/ ji skad du

saṅs rgyas kyi sras ni rnam pa lṅa ste/

thams cad kyaṅ [ZH.68-207] gsuṅ las skyes pa/ chos las skyes pa/ ḥdi lta ste/ rgyun tu ṣugs pa nas dgra bcom paḥi bar daṅ/ yaṅ dag paḥi gnas skabs su ṣugs paḥi byaṅ chub sems dpaḥo//

raṅ saṅs rgyas ni saṅs rgyas kyi chos kyi naṅ du rgyu rkyen btab pa yin mod kyi/ saṅs rgyas mi ḥbyuṅ baḥi tshe raṅ ñid kyis lam rtogs paḥi phyir/ gsuṅ las skyes pa ṣes mi brjod de/ rgyuḥi rkyen riṅ du gyur paḥi phyir ro ṣes ḥbyuṅ ste/ saṅs rgyas kyi sras kyi don rgya cher bśad pa ni 《bstan bcos mdo sde rgyan》 daṅ/ 《saṅs rgyas kyi raṅ bṣin bstan pa》 daṅ 《theg pa chen po bsdus pa》 daṅ/ 《gnas pa bcu bśad pa》 daṅ/ 《śes rab kyi pha rol tu phyin paḥi ḥgrel pa》 daṅ/ 《rnal ḥbyor spyod paḥi sa》 las ḥbyuṅ ste/ maṅs kyis dogs nas ḥdir ma bstan to//

(@1-48)[0197c06] 心善解脫，慧善解脫，

[0197c07] 釋曰。第三、心慧解脫德。

sems śin tu rnam par grol ba/ śes rab śin tu rnam par grol ba

ṣes bya bas ni gsum pa sems daṅ śes rab rnam par [D.Ti.87a] grol baḥi yon tan bstan te/

[§. "心解脫", "慧解脫"]

如《契經》說: "已離貪得故心解脫[(1)]。離無明故慧得解脫。"

是故諸師釋經不同。[(2)]

分別論者, 作如是說"心性本淨, 客塵煩惱所染汚故, 說不清淨。據實, 本性心得解脫、慧善解脫"。

(1) JS, SNST, Baek(2013a): '已離貪得故心解脫' ⇒ '已離貪故心得解脫'

(2) SNST: '是故諸師釋經不同' ⇒ '然釋此文, 諸說不同'

《mdo》 las ji skad du

ḥdi ltar ḥdod chags daṅ bral baḥi phyir sems rnam par grol ba thob par ḥgyur ro// ma rig pa daṅ bral baḥi phyir śes rab rnam par grol ba thob par ḥgyur ro ṣes gsuṅs pa lta buḥo//

mdoḥi tshig ḥdi yaṅ so so nas bśad pa mi mthun te/

bye brag tu smra ba dag ni ḥdi skad du sems ni raṅ bṣin gyis rnam par dag pa ste/ glo bur gyis ñon moṅs pas ma[(1)] gos paḥi phyir ro//[(2)] rnam par ma dag pa ṣes bśad de/ yaṅ dag paḥi don du na sems daṅ śes rab raṅ bṣin gyis rnam par grol ba yin no ṣeḥo//

(1) PN: ma ⇒ null

(2) ro// ⇒ null

若依薩婆多宗, 心善解脫者, 心離貪時, 與心相應勝解解脫貪故, 即說勝解名"心善解脫"。慧善解脫者, 慧離無明時, 與慧相應勝解解脫無明故, 即說勝解名爲"慧善解脫", 非謂無爲涅槃解脫。若廣分別, 如《大毗婆沙》第二十七、二十八及七十二說。[(1)]

(1) SNST: '若廣分別......七十二說'=null

thams cad yod par smra ba dag ni sems ḥdod chags daṅ bral baḥi tshe sems daṅ mtshuṅs par ldan paḥi mos pa ḥdod chags las[(1)] rnam par grol baḥi phyir mos pa [ZH.68-208] de ñid las sems rnam par grol ba ṣes bśad do//

śes rab ma rig pa daṅ bral baḥi tshe śes rab daṅ mtshuṅs par ldan paḥi mos pa ma rig pa las rnam par grol baḥi phyir mos pa de ñid śes rab rnam par grol ba ṣes bśad de/ ḥdus ma byas daṅ mya ṅan las ḥdas pa la rnam par grol ba ṣes bya ba ni ma yin no ṣeḥo//

(1) las ⇒ null

[Lee:](*依經部宗, 如《成實論 · 十想品》: "離無明故慧得解脫。離愛故心得解脫。")

mdo sde pa dag ni《bstan bcos de kho na ñid grub paḥi naṅ nas ḥdu śes bcu bśad pa》las ḥbyuṅ ba bṣin du ma rig pa daṅ bral baḥi phyir/ śes rab rnam par grol ba thob par ḥgyur ro// sred pa daṅ bral baḥi phyir sems rnam pa grol ba thob par ḥgyur ro ṣeḥo//

今依大乘, 如《佛地論》: "離三界貪, 心得解脫, 如《契經》說'已離貪故, 心得解脫'。(1)如《契經》說'離於無明, 慧得解脫'。"

解云。《佛地論》意。由心慧故證得離貪無明, 所得無爲爲解脫體, 於理無違, 論不簡故。

若依《智度論》第三卷云: "復次, 諸結使屬愛、屬見。屬愛煩惱覆心, 屬見煩惱覆慧。如是, 愛離故, 屬愛結使亦離, 得心解脫。無明離故, 屬見結使亦離, 得慧解脫。"(2)

又《涅槃經》二十五云: "貪瞋癡心永斷滅故, 心善解脫。於一切法知無障礙, 慧善解脫。"

若依《智論》第三: "改善名'好'。然'好解脫', 自有三義:

一、簡異外道離欲人。一處一道心得解脫, 非於一切, 故不名'好'。

二、簡內道中學人。雖得解脫, 有殘結使故, 非'好解脫'。

三、簡無學中退法阿羅漢。得時解脫, 非'好解脫'。

是故, 唯約利根阿羅漢, 說'好解脫'。"

(1) Taisho, SNST: null ⇒ +'慧善解脫者, 已離一切染汚無明故'

(2) SNST: null ⇒ +'廣說如《彼》'

ḥdir theg pa chen poḥi bstan bcos daṅ sbyar na/《saṅs rgyas kyi saḥi ḥgrel pa》las/

sems śin tu rnam par grol ba ni khams gsum paḥi ḥdod chags las rnam par grol baḥi phyir te/ ji skad du ḥdod chags daṅ bral baḥi[(1)] sems rnam par grol ba ḥthob par ḥgyur ro ṣes bśad pa lta buḥo// śes rab śin tu rnam par grol ba ni ñon moṅs pa can gyi ma rig pa thams cad las rnam par grol baḥi phyir te/ ji skad du ma rig pa ḥgags pas śes rab rnam par grol ba ḥthob par ḥgyur ro ṣes bśad pa lta buḥo ṣes ḥbyuṅ ste/

de [D.Ti.87b] la bśad pa lta buḥi ṣes bya ba ni《mdo》las gsuṅs pa dag la sñegs so//

《saṅs rgyas kyi saḥi ḥgrel pa》ḥi dgoṅs pa ni sems daṅ śes rab kyi dbaṅ gis ḥdod chags daṅ bral ba daṅ/ gti mug daṅ bral ba ḥthob par ḥgyur la/ des ḥthob paḥi ḥdus ma byas ni rnam par grol baḥi ṅo bo ñid byed pas rigs pa daṅ ḥgal ba med de/ bstan bcos las rnam par ma phye baḥi phyir ro ṣes bstan par ḥgyur ro//

《śes rab kyi pha rol tu phyin paḥi ḥgrel pa》las/

ñon moṅs pa rnams ni sred par [ZH.68-209] gtogs pa daṅ/ lta bar gtogs pa yin te sred par gtogs paḥi ñon moṅs pa rnams kyis ni sems la sgrib par byed do// lta bar gtogs paḥi ñon moṅs pa rnams kyis ni śes rab la sgrib par byed do// ḥdi ltar sred pa daṅ bral baḥi phyir sred par gtogs paḥi ñon moṅs pa rnams daṅ bral nas/[(2)] ma rig pa daṅ bral baḥi phyir lta bar gtogs paḥi ñon moṅs pa rnams daṅ bral bas śes rab rnam par grol ba ḥthob par ḥgyur ro ṣes ḥbyuṅ ste/ rgya cher《de ñid》las bśad pa bṣin no//

《ḥphags pa mya ṅan las ḥdas pa chen poḥi mdo》las/

ḥdod chags daṅ ṣe sdaṅ daṅ/ gti mug gi sems gtan ḥgags paḥi phyir/ sems śin tu rnam par grol bar ḥgyur ro// chos thams cad la [(3)]thogs pa med pas śes rab śin tu rnam par grol bar ḥgyur ro ṣes gsuṅs so//

《śes rab kyi pha rol tu phyin paḥi ḥgrel pa》las/

śin tu ṣes bya ba ni bzaṅ po ṣes bya bar bsgyur te/ bzaṅ poḥi rnam par grol ba de yaṅ rnam pa gsum ste/

daṅ po ni mu stegs can gyi ḥdod chags daṅ bral baḥi phyir[(4)] gaṅ zag las rnam par dbye ste/ de dag gnas gcig pa daṅ/ lam gcig pas sems rnam par grol ba yin gyi thams cad las ma yin paḥi phyir bzaṅ po ṣes mi byaḥo//

gñis pa ni chos ḥdi paḥi slob pa daṅ bcas paḥi gaṅ zag las rnam par dbye ba ste/ de dag rnam par grol bas thob pa yin mod kyi/ ñon moṅs paḥi lhag ma lus paḥi phyir [(5)]rnam par grol ba ma yin no//

gsum pa ni mi slob pa [D.Ti.88a] las ldog paḥi chos can gyi dgra bcom pa daṅ dus kyi rnam par grol ba thob pa[(6)] las rnam par dbye ba ste/ de dag[(7)] bzaṅ po rnam par grol ba ma yin pas/ deḫi phyir dgra bcom pa dbaṅ po rnon poḫi dbaṅ du mdsad nas/ bzaṅ po rnam par [ZH.68-210] grol ṣes gsuṅs pa yin no ṣes ḫbyuṅ ṅo//

(1) +phyir (2) nas/ ⇒ 'bas sems rnam par grol ba ḫthob par ḫgyur ro//'
(3) +'ye śes' (4) PN: phyir ⇒ null (5) +'bzaṅ po'
(6) 'daṅ dus kyi rnam par grol ba thob pa' ⇒ null
(7) +'dus kyi rnam par grol ba thob pa yin mod kyi/'

(@1-49)[0198a06] 戒善清淨,
[0198a07] 釋曰。第四、戒善清淨德。

tshul khrims śin tu rnam par dag pa
ṣes bya bas ni bṣi pa tshul khrims śin tu rnam par dag paḫi yon tan bstan te/

[§."戒善清淨"]
親光菩薩, 釋有三義:
一、約六支釋戒善淨,
二、約無漏釋戒善淨,
三、約大乘釋戒善淨。

ḫdi yaṅ slob dpon ñe baḫi ḫod kyis rnam graṅs gsum gyis rnam par bśad de daṅ po ni yan lag drug la brten nas so//
gñis pa ni zag pa med pa la brten nas so//
gsum pa ni theg pa chen po la brten nas so//

故[(1)]《佛地論》云: "如《契經》說, 具足六支, 名'戒善淨'。
一、住淨尸羅。【所受學處三業無犯。】
二、善自防守別解律儀。【謂能守護七最[(2)]律儀。】
三、軌則具足。【謂於威儀行住坐臥, 或於所作謂著衣服便利等, 或於善品加行誦經坐禪等, 成就軌則, 隨順世間、不越世間、隨順毗奈耶、不越毗奈耶也。】
四者、所行皆悉具足。【謂五處非[(3)]非比丘所行, 所謂唱家、淫[(4)]女家、酤

酒、王、旃陀羅。如是五家及諸如來所制之處。除此所餘依時行者, 如是名爲“所行具足”。】
五、於微細罪見大怖畏。【隨小學處, 乃至若有命難因緣, 終不故犯, 乃至廣說。故《維摩》云“乃至小罪, 猶懷大懼”。】
六、受學學處。【唯自誓受“我當盡學一切學處”, 乃至廣說。若廣分別, 如《瑜伽論》第二十二、《顯揚》第七也。】”
二、約無漏釋戒善者(5), “或復, 皆得無漏戒故, 名‘善清淨’。”
三、(6)“如實義(7), 住無學位, 迴向大乘, 自分戒淨, 修菩薩戒, 故名‘善淨’。”

(1) SNST: 故 ⇒ ‘一、約六支釋戒善淨者’ (2) JS: 最 ⇒ 聚
(3) JS, Taisho, Baek(2013a): 非 ⇒ null (4) JS: 淫 ⇒ 婬 (5) SNST: null ⇒ +‘《佛地論》云’
(6) SNST: null ⇒ +‘約大乘釋戒善淨者, 《佛地論》云’ (7) Taisho, SNST: null ⇒ +者

de la yan lag drug la brten nas bśad pa ni 《saṅs rgyas kyi saḥi ḥgrel pa》 las/ tshul khrims śin tu rnam par dag pa ni 《mdo》 las ji skad du/ yan lag drug daṅ ldan pa ni tshul khrims rnam par dag pa ṣes bya ste/ tshul khrims rnam par dag pa la gnas pa daṅ/ so sor thar paḥi sdom pas bdag ñid bsdams pa daṅ/ cho ga phun sum tshogs pa daṅ/ spyod yul phun sum tshogs pa daṅ/ kha na ma tho ba śin tu phra ba dag la yaṅ ḥjigs par lta ba daṅ/ bslab paḥi gṣi rnams yaṅ dag par blaṅs te slob paḥo ṣes gsuṅs pa lta buḥo//
de la zag pa med pa la brten pa ni 《saṅs rgyas kyi saḥi ḥgrel pa》 las
yaṅ na thams cad kyis zag pa med paḥi tshul khrims thob paḥi phyir śin tu rnam par dag pa ṣes ḥbyuṅ ṅo//
de la theg pa chen po la brten nas bśad pa ni 《saṅs rgyas kyi saḥi ḥgrel pa》 las/
yaṅ dag paḥi don du ni mi slob paḥi sa la gnas pa dag theg pa chen por yoṅs su bsṅos pas raṅ gi phyogs kyi tshul khrims rnam par dag pa daṅ/ byaṅ chub sems dpaḥi tshul khrims bsgrub paḥi phyir/ śin tu rnam par dag pa ṣes byaḥo ṣes ḥbyuṅ ṅo//

(@1-50)[0198a20] 趣求法樂。
[0198a21] 釋曰。第五、求法樂德。

chos kyi bde ba la gṣol ṣiṅ yoṅs su tshol ba
ṣes bya bas ni lṅa pa chos kyi bde ba gñer baḥi yon tan bstan to//

親光三釋[1]:
一、求正法時, 求大菩提樂, 不求餘樂。[2]
二、或求法時, 爲令他樂, 無求過意, 離惡威儀。
三、如實義[3], 此大聲聞, 專求法樂, 不求名聞、利養、恭敬。

(1) SNST: null ⇒ '故《佛地論》云'
(2) Taisho, SNST: '一、求正法時......不求餘樂'='趣求法樂者。求正法時, 欲趣大樂謂佛菩提, 不求餘事'
(3) Taisho, SNST: null ⇒ +者

ḥdi yaṅ slob dpon ñe baḥi ḥod kyis [ZH.68-211] rnam pa gsum du bśad de/ deḥi [D.Ti.88b] phyir《saṅs rgyas kyi saḥi ḥgrel pa》las/
chos kyi bde ba la gṣol ṣiṅ yoṅs su tshol ba ṣes bya ba ni
chos yaṅ dag par yoṅs su tshol ba na bde ba chen po ḥdi lta ste/ saṅs rgyas kyi byaṅ chub la gṣol bar byed kyi/ don gṣan mi tshol baḥo//
yaṅ na chos tshol baḥi tshe gṣan bde bar bya baḥi phyir te klan ka tshol baḥi bsam pa med pa daṅ/ spyod lam mṅan pa yoṅs su spaṅs paḥo//
yaṅ dag paḥi don du na ñan thos chen po ḥdi dag rtse gcig tu chos kyi bde ba tshol bar byed pa grags pa daṅ rñed pa daṅ/ bkur sti tshol ba ni ma yin paḥo ṣes ḥbyuṅ ṅo//

(@1-51)[0198b01] 多聞, 聞持, 其聞積集,
[0198b02] 釋曰。第六、聞持積集德。

maṅ du thos pa/ thos pa ḥdsin pa/ thos pa bsags pa
ṣes bya bas ni drug pa thos paḥi śes rab phun sum tshogs paḥi yon tan bstan te/

如是三慧[1], 唯約聞慧初中後位勝[2]差別, 說三種[3]。

(1) SNST: 慧 ⇒ '句'　(2) SNST: null ⇒ +劣　(3) SNST: null ⇒ +句

ḥdi ltar tshig gsum po de dag kyaṅ thos paḥi śes rab kyis daṅ po daṅ bar ma daṅ [(1)] gnas skabs khyad par can daṅ/ khyad par can ma yin paḥi bye brag gi dbaṅ du mdsad nas tshig rnam pa gsum rnam par ḥbyed pa yin no//

(1) +'phyi maḥi'

[Lee:](*依薩婆多，多聞、憶持、通利，是爲三句差別。故《集異門》云："多聞、聞持、聞積集者。若所說法初中後善、文義巧妙、純一、圓滿、淸白、梵行，於如是法具足多聞，憶持所聞言教，通利[(1)]所聞言教。"
《瑜伽論》第八十三云：
"初善者，謂聽聞時生歡喜故。
中善者，謂修行時無有艱苦，遠離二邊依中道行故。
後善者，謂極究竟離諸垢故，及一切究竟離欲爲後邊故。
義妙者，謂能引發利益安樂故。
文巧者，謂善緝綴名身等故，及語具圓滿故。
純一者，謂不與一切外道共故。
圓滿者，謂無限量故，最尊勝故。
淸淨者，謂自性解脫故。
鮮白者，謂相續解脫故。
梵行者，謂八聖支道。當知此道由純一等四種妙相之所顯說。")

(1) Taisho: '通利'='純熟專意觀察'

thams cad yod par smra baḥi gṣuṅ daṅ sbyar na maṅ du thos pa rjes su dran pa daṅ/ yoṅs su ḥdsin pa daṅ/ byaṅ bar byed pa ni tshig gsum po bye brag yin no ṣes zer te/
deḥi phyir《bstan bcos rnam graṅs bsdu ba》las/
maṅ du thos pa thos pa ḥdsin pa thos pa bsags pa ṣes bya ba ni ḥdi ltar thog mar dge ba/ bar du dge ba/ tha mar dge ba/ tshig ḥbru daṅ don bzaṅ po/ ma ḥdres pa/ yoṅs su rdsogs pa/ yoṅs su dag pa/ yoṅs su byaṅ ba/ tshaṅs par spyod paḥi chos bśad pa na/ chos de dag maṅ du thos pa phun sum tshogs pa daṅ/ thos pa ḥdsin pa daṅ/ bstan paḥi tshig byaṅ bar byed paḥo ṣes ḥbyuṅ ṅo//
[ZH.68-212]《rnal ḥbyor spyod paḥi sa》las
thog mar dge ba ni ḥdi lta ste/ ñan pa na rab tu dgaḥ ba bskyed paḥi phyir ro//

bar du dge ba ni ḥdi lta ste/ bar du spyor ba na tsheg sa[(1)] chuṅ ṅus mthaḥ gñis rnam par spaṅs nas/ dbu maḥi lam du ḥgro baḥi phyir ro//
tha mar dge ba ni ḥdi lta ste/ śin tu mthar phyin nas dri ma rnams daṅ bral baḥi phyir daṅ/ thams cad las ḥdod chags daṅ bral ba daṅ/ śin tu [D.Ti.89a] ḥdod chags daṅ bral baḥi mthar phyin par gyur paḥi phyir ro//
don bzaṅ po ni phan pa daṅ bde ba rab tu ḥdren paḥi phyir ro//
tshig ḥbru bzaṅ po ni ḥdi lta ste/ miṅ gi tshogs la sogs pa legs par sbyar ba daṅ tshig tu ḥdon pa zur phyin paḥi phyir ro//
ma ḥdres pa ni ḥdi lta ste/ ḥdi las phyi rol pa rnams daṅ thun moṅ du ma gyur paḥi phyir ro//
yoṅs su rdsogs pa ni tshad med paḥi phyir daṅ/ thams cad kyi mchog tu gyur paḥi phyir ro//
yoṅs su dag pa ni ḥdi lta ste/ raṅ bṣin gyis rnam par grol baḥi phyir ro//
yoṅs su byaṅ ba ni ḥdi lta ste/ rnam par grol ba mtshams sbyor baḥi phyir ro//
tshaṅs par spyod pa ḥdi lta ste/ ḥphags paḥi lam yan lag brgyad de/ lam ḥdi ni ma ḥdres paḥi rnam pa la sogs pa mtshan ñid bzaṅ po rnam pa bṣis bstan to ṣes ḥbyuṅ ṅo//

(1) 'tsheg sa'⇒tshegs

(1)如《親光》說: "無量經典初中後分, 皆能聽受, 故名'(2)聞'。隨所聞義, 皆能憶持令不忘失, 故名'聞持'。數習文義令其堅住, 是故說名'其聞積集'。"

(1) SNST: null ⇒ +'依大乘宗'
(2) JS, Taisho, SNST, Baek(2013a): null ⇒ +多

ḥdi ltar theg pa chen poḥi gṣuṅ daṅ sbyar na/ 《saṅs rgyas kyi saḥi ḥgrel pa》 las mdo sde tshad ma[(1)] rnams kyi daṅ po daṅ/ bar ma daṅ/ tha maḥi yan lag rnams thams cad thos śiṅ gzuṅ baḥi phyir maṅ du thos pa ṣes byaḥo//
thos paḥi don gyi rjes su thams cad dran ṣiṅ mi brjed paḥi phyir thos pa ḥdsin pa ṣes byaḥo//
tshig ḥbru daṅ don goms par bya ste/ brtan por gnas par byed pas/ deḥi phyir thos pa la sogs pas[(2)] ṣes byaḥo ṣes ḥbyuṅ ṅo//

(1) ma ⇒ 'med pa'
(2) 'la sogs pas' ⇒ 'bsags pa'

(@1-52)[0198b07] 善思所思，善說所說，善作所作，
[0198b08] 釋曰。第七、三業隨智德。

[ZH.68-213] legs par bsam pa sems pa/ legs par smra ba brjod pa/ legs par bya baḥi las byed pa
ṣes bya bas ni/ bdun pa las rnam pa gsum ye śes kyi rjes su ḥbraṅ baḥi yon tan bstan to//

《親光釋》云："世間愚夫，惡思所思、惡說所說、惡作所作。出世聖者，超過彼法，與彼相違。是故說名'善思所思、善說所說、善作所作'，三業清淨，隨智慧行。"

《slob dpon ñe baḥi ḥod kyis ḥgrel pa》 las/
ḥjig rten pa byis pa dag ni ñes par bsam pa sems pa/ ñes par smra ba brjod pa/ ñes par brjod paḥi[(1)] las byed pa dag yin gyi ḥjig rten las ḥdas paḥi ḥphags pa dag ni de dag gi chos las ḥdas śiṅ de dag daṅ mi mthun pas/ deḥi phyir legs par bsam pa sems pa/ legs par smra ba brjod pa/ legs par brjod paḥi[(1)] las byed pa/ las rnam pa gsum rnam par dag pa ye [D.Ti.89b] śes kyi rjes su ḥbraṅ ba ṣes gsuṅs so ṣes ḥbyuṅ ṅo//

(1) 'brjod paḥi' ⇒ 'bya baḥi'

又《瑜伽論》第七十云："惡思所思、惡說所說、惡作所作，凡所現行身語意業，皆不清淨。"
又《瑜伽論》二十五云："云何成就聰慧者相？謂由作業相，表知愚夫。由作業相，表知聰慧。
其事云何？謂諸愚夫，惡思所思、惡說所說、惡作所作。諸聰慧者，善思所思、善說所說、善作所作。是名'成就聰慧者相'。"[(1)]

(1) SNST: null ⇒ +'解云。善思等者，意語身業三種清淨，如其次第。惡思等者，染污三業。'

gṣan yaṅ 《rnal ḥbyor spyod paḥi sa》 las/
ji ltar mkhas paḥi rtags daṅ ldan pa yin ṣe na/
ḥdi lta ste las kyi mtshan ñid kyis byis pa yin par śes la/ las kyi mtshan ñid kyis

mkhas pa yin par śes te/
de yaṅ ji lta bu ṣe na/
ḥdi lta ste/ byis pa rnams ñes par bsam pa sems pa daṅ/ ñes par smra ba brjod pa daṅ/ ñes par byed paḥi[(1)] las byed pa yin gyi/ mkhas pa ni legs par bsam pa sems pa daṅ/ legs par smra ba brjod pa daṅ/ legs par bya baḥi las byed pa yin te/ de ltar mkhas paḥi rtags daṅ ldan pa yin no ṣes ḥbyuṅ ste/
de la legs par sems pa ṣes bya ba la sogs pa ni yid daṅ ṅag daṅ lus kyi las yoṅs su dag pa rnam pa gsum daṅ go rims bṣin no//
ñes par bsam pa ṣes bya ba la sogs pa ni ñon moṅs pa can gyi las rnam pa gsum ste/ deḥi phyir《rnal ḥbyor spyod paḥi sa》las
ñes par bsam pa sems pa daṅ/ ñes par smra ba brjod pa daṅ/ ñes par bya baḥi [ZH.68-214] las byed pa ji tsam du mṅon sum du spyod paḥi lus daṅ/ ṅag daṅ yid kyi las rnams ni thams cad kyaṅ rnam par ma dag pa yin no ṣes bśad do//[(2)]

(1) 'byed paḥi' ⇒ 'bya baḥi'

(2) The order of the Tibetan text is different from the Chinese text.

(@1-53)[0198b18] 捷慧、速慧、利慧、出慧、勝決擇慧、大慧、廣慧[(1)]及無等慧、慧寶成就。

[0198b20] 釋曰。第八、諸慧差別德。

(1) SNST: null=+'甚深妙慧'

śes rab myur ba/ śes rab mgyogs pa/ śes rab rno ba/ ṅes par ḥbyuṅ baḥi śes rab can/ ṅes par rtogs paḥi śes rab can/ śes rab che ba/ śes rab yaṅs pa/ śes rab zab pa/ śes rab mñam pa med pa/ śes rab rin po cher[(1)] yoṅs su grub pa ṣes bya ba ni brgyad pa śes rab khyad par can gyi yon tan bstan te/

(1) PN: cher ⇒ che

[§."諸慧"]

釋此諸慧，諸[(1)]說不同。

一云。《此經》總明八慧，名字如《經》。後云"慧寶成就"者，攝上八慧以爲慧寶，非別立慧。故《瑜伽論》但言"慧寶"，不言"寶慧"。

一云。九慧。故《大品經》及《智度論》，皆名“寶慧”，故知别慧。

一云。《此經》，據寶[2]十慧，謂加甚深妙慧。故《佛地》云：“有本，復說‘甚深妙慧’，謂他不能究[3]其底故。”

(1) SNST: 諸 ⇒ 三 (2) SNST, Lee: 寶 ⇒ 實 (3) Taisho: 究 ⇒ 窮

śes rab ḥdi dag la yaṅ bśad pa rnam pa gsum yod de/

kha cig ni《mdo sde ḥdi》las śes rab rnam pa brgyad kyi miṅ ston te/《mdo》las śes rab rin po che yoṅs su grub pa ṣes bya bas goṅ maḥi śes rab brgyad po dag śes rab rin po che yin par sdud pa yin gyi/ logs śig tu śes rab rnam par gṣag pa ma yin no//

deḥi phyir《rnal ḥbyor spyod paḥi sa》las/ śes rab rin po che ṣes ḥbyuṅ gi rin po cheḥi śes rab [D.Ti.90a] ces mi brjod do ṣeḥo//

kha cig ni śes rab rnam pa dgu ste/ deḥi phyir《śes rab kyi pha rol tu phyin pa ñi khri lṅa stoṅ pa》daṅ/《śes rab kyi pha rol tu phyin paḥi ḥgrel pa》las/ rin po cheḥi śes rab ces ḥbyuṅ baḥi phyir/ śes rab gṣan yin par śes par byaḥo ṣeḥo//

kha cig ni《mdo sde ḥdi》la śes rab bcu bstan te/ śes rab śin tu zab pas bsnan naḥo//

deḥi phyir《saṅs rgyas kyi saḥi mdo》[(1)]

《dpe mi mthun pa rnam pa gcig》las/ śes rab śin tu zab pa ṣes ḥbyuṅ ste/ gṣan dag gis gtiṅ dpag dkaḥ baḥi phyir ro[(2)]//

(1) ‘《saṅs rgyas kyi saḥi mdo》’ ⇒ ‘《saṅs rgyas kyi saḥi ḥgrel pa》las/’

(2) +‘ṣes ḥbyuṅ ṅo’

今且依九以辨諸慧。

故《親光》云：“於佛所說法毗奈耶，速入其義，故名‘捷慧’。

即於此中多入其義，故名‘速慧’，能多行者說名速慧[(1)]故。

入微細義，故名‘利慧’。

得能出離生死妙慧，故名‘出慧’。

此慧能爲涅槃了因，是故說名‘勝決擇慧’。勝決擇故名‘勝決擇’[(2)]，即是涅槃。此慧能爲彼了因故，依彼立名。【已上釋出慧。】

問答決擇無窮盡故。名爲‘大慧’。

深廣圓滿善通達故。名爲‘廣慧’。
於軟根等諸聲聞衆，此慧勝故，名‘無等慧’。
此慧能招最上義故。名爲‘慧寶’。
是諸聲聞，具此慧寶，是故說名‘慧寶成就’。【解云。“最上義”即是涅槃。】”

(1) Taisho, Baek(2013a): ‘速慧’ ⇒ 速; SNST: ‘速慧’=*sic*
(2) SNST, Baek(2013a): ‘勝決擇故名勝決擇’=*sic*; JS: ‘勝決擇故名勝決擇’=null

ḫdi ni re ṣig rnam pa dgu daṅ sbyar nas rnam par ḫbyed de/
deḫi phyir《saṅs rgyas kyi saḫi ḫgrel pa》las/
de bṣin gśegs pas gsuṅs paḫi chos ḫdul baḫi don [ZH.68-215] la myur du ḫjug paḫi phyir śes rab myur ba ṣes byaḫo//
de ñid kyi don maṅ po la ḫjug paḫi phyir/ śes rab mgyogs pa ṣes bya ste/ maṅ po la ḫgro ba ni śes rab[1] mgyogs pa ṣes bya baḫi phyir ro//
don phra ba la ḫjug paḫi phyir śes rab rno ba ṣes byaḫo//
ḫkhor ba las ṅes par ḫbyuṅ baḫi śes rab thob paḫi phyir/ ṅes par ḫbyuṅ baḫi śes rab can ṣes byaḫo//
ṅes par ḫbyuṅ baḫi śes rab ḫdi ñid kyis mya ṅan las ḫdaḫ ba rtogs paḫi rgyu byed pas deḫi phyir ṅes par rtogs paḫi śes rab can ṣes bya ste/ mchog tu gtan la ḫbebs paḫi phyir ṅes par rtogs pa ṣes bya ste/ de ni mya ṅan las ḫdas paḫo//
śes rab ḫdis de rtogs paḫi rgyu byed paḫi phyir/ de la brten nas miṅ rnam par gṣag pa yin no//
dris pa rnams rnam par gtan la ḫbebs pa la yoṅs su gtugs pa med paḫi phyir śes rab che ba ṣes byaḫo//
zab ciṅ rgya che ba daṅ śin tu rtogs paḫi phyir śes rab yaṅs pa ṣes byaḫo//
ñan thos dbaṅ po rtul po rnams las śes rab khyad par du ḫphags paḫi phyir/ śes rab mñam pa med pa ṣes byaḫo//
śes rab ḫdis ni don gyi mchog thob par byed pas/ śes rab rin po che ṣes bya ste/
ñan thos rnams [D.Ti.90b] śes rab rin po che de lta bu dag daṅ ldan paḫi phyir śes rab ni rin po che yoṅs su grub pa ṣes gsuṅs pa yin no ṣes ḫbyuṅ ṅo//
de la don gyi mchog ces bya ba ni mya ṅan las ḫdas pa la byaḫo//

(1) ‘śes rab’ ⇒ null

若依《瑜伽》, 與彼少異。

八十三云: “速疾了知, 故名‘捷慧’。

(1)無滯礙故, 名爲‘速慧’。

能善了知盡其所有、如所有故, 名爲‘利慧’。

於出離法、世間離欲, 善了知故, 名爲‘出慧’。

(2)世間諸離欲法能了知, 故名‘勝決擇慧’。(3)

謂即此慧長時串習, 故名‘大慧’。

謂即此慧無量無邊所行境故, 名爲‘廣慧’。

其餘諸慧無與等故, 名‘無等慧’。

於諸根中慧最勝故, 如末尼珠顯發輪王毗瑠璃寶令光淨故, 與彼相應故, (4)‘慧寶皆得成就’。”

依《大品經》及《大般若》, 有十一慧。如《智度論》第八十三, 次第廣釋(5), 恐繁不述。

(1) Taisho, Baek(2013a): null=+慧; SNST: null=*sic*

(2) Taisho, SNST, Baek(2013a): null ⇒ +‘於出’;JS: null=+出

(3) Taisho: null=+‘甚深慧者, 於甚深空相應緣起隨順諸法能了知故, 又於一切甚深義句皆能如實善通達故, 此中如來慧能制立聲聞等慧, 於所制立能隨覺了’; SNST: null=*sic*

(4) Taisho, SNST, Baek(2013a): null ⇒ +名

(5) SNST: ‘依《大品經》及《大般若》有十一慧。如《智度論》第八十三次第廣釋’=‘《智度論》十一慧,《大集經》十二慧,《瑜伽》十六慧’

《rnal ḥbyor spyod paḥi sa》 daṅ sbyar na de dag(1) cuṅ zad mi mthun te/
deḥi phyir 《de ñid》 las

rkyen(2) rab tu śes paḥi phyir śes rab myur ba ṣes byaḥo//

thogs pa med paḥi phyir śes rab mgyogs pa ṣes byaḥo//

ji tsam pa daṅ ji lta ba bṣin du rab tu śes par bya baḥi phyir śes rab rno ba ṣes byaḥo//

ṅes par [ZH.68-216] ḥbyuṅ baḥi chos rnams daṅ/ ḥjig rten paḥi ḥdod chags daṅ bral ba yaṅ rab tu śes paḥi phyir ṅes par ḥbyuṅ baḥi śes rab can ṣes byaḥo//

ḥjig rten las ḥdas paḥi ḥdod chags daṅ bral ba rab tu śes paḥi phyir ṅes par rtogs paḥi śes rab can ṣes byaḥo//

śes rab de ñid dus yun riṅ po nas yoṅs su goms par bya baḥi phyir śes rab che ba ṣes byaḥo//

śes rab de ñid tshad med pa daṅ mthaḥ yas paḥi spyod yul gyi phyir śes rab yaṅs pa ṣes byaḥo//
gṣan dag gi śes rab kyis mtshuṅs pa med paḥi phyir mñam pa med paḥi śes rab can ṣes byaḥo//
dbaṅ po thams cad kyi naṅ na śes rab gtso bor gyur paḥi phyir te/ ji ltar yid bṣin gyi nor bus ḥkhor los sgyur baḥi rgyal poḥi rin po che vai-ḍūrya ḥod kyis snaṅ bar byed pa bṣin du gyur paḥi phyir daṅ/ de daṅ mtshuṅs par ldan paḥi phyir śes rab rin po che yoṅs su grub pa ṣes byaḥo ṣes ḥbyuṅ ṅo//
《śes rab kyi pha rol tu phyin paḥi ḥgrel pa》 las ni śes rab bcu gcig bstan to//
《ḥphags pa ḥdus pa chen poḥi mdo》 las ni śes rab bcu gñis gsuṅs so//
《rnal ḥbyor spyod paḥi sa》 las ni śes rab bcu drug ces bya ste/ maṅs kyis dogs pas ḥdir ma brjod do//

(1) dag ⇒ daṅ
(2) rkyen ⇒ 'myur du'

(@1-54)[0198c22] 具足三明,
[0198c23] 釋曰。第九、具足三明德。

rig pa gsum daṅ ldan pa
ṣes bya ba ni dgu pa rig pa gsum daṅ ldan paḥi yon tan bstan te/

如《契經》說, 有三種明: 一、宿住隨念智證通明, 二者、死生智證通明, 三者、漏盡智證通明。

mdo dag las ji skad du/ rig pa ni rnam pa gsum yod de/ sṅon gyi gnas rjes su dran pa śes pa mṅon sum du [D.Ti.91a] byed paḥi mṅon par śes paḥi rig pa daṅ/ ḥchi ḥpho daṅ skye ba śes pa mṅon sum du byed pa mṅon par śes paḥi rig pa daṅ/ zag pa zad pa śes pa mṅon sum du byed paḥi mṅon par śes paḥi rig pa ṣes gsuṅs so//

[§. "三明"]
然此三明, 薩婆多宗,《俱舍論》意, 四門分別。
第一、出體。用慧爲性。如其次第, 六通之中, 第五宿住、第二天眼、第六漏盡, 三通爲性。

第二、立三之意。如次, 對治前、後、中際三種愚故。

第三、眞假分別。漏盡智明, 通假及眞, 通無漏故。餘二假說[(1)], 唯有漏故。【有漏無漏智, 皆名"漏盡", 俱在漏盡身中生故。"眞"名無漏, "假"名有漏。勝劣相形[(2)]故說"眞假"。】

第四、學無學分別。唯在無學, 學有闇故。

又[(3)]《大婆沙》一百二卷云: "問。六通中, 何故但說三種爲明?

答。神境智證通如工巧處轉, 天耳智證通唯能取聲, 他心智證通唯取自相, 無勝用故, 不立爲明。後之三通, 皆有勝用, 故立爲明。'勝用'者, 謂皆能隨順厭捨生死, 皆能引發殊勝功德, 皆能趣向殊勝[(4)]涅槃。

問。云何後三皆有勝用?

答。第四宿住隨念智證通, 見前際事, 深生厭離。第五生死智證通, 見後際事, 深生厭離。第六漏盡智證通, 既厭離已, 欣樂涅槃。" 廣說如《彼》。[(5)]

(1) SNST: '假說' ⇒ '假設'　(2) SNST: '相形' ⇒ '相對'

(3) SNST: 又 ⇒ '《大婆沙》立三之意, 與《俱舍論》少異。故'

(4) JS.Taisho, Baek(2013a): '殊勝' → '畢竟'; SNST: '殊勝'=null

(5) SNST: null ⇒ +'如《雜阿含》四十三、《中阿含》五十一、《順正理》七十六、《婆沙》八十一及一百二, 廣釋三明, 恐繁不述。'

rig pa gsum po ḥdi yaṅ [ZH.68-217] thams cad yod par smra ba dag《mdsod kyi bstan bcos》las ḥbyuṅ ba bṣin du sgo rnam pa bṣis rnam par ḥbyed de/

daṅ po ṅo bo ñid bstan pa ste/ śes rab kyis ṅo bo ñid byed do//

de yaṅ go rims bṣin du mṅon par śes pa drug las lṅa pa sṅon gyi gnas rjes su dran pa daṅ/ gñis pa lhaḥi mig daṅ/ drug pa zag pa zad pa gsum gyi ṅo bo ñid do//

gñis pa ni gsum rnam par gṣag paḥi dgos pa bstan pa ste/ go rims bṣin du sṅon daṅ ma ḥoṅs pa daṅ/ da ltar gyi mthaḥi kun tu gti mug pa rnam pa gsum gyi gñen poḥi phyir ro//

gsum pa ni yaṅ dag pa daṅ/ brtags[(1)] pa rnam par ḥbyed pa ste/ zag pa zad paḥi śes paḥi rig pa ni/ brtags[(1)] pa daṅ/ yaṅ dag paḥi gñi gar btags[(2)] te/ zag pa med par rtogs paḥi phyir ro// gṣan gñis pa ni btags pa yin te/ gcig tu zag pa daṅ bcas paḥi phyir ro//

zag pa daṅ bcas pa daṅ/ zag pa med paḥi śes pa dag ni kun kyaṅ zag pa zad pa ṣes bya ste/ gñi ga yaṅ zag pa zad paḥi lus las skye baḥi phyir ro//

yaṅ dag pa ni zag pa med pa ṣes byaḥo// btags pa ni zag pa daṅ bcas pa ṣes bya ste/ mchog daṅ dman pa phan tshun ltos paḥi phyir/ yaṅ dag pa daṅ/ btags pa bstan pa yin no//

bṣi pa ni slob pa daṅ/ mi slob pa rnam par ḥbyed pa ste/ gcig tu mi slob par gtogs pa yin te/ slob pa dag ni mun pa daṅ bcas paḥi phyir ro//

《bye brag tu bśad pa chen po》 las rnam pa gsum rnam par gṣag paḥi dgos pa bstan pa ni 《mdsod kyi bstan bcos》 las bśad pa daṅ cuṅ zad tha dad de/ deḥi phyir 《de ñid》 las

mṅon par śes pa drug las ciḥi phyir rnam pa gsum rig pa ṣes bstan ce na/ [D.Ti.91b] smras pa/ rdsu ḥphrul gyi yul śes paḥi [ZH.68-218] mṅon par śes pa ni/ bzoḥi gnas rnams la ḥjug go//

lhaḥi rna baḥi śes paḥi mṅon par śes pa ni gcig tu sgra yoṅs su ḥdsin paḥo// gṣan gyi sems śes paḥi mṅon par śes pa ni gcig tu raṅ gi mtshan ñid ḥdsin te/ khyad par can gyi nus pa med paḥi phyir rig pa rnam par mi gṣag go//

mṅon par śes pa phyi ma gsum gyi khyad par can gyi nus pa daṅ ldan paḥi phyir rig pa rnam par gṣag go//

de la nus pa khyad par can ḥdi lta ste/ ḥkhor ba las yoṅs su skyo baḥi rjes su mthun pa daṅ/ thams cad kyaṅ yon tan khyad par can rab tu ḥdren pa daṅ/ thams cad kyaṅ mya ṅan las ḥdas paḥi rjes su gṣol baḥo//

ciḥi phyir phyi ma gsum po dag nus pa khyad par can daṅ ldan ṣe na/

bṣi pa sṅon gyi gnas rjes su dran paḥi śes pa mṅon sum du byed paḥi mṅon par śes pa ni sṅon gyi mthaḥi dṅos po rnams mthoṅ bas śin tu skyo ba skye bar ḥgyur ro//

lṅa pa ni ḥchi ḥpho daṅ skye ba śes pa mṅon sum du byed paḥi mṅon par śes pa ni/ phyi maḥi mthaḥi dṅos po rnams mthoṅ bas śin tu skyo ba skye bar ḥgyur ro//

drug pa zag pa zad pa śes pa mṅon sum du byed paḥi mṅon par śes pa de ltar skyo bar gyur nas/ mya ṅan las ḥdas pa la śin tu mos par ḥgyur ro ṣes ḥbyuṅ ste/ rgya cher bśad pa ni 《de ñid》 las ḥbyuṅ ba bṣin no//

《luṅ sna tshogs》 daṅ/ 《luṅ bar ma》 daṅ/ 《bstan bcos yaṅ dag par rig pa》 daṅ/ 《bye brag tu bśad pa chen po》 las rig pa gsum gyi mtshan ñid rgya cher ḥchad de/ maṅs kyis dogs nas ḥdir ma bstan to//

(1) PN: brtags ⇒ btags

(2) btags ⇒ rtogs

今依大乘，[(1)]《親光釋》云: “無學利根所得三通，除染不染三[(2)]際愚故，說‘有三明’。

有義。‘明’者，以慧爲性。慧能除闇故說爲‘明’。

有說[(3)]。無癡善根爲性，翻無明故。”

云大乘[(4)]“皆通無漏”，於理無違，許後得智是無漏故。

又《瑜伽論》六十九云: “六通中，前三通，是通非明。後三通，亦通亦明，以能對治三世愚故。”

依《智度論》第二卷云: “宿命、天眼、漏盡，名爲‘三明’。

問曰。神通與明，有何等異?

答曰。直知過去宿命事，是名‘[(5)]通’。知過去因緣、行業，是名‘明’。

直知死此生彼，是名‘天眼[(6)]通’。知行、因緣際會不失，是名‘明’。

直知[(7)]盡結使不知更生不生[(8)]，是‘漏盡[(9)]通’。若知漏盡更不復生，是名‘明’。

是三明，大阿羅漢大辟支佛所得。”

廣釋三明，如《法集經》第三、《雜阿含》四十三、《中阿含》五十一、《毗曇》第六、《俱舍》二十七、《順止埋》七十六、《婆沙》八十一及一百二。[(10)]

(1) SNST: null ⇒ +‘《佛地論》、《瑜伽論》，大同《俱舍》。故’ (2) JS: 三=二; SNST: 三=*sic*
(3) Taisho, SNST: 說 ⇒ 義
(4) Baek(2013a): ‘云大乘’ ⇒ ‘解云。大乘’(《《仁王經疏》); SNST: ‘云大乘’=‘大乘云’
(5) JS: null ⇒ +‘宿命’; Taisho, SNST: null=*sic* (6) Taisho: ‘天眼’=null; SNST: ‘天眼’=*sic*
(7) Taisho: 知 ⇒ null; SNST: 知=*sic* (8) SNST: ‘盡結使不知更生不生’=‘結使更生不生’(?)
(9) Taisho: ‘漏盡’=名; SNST: ‘漏盡’=*sic*
(10) SNST: ‘廣釋三明……《婆沙》八十一及一百二’=null

ḥdir theg pa chen poḥi gṣuṅ daṅ sbyar na/ 《saṅs rgyas kyi saḥi ḥgrel pa》 daṅ/ 《rnal ḥbyor spyod paḥi sa》 las kyaṅ phal cher 《mdsod kyi bstan bcos》 las bstan pa daṅ mthun par bśad de/

[ZH.68-219] deḥi phyir 《saṅs rgyas kyi saḥi ḥgrel pa》 las

mi slob pa dbaṅ po rno bas thob paḥi mṅon par śes pa gsum po dag ni kun nas ñon moṅs pa daṅ/ kun nas ñon moṅs pa ma yin [D.Ti.92a] pa mthaḥ gsum gyi kun tu gti mug pa rab tu sel baḥi phyir/ rig pa gsum yod par gsuṅs so// kha cig[(1)] rig pa ḥdi ni ḥdi ltar śes rab kyis ṅo bo ñid byed de/ śes rab kyis

mun pa sel bas rig pa ṣes bśad do ṣeḥo//
kha cig ni gti mug med paḥi dge baḥi rtsa bas ṅo bo ñid byed de/ ma rig pa bzlog par nus paḥi phyir ro[(2)] ṣes ḥbyuṅ ṅo//
theg pa chen po dag ni thams cad zag pa med paḥo ṣes bśad kyaṅ ḥgal ba med do ṣes ston te/ rjes la thob paḥi ye śes zag pa med pa yin no ṣes ḥdod paḥi phyir ro//
gṣan yaṅ《rnal ḥbyor spyod paḥi sa》las
mṅon par śes pa drug las sṅa ma gsum ni mṅon par śes pa yin gyi/ rig pa ni ma yin no// phyi ma gsum ni mṅon par śes pa yaṅ yin no// rig pa yaṅ yin te/ ḥdi ltar dus gsum la rmoṅs paḥi gñen por gyur paḥi phyir ro ṣes ḥbyuṅ ṅo//
《śes rab kyi pha rol tu phyin paḥi ḥgrel pa》las/
sṅon gyi gnas rjes su dran pa daṅ/ lhaḥi mig daṅ/ zag pa zad pa ni rig pa gsum ṣes byaḥo ṣes ḥbyuṅ ṅo[(3)]//
mṅon par śes pa daṅ rig pa la bye brag ci yod ce na/
ḥdas paḥi sṅon gyi gnas kyi dṅos po śes pa ni mṅon par śes pa ṣes byaḥo// ḥdas paḥi rgyu daṅ rkyen daṅ mṅon par ḥdu byed par[(4)] ḥdu byed paḥi las śes pa ni rig paḥi śes rab ces byaḥo//
ḥdir śi ḥphos nas der skye bar śes pa ni lhaḥi mig ḥthob paḥi mṅon par śes pa ṣes byaḥo// mṅon par ḥdu byed pa daṅ/ rgyu daṅ rkyen gyi mthaḥ phrad ciṅ mi stor bar śes pa ni rig paḥi śes rab ces byaḥo//
ñon [ZH.68-220] moṅs paḥi mtshams sbyor ba yaṅ skye ba daṅ mi skye ba śes pa(?) ni zag pa zad paḥi mṅon par śes pa yin no// zag pa zad nas yaṅ mi skye bar śes pa ni rig pa ṣes bya ste/
de lta buḥi rig pa gsum po dag ni dgra bcom pa chen po daṅ/ raṅ saṅs rgyas dag gis ḥthob bo[(5)]//

(1) +'ni' (2) +ṣeḥo (3) 'ṣes ḥbyuṅ ṅo' ⇒ null (4) 'ḥdu byed par' ⇒ null
(5) +'ṣes ḥbyuṅ ṅo'

(@1-55)[0199b07] 逮得一切現法樂住。
[0199b08] 釋曰。第十、現法樂住德。

mthoṅ baḥi chos la bde bar gnas pa thams cad ḥthob pa
ṣes bya bas ni bcu pa tshe ḥdi la bde bar gnas paḥi yon tan bstan [D.Ti.92b] te/

[Lee:](*謂諸聲聞, 得四靜慮根本定, 現身心樂住, 故名“現法樂住”。)

ḥdi ltar ñan thos rnams bsam gtan bṣiḥi dṅos gṣiḥi tiṅ ṅe ḥdsin thob pas/ tshe ḥdi la lus daṅ sems bde bar gnas paḥi phyir/ mthoṅ baḥi chos la bde bar gnas pa ṣes byaḥo//

[§. “現法樂住”]

然此“樂住”, 依薩婆多宗,《大婆沙論》八十一云: “問。世尊何故說‘四靜慮是樂住’耶?

答。唯靜慮中具二種樂, 故名‘樂住’: 一、樂受樂, 二、輕安樂。

前三靜慮, 皆具二樂。第四靜慮, (1)無受樂而輕安樂勢用廣大, 勝前二樂。近分、無色, 雖有輕安而不廣大, 故不名‘樂’。

復次, 根本靜慮現在前時, 長養大種遍身中生, 令(2)充悅, 故名‘樂住’。近分定等現在前時, 長養大種唯心邊生, 非極充悅, 故非樂住。”

廣如《彼論》有九復次。及《順正理》七十九、《倶舍》二十八、《毗曇》第八、《成實》二十(3)、《顯揚》十九。(4)

(1) JS, Taisho, SNST, Baek(2013a): null ⇒ +雖 (2) Taisho, SNST, Baek(2013a): null ⇒ +身
(3) Lee: ‘二十’ ⇒ ‘十二’ (4) SNST: ‘及《順正理》......《顯揚》十九’=null

bde bar gnas pa ḥdi yaṅ/ thams cad yod par smra baḥi gṣuṅ《bye brag tu bśad pa chen po》las/

bcom ldan ḥdas ciḥi phyir bsam gtan bṣi pa bde bar gnas pa ṣes gsuṅs/

smras pa/ bsam gtan kho na la bde ba rnam pa gñis yod paḥi phyir/ bde bar gnas pa ṣes bya ste/ tshor baḥi bde ba daṅ/ śin tu sbyaṅs paḥi bde baḥo//

bsam gtan sṅa ma gsum po dag ni bde pa gñis daṅ ldan la/ bsam gtan bṣi po(1) dag(2) ni tshor baḥi bde ba med kyaṅ/ śin tu sbyaṅs paḥi mthu daṅ las rgya che ste/ sṅa ma dag gi bde ba gñis las khyad par du gyur pa yin no//

ñer bsdogs daṅ gzugs med pa dag la śin tu sbyaṅs pa yod kyaṅ/ rgya mi che baḥi phyir bde ba ṣes mi byaḥo//

gṣan yaṅ dṅos gṣiḥi bsam gtan mṅon sum du gyur pa na/ ḥbyuṅ ba chen po rnams ḥphel ṣiṅ brtas pas/ lus thams cad du khyad par skyes nas/ lus daṅ bar byed paḥi phyir bde bar gnas pa ṣes byaḥo//

ñer bsdogs kyi tiṅ ṅe ḥdsin la sogs pa mṅon sum du gyur pa na ḥbyuṅ ba chen po [ZH.68-221] rnams ḥphel ṣiṅ brtas pas/ sems ḥbaḥ ṣig tu khyad par skyeḥi/ śin tu daṅ bar byed pa ma yin paḥi phyir bde bar gnas pa ma yin no ṣes ḥbyuṅ ste/

rgya cher ni《bstan bcos de ñid》las rnam graṅs rnam pa dgus bśad pa bṣin du rig par byaḥo//

(1) po ⇒ pa

(2) PN: dag ⇒ null

(1)《親光釋》云: "(2)證得不退勝靜慮故。"

[Lee:](*又《顯揚》第十九云: "唯諸靜慮是現法安樂住性, 具有身心二種安故。非無色定, 無身安故。")

又《瑜伽論》第十一云: "復次, 是諸靜慮名差別者, 或名'增上心', 謂由心清淨增上力正審慮故(3)。或名'樂住', 謂於此中受極樂故。所以者何? (4)諸靜慮, 領受喜樂、安樂、捨樂身心樂故。又得定者, 於諸靜慮數數入出, 領受現法安樂住故, 由此定中現前領受現法樂住, 從是起已作如是言'我已領受如是樂住'(5)。於無色定, 無如是受, 是故不說彼爲樂住。"

廣說如《彼》。

(1) SNST: null ⇒ +'今依大乘, 大同《婆沙》。故'

(2) Taisho, SNST: null ⇒ +'逮得第一現法樂住者'

(3) SNST: '名差別者, 或名'增上心......正審慮故'=null

(4) Taisho, SNST, Baek(2013a): null ⇒ +依

(5) SNST: '又得定者......我已領受如是樂住'=null

ḥdir theg pa chen poḥi gṣuṅ daṅ sbyar na/ phal cher《bye brag tu bśad pa chen po》las ḥbyuṅ ba dag daṅ mthun te/

deḥi phyir《saṅs rgyas kyi saḥi ḥgrel pa》las/

mthoṅ baḥi chos la bde bar gnas pa ṣes bya ba ni/ yoṅs su ñams par mi ḥgyur baḥi bsam gtan thob paḥi phyir ro ṣes ḥbyuṅ ba bṣin no//

gṣan yaṅ《bstan bcos rnam par bśad pa》las/

bsam gtan rnams kho na mthoṅ baḥi chos la bde bar gnas paḥi ṅo bo ñid yin te/ lus daṅ sems [D.Ti.93a] rnam pa gñis kyi śin tu sbyaṅs pa daṅ ldan paḥi phyir ro// gzugs med paḥi tiṅ ṅe ḥdsin dag ma yin te/ lus śin tu sbyaṅs pa med paḥi phyir ro ṣes ḥbyuṅ ṅo//

gṣan yaṅ《rnal ḥbyor spyod paḥi sa》las/
bsam gtan de dag ni bde ba la gnas pa ṣes kyaṅ bya ste/ ḥdi ltar de dag tu bde ba yoṅs su rdsogs par myoṅ baḥi phyir ro//
de ciḥi phyir ṣe na/
bsam gtan rnams la brten nas dgaḥ paḥi bde ba daṅ/ śin tu sbyaṅs paḥi bde ba daṅ/ btaṅ sñoms kyi bde ba lus daṅ sems kyis myoṅ baḥi phyir ro//
gzugs med pa rnams la ni de lta buḥi myoṅ ba med pas/ deḥi phyir de la bde bar gnas pa ṣes ma gsuṅs so ṣes ḥbyuṅ ste/
ṣib tu《de ñid》las bśad pa bṣin no//

[Lee:](*何故不說後法爲樂?
《俱舍論》云: “不言爲住後法樂者, 以後法樂非定住故。謂或退墮, 或上受生, 或般涅槃便不住故。”
《正理》、《顯宗》並同《俱舍》。若廣分別, 如《成實 · 四修定品》有六復次, 明“不住後法”, 恐繁不述。)

ciḥi phyir ma ḥoṅs paḥi chos la bde ba ṣes bya ba ma gsuṅs śe na/
《mdsod kyi bstan bcos》las
ma ḥoṅs paḥi chos la bde bar gnas pa ṣes ma gsuṅs pa ni ḥdi ltar ma ḥoṅs paḥi chos kyi bde ba ṅes par gnas pa ma yin [ZH.68-222] paḥi phyir daṅ/ yaṅ na log paḥam/ yaṅ na goṅ mar skye baḥam/ yaṅ na mya ṅan las ḥdas nas mi gnas paḥi phyir ro ṣes ḥbyuṅ ste/
《bstan bcos yaṅ dag par rig pa》daṅ/《gṣuṅ rab tu bstan pa》las kyaṅ ḥdi daṅ mthun par bśad do//
rgya cher rnam par ḥbyed pa ni《bstan bcos de kho na ñid grub paḥi naṅ nas/ tiṅ ṅe ḥdsin bsgom pa rnam pa bṣi bstan paḥi leḥu》las rnam graṅs rnam pa drug gis ma ḥoṅs paḥi chos la mi gnas pa ston te/ maṅs kyis dogs nas ḥdir ma brjod do//

(@1-56)[0199c02] 大淨福田,
[0199c03] 釋曰。第十一、勝淨福田德。

bsod nams kyi ṣiṅ yoṅs su sbyoṅ ba chen po
ṣes bya ba ni bcu gcig pa bsod nams kyi ṣiṅ yoṅs su dag pa chen poḥi yon tan

bstan te/

[Lee:](*如是聲聞, 一切皆是無學, 故名"大淨福田"。)

ḥdi ltar ñan thos de dag thams cad kyaṅ mi slob pa dag yin paḥi phyir/ bsod nams kyi şiṅ yoṅs su sbyoṅ ba chen po şes byaḥo//

《成實論》第二卷《福田品》云: "問曰。以何等故, 此諸賢聖名爲'福田'?(1) 答曰。斷貪慧(2)等諸煩惱盡, 故名'福田'。如說'稊稗不去, 害善穀苗'。是故, 施無欲人, 獲報利大, 故名'福田'。"
廣說如《彼》。

(1) SNST: '問曰……名爲福田'=null
(2) JS, Taisho, SNST, Baek(2013a): 慧 ⇒ 恚

《bstan bcos de kho na ñid grub paḥi naṅ nas/ bsod nams kyi şiṅ gi leḥu》 las ḥphags pa rnams ḥdod chags daṅ şe sdaṅ la sogs paḥi ñon moṅs pa rnams spaṅs nas zad paḥi phyir bsod [D.Ti.93b] nams kyi şiṅ şes bya ste/ ji ltar yug po rnams ma bsal na/ lo thog bzaṅ po la gnod par ḥgyur ba bşin no//
de lta bas na ḥdod chags spaṅs paḥi gaṅ zag la yon phul ba rnam par smin paḥi phan pa che baḥi phyir/ bsod nams kyi şiṅ şes byaḥo şes ḥbyuṅ ste/
şib tu 《de ñid》 las bśad pa bşin no//

《親光釋》云: "(1)永離煩惱, 如世良田, 速能生長廣大果故。"

(1) Taisho, SNST: null ⇒ +'大淨福田者'

gşan yaṅ 《saṅs rgyas kyi saḥi ḥgrel pa》 las
bsod nams kyi şiṅ yoṅs su sbyoṅ pa chen po şes bya ba ni ñon moṅs pa rnams gtan du spaṅs nas/ ji ltar ḥjig rten paḥi şiṅ gśin pa bşin du yun riṅ por ḥbras bu rgya che ba skye şiṅ ḥphel bar ḥgyur baḥi phyir ro şes ḥbyuṅ ṅo//

(@1-57)[0199c09] 威儀寂靜無不圓滿,
[0199c10] 釋曰。第十二、威儀寂靜德。

[ZH.68-223] spyod lam rab tu ṣi ba phun sum tshogs pa
ṣes bya ba ni bcu gñis pa spyod lam rab tu ṣi baḥi yon tan bstan te/

《親光釋》云: "[(1)]正知住故。"
《瑜伽》七十一云: "威儀寂靜者[(2)], 謂諸根寂靜, 無有躁擾, 亦不高擧, 支節不動, 而有所說, 是名'威儀寂靜'。威儀無缺, 故名'圓滿'。"

(1) Taisho, SNST: null ⇒ +'一切威儀'
(2) SNST: '威儀寂靜者'=null

《slob dpon ñe baḥi ḥod kyis ḥgrel pa》 las/
spyod lam thams cad du śes bṣin du gnas paḥi phyir ro ṣes ḥbyuṅ ṅo//
《rnal ḥbyor spyod paḥi sa》 las
dbaṅ po rnams rab tu ṣi ba daṅ/ rgod pa med pa daṅ/ mi mthoṅ[(1)] ba daṅ/ yan lag daṅ ñiṅ lag mi g-yo bas gtam zer ba ni spyod lam rab tu ṣi ba daṅ/ spyod lam ñams pa med paḥi phyir phun sum tshogs pa ṣes byaḥo ṣes ḥbyuṅ ṅo//

(1) mthoṅ ⇒ mtho

(@1-58)[0199c14] 大忍柔和成就無滅,
[0199c15] 釋曰。第十三、忍辱柔和德。

bzod pa daṅ des pa chen po phun sum tshogs pas ñams pa med pa
ṣes bya bas ni bcu gsum pa bzod pa daṅ des paḥi yon tan bstan te/

《親光釋》云: "於苦堪耐易共住故。"
《瑜伽》九十二云: "言'忍辱'者, 謂於他怨終無返報。言'柔和'者, 謂心無憤[(1)]不惱他故。"
[Lee:](*又《瑜伽》云: "云何忍辱? 謂由三種行相應知:一、不忿怒, 二、不報怨, 三、不懷惡。云何柔和? 謂性賢善, 由身語意將護於他令無惱害。此中忍辱耐他違害, 柔和於他不作違損。")
廣如《瑜伽》二十五釋。

(1) Taisho, Baek(2013a): null=+性; SNST: null=*sic*

《saṅs rgyas kyi saḫi ḫgrel pa》 las/
sdug bsṅal bzod pa ñid kyis ḫgrogs na bde baḫi phyir ro ṣes ḫbyuṅ ṅo//
《rnal ḫbyor spyod paḫi sa》 las/
bzod pa ni ḫdi lta ste/ dgra bo rnams la lan ldon paḫi bsam pa med paḫo//
des pa ni ḫdi lta ste/ sems la khoṅ khro ba med pas gṣan la rnam par mi ḫtshe baḫi phyir ro ṣes bśad do//
gṣan yaṅ 《rnal ḫbyor spyod paḫi sa》 las
bzod pa gaṅ ṣe na/
deḫi mtshan ñid ni rnam pa gsum du blta bar bya ste/ mi ḫkhrugs pa daṅ/ phyir gnod pa mi byed pa daṅ/ kho na gyi bsam pa mi ḫdsin paḫo//
des pa gaṅ ṣe na/
ḫdi lta ste/ gṣan gyis gnod pa byas pa la lus daṅ/ ṅag daṅ [D.Ti.94a] yid kyi rjes su bsruṅ baḫi ṅaṅ tshul can ñid yin te/
de la bzod pa ni gṣan gyis gnod pa byas pa bzod par byed do//
des pas ni gṣan dag la gnod pa mi byed do ṣes ḫbyuṅ ste/
ṣib tu 《de ñid》 las bśad pa bṣin no//

(@1-59)[0199c19] 已善奉行如來聖教。
[0199c20] 釋曰。第十[(1)]三、顯已奉行。

(1) JS, SNST, Baek(2013a): 十 ⇒ null

[ZH.68-224] de bṣin gśegs paḫi bkaḫ la śin tu ṣugs pa
ṣes bya bas ni gsum pa bkaḫ bṣin du byed pa ṣes bya ba bstan to//

《親光釋》云: “諸有所作[(1)]已圓滿故[(2)], 是諸聲聞, 位登無學, 皆出生死, 故善奉行如來聖教。”[(3)]

(1) SNST: ‘所作’=‘所化’
(2) Taisho, SNST: null ⇒ +‘如來聖教本爲有情出生死苦’
(3) SNST: null ⇒ ‘廣作問答, 具如《彼論》。’

《slob dpon ñe baḫi ḫod kyis ḫgrel pa》 las/
gdul bar bya ba rnams yoṅs su rdsogs paḫi phyir daṅ/ de bṣin gśegs paḫi gsuṅ rab ni sems can rnams la ḫkhor baḫi sdug bsṅal las bzla baḫi phyir gsuṅs pa yin

la/ ñan thos de dag ni mi slob paḥi gnas su phyin nas ḥkhor ba las ḥdas paḥi phyir/ de bṣin gśegs paḥi bkaḥ la śin tu ṣugs pa yin no ṣes ḥbyuṅ ṅo//
dris lan dag gi rgya cher rnam par ḥbyed pa ni《de ñid》las bśad pa bṣin no// //

(@1-60)[0199c23] 復有無量菩薩摩訶薩衆[1], 從種種佛土而來集會,
[0199c24] 釋曰。自下第二、釋菩薩衆。

(1) Taisho: 衆=null; SNST: 衆=*sic*

bam po dgu pa/
gṣan yaṅ byaṅ chub sems dpaḥ sems dpaḥ chen poḥi tshogs dpag tu med pa saṅs rgyas kyi ṣiṅ tha dad pa nas ḥdus pa
ṣes bya ba la sogs pas ni gñis pa byaṅ chub sems dpaḥi ḥkhor bstan to//

於中有三: 初、標數辨類, 次、"皆住大乘"下讚諸功德, 後、"其名"下就勝列名。
此即第一、標數辨類。
謂二衆中, 已釋聲聞, 故今別釋菩薩衆類。
又[1]有三節: 一、釋"無量", 二、[2]"菩薩"等, 三、辨"來處"。

(1) SNST: 又 ⇒ 此
(2) SNST: null ⇒ +明

ḥdi yaṅ rnam pa gsum du dbye ste/ graṅs smos śiṅ [1] rnam par ḥbyed pa daṅ/ thams cad kyaṅ ṣes bya ba man chad kyis byaṅ chub sems dpaḥi yon tan brjod pa daṅ/ ḥdi lta ste ḥdi ltar ṣes bya ba man chad gtso boḥi dbaṅ du mdsad nas miṅ smos pa ste/ ḥdi ni daṅ poḥo//
ḥdi ltar ḥkhor rnam pa gñis las ñan thos kyi ḥkhor bśad zin paḥi phyir/ ḥdir byaṅ chub sems dpaḥi ḥkhor bstan pa yin no//
daṅ po ḥdi yaṅ rnam pa gsum ste/ dpag tu med pa rnam par bśad pa daṅ/ byaṅ chub sems dpaḥ la sogs pa rnam par bśad pa daṅ/ ḥoṅs paḥi gnas bstan paḥo//

(1) +'rnam pa'

言"無量"者, 顯數無量, 無分限故。

[Lee:](*《佛性論》云: "其數無窮, 過恒沙數, 故名不可量。")

de la dpag tu med pa ṣes bya ba ni graṅs śin tu maṅ ste/ tshad dpag [ZH.68-225] par dkaḥ baḥi phyir ro//
《bstan bcos saṅs rgyas kyi raṅ bṣin bstan pa》 las/
deḥi graṅs mthaḥ med de/ gaṅ-gāḥi kluṅ gi bye maḥi graṅs las ḥdas paḥi phyir tshad med pa ṣes [D.Ti.94b] byaḥo ṣes ḥbyuṅ ṅo//

所言"菩薩摩訶薩"者, 若具梵音, 應作是言"菩提薩埵摩訶薩埵[(1)]"。爲存略故, 但言"菩薩"。
"菩提"名覺。"薩埵", 此土翻爲有情, 或精進義。
由斯, 親光《佛地論》中, 釋有三義。
故第二云: "所言'菩薩摩訶薩'者。謂諸菩薩[(2)]求菩提故。
此通三乘。爲簡取大, 故須復說'摩訶薩'言。
又緣菩提、薩埵爲境, 故名'菩薩', 具足自利利他大願, 求大菩提利有情故。
又'薩埵'者, 是勇猛義。精進勇猛求大菩提, 故名'菩薩'。
此通諸位。今取地上諸大菩薩, 是故復說'摩訶薩'言。"
無性菩薩, 依後二義。
故《攝大乘論》第一卷云: "言'菩薩'者, 菩提、薩埵爲所緣境, 故名'菩薩'。從境得名, 如'不淨觀'等。或即彼心, 爲求菩提有志有能, 故名'菩薩'。"
又《親光》云: "此中菩薩[(3)], 有三大事, 名"摩訶薩":
一者、數大, 謂無量等[(4)]。
二者、德大, [(5)]住大乘[(6)]。
第[(7)]三者, 業大, [(8)]息災橫等[(9)]。"
依《十地論》, 亦有三義。
故第一云: "有三大故, 名'摩訶薩': 一者、願大, 二者、行大, 三者、利益衆生大。"
【若廣分別"菩薩摩訶薩"義, 如《大般若》第三十七、第七十一、第四百一

十一、第四百八十六七及第五百三十八、五百五十六、《大品經》第六、《智度論》第四五、第三十四五也。】

(1) bodhisattva-mahāsattva (2) Taisho, SNST, Baek(2013a): '菩薩' ⇒ '薩埵'
(3) Taisho, SNST: '此中菩薩'='於此讚說菩薩德中, 顯諸菩薩'
(4) Taisho, SNST: 等 ⇒ 故 (5) Taisho, SNST: null ⇒ +謂
(6) Taisho, SNST: null ⇒ +'遊大乘等'
(7) Taisho, SNST: 第 ⇒ null (8) Taisho, SNST: null ⇒ +謂
(9) Taisho, SNST: '息災横等' ⇒ '息衆生諸苦惱故。利樂有情是菩薩業'

de la byaṅ chub sems dpaḥ ṣes bya ba la sogs pa yaṅ/《theg pa chen po bsdus paḥi ḥgrel pa slob dpon ṅo bo ñid med kyis byas pa》las/

byaṅ chub sems dpaḥ ṣes bya ba ni byaṅ chub[(1)] dmigs paḥi yul du gyur paḥi phyir/ byaṅ chub sems dpaḥ ṣes bya ste/ ḥdiḥi yul las miṅ du btags pas/ mi gtsaṅ ba bsgom pa ṣes bya ba la sogs pa lta buḥo//

yaṅ na deḥi sems byaṅ chub yoṅs su tshol bas sran daṅ bcas śiṅ nus pa daṅ ldan paḥi phyir/ byaṅ chub sems dpaḥ ṣes byaḥo ṣes ḥbyuṅ ṅo//

slob dpon ñe baḥi ḥod kyis ni rnam pa gsum du bśad de/

deḥi phyir《saṅs rgyas kyi saḥi ḥgrel pa》las/

de la byaṅ chub sems dpaḥ sems dpaḥ chen po ṣes bya bas ni ḥdi ltar sems can rnams byaṅ chub yoṅs su tshol baḥi phyir te/ ḥdi ni theg pa chen po[(2)] gsum char bsdu ba yin pas chen po ñi tshe bstan paḥi phyir/ phyi ma sems dpaḥ chen po ṣes smos so//

gṣan yaṅ byaṅ chub la dmigs paḥi sems[(3)] yul du gyur paḥi phyir byaṅ chub sems dpaḥ ṣes bya ste/ bdag daṅ gṣan la phan ḥdogs paḥi smon lam chen pos byaṅ chub chen po yoṅs su tshol bas sems can la phan ḥdogs paḥi phyir ro//

gṣan yaṅ sa-tva ṣes bya ba ni dpaḥ boḥi don yin te/ brtson ḥgrus kyi rtul[(4)] bas byaṅ chub chen po yoṅs su gñer baḥi phyir/ byaṅ chub sems dpaḥ ṣes bya ste/ ḥdi ni gnas skabs kun daṅ sbyar ro//

ḥdi ni sa la gnas paḥi byaṅ chub sems dpaḥ chen po rnams la bya bar bstan paḥi [ZH.68-226] phyir/ phyi ma sems dpaḥ chen po ṣes bya ba bstan to//

byaṅ chub sems dpaḥi bsṅags pa brjod paḥi gnas skabs ḥdir byaṅ chub sems dpaḥ rnams che baḥi dṅos po gsum daṅ ldan pas sems dpaḥ chen po ṣes byaḥo//

daṅ po ni graṅs che ba ste tshad med paḥi phyir ro//

gñis pa ni yon tan che ba ste/ ḥdi ltar theg pa chen po la gnas śiṅ theg pa

chen po la sogs pa la rnam par rgyu baḥi phyir ro//
gsum pa ni las che ba ste/ ḥdi ltar sems [D.Ti.95a] can thams cad kyi gnod pa thams cad rab tu ṣi bar byed paḥi phyir te/ sems can la phan ḥdogs pa ni byaṅ chub sems dpaḥi las yin pas so ṣes ḥbyuṅ ṅo//[(5)]
gṣan yaṅ《sa bcu paḥi ḥgrel pa》las/
chen po rnam pa gsum daṅ ldan paḥi phyir/ sems dpaḥ chen po ṣes bya ste/ smon lam chen po daṅ/ spyod pa chen po daṅ/ sems can la phan ḥdogs pa chen po ṣes ḥbyuṅ ṅo//

(1) null ⇒ +'daṅ sems can' (2) PN: 'chen po' ⇒ null
(3) 'byaṅ chub la dmigs paḥi sems' ⇒ 'byaṅ chub daṅ sems can dmigs paḥi'
(4) PN: rtul ⇒ brtul (5) The order of the Tibetan text is different from the Chinese text.

"從種種佛土而來集會"者，此即第三、顯其來處。
爲聽法故，從十方來。
問。豈不慈氏住在此方，如何但言"從他方來"?[(1)]
答。如《佛地論》: "爲欲對治懈怠、憍慢不來集會求聞法故，且說他方。"具說如《彼》。[(2)]
【若廣分別"菩薩他方來"意，如《解節經疏》第一、《寶積論》第一、《智度論》第十也。】[(3)]

(1) SNST: '此即第三......如何但言從他方來'=null
(2) SNST: '爲欲對治懈怠憍慢......具說如彼'=
'從諸佛土俱來集會者，謂從十方種種佛土，爲聽法故俱來集會。亦應有此索訶世界菩薩來集，而結集者但說'他方菩薩來集'，爲欲對治懈怠、憍慢不來集會求聞法故。如是菩薩從彼方來，自求聞法，非他所引。一切皆具大威神力，尙從他界極遠方來，何况其餘而不來集? 前聲聞衆不說'來集'，在此方故。今說'他方俱來集會'，故知亦有此方菩薩，但略不說。'
(3) SNST: '【若廣分別......《智度論》第十也】'=null

de la ḥoṅs paḥi gnas skabs[(1)] bstan pa ni《saṅs rgyas kyi saḥi ḥgrel pa》las/
saṅs rgyas kyi ṣiṅ tha dad pa nas ḥdus pa ṣes bya ba ni ḥdi ltar phyogs bcuḥi saṅs rgyas kyi ṣiṅ rnam pa sna tshogs nas chos ñan paḥi phyir gcig tu ḥdus pa yin no//
mi mjed kyi ḥjig rten gyi khams nas ḥdus paḥi byaṅ chub sems dpaḥ yaṅ yod mod kyi/ yaṅ dag par sdud pa po dag gis phyogs gṣan nas ḥoṅs paḥi byaṅ chub sems dpaḥ ḥdus par bstan pa ni le lo daṅ ṅa rgyal gyi dbaṅ gis chos ñan

du mi ḥgro ba deḥi gñen por bya baḥi phyir te/ byaṅ chub sems dpaḥ de dag phyogs de daṅ de dag nas bdag ñid chos don du gñer baḥi phyir ḥoṅs pa yin mod kyi/ gṣan gyi ṅo mi chod pa ma yin te/ de dag ni thams cad mthu chen po daṅ ldan la/ mthu chen po daṅ ldan pa dag [ZH.68-227] kyaṅ ṣiṅ khams gṣan śin tu thag riṅ po nas ḥoṅs nas/ gṣan dag ji ltar ñe bar ḥgro bar mi bya ba lta smos kyaṅ ci dgos sñam paḥo//

sṅar goṅ du ñan paḥi ḥkhor gṣan nas ḥdus par ma bstan pa ni gnas ḥdi ñid du ḥdus paḥi phyir ro//

ḥdir phyogs gṣan nas gcig tu ḥdus par gsuṅs pas/ deḥi phyir gnas ḥdi ñid kyi byaṅ chub sems dpaḥ yaṅ yod mod kyi/ mdor bsdus pas ma bśad par rig par byaḥo ṣes ḥbyuṅ ṅo//

(1) skabs ⇒ null

(@1-61)[0200b03] 皆住大乘,

[0200b04] 釋曰。自下第二、讚諸功德。

thams cad kyaṅ theg pa chen po la gnas pa

ṣes bya ba la sogs pa ni gñis pa byaṅ chub sems dpaḥi yon tan brjod pa ṣes bya ba ston te/

[Lee:](*《佛地論》云: "何故讚說菩薩功德? 爲捨衆生輕慢心故。

有作是言'讚聲聞衆久修梵行, 諸菩薩衆應當敬禮'。

又令衆生起淨信故。菩薩尙有如是功德, 何況如來!")

《saṅs rgyas kyi saḥi ḥgrel pa》 las/

ciḥi phyir byaṅ chub sems dpaḥ rnams kyi yon tan brjod ce na/

[D.Ti.95b] sems can dag gi ma gus pa daṅ/ ṅa rgyal gyi sems yoṅs su spaṅ bar bya baḥi phyir ro//

kha cig na re ñan thos kyi ḥkhor rnams ni yun riṅ po nas tshaṅs par spyod pa yin pas/ byaṅ chub sems dpaḥ rnams kyis btsun par bya ṣiṅ phyag ḥtshal bar rigs so ṣeḥo//

gṣan yaṅ sems can rnams rab tu daṅ ba bskyed paḥi phyir te/ byaṅ chub sems dpaḥ yaṅ yon tan ḥdi lta bu daṅ ldan na/ de bṣin gśegs pa lta smos kyaṅ ci dgos sñam paḥo ṣes ḥbyuṅ ṅo//

然判《此經》, 親光菩薩, 四復次釋: 一、約十大釋十句經, 二、依十地釋十句經, 三、約十度釋十句經, 四、約十願釋十句經。此即初也。
十句經文, 即爲十段。此即第一、釋精進大。
《親光釋》云: "由精進力, 安住大乘, 拔濟有有(1)令離生死, 及自發趣無上菩提。"
【解云。"大乘"者, 即用化生及求菩提爲大乘也。
有云。法性眞如以爲大乘。
今解《金剛般若》中"廣大心等"以爲"住大乘"。】

(1) JS, Taisho, SNST, Baek(2013a): '有有' ⇒ '有情'

yon tan gyi tshig bcu mdo las gsuṅs pa de yaṅ slob dpon ñe baḥi ḥod kyis rnam pa bṣir bśad de/ chen po rnam pa bcu daṅ/ sa bcu daṅ/ pha rol tu phyin pa bcu daṅ/ smon lam bcu daṅ sbyar nas rnam par bśad paḥo//
ḥdi ni chen po bcu daṅ sbyar nas bstan pa ste/ mdoḥi tshig bcu po ñid [ZH.68-228] kyis don rnam pa bcur dbyeḥo//
de la thams cad kyaṅ theg pa chen po la gnas pa ṣes pas ni brtson ḥgrus chen poḥi bsṅags pa brjod pa bstan te/ 《slob dpon ñe baḥi ḥod kyis ḥgrel pa》 las/ brtson ḥgrus kyi stobs kyis theg pa chen po la gnas śiṅ/ sems can ḥkhor ba las ḥdren pa daṅ/ bdag ñid bla na med paḥi byaṅ chub la gṣol baḥo ṣes ḥbyuṅ ste/
de la theg pa chen po ṣes bya ba ni sems can yoṅs su smin par byed pa daṅ/ byaṅ chub yoṅs su tshol ba la theg pa chen po ṣes bya bas so//
kha cig na re chos kyi ṅo bo ñid kyi de bṣin ñid la theg pa chen po ṣes byaḥo ṣeḥo//
ḥdir ni 《ḥphags pa rdo rje gcod paḥi ḥgrel pa》 las/ rgya che ba la sogs paḥi sems ṣes bśad pa de la theg pa chen po la gnas pa ṣes bstan to//

(@1-62)[0200b11] 遊大乘法,
[0200b12] 釋曰。第二、讚其因大。

theg pa chen poḥi chos bgrod pa
ṣes bya ba ni gñis pa rgyu chen poḥi bsṅags pa brjod pa bstan te/

《親光釋》云: "即十地中[1], 以聞思修等漸次而遊。"
【解云。十地"等"者, 等取等取[2]、妙覺。此即大乘, 亦是所遊之處。
"聞思修等"者, 世間三慧。"等"言, 等取無漏修慧。
此明三慧, 於十地境, 次第而起, 能生佛地, 故名"因大"。
又解。大乘皆法性眞如。十地菩薩, 以三慧及相應法, 漸次了知眞如之[3]境, 能生佛果, 故名"因大"也。】

(1) JS, Taisho, SNST, Baek(2013a): 中 ⇒ 等 (2) JS, SNST: '等取' ⇒ '等覺' (3) SNST: 之=定

《slob dpon ñe baḥi ḥod kyis [1] ḥgrel pa》 las/
sa bcu la sogs pa ñan pa daṅ/ bsam pa daṅ/ bsgom pa la sogs paḥi rim gyis bgrod pa ṣes ḥbyuṅ ṅo//
de la sa bcu la sogs pa la ṣes bya ba la sogs pa ṣes bya bas ni mñam pa ñid du byaṅ chub pa daṅ/ gya nom par mṅon par [D.Ti.96a] saṅs rgyas pa bsdu ste/ ḥdi ñid theg pa chen po yaṅ yin/ bgrod par bya baḥi gnas kyaṅ yin no//
thos pa daṅ/ bsam pa daṅ/ bsgom pa la sogs pa ṣes bya ba ni/ ḥjig rten paḥi śes rab rnam pa gsum mo// sogs pa ṣes bya ba ni zag pa med paḥi bsgom paḥi śes rab bsdu ste/ ḥdis ni śes rab rnam pa gsum sa bcuḥi yul[1] rim gyis ḥbyuṅ ṣiṅ saṅs rgyas kyi sa bskyed paḥi phyir/ rgyu chen po ṣes byaḥo ṣes bstan to//
yaṅ na theg pa chen poḥi chos ñid kyi de bṣin ñid de/ sa [ZH.68-229] bcuḥi byaṅ chub sems dpaḥ rnams śes rab rnam pa gsum daṅ/ de daṅ mtshuṅs par ldan paḥi chos kyis rim gyis de bṣin ñid kyi tiṅ ṅe ḥdsin gyi yul khoṅ du chud nas saṅs rgyas kyi sa bskyed paḥi phyir/ rgyu chen po ṣes byaḥo//

(1) +la

(@1-63)[0200b16] 於諸衆生其心平等,
[0200b17] 釋曰。第三、釋所緣大。

sems can thams cad la sems mñam pa

şes bya bas ni gsum pa dmigs pa chen po bsṅags pa brjod pa bstan te/

《親光釋》云: "即於一切有情, 得自他平等, 以大慈等平等方便故。"
【解云。此德, 慈等爲體。一切有情爲所緣境, 名"所緣大"。前德, 以智體故, 眞如爲境。此以慈等爲體性故, 有情爲境。此即《波若論》中"同體大悲", 故名"平等方便"也。】

《slob dpon ñe baḥi ḥod kyi[(1)] ḥgrel pa》 las/
sems can thams cad la bdag daṅ gşan mñam pa ñid thob pas byams pa la sogs pas mñam par sbyor baḥi phyir ro şes ḥbyuṅ ṅo//
yon tan ḥdi ni byams pa la sogs pas ṅo bo ñid byed de/ sems can thams cad ni dmigs par bya baḥi yul yin pas dmigs pa chen po şes byaḥo//
yon tan sṅa ma ni ye śes kyi ṅo bo ñid byed paḥi phyir/ de bşin ñid kyi yul byed la/ ḥdi ni byams pa la sogs pa ṅo bo ñid byed paḥi phyir/ sems can yul du gyur pa yin te/
ḥdi ñid 《ḥphags pa rdo rje gcod paḥi ḥgrel pa》 las bstan paḥi ṅo bo ñid gcig paḥi sñiṅ rje chen po la bya baḥi phyir mñam par sbyor ba şes byaḥo//

(1) kyi ⇒ kyis

(@1-64)[0200b21] 離諸分別及不分別種種分別,
[0200b22] 釋曰。第四、明時大也。

rnam par rtog pa daṅ/ rnam par mi rtog paḥi rnam par rtog pa rnam pa sna tshogs daṅ bral ba
şes bya bas ni bşi pa dus chen po bstan te/

《親光釋》云: "即於一切時, 猶如一念, 平等而轉。
劫名'分別'。以於一切劫與非劫分別斷故, 以不分別劫與非劫故, 能長時修行無厭。"
釋云[(1)]。梵音名"劫臈[(2)]波[(3)]", 此翻爲分別。
有爲之法, 時劫所攝, 分分差別[(4)]
無爲之法, 非時劫攝, 無有時劫分分差別, 名"不分別"。

此二是所緣境。

"種種分別"者, 是能分別心。緣前分別不分別境, 故云"種種分別"。

(1) SNST: '釋云' ⇒ null; Baek(2013a): '釋云'='解云' (2) JS: 臈=臘 (3) kalpa
(4) SNST: null ⇒ +'名爲分別';JS: null=+'為分別'

《ñe baḥi ḥod kyis ḥgrel pa》 las/
dus thams cad la skad cig ma gcig bṣin du mñam par ḥjug pa ste/ de la bskal pa ni rnam par rtog pa ṣes byaḥo//
bskal pa daṅ bskal pa ma yin pa thams cad la rnam par rtog pa spaṅs paḥi phyir daṅ/ de ltar bskal pa daṅ bskal pa ma yin par mi rtog paḥi [D.Ti.96b] phyir/ dus yun riṅ por spyod pa spyad pa la skyo ba med par gyur pa yin no ṣes ḥbyuṅ ṅo//
rgya gar skad du kalpa ṣes bya ba bsgyur na rnam par rtog pa ṣes zer te/ ḥdus byas kyi [ZH.68-230] chos ni dus daṅ bskal pas bsdus te/ cha tha dad pas rnam par rtog pa ṣes byaḥo//
ḥdus ma byas kyi chos ni dus daṅ/ bskal pas bsdus pa ma yin te/ dus daṅ bskal paḥi cha tha dad pa med paḥi phyir rnam par mi rtog pa ṣes bya ste/ ḥdi gñis ni yoṅs su śes par bya baḥi yul lo//
rnam par rtog pa rnam pa sna tshogs ṣes bya ba ni rnam par rtog paḥi sems yin te/ sṅa maḥi rnam par rtog pa daṅ/ rnam par mi rtog paḥi yul la dmigs paḥi phyir rnam par rtog pa rnam pa sna tshogs ṣes byaḥo//

此中意說。若有分別"此是時劫, 此非時劫", 見時劫長, 修行有厭。諸菩薩等, 以於一切劫與非劫分別何[1]故, 以不分別劫與非劫故, 能長時修行無厭, 乃至三無數劫一切長時, 猶如一念, 平等而轉。如人不睡, 分別日夜, 即謂夜長。若睡眠時, 不分別[2]夜故, 雖經長夜, 不覺夜長。經無數劫, 亦復如是。是故《無性攝大乘釋》第六卷云:

"經無量劫乃成佛果, 時既長久, 云何言疾?

此義不然, 時劫長遠唯分別故。如有頌言:

　　處夢謂經年, 覺[3]乃須臾頃

　　故雖時[4]無量, 攝在一剎那。

又佛精進極熾然故, 雖經多時[5], 而謂少時。如有頌言:

愚修雖少時，怠心疑已久，

佛於無量劫，勇猛[6]謂須臾。”

此亦如是。故作此言“於一切時，猶如一念”。

(1) JS, SNST, Baek(2013a): 何 ⇒ 斷 (2) SNST: null ⇒ + 日 (3) Taisho, Baek(2013a): 覺=寤
(4) Taisho, Baek(2013a): ‘雖時’=‘時雖’ (5) Taisho, Baek(2013a): 時=劫
(6) Taisho, Baek(2013a): ‘勇猛’=‘勤勇’

de ni ḥdi skad du gal te rnam par rtog paḥi sems kyis ḥdi ni dus daṅ bskal pa ḥdi ni dus daṅ bskal pa ma yin paḥo ṣes dus daṅ bskal pa riṅ ba lta na/ rnal ḥbyor bsgom pa la yoṅs su skyo bar ḥgyur te/ byaṅ chub sems dpaḥ la sogs pa ni ḥdi ltar bskal pa daṅ/ bskal pa ma yin pa thams cad la rnam par rtog pa spaṅs te/ bskal pa daṅ bskal pa ma yin par mi rtog paḥi phyir/ dus yun riṅ po rnam par bsgom pa la yoṅs su skyo ba med de/ bskal pa graṅs med pa gsum daṅ/ dus yun riṅ po thams cad la yaṅ skad cig ma gcig bṣin du mñam par ḥjug go ṣes bstan te/

ji ltar skyes bu gñid ma log pa dag ñin mtshan la yun riṅ por rnam par rtog gi/ gal te gñid log par gyur na/ ñin mtshan la rnam par rtog pa med paḥi phyir/ nam riṅ yaṅ nam riṅ bar mi tshor ba bṣin du bskal pa graṅs med par lon pa dag kyaṅ de bṣin te/ deḥi phyir《theg pa chen po bsdus paḥi ḥgrel pa slob dpon ṅo bo ñid med kyis byas pa》las/

bskal pa graṅs med pa nas/ gdod bla na med pa byaṅ chub kyi ḥbras bu ḥgrub pas/ dus śin tu yun riṅ na ciḥi phyir myur du ḥgrub ces bśad/

de ni de lta ma yin te/ dus daṅ bskal [ZH.68-231] pa yun riṅ po dag ni rnam par rtog pa kho naḥi phyir te/ tshigs su bcad pa las ji skad du//

gñid log pa na lo ḥdas sñam//
sad na de ni yud tsam ste/
de phyir dus ni dpag med kyaṅ//
se [D.Ti.97a] gol gtogs pa gcig gis bsdus//

ṣes bstan pa lta buḥo//

gṣan yaṅ de bṣin gśegs pa rnams brtson ḥgrus śin tu sbyaṅs paḥi phyir/ dus śin tu yun riṅ yaṅ yun riṅ por ma lon no sñam du dgoṅs te/ ji skad du/

byis pa spyod pa dus thuṅ yaṅ//
le lo sems la riṅ lon sñam//
saṅs rgyas bskal pa dpag med du//

brtson ḥgrus mdsad kyaṅ skad cig dgoṅs//
ṣes bśad pa lta buḥo ṣes ḥbyuṅ ṅo//
ḥdi yaṅ de bṣin te deḥi phyir dus thams cad la skad cig ma bṣin du ṣes bya ba ḥdi smos pa yin no//

(@1-65)[0200c18] 摧伏一切衆魔怨敵[(1)],
[0200c19] 釋曰。第五、顯無染大。

(1) JS: 敵 ⇒ 敵

bdud phyir rgol ba thams cad bcom pa
ṣes bya bas ni lṅa pa ḥdod pa med pa chen po ñid bstan te/

《親光釋》云: “謂諸摧[(1)]魔怨。以捨一切所攝受故, 能[(2)]魔怨。”
【解云。以捨攝受五妙欲境故, 能摧伏煩惱魔怨。或可。由斯爲本, 具離四魔。】
又《親光》云: “如說‘菩薩, 若於一切所攝受事, 如[(3)]不堅實, 心不貪求, 即能摧伏一切魔怨’。”
【解云。親光引經證成。如《般舟經》云:

諸[(4)]法不堅固, 常立在於念,
以解見空者, 一切無於[(5)]念。

摧魔之義, 理極於此。】

(1) JS, Taisho, Baek(2013a): ‘諸摧’ ⇒ ‘摧諸’; SNST: ‘謂諸摧魔怨’=null
(2) JS, Taisho, SNST, Baek(2013a): null ⇒ +伏 (3) Taisho, SNST, Baek(2013a): 如 ⇒ 知
(4) Taisho, Baek(2013a): 諸=是; SNST: 諸=*sic* (5) Taisho, SNST, Baek(2013a): 於 ⇒ 想

《slob dpon ñe baḥi ḥod kyis ḥgrel pa》 las/
yoṅs su gzuṅ ba thams cad gtoṅ baḥi phyir/ bdud phyir rgol ba bcom par nus pa yin no ṣes ḥbyuṅ ṅo//
ḥdi ltar yoṅs su gzuṅ ba ḥdod paḥi yon tan lṅa gtoṅ baḥi phyir/ ñon moṅs paḥi bdud phyir rgol ba bcom paḥo//
yaṅ na ḥdis ni gṣi byas nas bdud bṣi char daṅ bral baḥo//
gṣan yaṅ 《slob dpon ñe baḥi ḥod kyis ḥgrel pa》 las/

ji skad du byaṅ chub sems dpaḥ yoṅs su gzuṅ ba thams cad mi brtan pa ñid du rig nas sems kyis mṅon par ṣen ciṅ don du gñer bar [(1)]byed na/ bdud phyir rgol ba bcom pa yin no ṣes bśad pa lta buḥo ṣes ḥbyuṅ ste/
ḥdi ni slob dpon ñe baḥi ḥod kyis mdo sde khuṅs su bstan nas sgrub paḥo//
《mdo sde śes rab kyi pha rol tu phyin pa》 las kyaṅ ji skad du/

chos rnams kun ni mi rtag[(2)] [ZH.68-232] pas//

rtag tu sems dpaḥ dran gṣag na//

ṣes gsuṅs te/ ḥdis ni stoṅ pa ñid du mthoṅ ba la mṅon rtags[(3)] su ḥdsin pa med pas/[(4)] bdud bcom paḥi don mthar phyin pa yin no ṣes bstan to//

(1) +mi (2) rtag ⇒ brtan (3) rtags ⇒ brtags
(4) su ḥdsin pa med pas/' ⇒ 'stoṅ pa ñid du mthoṅ ba la// mṅon brtags su ḥdsin pa med do// ṣes gsuṅs te/'

依《涅槃經》, 立八種魔, 謂有爲四倒上, 更加無爲四倒, 通名爲魔。
小乘宗中, 不成過失。
或大乘中, 煩惱魔攝, 故諸教中, 略而不說。
廣釋四魔, 如前“十八圓滿”(=@1-17)中說。

ḥdi la brten nas 《ḥphags pa mya ṅan las ḥdas pa chen poḥi mdo》 las/ bdud rnam pa brgyad rnam par gṣag ste/ ḥdi lta ste/ ḥdus byas kyi phyin ci log bṣiḥi steṅ du/ ḥdus ma byas kyi phyin ci log bṣi bsnan nas thams cad la bdud ces gsuṅs te/ theg pa chuṅ ṅuḥi gṣuṅ gis ḥdi la skyon du mi sgrub bo//
yaṅ na theg pa chen po ltar ñon moṅs paḥi bdud kyis bsdus paḥi [D.Ti.97b] phyir/ ḥphags paḥi gsuṅ rab las/ mdor bsdus nas ma bstan to//
bdud bṣi rgya cher bśad pa ni phun sum tshogs pa bco brgyad bstan paḥi skabs nas bstan pa bṣin no//

(@1-66)[0201a04] 遠離一切聲聞、獨覺所有作意,
[0201a05] 釋曰。第六、辨作意大。

ñan thos daṅ/ raṅ saṅs rgyas kyi yid la byed pa thams cad las riṅ du gyur pa ṣes bya bas ni drug pa yid la byed pa chen po ñid bstan te/

《親光釋》云: "遠離[(1)]二乘分別[(2)]作意。"
《世親、無性攝論》第六, 亦同《親光》。
《梁攝論》第七卷云: "捨離聲聞、獨覺思惟故。二乘思惟, 謂數觀苦、無常等生死過去[(3)], 及數觀涅槃寂靜功德。此觀但愛自身, 捨利益衆生事。"

(1) Taisho, SNST: '遠離' ⇒ '遠分斷除'
(2) Taisho, SNST: '分別' ⇒ null
(3) JS, SNST, Baek(2013a): 去 ⇒ 失

《slob dpon ñe baḥi ḥod kyis ḥgrel pa》 las/ ḥdi ni theg pa gñis kyi yid la byed pa rgyaṅs bcad de spaṅs paḥo ṣes bśad do//
《slob dpon dbyig gñen daṅ ṅo bo ñid med kyis mdsad paḥi ḥgrel pa》 las kyaṅ de bṣin du bśad do//
《theg pa chen po bsdus paḥi ḥgrel pa mi mthun pa rnam pa gcig》 las/
ñan thos daṅ raṅ saṅs rgyas kyi yid la byed pa yoṅs su spaṅs paḥi phyir ro// theg pa gñis kyi yid la byed pa ni ḥdi lta ste/ sdug bsṅal la sogs pa la[(1)] mi rtag pa la sogs paḥi ñes dmigs su goms par lta ba daṅ/ mya ṅan las ḥdas pa la ṣi baḥi yon tan du goms par lta ba ste/ bsgom pa ḥdi ni raṅ gi lus la sred ciṅ sems can la phan ḥdogs paḥi bya ba spoṅ baḥi phyir yaṅ dgos paḥo ṣes [ZH.68-233] ḥbyuṅ ṅo//

(1) 'sdug bsṅal la sogs pa la' ⇒ 'ḥkhor ba la sdug bsṅal daṅ'

(@1-67)[0201a10] 廣大法味喜樂所持,
[0201a11] 釋曰。第七、住[(1)]持大。

(1) SNST: 住 ⇒ 任

chos rgya chen poḥi roḥi dgaḥ ba daṅ/ bde ba brten pa
ṣes bya bas ni sdud pa ñe bar ston[(1)] pa chen po ñid bstan te/

(1) ston ⇒ rton

《親光釋》云: "即用大乘法味喜樂爲食。"
《梁攝論》云: "大乘十二部經名爲'大法'。眞如、解脫等爲'味'。經[(1)]此法味, 生諸[(2)]喜樂, 長養菩薩五分法身。此句正明住持圓淨[(3)]。"

又《法華》云: “法喜禪悅食, 更無餘食想。”[4]

(1) Taisho, SNST, Baek(2013a): 經 ⇒ 緣; JS: 經=以 (2) Taisho: null=+‘菩薩’; SNST: null=*sic*
(3) Taisho: ‘此句正明住持圓淨’=‘此句明持圓淨’; SNST: ‘此句正明住持圓淨’=null
(4) SNST: ‘又《法華》云......更無餘食想’=null

《slob dpon ñe baḥi ḥod kyis ḥgrel pa》 las/
theg pa chen poḥi chos kyi[1] dgaḥ ba daṅ/ bde ba ñid zas su gyur paḥo ṣes ḥbyuṅ ṅo//
《theg pa chen po bsdus paḥi ḥgrel pa rnam pa gcig》 las ni
theg pa chen po gsuṅ rab yan lag bcu gñis ni chos rgya chen po ṣes bya ste/ de bṣin ñid daṅ rnam par grol ba la sogs pa ni roḥi ṅo bo ñid de/ de la dmigs te/ dgaḥ ba daṅ/ bde ba rnams skyes nas byaṅ chub sems dpaḥi yan lag lṅaḥi chos kyi sku gso ṣiṅ ḥphel bar byed paḥo ṣes ḥbyuṅ ṅo//

(1) +roḥi

(@1-68)[0201a16] 超五怖畏,
[0201a17] 釋曰。第八、清淨大。

ḥjigs pa lṅa las yaṅ dag par ḥdas pa
ṣes bya bas ni brgyad pa yoṅs su dag pa chen po ñid bstan te/

《親光釋》云: “謂超五怖畏。即三業清淨, 出諸怖畏, 無犯戒等諸惡趣等怖畏因故。
五怖畏者: 一、不活畏, 二、惡誦[1]畏, 三、死畏, 四、惡趣畏, 五、怯衆畏。如是五畏, 證得清淨意樂地時, 皆已遠離。”
【廣釋“五怖畏”, 如《佛地論》第二、《善戒經》第八、《十住婆沙》第二、《佛性論》第三、《十地論》第〔□〕[2]、《婆沙》七十五、《順正理》四十九等也。】

(1) JS, Taisho, SNST, Baek(2013a): 誦 ⇒ 名
(2) JS, Taisho, Baek(2013a): 〔□〕⇒ 二

《slob dpon ñe baḥi ḥod kyis ḥgrel pa》 las/
las rnam pa gsum yoṅs su dag pas ḥjigs pa rnams las ṅes par ḥbyuṅ ba ste/ ṅan ḥgroḥi ḥjigs pa la sogs paḥi rgyu ḥchal baḥi tshul khrims la sogs pa med paḥi

[D.Ti.98a] phyir ro//
ḫjigs pa lṅa ni ḫtsho ba med paḫi ḫjigs pa daṅ/ tshigs su bcad pa med paḫi ḫjigs pa daṅ/ ḫchi baḫi ḫjigs pa daṅ/ ṅan soṅ gi ḫjigs pa daṅ/ ḫkhor gyi naṅ du bag tsha baḫi ḫjigs pa ste/ ḫjigs pa lṅa po de dag ni lhag paḫi bsam pa rnam par dag paḫi sa thob pa na yoṅs su spaṅ ṅo ṣes ḫbyuṅ ṅo//
ḫjigs pa lṅa rgya cher bśad pa ni《ḫphags pa sa bcu paḫi ḫgrel pa》daṅ/《bstan bcos gnas pa bcus bśad pa》daṅ/《saṅs rgyas kyi ṅo bo ñid bstan pa》daṅ/《legs par tshul khrims bstan paḫi mdo》daṅ/《bstan bcos yaṅ dag paḫi rigs paḫi rjes su mthun pa》daṅ/《bye brag tu bśad pa chen po》daṅ/ gṣan dag nas kyaṅ [ZH.68-234] bstan pa las ḫbyuṅ ba bṣin du rig par byaḫo//

(@1-69)[0201a23] 一向趣入不退轉地,
[0201a24] 釋曰。第九、證得大。

gcig tu phyir mi ldog paḫi sa bgrod par gyur pa
ṣes bya bas ni dgu pa rtogs pa chen po ñid bstan te/

《親光釋》云: "一向趣入不退轉地(1)。即得一切智記別(2)時, 一向不退。前七地中, 猶有加行功用運轉, 未得不退無功用道。其餘諸地, 行(3)無加行功用運轉, 一向趣入不退轉地。"
【今護法宗"三智門"中(4), 加行智, 一向有漏。八地已上(5), 一切不行。又(6)八地已上, 一切(7)煩惱皆不現行, 名"不退地"。後當分別。】
又《莊嚴論》第十卷云: "不退菩薩品類有三:
一、未成不退, 謂信行地。
二、已成不退, 謂初地至七地。
三、極成不退, 謂八地已上。"
《般舟三昧經》、《菩提資糧論》、《佛地》第六, 皆說八地已上名"不退地", 恐繁不述。(8)

(1) Taisho: 地=位; SNST: '一向趣入不退轉地'=null
(2) Taisho, SNST, Baek(2013a): null ⇒ +地 (3) Taisho, SNST, Baek(2013a): 行 ⇒ 得
(4) SNST: '今護法宗"三智門"中'=null (5) SNST: 上 ⇒ 下 (6) SNST: 又 ⇒ null
(7) SNST: null ⇒ +'功用' (8) SNST: '《般舟三昧經》......恐繁不述'=null

《slob dpon ñe baḥi ḥod kyis ḥgrel pa》las/

thams cad mkhyen pa ñid du luṅ bstan paḥi sa thob pa na/ gcig tu phyir mi ldog pa ñid du ḥgyur te/ sṅa maḥi sa bdun po dag la da duṅ mṅon par ḥdu byed pa daṅ bcas par ḥjug pas/ phyir mi ldog paḥi mṅon par ḥdu byed pa med paḥi lam mi thob bo// de las gṣan paḥi sa la ni mṅon par ḥdu byed pa med par raṅ gi ṅaṅ gis ḥjug pa thob pas/ gcig tu bgrod par ṣugs paḥi phyir/ gcig tu phyir mi ldog paḥi sa bgrod par gyur pa ṣes gsuṅs pa yin no ṣes ḥbyuṅ ste/ de la sbyor ba daṅ bcas paḥi śes pa ni gcig tu zag pa daṅ bcas pas sa brgyad pa man chad mi spyod do// sa brgyad pa yan chad mṅon par ḥdu byed pa thams cad daṅ/ ñon moṅs pa thams cad mṅon du mi spyod pas phyir mi ldog paḥi sa ṣes byaḥo//

phyir mi ldog pa de yaṅ《bstan bcos mdo sde rgyan》las rnam pa gsum du bśad de/ deḥi phyir《de ñid》las/

phyir mi ldog paḥi byaṅ chub sems dpaḥi phyogs kyaṅ rnam pa gsum yod de/ daṅ po da duṅ yoṅs su ma rdsogs paḥi phyir mi ldog pa ni ḥdi lta ste/ mos pas spyod paḥi sa rnams so//

gñis pa yoṅs su rdsogs paḥi phyir mi ldog pa ni ḥdi lta ste/ sa daṅ po nas sa bdun paḥi bar rnams so// [D.Ti.98b]

gsum pa śin tu yoṅs su rdsogs paḥi phyir mi ldog pa ni ḥdi lta ste/ sa brgyad pa yan chad do ṣes ḥbyuṅ ṅo//

(@1-70)[0201b09] 息一切衆生一切災橫[(1)]地而現在前。

[0201b10] 釋曰。此即第十、釋其業大。

(1) Taisho: ‘災橫’=‘苦惱所逼迫’; SNST: ‘災橫’=*sic*

sems can thams cad kyi gnod pa thams cad rab tu ṣi bar byed paḥi sa mṅon sum du gyur pa

ṣes bya bas ni sa[(1)] bcu pa las chen po ñid bstan te/

(1) sa ⇒ null

《親光釋》云: “謂諸菩薩, 能息一切有情內外苦惱逼迫地位現前。此地中有大悲、大慈, 由此二種, 能息一切內病等苦、外貪[(1)]等惱之所逼迫。此二多作有情利樂, 故得此者, 名爲‘業大’。”

《佛地論》云: “‘災橫’即道惑[2]所發業及所得果。”
《梁朝論》云: “三界苦諦名‘一切災橫’。”

(1) JS, Taisho, SNST, Baek(2013a): 貪 ⇒ 貧
(2) Taisho, SNST: ‘道惑’ ⇒ ‘是彼’; Baek(2013a): ‘道惑’=‘迷惑’

《slob dpon ñe baḥi ḥod kyis ḥgrel pa》 [ZH.68-235] las/
ḥdi ltar byaṅ chub sems dpaḥ rnams sems can thams cad kyi phyi naṅ gi sdug bsṅal gyi gnod pa daṅ/ phoṅs pa rab tu ṣi bar byed paḥi las mṅon sum du gyur pa ste/ sa de ni sñiṅ rje chen po daṅ/ byams pa chen po daṅ ldan pas/ de ñid kyis phyi naṅ gi nad la sogs paḥi sdug bsṅal daṅ/ phyi rol gyi dbul ba la sogs paḥi gnod pas gzir ba thams cad rab tu ṣi bar byed paḥo//
de gñis kyis phal cher sems can gyi don daṅ/ phan pa daṅ bde baḥi bya ba byed paḥi phyir de thob pa ni las chen po ṣes byaḥo ṣes ḥbyuṅ ṅo//
gṣan yaṅ 《slob dpon ñe baḥi ḥod kyis ḥgrel pa》 las/
gnod pa ṣes bya ba ni yoṅs su blaṅs paḥi las sam ḥbras bu thob pa gaṅ yin paḥo ṣes bśad do//
《theg pa chen po bsdus paḥi ḥgrel pa rnam pa gcig》 las ni
khams gsum gyi sdug bsṅal gyi bden pa ni gnod pa thams cad ces byaḥo ṣes ḥbyuṅ ṅo//

上來以[1]約九德及業[2]釋經十句訖。
第二復次, 約十地行故配經十句。故《親光》云:
“復次。皆住大乘者, 謂住初地, 證得遍滿眞法界時, 初得眞實大乘法故, 名住大乘。
遊大乘法者, 謂第二地, 修行菩薩三聚戒故。大乘行法即三聚戒。
於諸衆生其心平等者, 謂第三地, 得諸勝定, 發四無量, 平等利樂諸有情故。
離諸分別等者, 謂第四地, 得三十七菩提分法, 離諸分別及不分別種種分別。
‘諸分別’者, 即見所斷分別我見, 初地已離。‘不分別’者, 即修所斷俱生我見, 此地中離。即此二種相應諸法名‘種種分別’, 行、解異故。雖前後離, 盡處總說, 如第四定說‘離苦根[3]’, 如第三果‘離下分結[4]’。

有義。此地，第七識中俱生煩惱一切遠離。
有義。此地，第六識中俱生我見一切遠離，非第七識。以七地來，猶有微細煩惱現行。若無第七，應無染依，應不似五。第七細惑若已遠離，五、六、七地六識[5]麤惑應不現行，即違《瑜伽》、《解深密》說。又如二乘金剛喻定，第七識或[6]俱[7]六[8]識中最細煩惱一時俱斷，云何此中先離第七微細煩惱，後離六[8]識麤煩惱耶？是故四地，得無我智，滅意識中俱生我見，未離第七微細煩惱及六[8]識中餘修斷惑。此說伏難[9]，非是永滅。其[10]第十[11]地金剛心時，方頓[12]滅，修斷種故。
摧伏一切衆魔怨敵[13]者，謂第五地，觀四聖諦皆平等性，摧伏執取生死、涅槃差別魔怨。
遠離一切聲聞獨覺所有作意[14]者，謂第六地，觀十二支染淨緣起皆平等性，遠離二乘厭患雜染、欣樂清淨繫念分別。
廣大法味喜樂所持者，謂第七地，證無相理，於空智[15]有勝行，受大法樂。超五怖畏因[16]，名'超五怖'。五怖畏果，初地已離。
一向趣入不退轉位[17]者，謂第九地，決定趣入第十菩薩衆行圓滿不退轉位。
息諸衆生等者，謂第十地，得大法身，起大悲雲，雨大法雨，息除一切衆生苦惱所逼迫事。"
[Lee:](*上來已約十地釋經十句訖。)

(1) JS, SNST: 以 ⇒ 已 (2) SNST: '九德及業' ⇒ '十大'
(3) JS, Taisho, SNST, Baek(2013a): 根 ⇒ 樂
(4) SNST: '下分結' ⇒ '五下分結'; Taisho: '下分結'='五下分' (5) SNST: '六識'=null
(6) JS, Taisho, SNST, Baek(2013a): 或 ⇒ 惑 (7) JS, Taisho, SNST, Baek(2013a): 俱 ⇒ 與
(8) SNST: 六 ⇒ '第六'; Taisho: 六=*sic* (9) JS, Taisho, SNST: 難 ⇒ 離
(10) JS, Taisho, SNST: 其 ⇒ 至 (11) SNST: 十 ⇒ 七; Taisho: 十=*sic*
(12) Taisho, SNST: null ⇒ +斷 (13) Taisho: '摧伏一切衆魔怨敵' ⇒ '摧諸魔怨'
(14) Taisho: '所有作意'='繫念分別'; SNST, Baek(2013a): '所有作意'=*sic*
(15) JS, Taisho, SNST, Baek(2013a): null ⇒ +'中起'
(16) JS, Taisho, SNST, Baek(2013a): 因 ⇒ '者，謂第八地，一切煩惱不復現行，離五怖因'
(17) SNST: 位=地; Taisho: 位=*sic*

de yan chad ni chen po rnam pa bcu sbyar nas mdoḥi tshig bcu bśad zin to//

da ni gñis pa sa bcu daṅ sbyar nas mdoḥi tshig[(1)] rnam par bśad de/ deḥi phyir 《slob dpon ñe baḥi ḥod kyis ḥgrel pa》 las/

gṣan yaṅ thams cad kyaṅ theg pa chen po la gnas pa ṣes bya ba ni ḥdi lta ste/ sa daṅ po la gnas nas chos kyi dbyiṅs yaṅ dag par kun tu khyab pa thob pa na daṅ po kho nar de kho na ñid yaṅ dag par theg pa chen poḥi chos thob paḥi phyir/ theg pa chen po la gnas pa ṣes byaḥo//

theg pa chen poḥi chos bgrod pa ṣes bya ba ni ḥdi lta ste/ sa gñis paḥi tshe/ byaṅ chub sems dpaḥi tshul khrims kyi phuṅ po rnam pa gsum mṅon par bsgrub paḥi phyir/ theg pa chen poḥi spyod paḥi chos ñid tshul khrims kyi phuṅ po rnam pa gsum yin no//

sems can thams cad la sems mñam pa [ZH.68-236] ṣes bya ba ni ḥdi lta ste/ sa gsum pas tiṅ ṅe ḥdsin khyad par can rnams thob pa na/ [D.Ti.99a] tshad med pa bṣi bskyed nas sems can rnams la mñam par phan ḥdogs paḥi phyir/[(2)]

rnam par rtog pa la sogs pa daṅ bral ba ṣes bya ba ni ḥdi lta ste/ sa bṣi pas byaṅ chub kyi phyogs sum cu rtsa bdun gyi chos thob nas rnam par rtog pa daṅ/ rnam par mi rtog paḥi rnam par rtog pa rnam pa sna tshogs daṅ bral ba ste/ de la rnam par rtog pa daṅ bral ba ṣes bya ba ni/ mthoṅ bas spaṅ bar bya ba ste/ kun brtags paḥi ḥjig tshogs la lta bas daṅ po pas spaṅs paḥo// rnam par mi rtog pa daṅ bral ba ṣes bya ba ni bsgom pas spaṅ[(3)] ba ste/ lhan cig skyes paḥi ḥjig tshogs la lta bas ḥdi pa[(4)] spaṅs paḥo//

rnam pa ḥdi gñis daṅ mtshuṅs par ldan paḥi chos rnams ni/ rnam par rtog pa rnams pa sna tshogs ṣes bya ste/ spyod pa daṅ śes pa tha dad paḥi phyir ro// ḥdi sṅa phyi spaṅs pa yin mod kyi/ zad paḥi mthaḥ la ltos nas spyir bstan pa yin te/ ji ltar bsam gtan bṣi[(5)] la sdug bsṅal ba daṅ/ bde ba spaṅs so ṣes bya ba daṅ/ ḥbras bu gsum pa ḥog maḥi cha daṅ mthun pa rnam pa lṅa spaṅs so ṣes bśad pa lta buḥo//

kha cig ni sa ḥdir rnam par śes pa bdun pa la yod pa lhan cig skyes paḥi ñon moṅs pa thams cad yoṅs su spaṅs so ṣeḥo//

kha cig ni sa ḥdir yid kyi rnam par śes pa la yod paḥi lhan cig skyes paḥi ḥjig tshogs la lta ba thams cad yoṅs su spaṅs pa yin gyi/ ñon moṅs pa can gyi yid ni ma yin te/ ḥdi ltar sa bdun pa man chad ni da duṅ ñon moṅs pa phra moḥi mṅon du spyod pa daṅ bcas pas/ gal te ñon moṅs pa can gyi yid med na/ kun nas ñon moṅs paḥi rten yaṅ med par ḥgyur la/ lṅa [ZH.68-237] pa daṅ yaṅ mi ḥdra baḥi rigs so//

ñon moṅs pa can gyi yid kyi ñon moṅs pa phra mo gal te spaṅs zin na/ sa lṅa pa daṅ/ drug pa daṅ/ bdun paḥi ñon moṅs pa rags pa yaṅ mṅon du snaṅ bar ḥgyur ba mi rigs te/ ḥo na ni 《rnal ḥbyor spyod paḥi sa》 daṅ/ 《ḥphags pa dgoṅs pa ṅes par ḥgrel paḥi mdo》 las bśad pa dag daṅ ḥgal bar ḥgyur ro//

gṣan yaṅ ji ltar theg pa ḥog ma pa gñis kyis rdo rje lta buḥi tiṅ ṅe ḥdsin gyi ñon moṅs pa can gyi yid kyi ñon moṅs pa daṅ/ yid kyi [D.Ti.99b] rnam par śes paḥi ñon moṅs pa śin tu phra mo cig car spoṅ ba lta bur ḥgyur te/ ciḥi phyir ḥdir sṅar ñon moṅs pa can gyi yid kyi ñon moṅs pa śin tu phra mo spaṅs nas/ phyis yid kyi rnam par śes paḥi ñon moṅs pa rags pa spoṅ ba ṣes bstan/

de lta bas na sa bṣi pa dag tu bdag med paḥi śes pa thob pas yid kyi rnam par śes pa la yod paḥi lhan cig skyes paḥi bdag tu lta ba spaṅs pa yin gyi/ da duṅ ñon moṅs pa can gyi yid kyi ñon moṅs pa śin tu phra mo daṅ/ yid kyi rnam par śes paḥi bsgom pas spaṅ bar bya baḥi ñon moṅs pa lhag ma spaṅ ba ni ma yin no//

ḥdi yaṅ[6] zil gyis gnon paḥi bral ba la byaḥi gtan du ḥgags pa ni ma yin te/ sa bdun par phyin nas rdo rje lta buḥi sems kyi tshe/ gdod cig car spoṅ ste bsgoms pas sa bon bcom paḥi phyir ro ṣeḥo//

bdud phyir rgol ba thams cad bcom pa ṣes bya ba ni ḥdi lta ste/ sa lṅa par ḥphags paḥi bden pa bṣi po dag mñam pa ñid du bsgoms pas/ ḥkhor ba daṅ mya ṅan las ḥdas pa tha dad par yoṅs su ḥdsin paḥi bdud kyi phyir rgol ba bcom paḥo//

ñan thos daṅ/ raṅ saṅs rgyas kyi yid la byed pa thams cad las riṅ du gyur pa ṣes [ZH.68-238] bya ba ni ḥdi lta ste/ sa drug par rten ciṅ ḥbrel bar ḥbyuṅ baḥi yan lag bcu gñis kyis kun nas ñon moṅs pa daṅ/ rnam par byaṅ ba dag mñam pa ñid du bsgoms pas theg pa ḥog ma gñis kyis kun nas ñon moṅs pa la śin tu skyo ba daṅ/ mya ṅan las ḥdas pa la mos paḥi yid la byed paḥi rnam par rtog pa yoṅs su spaṅs paḥo//

chos rgya chen poḥi roḥi dgaḥ ba daṅ/ bde bas bstan[7] pa ṣes bya ba[8] ḥdi lta ste/ sa bdun pas mtshan ma med paḥi don rtogs pas stoṅ pa ñid kyi ye śes las spyod pa mchog bskyed nas/ chos chen poḥi dgaḥ ba ñams su myoṅ baḥo//

ḥjigs pa lṅa las yaṅ dag par ḥdas pa ṣes bya ba ni ḥdi ltar sa brgyad pa la ñon moṅs pa thams cad mṅon du mi snaṅ ste/ ḥjigs pa lṅaḥi rgyud[9] daṅ bral bas/ ḥjigs pa lṅa las yaṅ dag par ḥdas pa ṣes bya ste/ ḥjigs pa lṅaḥi ḥbras bu ni sa daṅ po thob paḥi tshe spaṅs pa ñid do//

gcig tu [D.Ti.100a] phyir mi ldog paḥi sa bgrod par gyur pa ṣes bya ba ni ḥdi lta ste/ sa dgu pas ṅes par sa bcuḥi byaṅ chub sems dpaḥi spyod pa sna tshogs

yoṅs su rdsogs pa/ phyir mi ldog paḥi sa bgrod par gyur paḥo//
sems can thams cad kyi ṣes bya ba la sogs pa ni ḥdi lta ste/ [(10)]bcu pas chos kyi sku chen po thob pas/ sñiṅ rje chen poḥi sprin bskyed de/ chos kyi char chen po phab nas/ sems can thams cad kyi sdug bsṅal gyi gnod pas gzir baḥi dṅos po rab tu ṣi bar byed paḥo ṣes ḥbyuṅ ste/
de yan chad du sa bcu daṅ sbyar nas bstan pa bśad zin to//

(1) +bcu (2) phyir/ ⇒ phyir ro// (3) PN: null ⇒ +'bar bya' (4) PN: pa ⇒ pas
(5) +pa (6) PN: yaṅ ⇒ null (7) 'bde bas bstan' ⇒ 'bde ba brten' (8) PN: ba ⇒ bas
(9) rgyud ⇒ rgyu (10) +sa

第三、十度，第四、十願，配經十句，如應配釋。
"十度"、"十願"，如《第四卷經》(=《地波羅蜜多品》)記中釋。[(1)]

(1) SNST: '第三十度，第四十願......如第四卷經記中釋'=
'自下約十度、十願，配經十句。故《佛地論》云:
"復次。如是十句經文，十到彼岸、十大願等，亦應配釋，以初地上一一地中普攝一切諸地行故。"
十度，下經文《波羅蜜處》(=《地波羅蜜多品》)中，當廣分別。
十願，如《瑜伽》、《善戒經》、《地持》、《十地論》。'

ḥdi man chad ni pha rol tu phyin pa bcu daṅ/ smon lam bcu daṅ sbyar nas mdoḥi tshig bcu rnam par ḥbyed de/ deḥi phyir 《saṅs rgyas kyi saḥi ḥgrel [ZH.68-239] pa》 las/
gṣan yaṅ ḥdi ltar mdoḥi tshig bcu po de dag pha rol tu phyin pa bcu daṅ/ smon lam chen po bcu la sogs pa daṅ yaṅ sbyar nas bśad par bya ste/ sa daṅ po yan chad sa re re la yaṅ sa rnams kyi spyod pa thams cad ma lus par sdud pa yod paḥi phyir ro ṣes ḥbyuṅ ṅo//
pha rol tu phyin pa bcu ni ḥog nas 《mdo》 las pha rol tu phyin pa bstan paḥi skabs nas rgya chen ston to//
smon lam chen po bcu ni 《rnal ḥbyor spyod paḥi sa》 daṅ/ 《legs paḥi tshul khrims bstan paḥi mdo》 daṅ/ 《bstan bcos sa yoṅs su ḥdsin pa》 daṅ/ 《sa bcuḥi ḥgrel pa》 las ḥbyuṅ ba bṣin du rig par byaḥo//

(@1-71)[0202a01] 其名曰，解甚深義密意菩薩摩訶薩、如理請問菩薩摩訶薩、法涌[(1)]菩薩摩訶薩、善清淨慧菩薩摩訶薩、廣慧菩薩摩訶薩、德本菩薩摩訶薩、勝義王[2]菩薩摩訶薩、觀自在菩薩摩訶薩、慈氏菩薩摩訶薩、曼殊室利菩薩摩訶薩等而爲上首。

[0202a06] 釋曰。第三、就勝列名。

(1) JS, Taisho, SNST: 踊 ⇒ 涌

(2) JS, Taisho, SNST, Baek(2013a): 王 ⇒ 生

ḥdi lta ste/ byaṅ chub sems dpaḥ sems dpaḥ chen po don zab mo dgoṅs pa ṅes par ḥgrel pa daṅ/ byaṅ chub sems dpaḥ sems dpaḥ chen po tshul bṣin kun tu ḥdri ba daṅ/ byaṅ chub sems dpaḥ sems dpaḥ chen po chos ḥphags daṅ/ byaṅ chub sems dpaḥ sems dpaḥ chen po blo gros śin tu rnam par dag pa daṅ/ byaṅ chub sems dpaḥ sems dpaḥ chen po yaṅs paḥi blo gros daṅ/ byaṅ chub sems dpaḥ sems dpaḥ chen po yon tan ḥbyuṅ gnas daṅ/ byaṅ chub sems dpaḥ sems dpaḥ chen po don dam yaṅ dag ḥphags daṅ/ byaṅ chub sems dpaḥ sems dpaḥ chen po spyan ras gzigs dbaṅ phyug daṅ/ byaṅ chub sems dpaḥ sems dpaḥ chen po byams pa daṅ/ [D.Ti.100b] byaṅ chub sems dpaḥ sems dpaḥ chen po ḥjam dpal la sogs pa ni gtso bor gyur te[1]

ṣes bya bas ni gsum pa gtso boḥi dbaṅ du mdsad nas miṅ smos pa ṣes bya ba bstan te/

(1) te ⇒ to//

[§.《解深密經》之“十菩薩”]

略辨三義: 一、釋名字, 二、說十所由, 三、問答分別一生補處。

ḥdir yaṅ mdor bsdu na don rnam pa gsum gyis bstan te/ [ZH.68-240] miṅ rnam par bśad pa daṅ/ de[1] dag smos paḥi dgos pa bstan pa daṅ/ dris lan dag gis skye ba gcig gis thogs pa rnam par ḥbyed paḥo//

(1) de ⇒ ‘bcu po’

[§1. 釋名字]

言釋名者, 自有二義: 一、通, 二、別。

言通名者。

如《瑜伽論》四十六云: “一切菩薩, [1]隨德假名, 有十六種。所謂名爲‘菩提

薩埵'、'摩訶薩埵', 乃至十六名爲[2]'法師'。"
《顯揚》第八, 亦同《瑜伽》。
《莊嚴》十二卷, 名雖少異, 意況大同。
又《莊嚴》云: "此十六名, 皆依義立。一切菩薩, 總有此名。若人聞有此名, 應知即是菩薩。"
解云。今言"菩薩摩訶薩"者, 即通名中, 初二號也。釋義如前(=@1-60)。
【十六名者: 一、名"菩提薩埵", 二、名"摩訶薩埵", 三、名"成就覺慧", 四、名"最上照明", 五、名[3]"最勝眞子", 亦名"最勝之子", 六、名"最勝住持", 亦名"最勝所依", 七、名"普能降伏", 亦名"最勝所使", 八、名"最勝萌芽", 九、名"勇健", 亦名"猛健", 十、名"最勝聖", 亦名"上軌範師", 十一、名"商主", 十二、名"具大名稱", 十三、名"憐愍", 亦名"成就慈悲", 十四、名"大福", 十五、名"自在", 亦名"富自在", 十六、名"法師"。】
言別名者, 如後廣釋。

(1) Taisho, SNST: null ⇒ +'當知復有如是等類, 無有差別'
(2) JS, Taisho, SNST: '名為' ⇒ '亦名' (3) JS: 名=明

de la miṅ rnam par bśad pa yaṅ rnam pa gñis te/ spyi daṅ bye brag go//
de la spyiḥi miṅ ni《rnal ḥbyor spyod paḥi sa》las ji skad du/
byaṅ chub sems dpaḥi miṅ dbyer med pa ḥdi lta bu dag ni yon tan las btags par rig par bya ste/ ḥdi lta ste/ byaṅ chub sems dpaḥ sems dpaḥ chen po ṣes bya ba nas bcu drug pa de bṣin chos daṅ ldan pa ṣes bya baḥi bar du bstan pa lta buḥo//
《bstan bcos rnam par bśad pa》daṅ/《mdo sde rgyan》las kyaṅ《rnal ḥbyor spyod paḥi sa》las ḥbyuṅ ba daṅ mthun par bśad do//
gṣan yaṅ《mdo sde rgyan》las kyaṅ
mi[1] bcu drug po ḥdi dag ni thams cad kyaṅ don las btags pa yin te/ byaṅ chub sems dpaḥ thams cad kyaṅ miṅ ḥdi daṅ ldan pas/ gaṅ la la ṣig gaṅ la miṅ ḥdi lta bu dag daṅ ldan par śes nas de ni byaṅ chub sems dpaḥ yin par rig par byaḥo ṣes ḥbyuṅ ste/
de la byaṅ chub sems dpaḥ sems dpaḥ chen po ṣes bya ba ni spyiḥi miṅ las miṅ daṅ po gñis yin te/ don bśad pa ni sṅar bstan pa bṣin no//
de la miṅ bcu drug kyaṅ daṅ po ni byaṅ chub sems dpaḥo//

gñis pa ni byaṅ chub sems dpaḥ che ṣes byaḥo//
gsum pa ni blo gros daṅ ldan paḥo//
bṣi pa ni gsal baḥi mchog go//
lṅa pa ni rgyal baḥi sras so//
drug pa ni rgyal baḥi gṣiḥo//
bdun pa ni rgyal baḥi myu guḥo//
brgyad pa ni rnam par rgyal bar byed paḥo//
dgu pa ni rtsal daṅ ldan paḥo//
bcu pa ni ḥphags paḥi mchog go//
bcu gcig pa ni ded dpon no//
bcu gñis pa ni grags pa chen poḥo//
bcu gsum pa ni sñiṅ rje can no//
[ZH.68-241] bcu bṣi pa ni bsod nams che bas so//
bco lṅa pa ni dbaṅ phyug go//
bcu drug pa ni chos daṅ ldan paḥo//
de la [D.Ti.101a] miṅ bye brag can ni ḥog nas rgya cher ston to//

(1) PN: mi ⇒ miṅ

"等"者，等取其餘無量諸菩薩也。
"而爲上首"者，謂十菩薩，於此衆中最第一故，名爲"上首"。
故[(1)]《佛地》云："妙生菩薩，於此衆中最第一故，名爲'上首'。"

(1) SNST: 故 ⇒ 如

sogs pa ṣes bya bas ni byaṅ chub sems dpaḥ gṣan tshad med pa rnams bsduḥo//
gtso bor gyur ṣes bya ba ni byaṅ chub sems dpaḥ bcu po de dag ḥkhor ḥdus paḥi naṅ na gtso bor gyur paḥi phyir gtso bor gyur pa ṣes bya ste/
《saṅs rgyas kyi saḥi ḥgrel pa》 las ji skad du/
byaṅ chub sems dpaḥ śin tu ḥdus pa ḥkhor ḥdiḥi naṅ na mchog tu gyur paḥi phyir/ gtso bor gyur pa ṣes byaḥo ṣes bśad pa lta buḥo//

[§2. 說十所由]
說十意者，有其三義:

第一菩薩，初解釋甚深義故。
次三菩薩，各問勝義一種相故。
後六菩薩，各問一品差別義故。
故唯列十。

de la bcu po dag smos paḥi dgos pa bstan pa yaṅ don rnam pa gsum yod do// daṅ po ni byaṅ chub sems dpaḥ daṅ po gcig gis don zab mo rnam par bśad paḥi phyir daṅ/
deḥi ḥog ma byaṅ chub sems dpaḥ gsum gyis don dam pa gcig paḥi mtshan ñid ṣus paḥi phyir daṅ/
tha maḥi byaṅ chub sems dpaḥ drug gis so so nas leḥu re re tha dad paḥi don ṣus paḥi phyir bcu kho na smos pa yin no//

又解。爲存略故，但說十也。
如[1]《佛地論》第二卷云: “此經略故，唯列一名。所餘衆會，但擧其數，結集法者意在略故。”
又《智度論》第七卷云: “問曰。菩薩甚多，何以獨說二十二種菩薩名字? 答曰。菩薩無量，說不可盡。若都說者，文字難載。
復次。菩薩不過二種，所謂在家、出家，此方、他方。
在家，謂颰陀羅[2]等。出家，謂妙德等。此方，謂慈氏等。他方，謂觀音等。若說此二，當知一切都已攝盡。”[3]

(1) SNST: 如 ⇒ 故
(2) Taisho, Baek(2013a): ‘颰陀羅’=‘颰陀婆羅(Bhadrapāla)’(=賢護菩薩);
SNST: ‘颰陀羅’=‘(Samanta-)bhadra’(=普賢菩薩)
(3) SNST: null ⇒ +‘此亦如是’

gṣan yaṅ mdor bsdus paḥi phyir bcu kho na smos pa yin te/
deḥi phyir《saṅs rgyas kyi saḥi ḥgrel pa》las/
mdo ḥdi las bsdus paḥi phyir miṅ gcig kho na smos pa yin te/ ḥkhor gṣan rnams ni graṅs ḥbaḥ ṣig smos pa yaṅ/ yaṅ dag par sdud pa po dag gis mdor bsdu bar bsams paḥi phyir ro ṣes bśad do//
gṣan yaṅ《śes rab kyi pha rol tu phyin paḥi ḥgrel pa》las/
byaṅ chub sems dpaḥ śin tu maṅ na ciḥi phyir maṅ po ma smos/

smras pa/ byaṅ chub sems dpaḥ dpag tu med pas brjod kyis mi laṅ ste/ gal te kun smos par gyur na tshig ḥbru daṅ yi ge dpyad par dkaḥ bas so//

[ZH.68-242] gṣan yaṅ byaṅ chub sems dpaḥ ni rnam pa gñis las med de/ ḥdi lta ste/ khyim pa daṅ rab tu byuṅ ba la gnas ḥdi ñid kyi phyir[(1)] daṅ/ phyogs gṣan gyiḥo//

khyim pa ni ḥdi lta ste/ kun tu bzaṅ po[(2)] la sogs paḥo//

rab tu byuṅ ba ni ḥdi lta ste ḥjam dpal la sogs paḥo//

gnas ḥdi ñid kyi sa ni ḥdi lta ste/ byams pa la sogs paḥo//

phyogs gṣan gyi ni ḥdi lta ste/ spyan [D.Ti.101b] ras gzigs dbaṅ phyug la sogs paḥo//

ḥdi gñis smos pa ñid kyis gṣan thams cad kyaṅ ma lus par bsdus par rig par byaḥo ṣes ḥbyuṅ ste/

ḥdi yaṅ de bṣin no//

(1) phyir ⇒ sa

(2) Tib. 'kun tu bzaṅ po'=Skt. Samantabhadra

[§3. 問答分別"一生補處"]

(1)問。《解節經》云"彌勒、觀音、文殊師利, 皆是一生補處菩薩", 一生補處與最後身, 有何差別?

答。薩婆多宗, 如彌勒等覩史多天身, 名爲"一生(2)"(3)。生人中成佛身者名"最後身"(4)。

故《俱舍論》第十一云: "覩史多天一生所繫菩薩及最後身, 必無中夭。"《順正理論》第三十一, 亦同《俱舍》。

【問。理應覩史經無量生, 如何但說名"一生"耶?

若言"菩薩得自在故唯一生"者, 如何會釋《大婆沙》等?

此義難更(5)須思。】(6)

(1) SNST: null ⇒ +'問答分別者。' (2) SNST: null ⇒ +'補處'

(3) SNST: null ⇒ +'更受一生, 方正覺故'

(4) SNST: '生人中成佛身者名最後身='生人中未正覺前, 名最後生, 生中最後故'

(5) JS: 更 ⇒ 了 (6) SNST: '故《俱舍論》第十一云......此義難更須思】'=null

de la dris lan dag gis rnam par ḥbyed pa ṣes bya ba ni/

《ḥphags paḥi tshig[(1)] ṅes par ḥgrel paḥi mdo》 las

byams pa la sogs pa ni skye ba gcig gis thogs paḥi byaṅ chub sems dpaḥ yin no ṣes gsuṅs na/ skye ba gcig gis thogs pa daṅ/ lus tha ma pa ṣes bya ba gñis la bye brag tu gyur pa ci yod/
smras pa/ thams cad yod par smra baḥi gṣuṅ gis byams pa la sogs pa dgaḥ ldan na gnas paḥi lus la sogs pa[(2)] ni skye ba gcig gis thogs pa ṣes bya ba[(3)] ste/ yaṅ skye ba gcig blaṅs nas gdod mṅon par rdsogs par saṅs rgyas paḥi phyir ro//
miḥi naṅ du skyes nas da duṅ mṅon par rdsogs par saṅs ma rgyas paḥi mdun rol ni tha maḥi skye ba ṣes bya ste/ skye ba gcig gi naṅ na naṅs kyi[(4)] tha ma yin paḥi phyir ro ṣeḥo//

(1) tshig ⇒ tshigs (2) PN: 'la sogs pa' ⇒ null (3) PN: ba ⇒ null
(4) 'skye ba gcig gi naṅ na naṅs kyi' ⇒ 'skye baḥi naṅ na' (?)

今依大乘，諸教不同。
自有聖教，唯說天身名爲一生。
如《大般若》第七卷云："一生所繫覩史天菩薩。"
自有聖教，唯說天身名最後[(1)]。
如《佛地論》第五卷云："覩史多天後身菩薩，於中教化。"
自有聖教，唯說天身名爲一生及最後生。
如《菩提資糧論》第一卷云："一生所繫菩薩，入兜率陀。最後生菩薩，住兜率陀。"
自有聖教，唯說人身名爲一生。
如《解節經》等"觀音、文殊，名一生補處"。
自有聖教，唯說人身名最後生。
如《瑜伽》四十八云："最後生者，諸菩薩，於此生中，能現等覺阿耨多羅三藐三菩提。"
具說如《彼》。
自有聖教，唯說人身名爲一生及最後生。
如《智度論》第四十云："一生補處者，或以相知。如阿私陀仙人，觀其身相，知今世成佛。[(2)]見食[(3)]乳糜，知今日成佛。末後身菩薩，以方便力，受惡業報，現有魔惱等。"
自有聖教，說天名一生，說人名後有。[(4)]

如《瑜伽論》第四十云[5]、《顯揚》第八。

《彼》云: "'一生所繫'者, 此生無間當證無上正等菩提。'最後有'者, 謂即住此生, 能證無上正等菩提。"

大同薩婆多[6]。

(1) SNST: null ⇒ +生

(2) Taisho, Baek(2013a): null=+'珊若婆羅門'; SNST: null=*sic*

(3) Taisho: 食=null

(4) SNST: '自有聖教, 說天名一生, 說人名後有'=
'說人身名爲一生及最後生者, 今人中受一生故, 一切身中最後故。又說天身名爲一生及最後生者, 受天一生成佛故, 彼天身生中最後故。彼人生卽是佛身攝, 是故不說一生、最後生。由斯諸教, 各據一義, 互不相違。據實, 天身名爲一生, 人身名最後生。'

(5) Taisho, Baek(2013a): 云 ⇒ 六 (6) SNST: '大同薩婆多'=null

ḥdir theg pa chen poḥi gṣuṅ daṅ sbyar nas[1] so so nas bśad pa mi mthun te/
kha cig na re miḥi lus thob pa gaṅ yin pa de ni skye ba gcig pa ṣes bya ste/
《tshig[2] ṅes par ḥgrel paḥi mdo》 las ji skad du/
byams pa la sogs pa ni skye ba gcig pa ṣes bya baḥi phyir ro ṣes gsuṅs so//
[ZH.68-243] kha cig na re lhaḥi lus gaṅ yin pa de ni skye ba gcig pa ṣes bya ste/ 《ḥphags pa śes rab kyi pha rol tu phyin pa》 las ji skad du/
skye ba gcig gis thogs pa ni dgaḥ ldan gyi lhaḥi byaṅ chub sems dpaḥo ṣes gsuṅs pa lta buḥo ṣeḥo//
kha cig na re miḥi lus thob pa gaṅ yin pa de ni lus tha ma pa ṣes bya ste/
《rnal ḥbyor spyod paḥi sa》 las
skye ba tha ma pa ni ḥdi lta ste/ byaṅ chub sems dpaḥ rnams skye ba ḥdi ñid la mṅon par rdsogs par byaṅ chub paḥo ṣes bstan pa lta buḥo ṣeḥo//
kha cig na re lhaḥi lus gaṅ yin pa de ni skye ba tha ma pa ṣes bya ste/
《saṅs rgyas kyi saḥi ḥgrel pa》 las ji skad du/
dgaḥ ldan lhaḥi gnas su lus tha ma paḥi byaṅ chub sems dpaḥ sems [D.Ti.102a] can gyi don byed do ṣes bśad pa lta buḥo ṣeḥo//
kha cig na re miḥi lus ni skye ba gcig pa daṅ/ lus tha ma pa ṣes bya ste/
《śes rab kyi pha rol tu phyin paḥi ḥgrel pa》 las ji skad du/
skye ba gcig gis thogs pa ṣes bya ba ni/ yaṅ na mtshan ma las śes pa ste/ ji ltar draṅ sroṅ a-si-tas skuḥi mtshan brtags pa las tshe ḥdi ñid la mṅon par rdsogs par saṅs rgyas par śes pa daṅ/ ḥo thug gsol ba las de ñid du ḥtshaṅ rgya bar śes pa daṅ/ lus tha ma paḥi byaṅ chub sems dpaḥ ni thabs mkhas paḥi

stobs kyis mi dge baḥi las kyi rnam par smin pa myoṅ ba daṅ/ bdud kyis ḥtshe ba sṅon du snaṅ ba ston to ṣes ḥbyuṅ ba lta buḥo//

kha cig na re lhaḥi lus ni skye ba gcig pa daṅ/ lus tha ma pa ṣes bya ste/

《bstan bcos byaṅ chub kyi phyogs bstan pa》las/ ji skad du

skye ba gcig gis thogs paḥi byaṅ chub sems dpaḥ ni dgaḥ ldan gyi gnas su ḥjug go// lus tha ma paḥi byaṅ chub sems dpaḥ ni dgaḥ ldan gyi gnas su gnas so ṣes bśad pa lta buḥo ṣeḥo//

de la [ZH.68-244] miḥi lus la skye ba gcig pa daṅ/ lus tha ma pa ṣes bśad pa ni da ltar mi ñid kyi naṅ du skye ba gcig len paḥi phyir daṅ/ lus thams cad kyi naṅ na tha ma pa yin paḥi phyir ro//

gṣan yaṅ lhaḥi lus la skye ba gcig pa daṅ/ lus tha ma pa ṣes bśad pa ni lhaḥi skye ba gcig blaṅs nas mṅon par ḥtshaṅ rgya baḥi phyir daṅ/ lhaḥi lus de skye baḥi naṅ na tha ma yin paḥi phyir te/ miḥi skye ba de ni saṅs rgyas kyi skus bsdus pa yin pas/ deḥi phyir skye ba gcig pa daṅ skye ba tha ma pa ṣes mi bya ste des(3) bstan pa rnams so so nas don re re la brten paḥi phyir phan tshun ḥgal ba med do//

yaṅ dag paḥi don du na lhaḥi lus ni skye ba gcig pa ṣes bya la miḥi lus ni skye ba tha ma pa ṣes byaḥo//

《rnal ḥbyor spyod paḥi sa》las/

skye ba gcig gis thogs pa ni ḥdi lta ste/ skye ba ḥdi ñid kyi mjug thogs su bla na med pa yaṅ dag par rdsogs paḥi byaṅ chub mṅon par ḥtshaṅ rgyaḥo// srid pa tha ma pa ni ḥdi lta ste/ skye ba ḥdi ñid la bla na [D.Ti.102b] med pa yaṅ dag par rdsogs paḥi byaṅ chub mṅon par rdsogs par ḥchaṅ rgya baḥo ṣes ḥbyuṅ ste/

《bstan bcos rnam par bśad pa》las kyaṅ ḥdi daṅ mthun par bstan to//(4)

(1) nas ⇒ na (2) tshig ⇒ tshigs (3) +na

(4) The order of the Tibetan text is different from the Chinese text.

然說天(1)等名一生者, 古來相傳, 自有三釋。

一云。即說天身名爲一生, 人生(2)即是後身(3)攝故。

一云。說人身名爲一生, 更受人生方成佛故。

一云。人天(4)合說名爲“一生”, 如說“七生預流果”等, 合說二生爲“一生”故。

(1) SNST: null ⇒ +身 (2) SNST: 生 ⇒ 身 (3) SNST: ‘後身’=‘最後身’ (4) SNST: null=+身

lha la sogs paḥi lus la skye ba gcig pa ṣes bya ba yaṅ sṅon gyi brgyud pa dag las rnam pa gsum du bśad de/

kha cig ni lhaḥi lus ni skye ba gcig pa ṣes bya ste/ miḥi lus ni lus tha mas bsdus paḥi phyir ro ṣeḥo//

kha cig na re miḥi lus de ni skye ba gcig pa ṣes bya ste/ yaṅ miḥi skye ba blaṅs nas gdod mṅon par ḥtshaṅ rgya baḥi phyir ro ṣeḥo//

kha cig na re [(1)]lhaḥi lus bsdus pa las skye ba gcig pa ṣes byaḥo ṣes bśad do// ji ltar skye ba lan bdun paḥi rgyun du ṣugs paḥi ḥbras bu la sogs paḥo ṣes bśad pa lta bu ste/ skye ba gñis gcig [ZH.68-245] tu bsdus nas skye ba gcig tu bśad paḥi phyir ro ṣeḥo//

(1) PN: null ⇒ +'mi daṅ'

問。若說天身名一生者,《智度論》說如何會釋, 故《智度論》三十八云"三生菩薩唯生兜率"?

解云。據實, 三生, 謂人生、天生、最後生。而說天身名三生者, 三中一數, 故說"三生"。

人身已受故, 後[(1)]身成佛故, 是故不說人生、後[(1)]生名"三生"也。[0202c15]

(1) SNST: 後='最後'

gal te lhaḥi lus la skye ba gcig pa ṣes bya na/《śes rab kyi pha rol tu phyin paḥi ḥgrel pa》las bśad pa de ji ltar brda sprad par bya ste/ deḥi phyir《de ñid》las skye ba gsum paḥi byaṅ chub sems dpaḥ ni dgaḥ ldan kho naḥo ṣes ḥbyuṅ ṅo ṣe na/

yaṅ dag paḥi don du na skye ba gsum pa ṣes bya ba ni ḥdi lta ste/ miḥi skye ba daṅ/ lhaḥi skye ba daṅ/ skye ba tha ma paḥo//

lhaḥi lus la skye ba gsum pa ṣes bśad pa ni gsum gyi naṅ na gcig gi graṅs yin paḥi phyir skye ba gsum pa ṣes bśad do//

miḥi lus ni blaṅs zin paḥi phyir yaṅ lus tha ma pa ni mṅon par saṅs rgyas paḥi phyir de bas na mir skye ba daṅ/ skye ba tha ma pa la skye ba gsum pa ṣes ma bśad de/[(1)]

(1) de/ ⇒ do//

[Lee:](*問。一生補處菩薩有生死不? 若有生死, 何故《俱舍》云"住睹史多天, 一生所繫菩薩及最後有, 必不中夭"?

答。《眞諦釋》云: "住兜帥多天, 雖有生死, 非中間死。四千年滿, 方得捨命故。

聖彌勒, 從此時過九劫最後時, 第一百年時, 生於兜帥多天宮。於十住劫, 減初八萬年時, 方生於此。若量數則成半劫, 爾時, 有八萬年故, 有多生死。又薩婆多宗, 說'時有五百菩薩'。正量部宗, 說'一千菩薩有於彼天宮, 次第成佛, 皆名一生補處'。"

此意說云, 應知有多生死。說皆名一生者, 各有人中一生, 故名一生, 非謂天中一生。

五百菩薩等於此劫, 雖有成壞, 已生於彼天宮, 曾未生於此贍部洲。佛出世時, 但由神力, 來贍部洲。)

skye ba gcig gis thogs paḥi byaṅ chub sems dpaḥ la skye śi yod dam med/ gal te skye śi yod na ciḥi phyir《mdsod kyi bstan bcos》las/ dgaḥ ldan gyi lha ni skye ba gcig gis thogs pa daṅ/ lus tha ma yin pas gdon mi za bar bar ma dor ḥchi ba med do ṣes bstan/

《slob dpon yaṅ dag bden paḥi ḥgrel pa》las/

dgaḥ ldan gyi lhaḥi gnas na skye śi yod kyaṅ bar mdor ḥchi ba ma yin te/ lo bṣi stoṅ tshaṅ nas gdod ḥchi baḥi phyir ro//

ḥphags pa byams pa ni dus ḥdi [D.Ti.103a] nas ḥdas paḥi bskal pa dgu paḥi tha maḥi tshe lo brgya paḥi tshe/ dgaḥ ldan gyi gnas su skyes so//

gnas paḥi bskal pa bcu pa la lo brgyad khri daṅ po ḥgrib paḥi tshe gdod ḥdir skye ste/ brtsis na bskal pa phyed la deḥi tshe lo brgyad khri yod paḥi phyir/ skye śi maṅ po yod paḥi phyir ro//

gṣan yaṅ thams cad yod par smra ba dag ni/ de na byaṅ chub sems dpaḥ lṅa brgya yod do ṣeḥo//

yaṅ dag paḥi tshad maḥi sde pa dag ni byaṅ chub sems [ZH.68-246] dpaḥ stoṅ lhaḥi gnas de na yod de rim gyis saṅs rgyas su ḥgrub ste/ de dag thams cad ni skye ba gcig gis thogs pa ṣes byaḥo ṣes ḥchad de/

de ni skye śi maṅ po yod par śes par byaḥo//

de dag thams cad la skye ba gcig pa ṣes bya ba ni so so nas miḥi naṅ du skye ba gcig yod paḥi phyir/ skye ba gcig ces bya baḥi lhaḥi naṅ du skye ba gcig

ces bstan pa ni ma yin no//
byaṅ chub sems dpaḥ lṅa brgya po la sogs pa de dag bskal pa ḥdi[(1)] chags pa daṅ/ ḥjig pa yod kyaṅ lhaḥi gnas der skyes pa dag ni nams kyaṅ ḥdsam buḥi gliṅ ḥdir skye bar mi ḥgyur te/ nam saṅs rgyas de ḥjig rten du ḥbyuṅ baḥi tshe/ rdsu ḥphrul gyi mthus ḥdsam buḥi gliṅ ḥdir ḥoṅ bar zad do//

(1) PN: null ⇒ +la

[(1)][0202c17] 問。慈氏菩薩, 理應多生, 如何說言"天一生"耶?
答。據實多生, 同是天故, 名爲"一生"。[(2)]
問。若爾, 便違《智度論》說[(3)]? 故第四云: "下天壽短, 佛未出時命已終故。上天壽長, 佛滅度後命始終故。兜率天, 不長不短, 佛出世時正相會故, 補處菩薩常生其中。"
《大婆沙論》百七八, 亦同《智論》。【思。】"[0202c23]
[Lee:](*答。兜率天與一生補處菩薩, 壽量皆等, 最後沒時, 同時生人中見佛故, 說名"不長不短"。餘天不爾, 互不相違。)

(1) A mispagination in Chinese text has been corrected according to Tibetan translation.
(2) '問。慈氏菩薩, 理應多生......名爲一生'。Tibetan translation of this part is omitted.
(3) SNST: '若爾, 便違《智度論》說' ⇒ '若兜率天受多生者,《智度論》說如何會釋?'

dgaḥ ldan gyi lha skye ba maṅ po myoṅ ba na/《śes rab kyi pha rol tu phyin paḥi ḥgrel pa》las bśad pa de ji ltar brda sprad par bya ste/ deḥi phyir《de ñid》las
lha ḥog ma dag ni tshe thuṅ ste/ saṅs rgyas ma byuṅ bar tshe zad paḥi phyir ro// lha goṅ ma dag ni tshe riṅ ste/ saṅs rgyas mya ṅan las ḥdas nas gdod tshe zad paḥi phyir ro// dgaḥ ldan gyi lha dag ni riṅ ba yaṅ ma yin/ thuṅ ba yaṅ ma yin te/ saṅs rgyas ḥjig rten du byuṅ baḥi tshe/ thad kar phrad par ḥgyur bas tshe gcig gis thogs paḥi byaṅ chub sems dpaḥ rnams rtag par der skyeḥo ṣes ḥbyuṅ ste/
《bye brag tu bśad pa chen po》las kyaṅ ḥdi daṅ mthun par bśad do ṣe na/ dgaḥ ldan gyi lha rnams daṅ/ skye ba gcig gis thogs paḥi byaṅ chub sems dpaḥ tshe tshad thams cad kyaṅ ḥdra bas tha mar śi ḥphos paḥi tshe/ dus gcig tu miḥi naṅ [D.Ti.103b] du skye ṣiṅ/ saṅs rgyas mthoṅ bar ḥgyur baḥi phyir/ riṅ ba yaṅ ma yin thuṅ ba yaṅ ma yin ṣes bśad do//

lha gṣan dag ni de lta [ZH.68-247] ma yin paḥi phyir phan tshun ḥgal ba med do//

(1)[0202c15]問。慈氏菩薩可言“補處”, 如何餘者稱“補處”耶?
答。如《智度論》第七釋云: “除彌勒外餘菩薩衆, 雖非此方贊(2)補佛處, 於十方國皆補佛處, 故稱‘補處’。”[0202c17]

(1) A mispagination in Chinese text has been corrected according to Tibetan translation.
(2) JS, Taisho: 贊 ⇒ 暫

byaṅ chub sems dpaḥ byams pa la skye ba gcig gis thogs pa ṣes bśad pa ni ruṅ na/ ciḥi phyir gṣan dag la yaṅ/ skye ba gcig gis thogs pa ṣes brjod/
《śes rab kyi pha rol tu phyin paḥi ḥgrel pa》 las/
ḥphags pa byams pa ma gtogs pa byaṅ chub sems dpaḥ gṣan rnams gnas ḥdiḥi rgyal tshab tu dbaṅ bskur ba ma yin mod kyi/ phyogs bcuḥi ṣiṅ khams rnams su rgyal tshab mdsad paḥi phyir skye ba gcig gis thogs pa ṣes brjod pa yin no ṣes bśad pa yin no//

(1)[0202c23] 問。一生(2)者, (3)依何身說? 爲約實行爲化相耶?(4)
答。三身中, 法身, 無有補處之義, 無初、後故。
若受用身, 自有二種:
一、自受用。雖無入般涅槃、(5)處之義, 而有贊(6)補初(7)、成佛義。
[Lee:](*由斯, 無學及漸悟菩薩欲界身, 名“一生最後身”。由煩惱斷已不復更生故。
有學漸悟及頓悟菩薩第四定身, 亦名“一生最後身”。於最後必受第四定異熟果故。)
故《瑜伽論》四十六云: “究竟菩薩, 自有二種: 一者、一生所繫, 二者、住最後身。”
准此實行, 於理無違。所以者何?
據實爲論, 頓悟菩薩, 第十地中, 變易生死。雖無分別(8), 前後異熟別盡別生, 由二障種, 而有變易前後異熟別盡別生。由斯, 亦有已入等覺、未入等覺差別義故, 分爲二種。

此中意說。變易生死, 由二障種子力故, 數數生滅。

故《成唯識》云: "前異熟既盡, 復生餘異熟, 不同二乘無煩惱障故。不許前異熟盡復[9]異熟生, 但言延命令受變易。" 具說如《彼》。[10]

二、他受用身及變化身。皆有[11]、一生補處之義。如彌陀佛, 說有父母、入涅槃義, 由斯[12]觀音贊[13]補佛處, 名爲"一生補處菩薩"。然彼彌陀, 自有二種:

一、爲地上菩薩所現。是他受用。[14]

二、爲地前、異生、二乘[15]。變化身攝。[16]

(1) A mispagination in Chinese text has been corrected according to Tibetan translation.

(2) SNST: null ⇒ +'最後身' (3) SNST: null ⇒ +'三身中'

(4) SNST: '爲約實行爲化相耶'=null (5) SNST: null ⇒ +補 (6) JS: 贊 ⇒ 暫

(7) SNST: 初 ⇒ '色究竟宮' (8) Baek(2013a): '分別' ⇒ '分段'

(9) JS, Taisho, Baek(2013a): 復 ⇒ 後

(10) SNST: '故《瑜伽論》四十六云......具說如《彼》'=null

(11) SNST: null ⇒ +'入涅槃界' (12) SNST: '說有父母、入涅槃義, 由斯'=null

(13) JS: 贊 ⇒ 暫

(14) SNST: '所現。是他受用' ⇒ '所現無父母身。他受用攝。《往生論》云"下二乘及女人, 不得生於彼故"。'

(15) SNST: null ⇒ +'所現父母所生身'

(16) SNST: null ⇒ +'《鼓音經》說"阿彌陀佛亦有父母"故'

skye ba gcig gis thogs pa daṅ/ lus tha ma pa ṣes bstan pa de sku rnam pa gsum las gaṅ la brten te bśad/

sku rnam pa gsum las chos kyi sku la skye ba gcig gis thogs pa ṣes bya baḥi don mi mṅaḥ ste/ daṅ po[1] med paḥi phyir ro//

gal te loṅs spyod rdsogs paḥi skuḥo ṣe na/ de yaṅ rnam pa gñis te/

daṅ po ni ñid kyis loṅs spyod rdsogs pa ste/ mya ṅan las ḥdas pa daṅ/ skye ba gcig gis thogs pa ṣes bya baḥi don mi mṅaḥ yaṅ/ ḥog min gyi gnas su rgyal tshab mdsad pa daṅ/ mṅon par ḥtshaṅ rgya baḥi don mṅaḥ ste/

des na mi slob pa daṅ rim gyis go baḥi byaṅ chub sems dpaḥ rnams kyi ḥdod paḥi khams kyi lus la skye ba gcig gis thogs pa daṅ/ lus tha ma pa ṣes bya ste/ ñon moṅs pa spaṅs pa yaṅ mi skye baḥi phyir ro//

slob ma daṅ bcas[2] paḥi rim gyis go ba daṅ/ cig car go baḥi byaṅ chub sems dpaḥi bsam gtan bṣi paḥi lus la yaṅ skye ba gcig gis thogs pa daṅ/ lus tha ma ṣes bya ste/ tha ma kho nar gdon mi za bar bsam gtan bṣi paḥi rnam par smin

paḥi ḥbras bu myoṅ baḥi phyir ro//
gñis ni gṣan loṅs spyod rdsogs paḥi sku daṅ/ sprul paḥi sku ste/ de dag la mya ṅan [ZH.68-248] las ḥdas paḥi dbyiṅs su ḥjug pa daṅ/ rgyal tshab mdsad paḥi don [D.Ti.104a] mṅaḥ ste/ ji ltar saṅs rgyas ḥod dpag med kyi rgyal tshab spyan ras gzigs dbaṅ phyug gis mdsad pa lta buḥo//
saṅs rgyas ḥod dpag med de yaṅ rnam pa gñis te/
daṅ po ni saḥi mdun rol gyi byaṅ chub sems dpaḥ daṅ/ theg pa pa gñis daṅ/ so soḥi skye bo rnams kyi ched du yab yum gyis bskyed paḥi sku ston par mdsad de/ de ni sprul paḥi skus bsdus te/《ḥphags pa raṅ dbyaṅs kyi mdo》las/ de bṣin gśegs pa ḥod dpag med la yaṅ yab yum mṅaḥ bar gsuṅs paḥi phyir ro//
gñis pa ni sa la gnas pa rnams kyi ched du yab yum mi mṅaḥ baḥi sku ston par mdsad de/ de ni gṣan loṅs spyod pas bsdus te/《bstan bcos skye ba len pa bstan pa》las/ theg pa ḥog ma pa gñis daṅ/ bud med kyis der skye ba mi thob paḥi phyir ro ṣes bśad do//

(1) +'daṅ tha ma'
(2) 'ma daṅ bcas' ⇒ null

問。若爾，漸悟應唯一生，無別盡別生故?
解云。如觀世音菩薩說爲"一生"，於理無違，即最後身爲一生故。(1)

(1) Tibetan translation is omitted.

《解深密經疏》卷第一

李 鍾 徹 (Jong-Cheol LEE)

한국학중앙연구원 한국학대학원 철학(불교철학) 전공 교수

서울대학교 철학과를 졸업하고 일본 도쿄대학교에서 인도철학·불교학으로 석사학위와 박사학위를 받았다. 동아시아 불교사상과 인도 불교사상의 비교연구에 주력하고 있다. 주요 저서로 *The Tibetan Text of the Vyākhyāyukti of Vasubandhu－Critically edited from the Cone, Derge, Narthang and Peking editions* (Tokyo, 2001), 『世親思想の研究－釋軌論(Vyākhyāyukti)を中心として』(Tokyo, 2001), *Abhidharmakośabhāṣya of Vasubandhu, Chapter 9: Ātmavādapratiṣedha* (Tokyo, 2005), 『중국불경의 탄생』(2008), 『구사론 계품 · 근품 · 파아품－신도 영혼도 없는 삶』(2015), 『『몽어노걸대』 연구』(공저, 2018), 『『金剛經』 多言語板本』(2018), 『圓測 『解深密經疏』〈分別瑜伽品〉－漢藏校勘 標點 校訂本』(2019), 『圓測 『解深密經疏』〈如來成所作事品〉－漢藏蒙校勘 校訂本』(2019), 『圓測 『解深密經疏』〈地波羅蜜多品〉－漢藏(蒙) 校勘標點 校訂本』(2020), 『圓測 『解深密經疏』〈無自性相品〉－漢藏校勘 標點 校訂本』(2021), 『圓測 『解深密經疏』〈勝義諦相品〉－漢藏校勘 標點 校訂本』(2023), 『圓測 『解深密經疏』〈心意識相品, 一切法相品〉－漢藏校勘 標點 校訂本』(2024) 등이 있고, 역서로는 『어느 철학자가 보낸 편지』(1998), 『의미의 깊이』(2004), 『천 가지 가르침』(2006) 등이 있다.

圓測『解深密經疏』〈序品〉

-漢藏蒙校勘 標點 校訂本-

지은이 | 이종철

발행인 | 임치균

제1판 1쇄 발행일 | 2024년 7월 30일

발행처 | 한국학중앙연구원 출판부

출판등록 | 제1979-000002호(1979년 3월 31일)

주소 | 경기도 성남시 분당구 하오개로 323

전화 | 031-730-8773　　팩스 | 031-730-8775

전자우편 | akspress@aks.ac.kr　　홈페이지 | www.aks.ac.kr

ISBN 979-11-5866-765-8-93220

• 값은 뒤표지에 있습니다. 잘못된 책은 바꿔드립니다.

• 이 책은 2023년 한국학중앙연구원 한국학기초및중점연구사업 공동연구과제로 수행된 연구임(AKSR2023-C04).